해커스
이상구
5급 국제법

III 판례편

해커스공무원

이상구

약력

서울대학교 대학원 졸업
성균관대학교 졸업

현 | 해커스 국립외교원 대비 국제법 · 국제정치학 강의
현 | 해커스 변호사시험 대비 국제법 강의
현 | 해커스공무원 국제법 · 국제정치학 강의
전 | 베리타스법학원(5급) 국제법 · 국제정치학 강의
전 | 합격의 법학원(5급) 국제법 · 국제정치학 강의

주요 저서

해커스 이상구 5급 국제법 I 일반국제법편, 해커스패스
해커스 이상구 5급 국제법 II 국제경제법편, 해커스패스
해커스 이상구 5급 국제법 III 판례편, 해커스패스
해커스 이상구 5급 국제정치학 I 사상 및 이론편, 해커스패스
해커스 이상구 5급 국제정치학 II 외교사편, 해커스패스
해커스 이상구 5급 국제정치학 III 이슈편, 해커스패스
해커스공무원 패권 국제법 기본서, 해커스패스
해커스공무원 패권 국제법 조약집, 해커스패스
해커스공무원 패권 국제법 판례집, 해커스패스
해커스공무원 패권 국제법 핵심요약집, 해커스패스
해커스공무원 패권 국제법 단원별 핵심지문 OX, 해커스패스
해커스공무원 14개년 기출문제집 패권 국제법, 해커스패스
해커스공무원 단원별 적중 1000제 패권 국제법, 해커스패스
해커스공무원 실전동형모의고사 패권 국제법, 해커스패스
해커스공무원 패권 국제법개론 실전동형모의고사, 해커스패스
해커스공무원 패권 국제정치학 기본서, 해커스패스
해커스공무원 패권 국제정치학 핵심요약집, 해커스패스
해커스공무원 패권 국제정치학 단원별 핵심지문 OX, 해커스패스
해커스공무원 기출 + 적중 1700제 패권 국제정치학, 해커스패스
해커스공무원 실전동형모의고사 패권 국제정치학, 해커스패스

국립외교원, 5급 공채 합격!
해커스가 함께 하겠습니다.

『2022 해커스 이상구 5급 국제법 Ⅲ 판례편』은 국립외교원 및 5급 공채 2차 시험에서 국제법 과목을 준비하는 수험생들을 위해 집필하였습니다. 해당 시험이 대부분 사례형으로 출제되고 있고, 사례형 문제는 대부분 기존 판례를 기반으로 하여 가공된 문제들이므로 국제법 판례 학습의 비중이 현저히 높아졌다고 할 수 있습니다.

기존 판례의 사실관계를 중심으로 문제를 구성하기 때문에 판례를 학습할 때 기초적 사실관계를 이해하는 것이 무엇보다 중요합니다. 또한 당해 판례에서 제시된 중심 논점과 이에 대한 재판소의 판단을 명확하게 이해하고 있어야 합니다. 다만, 사례형 문제가 기존 판례를 중심으로 구성되더라도 논점은 달라질 수 있으므로 주어진 사례형 문제 자체의 논점 추출에 있어서 상당한 주의를 요한다고 볼 수 있습니다.

국립외교원 및 5급 공채 대비 판례 학습을 위한 수험서로서『2022 해커스 이상구 5급 국제법 Ⅲ 판례편』은 다음과 같은 특징을 가지고 있습니다.

첫째, 일반국제법 및 국제경제법의 주요 판례를 수록하였습니다. Leading Case뿐 아니라 출제 가능성이 있는 판례들은 최대한 모두 수록하고자 하였으며, 이를 통해 빈틈 없는 판례 학습을 할 수 있습니다.

둘째, 사실관계, 법적쟁점 및 각 쟁점에 대한 재판부의 판단을 명확하고 간결하게 기술하였습니다.

셋째, 가능한 한 판례에서 제시된 조문 해석론을 충실하게 기술하고자 하였습니다.

넷째, 당해 판례와 관련된 기출문제나 사례형 연습문제를 수록하였습니다.

국제법 시험 대비에 있어서 판례의 중요도가 상당히 높아지고 있음에도 불구하고 판례 학습을 위한 자료는 비교적 빈약하다고 할 수 있습니다. 시중에 몇 종의 판례집이 출간되어 있으나 수록된 판례 수가 많지 않고, 최근의 판례들은 수록되지 않았기 때문에 최신 판례도 빠지지 않고 출제되는 국제법 시험을 대비하기에는 충분하지 않다고 봅니다. 또한 법적 쟁점과 재판부의 판결이 명확하게 기술되지 않은 점도 사례형 문제 대비 차원에서는 한계가 있다고 생각됩니다. 『2022 해커스 이상구 5급 국제법 Ⅲ 판례편』을 적극 활용한다면 최신 판례와 함께 국제경제법 주요 판례의 전모를 파악하여 보다 본격적으로 국제법 사례문제에 대응할 수 있을 것입니다. 본서를 통해 시험을 준비하는 모든 수험생 여러분들의 합격을 진심으로 기원합니다.

2021년 12월
저자 이상구

목차

목차

해커스공무원 학원 · 인강
gosi.Hackers.com

제1편
일반국제법

제1장 | 국제법의 연원

CASE 1. 북해대륙붕 경계획정 사건[1]

Ⅰ 사실관계

1. 북해는 노르웨이와 영국 사이에 있는 대서양의 얕은 바다로서 대부분 수심 200m 이내의 대륙붕으로 되어 있는데, 연안국들은 일련의 협약을 체결하여 경계획정을 하였다. 이때 마주보는 국가들 사이의 경계획정은 중간선방법을 따랐다. 서독과 덴마크는 1965년에, 서독과 네덜란드는 1964년에 각각 협정을 체결하여 이들 사이 대륙붕 일부에 대한 경계를 획정하였다.

2. 등거리 원칙을 적용한 이들 국가들 간 경계획정은 각각의 연안에 가까운 지역에만 국한되었기 때문에 북해의 중심지역까지 경계획정의 필요성이 대두되었고 이러한 상황에서 덴마크와 네덜란드는 1966년 등거리 원칙을 근거로 경계획정협정을 체결하였다.

3. 협정에 따르게 되면 서독은 자국의 대륙붕을 북해의 중심부에 있는 영국의 대륙붕 경계에까지 확대하지 못하게 되었다. 서독은 오목하게 들어가 있는 자국 해안선의 형태로 인해 경계획정에 등거리 원칙을 적용하게 되면 자국에 배분되어야 할 대륙붕의 면적이 부당하게 축소된다는 이유로 덴마크와 네덜란드 사이의 경계선의 무효를 주장하였다. 이에 대륙붕의 경계획정과 관련된 분쟁이 발생하게 되었다.

4. 독일과 네덜란드, 독일과 덴마크는 각각 특별협정을 체결하여 "북해대륙붕 지역에서 기존에 당사자들 사이에 결정되어 있는 일부 경계선 밖의 경계획정에 적용될 국제법의 원칙과 규칙"에 대하여 결정해 줄 것을 요청하며 사안을 ICJ에 부탁하였다.

---

[1] North Sea Continental Shelf Case, 서독 v. 덴마크, 서독 v. 네덜란드, ICJ, 1969년.

Ⅱ 법적쟁점

1. 제네바협약 제6조[2)]가 이 사건에 적용되는가?

(1) 독일이 당사자가 아니지만 독일이 제6조상의 원칙에 동의한 것으로 간주할 수 있는가?

(2) 동 조항은 기존 관습법의 확인인가?

(3) 동 조항은 조약 체결 이후 국제관습법으로 성립했는가?

2. 동 조항이 적용되지 않는 경우 경계획정 원칙은 무엇인가?

Ⅲ ICJ 판결

1. 제네바협약 제6조가 이 사건에 적용되는가?

(1) 독일이 당사자가 아니지만 독일이 제6조상의 원칙에 동의한 것으로 간주할 수 있는가?

덴마크와 네덜란드는 독일이 당사자가 아니지만 서독은 자신의 행위, 공적 성명 및 선언 등의 방법에 의해 협약의 의무를 일방적으로 수락하였으므로 제네바협약 제6조상의 '등거리 원칙'의 적용을 받는다고 주장하였다. 그러나 재판소는 이러한 주장을 받아들이지 않았다. 만약 독일이 동 조항의 의무를 수락할 의사가 있었다면 동 조약에 가입하여 비준을 했을 것이나 독일이 가입하지 않았으므로 명백하게 동 조항상의 의무를 받아들인 것이라고 간주할 수 없다고 하였다. 또한 재판부는 덴마크나 네덜란드의 주장이 의미가 있기 위해서는 '금반언'에 해당하는 상황이 존재해야 한다고 보았으나 그러한 증거가 존재하지 않는다고 판시하였다. 즉, 서독이 대륙붕제도의 수락을 명백하고 일관되게 나타낼 뿐 아니라 덴마크와 네덜란드가 그 행위를 신뢰하여 만약 서독이 대륙붕 제도를 부인하는 경우 네덜란드와 덴마크에게 손해를 야기하게 되는 상황이 존재했어야 한다는 것이다. 요컨대, 재판소는 제네바협약에 가입하지 않은 독일이 다른 방식으로 조약상의 의무를 부담하는 것으로 볼 수 없다고 판시하였다.

(2) 동 조항은 기존 관습법의 확인인가?

재판소는 동 조항의 적용 여부를 결정하기 위해 우선 동 조항이 기존 관습법을 확인한 것인지 여부를 검토하였으나 그렇지 아니하다고 하였다.

그 이유는 첫째, 등거리 원칙은 협약 제6조의 규정에서 볼 수 있듯 de lege lata(있는 법) 혹은 형성되고 있는 국제관습법으로서가 아니라 실험적으로 상당히 주저하면서 국제법위원회에 의해 제안된 것이다. 이것으로 볼 때 등거리 원칙은 국제관습법 규칙을 반영하거나 결정화하지 못한다.

---

2) 제네바협약 제6조

1. 동일한 대륙붕이 연안을 서로 마주보고 있는 2개국 이상의 영토에 인접하고 있는 경우에는 당해 국가에 속하는 대륙붕의 경계는 당해 국가들 간의 합의에 의해 결정된다. 합의가 없고 특별한 사정에 의해 다른 경계선이 정당화되지 않는 경우에는 경계는 각국의 영해 기준선으로부터 최단거리에 있는 각점으로부터 동일한 거리에 있는 등거리선으로 한다.

2. 동일한 대륙붕이 인접하는 2개국 이상의 영토에 접하고 있는 경우에는 대륙붕의 경계는 당해 국가들 간의 합의에 의해 결정된다. 합의가 없고 특별한 사정에 의해 다른 경계선이 정당화되지 않는 경우에는 경계는 각국의 영해기준선으로부터 최단거리에 있는 각점으로부터 등거리 원칙을 적용하여 결정된다.

둘째, 경계획정 규정이 관습법이 되지 않았다는 결론은 협약의 유보조항에 의해 유보가 허용되고 있다는 사실에 의해서도 확인된다. 즉, 일방적인 유보를 할 수 있다는 것은 그것이 단순히 협약상의 규칙과 의무의 성격을 가진다는 것을 나타낸다.

동 협약 제12조에서는 제1조에서 제3조를 제외한 모든 조항에 대한 유보를 허용하고 있는데, 유보가 허용되지 않는 이들 조항들은 대륙붕에 관한 국제관습법으로 수락되었거나 형성되고 있는 규칙을 반영하거나 결정화하는 것으로 간주되었던 것이 분명하다.

(3) 동 조항은 조약 체결 이후 국제관습법으로 성립했는가?

덴마크와 네덜란드는 등거리선 원칙은 제네바조약을 체결하기 위한 해양법회의 전에는 형성단계에 있었고 국가들의 관행이 일관성이 없었으나 국제법위원회의 작업과 이에 대한 국가들의 반응 및 해양법회의의 진행을 통해 국제관습법으로 성립하였으므로 서독에 대해서도 적용된다고 주장하였다. 그러나 국제사법재판소는 이러한 주장을 받아들이지 않았다. 재판소는 어떤 규칙이 관습법이 되기 위해서는 관련규정이 법의 일반적인 규칙의 기초를 형성하는 것으로 간주될 수 있는, 근본적으로 규범 창조적 성격을 가져야 하고, 또한 상당한 시간이 경과하지 않았다고 하더라도 이해관계가 특별히 영향을 받는 국가의 참가를 포함하여 매우 광범위하고 대표적인 국가의 참여가 있어야 한다고 하였다. 또한 특별히 영향을 받는 국가를 포함한 국가의 관행이 광범위하고 실질적으로 획일적이어야 하고 국가들에게 법적 확신이 존재해야 한다고 하였다. 그러나 제네바협약 제6조상의 경계획정 원칙에 대해서는 비준 또는 가입한 국가의 수가 충분하지 못하며, 법적확신의 증거 역시 충분하지 아니하므로 관습법으로 성립된 것으로 볼 수 없다고 판시하였다.

2. 동 조항이 적용되지 않는 경우 경계획정 원칙은 무엇인가?

재판소는 경계획정에 적용될 국제법과 규칙은 다음과 같다고 판시하였다. ① 경계획정은 형평의 원칙과 모든 관련사항을 고려하여 타국 영토의 자연연장을 침해하지 않고 자국 영토의 자연연장을 구성하는 대륙붕의 모든 부분을 가장 많이 부여하도록 합의에 의해 행해져야 한다. ② 위의 방법을 적용하여 경계획정이 당사자에게 중복되는 구역이 발생하는 경우에는 당사자들 사이의 합의된 비율로, 합의가 되지 않는 경우에는 동일하게 배분되어야 한다. ③ 중복된 지역이나 그 일부에 대해 당사자들이 공동관할, 사용 혹은 개발을 결정하는 경우 동일하게 배분되지 않을 수 있다. 재판소는 경계획정을 위한 교섭과정에서는 첫째, 당사국 해안의 특수하거나 예외적인 형태뿐만 아니라 일반적인 형세, 둘째, 관련 대륙붕 지역의 물리적 · 지질학적 구조와 천연자원, 셋째, 형평의 원칙에 따른 경계획정으로 연안국에게 돌아가는 대륙붕의 범위와 해안의 일반적인 방향으로 측정된 연안의 길이 사이의 합리적인 비례성의 정도 등을 고려할 것을 제안하였다.

Ⅳ 평석

1. 합의의 원칙

합의는 경계획정뿐만 아니라 모든 국제분쟁을 해결함에 있어 기준이 되고 있다. 그러나 제네바협약 제6조는 합의에 도달함에 있어 당사자들에게 적용되는 법원칙에 대해서는 규정하지 않고 있다. 본 사안에서 법원은 형평의 원칙에 따라 그리고 모든 관련 상황을 고려하면서 합의에 의해 경계획정을 하도록 판시하고 있다. 그러나 합의 시 형평의 원칙이 무엇인지, 관련 상황이 어떤 것인지에 대해서는 여전히 해석의 문제를 남기고 있다.

2. 등거리 원칙

1958년 제네바협약 제6조에서 대륙붕 경계는 당사자들 사이에 합의가 없고 특수한 사정에 의해 다른 경계선이 정당화되지 않는 경우에 인접국 간에는 등거리 원칙에 따라 결정하도록 하고 있다. 덴마크 등은 대륙붕협약 채택에서 이 규범이 성문법전화되었기 때문에 서독에도 강제력이 있다고 주장하였으나 법원은 유보가 허용되고 있음을 제시하며 등거리 원칙이 관습법화되지 않았다고 판시하였다.

3. 형평의 원칙

대륙붕 경계획정과 관련한 형평(equity)은 1945년 트루만선언에 나타나 있으나 1958협약 체결 당시 거의 주목받지 못하다 본 사건을 계기로 다시 대륙붕 경계획정에 있어 형평의 원칙에 중요한 역할을 부여하게 되었다. 그 이후 영 – 불 간 경계획정 사건, 리비아 – 튀니지 간의 대륙붕 사건, 해양법협약 제74조와 제83조에서도 형평에 맞는 해결을 명시하고 있다. 형평의 의미에 대해서는 학자들 간 이견이 있으며, 신의성실, 묵인, 금반언, 정의 등이 제시되고 있다. 형평의 기능은 대체로 세 가지로 제시된다. intra legem, praeter legem, contra legem이 그것이다. 즉, 형평은 사법 해석의 작용으로서 법의 범위 내에서 특수한 상황에 적용되기 위해 법을 수정하는 기능을 한다. 그리고 법이 불비한 경우에 흠결을 메우는 기능과 법에 반대되어 법을 대체하는 기능을 한다. 형평이 국제법의 일부를 구성하고 있기 때문에 국제법을 적용하는 것이 요구되는 법원에 의해 적용되어야 한다는 것은 일반적으로 받아들여지고 있다.

4. 관습법의 형성

관습법은 구속력이 있는 법원 중의 하나이다. 본 사건에서는 관습법의 형성과 관련하여 관행이 한결같아야 한다는 종래의 주장을 지지하고 있으며 시간적인 경과에 있어서는 반드시 장기간의 경과가 필요하지 않고 관행이 광범위하게 받아들여지고 있으면 단기간이라도 관습법이 성립한다고 하여 급속하게 변화하고 있는 국제사회에서 관습법 형성기간의 단축을 허용하고 있다.

5. 관련 상황

법원은 대륙붕 경계획정에 채택되는 형평 원칙의 내용에 대해서는 명확하게 언급하고 있지 않으면서 모든 상황을 균형 있게 고려할 것을 요구하고 있다. 그 예로 해안선의 일반적인 형세, 해저의 지질학적 구조와 자원의 위치, 해안선과 대륙붕 넓이의 비례성을 들고 있다. 관련 상황 이외의 요소들, 예를 들어 인구, 1인당 국민소득, 육지 영토의 크기, 대륙붕 자원에 대한 산업의 의존도, 육지 자원의 빈곤 정도 등은 포함되지 않는가 하는 의문이 제기되기도 한다.

6. 육지의 자연연장 원칙

본 판례는 대륙붕을 육지 영토의 자연연장을 구성하는 지역이라고 하여 대륙붕에서의 연안국의 권리는 사실상 처음부터 존재한다고 하면서, 육지의 자연연장 원칙을 경계획정을 위한 목적으로 발전시켰다. UN 해양법협약에서 대륙붕에 대한 권리의 권원을 200마일이라는 거리기준과 육지의 자연연장을 채택하여 대륙붕의 범위를 넓히고 있다.

CASE 2. 인도령 통행권 사건3)

Ⅰ 사실관계

1. 인도의 서부 연안에 위치한 Daman 및 그에 근접한 내륙 고립영토(enclave) Dadra와 Nagar-Aveli는 1947년 인도가 독립한 이후에도 포르투갈령 식민지로 남아 있었다.

2. 1950년 인도는 이들 영토의 통합을 요구하였으나 교섭을 거부하는 포르투갈과 대립이 격화되었고 인도는 1953년 이후 Daman과 두 개의 고립영토 간의 통행을 제한하였다. 1954년 7월 Dadra와 Nagar-Aveli는 친인도집단에 의해 점령되었고 인도는 모든 포르투갈 정부관계자의 고립영토에서의 통행을 금지하였다.

3. 포르투갈은 1955년 12월 19일 선택조항 수락선언을 UN 사무총장에게 기탁하고, 같은 달 22일 사건을 재판소에 일방적으로 부탁하였다.

Ⅱ 법적쟁점

1. 인도의 선결적 항변 인용 여부

2. 양자 간 관습법의 성립 여부

3. 인도와 포르투갈 간 고립영토 통행 관습의 성부

4. 인도의 통행금지조치의 적법성

Ⅲ 판결요지

1. 인도의 선결적 항변 인용 여부 – 소극

인도는 몇 가지 선결적 항변을 제기하였다. 첫째, 포르투갈의 제소는 수락선언 부탁 후 사무총장이 규정 제36조 제4항에 따라 그 등본을 다른 당사국에게 송부하기 전에 행한 것이므로 국가의 평등과 상호주의를 무시한 것이다. 둘째, 포르투갈은 제소 전에 외교 교섭에 최선을 다하지 않았다. 셋째, 포르투갈의 제소는 인도가 상호주의에 의해 유보를 원용할 기회를 박탈하였고, 선택조항의 남용이다. 이에 대해 재판소는 인도의 선결적 항변을 모두 기각하고 재판관할권을 확인하였다.

2. 양자 간 관습법의 성립 여부 – 적극

인도는 단지 두 국가 사이에서만 성립될 수 있는 지역적 관습 제도는 없다고 주장하였다. 이에 대해 재판소는 두 국가 사이에 그들의 관계를 규율하는 것으로 승인된 오래 계속된 관행이 그들 사이에 상호 권리와 의무의 기초를 형성해서는 안 된다는 주장을 인정할 수 없다고 하였다.

---

3) Case Concerning Rights of Passage over Indian Territory, 포르투갈 v. 인도, ICJ, 1957년(관할권) / 1960년(본안).

3. 인도와 포르투갈 간 고립영토 통행 관습의 성부 - 적극

재판소는 민간인 등의 통항과 무장한 군대 등의 통항을 분리하여 판단하였다. 첫째, 재판소는 민간인과 공무원 및 화물에 관해서는 영국의 인도지배 시기 및 인도가 독립한 이후 시기에도 고립영토 사이에 자유로운 통행을 허용한 계속적이고 획일적인 관행이 존재하였다고 판단하였다. 따라서 그러한 통행관행은 당사국들 사이에 법으로서 승인되고 권리 및 의무를 발생하게 하였다고 판시하였다. 둘째, 그러나 무장한 군대와 경찰, 무기와 군수품의 경우 포르투갈의 권리 내지 인도의 의무가 관습법으로 성립하지 않았다고 판단하였다. 이러한 종류의 통행은 영국 당국의 허가에 의해서만 시행되었기 때문이다.

4. 인도의 통행금지조치의 적법성 - 적극

재판소는 1954년 인도가 포르투갈 고립영토에 대한 통행을 금지한 조치가 인도와 포르투갈 간에 확립된 관습법에 위반되지 아니한다고 판단하였다. 1954년 인도에 의한 통행의 거절은 당시 사태의 긴급성과 포르투갈의 통행이 인도의 주권의 완전한 승인과 행사에 따르는 것을 전제로 함을 고려하면 민간인, 관리 및 일반물자에 관한 포르투갈의 통행권에 대하여 인도가 부담하는 의무에 반하는 것은 아니라고 하였다.

CASE 3. 영국 - 노르웨이 어업 사건[4]

Ⅰ 사실관계

1. 17세기 초부터 노르웨이는 연안해역에서 외국 어선의 조업을 금지하는 조치를 취해 왔다. 20세기 들어서면서 영국어선은 노르웨이 근해에 진출하여 어로 활동을 개시하였고 이에 대해 노르웨이는 자국 어민을 보호하기 위해 1906년 6월 2일 법률에 의하여 어업금지수역을 설정하고 이를 위반하는 영국어선을 나포하였다. 1932년에도 노르웨이 정부가 영국어선에 대해 경고와 나포를 반복하였고 영국은 노르웨이가 영해의 획정에 있어서 부당한 기선을 사용하였다고 강력히 항의하였다.

2. 1935년 7월 12일 노르웨이가 어업수역을 설정하는 칙령을 공포함으로써 양국 분쟁은 더욱 격화되었다. 노르웨이는 연안의 본토, 섬 및 암초상의 48개 기점을 연결하는 직선기선을 사용하였으며 4해리의 어업수역폭을 갖게 되었던 것이다. 양국은 교섭을 진행하였으나 1948년에 이르기까지 결실을 맺지 못하자 노르웨이는 다시 영국어선을 나포하여 처벌하기 시작하였다.

3. 1949년 9월 28일 양국은 분쟁을 국제사법법원에 부탁하였는데, 그 내용은 1935년의 칙령에 의해 수역획정의 기준인 기선을 설정하는 데 있어서의 방법 및 구체적인 적용이 국제법에 위반되는지의 여부에 대한 판결을 구하는 것이었다.

---

4) Anglo - Norwegian Fisheries Case, 영국 v. 노르웨이, ICJ, 1951년.

Ⅱ 법적쟁점

1. 어업수역 획정방법의 유효성 – 직선기선 자체 인정 문제

2. 직선기선의 국제법적 합치성

3. 만구 10해리 규칙의 관습법성

Ⅲ 판례요지

1. 어업수역 획정방법의 유효성 – 직선기선 자체 인정 문제

기선설정에 있어서 노르웨이가 직선기선방식을 도입한 것에 대해 법원은 그 조치의 적법성을 인정하였다. ICJ는 이미 많은 국가들이 도서와 암초가 산재해 있고 피오르드 식으로 굴곡이 심한 해안에서 직선기선방식을 아무런 이의 없이 적용함으로써 직선기선 설정방식은 국제관습법으로 확립되었다고 판시하였다. 또한 영국 정부를 포함한 다른 나라들이 60년 이상 노르웨이의 실행을 일반적으로 묵인해 왔다는 점도 노르웨이가 직선기선을 채택한 것이 적법하다는 근거로 제시하였다.

2. 직선기선의 국제법적 합치성

재판소는 직선기선의 '적용'에 있어서 준수해야 할 국제법적 원칙 세 가지를 제시하고 노르웨이의 직선기선을 평가한 다음 노르웨이의 기선 설정방식은 국제법 원칙을 준수하고 있으므로 국제법에 합치된다고 판시하였다. ICJ가 제시한 국제법 기준은 다음과 같다. 첫째, 기선설정에 있어서 연안의 일반적 방향으로부터 크게 벗어나면 안 된다. 연안국으로 하여금 연안수역에 대한 권리를 부여하는 근거는 육지이기 때문이다. 둘째, 기선의 선택에 있어서 기선의 내측 수역이 내수제도에 종속될 정도로 충분하고도 밀접하게 육지와 관련되어 있어야 한다. 셋째, 장기간의 관행에 의해 현실성과 중요성이 명백하게 확증되어 있는 그 지역의 고유한 경제적 이익이 고려되어야 한다.

3. 만구 10해리 규칙의 관습법성

영국은 이른바 만의 10마일 봉쇄선 원칙(10 mile closing line for bays)을 주장하였다. 즉, 만의 경우 일반적으로 10해리를 넘지 않는 입구 가장 가까운 곳에 직선기선이 그어져야 하며 또한 국제법상 만은 내륙으로의 만입이 그 폭에 대하여 적당한 비율관계에 있는 굴곡이어야 한다는 것이다. ICJ는 영국의 주장을 받아들이지 않았다. 그 이유는 첫째, 동 원칙이 관습법으로 성립되었는지 여부에 대해 영국이 입증하지 못했다고 판단하였기 때문이다. 둘째, 비록 동 원칙이 국제관습법상 규칙이라고 해도 노르웨이에 대해서는 적용될 수 없기 때문이다. 노르웨이는 동 원칙을 자국 연안에 적용하고자 하는 모든 시도에 항상 반대해 왔다.

IV 평석

1. 직선기선의 설정조건

ICJ는 동 판결을 통해 직선기선의 적법성 판단 기준을 제시하였다. 첫째, 기선이 해안선의 일반적인 방향으로 부터 크게 벗어나지 않아야 한다는 기준, 둘째, 기선 내의 수역이 내수제도에 종속될 정도로 육지와 밀접한 관계가 있어야 한다는 기준, 셋째, 당해 수역에 고유한 경제적 이익이 존재하고 그것이 장기간의 관행에 의해 증명되어야 한다는 기준 등이다. 이러한 기준들은 영해기선 설정에 있어서 법전화를 위한 중요한 지침이 되었으며 실제로 1958년의 영해협약을 거쳐서 제3차 UN해양법회의 이후 신해양법협약의 조문에 거의 그대로 반영되었다.

2. 묵인의 요건

이 판결은 직선기선이라고 하는 국제법상 중요한 새로운 법적 제도가 공식적으로 탄생함에 있어서 관련 국가들의 '묵인' 행위가 중요한 역할을 하였음을 보여준 판례로 기록되고 있다. 본 판례는 나아가 국제법상 묵인의 성립에 대한 3가지 기준을 제시하였다. 첫째, 경쟁국가의 도전적 주장들은 명백하게 국제법상 권리에 관한 것이어야 한다. 그리고 이러한 도전적인 행동들과 주장들의 의미에 대해서 상대방 국가가 충분히 알고 있는 상황, 즉 '공연성'(Notoriety)이 있어야 한다. 둘째, 경쟁국가의 이러한 도전적 주장에 의해 그 법적 권리나 국가적 이해가 영향을 받게 되는 상대방 국가가 당연히 기대되는 항변이나 주장을 하지 않고 침묵이나 부작위로 대응하는 것이 상당기간 지속되어야 한다(부작위의 지속, prolonged abstention from reaction). 셋째, 경쟁국가의 도전적인 행동이나 주장이 제3국이나 국제사회 일반으로부터 명시적으로 거부되지 않아야 한다. 즉, 국제사회의 일반적 승인(a general toleration of the claim by the international community)이 존재해야 한다.[5]

3. 독도영유권 문제에 대한 시사점

이 판결 전체를 독도 문제와 관련하여 분석하면 영국을 비롯한 주변국이 노르웨이의 주장을 오랜 기간 동안 방치하거나 묵인해온 점과 노르웨이가 적극적으로 자신의 입장을 집요하게 주장하는 각종의 조치를 철저하게 취해 온 점이 재판부의 판결에 큰 영향을 주고 있음을 주목해야 한다. 일본은 1999년 신한일어업협정을 근거로 독도를 비롯한 독도 해양 주변 배타적 경제수역 경계획정 문제에 대해 상당히 공격적 태도를 보이고 있다. 자칫하면 한국의 조용한 외교가 일본의 부당한 입장에 대한 국제법상 '묵인'의 효과를 가져와 우리 영유권 보호에 위험이 되지 않을까 우려된다. 따라서 우리의 대독도 문제에 대해 역대 정부의 조용한 외교 접근을 철저하고 종합적으로 재검토하여 적극적인 정책으로 전환되어야 할 시점이다.[6]

---

5) 이장희(2007), 노르웨이 – 영국의 직선기선 분쟁이 영유권 문제에 주는 국제법적 함의, 외법논집 제25집, 10면.
6) 이장희(2007), 11면.

CASE 4. 스코티아호 사건[7]

Ⅰ 사실관계

1. 1867년 4월 8일 밤 영국 기선(汽船) 스코티아(The Scotia)호와 미국 범선(帆船) 버크셔(The Berkshire)호가 충돌하여 버크셔호가 침몰하여 재산상의 손해를 입게 되었다.

2. 사건 당시 버크셔호는 백색등은 달고 있었으나 우현과 좌현에는 어떠한 등화(燈火)도 달고 있지 않았다.

3. 사건이 발생하기 이전인 1863년 1월 9일 영국은 '해상충돌예방규칙'을 제정하여 대형범선도 다른 해양선박과 마찬가지로 선박의 우현에 녹색등, 좌현에 적색등을 달도록 했다. 이러한 규칙은 1864년 말까지 미국을 포함하여 세계의 거의 모든 해양국가(33개)에 의해 채택되었다.

4. 버크셔호 측이 스코티아호 측을 상대로 미국법원에 제소하였으나 1심과 2심에서 패소하고 대법원에 상고되었다.

Ⅱ 법적쟁점

1. 공해상에서 선박충돌 시 적용법규

2. 등화에 관한 신관습의 성립 여부

3. 스코티아호 측의 손해배상책임 여부

Ⅲ 대법원 판결

1. 공해상에서 선박충돌 시 적용법규

공해상에서 발생한 선박충돌에 대해 대법원은 법정지 국내법이 아니라 국제법이 적용된다고 판시하였다. 대법원은 충돌이 발생한 장소 및 그 시점에서의 법을 선택해야 한다고 판단하였다.

2. 등화에 관한 신관습의 성립 여부

버크셔호는 변경되기 이전의 국제해양법에 따른 등화를 갖추긴 하였으므로 등화에 관한 새로운 규칙이 국제해양법으로 성립되었는지가 문제되었다. 대법원은 영국을 필두로 하여 채택된 새로운 규칙이 국제관습법으로 성립하였다고 확인하고 신관습법에 따라 재판하였다. 대법원은 1863년 1월 9일의 영국 칙령 및 1864년의 미국의 법률이 정하는 항행에 관한 규칙이 대서양에서 해운에 종사하고 있는 거의 모든 국가를 포함하는 30개 이상의 주요 상업국가에 의해 의무적 규칙으로 수락되고 있다는 것을 인정할 때 새로운 규칙이 해양법으로 성립했다고 판단하였다.

---

7) The Scotia Case, 미국연방대법원, 1872.3.25.

3. 스코티아호 측의 손해배상책임 여부

대법원은 스코티아호측에 손해배상책임이 없다고 판시하였다. 새롭게 형성된 항행규칙을 위반한 버크셔호 측의 과실에 의해 손해가 발생하였다고 판단하였기 때문이다. 스코티아호가 버크셔호를 범선이 아닌 '기선'으로 판단한 것은 정당하며 그러한 과정에 오류가 있다고 볼 수 없다고 하였다.

Ⅳ 평석

1. 공해상 선박 충돌 시 적용법규

미국 대법원은 공해상 선박충돌 시의 장소와 시간을 고려하여 적용법규를 결정해야 한다고 보고 '새로운' '국제해양법'을 적용하여야 한다고 판시하였다. 공해는 어느 국가의 영토에 속하는 지역도 아니기 때문에 법정지국인 미국의 국내법이 적용되는 것이 아니라 미국과 영국에 공통적으로 적용되는 국제법을 적용하여야 한다고 하였다.

2. 신법우선의 원칙

신법우선의 원칙이란 동일사항을 규율하는 신규범과 구규범이 양립하지 않는 경우 신규범이 우선 적용된다는 것을 의미하며, 1969년 조약법에 관한 비엔나협약 제30조에도 신법우선의 원칙을 규정하고 있다. 이번 사안의 경우 버크셔호는 구법에 따른 등화를 갖추고 있었으나 신법에 따른 등화를 갖추지 아니하여 결국 패소하게 된다.

3. 국제관습법의 성립 요건

미국 대법원은 관습법의 성립 요건으로 일반적 관행과 법적확신을 제시하였으며 이는 PCIJ규정이나 ICJ규정에서도 확인되고 있다. 새로운 관행이 영국에 의해서 시작되었으나 새로운 관행을 거의 모든 해양국가들이 채택함으로써 일반성을 획득하고 법적확신도 부여받게 되어 새로운 관행이 국제관습법으로 성립되었다고 판단하였다.

I 사실관계

스웨덴 주권하의 올랜드섬(Aaland Islands)이 1809년 조약에 의해 러시아에 양도되었다. 크리미아전쟁에서 패한 러시아는 1856년 영국, 프랑스 등과 동 섬을 요새화하지 않기로 합의하였다. 1917년 핀란드는 러시아로부터 독립하였고 자국영토로 편입된 올랜드섬의 비무장화 의무가 없음을 주장하였다. 이에 대해 스웨덴이 문제를 제기하였고 이 사건은 LN국제법률가위원회에 회부되었다.

II 법적쟁점

1. 비당사국의 파리조약 원용 문제
2. 핀란드의 비무장의무 존부

III 판단

1. 비당사국의 파리조약 원용 문제

1856년 조약의 당사국이 아닌 스웨덴이 핀란드의 비무장화 파기에 대해 문제를 제기할 자격이 있는지가 문제되었다. 이에 대해 위원회는 1856년 조약은 유럽의 이해관계를 위해 하나의 객관적 법체제를 창설한 것으로서 조약의 당사국이 아닌 국가도 그 조약의 유지에 이해관계를 갖는 경우 조약 준수를 주장할 권리를 가진다고 판단하였다.

2. 핀란드의 비무장 의무 존부

핀란드는 1856년 조약의 의무에 구속되어 비무장 의무를 부담하는지가 문제되었다. 이에 대해 위원회는 1856년 조약은 올랜드섬을 주권하에 두는 여하한 국가에 의해서든지 준수되어야 하므로 핀란드는 올랜드섬의 비무장화 의무를 부담해야 한다고 판단하였다.

IV 평석

국제법상 객관적 체제, 즉 당사자가 아닌 국가도 준수해야 하는 법적 체제가 창설될 수 있음을 확인하였다. 그러나 이러한 논의가 일반적으로 받아들여지고 있는지는 의문이다. 조약의 승계에 있어서 물적조약은 승계되는 것이 일반적 관행이다. 즉, 국경선 획정조약이나 지역권 설정조약은 승계국이 승계하는 것이 일반적이다. 핀란드의 비무장 의무는 일종의 지역권을 승계한 것으로 보아야 한다.

---

8) 국제연맹 '국제법률가위원회(International Committee of Jurists)', 1920년.

CASE 6. Aegean Sea Continental Shelf 사건[9)10)]

I 사실관계

그리스와 터키 사이에 있는 에게해상의 모든 도서는 극히 소수를 제외하고는 모두 그리스령이다. 터키는 제1, 2차 세계대전 패전 시마다 그리스에게 자국 연해에 있는 도서의 영유권을 넘겨주어 터키 본토에 인접해 있는 섬들까지 모두 그리스 영토인 상태이다. 1973년 터키 정부가 터키 인근 해역에서의 석유 탐사 면허를 발급하자 그리스는 동 해역은 자국령 Dodecanese(도데카니사) 군도(群島)의 대륙붕 위이므로 자국 외에는 탐사 활동을 할 수 없다고 주장하고 면허 철회를 요구하였다. 터키는 자국 본토에 인접한 그리스 도서는 대륙붕을 가진다고 볼 수 없다고 반박하고 1974년 5월 터키 선박의 탐사 활동 개시를 허락하였다. 이후 양국 간에는 긴장이 고조되어 오다가 1975년 1월 27일 그리스 정부는 이 문제를 공동으로 ICJ에 의뢰하자는 제안을 하였고 터키도 원칙적으로 동의하였다. 1975년 5월 17일 ~ 19일 양국 외교 장관은 ICJ 회부에 필요한 특별 약정의 내용에 대해 협의하였고 1975년 5월 31일 양국 총리는 브뤼셀에서 회동하여 양국 전문가 간 협의를 계속한다는 내용의 공동성명을 발표하였다. 외교장관 및 총리 회담의 내용에 대해 양국은 이해를 달리하였다. 터키는 ICJ 제소에 대해 양국 간 의미 있는 협상을 먼저 시행하여야 하며 양국 간 대륙붕 경계획정에 관한 협의도 병행하되 합의에 이르지 못할 경우에는 공동으로 ICJ에 제소하자는 것으로 이해하였다. 그리스의 이해는 외교장관 회담에서 이미 이 분쟁을 ICJ에 제소하기로 합의된 것이고 합의로 문제를 해결하기 위한 협상도 배제하지는 않기로 합의하였다는 것이다. 양국 간 실무 협의가 1976년 1월과 7월 두 차례 개최되었으나 특별한 성과를 거두지 못하였다. 1976년 7월 13일 터키 정부는 터키 지진연구 선박이 터키 영해 및 그리스 영해 외의 에게해에서 지질조사 작업을 시행한다고 발표하였고 그리스는 1976년 8월 10일 ICJ에 일방적으로 제소하였다. ICJ는 관할권이 존재하지 않아 재판할 수 없다고 판시하였다.

II 법적쟁점

1. 재판 진행 중의 협의로 인한 관할권 자제 여부

2. 1928년 협약 제17조에 의한 관할권 여부

3. 영토 관련 분쟁 해당 여부

4. 양국 총리 간 공동성명에 의한 관할권 여부

---

9) Greece v. Turkey, 1978.12.19. 판결, 국제사법재판소.
10) 산업통상자원부 홈페이지(https://disputecase.kr) 게시 내용 요약 정리.

Ⅲ 국제사법재판소 판단

1. 재판 진행 중의 협의로 인한 관할권 자제 여부

그리스의 ICJ 제소 이후에도 양국의 협상은 계속되어 외교장관 회담 및 총리 회담에서 협상의 진전을 평가하고 최종 해결을 위해 관련 회담을 지속하기로 확인하였으나 문제 해결을 위한 양자 간 최종 합의는 이루어지지 않았다. 협상이 진행되는 도중 그리스는 구두 변론의 연기를 요청하였으나 터키는 합의 해결에 우호적인 정치적 환경 조성을 위해 재판 절차를 중단하고 ICJ 소송 목록에서 아예 삭제할 것을 요청하였다. 재판부는 터키의 입장을 당사국이 문제 해결을 위해 적극적으로 협상 중에 있으면 재판부는 심리 절차를 진행할 수 없고 재판부의 관할권 행사를 제한하는 것으로 이해하였다. 재판부는 협상과 재판은 모두 분쟁의 평화적 해결 수단이지만 상호 별개의 절차이고 당사자 간 협상을 통해 분쟁이 완전 해결되었다면 재판 절차는 중단될 수 있으나 협상이 활발히 진행 중이라는 사실 자체는 재판부의 관할권 행사를 법적으로 제약할 수 없다고 설명하고 터키의 주장을 기각하였다.

2. 1928년 협약 제17조에 의한 관할권 여부

터키와 그리스가 모두 가입한 1928년 협약 제17조는 가입국 간 분쟁은 PCIJ 또는 중재에 회부하도록 규정하고 있다. ICJ헌장 제37조 102는 발효 중인 조약 또는 협약에 국제연맹이 설치한 재판소 또는 상설국제사법재판소에 회부하도록 규정되어 있는 분쟁은 ICJ에 회부된다고 규정하고 있으므로 1928년 협약상 PCIJ에 회부될 사건은 ICJ가 관할하게 되었다. 그리스는 이에 따라 ICJ에 재판을 청구한 것이다. 터키는 1976년 8월 25일 재판부로 송부한 서한에서 1928년 협약은 국제연맹의 해산으로 이제 더 이상 유효하지 않으며 설사 아직 발효 중이라 하더라도 그리스가 1928년 협약 가입 시 영토분쟁은 동 약정 적용 대상에서 제외한다고 선언하였으므로 이 사건에는 1928년 협약이 적용되지 않는다고 주장하였다. 그리스는 1931년 9월 14일 1928년 협약 가입 의정서를 기탁하면서 가입 이전에 발생한 사건 및 국내 관할권 사건, 영토분쟁 사건 등에 대해서는 1928년 협약을 적용하지 않는다고 유보하였다. 터키는 그리스가 유보한 영토분쟁에 대해 자신도 이를 주장할 수 있으므로 이 사건은 ICJ 관할이 아니라고 주장하였다. 재판부는 동 유보의 해석상 영토분쟁은 ICJ의 관할 대상에서 배제된다고 판시하였다.

3. 영토 관련 분쟁 해당 여부

그리스는 1920년 국제 조약상에 등장하는 영토 관련 용어(territorial status, territorial integrity, territorial situation 등)은 제1차 세계대전 전후 처리의 결과로서 각종 조약을 통해 합의된 현상(staus quo)의 유지를 의미하는 것으로 제한되게 해석해야 한다고 설명하고 PCIJ 강제관할권 수용 선언과 1928년 협약 유보 선언상의 territorial status의 의미 역시 이러한 맥락에서 이해해야 한다고 주장하였다. 따라서 전후 처리와 무관한 대륙붕 경계획정에 관한 이 사건은 1928년 협약 유보 선언의 disputes relating to the territorial status와는 무관한 것이고 따라서 1928년 협약이 적용되어야 한다는 것이다. 재판부는 그리스의 1928년 협약 유보 선언상의 영토 관련 분쟁은 일반국제법상의 영토 개념과 연관된 일반적인 표현이며 국가의 일반적인 경계획정 문제를 포함한다고 판단하였다. 재판부는 대륙붕은 영토의 자연적인 연장(natural prolongation)이라고 정의한 North Sea Continental Shelf 사건 판결을 인용하면서 대륙붕에 대한 권리는 법적으로 연안국의 영토 고권의 분출이거나 자동적인 부속에 해당한다고 확인하였다. 이상의 심리를 토대로 재판부는 이 사건은 영토와 관련된 분쟁이며 영토와 관련된 분쟁은 그리스가 1928년 협약 가입 시 동 약정 적용을 배제한다고 유보하였으므로 재판부는 이 사건에 대해 1928년 협약에 근거한 관할권은 없다고 판시하였다.

4. 양국 총리 간 공동성명에 의한 관할권 여부

그리스가 ICJ 제소의 또 다른 근거로 활용한 것은 1975년 5월 31일 양국 총리 회담 후 브뤼셀에서 발표된 공동성명이다. 터키는 공동성명은 비준을 거치지 않았으므로 국가 간의 합의로 볼 수 없다는 입장을 재판부에 전해온 반면 그리스는 이 사건을 ICJ에 회부하기로 한 명백한 합의라고 주장하였다. 재판부는 공동성명이라 하여 국가 간의 합의가 될 수 없다는 국제법상의 원칙은 없으며 국가 간의 합의 여부는 형식이 아니라 내용이라고 언급하고 공동성명의 구체적인 내용을 규명하였다. 재판부는 외교장관 회담 결과나 그 이후 양국 간 교섭 내용에 비추어 당시 터키는 이 사건을 공동으로 ICJ에 회부하는 방안만 고려하고 있었지 재판부의 관할권을 일방적으로 적용하는 것은 생각하지 않고 있었음이 의심의 여지 없이 확인된다고 판단하였다. 그리스도 같은 입장이었으며 이러한 양국 입장은 1975년 5월 31일 양국 총리 회담 시까지 변함이 없었다고 확인하였다. 재판부는 1975년 5월 31일 공동성명은 이러한 맥락에서 이해하여야 하며 공동성명은 재판부가 보기에 양국이 총리 회담 전까지 견지하여 왔던 기본 입장을 변경한 것으로 해석되지는 않는다고 이해하였다. 이에 따라 재판부는 총리 공동성명은 이 사건을 일방적으로 ICJ에 회부하자는 합의 문서로 수용할 수 없으며 그리스의 ICJ 제소의 법적 근거가 될 수 없다고 결론을 내렸다. 이상의 심리를 토대로 재판부는 그리스가 1976년 8월 10일 청구한 재판을 심리할 관할권이 없다고 판시하였다.

제2장 | 조약법

CASE 7. 제노사이드협약의 유보에 관한 사건[11]

Ⅰ 사실관계

1. 1948년 UN총회에서 만장일치로 채택된 '집단살해의 방지 및 처벌에 관한 협약'(이하 제노사이드협약)은 1949년 12월 31일까지 서명을 위해 개방됨과 아울러 이에 대한 비준을 받았고, 1950년 1월 1일 이후로 가입을 위해 개방되었다.

2. 그러나 동 협약은 다음과 같은 법적 문제에 직면하게 되었다. 제13조에서는 20번째의 비준 또는 가입서가 기탁된 날로부터 90일째 되는 날 협약이 발효한다고 규정할 뿐 유보에 관해서는 전혀 규정하고 있지 않다. 그런데 필리핀과 불가리아가 동 협약에 대한 비준 또는 가입서를 제출하면서 유보를 첨부하였는데, 이것을 20개의 비준 또는 가입서에 포함시켜야 할지 여부가 문제된 것이다. 그러나 곧 유보를 첨부하지 않은 5개국의 비준 또는 가입서가 일시에 기탁됨으로써 유보를 첨부한 비준 또는 가입서에 관계없이 동 협약의 발효일자가 결정되었다.

3. 이에 UN총회는 결의 478(V)을 채택함으로써 제노사이드협약에 대한 유보와 관련하여 ICJ에 권고적 의견을 요청하였다.

Ⅱ 법적쟁점

1. 유보국의 협약 당사자 인정 여부

2. 유보의 효력

3. 비준 또는 서명하지 않은 국가의 유보 반대의 효과

---

11) Reservation to the Convention on Genocide 사건, Advisory Opinion, ICJ, 1951년.

Ⅲ 법원의 판단

1. 유보국의 협약당사자 인정 여부

동 협약에 대한 유보에 대해 협약 당사자 중 하나 이상이 반대하지만 다른 당사자들은 이에 반대하지 않는 경우, 당해 유보국은 유보를 유지하면서 동 협약의 당사자로 간주될 수 있는가? 동 협약의 당사자 중 하나 이상으로부터 반대가 제기되었으나 다른 당사자들로부터 반대가 제기되지 않은 유보를 행하여 유지하는 국가는 그 유보가 동 협약의 대상 및 목적과 양립하는 경우 동 협약의 당사자로 간주될 수 있지만, 그렇지 않은 경우에는 당해 국가는 동 협약의 당사자로 간주될 수 없다. 동 사건 이전의 전통적 개념에 따르면, 유보는 모든 체약당사자에 의해 예외 없이 수락되지 아니하는 한 효력이 없다. 그러나 제노사이드는 모든 인류집단의 생존권을 부인하는 것으로 인류의 양심을 마비시키고 인도주의의 크나큰 상실을 초래할 뿐 아니라 도덕률과 UN의 정신 및 목적에 반하는 '국제법상의 범죄'로 처벌받아야 한다는 것이 UN의 의도이다. 따라서 동 협약은 가능한 한 많은 국가의 참여를 유도하는 것이 중요하다. 즉, 조약의 목적 자체를 희생하지 않는 범위 내에서 보편성을 의도하기 위해 '유보의 당해 협약의 대상 및 목적과의 양립 여부'를 유보의 허용 여부를 판단하는 기준으로 삼아야 한다.

2. 유보의 효력

① 동 협약 당사자가 동 협약의 대상 및 목적과 양립하지 않는다고 간주하여 유보에 반대한 경우에 당해 당사자는 사실상 유보국을 협약의 당사자로 간주하지 않을 수 있으며, ② 반면에 당사자가 유보를 동 협약의 대상 및 목적과 양립하는 것으로 수락한 경우 당해 당사자는 사실상 유보국을 협약의 당사자로 간주할 수 있다. 제노사이드협약의 당사자인 각 국가는 유보의 효력을 평가할 권한이 있을 뿐 아니라 각기 자신의 관점에서 개별적으로 그러한 권리를 행사하게 된다. 즉, 어느 국가도 자신이 동의하지 않은 유보에 의해 구속받지 않기 때문에, 유보에 반대하는 국가는 '대상과 목적' 기준의 범위 내에서 자신의 개별적인 평가를 기초로 유보국이 제노사이드협약의 당사자가 될 수 있는지의 여부를 판단하게 된다. 통상적인 경우 그러한 결정은 유보국과 유보에 반대한 국가 간의 관계에 대해서만 영향을 미치게 된다.

3. 비준 또는 서명하지 않은 국가의 유보 반대의 효과

① 아직 협약을 비준하지 않은 서명국에 의한 유보에 대한 반대는 당해 서명국이 협약에 비준한 때에만 질문 1에 대한 답변에서 언급한 법적 효과를 가질 수 있다. 따라서 그때까지는 그러한 유보에 대한 반대는 단지 당해 서명국의 궁극적인 입장을 다른 국가에게 통지한 것으로서의 의미만을 가지며, 또한 ② 서명 또는 가입할 자격을 가지고 있으나 아직 그렇게 하지 않은 국가에 의한 유보에 대한 반대는 아무런 법적 효과도 없다. ICJ는 협약의 당사자가 될 권리가 어떤 명확한 개념을 표현한 것이 아님을 지적하였다. 따라서 어느 국가가 제노사이드협약의 준비에 참여하였다 하더라도 동 협약의 당사자가 되기 위해서는 서명에 이은 비준이나 가입을 거쳐야 하며, 둘 중 어느 하나의 조치를 취하기 이전에는 다른 국가를 동 협약에서 배제시킬 권리를 가지지 않는다. 한편 서명국의 경우, ICJ는 서명이 제노사이드협약에의 참여를 위한 첫 번째 조치에 해당된다고 보고 동 협약에 서명도 가입도 하지 않은 국가들에 비해 유리한 지위를 부여하였다. 즉, 비준하기 이전이라도 서명으로 부여받은 잠정적 지위는 당해 서명국에게 예방적 조치로서 그 자체가 잠정적 성격을 갖는 '유보에 대한 반대를 형성할 권리'를 부여하게 된다. 단, 이는 서명에 이어 비준이 수반되지 않을 경우 소멸되고, 비준했을 경우에만 비로소 효력을 갖게 된다. 요컨대 비준 이전에는 서명국의 반대가 유보국에 대해 직접적인 법적 효과를 가지지 못하며, 단지 당해 서명국이 제노사이드협약의 당사자가 되는 경우 자신의 궁극적인 입장을 미리 표명하여 선언한 것에 불과한 것이다.

Ⅳ 개별 의견

1. 공동반대 의견

4인은 유보가 효력을 발생하여 유보를 행사한 국가가 당사자가 되기 위해서는 조약의 모든 당사자의 만장일치에 의한 동의가 요구된다는 전통적 입장을 지지하였다. 즉, 다자협약에 대한 유보는 어느 한 국가라도 반대할 경우 유보국이 동 협약의 당사자가 될 수 없다는 것이다.

2. Alvarez 판사의 반대 의견

Alvarez 판사는 다자협약을 통상의 다자협약과 특별한 성격을 가진 다자협약으로 구분하면서, 후자는 ① 국제기구 설립협약, ② 일정한 국가들의 영토적 지위의 결정에 관한 협약, ③ 새로운 중요한 국제법상 원칙의 수립에 관한 협약, ④ 개인의 지위향상을 목적으로 사회적 및 인도주의적 관심사를 규율하는 협약을 포함한다고 보았다. 즉 이들은 보편적 성격을 가지는 점에서 국제사회의 헌법에 해당한다는 것이다. 제노사이드협약은 위의 ③ 또는 ④에 속하는 유형으로, 그 내용 및 제정방식에 비추어 볼 때 각 조항은 분리할 수 없는 일체를 이루는 관계이므로 유보의 대상이 될 수 없다고 주장하였다.

Ⅴ 평석

1. 유보의 허용 – 조약의 보편성 대 조약의 통일성

제노사이드협약과 같이 당해 다자협약문 자체에서 유보에 관한 규정이 없는 경우, 동 협약에 대해 유보를 할 수 있는가 하는 유보행사의 가능성 문제가 일차적으로 제기된다. 이 때 조약의 보편성과 조약의 통일성이라는 두개의 가치가 충돌하는데, 전자를 지지하는 입장에 의하면 유보의 자유로운 허용이 조약에 대한 보다 많은 국가의 참여를 촉진하게 된다고 주장한다. 이에 반해 후자를 강조하는 입장에 따르면 조약의 내용은 어디까지나 본래 합의된 형태로 유지되어야 한다. 유보의 허용 여부 문제를 합리적으로 해결하기 위해서는 조약의 보편성과 통일성 간의 타협을 모색해야 하므로, ICJ의 권고적 의견은 이러한 상반된 요청 간에 균형을 추구한 것이라고 볼 수 있다. 1969년 조약법협약 제19조[12])에서도 이러한 입장을 수용하였다.

2. 유보의 제한 – 조약의 대상 및 목적과의 양립

ICJ는 당해 협약의 대상 및 목적이 유보를 행사할 자유 및 유보에 대해 반대할 자유 양자를 모두 제한한다고 지적하였다. 즉, 유보와 당해 협약의 대상 및 목적과의 양립성은 당해 유보의 허용성을 평가함에 있어 모든 국가들이 따라야 하는 기준이자 행위준칙인 것이다.

이러한 기준에 대해 올바른 평가를 내리기 위해 다음의 두 개념이 제기된다.

첫째, '허용성' 기준에 따르면 협약의 대상 및 목적과 양립하지 않는 유보를 하는 경우 이러한 유보는 바로 무효가 될 뿐 아니라, 일부 혹은 모든 국가가 이러한 유보를 수락하더라도 당해 유보를 유효로 전환시킬 수 없다. 즉, 허용될 수 없는 유보는 수락될 수 없다.

---

12) 국가는 다음의 경우에 해당하지 아니하는 한 조약에 서명·비준·수락·승인 또는 가입할 때에 유보를 형성할 수 있다.
    (a) 그 조약에 의하여 유보가 금지된 경우 (b) 문제의 유보를 포함하지 아니하는 특정의 유보만을 행할 수 있음을 그 조약이 규정하는 경우 또는 (c) 상기 세항 (a) 및 (b)에 해당되지 아니하는 경우에는 그 유보가 그 조약의 대상 및 목적과 양립하지 아니하는 경우(조약법협약 제19조).

둘째, '대항성' 기준에 의하면 유보의 효력은 단지 다른 체약국들에 의한 유보의 수락에만 의존하게 된다. 즉, 어느 유보가 본질적으로 조약의 대상 및 목적과 배치된다고 할지라도 어느 국가가 정책적 이유로 인해 그러한 유보를 수락할 경우, 이를 막을 방도가 없다는 것이다. 요컨대 ICJ는 권고적 의견에서 유보의 양립성 판단을 개별 국가의 주관적 판단에 맡김으로써 유보국의 지위에 있어 종국성 및 확실성을 확보하지 못하였다. 또한 이러한 다자협약의 구속을 받는 국가 및 이들 국가가 갖는 의무의 범위에 대한 결정을 어렵게 함으로써 협약의 기초 자체를 불안정하게 할 수 있다는 비판을 면하기 어렵다.

CASE 8. 폴란드령 상부 실레지아 지역에서 독일인 이권에 관한 사건[13]

I 사실관계

제1차 세계대전의 패전국인 독일은 1922년 폴란드와 상부 실레지아에 대한 양국 관계를 정한 제네바조약을 체결하고, 동 조약의 해석과 적용에 대한 분쟁에 대해서는 PCIJ 관할권을 인정하기로 합의하였다. 폴란드는 1920년 자국 내 소재 독일인 재산을 취득하는 법률을 제정하였다. 1921년 상부 실레지아는 폴란드령이 되었고, 폴란드는 1920년 법을 적용하여 독일인 소유의 질소공장을 국유화하였다. 독일은 폴란드의 국유화 조치가 제네바조약 위반이므로 질소공장을 반환할 것을 청구하는 소송을 PCIJ에 제기하였다.

II 법적쟁점

1. 폴란드의 국유화의 위법성
2. 폴란드의 베르사유조약 원용가능성
3. 권리남용에 의한 조약 위반의 성립 여부
4. 법원이 배상의 형식과 금액을 정할 수 있는지 여부

III PCIJ 판단

1. 폴란드의 국유화의 위법성

법원은 폴란드가 국내법을 적용하여 상부 실레지아의 독일인 소유 공장을 국유화한 것은 제네바협약을 위반한 것이라고 판시하였다. 즉, 폴란드의 국유화조치는 독일인의 사적재산·권리 및 이익에 관한 제네바협약을 위반한 것이다.

---

13) 독일 v. 폴란드, 상설국제사법재판소(PCIJ), 1925년(관할권) / 1926년(본안).

2. 폴란드의 베르사유조약 원용가능성

폴란드는 자국의 조치가 베르사유조약 및 1918년 휴전조약에 의해 자국이 획득한 권리를 확보하기 위한 조치라고 항변하였다. 그러나 PCIJ는 폴란드가 휴전조약 체결 당시 독일에 의해 교전국으로 간주되지 않았기 때문에 상기 조약의 당사국이 아니며 따라서 폴란드는 그 조약으로부터 권리를 취득할 수 없다고 판시하였다. 즉, 폴란드는 베르사유조약이나 휴전조약의 당사국이 아닌 제3국이므로 조약상대성의 원칙상 조약상의 권리나 이익을 향유할 수 없다고 판시한 것이다.

3. 권리남용에 의한 조약위반의 성립 여부

국제법에서도 권리남용에 의한 조약위반이 성립할 수 있다. 그러나 그 입증책임은 주장국가에게 있다. 폴란드는 독일이 권리를 남용하여 당해 지역에 있는 재산을 그 지역의 주권 양도 전에 이전하였으므로 독일이 제네바 조약을 위반하였다고 주장하였다. 이에 대해 PCIJ는 권리남용에 의한 조약위반을 인정하면서도 독일의 조치는 조약을 위반하지 않았으므로 권리남용이 아니라고 판시하였다.

4. 법원이 배상의 형식과 금액을 정할 수 있는지 여부

국제의무 위반의 존재를 결정한 법원은 이에 관한 배상의 형식과 금액을 결정할 권한이 있다고 판시하였다.

CASE 9. 프레아비헤아 사원 사건[14)

I 사실관계

1. 고대 사원인 프레아비헤아는 태국과 캄보디아의 국경을 이루고 있는 Dangrek산의 돌기에 위치하였고, 고고학적인 가치를 지닌 종교인들의 순례의 장소로 알려져 있는 곳이다. 이 사건은 동 사원의 귀속에 관한 것이다.

2. 1904년 당시 태국의 옛 명칭인 샴과 캄보디아의 보호국이었던 프랑스는 조약을 체결하여 양국의 국경선을 산의 분수령을 따라 정하기로 합의하였다. 이에 따라 실제 경계획정을 위하여 합동위원회를 구성하였으나 1907년까지 경계획정이 되지 않자, 샴 정부는 프랑스 조사단에게 이 지역의 지도 작성을 위임하였다. 1907년에 정식으로 발행되어 샴 정부에게도 전달된 프랑스 당국에 의해 작성된 지도에는 프레아비헤아 사원이 캄보디아 측에 위치한 것으로 되어 있었다.

3. 그 후 이 지역을 직접 답사한 샴정부는 문제의 사원이 실제로 자국 측 분수령에 위치하였다는 것을 알게 되었고, 자국의 경비대를 동 사원에 배치하였다. 이에 프랑스와 캄보디아는 이에 대하여 몇 차례의 항의를 하였다.

4. 1953년 캄보디아가 독립한 후, 이 사원에 대한 관할권을 회복하려 하였으나 이루어지지 않았고 문제 해결을 위한 외교협상도 실패하자, 캄보디아는 국제사법재판소에 해결을 부탁하였다.

---

14) Case Concerning the Temple of Preah Vihear, 캄보디아 v. 태국, ICJ, 1962년(본안).

Ⅱ 법적쟁점

1. 1908년에 작성된 지도의 효력

2. 태국이 착오의 법리를 원용할 수 있는지 여부

3. 묵인의 법리에 의한 취득 당시의 위법성 치유 여부

Ⅲ 판례요지

1. 1908년에 작성된 지도의 효력

1908년 당시 합동위원회 및 조사단이 작성한 지도에 확정적 효력은 부여되지 않았다. 따라서 이후 국가의 행동이 지도의 효력을 인정하였는지가 문제된다. 태국 당국이 지도의 교부를 받고 지도를 광범하게 배포하였으며, 합리적인 기간 내에 어떠한 대응도 하지 않았다. 또한 지도의 복제를 프랑스에 요구하기도 하였다. 이러한 사실은 태국이 지도에 구속력을 부여한 것으로 인정된다.

2. 태국이 착오의 법리를 원용할 수 있는지 여부

태국은 지도의 무효 사유로 '착오'를 원용할 수 없다. 태국은 지도가 합동위원회가 작성한 것이 아니고 더군다나 실질적인 착오에 의해 작성된 것이므로 무효라고 주장하였으나, 재판부는 당해 지도가 합동위원회의 작업에 기초하여 작성된 것으로, 작성상 착오가 있다고 하더라도 이는 태국이 지명한 조사단에 의해 작성되었고 태국이 이를 묵인하였으므로 무효를 주장할 수 없다고 판시하였다.

3. 묵인의 법리에 의한 취득 당시의 위법성 치유 여부

지도 작성이 끝난 이후에도 태국은 지도상의 국경을 인정하였다는 추정이 가능한 행동을 하였다. 1958년까지 지도에 대해 의문을 제기한 적이 없으며, 1934년 이후에는 동 지도를 공식적으로 사용해 오고 있다. 1937년에는 프랑스와 당시 국경을 재확인하기도 하였다. 또한 1930년 태국의 Darmong 왕은 동 사원을 공식 방문하여 프랑스 국기하에서 캄보디아 주재 프랑스 대표의 공식 접대를 받았다.

4. 판결

태국은 지도를 받은 시점에서 동 지도가 국경획정 작업의 결과를 가리키는 것으로서 그것을 수락하였고, 그 후의 행위도 이 수락을 인정한 것으로 판단할 수 있다. 따라서 분쟁지역의 국경은 지도상의 국경선에 의한다. 태국은 사원과 그 주변지역에서 군대, 경비대 등을 철수시켜야 하며, 동 사원에서 가지고 나온 고미술품 등을 캄보디아에 반환할 의무를 진다.

Ⅰ 사실관계

이 사건은 1962년 6월 15일 내려진 프레아비헤아(Preah Vihear) 사원 사건 판결문의 의미와 범위에 대해 분쟁 당사국이었던 캄보디아와 태국의 이견이 발생하자 캄보디아가 ICJ에 보다 명료한 해석을 청구한 사건이다. 캄보디아와 태국 국경에 위치한 이 사원의 영유권에 관해 ICJ는 1962년 6월 15일 프레아비헤아 사원은 캄보디아의 주권 하에 있는 영토 내에 위치하고 있고, 태국은 사원 또는 캄보디아 영토 내의 사원 주변에 주둔시킨 군, 경찰, 경비 또는 관리인을 철수해야 할 의무가 있다고 판결하였다. 2007년 캄보디아는 프레아비헤아 사원을 UNESCO 세계문화유산으로 등재할 것을 신청하였고 관련 규정에 따라 사원과 사원을 보호하기 위한 주변의 보호지대를 표시한 지도를 첨부하여 제출하였다. 이 지도는 사원이 위치한 지역 전체와 서쪽 지대 일부를 보호지대로 표시하고 있었다. 태국은 2007년 5월 17일 이에 항의하였고, 이후 양국이 서로 자국령이라고 주장하는 구역에서 수차례 무력 충돌이 발생하여 긴장이 고조된 가운데 2011년 4월 28일 캄보디아는 판결에 대한 해석 청구를 규정한 ICJ헌장 60조를 근거로 1962년 6월 15일자 판결문에 대한 해석을 청구하였다.

Ⅱ 법적쟁점

1. 관할권의 존부

2. 1962년 판결의 의미

3. 1962년 판결에 따른 태국군의 철수 범위

Ⅲ 국제사법재판소 판결

1. 관할권의 존부

태국은 ICJ헌장 제60조가 의미하는 분쟁 자체가 존재하지 않는다고 항변하였다. 태국이 1962년 판결을 이행하기 위해 각료회의 경계선대로 철군한 데 대해 캄보디아가 이의를 제기하지 않았고 UNESCO와 관련된 문제는 이미 진행 중이었던 양국 간의 국경획정에 관한 것이며 이는 1962년 판결의 대상이 아니었다는 것이다. 캄보디아는 1962년 태국이 일방적으로 각료회의 경계선을 정하고 철군 범위 지역을 획정한 데 대해 항의했었다고 반박하였으며 이후 캄보디아의 오랜 내전 기간 중 이 문제를 제기하지 못했다가 UNESCO 등재 과정에서 다시 불거진 것이라고 주장하였다. 재판부는 제60조의 해석 청구는 판결의 '의미와 범위에 관한 분쟁(dispute as to the meaning or scope)'이 있어야 하며 이 조항상의 분쟁이란 당사자 간의 의견이나 견해의 차이를 의미한다고 하였다. 또한 분쟁은 반드시 형식을 갖추어 제출되어야 성립하는 것이 아니라 당사국이 판결의 의미나 범위에 대한 상반되는 입장을 갖고 있다는 점을 표시하면 충분하되 문제된 판결의 주문에 관한 것이어야지 판결의 이유에 관한 것은 분쟁이 될 수 없다고 하였다.

---

15) Cambodia v. Thailand, 2013.11.11. 판결, 국제사법재판소.
16) 산업통상자원부 홈페이지(https://disputecase.kr) 게시 내용 요약 정리.

재판부는 1962년 판결이 사원 주변(vicinity of temple)에서 철수하라고 하였으나 주변의 경계에 대해서는 구체적으로 지정하지 않았으며 태국이 이를 일방적으로 획정하였다는 점은 인정하였다. 또한, 캄보디아가 이를 수용하였다는 태국의 주장과 달리 재판부는 캄보디아가 외교부가 1962년 11월 태국이 철조망으로 설정한 경계가 ICJ 판결과 합치되지 않는다고 문서로 항의하였음을 확인하였다. 결론적으로 재판부는 제60조 해석 청구는 기존 판결의 의미와 범위를 명확히 하려는 것이고 판결의 수정이나 결정되지 않은 문제에 대한 해답을 구하는 절차가 아니라고 전제하면서 1962년 판결 주문 제2항(철군 지역의 범위)과 Annex I 지도선의 법적 효과에 대해 해석할 필요성이 있다고 인정하였다. 이에 따라 재판부는 제60조상의 분쟁이 존재하고 해석청구를 심리할 관할권이 있다고 판시하였다.

2. 1962년 판결의 의미

분쟁의 쟁점은 태국이 철군해야 할 지역의 범위였다. 1962년 판결 주문 제2항은 태국이 사원과 캄보디아 영토 내 사원 주변 지역에서 철수하라고 결정하였으나 주변의 구체적 범위에 대해서는 언급하지 않았다. 재판부는 1962년 재판부 판결의 3가지 특징 사항을 제시하였다. 첫째, 당시 재판부는 사원 소재 지역의 영유권을 판단한 것이지 국경획정에 개입하지는 않았다고 확인하였다. 둘째, Annex I 지도나 국경선의 위치가 판결 주문에 언급되지 않았고 아무 지도도 판결문에 첨부되지는 않았으나 Annex I 지도가 1962년 재판부의 판결 논리 수립에 중심적인 역할을 하였다고 보았다. 셋째, 재판부는 1962년 재판부가 자신이 다루는 사건이 사원 지역의 영유권 분쟁임을 분명히 밝혔다고 보았다.

3. 1962년 판결에 따른 태국군의 철수 범위

재판부는 사원 주변이란 사원이 위치한 Preah Vihear 곶 전체를 의미하며 곶의 경계는 북쪽은 Annex I 지도선, 동쪽 및 남쪽은 절벽선, 서쪽 경계는 Phnum Trap 언덕과의 계곡선이라고 보고 이 범위 내에서 태국은 군, 경찰, 경비 등을 철수해야 할 의무가 있다는 의미라고 해석하였다. 재판부는 이를 토대로 1962년 판결 주문 제1항은 위에 규정한 대로의 영토에 대해 캄보디아가 주권을 보유하고 있으며 따라서 판결 주문 제2항은 이 영토 내에서 군, 경찰, 기타 경비 및 관리인을 철수할 것을 태국에게 요구하는 것이라고 결론내렸다.

I 사실관계

1. 1950년의 권고적 의견 이후에도 남아연방이 계속해서 서남아프리카에 대한 통치를 UN의 감독하에 두지 않자, UN총회는 결의 2145를 채택하여 남아연방이 위임통치규정과 헌장에 따라 서남아프리카를 통치하지 않았으며 위임통치는 이미 종료하였고, 따라서 남아연방은 서남아프리카를 통치할 어떠한 권한도 가지지 않는다고 선언하였다. 안전보장이사회(이하 안보리) 역시 결의 276을 채택하여 총회 결의를 재확인하였다.

2. UN의 이러한 행동에도 불구하고 남아연방이 UN결의를 계속해서 무시하자 안보리는 ICJ에 권고적 의견을 요청하였다.

II 권고적 의견 요청 사항

1. 남아연방의 나미비아에 대한 지속적 지배의 법적 문제

2. 남아연방의 나미비아에서의 지속적 지배에 대하여 안보리 결의 276이 다른 국가에게 미치는 법적 결과

III 권고적 의견 요지

1. 남아연방의 나미비아에 대한 지속적 지배의 법적 문제

재판소는 UN총회가 남아연방이 위임장상의 의무를 위반함으로써 위임통치는 종료되었다고 결의하였고 이를 안보리가 확인하였음에도 불구하고 계속해서 나미비아를 통치하는 것은 불법이며 즉각 나미비아로부터 철수해야 한다는 의견을 부여하였다. 재판소는 위임통치협정은 조약법에 관한 비엔나협약상의 조약이나 협약과 동등한 지위를 갖는 국제협정이며, 동 협정에 대한 실질적 위반(material breach) 시 동 협정은 종료된다고 하였다. 이러한 법원칙은 조약법에 관한 비엔나협약 제60조에 규정되어 있으며 동 조항은 국제관습법을 확인한 것이라고 하였다. 재판소는 UN총회가 남아연방의 위임통치협정의 실질적 위반을 확인하였으므로 남아연방의 나미비아에 대한 위임통치는 종료되었다고 판단하였다. 위임통치협정이 종료되었으므로 안보리 역시 나미비아로부터 남아연방의 철수를 위한 조치를 취할 권한이 있다고 판시하였다.

2. 남아연방의 나미비아에서의 지속적 지배에 대한 안보리 결의 276이 다른 국가에게 미치는 법적 결과

재판소는 UN 회원국은 남아연방의 나미비아 지배의 불법성 및 남아연방이 나미비아를 대신하여 또는 나미비아와 관련하여 취하는 조치의 무효(invalidity)를 승인해야 한다고 하였다. 또한 남아연방의 불법지배를 승인하거나 그러한 지배를 지지하거나 지원하는 것을 암시하는 어떠한 행동도 삼가야 한다고 하였다. 또한 UN 회원국이 아닌 국가도 나미비아와 관련하여 취해지는 UN의 조치에 대해 불승인, 불원조 등의 조치에 협력해야 한다고 판시하였다.

---

17) Legal Consequences for States of the Continued Presence of South Africa in Namibia(Southwest Africa), notwithstanding Security Council Resolution 276, ICJ 권고적 의견, 1971년.

CASE 12. 가브치코보 – 나기마로스 프로젝트 사건[18]

Ⅰ 사실관계

1. 1977년, 체코슬로바키아와 헝가리는 양국의 국경을 이루는 다뉴브강에 갑문시스템을 건설하고 운영한다는 내용의 조약(이하 1977조약)을 체결하였다. 동 조약은 체코슬로바키아의 영토인 가브치코보(Gabcikovo)와 헝가리의 영토인 나기마로스(Nagymaros)를 지나는 지역에 갑문을 설치하도록 하였으므로, 이를 Gabcikovo-Nagymaros Project(이하 G/N 프로젝트)라 하였다.

2. 1978년부터 진행된 공사에서 가브치코보 지역의 공사는 많이 진척되었으나, 헝가리에서는 당시의 심각한 정치적·경제적 변화로 인해 G/N 프로젝트에 대한 반대가 점점 심해졌으며, 헝가리는 결국 나기마로스에서의 공사를 중도포기하기에 이르렀다.

3. 이에 대해 체코슬로바키아는 대안으로서 일방적으로 다뉴브강 수로를 변경하는 내용의 Variant C를 결정하여 작업을 강행하였다. 양국 간 논의에도 불구하고 성과는 없었으며, 헝가리는 체코슬로바키아에게 1977조약을 종료한다는 통지를 보냈다. 이후 체코슬로바키아는 다뉴브강을 폐쇄하고 댐을 건설하는 공사에 착수하였다.

4. 1993년 체코슬로바키아는 체코와 슬로바키아로 분열되었으며, 같은 해에 헝가리와 슬로바키아는 G/N 프로젝트에 관한 양국 간의 분쟁을 ICJ에 회부하는 특별협정을 체결하였다.

5. 당사국들은 다음의 문제를 제기하였다.

(1) G/N 프로젝트와 1977조약상 헝가리가 공사를 중지하고 포기할 권한이 있는가?

(2) 체코와 슬로바키아가 Variant C를 운영할 권한이 있는가?

(3) 헝가리에 의한 1977조약의 종료 통지는 어떠한 법적 효과를 갖는가?

Ⅱ 법적쟁점

1. 조약법협약의 적용가능성

2. 조약의 근접적용 원칙의 적용가능성

3. 후발적 이행불능의 원용가능성

4. 사정의 근본적 변경의 원용가능성

5. 조약의 중대한 위반의 원용가능성

6. 조약의 승계 여부

7. 조약법과 국가책임법의 관계

---

18) Case Concerning Gabcikovo – Nagymaros Project, 헝가리 v. 슬로바키아, ICJ, 1997년.

Ⅲ 법원의 판단

1. 조약법협약의 적용가능성

우선 1969년 조약법에 관한 비엔나협약(이하 조약법협약)이 동 사건에 적용될 수 있는지가 문제되었다. 헝가리는 1977조약은 조약법협약이 양국 사이에서 발효되기 이전에 체결되었으므로 조약불소급 원칙에 따라 동 사건에 적용될 수 없다고 주장하였다. 한편 슬로바키아는 조약법협약 자체는 1977조약에 적용될 수 없으나, 조약법협약상 조약의 부적법, 종료, 시행정지에 관한 조문은 기존의 국제관습법을 반영한다고 주장하였다. ICJ는 이 사건에 대한 조약법협약의 적용가능성 여부에 대해서는 자세히 논의할 필요를 느끼지 못했고, 다만 동 협약 조문 중 일부, 특히 제60조 내지 제62조에 규정된 조약의 종료 및 정지에 관한 조문들이 기존의 관습법을 법전화하였다는 점을 지적하였다.

2. 조약의 근접적용 원칙의 적용가능성

헝가리는 슬로바키아의 Variant C가 1977조약의 중대한 위반에 해당한다고 비난하였으나, 슬로바키아는 Variant C의 건설 및 운영이 국제위법행위가 아니라고 주장하였으며, 그 근거로 소위 '조약의 근접적용 원칙(principle of approximate application)'을 제기하였다. 이 원칙은 계속적 효력을 지니는 법률문서가 당사국 일방의 행위로 인해 그대로 적용될 수 없을 경우에는 그 문서의 주된 목적에 가장 가깝게 근접하는 방법으로 적용되어야 한다는 것이다. 헝가리는 이러한 규칙이 국제법상 존재하지 않는다고 주장하였다. ICJ는 조약의 근접적용 원칙이라는 것이 존재하는지 결정할 필요가 없다고 보았다. Variant C는 비록 외적으로는 원래의 계획과 유사하더라도, 체코슬로바키아에 의한 일방적인 수로변경을 의미하므로 그 법적 성격에 있어서 원래의 계획과 상당히 다르다고 판단하였기 때문이다. 결론적으로 ICJ는 체코슬로바키아가 Variant C를 운영함에 있어서 1977조약을 적용했다기보다는 오히려 동 조약의 명시적 규정들을 위반하는 국제위법행위를 저질렀다고 판단하였다.

3. 후발적 이행불능의 원용가능성

1977조약 자체에는 종료에 대한 명시적 규정이 없으며, 당사국들이 폐기 또는 탈퇴의 가능성을 인정하는 의도가 보이지도 않는다. 따라서 헝가리는 자신의 종료통지의 적법성을 뒷받침하기 위해 우선 조약법협약 제61조[19]에 구현된 조약의 후발적 이행불능을 원용하였다. 즉, 조약의 시행에 불가결한 대상(object)으로서 '환경보호에 부합하며 양국이 공동으로 운영하는 경제적 합작투자'가 영원히 소멸되었으므로 1977조약이 이행불능 상태에 빠졌다고 주장하였다. ICJ는 1977조약이 경제적 요구와 환경적 요구를 고려하여 공사를 재조정할 수 있는 수단을 규정하고 있으므로 G/N 프로젝트를 규율하는 법적 체제가 소멸되지는 않았다고 판단하였다. 또한 설사 투자의 공동개발이 더 이상 불가능하다고 하더라도 이것은 헝가리가 1977조약상의 의무를 이행하지 않았기 때문이므로, 조약법협약 제61조 제2항에 따라 헝가리가 이를 조약종료사유로 원용하지 못한다고 지적하였다.

---

19) 조약법협약 제61조
   1. 조약의 이행불능이 그 조약의 시행에 불가결한 대상의 영구적 소멸 또는 파괴로 인한 경우에 당사국은 그 조약을 종료시키거나 또는 탈퇴하기 위한 사유로서 그 이행불능을 원용할 수 있다. 그 이행불능이 일시적인 경우에는 조약의 시행정지를 위한 사유로서만 원용될 수 있다.
   2. 이행불능이 이를 원용하는 당사국에 의한 조약상의 의무나 또는 그 조약의 다른 당사국에 대하여 지고 있는 기타의 국제적 의무의 위반의 결과인 경우에 그 이행 불능은 그 조약을 종료시키거나 또는 탈퇴하거나 또는 그 시행을 정지시키기 위한 사유로서 그 당사국에 의하여 원용될 수 없다.

4. 사정의 근본적 변경의 원용가능성

헝가리는 후발적 이행불능과 더불어 조약법협약 제62조[20]를 원용하여 1977조약 체결 당시의 사정들이 이후 발생한 여러 사건들에 의해 근본적으로 변하였기 때문에 동 조약을 종료시킬 수 있다고 주장하였다. 사정의 변경으로서 헝가리는 정치적 상황의 심각한 변화, G/N 프로젝트의 경제적 타당성 감소, 그리고 환경지식 및 새로운 환경법 규범의 발달을 열거하였다. 조약법협약은 사정변경의 원칙을 원용할 수 있는 요건을 엄격하게 규정하고 있는 바, 다음의 요건들이 모두 충족되어야 한다. 즉, 조약체결 당시에 존재했던 사정이 변경되었을 것, 그러한 사정의 변경이 근본적일 것, 당사국들이 예견할 수 없었던 사정변경일 것, 조약체결 당시의 사정의 존재가 조약의 구속을 받겠다는 당사국들의 동의의 본질적 기초를 구성했을 것, 그리고 사정변경의 효과가 앞으로 계속 이행되어야 할 의무의 범위를 급격하게 변경시킬 것 등이다. ICJ는 헝가리가 주장하는 사정의 근본적 변경이 위 요건들을 충족하는가 여부를 검토한 결과 그렇지 않다는 결론을 내렸다. 그 당시의 정치적 조건이 당사국들의 동의의 본질적 기초는 아니었으며, 그 변화가 장차 이행되어야 할 의무의 범위를 급격히 변화시킬 성질도 아니었다고 보았다. 또한 비록 G/N 프로젝트의 수익성이 1977조약 체결 시보다 줄어들었을 수 있지만 그 결과 당사국들의 조약상 의무가 급격히 변화될 정도는 아니라고 평가하였다. 환경지식과 환경법의 새로운 발전에 대해서도, ICJ는 이러한 것들이 전혀 예견될 수 없다고 생각하지는 않았으며 더구나 1977조약은 당사국들이 환경지식 및 환경법의 발전을 고려하고 조약 이행 시 이를 적용할 수 있는 조문을 두고 있음을 지적하였다. 요컨대 사정변경 원칙은 조약의 종료사유로 인정되기는 하지만 그것이 조약의 안정성에 미치는 위험 때문에 매우 예외적으로만 인정되는 것이다.

5. 조약의 중대한 위반의 원용가능성

헝가리는 체코슬로바키아가 1977조약상의 수질보호 및 자연환경보호 의무를 준수하지 못했을 뿐 아니라 Variant C를 건설하고 운영함으로써 조약을 중대하게 위반하였다고 주장하였다. 그리고 체코슬로바키아의 이러한 위반이 선행되었으므로 조약법협약 제60조[21]에 따라서 1977조약의 종료는 정당하다고 주장하였다. ICJ는 Variant C를 불법으로 보면서도, 체코슬로바키아가 공사에 착수했을 때부터 불법이 아니라 다뉴브강 물을 우회수로로 돌렸을 때에 비로소 1977조약이 위반되었다고 보았다. 즉, 헝가리가 종료통지를 보냈을 때는 1977조약 위반이 아직 발생하지 않았으므로, 헝가리는 조약위반을 종료사유로 원용할 수 없으며 종료통지는 시기상조이자 효력이 없다고 판단하였다.

---

20) 조약법협약 제62조
    1. 조약의 체결 당시에 존재한 사정에 관하여 발생하였으며 또한 당사국에 의하여 예견되지 아니한 사정의 근본적 변경은 다음 경우에 해당되지 아니하는 한 조약을 종료시키거나 또는 탈퇴하기 위한 사유로서 원용될 수 없다.
      (a) 그러한 사정의 존재가 그 조약에 대한 당사국의 기속적 동의의 본질적 기초를 구성하였으며 또한 (b) 그 조약에 따라 계속 이행되어야 할 의무의 범위를 그 변경의 효과가 급격하게 변환시키는 경우
    2. 사정의 근본적 변경은 다음의 경우에는 조약을 종료시키거나 또는 탈퇴하는 사유로서 원용될 수 없다.
      (a) 그 조약이 경계선을 확정하는 경우 또는 (b) 근본적 변경이 이를 원용하는 당사국에 의한 조약상의 의무나 또는 그 조약의 다른 당사국에 대하여 지고 있는 기타의 국제적 의무의 위반의 결과인 경우
    3. 상기의 제 조항에 따라 당사국이 조약을 종료시키거나 또는 탈퇴하기 위한 사유로서 사정의 근본적 변경을 원용할 수 있는 경우에 그 당사국은 그 조약의 시행을 정지시키기 위한 사유로서 그 변경을 또한 원용할 수 있다.
21) 양자조약의 일방당사국에 의한 실질적 위반은 그 조약의 종료 또는 시행의 전부 또는 일부의 정지를 위한 사유로서 그 위반을 원용하는 권리를 타방당사국에 부여한다(조약법협약 제60조 제1항).

6. 조약의 승계 여부

체코슬로바키아는 체코와 슬로바키아로 분열되었다. 헝가리는 당사국 일방이 소멸한 경우 양자조약의 자동승계를 규정하는 국제법 규칙은 없으며 그러한 조약은 승계국과 나머지 당사국 사이의 명시적 합의에 의해서만 승계될 수 있다고 주장하였다. 또한 조약에 대한 국가승계에 관한 협약(이하 조약승계협약) 제34조가 국가분열 시 자동승계를 규정하고 있지만 헝가리는 이 조약을 비준한 적이 없다고 주장하였다. 한편 슬로바키아는 조약승계협약 제34조가 관습법을 선언한 것이며, 1977조약은 조약승계협약 제12조상의 '영토에 부착되는' 조약에 해당한다고 주장하였다. ICJ는 조약승계협약 제34조가 관습법을 나타내는 것인지 여부에 대해서는 판단을 유보하였고, 대신 1977조약의 성격과 특징에 주목하였다. 조약승계협약 제12조는 국제관습법을 반영하는 것인데, 1977조약은 영토제도를 설정하는 조약, 즉 다뉴브강의 관련 지역에 '부착되는' 권리 의무를 창설한 조약이므로 1993년부터 슬로바키아가 이 조약의 당사국이 되었다고 결론을 내린 것이다.

7. 조약법과 국가책임법의 관계

재판 과정에서 헝가리와 슬로바키아는 조약법과 국가책임법 간의 관계에 대해 상이한 주장을 전개하였다. 헝가리는 G/N 프로젝트가 가진 환경위험에 근거하여 '생태학적 긴급피난' 상태를 원용하였고, 따라서 동 조약의 종료가 정당화된다고 주장하였다. 이에 대해 슬로바키아는 긴급피난은 조약법협약이 인정하는 조약의 정지 혹은 종료 사유가 아니라고 주장하였다. ICJ는 조약의 발효, 적법한 정지 또는 폐기 여부는 조약법에 따라서 판단할 문제이며, 조약법을 위반한 정지 또는 폐기가 국가책임을 발생시키는 범위는 국가책임법에 따라 판단할 문제라고 보았다. 따라서 ICJ는 국가책임법상의 위법성 조각사유인 긴급피난이 1977조약상 의무의 이행중지 및 종료의 사유가 될 수 없다고 판단하였다. 긴급피난 상태가 존재할 경우 그것은 조약을 위반한 국가의 위법성을 제거할 수 있을지언정 조약을 종료시키지는 않는다는 것이다.

기출 및 예상문제

1. 1995년 A국과 B국은 양국을 가로질러 흐르는 국제하천의 수질보전과 항행개선을 위한 시설물들을 설치하여 양국의 영구적 공동관리하에 두도록 규정한 양자조약을 체결·시행하였다. 그러던 중 2009년 B국이 소멸하고 새로운 국가인 C국이 과거 B국의 영역에 성립하였다. C국은 동 조약을 승계하는가? (20점) [2009행시]

2. 다음 설명을 참조하여 아래 질문에 답하시오. (총 40점) [2007행시]

   그란데강은 A국과 B국을 흐르는 국제하천이다. A국과 B국은 이 강으로 부터 수자원 등의 이익을 공유하고자 A국에 X수문을, B국에 Y수문을 각각 건설하는 조약을 체결하였다. 이 조약에 따라 공동사업이 진행되던 중, B국은 Y수문의 설치가 자국의 환경을 파괴한다는 국내 여론이 거세지자, 생태적 필요성(ecological necessity)을 원용하여 Y수문 건설사업을 일방적으로 중단하였다.

   (1) B국이 자국의 조약의무 불이행을 정당화하기 위하여 원용할 수 있는 사유를 일반국제법상의 논리에 기초하여 설명하시오. (20점)

   (2) A국은 B국의 조약의무 불이행을 이 조약의 종료사유로 원용할 수 있는가? (10점)

   (3) 만일 A국이 이 조약을 종료시키고자 할 경우 취해야 할 절차를 설명하고, 이와 관련하여 B국으로부터 이의가 제기되는 경우 분쟁해결절차를 설명하시오. (10점)

CASE 13. 상부 사보이 & 젝스 자유지대 사건[22]

Ⅰ 사실관계

1. 1815년 11월 20일 파리조약에 의해 상부 사보이와 젝스 지역이 프랑스에서 스위스에 할양되고 동 지역에 자유지대가 설정되었다.

2. 1919년 베르사유조약 제435조는 1815년 조약규정이 현상에 적합하지 않음을 인정하고 자유지대에 관해 스위스와 프랑스가 새롭게 지위를 결정하기로 합의한 내용을 규정하고 있다.

3. 스위스는 '자유지대에 관한 규정이 현상에 적합하지 않다'고 하는 부분에 유보를 하고 서명을 하였으나 국민투표 결과 비준하지 않았다.

4. 프랑스는 1923년 2월 자유지대 폐지에 관한 법률을 채택하고 그해 11월 10일부터 시행할 것을 스위스에 통고하였다.

5. 양국의 합의하에 PCIJ에 소송이 제기되었다.

Ⅱ 법적쟁점

1. 베르사유조약 제435조에 의해 자유지대가 폐지되는 것인가?

2. 동 조약이 당사국이 아닌 스위스에 효력이 있는가? (조약의 제3자효)

Ⅲ 판결요지

1. 베르사유조약 제435조에 의해 자유지대가 폐지되는 것인가?

베르사유조약 제435조는 자유지대의 폐지 의무를 부과한 조항이 아니다. 동조 제2항이 1815년 조약규정이 현상에 적합하지 않음을 인정하였으나 그것이 곧 현상 부적합으로 인한 폐지를 규정한 것은 아니다.

2. 동 조약이 당사국이 아닌 스위스에 효력이 있는가? (조약의 제3자효)

설령 동 조항이 폐지 의무를 부과하였다고 하더라도 동 조약에 가입하지 않은 스위스는 제3국이므로 동 조약상의 의무를 부담하지 않는다. 스위스는 명백히 자유지대에서의 관세제도 변경에는 반대하였기 때문이다.

3. 판결

프랑스는 1815년 조약상의 의무를 준수해야 하며, 동 조약에 위반하여 설치한 관세선을 철폐해야 한다.

---

22) Free Zones of Upper Savoy and the District of Gex, 스위스 v. 프랑스, PCIJ, 1932년.

전쟁당사국이었던 A국과 B국은 조약(이하 'X조약')을 체결하여 패전국인 A국의 영토 일부를 승전국인 B국에 이전하되 동 지역에 '자유지대'를 설정하기로 합의하였다. 이로부터 약 100년이 지난 다음 A국과 B국은 C·D·E국과 함께 F국 및 G국을 상대로 전쟁을 하여 A·B·C·D·E국이 승리하였다. A국과 B국은 할양된 영토의 반환 및 자유지대 철폐를 위해 수차례 교섭을 벌였으나 합의가 성립되지 않고 분쟁이 고조되었다. 이에 대해 C국의 중대로 A·B·C·D·E국은 다자조약(이하 'Y조약')을 체결하여 A국과 B국의 국경의 변경 필요성을 인정하고 평화적으로 국경선을 변경하기로 합의하였다. 그러나 이에 대해 B국 국민들의 강력한 반대로 B국은 동 조약을 비준하지 못하였다. B국은 'Y조약' 당사국 대사들에게 자국은 'X조약'에 의해 창설된 법적 상황을 변경할 의사가 없음을 명확히 하였다. 그럼에도 불구하고 동 조약은 발효하였다. A국과 B국은 이후에도 교섭을 지속하였으나 끝내 타결되지 못하였고 A국은 X조약을 사정변경, B국의 동의 및 자국의 국내법을 이유로 일방적으로 폐기하고 당해 지역에 군대를 주둔시켰다. 이와 관련하여 다음 물음에 답하시오. 단, A·B·C·D·E국은 모두 1969년 조약법에 관한 비엔나 협약 당사국들이다. (총 40점)

(1) A국이 사정변경을 이유로 동 X조약을 일방적으로 폐기할 수 있는가? (15점)

(2) A국은 'Y조약'을 이유로 국경을 변경할 수 있는가? (15점)

(3) A국은 자국의 국내법에 기초하여 국경을 변경할 수 있는가? (10점)

제3장 | 국제법과 국내법의 관계

CASE 14. Mortensen v. Peters 사건[23)]

I 사실관계

모르텐슨(Mortensen)은 덴마크 국민으로서 영국에 거주하며 노르웨이 선적 어선의 선장이었다. 그는 스코틀랜드 연안인 Moray Firth로부터 3해리 밖의 지점에서 저인망 어업을 하던 중 영국 경찰에 체포되었다. 당시 스코틀랜드 국내법에 따르면 Moray Firth 전역에서 저인망 어업이 금지되었기 때문이다. Moray Firth는 입구의 양 곳을 잇는 직선거리가 73~76해리에 이르는 거대한 만이다. 당시 국제관습법상 영해는 기선으로부터 3해리로 간주되고 있었다.

II 당사자 주장

1. 모르텐슨의 주장

모르텐슨은 자신이 외국인이므로 스코틀랜드 법의 적용을 받지 않는다고 항변하였다. 또한 자신이 조업하던 지점은 국제법상 영국의 영역이 아닌 곳이므로 동 법은 영국 영토 밖의 외국인에게 적용되어서는 안 된다고 주장하였다.

2. 영국 검찰의 주장

그러나 영국 검찰은 국제법상 당해 지점은 영국 영해 내에 속하는 수역이며, 설령 당해 지점이 영국의 영해가 아니라 하더라도 그 곳에서의 어업보호를 위한 조치는 주권자에 의한 보호행위로 인정된다고 반박하였다.

---

23) High Court of Judiciary of Scotland, 1906년.

Ⅲ 법적쟁점

1. 동 법이 영국인에게 한하여 적용되며 외국인인 모르텐슨에게는 적용되지 아니한가?

2. 문제의 수역은 국제법상 영국 영역 밖의 수역이므로 영국법이 적용되지 아니한가?

3. 영국법원은 국제법에 위배되는 국내법의 구속을 받지 아니한가?

Ⅳ 판례요지

1. 동 법의 외국인에 대한 적용 여부 – 적극

영국 법원은 동 법이 외국인에게도 적용된다고 판시하였다. 첫째, 입법기관이 장소를 기준으로 위법행위를 규정한 경우 '모든 사람'에게 동법을 적용할 의사를 가진 것으로 추정할 수 있다. 둘째, 동법의 입법목적 달성을 위해서는 동법이 외국인에게도 적용된다고 해석해야 한다. 저인망 어업이 영국인에게만 금지되고 외국인에게는 허용되지 아니한다면 동법의 목적을 달성할 수 없을 것이다.

2. 영국 영역 밖의 수역에 대한 영국법의 적용가능 여부 – 적극

영국법원은 설령 모르텐슨의 조업 수역이 영국 영역 밖이라 할지라도 반드시 영국법의 적용에서 배제된다고 볼 수 없다. 3해리 밖에서도 육지에 둘러싸인 수역에 규제를 인정한 다수 판례가 있다.

3. 국제법에 위반되는 국내법에 대한 법원의 기속 여부 – 적극

설령 동법이 국제관습법에 위반되는 내용을 규정하고 있다고 하더라도 영국법원은 동법을 적용해야 한다. 상원과 하원에서 적법하게 통과되고 왕의 재가를 얻은 의회법률은 최고법으로서 법원은 동 법의 유효성을 인정해야 할 의무가 있다.

CASE 15. Paquete Habana호 사건[24]

Ⅰ 사실관계

파케트 하바나(Paquete Habana)호는 스페인 선적으로서 스페인 국민이 소유하였으며 쿠바해역에서 연안어업에 종사하고 있었다. 1898년 미국 – 스페인 간 전쟁이 발발하였고 동 선박은 조업을 중단하고 귀항하던 중 쿠바 인근 해역에서 미국 군함에 나포되었다. 동 선박은 해역에서 잡은 어물을 선적하고 있었으며 봉쇄함대에 의해 정선명령을 받을 때까지 전쟁이나 해상봉쇄에 대해 알지 못하였다. 또한 무기나 탄약을 적재하지 않았으며 도주하거나 항거하지도 않았다. 하급법원 판결을 통해 동 선박과 적하물은 몰수되었다.

Ⅱ 법적쟁점

1. 미국법원은 국제관습법을 적용해야 하는가?
2. 국제관습법상 어업에 종사하는 교전국 선박을 몰수할 수 있는가?

Ⅲ 판결요지

1. 국제관습법의 미국 국내법적 지위

미국 대법원은 국제법의 미국 국내법 체계에 대한 '수용'을 확인하였다. 국제관습법은 미국법의 일부이다. 다만, 국제관습법이 의회제정법보다는 우선 적용될 수 없다고 판시하였다.

2. 국제관습법상 적국 어선의 몰수 인정 여부 – 소극

대법원은 국제관습법상 교전국의 선박이라 할지라도 평화롭게 어업에 종사하는 선박에 대해서는 몰수할 수 없음을 확인하였다. 대법원은 이러한 내용을 규정하고 있는 다양한 조약이나 국내법을 확인하였으며 그러한 관행이 국제관습법으로 확립되어 있다고 판시하였다. 요컨대, 비무장 상태에서 어업 및 운송에 평화적으로 종사하는 연안어선은 어구·생활용품·적하물·선원과 함께 포획에서 면제된다는 국제법 규칙이 세계 문명 제국의 일반적 동의에 기초하여 확립되어 있다. 이러한 규칙은 가난하고 근면한 사람들에 대한 인도상의 고려와 교전국 상호 간의 편익에 기초한다. 따라서 미국 군함의 파케트 하바나호 나포는 위법이므로 어선 및 그 적하물 매각 대금을 반환하고 손해를 배상해야 한다.

---

24) 미국연방최고재판소, 1900년.

Ⅰ 사실관계

외국인(일본인)인 원고는 1948년에 매수한 특정 토지가 주에 복귀되었다고 선고한 판결에 항변하여 상소하였다. 미국과 일본 사이에는 원고에게 토지소유권을 부여하는 조약은 없었다. 상소에서 제시된 유일한 문제점은 캘리포니아주 외국인토지법의 유효성에 관한 것이었다. 원고는 토지법이 UN 회원국으로 하여금 인종차별 없이 인권과 기본적인 자유의 준수를 촉진시킬 것을 굳게 맹세케 한 UN헌장의 서문과 제1조, 제55조 및 제56조의 규정에 의하여 무효라고 주장하였다.

Ⅱ 법적쟁점

본 건에서 쟁점이 된 사항은 캘리포니아주법이 UN헌장에 위반되어 무효가 되는가 하는 문제였다. 이와 관련하여 주 대법원은 UN헌장상 관련 규정이 자기집행성을 갖는지의 관점에서 검토하였다.

Ⅲ 판결요지

1. 판결

대법원은 원고의 청구를 인정하지 않았다. 즉, 원고가 의거한 헌장규정들은 현재의 미국 국내법을 변경하고자 하는 의도가 있다고 볼 수 없어 관련 규정들이 외국인토지법을 무효하는 작용을 한다고 볼 수 없기 때문이다.

2. 판결이유

(1) 조약(규정)의 자기집행성 판단 기준

대법원은 조약규정이 자기집행적인 것이 아니면 그것과 모순되는 국내법을 자동적으로 폐기할 수 없다고 전제하였다. 조약이 자기집행적인지를 결정하기 위해서는 조약의 용어에 의해 명시된 서명당사국들의 의도를 주의 깊게 살펴보아야 하고, 만약 그 조약이 불확실한 경우에는 그 실시를 둘러싼 상황에 의존해야 한다고 하였다. 또한 조약규정이 별도의 입법조치 없이 효력을 발생하고 강제력을 가지며, 또한 제정법의 효력을 갖기 위해서는 조약체결국들이 독자적으로 법원에서 집행될 수 있는 법규를 규정하려고 의도한 것이 명백해야 한다고 하였다.

(2) UN헌장 관련 규정의 자기집행성

자기집행성 판단기준에 비추어 볼 때 대법원은 UN헌장 서문 및 관련 규정은 자기집행성이 없다고 판단하였다. 우선 헌장의 서문과 제1조 규정은 UN의 일반적인 목적을 기술한 것이지 개별 회원국에 법적 의무를 부과하거나 사인에게 권리를 창설해 주려는 취지가 아니라고 하였다. 또한 UN 회원국들이 인권의 존중과 준수를 촉진시킴에 있어서 국제기구와 협력하기 위하여 그들 스스로 의무를 부과하는 헌장 제55조 및 제56조의 규정 역시 국내 입법활동을 전제로 하는 것임이 명백하다고 판시하였다. 즉, 헌장 제55조 및 제56조에서 사용된 용어는 자기집행적 효력을 발생하여 사인 간에 권리와 의무를 갖게하는 조약으로 채택된 것이 아니라고 하였다. 요컨대, UN헌장의 관련 규정은 입법자들이 자기집행성을 갖도록 의도한 것이 아니기 때문에 별도의 입법조치가 없는 한 그것과 모순되는 국내법을 자동적으로 폐지한다고 할 수 없다.

---

25) 캘리포니아주 대법원, 1952년.

CASE 17. 알라바마호 중재 사건[26]

Ⅰ 사실관계

1. 미국의 남북전쟁 당시 북군에 의해 항구가 봉쇄되고 물자 및 노동자가 부족하게 되자 남군은 군함건조에 어려움을 겪게 되었다. 이에 따라 남군은 당시 남군을 교전단체로 승인하여 중립국의 지위에 있었던 영국의 민간 조선소에 군함건조를 발주하였다. 알라바마호는 영국에서 건조된 배 중 한 척이었다.

2. 1862년에 영국에서 건조된 알라바마호는 포르투갈령 Azores까지 항행한 다음 Azores 군도에서 별도로 영국에서 도착한 선박으로부터 탄약, 무기 및 병력을 공급받았다. 알라바마호는 1864년 침몰될 때까지 북군 소속 상선의 포획에 종사하였으며 북군에 대해 상당한 손해를 끼쳤다.

3. 남북전쟁이 끝난 이후 북군은 알라바마호가 해상 포획에 종사하여 끼친 손해에 대한 배상을 영국에 대해 청구하였다. 1871년 동 사건을 중재재판에 회부하기 위한 워싱턴조약이 체결되었다.

4. 중재재판준칙(워싱턴 3원칙)은 세 가지로 확정되었다. 첫째, 중립국 정부는 자국과 평화관계에 있는 국가를 상대로 순찰용 또는 전투용 선박이 될 수 있는 상당한 근거가 있는 일체의 선박이 관할권하의 영토에서 건조되거나 무장되는 것을 방지하기 위해 상당한 주의를 기울여야 한다. 둘째, 중립국 정부는 자국의 항만이나 영해가 일방교전국의 적국에 대한 해군작전 근거지로서 또는 무기나 군수품의 보충 등을 위해 이용되는 것을 허용해서는 안 된다. 셋째, 중립국 정부는 이상과 같은 의무 위반을 방지하기 위해 자국의 항만 및 영해 내의 사람에 대하여 상당한 주의를 기울여야 한다.

Ⅱ 법적쟁점

1. 영국의 중립 의무 위반 여부
2. 국내법의 불비와 국가책임 회피가능성

Ⅲ 판결요지

1. 영국의 중립 의무 위반 여부 – 적극

영국은 중립국의 의무를 다하기 위해 상당한 주의를 기울이지 않았다. 특히 영국은 선박의 건조 중에 미국으로부터 경고와 항의를 받았음에도 불구하고 상당한 기간 내에 효과적인 조치를 취하지 않았다. '상당한 주의'는 중립국의 의무 위반에 의해 발생하는 교전국의 위험 정도와 비례해서 판단해야 한다. 영국은 선박의 추적과 나포를 위해 일련의 조치를 취했으나 조치가 불완전하여 어떠한 성과도 올리지 못했다. 또한 알라바마호는 영국의 식민지 항구에도 자유로이 입항을 허가받기도 하였다. 중재재판정은 영국이 중립국으로서의 의무를 태만히 하여 미국 측에 발생한 손해에 대해 1,550만 달러를 지불하도록 판정하였다.

---

26) Alabama Claims Arbitration, Mixed Claims Commission, US v. United Kingdom, 1872년.

2. 국내법의 불비와 국가책임 회피가능성 – 소극

영국 정부는 영국 국내법상 선박의 건조를 금지할 법률이 없어 이를 막을 수 없었다고 항변하였다. 그러나 중재재판정은 국내법이 미비하다는 이유로 중립 의무 위반을 정당화할 수는 없다고 반박하였다.

CASE 18. 급식조례 사건[27]

Ⅰ 사실관계

1. 전북의회는 2003년 10월 30일 전북급식조례안을 의결하였다. 본 조례안은 전라북도에서 생산되는 우수 농수축산물과 이를 재료로 사용하는 가공식품을 전라북도의 초·중·고등학교에서 실시하는 학교급식에 사용하도록 지도·지원하는 것을 골자로 하고 있다. 이는 학생의 건전한 심신의 발달과 전통식문화에 대한 이해증진 및 전라북도 지역 농산물의 소비촉진과 안정된 수급조절에 이바지함을 목표로 하고 있다(조례안 제1조).

2. 전북의회는 2003년 10월 30일 동 조례안을 전북 교육청에 이송하고 전북 교육청은 같은 해 11월 14일 동 조례안이 GATT 제3조에 위반된다는 이유로 전북의회에 재의를 요구하였으나 전북의회는 같은 해 12월 16일 조례안을 원안대로 재의결하여 해당 조례안을 확정하였다.

3. 재의결이 내려지자 전북교육감은 지방자치법상의 기관소송을 통하여 문제된 조례안은 GATT 제3조 위반이므로 효력이 없다는 취지의 소를 대법원에 제기하게 된 것이다.

Ⅱ 법적쟁점

1. 본안 전 항변 – 재판권 흠결

2. GATT 제3조 제1항[28]·제4항[29]에 위반되는지 여부

3. GATT 제3조 제8항 제a호[30]에서의 예외사항에 해당하는지 여부

---

27) 대법원 2005.9.9.선고, 2004추10판결
28) 체약국은 상품의 국내판매, 판매를 위한 제공, 구매, 수송, 분배 또는 사용에 영향을 주는 법률, 규칙 및 요건과, 특정수량 또는 비율로 상품을 혼합하거나 가공 또는 사용하도록 요구하는 내국의 수량적 규정이 국내생산을 보호하기 위하여 수입상품 또는 국내상품에 대하여 적용하여서는 아니된다는 것을 인정한다(1994GATT 제3조 제1항).
29) 다른 체약 당사자의 영토내로 수입되는 체약당사자 영토의 상품은 그 국내판매, 판매를 위한 제공, 구매, 운송, 유통 또는 사용에 영향을 주는 모든 법률, 규정, 요건에 관하여 국내원산의 동종 상품에 부여되는 대우보다 불리하지 않은 대우를 부여받아야 한다(1994GATT 제3조 제4항).
30) 이 조의 규정은 상업적 재판매 또는 상업적 판매를 위한 재화의 생산에 사용할 목적이 아닌, 정부기관에 의하여 정부의 목적을 위하여 구매되는 상품의 조달을 규율하는 법률, 규정, 또는 요건에는 적용되지 아니한다(1994GATT 제3조 제8항 제a호).

Ⅲ 판례요지

1. 본안 전 항변 – 재판권 흠결

피고 전라북도의회는 WTO협정 부속서 2의 '분쟁해결규칙 및 절차에 관한 양해' 제23조 제1항 및 제2항 제a호에 의하여 WTO협정에 대한 위반 여부에 대한 판정은 WTO 분쟁해결기구만이 재판권을 갖도록 하고 있으므로 이 사건 소는 재판권이 없는 대법원에 제기된 부적법한 소라고 항변하였다. 대법원은 재판관할에 관한 DSU 제23조 제1항 및 제2항 제a호는 WTO협정의 체약국들 간에 효력을 가질 뿐이므로 체약국이 아닌 광역지방자치단체 의회인 피고가 당사자인 이 사건에서는 적용되지 않는다고 판시하고 본안을 심리하였다.

2. GATT 제3조 제3항·제4항에 위반되는지 여부

(1) GATT 및 WTO협정의 국내적 효력

GATT는 1994년 12월 16일 국회의 동의를 얻고 같은 달 23일 대통령의 비준을 거쳐 같은 달 30일 공포되고 1995년 1월 1일 시행된 조약인 WTO협정의 부속협정은 헌법 제6조 제1항에 의하여 국내법령과 동일한 효력을 가지므로 지방자치단체가 제정한 조례가 GATT나 정부조달에 관한 협정에 위반되는 경우에는 그 효력이 없다고 할 것이다.

(2) 동 조례안이 GATT 제3조에 위반되는지 여부

동 조례안의 각 조항은 학교급식을 위해 전라북도에서 생산되는 우수농산물을 우선적으로 사용하게 하면서 식재료 구입비의 일부를 지원하게 하고 있다. 이는 결국 국내산품의 생산보호를 위하여 수입산품에 대해 국내산품보다 불리한 대우를 하는 것으로서 내국민대우 원칙을 규정한 GATT 제3조 제1항·제4항에 위반된다고 할 것이다.

3. GATT 제3조 제8항 제a호에서의 예외사항에 해당하는지 여부

전북의회는 전라북도가 음식재료를 현물로 조달하거나 음식재료 구입비를 지원하는 것을 내용으로 한 전북급식조례안의 규정들은 GATT 제3조 제8항 제a호에서의 예외사항으로 규정하고 있는 정부기관이 정부용으로 구매하는 물품에 해당하기 때문에 내국민대우 원칙을 규정한 GATT 제3조 제1항·제4항에 위반되지 않는다고 항변하였다. GATT 제3조 제8항은 정부용으로 산품을 구매하는 경우에 그 구매에 관하여는 내국민대우 원칙을 적용하지 않겠다는 취지에 불과하므로 이 사건과 같이 정부가 국내산품을 구매하는 자를 선별하여 지원하는 경우에 적용될 수 있는 것이 아니다. 또한 정부구매협정에서는 20만 SDR 이상의 물품계약에 한하도록 규정되어 있는데 조례안에서는 구매하거나 지원하는 금액에 대하여 아무런 제한을 두고 있지 않아 이 경우 정부구매협정 제3조 소정의 내국민대우 원칙에 위반한다.

1. WTO협정의 국내적 효력

(1) 한국 헌법 제6조 제1항과 조약의 자기집행성 · 직접효력 문제

헌법 제6조는 "헌법에 의하여 체결 · 공포된 조약과 일반적으로 승인된 국제법규는 국내법과 같은 효력을 가진다."라고 명시적으로 규정하고 있다. 이 때 '국내법과 같은 효력'의 의미와 관련하여 조약 · 헌법 동위설과 조약 · 법률동위설로 대별되는데, 후자가 다수설의 지위에 있으며 행정부도 후자로 파악하고 있는 것으로 보인다. 조약의 국내적 지위와 관련하여서는 서로 다른 견해가 있을 수 있으나 조약이 체결 · 공포되면 특별한 변형절차 없이 자동적으로 국내법으로 편입되는 일원주의를 채택한 것이라는 점에 있어서는 의견이 일치된다. 그러나 일원주의를 채택하고 있다고 해서 반드시 직접적용성 · 직접효력이 인정되어야 하는 것은 아니다. 미국처럼 일원주의를 채택하고 있는 국가도 자기집행적 조약과 비자기집행적 조약으로 나누어 구별할 수 있으며, 영국처럼 엄격한 이원주의를 채택하고 있는 국가도 예컨대 전쟁수행, 영토할양에 관한 조약은 이행입법조치 없이도 자기집행성을 가진다. 즉, 조약에 있어서 또는 조약내부의 일부 조항에 있어서 직접적용성을 인정할 것인지, 나아가 직접효력까지 인정할 것인지 여부는 당사국의 의도 · 조약문언의 모호성 여부 · 권력분립 원칙 · 사법판단 적합성 등을 고려하여 사안별로 판단해야 할 것이다.

(2) WTO협정의 국내적 효력에 대한 미국 · 유럽공동체 · 일본 · 중국의 태도

① 미국 – WTO협정의 자기집행성 부인: 미국은 조약과 국내법의 관계에 있어서 일원주의를 채택하고 있지만, 우루과이라운드협정법(URAA)은 WTO협정의 자기집행성과 사인의 소권을 부인하고 있다. 이는 일원주의 헌법하에서도 WTO협정에 대하여 예외적으로 이원주의 태도를 취하여도 법리상 아무런 문제가 발생하지 않음을 잘 보여준다. 즉, 한국헌법과 유사하게 일원주의를 택하고 있는 미국은 단순하게 법논리적 고려만 한 것이 아니라 국제통상에 있어서 대외협상력제고라는 정책적 목적을 고려하여 자기집행성 및 사인의 소권을 부정하였다.

미국 사법부는 1829년 Foster & Elam v. Neilson 사건을 시작으로 조약을 자기집행적 조약과 비자기집행적 조약으로 구별하여왔다. 조약의 자기집행성 판단기준은 미국 연방법원의 법리에 따르면 다음과 같다.

> (ⅰ) 조약체약 당사국의 처음부터의 의도가 문언에 나타난 경우
> (ⅱ) 조약동의권을 가진 기관이 일방적으로 자기집행성을 부여하지 않기로 처음부터 의도한 것이 준비문서 등에 나타난 경우
> (ⅲ) 어떤 조약의 조항이 단지 목적달성을 위한 희망 또는 염원에 불과한 경우
> (ⅳ) 조약의 부과하는 의무의 성질상 사법적 집행이 힘들만큼 모호한 경우
> (ⅴ) 법원의 판단에 따라 조약에 자기집행성을 부여하는 것이 적절하다고 판단될 경우
> (ⅵ) 헌법의 분립원칙에 따라 입법부의 전속적 권한사항인 경우
> (ⅶ) 민사 또는 형사사건에 있어서 조약이 사안의 소권을 창설하지 않는 경우 등이다.

② 유럽공동체 – WTO협정의 직접효력 부인: EC 이사회는 미국의 WTO협정 자기집행성 및 사인의 소권부인에 대한 상호주의적 대응 차원에서 WTO협정의 직접효력을 부인하고 있다. Portugese Republic v. Council 사건에서 직접적용성 문제가 다루어졌으며, 2003 Biret 사건, 2005 Van Parys 사건의 선결적 판결에서도 다루어졌는바 ECJ는 후자의 두 사건에서 개인은 WTO협정뿐만 아니라 WTO 분쟁해결기구의 판정을 원용하여서도 회원국 국내법원에 소를 제기할 수 없다고 하였다.

③ 일본 – 1947년도 GATT의 직접효력 부인: 일본헌법도 조약과 국내법의 관계에 있어서 일원주의를 채택하고 있는 것으로 평가받고 있다. 1984년 Kyoto Necktie 사건에서 1947 GATT의 직접효력 문제가 다루어진 바가 있었는데 1심인 교토지방재판소는 동 조약이 일본 국내법에 있어 직접효력을 가지지 않는다고 결정하였다. 일본의 태도는 미국 및 EC의 태도에 일치된다고 평가된다.

④ 중국 – WTO협정의 직접적용성 부인: 2001년 12월 11일 WTO의 회원국이 된 중국의 경우 조약의 국내적 효력에 관한 헌법조항은 없으나 실무상 조약의 직접적용성은 원칙적으로 부인된다. 중국 정부대표가 새로운 입법을 통해 WTO협정을 준수하겠다고 한 점, 국내법의 존엄성을 강조하며 조약의 국내법으로의 변환(transformation)을 명시적으로 언급한 점에 비추어 볼 때 WTO협정의 자기집행성 내지 직접효력을 부인하고 있는 것으로 평가할 수 있다.

(3) 한국에서의 WTO협정의 국내적 효력에 대한 검토

① 자기집행성에 대한 판단: 1994년 12월 7일 국회는 남북한 간 거래를 민족내부거래로 하고, 특히 농업분야의 피해를 최소화하기 위한 세계무역기구협정의 이행에 관한 특별법(이하 특별법)을 의결하였다. 이는 우리나라의 권리와 이익을 확보하고 협정의 이행으로 인해 발생할 수 있는 피해를 최소화함으로써 국민경제의 발전을 보장하는데 목적을 두고 있는데, 이 협정은 어디에도 WTO협정의 자기집행성에 관한 조항을 두고 있지 않다. 물론 이행입법의 제정 그 자체가 조약의 직접적용성을 부인하는 것은 아니지만, 현행 특별법의 입법취지, 목적, 내용 등을 종합적으로 고려해보면 일반적 소송에 있어서 WTO협정의 자기집행성을 인정하는 근거가 되지는 못한다.

② 직접효력에 대한 판단: 동 특별법이 직접효력을 명시적으로 부인하지 아니한 것이 직접효력을 간접적으로 인정한 것으로 해석될 수는 없다. 특별법의 주된 내용이 회원국의 국내법개정을 통해 회원국 간의 의무를 행할 것을 약속한 것에 불과한 것이지 사인에게 소를 제기할 수 있는 권리를 직접 부여한 것은 아니라고 보여진다.

2. WTO협정의 직접효력성 및 자기집행성 인정 시 발생가능한 문제점

(1) 외국기업의 남소 및 통상이익 침해가능성

WTO협정의 직접효력이 인정되면 WTO 회원국의 국민인 외국기업은 한국 중앙정부의 행정처분 등에 대해 WTO협정에 위반된다는 이유로 이의 취소 또는 무효소송을 한국법원에 직접 제기할 수 있게 된다. 예컨대, 한국은 2003년부터 미국산 쇠고기 수입을 광우병 위험을 이유로 금지하고 있는데, 미국의 쇠고기 수출업자는 SPS협정 위반을 이유로 한국법원에 적법하게 제소할 수 있다. 또한, 남북한 간의 거래가 GATT에 위배됨을 이유로 미국 등의 민간기업이 MFN 등의 위반을 이유로 소를 제기할 수 있을 것이다. 그렇게 되면 한국은 주요 교역 상대국이 누리는 협상의 여지를 처음부터 잃게 되어 국익에 큰 해가 초래될 수 있다.

(2) WTO 법리와 사법부 판결 간의 충돌가능성

일반적 소송사건에서 WTO협정의 직접적용성이 인정되면 관련 WTO협정 조항의 적용에 앞서 이의 해석이 필요하게 된다. 1969년 조약법협약에 근거한다고 하더라도 세 가지 방법론이 존재하며 WTO협정의 복잡한 조항을 해석함에 있어서 큰 어려움을 겪게 된다. 이러한 국제조약해석의 어려움과 더불어 호르몬 사건이나 석면 사건에서처럼 지극히 복잡한 과학적 증거평가 문제가 개입된다면 국내법원이 다루는 법리가 WTO 법리와 충돌하는 경우가 발생할 수 있다.

(3) 결론적 제언

인권이나 환경분야의 경우 상호주의라는 정책적인 고려가 없는 것이 조약의 목적을 달성하고 또한 규범성을 강화시키는데 도움이 될 수 있다. 그러나 국제통상 분야에서는 현재 상호주의가 최우선적으로 고려되고 있을 뿐만 아니라 자기집행성·직접효력성을 부인한다고 해서 완전고용과 경제성장을 달성하지 못하는 것도 아니다. 따라서 향후 일반적 소송사건에 있어서 만약 WTO협정의 자기집행성 또는 직접효력이 문제되는 경우에는 국제통상에 있어서의 상호주의 원칙을 적극 고려하여 이를 부인하는 것이 대외정책적 차원에서 바람직하다고 판단된다.

CASE 19. 반덤핑관세 부과처분 취소 사건[31][32]

I 사실관계

1. 원고

이 사건에서 원고 Shanghai ASA Ceramic Co. Ltd(이하 상하이 아사)는 중국 법에 의하여 설립된 회사로 중국 소재 관계회사인 Shanghai Fortune Ceramic Co. Ltd를 통하여 한국에 도자기질 타일을 수출하고 있었고, 원고 주식회사 옥타인터네셔날(이하 옥타)은 국내에서 원고 상하이 아사의 도자기질 타일을 독점 수입·판매하고 있었다.

2. 한국의 반덤핑관세부과

국내 도자기질 타일 생산·판매업체들은 2005.4.29. 무역위원회에 중국으로부터 도자기질 타일이 정상가격 이하로 수입되어 국내산업이 실질적인 피해를 받거나 받을 우려가 있으므로 관세법의 관련 규정에 따라 위 물품에 대한 덤핑방지관세 부과에 필요한 조사를 하여 줄 것을 신청하였다. 이에 따라 무역위원회는 2005.6.22. 조사 개시를 결정하고, 조사대상물품의 덤핑수입으로 인하여 동종 물품을 생산하는 국내산업에 실질적인 피해가 있다고 판정하고, 국내산업의 피해를 구제하기 위하여 원고 상하이 아사가 공급하는 물품에 대하여 29.41%, 기타 중국 11개 업체가 공급하는 물품에 대하여 2.76% 내지 29.41%의 덤핑방지관세를 향후 5년간 부과할 것을 재정경제부 장관(피고)에게 건의하기로 결정하였다. 피고는 위 건의에 따라 2006.5.30. 원고 상하이 아사가 공급하는 물품에 대하여 2005.12.30.부터 2010.12.29.까지 29.41%의 덤핑방지관세를 부과하기로 하였다.

3. 원고의 제소

원고들(상하이 아사, 옥타)은 이 사건 반덤핑관세 부과처분의 취소를 구하는 소를 서울행정법원에 제기하였는데, 특히 중국 회사인 상하이 아사는 이 사건 처분이 WTO반덤핑협정에 위반되므로 취소되어야 한다고 주장하였다.

---

31) 2008두17936판결(대법원, 2009.1.30.)
32) 주진열(2009), 한국 대법원의 WTO협정 직접효력 부인, 서울국제법연구, 제16권 1호.

4. 소송경과

제1심법원(서울행정법원)은 원고 옥타가 원고적격이 없다는 이유로 원고 옥타의 이 사건 소를 각하하고, 원고 상하이 아사의 이 사건 청구는 기각하였다. 이에 대해 원고들은 제1심 판결의 취소와 함께 이 사건 처분의 취소를 구하는 항소를 서울고등법원(원심)에 제기하였고, 원심은 상하이 아사의 청구에 대해 기각 판결하였고, 옥타에 대해서는 원고적격을 인정하면서도 본안 판단에서는 청구를 기각하는 판결을 내렸다. 원고들은 원심 판단에 불복해 상고하였다.

Ⅱ 법적쟁점

1. WTO협정에 대해 원고들이 원용할 수 있는지 여부(WTO협정의 직접효력성)

2. 피고(재정경제부 장관)의 처분이 WTO협정에 위반되어 취소되어야 하는지 여부

Ⅲ 법원 판결

원고들의 WTO협정 위반 주장에 대하여 대법원은 다음과 같이 판단하였다.
"원고들의 상고이유 중에는 우리나라가 1994.12.16. 국회의 비준동의를 얻어 1995.1.1. 발효된 '1994년 국제무역기구 설립을 위한 마라케쉬협정'(Marrakesh Agreement Establishing the World Trade Organization, WTO협정)의 일부인 '1994년 관세 및 무역에 관한 일반협정 제6조의 이행에 관한 협정' 중 그 판시 덤핑규제 관련 규정을 근거로 이 사건 규칙의 적법 여부를 다투는 주장도 포함되어 있으나, 위 협정은 국가와 국가 사이의 권리·의무 관계를 설정하는 국제협정으로, 그 내용 및 성질에 비추어 이와 관련한 법적 분쟁은 위 WTO 분쟁해결기구에서 해결하는 원칙이고, 사인(私人)에 대하여는 위 협정의 직접효력이 미치지 아니한다고 보아야 할 것이므로, 위 협정에 따른 회원국 정부의 반덤핑 부과처분이 WTO협정 위반이라는 이유만으로 사인이 직접 국내 법원에 회원국 정부를 상대로 그 처분의 취소를 구하는 소를 제기하거나 위 협정 위반을 처분의 독립된 취소사유로 주장하는 수는 없다고 할 것이어서, 이 점에 관한 상고이유의 주장도 부적법하여 이유 없다."

Ⅳ 평석

1. 위 판결 이전 우리나라 사법부의 WTO협정의 직접효력에 대한 입장

위 판결 이전 우리나라 사법부는 WTO협정의 직접효력성에 대해 대체로 긍정하는 태도를 보여주었다. 예컨대 전라북도 학교급식 조례안 판결(2004추10판결, 2005.9.9. 선고)에서 대법원은 전라북도 의회가 제정한 급식 조례가 WTO협정에 위반된다고 하는 전라북도 교육청의 주장을 인용하여 동 급식 조례의 무효를 선언한 바 있다. 이후 경상남도 학교급식 조례에 대해서도 WTO협정 위반을 이유로 무효를 선언하였다(2004추72판결, 2005.9.30. 선고).

한편, 하급심 판결인 서울행정법원 2006구합29782 판결(2007.12.24. 선고) 및 서울고등법원 2008누3618 판결(2008.9.5. 선고)에서 외국회사인 원고들의 WTO협정 위반 주장이 '본안 심리 후 기각'되기도 하였다. 또한 2005.9.1. 선고된 반덤핑관세 부과처분 취소 소송(2004구합5911) 판결에서 재판부는 인도네시아산 정보용지 및 백상지에 대한 재정경제부의 반덤핑관세 부과처분의 취소를 구하는 원고들(인도네시아법에 의하여 설립된 외국회사)에게 원고적격을 인정하고, 반덤핑관세 관련 조항인 관세법 및 관세법 시행령 이외에도 WTO반덤핑협정을 원용한 원고들의 청구를 본안 심리 후 기각하였다.

위 판결들에서 재판부들이 재정경제부의 반덤핑관세 부과처분이 WTO반덤핑협정에 합치되는지 여부에 대해 판단한 것은 결국 외국기업인 사인이 WTO협정을 원용하여 국내법원에 소를 제기할 수 있음을 간접적으로 인정한 것으로 볼 수 있다.

2. 위 대상판결에 나타난 직접효력 부인의 근거

대법원은 대상판결에서 사인에게는 WTO반덤핑협정의 직접효력이 미치지 아니한다고 하고, WTO 회원국 정부의 반덤핑 부과처분이 WTO협정 위반이라는 이유만으로 사인이 직접 국내법원에 회원국 정부를 상대로 그 처분의 취소를 구하는 소를 제기하거나 위 협정 위반을 처분의 독립된 취소사유로 주장할 수 없다는 점을 분명하게 밝혔다. 여기서 사인은 내국인과 외국인을 불문하는 것이며, 반덤핑 부과처분은 예시적인 것이므로 대상판결은 내외국인을 불문하고 사인은 WTO협정 위반을 이유로 WTO 회원국 정부의 어떤 행정처분의 취소를 구하는 소를 제기할 수 없다는 것으로도 이해할 수 있다.

3. 대상판결의 직접효력 부인의 근거 및 대상판결에 대한 평가

대법원은 WTO협정의 직접효력 부인의 판단 근거를 WTO협정은 "국가와 국가 간의 권리·의무 관계를 설정하는 국제협정으로, 그 내용 및 성질에 비추어 이와 관련한 법적 분쟁은 위 WTO 분쟁해결기구에서 해결하는 것이 원칙"이라는 데 두고 있다. 이러한 대법원의 판단은 WTO협정은 그 본질상 상호주의에 입각하여 WTO 회원국 간 권리의무관계를 규율하는 데 그치고 개인의 권리의무를 직접 설정한 것이 아니며, 더욱이 WTO 회원국들은 WTO협정 위반을 다투는 분쟁사건은 WTO분쟁 해결절차에 따라 해결하도록 이미 합의하였다는 점에 비추어 타당하다고 평가할 수 있다.

CASE 20. 반겐드엔로스 사건[33]

I 사실관계

1. 반겐드엔로스는 네덜란드의 화공(化工)품 수입상이다. 당시 네덜란드법상 요소포름알데히드에 대한 관세율은 3%였다. 그런데 1958년 베네룩스 국가 간에 체결된 브뤼셀조약을 실행하기 위한 1960년 네덜란드 관세령이 관세율에 변경을 가져온 결과, 문제의 수입품에 대하여 8%의 종가세가 부과되었다.

---

33) Van Gend en Loos 사건, Case 26/62, ECR, 1963년.

2. 유럽공동체조약 제12조에 의해 공동체 회원국은 그들 간에 새로운 수출입관세를 도입하거나 기존의 관세를 인상하지 않기로 약속하였고 동 조약은 1958년 1월 1일 네덜란드와 독일 간에 발효하였다. 이 공동체조약상의 규정에 근거하여 문제의 수입상들은 추가된 5%의 관세 지불을 거절하였다.

3. 이 분쟁을 다루던 암스테르담의 관세위원회(행정법원으로 최종심)는 유럽사법법원(이하 법원)에 과연 유럽공동체조약 제12조가 회원국 내에서 직접효력을 갖고 국민은 동 조항을 근거로 회원국 법원이 보호해야 하는 권리를 주장할 수 있는가를 물었다. 이와 함께 만일 그렇다면 동 건에서 8%의 수입관세를 허용함은 제12조의 불법관세율 인상에 해당되어 금지되는가 아니면 비록 산술적으로는 인상에 해당하지만 합리적 변경이기 때문에 동 조항에 의해 금지되지 않는 것인가를 물었다. 본 사건에서는 소송당사자 이외에 벨기에, 네덜란드, 독일 정부와 공동체위원회가 유럽공동체사법법원규정에 의거하여 의견을 제출하였다.

Ⅱ ECJ 판결

1. 법원의 관할권 인정 여부

법원은 자신은 단지 공동체법적 견지에서 본건을 결정하는 것이지 네덜란드 법원칙에 의거해서 공동체조약의 적용을 결정하는 것이 아니라는 이유로 법원의 관할권을 인정하였다.

2. 동 국제조약이 과연 언급한 직접효력을 갖는가?

법원은 어떤 국제조약이 과연 언급한 직접효력을 가지는지 여부를 결정하기 위해서는 조약의 정신, 전반적 구도, 문제 조항의 문언을 고려하는 것이 필요하다고 상기하며 다음과 같이 설시(說示)하였다.

> (ⅰ) 조약의 정신과 관련하여, 유럽공동체조약의 목적은 이 조약이 조약국 간의 상호의무를 창설하는 데 불과한 통상의 조약 이상의 것이라고 보았다. 이런 견해는 회원국 정부뿐만 아니라 국민들까지도 언급하고 있는 공동체 조약의 전문에서 확인된다고 보았다.
> (ⅱ) 조약의 전반적 구도와 관련하여, 조약 제9조는 회원국 간 관세와 이에 동등한 효과를 갖는 모든 과징금 부과를 금하는 규정을 포함하고 있다. 이 규정은 조약 중 '공동체의 기초'를 정하는 부(部)의 첫머리에 있으며 제12조에서 상세히 적용되고 있다.
> (ⅲ) 마지막으로 제12조의 문언은 명백하고 무조건적 금지이며 이는 적극적 의무가 아니고 소극적 의무이다. 따라서 제12조의 실행은 국가의 입법적 개입을 필요로 하지 않으며 본 규정상 의무의 수범자가 회원국이라는 사실이 개인은 이로부터 아무 혜택도 받지 못한다는 것을 의미하지는 않는다고 보았다. 요컨대 이러한 금지규정은 성질상 회원국과 그 국민간의 법적 관계에서 직접효력을 갖기에 적합하다고 인정했다.

3. 동 사건에서 8%의 수입관세를 허용함은 금지되는가?

법원은 과연 동 사건에서 관세 혹은 이에 동등한 효과가 있는 부과금의 인상이 있었는지를 판단하기 위해서는 공동체조약 발효 시 실제로 네덜란드 당국이 부과하던 관세율을 비교하여야 하며 이러한 인상에는 관세율표의 변경에 의해 수입품이 종전보다 높은 관세가 부과되는 상품군으로 재분류되는 것도 포함한다고 판시하였다. 어떻게 관세율의 인상이 초래되었는가는 중요하지 않지만, 이러한 원칙에 의거한 조약 제12조의 구체적인 사건관계에의 적용은 국내법원의 역할이라고 판시하였다.

제4장 │ 국제법의 주체

CASE 21. 베르나돗테 백작 사건[34]

I 사실관계

스웨덴 국적의 베르나돗테 백작이 UN 특사로서 이스라엘 영토 내에서 직무를 수행하던 중 살해되었다. UN은 이스라엘에 대해 국제청구를 제기하고자 하였으나, UN에 그러한 국제법적 자격이 있는지 여부가 문제되었다. 또한 이스라엘이 당시 UN 비회원국이었으므로 비회원국을 상대로 국제청구를 제기할 수 있는지가 문제되었다.

II 법적쟁점

1. UN이 국제청구를 제기할 법적 자격이 있는가?

2. UN이 비회원국을 상대로 국제청구를 제기할 수 있는가?

3. 직무보호권과 외교적 보호권이 경합하는 경우 어떻게 조정되어야 하는가?

III ICJ 판단

1. UN은 국제청구를 제기할 법적 자격이 있는가?

UN은 국제청구를 제기할 국제법인격을 가진다. 그것이 헌장에 명시되지 않았으나, UN의 설립목적을 고려할 때 그러한 법인격이 전제되어 있다고 판단할 수 있다. 다만, 그러한 법인격은 UN의 직무수행을 위해 필요한 한도 내에서 인정된다. UN이 회원국의 국제의무 위반으로 입은 손해에 대해 당해 국가에게 청구할 권한을 갖는 것은 명백하다. 회원국이 UN 창설을 승인한 것은 UN에 그러한 청구권을 준 것으로 이해할 수 있기 때문이다. UN은 직무보호권을 가진다. 즉, 직원이 직무수행 시 입은 손해에 대해 배상을 청구할 수 있는 권한이 있다. 이것이 UN헌장에 명시되지는 않았으나 이것이 전제되지 않는다면 UN은 직원을 통해 그 직무를 원활하게 수행하기가 어려울 것이다. 따라서 UN은 기능수행의 원활화를 위해 직원을 보호할 '기능적 보호권'(functional protection right)을 가진다.

---

34) Reparation for Injuries Suffered in the Service of the UN, Advisory Opinion, ICJ, 1949년.

2. UN이 비회원국을 상대로 국제청구를 제기할 수 있는가?

UN은 비회원국에 대해서도 직무보호권을 가진다. 즉, 비회원국에 대해서도 국제청구를 제기할 법적 자격이 있다는 것이다. UN은 50개국이라는 압도적 다수에 의해 창설된 법적 실체이므로 단지 회원국에 의해서만 인정되는 법인격체가 아니다. UN은 국제사회의 객관적 국제법인격체이므로 UN 비회원국에 대해서도 국제청구를 제기할 수 있다.

3. 직무보호권과 외교적 보호권의 경합

직무보호권과 외교적 보호권이 경합할 수 있다. 그러나 경합을 조정할 수 있는 국제법규칙은 존재하지 않는다. 경합관계는 조약을 체결함으로써 해결될 수 있을 것이다.

Ⅳ 평석

1. UN의 국제법인격에 대해 목적필요설을 취한 판례이다. 종래 기본문서 근거설, 객관적 존재설 등이 있었다. 세 학설 모두 국제법인격을 인정하나, 기본문서 근거설은 설립헌장의 다른 규정으로부터 추론할 수 있다는 주장이고, 객관적 존재설은 그 객관적 존재로부터 국제법인격을 긍정하는 견해이다.

2. UN의 대세적 법인격성을 인정하였다. 즉, 비회원국에 대해서도 국제법인격체로서 국제청구 등 법률행위를 할 수 있다는 것이다. UN의 대세적 법인격에 대해서는 이를 부정하는 '파생적 법인격설'과 긍정하는 '객관적 법인격설'이 대립한다. 이한기 교수는 UN의 대세적 법인격은 부정되는 것으로 보는 것이 타당하다고 본다.

3. 외교보호권과 직무보호권이 경합할 수 있으나 언제나 그러한 것은 아니다. UN 직원이 직무와 무관한 일로 손해를 입었다면 직무보호권의 문제는 발생하지 않는다. 예컨대 UN 직원이 사적인 일로 주재국으로부터 피해를 입었다면 외교적 보호권 문제만 발생하게 된다. 그러나 직무집행 시 손해를 입었다면 외교적 보호권과 직무보호권이 경합하게 된다. 이에 대해 ICJ는 경합 해결의 일반규칙이 존재하지 않는다고 판단한 것이다.

기출 및 예상문제

UN 직원인 甲(C국 국민)은 A국에 파견되어 B국과 무력분쟁에 대한 조정을 시도하던 중 A국의 국민 乙에 의해 암살되었다. 이 사안과 관련하여 다음 물음에 답하시오. (총 20점)

(1) UN은 이 사건과 관련하여 A국에 대해 국제책임을 추궁하고자 한다. A국이 UN 회원국이라고 전제할 때 UN이 A국에 대해 국제청구를 제기할 수 있는가? (10점)

(2) A국이 UN 비회원국이라면 UN이 A국에 대해 국제청구를 제기할 수 있는가? (10점)

Ⅰ 사실관계

그리스 국적의 마브로마티스(Mavromatis)는 1914년 이후 오토만 제국과 양허계약을 체결하여 팔레스타인의 전력 및 수도 사업에 관한 권리를 획득하였으며, 제1차 세계대전 이후 쉘브르조약 및 로잔조약에 의해 사업권이 유지되었다. 그러나 팔레스타인 당국 및 그 위임통치국인 영국이 1921년 이후 마브로마티스의 권리를 인정하지 않자 그리스는 영국을 상대로 배상금 지불을 요청하였다. 상설국제사법재판소(이하 PCIJ)는 양허계약의 유효성을 인정하였으나, '손해'가 발생하지 않았으므로 그리스의 배상청구를 기각하였다.

Ⅱ 법적쟁점

1. PCIJ 관할권의 인정 여부

영국은 동 사안의 PCIJ 관할권을 부정하였는바 팔레스타인 위임장 제26조의 해석이 문제되었다. 동 조항에서는 "위임장의 해석 또는 적용에 대해서 수임국과 연맹국과의 사이에 발생하는 어떤 분쟁도 교섭에 의해 해결될 수 없는 때에는 PCIJ에 부탁된다."라고 규정되어 있다. 따라서 사인(私人) 마브로마티스와 영국 간 분쟁에 대해 PCIJ 관할권이 인정되는지가 문제된 것이다.

2. 정본이 2개 이상인 경우 관련 조항의 해석 문제

위임장 제11조에 규정된 '공공사업의 공적 관리'에 대한 해석이 문제되었다. 영어본과 불어본이 존재하였으나, 문언상 불어본이 더 넓게 해석이 되었다. 이와 같이 정본이 2개 이상이고 해석이 달라질 수 있는 경우 해석방식이 문제되었다.

3. 팔레스타인과 영국이 로잔조약을 위반하였는지 여부

로잔조약에 의하면 1914년 10월 29일 이전에 오토만제국과 타 체약국 국민과의 사이에 체결된 양허계약은 효력을 유지한다. 따라서 양허계약의 파기가 동 조약을 위반하였는지가 문제되었다.

---

35) The Mavromatis Palestine Concessions Case, Greece v. United Kingdom, PCIJ, 1924년.

Ⅲ 판결요지

1. PCIJ 관할권의 인정 여부

PCIJ는 위임장의 해석상 그리스와 영국의 분쟁에 대해 관할권을 가진다고 판시하였다. 양허계약 위반으로 분쟁은 영국과 마브로마티스 간에 시작되었으나, 마브로마티스의 국적국인 그리스는 외교적 보호권에 기초하여 분쟁에 개입할 수 있다. 따라서 재판소에 제소되는 경우 당사국은 수임국(영국)과 연맹국(그리스)이므로 위임장 제26조에 따라 PCIJ의 관할권이 성립한다.

2. 정본이 2개 이상인 경우 관련 조항의 해석 문제

같은 권위를 갖는 두 개 언어의 본문이 있고 일방이 타방보다 넓은 의미를 갖는 경우 재판소는 두 개의 본문을 조화시킬 수 있는 그리고 그 한도 내에서 의문의 여지없이 당사국의 공통된 의사에 일치하는 제한적 의사를 채용해야 한다.

3. 팔레스타인과 영국이 로잔조약을 위반하였는지 여부

영국과 팔레스타인은 로잔조약을 위반하였다. 즉, 로잔조약에 의하면 1914년 10월 19일 이전에 체결된 양허계약은 효력을 유지한다고 규정하고 있으나, 영국이 이를 일방적으로 폐기하였기 때문이다. 다만, 양허는 유효하나 양허계약의 폐기로 인해서 마브로마티스가 손해를 입은 사실은 인정되지 않기 때문에 배상청구는 기각한다.

Ⅳ 평석

1. 국제법상 개인의 지위

국제법상 개인은 객체로서의 지위를 가지며, 개인의 피해에 관련하여 피해를 구제하는 주체는 '국가'라는 점을 확인하였다. 개인이 자신의 피해에 대해 국제소송권이 인정되어야 국제법의 진정한 주체라고 볼 것이다.

2. 분쟁의 개념

분쟁이란 두 주체 간의 법률 또는 사실관계에 있어서의 의사불일치, 법적인 견해 또는 이해관계의 충돌이 생긴 경우를 말한다.

제5장 | 국제법의 제기본원칙

CASE 23. Wimbledon호 사건[36)]

I 사실관계

베르사유조약 제380조는 독일이 자국과 평화관계에 있는 모든 국가의 상선과 군함에 대해 키일(Kiel)운하를 자유 개방할 것을 규정하였다. 1921년 러시아 – 폴란드전쟁이 발발하자 독일은 중립을 선언하였다. 영국 선적이면서 프랑스 해운회사가 용선하고 있었던 윔블던호가 무기를 적재하고 단치히의 폴란드 기지를 향해 항행하던 중 키일운하에 들어섰다. 이에 대해 독일은 중립국의 의무를 들어 윔블던호의 키일운하 통항을 거절하였다. 윔블던호는 덴마크 해협을 우회하여 목적항에 도착하였으나 항로 변경으로 13일이 지연되어 금전적 손해를 입었다. 이에 대해 1923년 영국 · 프랑스 · 이탈리아 · 일본이 독일을 상대로 PCIJ에 제소하였다.

II 법적쟁점

1. 독일과 평화관계에 있는 국가 간 전쟁이 운하 통항 조건을 변경하는가?

2. 국제운하의 자유통항 보장 의무 설정은 독일의 주권에 대한 과도한 제약인가?

3. 전시금제품 수송선박의 운하 통항은 중립국의 의무와 양립하는가?

4. 전시에도 키일운하는 개방되어야 하는가?

---

36) The S.S Wimbledon Case, Great Britain, Italy and Japan v. Germany, PCIJ, 1923년.

Ⅲ 판례요지

1. 독일과 평화관계에 있는 국가 간 전쟁이 운하 통항 조건을 변경하는가?

변경하지 않는다. 따라서 독일은 키일운하 개방 의무를 준수해야 한다. 독일이 교전국이 되는 경우에는 적대국에 대해 키일운하를 폐쇄할 수는 있으나, 독일이 중립국인 경우에는 전쟁에 참여하고 있는 국가들에 대해 운하를 개방해야 한다.

2. 국제운하의 자유통항 보장 의무 설정은 독일의 주권에 대한 과도한 제약인가?

키일운하에 대한 자유통항 보장 의무는 지역권으로서 독일의 주권을 제한한다. 그러나 그러한 제한은 독일의 조약체결권에 기초하여 체결된 베르사유조약에 근거한 것이다. 따라서 주권의 제한이 독일의 의사로부터 비롯되었기 때문에 독일의 주권에 대한 제한이라고 볼 수 없다.

3. 전시금제품 수송선박의 운하 통항은 중립국의 의무와 양립하는가?

양립한다. 수에즈운하 및 파나마운하에 관한 규칙 및 선례에 의하면 주요 국제운하의 경우 교전국의 군함 또는 전시금제품을 수송하는 교전국이나 중립국 선박의 통항은 연안국의 중립 의무와 양립한다.

4. 전시에도 키일운하는 개방되어야 하는가?

베르사유조약 제380조의 해석상 타국 간 전쟁 시에도 키일운하는 개방되어야 한다. 독일의 중립국으로서의 의무와 양립하기 때문이다.

5. 요컨대, 독일은 베르사유조약 제380조를 위반하여 손해를 야기하였으므로 프랑스에 대해 손해를 배상할 의무가 있다.

Ⅳ 평석

1. 중립의무와 조약상 의무의 양립성

국제운하를 교전국 선박에 대해 개방하는 것은 중립국의 의무를 해하지 아니한다.

2. 개별적 책임추구 원칙

개별적 책임추구 원칙이란 국제공동체의 근본이익의 관념이나 단체이익 관념을 부정하고, 직접적인 피해를 입은 국가만이 손해배상을 받을 권리가 있다는 원칙이다. 이 판례는 프랑스 이외에 베르사유조약 당사국인 영국·일본·이탈리아의 대 독일 제소권을 인정하였으나, 이들의 손해배상청구권은 부정하였다. 그러나 오늘날 국제법에서는 대세적 의무가 인정되고 단체이익 관념이 실정법에 도입됨에 따라 집단적 책임추구 원칙으로 변경되었다. 즉, 직접 피해를 입지 않은 국가라도 국가책임을 청구할 법적 자격이 인정된다. ILC국가책임협약 초안 제48조는 '피해국 이외의 국가'에게 국가책임 원용자격을 부여하고 있다.

I 사실관계

1. 1921년 프랑스의 보호령 튀니지의 총독은 국적에 관한 포고를 제정·반포하였다. 프랑스 국민을 제외하고 튀니지에서 태어난 자로서 그 부모 중 한 명이라도 튀니지 출생이면 튀니지 정부에 구속력을 갖는 조약에 따를 것을 조건으로 튀니지 국민이 된다는 내용을 담고 있었다.

2. 유사한 입법조치가 모로코에서도 행해졌다.

3. 프랑스 주재 영국대사는 즉각 이의를 제기하고 영국 국적을 가진 자에 대해서는 동 포고령이 적용될 수 없다고 주장하였다.

4. 영국은 이 문제를 국제연맹에 부탁하였으나 프랑스는 이 문제가 LN규약 제15조 제8항상 '오로지 국내관할권에 속하는 문제'라고 주장하며 LN의 관할권 배척을 주장하였다.

5. 양국의 합의로 연맹이사회는 튀니지와 모로코의 국적포고로 인한 영국 - 프랑스 간 분쟁이 연맹규약 제15조 제8항의 '오로지 국내 관할권' 내에 속하는 문제인가를 판단하여 주도록 PCIJ에 권고적 의견을 요청하였다.

II 법적쟁점

1. 국적의 결정이 국내 문제인가?

2. 일국의 국적에 관한 결정에 있어서 국제적 합의는 준수되어야 하는가? 이 사안에서 영국·프랑스 간에 적용되는 조약이 있는가?

III 권고적 의견 요지

1. LN규약 제15조 제8항의 해석

규약 제15조 제8항에서 말하는 '오로지 국내 관할권에 속하는 사항'이란 복수 국가의 이익과 매우 밀접한 관련이 없거나 원칙적으로 국제법에 의해 규율되지 않은 사항을 말한다.

2. 국내 문제의 상대성·동태성

어떤 사항이 오로지 국내 관할권에 속하는지의 문제는 상대적인 것으로 국제관계 발전에 의존하는 것이며 국적문제도 이 범주에 해당한다. 또한 원칙적으로 국제법의 규율을 받지 않는 문제라도 타국과의 조약 등에 의해 국가의 권리가 제한될 수 있다.

---

37) Nationality Decrees Issued in Tunis and Morocco, Advisory Opinion, PCIJ, 1923년.

3. 프랑스의 국적부여에 대한 국제법적 제한의 존부

보호국이 보호령의 영토 내에서 가지는 권한의 범위는 첫째, 보호관계를 설립한 조약, 둘째, 보호관계가 제3국에 의해 승인된 당시의 제 조건에 의해 결정된다. 따라서 보호국이 자국 영토 내에서 갖는 배타적 관할권이 보호령의 영토에서도 미치는가는 국제법적 관점에서 검토해야 한다. 따라서 보호권의 범위에 관한 문제는 국내관할권의 문제가 아니다.

4. 영국 – 프랑스 간 분쟁의 존부와 국적문제의 국제적 성격

PCIJ는 튀니지와 모로코에서 영국 국민에 대해 프랑스의 관할권이 배제되는가에 대해 영국과 프랑스의 의견대립이 있으므로 프랑스의 국적부여 문제가 국내적 관할사항이라고 볼 수 없다는 의견을 제시하였다. 양국 간에는 1883년 6월 20일 각서에서 영국이 튀니지에서 영사재판권을 포기하였는지 여부에 대해 입장을 달리하였다.

5. 결론적 의견

이러한 논거에 기초하여 PCIJ는 프랑스의 국적령에 관한 문제가 LN규약 제15조 제8항상의 국내 관할권에 관한 문제가 아니므로 연맹이사회에서 토의할 수 있다고 하였다.

CASE 25. 니카라과 사건[38]

I 사실관계

1. 1979년 니카라과에서 반정부조직인 Sandinista 국민해방전선이 소모사 대통령 일가의 43년에 걸친 독재체제를 전복시키고 좌익혁명정권을 수립하였다. 주변의 엘살바도르, 온두라스, 코스타리카 등지에서도 반정부 게릴라의 활동이 거세졌다.

2. 미국 정부는 당초 니카라과의 신정부를 지원하였으나 1981년 1월에 출범한 레이건 정부는 엘살바도르의 반정부세력에 대한 니카라과 정부의 군사적 지원 등을 이유로 같은 12월 이후, 니카라과의 반정부조직인 Contras를 적극 지원하였다. Contras는 소모사정권의 지지자 및 신정부의 적대자를 중심으로 결성된 군사조직으로 온두라스와 코스타리카의 국경 부근에서 활동하였다.

3. 미국은 1983년 9월부터 다음 해 4월에 걸쳐 Contras에 대한 군사적 지원을 강화하였다. 한편 중앙정보국(CIA)의 지령과 지원을 받은 한 단체가 니카라과의 항만에 설치한 기뢰때문에 다수의 니카라과인 사상자가 발생하였으며 제3국의 선박도 피해를 입었다.

4. 니카라과 정부는 1984년 3월에 미국의 자국에 대한 침략행위가 본격화되고 있다고 하여 UN 안전보장이사회(이하 안보리)에 문제의 심의를 요청하였다. 4월 4일 안보리에서는 니카라과 수역에서 기뢰의 부설은 국제법 위반이라는 내용의 결의안이 상정되었지만 미국의 거부권 행사로 부결되었다.

---

38) Case Concerning Military and Paramilitary Activities in and against Nicaragua, Nicaragua v. United States, ICJ, 1986년.

5. 4월 9일 니카라과 정부는 자국에 대한 미국의 군사적 · 준군사적 활동의 책임을 추궁하기 위해 ICJ에 소송을 제기하였다.

6. 니카라과는 자국과 미국이 재판소규정 제36조 제2항[39]과 제5항[40]에 따라서 각각 관할권 수락선언을 했고 그에 따른 재판소 강제관할권의 존재를 근거로 1984년 4월 9일 미국을 제소하면서 재판소가 '니카라과 영토 내와 니카라과에 대한 미국 측의 군사적 및 준군사적 행위'는 일단의 국제법규상 의무 위반이라는 것을 선언하고 나아가 미국의 행위로 인해 자국이 입은 손해배상액을 재판소가 결정해줄 것을 요구하였다. 이와 더불어 니카라과는 재판소가 미국으로 하여금 중미지역에서 군사적 · 준군사적 활동을 즉시 금지하는 임시조치를 지시(indication)할 것을 요청하였다.

II 법적쟁점

1. 관할권

국제사법재판소(ICJ, 이하 재판소)가 사건에 대한 관할권을 가지는지의 여부와 관련하여, 사건의 양 당사자인 니카라과와 미국이 재판소규정 제36조 제2항의 선택조항을 수락했는지 여부 및 니카라과가 제소하기 직전에 미국이 행한 선택조항에 대한 조건과 유보의 변경이 유효한 것인지의 여부가 문제되었다.

2. 심리가능성

무력사용과 관련한 법적 분쟁의 경우 국제평화와 안전의 유지를 위해 안전보장이사회에 '1차적 책임'을 부여하고 있는 UN헌장 제24조에도 불구하고 재판소가 그러한 분쟁에 대해 심리하는 것이 가능한지의 여부가 문제되었다.

3. 잠정조치

잠정조치와 관련하여, 실체적 본안심리에 관한 재판소 관할권 존부 자체에 대하여 재판소의 결정이 내려지기 전인 경우에도 재판소가 잠정조치를 지시할 수 있는지가 문제되었다.

4. 본안

본안판결과 관련하여, 미국이 구체적으로 어떤 국제법상의 의무를 위반했는지 그리고 자신의 행위가 집단적 자위권의 행사이므로 정당화된다는 미국이 주장이 타당한 것인지의 여부가 문제되었다.

---

39) ICJ규정 제36조 제2항
재판소규정의 당사국은 다음 사항에 관한 모든 법률적 분쟁에 대하여 재판소의 관할을, 동일한 의무를 수락하는 모든 다른 국가와의 관계에 있어서 당연히 또한 특별한 합의 없이도, 강제적인 것으로 인정한다는 것을 언제든지 선언할 수 있다.
가. 조약의 해석. 나. 국제법상의 문제. 다. 확인되는 경우, 국제의무의 위반에 해당하는 사실의 존재. 라. 국제의무의 위반에 대하여 이루어지는 배상의 성질 또는 범위
40) ICJ규정 제36조 제5항
상설국제사법재판소규정 제36조에 의하여 이어진 선언으로서 계속 효력을 가지는 것은, 재판소규정의 당사국 사이에서는, 이 선언이 금후 존속하여야 할 기간 동안 그리고 이 선언의 조건에 따라 재판소의 강제적 관할을 수락한 것으로 본다.

Ⅲ 본안 전 판결

1. 잠정조치

미국은 제소 당시부터 재판소의 관할권 자체를 부정하는 논리를 앞세워 재판소 사건목록상 사건의 삭제를 요구하였다. 하지만 재판소가 잠정조치를 지시하기 위해서 사건본안에 관하여 관할권을 가지고 있음을 최종적으로 확인할 필요까지는 없고, 다만 원고가 원용한 조항들이 일견(prima facie) 재판소 관할권의 기초를 제공하는 것으로 보이지 않는 한 지시하지 않는 것이 원칙이므로 재판소는 1984년 5월 10일에 니카라과 정부가 제소와 함께 제기한 잠정보호조치 청구를 받아들여서 미국으로 하여금 중미지역에서 군사적·준군사적 활동의 즉시 금지를 명하는 조치를 지시하였다.

2. 소송참가

이 사건에서는 미국이 답변서를 재판소에 접수하기 직전인 1984년 15일에 El Salvador가 재판소규정 제63조[41]에 따른 소송참가를 '오로지 니카라과의 제소에 대한 재판소 관할권의 부존재 주장을 하기 위한 제한된 목적으로' 하였다. 이 청구에 대하여 재판소는 1984년 10월 4일 결정(order)을 통하여 엘살바도르의 소송 참가를 불허하였는데, 그 이유는 엘살바도르의 청구는 그 동기의 모호성을 고려할 때 부적합하고 또한 엘살바도르는 재판소규정 제63조를 들어 참가를 시도하였지만 문제가 된 해석의 대상이 되는 내용을 언급하는데 실패하였기 때문이라는 점을 들었다.

3. 선결적 항변 – 관할권과 수리가능성(admissibility)의 인정 문제

(1) 서언

재판소의 관할권의 존부와 제소에 대한 수리가능성(admissibility) 문제는 엄밀하게 보아 별개이다. 전자는 분쟁당사자들 간에 분쟁해결에 대하여 재판소에 부탁하는데 따른 "합의"의 존부를 근거로 하여 결정되는 것인 반면, 후자는 비록 관할권의 존재는 인정된다고 하더라도 제소행위가 유효하게 이루어져서 재판소가 당해 사건을 수리하기 위한 여러 요건들, 즉 분쟁의 존재, 당사자의 소송능력, 제소기간 및 분쟁의 성질에 따른 재판소의 '사법심사 가능성(justiciability)' 요건이 충족되었는가의 문제이다. 이러한 것들에 대한 문제제기를 내용으로 하는 선결적 항변은 보통 재판소장에 의하여 각 당사국에게 시한이 주어져서 그 절차가 진행되며, 보통 피고국가가 원고국의 청구서(Memorial)에 대한 답변서인 'Counter-Memorial'에 의하여 개시되는 것이 일반적이다. 일단 이렇게 피고국에 의하여 선결적 항변이 제기되면 일체의 심리절차는 당해 이의제기에 대한 재판소의 판결이 있을 때까지 중지된다.

---

41) ICJ규정 제63조
  1. 사건에 관련된 국가 이외의 다른 국가가 당사국으로 있는 협약의 해석이 문제가 된 경우에는 재판소서기는 즉시 그러한 모든 국가에게 통고한다.
  2. 그렇게 통고를 받은 모든 국가는 그 소송절차에 참가할 권리를 가진다. 다만, 이 권리를 행사한 경우에는 판결에 의하여 부여된 해석은 그 국가에 대하여도 동일한 구속력을 가진다.

(2) 관할권의 존부 – 적극

① **니카라과의 관할권 인정 근거:** 니카라과는 자국과 미국이 각각 재판소규정 제36조 제2항 선택조항에 대하여 수락선언을 한 사실을 들어 재판소의 강제관할권을 제소의 근거로 삼았다. 니카라과는 자국이 1929년 9월 29일 국제상설재판소 규정에 서명하였고 동시에 무조건적으로 상설재판소 관할권을 수락하는 선언을 하였으며, 또한 미국은 1946년 트루만 정부 때 현 재판소의 관할권을 수락하는 선언을 하였다고 주장하였다. 그 외에도 니카라과는 1956년 니카라과 – 미국 간 우호통상항해조약을 관할권의 기초로서 원용하였다.

② **미국의 관할권 부정 근거:** 미국은 원래 수락선언의 내용을 변경[42]하기 위하여 니카라과의 제소 3일 전인 1984년 4월 6일에 이른바 '슐츠 선언(Schultz Letter)'을 통하여 UN 사무총장에게 자국의 선언은 중남미 분쟁에는 적용되지 않으며 이는 즉시 실시되어 2년간 그 효력을 가진다고 통고하였다. 덧붙여서 미국은 니카라과가 국내 비준절차의 결과물인 비준서를 당시 연맹 사무총장에게 기탁한 사실이 실제로 없었으므로[43] 1929년 니카라과의 수락선언은 무효이고 따라서 동 국가는 수락선언을 하지 않은 것과 같으며, 결과적으로 니카라과가 주장하는 재판소규정 제36조 제5항도 당연히 적용될 여지가 없다고 주장하였다. 또한 미국은 자국이 선택조항 수락선언에서 다자조약에 대해 유보를 하였음에도 불구하고, 니카라과가 UN헌장 및 미주기구헌장 등과 같은 다자조약을 원용하고 있다고 주장하였다.

③ **재판소의 판결**

㉠ **1984년 미국의 통고 효과:** 미국의 통고 효과에 관한 가장 중요한 쟁점은 미국이 1946년의 선언에서 첨부한 6개월의 통고조항을 일방적으로 변경할 자유가 있는가 하는 것이다. 미국은 자국의 선언을 수정하거나 종료시킬 권한을 가지고 있지만, 어떠한 변경도 통고일로부터 6개월 후에 효과를 가진다고 이미 선언하였기 때문에 선택조항을 수락한 타국에 대해서는 대항할 수 없다. 따라서 재판소는 미국의 1984년 통고가 재판소의 강제관할권에 따라야 할 미국의 의무를 해제하지 못한다고 보았다.

㉡ **니카라과의 선택조항 수락 여부:** 재판소는 ICJ규정과 관련하여 니카라과의 선언이 유효하다는 점에 주목하였다. 그러나 니카라과는 PCIJ규정 서명의정서의 비준서를 기탁하지 않아 그 수락선언은 구속력이 없다. 하지만 ICJ규정 발효 때까지 니카라과의 선언은 무조건이었기 때문에 그 선언은 잠재적 효력을 가지고 있었다. ICJ규정 기초자의 주된 관심 사항은 PCIJ와의 계속성을 확보하는 것이었다. 니카라과는 재판소의 연례보고서 등에서 강제관할권의 수락국으로 간주되었으며, 니카라과의 침묵은 이를 수용한 것으로 해석할 수 있다. 즉, 1929년의 선언 이후 니카라과의 계속적인 침묵은 재판소규정 제36조 제2항에 기초하는 강제관할권을 묵인하는 것이었으며, 따라서 재판소는 니카라과를 미국과의 관계에서 '동일한 의무를 수락한 국가'로 결론내리는 것이 정당하다고 보았다.

㉢ **미국의 다자조약유보의 문제:** 재판소는 미국 측이 제시한 다자조약유보의 목적과 내용의 불분명성을 지적하면서, 니카라과의 청구 중 국제관습법을 근거로 한 청구는 그러한 유보로 인하여 배척될 수 없다고 하였다.

이상의 이유로 재판소는 11:5의 다수결로 재판소는 재판소규정 제36조를 근거로 관할권이 있고, 14:2의 다수결로 1956년 우호통상 및 항해조약을 근거로 한 재판소의 관할권도 인정하였다.

---

[42] 잠정조치 심리절차와 관련하여 미국은 재판소규정 제36조 제2항상 수락선언 행위는 조약법의 적용을 받지 않는 사실행위이므로 선언국은 타방국으로부터 피소되기 전까지는, 당연히 그 내용을 일방적으로 변경하거나 수락선언 자체를 철회할 무제한의 권리를 향유한다고 주장하였다.

[43] 상설재판소규정의 당사국이 되기 위해서는 서명뿐만 아니라 서명국의 비준이라는 국내절차를 밟아야만 했지만 실제 그러한 기록이 당시 연맹과 현 UN 사무총장 누구에게도 접수되지 않았던 것이 사실이다.

(3) 수리가능성(admissibility) 존부 – 적극

① **미국 측의 주장:** 미국은 우선 본 사건과 같은 분쟁당사자가 3 이상 다수인 경우에 미국과 니카라과를 제외한 제3자인 국가의 이해가 본 재판의 결과에 따라 좌우되므로 그들의 소송참여 없이는 본 사건은 재판소가 심리할 수 없으며, 두 번째로 니카라과는 전적으로 UN 안보리가 마땅히 다루어야 할 문제를 재판소에 제소하였고, 마지막으로 중미지역 분쟁해결절차를 사전에 거치지 않았다는 사실을 이유로 니카라과의 제소는 재판소가 당연히 각하해야 한다고 주장하였다.

② **재판소의 판결:** 재판소는 첫 번째 미국 측 논거에 대해서는 재판소 규정 및 규칙은 제3자의 소송참가를 완전하게 보장하고 있으므로 본 사건과 관련된 제3자가 반드시 소송당사자로 참여해야 한다는 미국 측 주장은 받아들일 수 없다고 보았다. 두 번째 미국 측 논거에 대해서는 분쟁이 안보리에 계류 중이라는 이유만으로 재판의 수행이 방해받지 않으며, 안보리와 ICJ의 분쟁해결절차는 서로 병행하여 수행될 수 있다고 하였다. 즉, UN헌장 제24조는 국제평화와 안전의 유지에 대해 안보리에 단지 '1차적' 책임을 부여한 것이지 '배타적' 책임을 부여한 것이 아니며, 단지 정치 분야에서 활동하는 안보리와 법의 분야에서 행동하는 ICJ는 '동일 사건에 대해 그들의 별개의 그러나 보충적인 기능'을 수행할 수 있다고 보았다. 미국 측의 세 번째 논거, 즉 니카라과는 제소하기 위한 선결요건으로 지역적 교섭절차를 사전에 완료해야 한다는 요건은 재판소가 받아들일 수 없으며 따라서 이른바 콘타도라 조정절차의 존재가 니카라과의 제소행위에 방해물로서 작용할 수 없다고 하였다. 이상의 이유로 재판소는 만장일치로 니카라과의 제소는 재판소에 의하여 "수리가 가능(admissible)"하다고 결정했다.

Ⅳ 본안 판결

1. 심리절차의 진행

미국이 관할권문제에 대한 재판소의 판결에 반발하여 심리불참을 선언하였다. 그러나 니카라과는 재판소규정 제53조[44]에 근거하여 소송의 계속을 청구하였고 이에 재판소는 본안에 관한 서면심리절차 시한을 지정하였으며, 이에 니카라과는 시한 내에 변론서를 접수시킨 반면 미국 측은 아무런 응답을 보이지 않아 실제 구두변론 심리절차(hearings)는 1985년 9월 12일부터 20일까지 니카라과 측의 일방적 진행으로 이루어졌다. 소송당사자 중 어느 한쪽 편이 재판절차에 참여하지 못한 경우를 대비한 재판소규정 제53조에 따라서 니카라과가 본 사건을 승소로 이끌기 위해서는 자신이 제출한 변론서상 청구사항들에 대하여 사실의 증거와 법적 논거를 제시하여 재판소 구성원들을 납득시켜야만 하였다.

2. 니카라과의 청구사항

니카라과는 우선 미국이 국제법상 각종 의무를 위반하였고 지금도 그런 상황이 계속된다는 사실을 재판소가 확인하고, 두 번째 그러한 국제법 위반행위의 종료에 대한 미국 측 의무를 명확히 언급하며, 세 번째 그런 미국 측의 국제법 위반사실을 기초로 하여 재판소가 가해자인 미국으로 하여금 니카라과에 대하여 정당한 손해배상을 하도록 결정해 줄 것을 청구하였다.

---

44) ICJ규정 제53조
　　1. 일방당사자가 재판소에 출석하지 아니하거나 또는 그 사건을 방어하지 아니하는 때에는 타방당사자는 자기의 청구에 유리하게 결정할 것을 재판소에 요청할 수 있다.
　　2. 재판소는, 그렇게 결정하기 전에, 제36조 및 제37조에 따라 재판소가 관할권을 가지고 있을 뿐만 아니라 그 청구가 사실 및 법에 충분히 근거하고 있음을 확인하여야 한다.

3. 재판소의 판결

(1) 사실 확정

재판소는 니카라과의 주장 중에 미국에게 직접 책임이 발생하는 사실이 일부 입증되었다고 인정하였다. 즉, 1983년 말부터 다음 해 초에 미국 대통령이 CIA로 하여금 니카라과 항만에 기뢰부설을 허가하였고 그 지령을 받은 자가 기뢰를 부설하였으며, 미국은 부설한 기뢰에 대해 아무런 경고조치도 하지 않았으며, 그 기뢰 폭발로 인해 니카라과는 인적·물적 손해를 입었으며 보험료도 증가되었다. 재판소는 미국 정부가 콘트라의 군사적·준군사적 활동에 재정지원을 한 것은 명백히 입증된 사실이라고 하였으며, 기타 반군의 훈련 및 장비 제공한 사실과 미국 CIA가 1983년에 니카라과 시민을 상대로 한 '게릴라전의 심리작전' 등의 문서를 작성하여 콘트라에게 제공하고 미국 대통령이 1985년 5월 행정명령에서 니카라과와의 수출입 금지 및 니카라과 선박의 미국 입항 금지, 니카라과 항공기의 미국 공항폐쇄 등의 전면적인 금수 조치를 선언한 사실 등을 인정하였다.

(2) 미국의 자위권 행사 인정 여부

미국은 선결적 항변절차에서 자신의 행동은 개별 및 집단적 자위권의 행사이며 엘살바도르 등의 원조요청에 따른 것이므로 집단적 자위에 해당되어 위법성이 조각된다고 주장하였다. 재판소는 이러한 미국의 주장을 배척하였다. 재판소는 1979년 7월부터 1981년 초까지 니카라과의 영토를 경유하여 엘살바도르의 반정부 무장 세력에 계속적인 무기의 유입이 있었음을 인정하였으나 그 이후의 군사지원이나 무기 유입에 대해서 니카라과 정부의 책임을 인정하기에는 증거가 불충분하다고 보았다. 그리고 엘살바도르의 반정부 세력에 대한 니카라과의 무기공여는 무력공격과 동일시할 수 없으며 이러한 활동은 무력행사금지의 원칙 위반을 구성하는 위법한 내정간섭이지만 무력공격에 해당할 만큼 중대하지는 않았다고 보았다. 그에 미치지 않는 무력행사는 무력을 포함하는 집단적 대항조치를 취할 수 있는 권리를 부여하지 못한다고 판시하였다.

(3) 최종판결

첫째, 미국은 자금공여 및 기타 훈련, 무기 등 콘트라에 대한 군사적·준군사적 활동을 지원하고 니카라과와의 영공비행을 지시 또는 허가함으로써 국제관습법을 위반하였다.

둘째, 미국이 니카라과의 영수에 기뢰를 부설함으로써 무력행사 금지원칙과 국내문제 불간섭 원칙 및 외국 선박의 항만 이용권을 침해하여 교통 및 해상통항, 통상 자유의 원칙을 위반하였고, 그 결과, 1956년의 우호통상항해조약 제19조의 의무에 위반하였다.

셋째, 미국이 기뢰에 대한 통고를 하지 않음으로써 국제관습법을 위반하였으며, 미국이 '게릴라전에서의 심리작전'이라는 문서를 작성·배포하여 콘트라로 하여금 국제인도법의 일반원칙에 대한 위반을 조장하였다.

넷째, 따라서 미국은 모든 행위를 즉각 중단해야 하며, 국제관습법 및 우호통상항해조약 위반으로 니카라과에게 가한 손해에 대해 배상할 의무가 있으며 손해배상의 방식과 액수에 대하여는 앞으로 당사자들 간의 합의에 의하여 결정되어야 한다.

마지막으로, 양 당사자는 국제법에 따라서 평화적 방법에 의한 분쟁 해결을 추구할 의무가 있음을 상기시킨다.

기출 및 예상문제

1. A국 내의 반군세력은 1979년 정권장악에 성공한 이후 인접국인 B국 및 C국 내의 반정부 무장단체에 대하여 투쟁자금을 지원하고 또한 이들 반군세력을 지지 · 격려하는 선전활동을 B국 및 C국의 영역 내에서 행하였다. B국 및 C국을 지원하는 인접 강대국인 D국은 이러한 사태에 직면하여 A국에 의한 지역 내 "혁명의 수출"을 방지하기 위하여, B국 및 C국에 의한 요청이 없었음에도 불구하고 집단적 자위권을 내세워 A국의 항구에 대한 봉쇄 및 기뢰 부설을 행하였으며 더 나아가 A국의 해군기지에 대한 공격을 감행하였다. D국은 자국이 취한 조치에 관하여 UN 안전보장이사회에 아무런 보고도 행하지 않았다. 상기 사안에 대한 국제법상의 쟁점들을 지적하고, 논평하시오. (40점) [2003행시]

2. A국 반군에 대한 B국의 무력지원으로 A국 정부가 위태로워지자 A국은 B국을 국제사법재판소(ICJ)에 제소하였다. 이에 B국은 다음과 같은 선결적 항변을 제기하였다. B국 주장의 타당성에 대해 평가하시오. (총 40점)

   (1) A국이 PCIJ 규정의 임의조항 수락선언을 하였으나 규정을 비준하지 않았고, ICJ의 규정 당사국이기는 하지만 강제관할권을 수락하지 않았다. (10점)

   (2) 사안이 무력지원이라는 정치적 사안에 대한 분쟁이므로 ICJ는 이 소송을 수리할 수 없다. (15점)

   (3) 무력사용에 대해서는 안보리가 배타적 관할권을 가지므로 ICJ는 이 소송을 수리할 수 없다. (15점)

CASE 26. 팔레스타인 점령지역에서의 이스라엘의 장벽 건설에 관한 권고적 의견[45][46]

Ⅰ 사실관계

1. 팔레스타인과 이스라엘의 관계

(1) 오토만 제국의 일부였던 팔레스타인지역은 제1차 세계대전 이후 국제연맹에 의해 영국이 위임통치를 맡고 있었다. 1947년 영국의 위임통치가 종식된 이후 UN총회는 결의 181을 채택하여 팔레스타인을 2개의 독립국, 아랍국가와 유대국가로 분할하며, 예루살렘을 특별국제체제로 두었다.

(2) 1948년 이스라엘과 주변 아랍국 간 제1차 중동전쟁이 발발하였으며 이후 UN의 중개로 이스라엘과 요르단의 전면적 휴전협정이 체결되고 동 협정에 의해 휴전선(Green Line)이 획정되었다.

(3) 1967년 제3차 중동전쟁 이후 이스라엘은 요르단 서안지대(West Bank)와 가자지구(Gaza Strips), 골란고원, 시나이반도 등 본토의 5배에 달하는 광활한 지역을 점령하였다. 이로써 이스라엘은 영국위임령상의 모든 팔레스타인 지역을 점령하게 되었으며 이 지역은 국제관습법상 이스라엘이 점령국의 지위를 가진 피점령지역이 되었다.

---

45) Legal Consequences of the Construction of a Wall in the Occupied Palestine Territory(advisory opinion), ICJ, 2004년.
46) 오인미(2004), 팔레스타인 점령지역에서의 이스라엘의 장벽 건설에 관한 ICJ의 권고적 의견에 대한 고찰. 충남대학교 법학연구 제15권 제1호.

(4) 1967년 이래 이스라엘은 예루살렘시의 지위 변경을 목적으로 하는 일련의 조치들을 취했으며 1980년 7월 30일 예루살렘을 이스라엘의 완전하고 통일된(complete and united) 수도로 규정하는 이스라엘헌법을 채택하였다. 이러한 일련의 조치들에 대해 안전보장이사회(이하 안보리)는 결의 제298호와 제478호를 통해 무력점령에 의한 영토취득의 불허성 원칙과 예루살렘의 지위와 성격을 변경시키려는 목적으로 취해진 일련의 이스라엘 조치들의 무효성을 선언하였다.

2. 이스라엘의 장벽 건설

이스라엘은 2002년 6월부터 중앙 및 북 서안지대로부터의 팔레스타인의 테러리스트들의 침입을 저지한다는 명분으로 동 예루살렘을 포함한 서안지대에서 장벽(wall) 건설을 추진하였다. 2005년 완공될 예정이었던 동 장벽은 총 길이가 720km에 이른다. 이 장벽으로 장벽과 그린 라인 사이에 폐쇄지역(close area) 및 위요지(Enclave)가 생겨나게 되었다. 장벽 내 출입은 짧은 기간 동안 드물게 개방되는 출입문을 통해서만 가능하며 팔레스타인 주민들은 이스라엘 당국의 허가 또는 신분증 없이 그 지역에 거주하거나 출입할 수 없었다. 반면 이스라엘 시민과 영구 거주민 및 이스라엘 이민 가능자는 이스라엘 당국의 허가 없이 폐쇄지역에서 자유롭게 거주하고 출입할 수 있었다.

3. UN총회의 권고적 의견 요청

UN총회는 결의 ES-10/13을 채택하여 이스라엘의 장벽 건설은 1949년 휴전선으로부터 벗어나 있으며 관련 국제법규정에 상반되는 동 예루살렘 및 그 주변을 포함한 팔레스타인 점령지역에서의 장벽 건설의 중지를 요청했다. 또한 2003년 12월 8일 제10차 긴급특별회기(Tenth Emergency Special Session)를 재개하여 동 월 10일에 채택된 결의 ES-10/14에 근거하여 ICJ에 권고적 의견을 요청하였다.

4. 권고적 의견 요청 문제

"1949년 제네바 제4협약(전시 민간인 보호)과 안보리 및 총회 결의를 포함하여 국제법의 제규칙과 원칙을 고려하여 동 예루살렘을 포함하는 팔레스타인 점령지에서 점령국인 이스라엘의 장벽 건설로부터 야기되는 법적 결과는 무엇인가?"

Ⅱ 법적쟁점

1. ICJ의 관할권

2. 적용법규

3. 장벽 건설조치의 위법성

4. 위법성 조각 사유

5. 이스라엘의 국제법 위반의 법적 결과

Ⅲ 권고적 의견

1. ICJ의 관할권[47]

(1) 권고적 의견 요청이 헌장 제12조 제1항[48]에 반하는가?

이스라엘은 중동사태에 관한 안보리의 적극적 활동을 고려해 볼 때, 총회의 권고적 의견 요청은 헌장 제12조 제1항에 위반된다고 주장하였고, ICJ는 이를 기각했다. 첫째, 권고적 의견 요청은 분쟁 또는 사태와 관련된 총회의 '권고'(recommendation)에 해당하지 않는다. 둘째, 설령 권고적 의견 요청이 제12조 제1항상의 '권고'에 해당된 것이라 하더라도 동 조항을 위반한 것은 아니다. UN의 초기 관행은 헌장 제12조를 안보리의 '의제'로 되어 있는 국제평화와 안전유지에 관한 문제에 대해서는 총회가 권고를 내릴 수 없다는 취지로 해석 및 적용해 왔으나 이후 관행은 변화하여 사실상 국제평화와 안전유지에 관련된 동일문제가 총회와 안보리에서 '병행해서' 다루어졌다.

(2) ICJ는 권고적 의견에 대한 관할권을 자제해야 하는가?

권고적 의견 요청 시 의견을 부여할지 여부는 ICJ의 재량이다. 재판소는 '강제적 이유(compelling reason)'가 존재하는 경우 관할권을 거부할 수 있다. 이스라엘은 특히 이미 장벽건설의 위법성이 선언되고 그 법적 결과가 결정되었으며 총회가 권고적 의견의 이용 목적을 분명히 밝히지 않았으므로 총회는 재판소의 의견을 필요로 하지 않는다는, 즉 유용성 결여를 이유로 재판소는 관할권을 거부해야 한다고 주장하였다. 이에 대해 재판소는 권고적 의견이 부탁기관에게 필요한 법적 구성요건을 제고하는 데 그 목적이 있음을 주목하며, 총회는 자신의 필요에 비추어 권고적 의견의 유용성을 결정할 권리를 가진다고 판단하였다.

2. 적용법규

(1) UN헌장과 총회결의 제2625호

ICJ는 UN헌장 제2조 제4항 및 이에 기초한 총회결의 제2625호에서 규정한 무력사용금지 의무는 국제관습법으로서 사안에 적용된다고 확인하였다. 총회결의 제2625호에 의하면 무력의 위협 또는 사용을 통해 획득한 어떠한 영토의 취득도 합법으로 간주되어서는 안 된다. 재판소는 또한 동 헌장 및 결의에 따라 '민족자결원칙'이 적용된다고 하였다. 재판소는 민족자결원칙은 비자치영토(non-self-governing territories)에도 적용가능하며 동 원칙은 오늘날 대세적 권리가 되었음을 확인하였다.

(2) 국제인도법(international humanitarian law)

이스라엘은 제네바 제4협약 제2조[49] 제2항에 따라 제네바협약이 이 사안에 적용되지 아니한다고 주장하였다. 동 조항에 의하면 무력분쟁에 연루된 체약당사국의 주권하의 영토 점령의 경우에만 동 협약이 적용되나, 1967년 분쟁 이후 점령한 팔레스타인 지역이 과거 요르단의 영토주권에 속하지 않기 때문에 동 지역에서 제네바 제4협약은 적용될 수 없다는 것이다. ICJ는 이스라엘의 주장을 기각했다. 문제가 된 지역은 이스라엘이 요르단과의 무력분쟁 과정에서 점령하였으므로 동 협약 제2조 제2항의 요건을 충족했다고 판단하였다.

---

47) 이스라엘의 주장과 ICJ 입장에 대한 상세한 내용은 전게 논문 참조. 여기서는 주요 주장을 정리한다.
48) 안전보장이사회가 어떠한 분쟁 또는 사태와 관련하여 이 헌장에서 부여된 임무를 수행하고 있는 동안에는 총회는 이 분쟁 또는 사태에 관하여 안전보장이사회가 요청하지 아니하는 한 어떠한 권고도 하지 아니한다.
49) 평시에 있어 적용될 제 규정에 부가하여 동 협약은 체약국 일방이 그 전쟁상태를 인정하지 않는다 하더라도 둘 또는 그 이상의 체약국 간에 발생하는 모든 선언된 또는 기타의 무력 충돌의 경우에 적용된다. 동 협약은 또한 일 체약국 영역의 일부가 또는 전부가 점령된 모든 경우에 있어서 동 점령이 무력저항을 받는지 여부와 상관없이 적용된다. … (중략)

(3) 국제인권법(international human rights law)

이스라엘은 자신이 가입한 국제인권규약이 팔레스타인 점령지역에 적용되지 않는다고 하였다. 그 논거로서 무력충돌 시에는 '국제인도법'이 배타적으로 적용되며, 설령 국제인권법이 적용가능하다고 하더라도 팔레스타인 점령지역은 자신의 영토 내의 지역이 아님을 제시하였다. ICJ는 국제인권법이 적용된다고 판단하였다. 첫째, 국제인권 B규약 제4조[50]를 고려해 보면 전시라고 해서 반드시 국제인권법의 모든 조항의 적용이 제한되는 것은 아니다. 둘째, 국제인권규약과 아동에 관한 협약은 당사국 영토 밖에서도 적용된다. B규약 제2조 제1항의 해석에 의하면 국가 영토 내의 개인과 국가의 관할권이 속하는 영토 밖의 개인 모두에게 동 규약이 적용된다. 국제인권위원회 역시 동 규약은 국가관할권이 행사되는 외국영토에서도 적용가능한 것으로 보고 있다. A규약의 경우 적용범위에 관한 명문규정을 두고 있지 아니하나 영토 밖에서의 적용을 배제하는 것은 아니다. 아동에 관한 협약 제2조에 의해 동 조약 역시 팔레스타인 점령지에서 적용가능하다.

3. 장벽 건설조치의 위법성

(1) 무력사용금지 의무 및 민족자결권 침해 여부 – 적극

ICJ는 이스라엘의 장벽 건설조치는 사실상 병합과 동등한 조치이며, 팔레스타인 민족의 자결권을 침해한다고 판단하였다. 이스라엘의 계획은 팔레스타인 점령지역 주민의 80%가 거주하는 서안지대의 16% 이상을 병합시키며, 약 16만 명의 팔레스타인 주민들이 거의 완벽하게 고립된 지역에서 거주하게 될 것으로 보았다. ICJ는 이러한 장벽 건설은 팔레스타인 민족의 자결권 행사를 심각하게 침해하며, 따라서 이스라엘은 그러한 권리를 존중할 의무를 위반한 것이라고 판단하였다.

(2) 국제인도법 및 국제인권법 위반 여부 – 적극

재판소는 장벽 건설과 그 관련 체제가 시민적 · 정치적 권리에 관한 국제협약 제12조 제1항에서 보장하는 팔레스타인 점령지역에서의 거주민의 이동의 자유와 아동의 권리에 관한 UN협약 및 경제적 · 사회적 · 문화적 권리에 관한 국제규약에 규정된 노동, 보건, 교육 및 적절한 생활수준을 향유할 권리를 침해한다고 판단하였다. 또한 장벽 건설은 팔레스타인 점령 지역 내의 인구 구성 변화를 초래함으로써 제네바 제4협약 제49조 제6항 및 관련 안보리 결의를 위반한 것이라고 판시하였다.

4. 위법성 조각 사유

(1) 자위권

이스라엘은 장벽건설은 테러리스트의 위협에 대응한 조치로서 자위권 발동에 해당한다고 주장하였다. 그러나 재판소는 이스라엘에 대한 공격이 '외국'에 의한 것이 아니며, 또한 이스라엘 영토 '밖에서의' 공격에 대한 것도 아니므로 UN헌장 제51조와는 관련이 없다고 판시하였다. 이스라엘은 자신에 대한 공격이 '외국'에 의한 것이라고 주장하지도 않았다는 점을 고려하였으며, 또한 팔레스타인 점령지역은 이스라엘이 통제권을 행사하고 있으므로 이스라엘이 주장하는 위협이 이스라엘 영토 밖이 아니라 내부에서 발생된다는 점을 고려하였다.

---

50) 국민의 생존을 위협하는 공공의 비상사태의 경우에 있어서 그러한 비상사태의 존재가 공식으로 선포되어 있을 때에는 이 규약의 당사국은 당해 사태의 긴급성에 의하여 엄격히 요구되는 한도 내에서 이 규약상의 의무를 위반하는 조치를 취할 수 있다. 다만, 그러한 조치는 당해국의 국제법상 여타 의무에 저촉되어서는 아니되며, 또한 인종, 피부색, 성, 언어, 종교 또는 사회적 출신만을 이유로 하는 차별을 포함하여서는 아니 된다.

(2) 긴급피난

이스라엘은 자국의 조치가 긴급피난에 해당한다고 하였으나 재판부는 이를 인정하지 않았다. 재판소는 Gabcikovo – Nagymaros Project 사건을 인용하여 긴급피난은 문제의 행위가 중대하고 급박한 위험에 대해 본질적 이익을 보호하기 위해 필요한 유일한 방법으로, 엄격하게 정의된 특정 상황에서만 원용할 수 있다고 하였다. 그러나 재판소는 장벽 건설이 이러한 건설의 정당화를 위해 원용한 위험에 대하여 이스라엘의 이익을 보존하기 위한 유일한 방법이라는 주장은 설득력이 없다고 판단하였다.

5. 이스라엘의 국제법 위반의 법적 결과

(1) 이스라엘

첫째, 이스라엘은 팔레스타인 점령지역에서의 장벽 건설로 인해 위반한 국제 의무를 준수해야 한다. 둘째, 의무에 위반되는 조치를 종식시켜야 하며 이를 위해서는 건설 중인 장벽의 설치 작업을 즉시 중단하고, 장벽 건설 및 그 관련 체제 성립을 위해 채택된 모든 입법이나 법규는 즉시 폐지 또는 무효화해야 한다. 셋째, 본 건과 관련하여 모든 자연인 또는 법인에 끼치는 피해에 대해 보상할 의무가 있다.

(2) 기타 국가

이스라엘은 대세적 의무인 민족자결권 존중 의무와 국제인도법상의 의무를 위반하였다. 따라서 모든 국가는 동 예루살렘과 그 주변을 포함한 팔레스타인 점령지역에서의 장벽 건설로 야기된 모든 불법 사태를 승인하지 않으며 그러한 사태를 유지시키는 데 원조를 제공하지 않을 의무가 있다.

(3) UN

UN, 특히 총회와 안보리는 본 건의 권고적 의견을 고려하여 장벽 건설과 그 관련 체제로 야기된 모든 불법 상황을 종식시키기 위한 조치를 검토해야 한다.

I 사실관계

1. 서남아프리카(나미비아)는 제1차 세계대전 이후 국제연맹이 설치한 위임통치제도[53]하에서 남아프리카 연방을 수임국으로 하는 위임통치지역이 되었다. 제2차 세계대전 이후 UN에 의해 신탁통치제도가 도입되었으나 남아연방은 서남아프리카를 신탁통치지역으로 전환하지 않았다. UN은 위임통치지역의 국제적 지위는 수임국의 일방적 의사로 변경할 수 없다고 보고 서남아프리카를 신탁통치하에 두기 위해 남아연방에 권고함과 아울러 그 조치가 받아들여지기까지 국제연맹이 수행하던 감독기능을 계속해서 수행하고자 하였다.

2. 그러나 남아연방은 위임통치제도에 기초한 의무는 국제연맹의 해산과 함께 소멸하였으며 서남아프리카의 장래에 대한 문제는 자국이 결정권한을 가진다고 주장하면서 UN의 권고를 거부하고 1949년 서남아프리카를 병합하였다.

3. 이에 대해 UN총회는 서남아프리카의 법적 지위 등에 관한 권고적 의견을 ICJ에 요청하였다.

II 총회의 질문사항

1. 서남아프리카의 국제적 지위 및 남아연방의 의무

2. 서남아프리카 관련 보고 및 청원 문제는 중요 문제에 해당하는가?

3. 서남아프리카위원회는 청원인에게 구두청문을 허용할 수 있는가?

4. 남아연방의 서남아프리카 지배조치의 법적 평가 및 UN 회원국의 의무

---

51) 이 문제에 관한 ICJ의 권고적 의견은 1950년, 1955년, 1956년 세 차례에 걸쳐 부여되었다.
52) 장신, 국제법판례요약집, 49-54면.
53) 제1차 세계대전 이후 전승국인 영국·프랑스·일본 등이 독일·터키의 식민지 및 여기에 준하는 영토에 대해서 국제연맹의 위임을 받아 행한 통치형태이다. 통치의 임무를 지는 수임국은 선진국으로 구성되며, 통치의 방법과 정도는 원주민의 문화수준이나 영토의 지리적 조건, 경제상태 및 기타 유사한 사정을 기준으로 하여 대략 3가지 종류로 구분할 수 있다. 첫번째 방법은 독립국으로서 가(假)승인 상태의 발달된 나라로 구(舊) 터키령의 아라비아지역에 적용된 통치방식이다. 이 지방 국민들의 의식수준은 다른 위임통치지역의 국민수준에 비하여 높기 때문에 어느 정도의 자치를 인정받게 되었고 수임국은 그 자립에 이르기까지 조언과 협조를 해주는 형태이다. 두 번째 방법은 독일 식민지였던 중앙아프리카의 카메룬(Cameroon)·토골란드(Togoland)·탕가니카(Tanganyca) 등에 적용된 통치방식으로 수임국이 시정(施政)의 책임을 지는 것이다. 세 번째 방법은 수임국이 위탁통치지역을 자국영토의 일부분으로 통치하는 방식으로 서남아프리카의 나미비아(Namibia)와 남태평양제도의 뉴기니(New Guinea)·나우루(Nauru) 등이 이에 속한다. 이것은 위의 두 경우보다는 발달이 늦은 지역에 적용된 것으로 수임국이 입법·사법·행정의 전권을 가지고 통치하는 형태이다. 수임국은 위임통치지역에 군사기지를 설치할 수 없도록 금지되어 있다. 또한 1885년 콩고조약 이래 중앙아메리카의 식민지에 적용된 원칙에 따라서 원주민 보호를 위하여 수임국은 공공의 질서 및 선량한 풍속에 저해되지 않는 한 양심과 선교의 자유를 인정하였다. 위임통치방식은 어느 것이나 수임국과 국제연맹 사이에 위임통치협정이 체결되어 연맹의 감독하에 수임국이 통치하게 되어 있으며, 수임국은 이사회에 위탁지역에 관한 연보를 제출할 의무가 있다. 수임국에 대한 연맹의 감독은 이사회와 그 부속기관으로서의 상설위임통치위원회(Permanent Mandates Commission)에 의하여 행하여졌다. 위탁지역 중에서 첫 번째 통치방식에 속하던 국가는 제2차 세계대전 당시 또는 그 이후에 대부분 독립하였고, 두 번째 통치방식에 속하던 국가도 1962년까지는 모두 독립국가가 되었다(출처: 네이버 백과사전).

Ⅲ 권고적 의견 요지

1. 서남아프리카의 국제적 지위 및 남아연방의 의무

남아연방은 국제연맹의 해산과 함께 위임장도 소멸하였다고 주장하였다. 그러나 국제사법재판소(ICJ)는 국제연맹의 위임통치제도는 국제적 목적을 가진 국제제도로서 창설된 것이므로 만일 위임장이 소멸되었다면 남아연방의 권한도 소멸한다고 판시하였다. 그러나 헌장 제80조 제1항의 규정 및 남아연방 정부가 스스로 의무를 인정한 성명 등을 고려해 볼 때 위임장은 소멸되지 않았으며 따라서 남아공은 위임장에 규정된 의무를 준수해야 한다고 하였다. 또한 위임통치지역에 대한 국제연맹의 감독기능은 명시적 이관이 없어도 UN이 계속 보유한다고 하였으며 헌장 제19조에 의해 UN총회가 감독기능을 담당한다고 판시하였다. 재판소는 아울러 UN헌장 제12장의 신탁통치 관련규정은 서남아프리카에 적용된다고 하였다. 또한 서남아프리카의 국제적 지위는 국제연맹규약 제22조 및 위임장에 따라 결정되며, 위임장 제7조 제1항에 의하면 남아연방이 서남아프리카의 국제적 지위를 일방적으로 변경할 권한을 가지고 있지 않다고 판단하였다.

2. 서남아프리카 관련 보고 및 청원 문제는 중요 문제에 해당하는가?

UN총회는 1950년 ICJ 권고적 의견에 기초하여 서남아프리카위원회를 설치하고 연례보고와 청원심사를 위한 규칙을 작성하였다. 동 규칙상 표결에 관한 규정에서 2/3 다수결 원칙을 채용하였는 바 이는 국제연맹 당시의 만장일치제에 비해 수임국을 지나치게 엄격한 감독하에 두게 된다는 의문이 제기되었다. 즉, "총회가 수행하는 감독의 정도는 위임통치하에 적용된 정도를 넘어서는 안 되며, 또 가능한 한 연맹이사회가 사용한 절차에 따라야 한다."라는 1950년 ICJ 권고적 의견을 절차규칙이 위반하는지가 문제된 것이다. 이에 대해 ICJ는 동 절차규칙이 1950년 ICJ 권고적 의견을 위반하지 아니한다는 의견을 부여하였다. '감독의 정도'는 표결절차에 관한 것이 아니라 감독의 실질에 관한 것이므로 반드시 국제연맹의 표결규칙을 도입할 것을 요구한 것이 아니라고 하였다. 또한 총회의 감독기능이 UN헌장에 기초하고 있으므로 총회의 의사결정은 헌장 제18조에 합치해야 한다고 하였다.

3. 서남아프리카위원회는 청원인에게 구두청문을 허용할 수 있는가?

남아연방이 UN에 계속해서 협력을 하지 않고 서남아프리카에 관한 보고서를 제출하지 않자 청원인에게 구술의 기회를 부여하고 직접 그 설명을 청취할 필요가 발생하였으나 이러한 조치가 국제연맹에서는 존재하지 않아 이를 인정할 수 있는지에 대해 의문이 제기되었다. 재판소는 구두청문제도는 허용될 수 있다는 의견을 제시하였다. 총회는 위임통치지역의 시정을 유효하고 적절하게 감독할 권한을 가지고 있으며, 청문제도는 그러한 감독기능을 보다 효과적으로 수행하기 위한 것이므로 감독권한의 한계를 일탈한 것으로 볼 수 없다고 하였다.

4. 남아연방의 서남아프리카 지배조치의 법적 평가 및 UN 회원국의 의무

재판소는 남아연방의 계속적인 서남아프리카 지배는 불법이므로 남아연방은 행정기구를 즉각 철수하고 영토 점령을 종식할 의무가 있다고 하였다. 또한 UN 회원국은 남아연방의 불법성을 인정해야 하며, 동 국가의 적법성을 인정하거나 묵인하는 행위를 자제할 의무가 있다고 하였다.

I 사실관계

1. UN 총회는 2008년 10월 8일 결의 63/3을 채택하였다. 총회는 결의에서 2008년 2월 17일 코소보 자치정부 잠정기구들이 세르비아로부터 독립을 선언하자 그러한 독립선언이 지금의 국제법 질서와 양립하는 것인가에 대하여 UN 회원국들의 다양한 반응이 존재하는 것을 인식하고, 헌장 제96조[54]와 국제사법재판소 규정 제65조[55])에 따라 "코소보 자치정부 잠정기구들의 일방적인 독립선언은 국제법에 따른 것인가?"라는 질문에 대한 권고적 의견을 요청하였다.

2. 코소보는 수세기 동안 인종적으로 알바니아계 회교도들로 구성된 공동체였었다. 1990년대에는 90% 이상이 회교도이고 나머지가 세르비아 계통의 주민들이었다. 1946년 티토(Tito) 장군이 유고슬라비아를 여섯 개의 공화국과 세르비아 지역 내에 두 개의 자치단위(코소보, 보보디나)로 구성된 새로운 연방공화국으로 구성하는 신헌법을 채택하였고, 1974년에는 헌법 개정으로 코소보와 같은 자치구는 연방구성공화국과 동일한 지위를 갖게 되었다. 1989년 유고슬라비아에서의 치열한 인종분규로 인해 세르비아공화국 의회는 코소보의 자치권을 극도로 제한하는 헌법 개정을 준비하였다. 이에 코소보인들은 그에 항의하였고 그러한 항의에 대하여 세르비아는 코소보에 군대를 파견하였으며, 1989년 2월에는 비상사태를 선언하였다. 1990년 세르비아공화국은 신헌법을 채택하여 코소보의 독립적인 지위를 박탈하였는데, 이에 코소보 의회는 7월에 유고슬라비아 연방공화국(FRY) 틀 내에서 코소보가 다른 구성단위로부터 독립적이고 그들의 대등한 단위라고 하는 헌법적 선언을 행한 후, 동년 9월에는 코소보가 유고슬라비아 공동체의 대등한 구성원이라고 선언하는 결의를 채택하였다. 이에 대한 반응으로 세르비아 당국은 코소보 의회를 폐쇄하였다. 1997년에 밀로세비치가 FRY의 대통령으로 선출된 후, 코소보에서는 대규모의 적대행위들이 발생하였다. 1998년 광범위한 투쟁이 발발하자 안전보장이사회(이하 안보리)가 코소보를 포함하는 FRY에로의 무기 등의 판매나 공급을 금지하는 결의 1160을 채택하였는데, 세르비아 보안부대와 코소보 해방군 간의 과도하고 무차별적인 전투행위 등으로 인하여 코소보의 상태가 악화되자 안보리는 UN헌장 제7장에 근거하여 이러한 악화된 코소보의 상태가 그 지역에서의 국제평화와 안전을 위협하고 있음을 확인하는 결의 1199를 채택한다. 1999년 FRY가 대규모의 군대를 코소보 국경과 역내로 파견하고 심각한 공격을 감행하여 코소보에서의 인권상황이 더 악화되자 3월 24일 NATO의 군사적 행동이 개시되었다. 이어 5월에는 유고슬라비아 국제형사재판소(ICTY)는 FRY의 고위 관료들을 전쟁범죄 및 반인도적범죄 혐의로 기소하였다. 그리고 1999년 6월 코소보의 장래 지위에 관한 안전보장이사회결의 1244가 채택되었다. 이 결의는 헌장 제7장에 따라 채택된 것으로 안보리는 코소보에서의 심각한 인도적 상황의 해결 및 코소보에서 이루어지고 있는 무력충돌을 종료시키기 위하여 UN 사무총장에게 국제문민기구를 설치하고 그 업무를 통할할 특별대표를 안보리와 협의하여 임명할 수 있는 권한을 부여하였다. 이 기구는 코소보에 실질적인 자치 및 자치정부 수립을 도모하는 것을 주 목적으로 하였다. 또한 UN 사무총장은 안보리에 UN 코소보 과도통치기구(UNMIK)라고 알려진 기구를 제안하였는데, 코소보 영역과 인민에 대한 사법권을 포함한 모든 입법권 및 집행권을 UNMIK에 귀속시키는 것이었다.

---

54) 총회 또는 안전보장이사회는 어떠한 법적 문제에 관하여도 권고적 의견을 줄 것을 국제사법재판소에 요청할 수 있다(UN헌장 제96조 제1항).

55) 재판소는 국제연합 헌장에 의하여 또는 이 헌장에 따라 권고적 의견을 요청하는 것을 허용 받은 기관이 그러한 요청을 하는 경우에 어떠한 법률문제에 관하여도 권고적 의견을 부여할 수 있다(ICJ규정 제65조 제1항).

UNMIK의 책임 및 권한은 2001년 5월의 '잠정 자치 정부를 위한 헌법적 틀에 관한 UNMIK 규칙 2001/9' (이하 Constitutional Framework)에 더욱 자세히 구현된다. 이 규칙은 특히 코소보 통치와 관련한 국제 문민기구 특별대표와 코소보 자치정부 잠정기구 간의 책임 분배를 정하고 있다. 2002년 UN사무총장은 안보리에 UNMIK이 코소보에 무한정 존재할 수 없음을 주지시키고 정치적인 수순을 밟아야 할 것을 주장하였다. 이에 안보리는 UN 사무총장의 제안을 받아들여 소위 "standards before status" 정책을 승인한다. 2004년 코소보에서 또다시 인종 간 폭력 충돌이 발생하였고, UN 사무총장은 코소보와 FRY 모두 장래의 지위에 대한 논의 절차의 개시를 희망하고 있음을 들어 이러한 절차를 수행할 특별사절의 임명을 추진하였고, 안보리가 이에 동의하여 2005년 11월 특별사절이 안보리에 의해 임명되었다. 안보리는 임명을 승인할 때, 안보리가 여전히 코소보 문제에 적극적으로 관여되어 있으며, 코소보의 지위에 대한 최종적인 결정은 안보리의 승인을 받아야할 것이라는 점을 적시하였다. 특별사절은 양 당사자 간 협의를 마련하는 등 분쟁 해결을 위해 노력하였지만 어느 일방도 주권 문제에 대하여서는 양보할 의사가 전혀 없음을 확인하고, 2007년에 제출된 보고서를 통해 앞으로의 추가적인 대화는 어떠한 형태가 되었던 이러한 교착상태를 해결할 수 없다고 결론지었다. 하지만 동시에 코소보의 지위를 해결할 시점은 도래하였다고 판단하면서, 특별사절의 입장에서 볼 때 유일한 가능한 해결방법은 초기 시점에는 국제사회에 의하여 감시되는 코소보의 독립이라고 결론지었다. 이러한 특별사절의 권고에 대하여 UN 사무총장은 완전한 지지를 표명하였지만, 안보리는 스스로 별도의 임무를 수행하기로 결정한 것 이외에 코소보의 최종 지위에 대한 결정을 하지는 못했다. 2007년 11월에 코소보 의회, 30개 지방 의회 구성 및 시장 선출을 위한 선거가 실시되었으며, 코소보 대통령, 수상, 109명의 의원 등이 참석한 2008년 2월 17일 개최된 코소보 의회의 긴급 특별 회기에서 코소보는 독립을 선언하였다. 세르비아 대통령은 이 독립선언은 불법적인 것이라고 주장하면서, 세르비아 공화국으로부터 일방적·불법적으로 코소보를 분리하는 것은 무효임을 선언하고 결의 1244에 반하는 행위를 한 코소보 의회의 해산을 선언하라는 지시를 UN 사무총장이 내릴 것을 요청하였다. 하지만 이러한 선언은 이루어지지 않았다. 2009년 4월을 기준으로 57개 국가들이 코소보의 독립을 승인하였다.

Ⅱ 법적쟁점

1. ICJ 관할권 검토

(1) 관할권 성립 여부

① 요청기관의 적합성: UN총회가 안보리가 다루고 있는 사안에 권고적 의견을 요청할 수 있는지 여부가 쟁점이 되었다.

② 법률문제인가?: 독립선언행위가 권고적 의견 요청 대상인 법률문제에 해당하는지가 쟁점이 되었다.

(2) 관할권 행사 필요성

① 사안의 적절성: 해당 사안이 국제평화와 안전의 유지와 밀접한 관련이 있는 문제이자 안보리가 적극적으로 개입하고 있는 사안이며, 정치적인 측면에서도 매우 미묘한 문제인 점을 고려할 때 ICJ가 이에 권고적 의견을 부여하는 것이 적절한지가 쟁점이 되었다.

② 질문의 성격: ICJ는 독립선언의 주체를 수정하여 총회의 질문을 재구성하였는데, 질문을 ICJ가 재구성하는 것이 가능한지 여부가 쟁점이 되었다.

2. 일방적 독립선언의 국제법적 합법성

(1) 일반국제법상의 논의

코소보의 일방적 독립선언이 일반국제법 규범에 따른 것인지가 쟁점이 되었다.

(2) 안전보장이사회 결의 1244 등과의 관계

코소보의 일방적 독립선언이 안보리 결의 1244 등 규범에 위배되는지 여부가 쟁점이 되었다.

Ⅲ ICJ 판정

1. ICJ 관할권 검토

(1) 관할권 성립 여부

① 요청기관의 적합성: UN헌장 제96조 규정에 따르면 권고적 의견의 요청은 총회나 안보리 또는 총회가 허락하는 것을 조건으로 그 권한 범위 내에 속하는 사항에 대하여 UN의 다른 기관이나 전문기구가 행할 수 있다. 본 사건의 경우, 총회가 요청을 하였으므로 형식적인 측면에서 적법한 요청권자에 의한 권고적 의견 요청이 이루어진 것이다. 하지만 안보리가 코소보 사태에 대하여 결의를 채택하는 등 코소보 문제를 다루고 있는 상황에서 총회가 권고적 의견을 요청할 수 있는 자격이 헌장상 부여되는지와 관련하여 ICJ는 별도로 판단하였다. ICJ는 분쟁이나 사태에 대하여 안보리가 현재 다루고 있는 경우에는 총회가 그에 대하여 권고를 행하는 것을 삼가야 한다고 규정하고 있는 UN헌장 제12조 제1항은 총회의 권고 행위만을 삼갈 것을 요청하고 있지 권고적 의견을 요청하는 것까지 삼갈 것을 요구하고 있는 것으로 해석하지 않는다. 총회는 헌장 제10조 및 제11조 등에 따라 헌장의 범위 내에서 어떠한 문제, 특히 총회에 회부된 국제평화와 안전에 관한 어떠한 문제든 토의할 수 있는 권한이 있으므로 본 사안의 경우에도 총회는 권고적 의견을 요청할 수 있는 자격이 있다는 것이다. 다만 사안의 성격상 총회가 가장 적정한 요청기관이었는지에 대한 의문이 제기되었는데 이는 뒤에서 살펴본다.

② 법률문제인가?: UN헌장 제96조와 ICJ규정 제65조는 요청 권한이 있는 기관이 권고적 의견을 요청할 수 있는 대상을 법률문제에 한정하고 있다. 이의 판단기준에 대해 ICJ는 서사하라 사건 및 그 후의 사건들에서 반복하여 판시한대로 "법의 관점에서 구성되고 국제법 문제를 제기하는 문제는 그 성질상 법에 근거하여 답변할 수 있다."라는 입장을 취하고 있다. ICJ는 독립선언이 국제법에 따른 것인가에 대하여 답변할 것을 요청받았다는 점, 과거 ICJ 사건에서 수차례 언급된 바처럼 문제가 정치적인 부분을 일부 포함하고 있다는 사실이 법적인 문제로서의 성질을 박탈하지 않는다는 점 등을 근거로 하여 권고적 의견을 부여할 수 있는 대상 문제라고 판단하고 있다.

(2) 관할권 행사 필요성

① 사안의 적절성: ICJ규정 제65조 제1항은 권고적 의견이 요청된 경우, ICJ는 권고적 의견을 부여할 수 있다(may)라고 규정하고 있다. 이는 ICJ가 의무적으로 의견을 제시할 필요성이 없다는 것을 의미한다. 이러한 관점에서 ICJ가 본 권고적 의견을 부여하는 것이 적절한 지가 의문인 것이다. 권고적 의견 요청이 있는 경우 원칙적으로 그에 대하여 거부할 수 없고, 거부하여야만 하는 압도적인 이유(compelling reasons)가 있는 경우에만 재량권에 근거하여 권고적 의견 부여를 거절할 수 있다는 것이 ICJ의 오랜 태도였다. 본 사안에서도 ICJ는 안보리가 코소보 사태와 관련하여 결의 1244 등을 채택하는 등 중요한 역할을 한 것은 사실이지만 총회도 코소보의 인권 상황 등과 관련하여 수차례 결의를 채택하였다는 점에 비추어 볼 때 권고적 의견 부여를 거절하여야만 하는 압도적 이유가 존재하지 않는다고 판단하고 있다.

② 질문의 성격: 과거 권고적 의견 요청 사건에서는 첫째, 질문이 적절하게 구성되어 있지 않거나, 둘째, 문제되는 법적 문제를 질문이 잘 반영하고 있지 않거나, 셋째, 질문이 불명확 또는 모호한 경우에 ICJ 가 질문을 명확하게 한 사례들이 있음을 ICJ는 상기하였다. ICJ는 총회의 의견 요청은 독립선언의 결과나 특히 그에 의하여 코소보가 국가성을 획득하였는지, 그리고 코소보를 독립국가로 이미 승인한 타국가들의 승인행위의 유효성 혹은 법적 효과에 대하여 질문하는 것이 아니라 독립선언이 국제법에 따른 것인가 하는 것이라고 질문의 성질을 결정하였다. ICJ는 총회 결의 내용 중 '코소보 자치정부 잠정기구들에 의한 일방적 독립선언'이라는 문구에서 과연 '코소보 자치정부 잠정기구들'이 독립을 선언한 주체인지에 대하여 많은 수의 참여자들이 의문을 제기하고 있다고 하고, 이 점이 권고적 의견의 내용에 영향을 줄 수 있다는 입장을 취하면서 주체를 '소보 잠정통치 틀 밖의 코소보 인민 대표들'로 수정하여 질문을 재구성하였다.

2. 일방적 독립선언의 국제법적 합법성

(1) 일반국제법상의 논의

ICJ는 18 · 19 · 20세기 초에 행해진 독립선언은 그 당시의 관행들을 고려할 때 국제법에 반하는 것으로 여겨지지 않았고, 오히려 그 당시의 일반국제법에는 독립선언을 금지하는 규범이 포함되어 있지 않았다고 결론지었다. 이어서 20세기 중반에 오면서 비자치지역 인민, 외국의 점령하에 있는 인민들에게 독립권을 부여하는 방향으로 자결권이 발달하였고 그에 근거하여 많은 국가들이 새로이 성립하였으며, 더 나아가 자결권의 맥락과는 관계없는 차원에서도 독립이 이루어졌음을 지적하였다. 이러한 관행들을 통하여 볼 때 자결권을 행사하는 경우나 그렇지 않은 후자의 경우에 독립선언을 행하는 것을 금하는 국제법 규칙이 성립하였다고 볼 수 없다고 판단하였다.

이밖에 ICJ는 일방적인 독립선언의 금지는 영토의 일체성 원칙(principle of territorial integrity)에 내재하는 것이라는 주장을 받아들이지 않았다. UN헌장 제2조 제4항, 1970년 우호관계선언 및 1975년 헬싱키 최종의정서 등에 비추어 볼 때 영토 일체성 원칙의 적용범위는 국가 간의 관계에 한정되는 것이기 때문이다. 또한 독립선언에 대한 안보리의 비난 결의에 근거하여 위법성을 주장하는 일부 견해에 대하여서도 ICJ는 안보리의 비난결의 대상이었던 문제의 독립선언들이 위법하다고 판단한 이유는 선언의 일방성 때문이 아니라 그러한 선언들이 불법적인 무력사용 혹은 강행규범과 같은 국제법의 일반 규범들을 심각하게 위반하는 상황하에서 이루어졌기 때문이라고 판단하며, 코소보와 관련하여서는 안보리가 이러한 결의를 행한바 없음을 지적하였다. 따라서 안보리의 관행으로부터 일방적인 독립선언의 금지를 추론할 수는 없다고 판단하였다.

이와 같이 ICJ는 일반국제법상 일방적인 독립선언을 금지하고 있는 규범이 없고 따라서 코소보의 독립선언은 국제법에 반하지 않는다고 결론적으로 판단하였다. 그렇지만 코소보 인민들이 자결권 혹은 교정적 분리권(right of remedial secession)에 근거하여 독립국가를 창설할 권한이 있다는 일부 주장에 대하여서는 총회가 독립선언이 국제법에 따른 것인지에 대하여만 질문하였으므로, 이에 대한 판단은 총회 질문의 범위를 넘어서는 것으로 본 사건에서 다룰 필요성이 없다고 판단하였다.

(2) 안전보장이사회 결의 1244 등과의 관계

① 안보리 결의 1244와의 관계: ICJ는 일반국제법에 비추어 코소보의 일방적 독립선언이 일반국제법을 위반한 것이 아님을 확인하고 이어서 코소보 사태에 특별법으로 적용될 수 있는 안보리 결의 1244와 그에 따라 취하여진 조치에 입각하여 일방적 독립선언의 적법성 여부를 평가하였다. 결의 1244가 권고적 의견을 발하기 위하여 고려해야 할 국제법의 일부분이라고 평가한 것이다. ICJ는 결의 1244는 본질적으로 코소보에 잠정적 체제를 창설할 의도의 것이라고 판단하면서, 하지만 코소보의 최종적 지위 또는 최종적 지위를 확보하는 조건 등에 대하여는 어떠한 규정도 가지고 있지 않다고 확인하였다.

독립선언은 코소보의 지위를 최종적으로 결정하는 시도이기 때문에 양 문서는 다른 차원에서 작동하는 것으로 결의 1244가 독립선언을 막을 수는 없다고 판단하였다. 또한 ICJ는 결의 1244의 수범자가 누구인가를 확인하면서 독립선언을 행한 주체가 결의의 수범자라는 표식은 없다고도 판단하였다. 이러한 이유 등에 기초하여 ICJ는 최종적으로 결의 1244가 독립선언을 금지하는 것이 아니라고 판단하였다.

② Constitutional Framework 및 기타 UNMIK 규칙과의 관계: ICJ는 Constitutional Framework 등도 안보리 결의 1244에 근거하여 만들어진 것으로 국제법 질서라 인정하고 그에 따라 독립선언의 적법성 여부를 심리하였다. ICJ는 Constitutional Framework 등의 수범자는 코소보 자치정부 잠정기구들인데 본 사건의 독립선언을 행한 자는 자치정부의 잠정기구가 아니라 코소보 인민 대표들이므로 본 사건에서는 적용 가능성이 없다고 판단하였다. 이는 ICJ가 질문을 재구성한 결과로 주체가 바뀌었기 때문이다.

Ⅳ 평석

1. ICJ 관할권 검토

ICJ의 판단이 전적으로 옳다고 여겨진다.

첫 번째 쟁점과 관련하여, 총회도 국제평화와 안전의 유지와 관련하여 1차적이지는 않지만 책임을 부담하고 있으며, 코소보 사태와 관련하여서도 안보리만큼 직접적이지는 않지만 여전히 상당한 정도로 관여를 하고 있는 상황이라는 점 또한 권고적 의견 요청권자와 관련한 헌장 제96조의 어떠한 규정도 안보리가 권한을 행사하고 있는 사항에 대하여 총회가 권고적 의견을 요청하는 것은 허용되지 않는다는 취지의 규정이 없는 점 등을 고려할 때, 안보리가 요청하는 것이 보다 적절할 수는 있지만, 총회가 요청하는 것은 허용되지 않는다는 결론에 이를 수는 없다고 판단된다.

두 번째 쟁점과 관련하여, 총회 결의 63/3에 나타난 진정한 의사에 비추어볼 때 하등 문제될 것이 없다고 판단된다. 독립선언이라는 행위 자체가 국제법에 따른 것인가 여부에 주된 관심을 둔 것이지, 독립선언이 누구에 의하여 이루어져야지 국제법에 따른 것이 되는지에 대하여 궁극적인 관심을 둔 것은 아니라고 보인다. 이러한 관점에서 독립선언의 주체가 '코소보 자치정부 잠정기구들'인지 아니면 ICJ가 판단하고 있는 바처럼 '코소보 잠정통치 틀 밖의 코소보 인민 대표들'에 의한 것인지 여부는 권고적 의견을 요청하는 질문의 본질적인 부분이 아니라고 판단된다.

2. 일방적 독립선언의 국제법적 합법성

(1) 일반국제법상의 논의

ICJ의 판결은 금지되지 않으면 허용된다는 이분법적인 사고를 전제로 한 것인데, 이는 과거 PCIJ의 Lotus 사건의 판시내용을 연상하게 한다. 하지만 이러한 사고를 완결적인 법적 규율체제를 갖추지 못하고 있는 국제법 질서에 대하여도 적용할 수 있는 것인지는 의문이다. 또한 이러한 사고는 국가 간의 관계를 전제로 하여 특정 국가의 행위를 국제법이 금지하지 않고 있는 상황에서는 그러한 행위를 하는 것은 허용된다는 의미를 갖는 것인데, 본 사안의 경우에 있어서 행위 주체는 아직 국가가 아닌 어떠한 실체인데 이런 실체에 대하여도 국가 간 관계에 적용되는 국제법이 적용된다고 판단한 것인지 의문이다.

또한 ICJ는 한 국가로부터의 분리독립과 관련한 사항은 총회의 권고적 의견요청 내용의 범위에 속하지 않는다고 하나, 질문의 실질적인 측면을 들여다 보면 기존의 한 국가체제 내에서 그 구성 부분이 일방적으로 국제법에 따른 독립선언을 할 수 있는가 하는 문제는 궁극적으로 한 국가체제 내의 한 부분이 어떠한 경우에 분리 독립, 즉 대외적 자결권을 행사할 수 있는가 하는 문제와 직접적으로 연계되어 있다. 이러한 문제를 ICJ는 애써 외면한 것이다.

(2) 안전보장이사회 결의 1244 등과의 관계

안보리 결의 1244는 그 부속서 1과 2에서 정하여진 일반원칙에 따라 코소보 사태를 정치적으로 해결하기 위하여 FRY, UN 사무총장을 비롯한 UN의 기구들, 여타 회원국들에게 일정한 의무를 부과하기 위하여 헌장 제7장에 따라 채택된 문서로서 코소보의 종국적인 지위가 결정될 때까지의 잠정적인 과정을 규율하는 데 그 목적이 있다. 이러한 관점에서 ICJ의 결의 1244의 적용가능성과 관련한 판단은 타당성이 있다고 판단된다.

다만 Constitutional Framework 등을 본 사안에 적용할 수 없다는 ICJ의 판단과 관련하여서는 좀 더 추가적인 평가가 필요할 것 같다. 우선 Constitutional Framework 등이 '본 사안에 적용될 수 있는 국제법의 일부분'이라고 하는 ICJ의 판단은 타당하다. 그것은 결의 1244에 그 타당성의 근거를 두고 있는 파생법이기 때문이다. 하지만 Constitutional Framework 등이 '본 사안에 적용된다'는 판단에는 의문이 있다. ICJ는 본 사안의 사실관계는 결의 1244가 규율하고자 하는 것이 아니라고 판단하고 있는데, 이는 본 사안에는 결의 1244의 적용 가능성이 없다는 것이다. 이러한 상황에서 결의 1244의 파생법인 Constitutional Framework 등의 적용 가능성을 인정하는 것은 논리적인 일관성을 해치는 것으로 타당하지 않다. 즉, 결의 1244의 적용 가능성에 대한 판단이 소극적인 경우라면, Constitutional Framework 등에 대한 논의는 할 필요성이 없었다고 판단된다.

CASE 29. 퀘벡주 분리독립 사건[56)57)]

Ⅰ 사실관계

1. 퀘벡주

퀘벡주는 1763년 파리조약에 따라 프랑스의 지배지역에서 영국의 영역이 되었고, 캐나다에서 소수자가 거주하는 격리된 영토로서 프랑스 전통을 중심으로 한 독자적인 문화와 종교 및 경제적 정체성을 유지해 왔으며, 주민투표 등을 통해 지속적으로 분리독립을 추구해 왔다.

2. 추밀원의 연방대법원에 대한 법률적 의견 요청

1995년 퀘벡주는 분리독립에 대한 주민투표를 실시하였으며, 이를 계기로 캐나다 정부는 퀘벡주 분리독립의 합법성에 대한 판단을 사법기관에 요구하기로 하였다. 캐나다 정부는 다음과 같은 문제에 대한 법률적 입장을 연방대법원에 요청하였다.

(1) 캐나다 헌법상 퀘벡주의 국민의회 등은 퀘벡주를 캐나다로부터 일방적으로 분리독립시킬 수 있는가?

(2) 국제법은 캐나다로부터 퀘벡주를 일방적으로 분리독립시킬 권리를 퀘벡주 국민의회 등에 부여하고 있는가?

(3) 분리독립에 관하여 국내법과 국제법이 충돌하는 경우 캐나다에서 어느 법이 우선하는가?

---

56) 캐나다 연방 대법원, 1998.8.20.

57) 박덕영/오미영 역(2014), 국제법기본판례50, p.34-37.

Ⅱ 의견요지

1. 헌법상 일방적 분리독립이 인정되는가?

연방대법원은 캐나다 헌법상 퀘벡주의 분리독립은 퀘벡주의 국민의회 등에 의해 일방적으로 달성될 수 없다고 하였다. 명확한 주민투표 결과가 있다고 하더라도 퀘벡주는 자결권을 원용하여 연방 이외의 구성원에게 자신의 분리독립을 강요할 수 없다는 것이다.

2. 국제법상 일방적 분리독립의 지위

연방대법원은 퀘벡주는 민족자결권에 기초한 일방적 분리독립을 할 수 있는 권리가 없다고 하였다. 법원은 민족자결권은 원칙적으로 일방적 분리독립을 지지하지 않고, 예외적인 사정하에서만 인정된다고 하였다. 예외적 사정이란 억압을 받는 민족 또는 식민지 국민인 경우 및 내적 자결이 완전히 거부된 민족을 말한다고 하였다. 법원은 자결권에 관한 국제법 원칙은 기존국가의 영토보전에 대한 존중의 구조 내에서 발전해 왔다고 하였다. 결국, 퀘벡주는 이러한 예외적 사정에 해당하지 않으므로 캐나다로부터 일방적 분리독립을 할 권리를 가지지 않는다고 하였다.

3. 사실상의 분리독립 문제

연방대법원은 일방적 분리독립권이 헌법이나 국제법상 존재하지 않지만, 사실상의 분리독립이 발생할 수 있다는 사실을 지적하였다. 사실상의 분리독립이 인정되기 위해서는 영역에 대한 실효적 지배 및 국제사회의 승인을 요한다고 하였다.

Ⅲ 평석

1. 자결권의 범위

오늘날 국제법에서 자결권은 대체로 내적 자결(자치)의 의미로 파악되고 있고, 외적 자결(분리독립)은 원칙적으로 인정되지 않는다. 국제법은 식민지 상황에서는 외적 자결의 인정, 사실상 성공한 분리독립의 인정 등에 대해서는 합의가 형성되어 있다. 캐나다 연방대법원 역시 이러한 규범을 반영하였다고 볼 수 있다. 이 사건에서 법원은 식민지 상황 이외에도 비민주적이고 차별적인 정권의 피해자, 중대한 인권침해, 즉 민족의 내적 자결의 권리가 심각하게 침해된 경우 예외적으로 외적 자결에 대한 정당성을 가진다고 하였다.

2. 주민투표의 의의

법원은 주민투표에 의한 분리독립 요구의 표명에 의미를 부여하였다. 즉, 주민투표에 의한 분리독립 의사의 명확한 표명은 이러한 요구에 대응하기 위하여 헌법개정에 대해 적절하게 교섭할 의무를 모든 연방구성원에게 발생시킨다고 하였다.

3. 실효성원칙의 문제

실효성의 원칙(principle of effectivity)과 관련하여 법원은 분리독립에 대한 권리와 분리독립에 대한 사실상의 행위는 구분되어야 하며, 이 두 가지는 다른 시점에서 적용되고, 관련 주체가 다르다고 하였다. 즉, 처음의 위법행위가 나중에 국제법적으로 허용될 수는 있으나, 그것이 소급적으로 어떠한 행위를 할 법적인 권리를 창출하는 것은 아니라고 본 것이다.

제6장 | 국가 및 정부승인

CASE 30. Tinoco 사건[58)]

I 사실관계

1917년 쿠데타로 집권한 티노코(Tinoco)는 신헌법을 제정하였다. 그러나 1919년 티노코는 실각하고 바르케르의 과도정부가 조직되었다. 의회는 구헌법을 부활시키고 법률 제41호를 제정하여 티노코 집권기에 행정기관이 개인과 체결한 모든 계약을 무효로 하고, 티노코 정부가 통화발행을 위해 제정한 법령도 무효화하였다. 이 법령으로 영국계 자본과 체결한 석유채굴 이권계약, Royal Bank of Canada에 대한 티노코 정부의 부채가 문제되었다. 영국은 동 법률이 이권계약과 부채에 적용되지 않도록 요구했으나 코스타리카가 거부하였고 이로써 중재에 부탁하기로 합의하였다.

II 법적쟁점

1. 티노코 정부는 코스타리카의 사실상·법률상 정부로 성립하였는가?

2. 신정부는 티노코 정부가 체결한 양허계약을 무효로 할 수 있는가?

3. 신정부는 티노코 정부의 캐나다은행에 대한 부채에 대해 지불을 거부할 수 있는가?

4. 정부승인을 부여하지 않았던 정부의 행위에 대해 영국은 신정부의 승계를 주장할 수 있는가?

---

58) The Tinoco Concessions, Great Britain v. Costa Rica, 중재재판, 1923년.

Ⅲ 코스타리카의 주장

1. 국제법에 따르면 티노코 정부는 사실상의 혹은 법률상의 정부가 아니다.

2. 티노코 정부 및 동 정부의 행위는 1871년 헌법에 반하므로 그 정부의 부채나 당시 체결된 계약은 구속력이 없다.

3. 영국은 티노코 정부를 승인하지 않았기 때문에 금반언의 법리에 따라 티노코 정부의 영국 국민에 대한 행위가 그 후임 정부를 구속한다고 주장할 수 없다.

4. 문제의 영국민의 청구는 당해 권리계약 규정 내지 코스타리카 국내법 규정에 따라 코스타리카의 국내법정에 제소되어야 하고 이에 대한 본국 정부의 간섭을 구해서는 안 된다.

Ⅳ 재정요지

1. 티노코 정부의 성립 여부 – 적극

티노코 정부는 정부의 요건을 갖추고 있었다. 국가구성원의 동의를 얻어 어느 정도의 영속성을 보이며 대내외적으로 의무를 이행하는 정부는 사실상의 정부이다. 정부의 기원이나 구성은 국내 문제이며 위헌적 방법으로 집권하였는지는 국제법적 관점에서 문제되지 않는다.

2. 정부승인과 정부성립의 관계

정부승인은 정부성립에 영향을 주지 않는다. 정부가 사실상의 정부로서의 요건을 갖추고 있다면 정부로서 성립하기 때문이다. 영국 정부가 티노코 정부를 승인하지 않았으나 티노코 정부의 성립 여부에는 하등의 영향을 주지 않는다.

3. 영국 정부의 불승인과 손해배상청구 가능 여부 – 적극

Taft 중재관은 영국 정부가 티노코 정부를 승인하지 않았으나 손해배상을 청구할 수 있다고 판단하였다. 우선, 영국은 티노코 정부를 명시적으로는 승인하지 않았으나 사실상의 정부로서 대우하고 있었다. 또한, 금반언의 원칙도 적용되지 않는다. 이미 영국은 티노코 정부에 대해 사실상의 정부로 승인하고 있었으므로 사실상의 정부의 행위에 대해 신정부에 손해배상을 청구하는 것은 금반언의 원칙에 반하는 것이 아니다.

4. 칼보조항의 문제

코스타리카는 계약상 분쟁이 발생하는 경우 코스타리카 국내사법절차에만 제소할 수 있을 뿐 본국은 개입할 수 없다고 주장하였다. 이에 대해 중재관은 두 가지 이유에서 영국의 외교적 보호권 발동을 인정하였다. 첫째, 이권계약 규정이 외교적 보호 요청을 금지하고 있는지 명확하지 않다. 둘째, 법률 제41호가 제정되어 코스타리카의 국내법정이 헌법상의 제약을 받음으로써 사정이 현저하게 변하였기 때문에 코스타리카 신정부는 외교적 보호 요청의 금지를 원용할 권리를 포기한 것으로 간주되어야 한다.

5. 양허계약의 승계 여부 – 소극

신정부는 양허계약을 승계하지 않는다. 일반적으로 양허계약은 신정부에 승계된다. 국내정권의 교체에도 불구하고 당해 국가의 정부로서의 동일성은 계속 유지되기 때문이다. 다만, 양허계약은 당초부터 헌법을 위반하여 체결되었으므로 신정부 역시 동 계약을 승계할 의무가 없다.

6. 티노코 정부의 캐나다은행 부채의 신정부 승계 여부 – 소극

신정부가 부채승계를 거부함으로써 영국에 대해 국가책임을 지는가에 대해 중재관은 부정적으로 판단하였다. 무엇보다 캐나다은행은 티노코의 월권행위가 '명백'하였음에도 불구하고 대출을 실행하였으므로 코스타리카 국가로의 '귀속성'을 부인하였다. 즉, 캐나다은행은 티노코가 개인용도로 자금을 대출하는 것을 알았음에도 불구하고 대출을 하였으므로 티노코의 행위는 코스타리카 정부로 귀속되지 않았다고 판단하였다.

Ⅴ 평석

1. 정권교체에 상관없이 국가책임 또는 국가계약은 승계해야 한다.

2. 정부성립에 있어서 '사실주의'를 확인하였다. 즉, 쿠데타나 혁명에 의해 성립한 정부라도 사실상, 법률상 지배력을 갖는 실효적 정부인 경우 국가대표자격이 인정된다.

3. 월권행위에 있어서 국가귀속성을 제한적으로 해석하였다. 즉, 명백한 월권행위는 국가귀속성이 인정되지 않는다. 이는 사인이 알 수 있고, 피해를 회피하기 위한 수단을 강구할 수 있기 때문이다. 단, 현대 국제법에서는 월권행위에 대한 국가귀속성을 넓게 인정하는 추세이다. ILC는 국가책임협약 최종초안 제7조에서 모든 월권행위에 대한 국가귀속성을 인정하고 있다.

4. 동 재정은 칼보조항의 유효성을 인정하는 취지로 생각된다. 칼보조항이 계약에 명시되었다면 본 국의 외교적 보호가 배척될 수 있다고 판단한 것으로 볼 여지가 있기 때문이다. 이러한 해석은 칼보조항의 유효성에 대한 통설적 해석과는 배치된다. 통설은 칼보조항이 국내 사법절차를 이용하게 하는 취지로 해석되는 경우는 법적 문제가 없으나, 본국의 외교적 보호권의 포기나 배척으로는 해석할 수 없다고 본다. 외교적 보호권은 국가의 권리이므로 개인이 임의로 포기할 수 없기 때문이다.

> **기출 및 예상문제**
>
> A국의 甲회사는 B국 정부 당국과 도로건설공사에 관한 계약을 체결하였다. 동 계약은 계약에 관한 분쟁발생 시 B국법에 따를 것을 규정하였다. 甲회사는 계약에 따라 공사를 진행하였으나 B국 내에 군사쿠데타가 발발하여 새로운 정부가 수립되었고, 신정부는 A국과 외교관계를 단절하였다. 또한 甲회사와 체결한 계약을 이행할 수 없다고 선언하고, 이에 대해 어떠한 보상도 하지 않았다. 단, 甲회사의 다수 주주는 C국의 국민이다. 甲회사가 입은 손해를 구제받을 수 있는 방법 및 요건을 논하시오. (40점) [2004행시]

Ⅰ 사실관계

1. 1936년 스페인에서 프랑코의 국민파에 의한 반란이 발생하였다.

2. 프랑코가 1937년 바스크 지역의 빌바오항을 점령하자 공화파 정부는 동 항만청에 등록되어 있는 모든 선박에 대한 징발령을 발령하였다.

3. 아란짜주 멘디(The Arantzazu Mendi)호(이하 멘디호)도 그중 하나였으며 당시 공해를 항행하고 있었고, 런던으로 입항하자 선주는 소유권 반환절차를 개시하였고 영국법원은 동 선박을 그 관할하에 두고 있었다.

4. 1938년 프랑코 역시 멘디호를 포함한 선박의 징발 명령을 내렸고, 선주도 이에 동의하였다.

5. 공화파 정부는 이에 대해 당해 선박을 피고로 하여 그 출두 및 억류를 청구하는 조치를 취하였고, 국민파 정부는 이 조치가 외국의 주권자를 제소한 것이므로 공화파 정부의 청구는 각하되어야 한다고 항의하였다.

6. 제1심법원은 영국 외무부의 답변에 기초하여 국민파 정부가 주권국가이므로 공화파의 청구를 기각하였다.

Ⅱ 법적쟁점

1. 국민파 정부가 스페인을 대표하는 정부인가?

2. 국민파 정부에 대한 소추는 국가의 면제 법리상 인정될 수 없는가?

3. 아란짜주 멘디호의 소유권은 국민파 정부에 귀속되는가?

Ⅲ 판결요지

1. 국민파 정부의 국제법적 지위

법원은 외무부의 답변서에 기초하여 국민파 정부가 바스크 지역의 주권자임을 인정하였다. 외무부 답변서에서 영국 정부는 스페인을 주권국가로 인정하고 있고, 공화파 정부를 법적 정부로서 인정하고 있으나, 현재 국민파 정부가 스페인 영역의 절반에 대하여 사실상의 통치를 행하고 있고, 국민파 정부는 바스크 지역을 실효적으로 통제하고 있다고 밝혔다. 이에 따라 대법원은 바스크 지역에서 유일한 주권자는 국민파 정부라고 인정하였다.

---

59) The Arantzazu Mendi Case, 영국 대법원, 1939년.

2. 국민파 정부에 대한 주권면제의 인정 여부 – 적극

대법원은 국민파 정부에 대한 주권면제를 인정하였다. 본 사건에서 문제가 되고 있는 것은 '바스크주의 빌바오 항에 등록되어 있던 선박에 관한 법령'에 기초를 둔 청구이며, 이 법령이 당해 지역의 주권자에 의해 제정된 것은 명확하다. 영국 정부는 국민파 정부의 동 지역에 대한 사실상의 정부로서 승인하였다. 따라서 국민파 정부는 영국법정에서 이 사건과 관련하여 소추를 받지 않는다. 즉, 면제를 향유한다.

3. 국민파 정부의 멘디호 소유 여부 – 적극

국민파 정부는 멘디호의 소유권을 가진다. 동 정부가 1938년에 내린 징발령에 따라서 선주는 당해 선박을 동 정부에 제공하는 것에 동의하였으며, 선장도 멘디호를 국민파 정부를 위해 보유하고 있음을 확약하였기 때문이다.

Ⅳ 평석

1. 반란을 통해 국가의 일정지역을 실효적으로 지배하고 있는 실체에 대해 그 지역에 대한 주권성 또는 정부 대표성을 인정하였다.

2. 주권성이나 정부대표성이 인정되는 한, 동 지역에 관한 사항의 청구에 있어서 면제를 향유한다. 이 사안에서 영국 정부는 국민파 정부에 대해 사실상의 승인을 부여하였다.

CASE 32. Luther v. Sagor 사건[60]

Ⅰ 사실관계

1. 1898년 제정 러시아법에 의해 설립된 루더 주식회사 소유의 목재가 소련에 의해 몰수된 후 1920년 8월 런던의 소련무역대리인에 의해 사고르(Sagor)에게 판매되어 영국으로 운반되었다.

2. 루더(Luther)는 영국이 소련을 승인하지 않았으므로 영국법원이 소련의 몰수법령을 유효한 것으로 인정할 수 없다고 주장하면서 사고르가 그 목재를 판매하지 못하도록 하는 금지명령을 청구하였다.

3. 1심은 1920년 12월에 종결되었고, 2심은 1921년 5월에 개시되었다.

4. 1921년 3월 영국은 소련과 통상조약을 체결함으로써 사실상의 정부로 승인하였다.

---

60) 영국항소법원, 1921년.

Ⅱ 법적쟁점

1. 영국이 승인하지 아니한 정부의 법령이 영국법정에서 유효한가?

2. 승인의 소급효가 인정되는가?

Ⅲ 판결요지

1. 1심법원

1심법원은 루더의 청구를 받아들여 영국이 소련 정부를 승인하지 않았다는 이유로 원고인 루더 회사에게 유리한 판결을 내렸다.

2. 2심법원

2심법원은 2심 개시 전에 영국이 소련을 사실상의 정부로 승인하였으므로 소련 정부에 의한 국유화 및 매각의 효력을 인정하였다.

Ⅳ 평석

1. 영국은 '국가행위이론'을 인정하고 있으나, 영국이 승인한 국가 또는 정부에 대해서만 적용한다. 즉, 영국의 승인을 받은 국가의 국내법 또는 국내조치는 영국법원이 그 유효성을 심사하지 아니한다.

2. 정부승인의 '소급효'를 인정하였다. 즉, 소련의 승인에 대한 효력이 루더 회사의 재산을 몰수하던 시점까지 소급되었다. 따라서 영국법원은 승인의 소급효에 의해 동 몰수법령의 유효성을 심사하지 아니하였다.

CASE 33. 북한에서 성립한 혼인의 유효성에 관한 사건[61]

Ⅰ 사실관계

1. 북한에서 혼인한 원고(부인)는 북한을 탈출하여 자녀와 함께 한국에 입국하였다.

2. 탈출과정에서 피고(남편)는 중국공안에게 체포되어 북한으로 강제송환되었다.

3. 원고는 이혼 및 친권자 지정을 위한 소를 제기하였다.

4. 한국 민법 제810조는 중혼을 금지하고 있고, 형법 제241조는 배우자 있는 자의 간통을 범죄로 규정하고 있다.

5. 한국은 북한을 국가나 정부로 승인하지 않았다.

---

61) 대한민국 가정법원, 2003드단58877, 2004.2.6.

Ⅱ 법적쟁점

1. 북한에서의 혼인의 유효성

2. 남한에서의 이혼판결 가능성

Ⅲ 판결요지

1. 북한에서의 혼인의 유효성 여부 – 적극

법원은 북한에서의 혼인이 유효하다고 인정하였다. 재판소는 북한에서의 혼인의 유효성을 인정하는 근거로 헌법 제3조에 따라 북한 주민은 대한민국 국민이고 헌법 제36조 제1항은 "혼인과 가족생활은 … 국가가 이를 보장한다."라고 규정함을 들었다.

2. 이혼인정 여부 – 적극

법원은 생사를 확인하기 어렵게 된지 3년이 지난 남편을 상대로 한 이혼청구는 민법 제840조 제5호의 이혼사유에 해당한다고 보아 이혼을 허락하고, 원고를 아이에 대한 친권자로 지정하였다.

Ⅳ 평석

이 사건은 북한의 실체에 대해 선언적 효과설에 따른 듯한 결론을 내리고 있으나, 논거를 따져보면 창설적 효과설에 기초하고 있다고 평가할 수 있다. 즉, 법원은 북한법의 유효성을 전면배제하면서도 북한에서 성립한 혼인의 유효성을 인정하고 있는 것이다. 원고와 피고는 북한에서 북한법에 따라 혼인을 한 것이지 한국법에 따라 혼인을 한 것이 아니다. 따라서 혼인이 유효하다고 인정하는 것은 북한법의 유효성을 인정하는 것이므로 결론은 선언적 효과설에 따르고 있는 것이다. 그러나 판결이유에서는 북한법의 창설적 효과설에 따라 북한의 법적 존재와 북한법의 유효성을 전면부인하고 있다.

제7장 │ 국가관할권

CASE 34. Lotus호 사건[62]

Ⅰ 사실관계

공해상에서 프랑스 우편선 로터스(Lotus)호와 터키 석탄선 보즈코트호가 충돌하여 보즈코트호가 침몰하고 선원 8명이 사망하였다. 로터스호가 터키의 콘스탄티노플항에 도착하자 터키가 조사·체포하고 벌금형을 선고하였다.

Ⅱ 프랑스의 주장

1. 터키가 충돌 당시 경계책임자였던 프랑스인 데몬스에 대해 관할권을 행사하기 위해서는 국제법이 터키에게 그러한 관할권을 인정하고 있음을 입증해야 한다.

2. 국제법상 외국인의 외국에서 범죄에 대해서는 희생자의 국적을 근거로 관할권을 행사할 수 없다.

3. 공해상의 선박 충돌에 대한 관할권은 가해선의 국적국이 행사하는 것이 국제관습법이다.

---

62) The Lotus Case, France v. Turkey, PCIJ, 1927년.

Ⅲ 판결요지

1. 터키의 관할권 행사의 적법성

국가의 역외관할권 행사는 일반적 금지원칙에 따르나, 역내에서의 관할권 행사는 속지주의 원칙상 일반적 허용원칙에 따른다. 따라서, 터키가 프랑스인 데몬스에 대해 관할권을 행사하는 것은 국제법에 위반되지 않는다.

2. 수동적 속인주의의 문제

수동적 속인주의에 대한 프랑스의 주장은 검토하지 않았다. 타국 영토에서 발생한 사건이 아니라 공해상에서 발생한 사건이기 때문이다.

3. 객관적 속지주의

공해상에서의 선박충돌 사건에 대해 '객관적 속지주의'에 따른 관할권 행사를 금지하는 국제법은 존재하지 아니한다. 따라서 터키의 관할권 행사의 법적 기초는 정당하다.

4. 선박충돌 시 관할권

선박충돌사건에 대해 '가해국이 관할권을 행사한다'는 관행은 일관적이지도 않고 법적확신이 있다고 보기도 어렵다. 따라서 국제관습법으로 성립해 있다고 볼 수 없다.

CASE 35. 아이히만 사건[63]

Ⅰ 사실관계

아이히만(Eichmann)은 제2차 세계대전 당시 나치 독일의 비밀경찰 책임자로서 유대인 박해와 학살을 직접 지휘하였다. 제2차 세계대전 후 국가로 성립한 이스라엘은 1950년 '나치 및 나치 협력자의 처벌에 관한 법률'을 제정하여 유대인 학살에 참가 또는 협력한 자를 처벌하기로 하였다. 1960년 5월 이스라엘 요원은 아르헨티나 당국의 허가 없이 아이히만을 납치하여 이스라엘로 연행하였다. 이스라엘 대법원은 사형을 확정하였고 1962년 5월 31일 아이히만은 교수형에 처해졌다.

Ⅱ 법적쟁점

1. 이스라엘이 아이히만의 행위에 대해 관할권을 갖는가?

이와 관련하여 아이히만의 범죄가 이스라엘이 건국되기 전에 이스라엘 밖에서 행해진 범죄이므로 이스라엘이 관할권을 갖지 않는가 하는 점이 문제되었다.

---

63) 이스라엘 대법원, 1961년.

2. 강제연행을 통해 관할권을 행사할 수 있는가?

아이히만은 아르헨티나의 주권을 침해하여 강제로 연행되었으므로 그를 재판하는 것이 국제법에 저촉되고 법원이 관할권을 가질 수 없다는 주장이 아이히만 측 변호사로부터 제기되었다.

Ⅲ 판결요지

1. 피고의 죄목과 보편관할권

아이히만의 범죄는 '인도에 대한 죄'에 해당한다. 인도에 대한 죄는 개인의 국제범죄로서 보편적 성질을 가지며 따라서 보편관할권의 대상범죄이다. 따라서 동 범죄가 이스라엘 영토 밖에서 이스라엘 국민이 아닌 자에 의해 자행되었더라도 이스라엘의 관할권은 성립한다.

2. 소급입법에 의한 처벌의 문제

아이히만의 행위는 행위 시 국제법상 개인의 국제범죄로 인정되고 있지 않았으므로 소급입법 금지 원칙에 의해 관할권이 부정되는지가 문제되었다. 이에 대해 법원은 외국인의 범죄에 대한 국가의 형사관할권은 국제법 원칙에 저촉되지 않는 한 소급효 금지 원칙의 제한을 받지 않는다고 판시하였다. 또한 대량학살과 같은 인도에 대한 죄에는 소급효 금지 원칙이 적용되지 않는다는 것이 뉘른베르크 재판 및 유럽 제국가의 입법에 의해서도 확인된다고 판시하였다.

3. 국가행위이론의 적용 여부

아이히만은 자신의 행위를 국가행위로 주장하면서 자신의 책임을 부정하였다. 그러나 법원은 뉘른베르크 법원의 입장을 거론하며 국제법상 범죄로 비난받는 행위에 대해서는 국가행위이론이 적용되지 않는다고 판시하였다. 독일이 그 행위에 대해 책임을 지더라도 그로 인해 피고 개인의 책임이 면제되지 않는다고 하였다.

4. 범죄행위와 이스라엘의 관련성

피고의 범행은 '인도에 대한 죄'임과 동시에 '유대인에 대한 범죄'이다. 유대인의 일부를 말살하려고 한 범죄는 유대인과 중대한 관계를 가지며 이스라엘은 유대인 국가이다. 범행 당시 이스라엘이 국가로서 존재하지 않은 사정은 주권국가로서 성립한 후에 그러한 범죄를 처벌하는 것을 방해하는 것은 아니다.

5. 영토주권 위반과 피고에 대한 관할권의 문제

일국의 법률을 위반하여 재판에 회부된 자는 그 체포 및 연행의 위법성을 이유로 재판을 거부할 수 없는 것은 법원칙이며 영국, 미국 및 이스라엘의 판례에 의해서도 확인된다. 또한 아르헨티나 주권 침해에 관한 문제는 이스라엘과 아르헨티나의 양자 간의 외교상의 문제이며 피고가 주장할 수 있는 성질의 문제는 아니다. 또한 이 문제는 1960년 8월 3일 양국 정부의 공동성명에 의해 해결되었으므로 더 이상의 국제법 위반을 이유로 하는 재판관할권에 대한 이의제기는 인정될 수 없다.

A국의 경찰서장 X는 자국 내에 있는 B국의 신문기자 Y를 간첩 혐의로 감금하고 고문하도록 부하직원들에게 지시하였다. Y는 고문을 받던 중 사망하였으나 X는 A국에서 아무런 처벌을 받지 않았다. 이에 B국은 특수요원들을 A국에 비밀리에 파견하여 X를 B국으로 납치한 후 불법감금죄, 고문죄, 살인죄 등으로 기소하였다. X에 대한 B국 법원의 형사재판관할권 행사의 국제법적 적법성에 대하여 논하시오. (25점) [2008행시]

CASE 36. 시베리아 송유관 사건

I 사실관계

서유럽국가들은 소련과 계약을 체결하여 시베리아산 천연가스를 서유럽에 공급하기 위한 송유관을 부설하는 사업에 참가하여 연료의 대중동 의존도를 낮추고자 하였다. 송유관 부설기계 및 가스터빈은 미국기업의 기술원조 또는 특허실시 허락을 얻어 설치하였다. 미국은 소련의 아프가니스탄 침공을 이유로 소련에 대해 경제제재조치를 취하기로 하였고, 1982년 '미국수출관리법'(Export Administration Act)을 개정하여 해외의 미국계 자회사 및 미국기술의 특허실시권자가 외국에서 제조하는 제품에도 금수조치를 적용하였다. 이는 소련에 대한 금수조치의 실효성을 위해 수출관리법을 역외적용하여 서유럽의 특허실시권자에 의한 재수출을 규제하는 것이었다. 동 법은 기존계약에 대해서도 소급적용을 규정하였다.

II 서유럽국가들의 입장

서유럽국가들은 미국 수출관리법의 역외적용은 '국제법상 위법한 주권침해'라고 주장하고 회사에 대해 기존계약의 실시를 요구하는 대응조치를 취하였다. 한편, EC 위원회는 미국에 대해 미국의 역외적용은 속지주의 원칙에 반하며, 동 역외적용은 미국의 안전보장을 이유로 한 것이 아니라 외교정책을 수행하기 위한 것이므로 '보호주의'에 의해 정당화될 수 없고 재수출은 미국법이 금지하고 있는 효과를 미국 영역 내에서 발생시키고자 의도한 것도 아니며, 또한 그러한 효과가 실질적인 규모로 직접 발생할 것이 예견되지도 않으므로 '효과주의'에 의해서도 정당화될 수 없다고 항의하였다.

III 분쟁해결

미국과 서유럽국가들 간 분쟁은 교섭에 의해 해결되었다. 교섭을 통해 기존 계약은 계약대로 이행하고 신규계약을 체결하지 않기로 하였다.

Ⅰ 사실관계

1. 2000년, 벨기에 일심법원의 Vandermeersch 판사는 당시 콩고의 외무부장관이었던 Yerodia Ndombasi 에 대해 국제체포영장을 발부하였다. 동 영장에서 언급된 혐의는 그가 외무부장관직에 있기 전인 1998년에 행한 연설에서 주민들에게 Tutsi족을 살해하라고 선동한 것이 1949년 제네바협약 및 추가의정서의 심각한 위반과 인도에 반하는 죄를 구성한다는 것이다.

2. 벨기에 국내법은 국제전쟁법과 인도법 위반인 경우 그 범죄 행위지, 가해자의 국적 또는 희생자의 국적이나 지위에 관계없이 벨기에의 법원이 보편적 관할권을 가진다고 규정하고 있는데, 동 영장은 이에 따라 발부된 것이었다. 영장은 콩고 당국뿐 아니라 국제형사사법경찰조직(Interpol)에 전달되어 국제적으로 유포되었다.

3. 이에 콩고는 벨기에를 ICJ에 제소하였으며 동시에 잠정조치를 요청하였다. 잠정조치에 대한 심리 중 콩고에서 개각이 단행되어 Yerodia 전장관은 외무부장관을 사임하고 교육부장관직에 취임하였다. 벨기에는 동 소송의 소익이 상실되었다며(mootness) 본 사건을 목록에서 삭제할 것을 요청하였다.

Ⅱ 법적쟁점

1. 선결적 항변의 원용가능성

벨기에는 ICJ가 동 사건을 심리하기 위한 선결적 문제로서 관할권의 결여와 제소가능성 문제를 들어 항변하였다.

(1) 소익의 상실 – 심리 중 법적 분쟁의 소멸

벨기에는 Yerodia 전장관이 더 이상 콩고의 외무부장관 또는 다른 어떠한 콩고 정부의 장관직에도 있지 않으므로, 이제는 어떠한 법적 분쟁도 존재하지 않게 되었다고 주장하였다. 반면 콩고에 의하면 체포영장은 외무부장관의 면제에 위반하여 발부되었으므로 처음부터 불법이며, 이러한 법적 흠결은 관련 당사자가 가지고 있는 지위의 후속적 변화에도 불구하고 지속된다고 주장하였다. 즉, 당사국 사이의 법적 분쟁이 여전히 존재한다는 것이다.

(2) 소익의 상실 – 분쟁의 대상 소멸

벨기에는 콩고 전장관이 더 이상 콩고의 외무부장관 또는 다른 부서의 장관도 아닌 사실에 비추어 동 사건은 이제 대상이 소멸되었으며, 따라서 법원은 동 사건의 소익에 대한 재판을 종결해야만 한다고 주장하였다. 반면 콩고는 불법적인 체포영장을 취소시키고 제소 시 회복되지 않고 남아있는 도덕적 손해에 대한 구제를 얻기 위한 것이 동 제소의 대상이라고 강조하였다.

---

64) Case Concerning the Arrest Warrant of 11 April 2000, Democratic Republic of Congo v. Belgium, ICJ, 2004년.

(3) 중대한 사정의 변경

벨기에는 동 사건의 현재 상황이 콩고가 소장에서 언급한 상황과 현저하게 다르므로 법원은 관할권이 없고 콩고의 제소는 받아들일 수 없다고 주장하였다. 소장의 기초가 되는 사실적 측면이 본질적으로 변화한 상황에서 소송을 계속하는 것은 법적 안정성과 정의의 건전한 운영에 반한다는 것이다. 그러나 콩고는 소장의 내용에 실질적인 변경이 있었다는 사실을 부인하였으며 내용상으로도 형식상으로도 논쟁의 주제를 변경시킬만 한 새로운 주장이 제기된 것도 없다고 주장하였다.

(4) 외교적 보호권 – 국내구제완료의 원칙

벨기에는 동 사건이 외교적 보호권의 성격을 보이는데, 동 권리는 보호받는 개인이 국내구제절차를 완료한 후에 주장할 수 있는 것이므로 ICJ의 관할권이 없으며 제소는 기각되어야 한다고 주장하였다. 반면 콩고는 당해 제소가 외교적 보호권의 실행이라는 사실을 부인하면서, 동 제소는 외무부장관의 면제의 위반으로 발생한 콩고의 권리침해에 대한 것이라고 주장하였다.

2. 외무장관에 대한 면제의 본질과 성격

콩고는 주권국가의 현직 외무부장관이 절대적으로 완전하며 예외 없는 형사절차로부터의 면제와 불가침성을 부여받았다고 하였다. 즉, 그가 지위를 가지고 있는 한 외국에서의 어떠한 형사소추도 외무부장관에게 이루어져서는 안 되며, 외국의 국내법원에 의한 형사책임의 어떠한 판결이나 수사행위도 관할권으로부터의 면제의 원칙을 위반한다는 것이다. 콩고는 또한 외무부장관의 재직 중에 부여된 면제는 그가 재직 전에 수행한 것을 포함한 모든 행위에 적용되는 것이라고 주장하였다. 이에 대해 벨기에는 재임 중인 외무부장관은 일반적으로 외국법원의 관할권으로부터 면제를 향유하는 반면에, 이러한 면제는 그의 공무수행 중에 일어난 행동에만 적용되며 사적행위나 공적인 기능의 수행이 아닌 다른 행위에 대해서는 부여될 수 없다는 입장을 고수하였다.

3. 범죄행위, 인도에 반한 범죄와 면제

벨기에는 답변서에서 현직 외무부장관에게 허용되는 면제는 그가 전쟁범죄 혹은 인도에 반한 범죄를 범한 경우에는 적용되지 않는다고 주장하였다. 그러나 콩고는 현행 국제법은 국제법상의 범죄에 대한 혐의를 받고 있는 현직 외무부장관에 대한 형사절차로부터의 절대적 면제원칙에 대해 어떠한 예외도 규정하고 있지 않다고 언급하였다.

4. 체포영장의 적법성

콩고는 벨기에의 체포영장이 콩고의 면제와 주권을 위반하는 강제적 법률행위를 나타내는 것으로, 동 영장이 집행되지 않았다 할지라도 Yerodia 전장관의 개인에 대해 취해진 강제적 조치를 구성한다고 주장하였다. 그러나 벨기에는 동 영장의 발부는 콩고에 대한 주권침해도 아니며, 콩고에 대한 어떠한 의무도 부여하지 않았다고 반박하였다.

Ⅲ 법원의 판단

1. 선결적 항변

(1) 소익의 상실 – 심리 중 법적 분쟁의 소멸

ICJ는 정립된 법원칙에 비추어 판단할 때, 관할권은 법적 절차를 시작하는 소장이 접수된 당시에 결정된 다고 판단하였다. 만약 법원이 사건이 접수된 날에 관할권을 가지고 있다면 이후의 사건과 관계없이 소송 이 진행된다는 것이다. 상기의 이유로 법원은 동 사건을 접수할 당시 이를 심리할 관할권을 가지고 있었으 며 여전히 관할권을 가지고 있다고 판결하여 벨기에의 첫 번째 항변을 거절하였다.

(2) 소익의 상실 – 분쟁의 대상 소멸

ICJ는 동 사건에서 발생한 변화는 당사국 사이의 분쟁을 실제로 종식시키는 것이 아니었고 소장의 대상을 박탈하지도 않았다고 판단하였다. 즉, 당해 사건은 소익이 상실되지 않았다고 하여 벨기에의 두 번째 항변 을 거절하였다.

(3) 중대한 사정의 변경

법원은 당해 사건에서 소장에 제시된 사실은 그 성질상 구별되는 다른 분쟁으로의 변형을 초래하는 방법 으로 수정되지는 않았다고 판단하였다. 벨기에의 주장처럼 동 분쟁이 방어 준비에 영향을 미쳤거나 정의 의 건전한 운영의 요건이 침해되는 방법으로 변형되었다고 볼 수 없으며, 따라서 벨기에의 세 번째 항변은 받아들일 수 없다고 판결하였다.

(4) 외교적 보호권 – 국내구제완료의 원칙

ICJ는 콩고가 Yerodia 전장관의 개인적 권리를 위해 법원에 제소한 것이 아니라고 판단하였다. 즉, 그의 직업적 상황의 변화에도 불구하고 분쟁은 아직도 콩고의 당시 외무부장관인 자에게 발부된 2000년 4월 11일 영장에 대한 적법성의 문제로서, 벨기에는 국내구제완료 원칙에 의존할 수 없다고 판결하였다. 이로 써 법원은 벨기에의 네 번째 선결적 항변도 거절하고 본안에 대해 심리하게 되었다.

2. 외무장관에 대한 면제의 본질과 성격

ICJ는 먼저 국제법상 국가원수, 정부수반, 외무부장관과 같은 고위직 관리들은 물론 외교관과 영사관도 민 사·형사사건에 있어서 타국의 관할권으로부터 면제를 향유한다는 원칙이 확고히 설립되어 있다고 언급하였 다. 특히 국제관습법에서 외무부장관에게 주어진 면제는 그들의 개인적 이익을 위한 것이 아니라 자국을 위한 외교적 기능의 효과적인 수행을 보장하기 위한 것이다. 따라서 외무부장관은 재임기간 동안 그가 외국에 있을 때 형사적 관할권으로부터의 완전한 면제와 불가침을 향유한다고 판결하였다. 이러한 면제와 불가침은 그의 의무수행을 방해하려는 타국 당국의 행위로부터 관련 개인을 보호하는 것이다. 이러한 관점에서, 외무부장관 이 공적 자격으로 행한 행위와 사적 자격으로 행한 행위, 그리고 외무부장관에 재임하기 전에 이루어진 행위 와 재임기간 동안 이루어진 행위 사이에 어떠한 구별도 할 필요가 없으며, 만일 외무부장관이 형사상 목적으 로 타국에서 체포되었다면 이로 인해 그는 직무기능의 수행을 명백히 방해받은 것이라고 법원은 판시하였다.

3. 범죄행위, 인도에 반한 범죄와 면제

ICJ는 국가들의 관행으로부터 전쟁범죄 또는 인도에 반한 범죄를 저질렀다고 의심되는 경우, 현직 외무부장관의 형사관할권 면제와 불가침에 관해서 어떠한 형태의 예외가 국제관습법으로 존재한다고 하는 관행을 추론할 수 없었다고 판결하였다. 그러나 현직 외무부장관에 의해 향유되는 관할권으로부터의 면제는 심각성에 관계없이 그들이 저지른 범죄에 관해서 무차별적인 면제의 향유를 의미하지는 않는다고 강조하였다. 따라서 다음의 경우에는 현직 또는 전직 외무부장관도 형사기소를 할 수 있다고 예시하였다. 첫째, 자국 내에서는 국제법상 형사적 면제를 향유하지 않으므로 자국의 관련법규에 의하여 자국 법원에 소추될 수 있다. 둘째, 자국이 면제를 포기하기로 결정하면 외국의 관할권으로부터 면제가 정지된다. 셋째, 외무부장관을 사임한 후에는 다른 국가에서 국제법상의 모든 면제를 더 이상 향유하지 않는다. 넷째, 현직 또는 전직 외무부장관은 관할권이 있는 특정의 국제형사법원의 형사절차에 구속될 수 있다. 그 예로 구 유고슬라비아 형사법원, 르완다 형사법원, ICC를 들 수 있다.

4. 체포영장의 적법성

ICJ는 영장이 벨기에에 Yerodia 전장관이 공식적으로 방문하는 경우에 대한 예외를 분명히 하고 있으며, 그가 벨기에에서 체포당하지 않았다는 사실을 언급하고는 있으나, 영장의 주어진 본질과 목적에 비추어 발부 자체가 장관의 면제를 존중하지 못하였다고 지적하였다. 즉, 외무부장관이 국제법상 향유하는 형사관할권으로부터의 면제와 불가침성을 침해하였으므로 벨기에의 국제의무 위반을 구성한다는 것이다.

기출 및 예상문제

1. A국은 다인종국가로서 종족별로 종교와 문화 등이 달라 오랫동안 갈등을 지속해 왔다. A국 국민인 甲은 현직 외무장관이다. 甲은 외무장관으로 임명되기 전 자신과 다른 종족을 몰살시키기 위해 조직적 활동을 전개하는 과정에서 수 만 명의 당해 종족 소속 사람들이 살해되었고 그 중에는 B국 국민도 다수 포함되어 있었다. 甲이 외무장관으로 임명되자 B국은 甲에 대한 체포영장을 발부하였다. 체포영장은 A국 및 국제형사사법경찰조직(Interpol)에 전달되어 국제적으로 유포되었다. 이에 대해 A국은 B국의 조치가 국제법에 위반된다고 항의하며 B국을 국제사법재판소(ICJ)에 제소하였다. 위 사안과 관련하여 다음 물음에 답하시오. (A국과 B국은 ICJ규정 제36조 제2항을 무조건적으로 수락하고 있다) (총 40점)

   (1) B국은 甲이 A국 국민이므로 설령 B국이 국제법을 위반하였다고 하더라도 B국에서 국내구제를 완료해야 한다는 선결적 항변을 제기하였다. B국의 항변은 타당한가? (10점)

   (2) 위 사안에서 B국이 형사관할권을 가질 수 있는가? (10점)

   (3) B국이 체포영장을 발부한 행위는 국제법에 위반되는가? (20점)

2. 1990년 군사쿠데타를 통하여 집권한 A국 국가원수 X는 자신의 권력을 공고화하기 위하여 집권 후 자신의 적대세력인 Y족 출신의 정치지도자뿐만 아니라 일반주민의 상당수를 살해·고문하였다. X의 행위에 대해 분격한 B국의 정치인, 지식인들은 자국 정부에 대하여 압력을 가하여 X가 B국에 입국 시 Y족에 대한 탄압행위를 이유로 B국법에 근거하여 기소·처벌할 것임을 선언하도록 하였다. B국은 각종 국제회의가 자주 개최되는 외교의 중심지이어서 B국 정부의 이러한 조치로 인하여 X의 외교활동에 적잖은 지장을 초래할 것으로 예상되자 A국 정부는 B국을 상대로 국제사법재판소(ICJ)에 제소하였다. 참고로 A국과 B국은 각각 1980년과 1981년에 ICJ규정 제36조 제2항에 따른 선언을 행사하여 ICJ의 관할권을 아무런 조건 없이 수락하고 있다. (40점)

I 사실관계

1. 팔레스타인 해방전선을 자칭하는 무장집단이 이탈리아 선적의 라우로(Lauro)호를 납치하여 승객을 인질로 잡고 이스라엘에 잡혀 있는 게릴라의 석방을 요구하였으며 인질 중 한명을 사살하였다.

2. 이집트가 중개에 나섰고 이집트가 신변 안전과 국외탈출보장을 제안하자 무장집단은 이를 받아들여 이집트가 제공한 비행기를 타고 튀니지로 향하고 있었다.

3. 미국 전투기는 공해상에서 이들을 나포하여 이탈리아 시실리아섬의 NATO 공군기지에 강제착륙시켰고, 이탈리아는 신병을 구속하였다.

4. 미국은 이탈리아에 대해 범죄인인도를 요구하였으나 이탈리아는 거부하고 자국에서 소추·처벌하였다.

II 법적쟁점

1. 미국과 이탈리아의 관할권의 기초 및 경합

2. 강제나포에 기초하여 이탈리아가 관할권을 행사할 수 있는가?

III 당사국의 주장

1. 미국

미국은 '수동적 속인주의'와 '보편주의'에 기초하여 관할권을 주장하였다. 즉, 납치된 승객 중에 미국인이 있으므로 자국민의 외국에서의 피해에 기초하여 관할권을 행사하는 수동적 속인주의를 주장하였다. 한편, 범인들의 행위가 '해적행위'에 해당한다고 보고 보편관할권을 가진다고 주장한 것이다.

2. 이탈리아

이탈리아는 동 사건에서의 선박납치는 미국 국내법상의 해적행위에는 해당되나 국제법상의 해적행위를 구성하지 못하며, 수동적 속인주의에 의한 관할권 주장은 아직 국제법상 확립되지 않았다고 주장하면서 범죄자가 이탈리아에 소재한 것을 관할권의 근거로 두었다. 한편, 범죄자가 이탈리아에 소재하게 된 경위에 대해서는 문제삼지 않았다.

IV 정리

1. 국제법과 국내법에 따라 적법하게 관할권을 갖는 국가는 강제납치에 의해서 범인이 자국에 소재하게 되었더라도 관할권을 행사하는 데 아무런 제약이 없다는 것을 보여주는 판례이다. 납치에 의해 자국에 소재하게 된 범인을 처벌할 수 있는지에 대해서는 국가 간 관행이 일치하지 않는다.

2. 이탈리아가 미국의 수동적 속인주의 주장을 국제법상 확립되지 않았다는 이유로 배척하였으나, 국제법상 국가가 관할권을 행사하는 기초를 특정하고 있지는 않다. 따라서 미국이 수동적 속인주의에 따라 범죄인을 처벌할 수 있으며, 국제법에는 '일사부재리' 원칙이 존재하지 않기 때문에 위법이라 볼 수 없다.

3. 미국이 수동적 속인주의에 기초하여 관할권을 가질 수 있다고 보면, 미국과 이탈리아의 관할권이 경합하고 있다고 볼 수 있다. 이 사안에서 이탈리아가 관할권을 속지주의에 기초하여 행사하였으나, 이로써 미국의 관할권이 배제되는 것은 아니다. 다만, 사인의 인권보호 차원에서는 문제가 발생할 수도 있을 것이다.

CASE 39. 흑연전극봉 사건

Ⅰ 사실관계

1. 흑연전극봉 국제카르텔은 흑연전극봉을 생산하는 주요 업체인 미국, 독일, 일본 국적의 업체들이 1992년 5월 21일 런던 소재 스카이라인 호텔에서 소위 공동행위의 기본원칙(principle of London)을 합의한 것을 포함하여 1998년 2월까지 런던, 도쿄 등에서 Top Guy Meeting과 Working Level Meeting 등을 개최하여 판매가격 등을 합의하고 이를 실행한 사건이다.

2. 이들은 생산자가 있는 국가에서는 해당 국가에 소재한 생산자가 가격을 올릴 경우 다른 생산자들도 이에 따라 가격을 올리기로 합의(이른바 "Respect for Home Market")하고 생산자가 없는 국가(이른바 "Non Home Market", 주로 일본을 제외한 아시아 지역)에서는 구체적인 판매가격을 합의하였다. 또한 합의된 가격에서 할인을 하지 않을 것을 합의하였으며, 아시아 지역을 중심으로 한 판매량의 지역할당에 대하여 논의하였다. 또한 흑연전극봉의 수출량 제한, 대형(28인치~30인치) 흑연전극봉의 판매가격에 대한 할증금(premium) 부과 및 다른 카르텔 참여업체들이 소재하는 국가로의 수출 자제에도 합의하였다. 한편 신규진입을 방해하기 위하여 카르텔 참여업체 외에는 특정 흑연전극봉 제조기술의 공여를 제한하기로 합의하였다.

3. 동 카르텔은 전세계 시장의 약 80% 이상을 차지하는 것으로 추정되는 업체들에 의해 1992년 5월부터 1998년 2월까지 약 6년에 걸쳐 이루어진 카르텔로서, 이로 인하여 전세계 시장에서의 흑연전극봉 가격은 50% 이상 인상되었다.

4. 우리나라의 경우에는 국내에 흑연전극봉 생산업체가 없어 우리나라의 철강 생산업체들은 전량을 수입에 의존할 수밖에 없고 우리나라가 수요하는 흑연전극봉의 90% 이상을 이들 카르텔 참여업체로부터의 수입에 의존하고 있기 때문에 이 카르텔로 인하여 막대한 피해를 입은 것으로 밝혀졌다. 즉, 이들은 자신들이 합의한 가격대로 우리나라 전기로 업체들에게 카르텔 행위기간 동안 553백만 불 상당의 흑연전극봉을 판매하였고, 이들의 우리나라에 대한 판매가격은 1992년 톤당 2,255불에서 1997년 톤당 3,356불로 약 50%가 인상되어 우리나라 전기로 업체들이 약 139백만 불(1,837억 원)의 피해를 입었던 것으로 추산되며 우리나라의 주력산업이면서 철을 많이 사용하는 조선 및 자동차 등도 영향을 받았다.

Ⅱ 법적쟁점

1. 국제카르텔 제재를 위한 관할권

경쟁법의 역외적용과 관련하여 미국, 캐나다, 독일의 경우 경쟁법에 명문의 규정을 두고 있으며, EU와 일본의 경우 명문의 규정을 두고 있지 않다. 현재 경쟁법의 역외적용과 관련하여 전개되는 관할권의 이론으로서 주요한 것은 효과주의이론(영향이론), 경제적 단일체이론, 실행지이론, 관할권에 관한 합리의 원칙 등이 있다. 그러나 현재로서는 어떠한 이론을 취하더라도 결국 자국의 소비자 및 기업들이 피해를 입었는가가 중요하게 고려될 뿐 실무적으로는 큰 차이가 없는 것이라 할 것이다. 이는 EU 법원과 EU 경쟁당국이 관할권에 대한 이론은 달리하면서도 그 결론이 항상 동일한 것으로 감안할 때 분명해진다. 특히 현재의 세계 각국의 경쟁당국은 국제카르텔에 대한 역외적용과 관련하여 실체법적인 관할권(입법관할권)의 근거 등에 대하여는 문제삼지 않는 경향이 있다.

2. 관할권과 관련한 공정거래위원회의 입장

금번 흑연전극봉 사건에서 공정위는 미국 대법원이 취하고 있는 영향이론과 유럽사법재판소가 취하고 있는 실행지이론(집행이론)을 모두 수용하여 관할권을 인정하였다. 즉, 외국법에 의해 설립된 사업자들 간의 합의가 비록 외국에서 이루어졌더라도, 합의의 실행이 대한민국에서 이루어지고 대한민국시장에 영향을 미칠 경우에 공정거래법이 적용될 수 있다고 전제하였다. 피심인들이 비록 외국법에 의해 설립된 사업자들이고 외국에서 판매가격 등을 합의하였지만, 1992년 5월부터 1998년 2월까지 약 553백만 불의 흑연전극봉을 피심인 자신 또는 여타 판매망을 통하여 대한민국시장에 합의된 가격으로 판매하여 부당한 공동행위의 실행행위가 대한민국에서 이루어졌고, 피심인들이 생산한 흑연전극봉의 가격이 1992년 톤당 평균 2,255불에서 1997년 톤당 평균 3,356불로 약 50% 상승하는 등 피심인들의 합의 및 실행행위에 따른 영향이 대한민국시장에 미쳤으므로 피심인들에 대해서는 공정거래위원회(이하 공정위)의 관할권이 있다고 판단하였다.

3. 공정위의 국제카르텔에 대한 조사방법

흑연전극봉 생산업체들이 국내에 영업거점을 두고 있지 않았기 때문에 이들 업체들에 대하여 직접 조사표를 발송하여 정보의 제공을 요구하였다. 동 요구는 공정거래법 제50조에 따라 이루어진 것이 아니라 순수한 자발적인 협력을 전제로 한 조사였다. 공정거래법 제50조에 따라 조사자료의 제공을 요구하는 것은, 외국사업자들이 이에 따르지 않을 경우, 과태료를 부과할 수 있다는 것을 의미하는 바, 이는 상대국의 주권을 침해할 우려가 있기 때문이다. 문제는 향후 국제카르텔 조사 시에도 우리나라와 같은 비선진국에서는 카르텔 참여업체들의 국내영업거점이 존재하지 않는 경우가 많을 것으로 예상된다는 점이다. 따라서 공정위로서는 조사대상업체들의 조사협력을 최대한 유인할 수 있는 방안을 강구하고 국제협력을 통해 외국경쟁당국으로부터 조사자료를 입수할 수 있는 방안을 강구할 필요가 있다.

4. 심결절차상의 역외문서송달의 어려움

외국사업자에 대한 문서송달은 중요하고 논쟁이 많은 부분 중의 하나이다. 공정위는 행정절차법에 따라 심사보고서에 대한 의견요구 및 회의개최통지서를 외국본사에 등기우편으로 직접 송달함과 동시에 영문홈페이지 및 청사게시판을 통하여 공시송달하는 방안을 취하였다. 이는 행정절차법상의 송달규정이 외국으로의 송달에도 적용될 수 있다는 판단에 따른 것으로 원칙적으로 우편에 의한 송달방식을 채택하되, 동 송달이 적법하지 않을 것으로 판단될 경우를 대비하기 위하여 행정절차법 제14조 제4항의 규정을 확대해석하여 공시송달도 병행했다. 공정위는 기본적으로 EU 집행위원회가 취하고 있는 문서송달에서의 실용주의적 입장을 취한 것이며, 독일 경쟁제한방지법상의 송달규정도 참고한 것이다.

5. 과징금 산정 및 집행

외국사업자에 대한 과징금 부과는 국내사업자와 원칙적으로 동일한 기준에 의하여 부과되어야 할 것이다. 공정위는 공정거래법을 기초로 하여 과징금을 산정하였다. 과징금의 집행 역시 국내에서 이루어질 수밖에 없다. 따라서 국내에 재산이 존재한다면 효율적으로 집행이 되겠지만 만일 국내에 재산이 없다면 전적으로 자발적인 납부에 의존할 수밖에 없다. 현재 외국경쟁당국으로부터 벌금을 부여받은 업체들은 대부분 자발적으로 벌금을 납부하는 것으로 파악되고 있다. 흑연전극봉 사건과 관련하여 공정위로부터 과징금을 부과받은 업체들 중 법원에 과징금 납부명령의 효력정치를 신청한 Showa Denko, SGL Carbon을 제외한 모든 업체들이 과징금을 자발적으로 납부한 바 있다. 과징금을 자발적으로 납부하지 않을 경우 외국사업자들이 국내에 수출하는 물품 또는 국내수입 업체들의 납품대금에 대하여 강제집행이 가능할 것이나, 실무적으로 많은 어려움이 발생할 수도 있을 것이다.

Ⅲ 결정요지

1. 공정위의 조사 및 심결절차

이 카르텔에 대해서는 조사 착수 당시 미국, 캐나다, 일본 경쟁당국이 이미 제재를 하였으므로, 이들 경쟁당국에 발표한 법위반 내용 입증자료의 수집과 우리나라시장에 미친 영향의 입증에 조사의 초점을 맞추었다. 이를 위해 우선, 6개 사업자에 대하여 2차례에 걸쳐 서면조사표를 발송하여 자료를 요구하였는바, 요구한 자료는 사업자들의 흑연전극봉 판매량, 점유율, 판매가격 및 그 변동요인, 각국 경쟁당국의 조사결과에 대한 소명자료, 회사 개황자료 등이었다. 조사대상 사업자들은 공정위의 요구에 따라 자료를 제출하였으며, 특히 미국의 UCAR International은 카르텔 입증에 필요한 여러 자료를 제출하는 등 조사 과정에 적극 협조하였다. 또한 우리나라 전기로 업체들을 대상으로 흑연전극봉 수입 가격 추이에 대한 조사도 병행하였다.

2. 심결절차

공정위는 조사과정 및 조사를 완결한 후 피심인들에게 각각 2차례에 걸쳐 국내대리인 지정을 요청하였다. 그러나 이들 업체들은 국내대리인 지정을 유보하거나 공정거래위원회 전원회의 상정 시까지 국내 대리인을 선임하지 않았다. 따라서 공정위는 이들 업체들의 본사로 심사보고서에 대한 의견요구 및 회의개최통지서를 등기우편으로 직접 송달함과 동시에 영문홈페이지 및 청사게시판을 통하여 공시송달하였다. 전원회의 당일(3월 20일) 6개 업체 중 4개 업체는 참석하였으나 2개 업체는 불참하였다. 회의에 참석한 4개 업체는 전원회의에 한국 내 변호인 또는 회사관계자가 직접 참석하여 이건 회의개최 통지의 법적효력 및 공정위의 이 사건에 대한 관할권과 관련하여 의견을 개진하고 업계불황, 조사협조 등의 이유를 들어 선처를 호소하였다. 나머지 2개 일본 업체들은 회의 개최 통지가 부적법하며, 이 사건에 대한 공정위의 관할권이 없다는 이유로 회의에 불참하겠다는 내용의 서한을 공정위에 통보하였다. 한편 의결서도 이견요구 및 회의 개최통지와 같은 방식으로 통지하였으며, 국내대리인을 선임한 업체를 위하여 국내대리인에게도 병행하여 통지하였다.

3. 심의결과

공정위 전원회의에서 심의한 결과 카르텔 참여업체들은 우리나라를 포함한 전세계 시장을 대상으로 가격합의 등을 하였으며, 합의한 가격대로 우리나라 수요업체들에게 흑연전극봉을 판매하는 등 우리나라시장에 직접적으로 영향이 미친 사실이 밝혀졌다. 따라서 이들 업체에 대해서는 판매가격 합의를 다시는 하지 말라는 취지의 시정명령과 함께 합계 112억 원의 과징금을 부과하였다. 한편 조사에 적극 협력한 UCAR International Inc.에 대해서는 조사협조를 이유로 과징금을 대폭 감경하였다.

4. 심결 이후의 절차

공정위의 시정명령 및 과징금 부과에 대하여 Showa Denko(곧바로 행정소송을 제기함)을 제외한 5개 업체들은 공정위에 이의신청을 하였다. 이의신청절차에서 Nippon Carbon에 대해서는 과징금을 감경하였으며 나머지 업체들의 이의신청은 모두 기각하였다. 한편 조사협조를 이유로 대폭 과징금을 감면받은 UCAR International Inc.과 이의신청절차에서 과징금을 감면받은 Nippon Carbon은 행정소송을 포기하였으나, 나머지 업체들은 서울고등법원에 행정소송을 제기하였다. 이들 업체들은 이의신청과 행정소송에서 사건의 실제적인 면에 대한 언급은 하지 아니한 채 절차적인 측면, 즉 이건 카르텔에 대한 공정위의 관할권 존재 여부 및 송달의 적법 여부에 초점을 맞추어 이건 처분의 무효확인 또는 취소를 구하고 있다.

Ⅳ 평석

본래 특정국가의 국내법은 영토주권, 대인주권의 원칙상 그 국가의 영토 내 또는 자국민에 대하여만 적용되는 것이다. 그러나 경제의 개방화로 외국에서의 외국사업자 행위라 할지라도 자국 내에 영향을 미치는 사례가 증가함에 따라 이들에 대해 자국 경쟁법을 적용할 필요가 증가하게 되었다. 이와 같이 자국의 경쟁법을 자국의 주권에 미치는 영역 밖으로 적용하는 것을 경쟁법의 역외적용(Extraterritorial Application)이라고 한다. 대한민국의 공정위는 이번 사건의 조사경험을 토대로 국제카르텔에 대한 조사를 더욱 강화함으로써 외국사업자들의 경쟁제한행위로부터 국내 소비자와 기업들을 보호할 것으로 기대된다. 이를 위해 공정위는 절차상의 문제점을 보완해 나가야 할 것이며 외국경쟁당국과의 조사협력 방안, 외국사업자의 조사협조 유인 방안 등을 포함하여 외국사업자 조사기법을 연구·개발할 필요도 있을 것으로 보인다. 특히 경쟁법의 역외적용은 국제법, 각종 절차법 등에 대한 많은 연구가 필요하기 때문에 국내학자와 실무자, 관계 부처와의 계속적인 논의를 통해 경쟁법의 역외적용 논리와 절차를 더욱 발전시켜 나갈 필요가 있다고 본다.

기출 및 예상문제

B국 국적의 법인 甲과 C국 국적의 법인 乙은 B국 내에서 수차례 공모를 통해 A국 국내로 수출되는 상품 P의 가격을 임의로 조작하여 A국 내에서 양 회사의 시장 지배력을 강화하였다. 이러한 조치로 A국 내에서 동종상품을 생산·판매하던 A국 기업들이 막대한 금전적 손실을 입게 되었다. 이에 따라 A국의 공정거래당국은 자국의 공정거래법을 적용하여 B국 및 C국에 존재하고 있는 甲과 乙에 대해 직접 조사하여 벌금을 부과하였다. 甲과 乙은 이에 대해 벌금부과처분의 취소소송을 진행하였으나 1심에서 패소하고 2심법원에 항소하여 현재 항소심이 진행 중이다. B국과 C국은 A국의 조치가 국제법을 위반하였다고 주장하며 A국을 국제사법재판소(ICJ)에 제소하였다. 이와 관련하여 다음 물음에 답하시오. (단, A, B, C국은 모두 ICJ당사국이며 강제관할권을 무조건부로 수락하고 있다. 또한, 3국의 경제관계를 규율하는 별도의 조약은 존재하지 않는다) (총 40점)

(1) 사안과 관련하여 A국은 선결적 항변을 제기하였다. A국의 항변사유는 무엇이라 생각하는가? 동 사유에 대해 ICJ가 어떠한 판단을 내릴 것으로 예상되는가? (15점)

(2) A국이 자국의 국내법을 적용할 수 있는 이론적 근거는? (10점)

(3) 이 사안의 본안심리에 있어서 ICJ는 어떠한 판단을 내릴 것으로 예측되는가? (본안판단 절차가 진행되었다고 가정하시오) (15점)

CASE 40. Obligation to Prosecute or Extradite 사건[65][66]

Ⅰ 사실관계

1. 차드 전 대통령에 대한 세네갈의 기소 및 기소 중단

이 사건은 세네갈이 자국에 망명 중인 전 차드 대통령 이센 아브레(Hissene Habré, 이하 Habré)를 고문 등 인권유린 혐의로 기소하거나 기소 의사가 있는 타국에 인도하지 않은 것이 1984년 고문방지협약 위반에 해당한다고 벨기에가 제소한 사건이다. Habré는 1982년 6월 반란으로 정권을 장악한 후 1990년 12월 쿠데타로 축출될 때까지 8년간 대통령으로 집권하면서 반대파에 대한 대규모의 처형과 고문, 감금 등 인권유린 행위를 자행하였다. 권좌에서 축출된 후 그는 세네갈로 망명하였다. 2000년 1월 차드인 피해자들이 세네갈 당국에 Habré를 인권유린 혐의로 고소하였고 세네갈 검찰은 그를 일단 가택에 연금하고 수사를 진행하였다. 2000년 2월 Habré는 세네갈 법원에 자신에 대한 수사 중단 소송을 제기하여 세네갈은 자신을 심리·처벌할 관할권이 없다고 주장하였다. 세네갈 법원은 그의 항변을 수용하여 2000년 7월 세네갈 검찰의 수사를 중단시켰다. 세네갈 국내법상 세네갈 영토 외에서 발생한 외국인의 외국인에 대한 범죄는 세네갈 형법의 관할 대상이 아니기 때문이었다. 이 판결은 2001년 3월 세네갈 대법원에서 다시 확인되었다.

2. 차드 전 대통령에 대한 벨기에의 기소

2000년 11월부터 2001년 12월까지 벨기에 국적의 차드인 20명이 Habré를 살인, 집단살해(genocide), 고문 및 동 교사 혐의로 벨기에 검찰에 고발하였다. 벨기에 형법은 인도주의에 반한 범죄에 대해서는 발생 장소, 범인의 국적을 불문하고 벨기에가 사법 처리할 수 있다고 규정하고 있었다. 벨기에 검찰은 고발된 Habré의 행위가 인도주의에 반한 범죄에 해당한다고 판단하고 세네갈에 사법 공조요청서를 발송하여 당시 진행 중이던 세네갈 검찰의 수사 기록을 제공하여 줄 것을 요청하였고 차드에는 현장방문 및 피해자 증언 청취 등의 협조를 요청하였다. 2005년까지 벨기에는 세네갈과 차드가 제공한 각종 자료 분석, 피해자 심문, 고발 접수 등 Habré에 대한 수사를 진행한 후 2005년 9월 인터폴을 통해 국제 체포 영장을 발부하고 고문, 집단 살해 등 인도주의에 반한 죄명으로 기소하였다.

3. 벨기에의 범죄인인도 청구

벨기에는 2005년 9월 22일 세네갈에 대해 Habré의 신병을 인도하여 줄 것을 요청하였으나 세네갈 법원은 2005년 11월 25일 국가원수의 권한행사 행위에 대해서는 세네갈 법원이 관할권이 없고 Habré는 또한 전직 대통령으로서 사법적인 면제권을 향유한다는 이유로 벨기에의 인도 요청을 거부하였다.

---

65) Belgium v. Senegal, 2012.7.20. 판결, 국제사법재판소.
66) 산업통상자원부 홈페이지(https://disputecase.kr) 게시 내용 요약 정리.

4. 세네갈의 국내법 개정과 보편주의 규정

세네갈은 2007년 형법을 개정하여 고문, 집단살해 등의 반인륜 범죄에 대해서는 행위지와 행위자의 국적 및 당시 행위지 법규의 위반 여부를 불문하고 세네갈이 보편적인 형사 관할권을 행사할 수 있도록 하였으며 2008년에는 헌법을 개정하여 동 범죄에 한해서는 소급 처벌이 가능하도록 하였다. 세네갈은 Habré 기소 및 사법 처리를 독촉하는 벨기에에 대해 법규 개정사항을 전달하고 관련 사법절차를 진행할 의사가 있음을 밝혔으나 진전이 없었다.

5. 벨기에의 제소

벨기에는 신속한 처리를 요청하였으나 진전이 없자 2009년 2월 19일 세네갈을 고문방지협약 위반 혐의로 ICJ에 재판을 청구하였다. 청구 근거는 동 협약 해석 및 적용에 관한 분쟁은 ICJ에 회부한다는 협약 제30조였다. 세네갈은 벨기에와는 협약 제30조상의 분쟁이 존재하지 않으며 벨기에가 세네갈의 책임을 추궁할 당사자 적격이 없다는 요지로 재판부의 관할권을 부인하였다.

Ⅱ 법적쟁점

1. 관할권

2. 고문방지협약 위반 여부

Ⅲ 국제사법재판소의 판단

1. 관할권

(1) 분쟁의 존재 여부

벨기에는 세네갈이 Habré를 사법처리할 수 있는 체제를 갖추지 않은 것은 고문방지협약 제5(2)조 위반이며 그를 기소하거나 벨기에로 인도하지 않는 것은 동 협약 제6(1)조 및 제7(1)조 위반이라고 주장하였으나 세네갈은 형법과 헌법을 개정하여 그를 처벌할 수 있는 국내법을 갖추었고 재정상의 문제로 기소 및 심리가 지연되고 있을 뿐 사법처리 의사가 있으므로 벨기에와는 동 조항 등에 관한 분쟁 자체가 존재하지 않는다고 반박하였다. 벨기에는 법제 정비, 기소 등이 적시에 이루어지지 않은 것도 동 조항 위반이라고 주장하였다. 재판부는 분쟁은 재판청구서 제출 시점에 존재해야 한다고 환기하고 2009년 2월 19일 당시 세네갈은 이미 형법과 헌법을 개정하여 반인륜 범죄에 대해 보편적인 관할권을 행사할 수 있는 체제를 갖추었으므로 협약 제5(2)조 위반 여부에 대한 분쟁은 청구서 제출일 당시에는 존재하지 않는다고 언급하고 이 부분에 관해서는 관할권이 없음을 확인하였다. 제6(1)조 및 제7조 위반 여부에 관한 분쟁의 존부에 대해 재판부는 벨기에는 적시 불이행이 위반에 해당한다고 주장하고 있고 세네갈은 동 조항은 시한에 대해 언급하고 있지 않다고 반박하고 있으므로 조항의 해석에 관해 양 측의 입장이 충돌하는 것이므로 분쟁이 존재하는 것이라고 판단하고 이 부분에 대해서는 관할권을 보유하고 있다고 결론지었다.

(2) 고문방지협약상 재판 회부 조건 충족 여부

고문방지협약 제30조는 ICJ 회부 전에 교섭 및 중재를 시도할 것을 규정하고 있었다. 재판부는 Convention on Racial Discrimination 사건 판례를 원용하여 교섭은 분쟁을 해결하기 위하여 상대방과 협의하려는 진지한 시도를 갖추어야 하며 전제조건으로서의 교섭 완료의 충족 기준은 교섭이 실패하거나 무의미 또는 교착되어야 하는 것이라고 언급하고 이론적인 합의 불가능성으로 충족되는 것은 아니라고 지적하였다. 실제 교섭이 시행되고 성과가 없는 것이 확인되어야 교섭을 수행했다는 전제조건이 충족된다는 것이다. 이러한 기준으로 봤을 때 재판부는 기소 및 인도 여부를 둘러싸고 양국 간에 수차례의 외교 공한이 교환되었으며 세네갈도 공한 교환이 교섭에 해당한다는데 대해서는 이의를 제기하지 않고 있는 한편 공한 교환기간 동안 양측의 기본적인 입장에 변함이 없어 교섭이 분쟁을 해결하지 못한 것은 사실로 확인되므로 교섭에 의한 분쟁 해결 실패라는 제30조의 조건이 충족되었다고 판단하였다. 중재 시도와 관련하여 재판부는 벨기에가 2006년 5월 4일자 공한에서 중재 개시를 제의한 바 있고 재판 청구 시점까지 중재 판정부 구성이 되지 않은 것은 명백한 사실이므로 중재 판정부 구성 시도 후 6개월 경과라는 제30조의 ICJ 회부 조건 역시 충족되었다고 판단하였다.

(3) Habré의 행위로 인한 희생자 중에 벨기에인이 존재하지 않는 것의 문제

세네갈은 Habré의 행위로 인한 희생자 중에 벨기에인이 없으므로 벨기에는 세네갈의 Habré 기소 또는 인도 의무 위반에 대해 국제적 책임을 추궁할 권한이 없다고 주장하였다. 벨기에는 고문방지협약 당사국으로서 타 당사국의 협약 위반 행위에 대해 시비할 수 있다고 반박하였다. 재판부는 고문방지협약의 대상과 목적상 협약 당사국은 고문 방지와 책임자 처벌이라는 공동의 이해를 공유하고 있으며 고문 혐의자에 대한 예비조사를 시행하고 기소를 위해 관련 당국에 송치해야 하는 당사국의 의무는 혐의자나 희생자의 국적 또는 발생지에 관계없이 동 혐의자가 자국 영토 안에 소재하는 사실만으로 발생하는 것이며 혐의자가 자국 영토 내에 소재하는 당사국의 이와 같은 의무 준수는 여타 당사국 모두의 공동의 이해에 해당한다고 보았다. 고문방지협약 모든 당사국은 자신이 관계된 권리를 보호할 법적인 의무를 보유하고 있으며 이 의무는 모든 국가가 준수해야 한다는 점에서 보편적(erga omnes partes)인 것이라고 재판부는 설명하였다. 고문방지협약상의 의무 준수에 대한 모든 당사국의 공통적인 이해관계는 각 당사국 타국의 의무 불이행을 시비할 수 있는 자격을 부여한 것이며 만일 특별한 이해당사국만 시비를 제기할 수 있다면 대다수의 경우 시비를 제기할 국가가 없을 것이라고 재판부는 언급하고 벨기에는 세네갈의 예비조사 불실시[제6(2)조], 불기소[제7(1)조]를 ICJ에 시비할 수 있는 자격이 있다고 판시하였다.

2. 고문혐의자에 대한 예비조사 실시 의무 위반 여부

(1) 예비조사의 세부 내용 및 위반 여부

고문방지협약 제6(2)조는 고문 혐의자에 대한 예비조사 실시 의무를 규정하고 있다. 벨기에는 동 조항의 예비조사는 사법 당국에 기소하기 위해 수행되는 것으로서 증거 수집, 심문 등을 수반하며 제6(4)조에 의거, 관련 당사국에 조사 결과를 통보해야 하나 세네갈이 이러한 의미의 예비 조사를 수행하였다는 증거가 재판부에 제출되지 않았으므로 세네갈은 제6(2)조를 위반한 것이라고 주장하였다. 세네갈은 제6(2)조의 예비조사는 사실관계를 수립하기 위한 것일 뿐 반드시 기소를 전제로 하지 않는다고 주장하고 최초 고발시 세네갈은 아브레의 신원을 확인하고 고문 혐의로 고발되었음을 통지한 것으로 이러한 의미의 예비조사는 시행한 것으로 인정해야 한다고 반박하였다. 재판부는 제6(2)조의 예비조사는 사실과 증거를 수집하고 사건 기록을 작성을 직무로 하는 당국에 의해 수행되는 것이며 수집해야 하는 사실과 증거는 문제가 되는 사건과 혐의자의 가담 정도에 관련된 문서나 증언 등으로 구성되므로 예비조사 의무 수행은 해당 사건 발생국(이 사건 경우 차드)과 관련 시비가 제기된 국가의 협조를 구하려는 노력을 수반한다고 보았다.

나아가 고문 혐의자가 자국 영토 내에 있다는 이유로 조사, 기소, 인도 등의 조치 의무를 안게 된 국가는 관련 증거 수집에 있어 고문 혐의자나 희생자가 자국민이거나 자국 내에서 고문이 발생하여 관할권을 행사하게 된 국가가 증거 수집 시에 적용하는 정도의 엄격한 수준을 적용해야 한다고 고문방지협약 제7(2)조356에 규정되어 있음을 환기하고 재판부는 세네갈이 이러한 수준의 예비조사를 수행했다는 자료를 제출하지 않았다고 지적하였다.

(2) 예비조사 시한

재판부는 예비 조사의 시한에 대해 제6(2)조는 특별한 언급이 없으나 혐의자의 자국 영토 내 소재가 확인된 즉시 관련 절차가 개시되어야 한다고 보았다. 제6(2)조는 고문방지협약의 대상과 목적에 따라 해석해야 할 것인바 문제가 되는 사실 관계의 수립은 기소, 처벌 등 관련 절차의 핵심적인 단계로서 시급히 시행해야 하는 것으로 해석하였다. 재판부는 세네갈이 자국 영토 내에 있는 아브레의 고문 혐의를 의심하자마자 예비조사를 즉시 개시하지 않았다고 판단하고 세네갈은 협약 제6(2)조의 의무를 위반하였다고 결론지었다.

3. 인도 아니면 소추 의무 위반 여부

(1) 인도 아니면 소추 의무의 성질

협약 제7(1)조는 자국 영토 내에 있는 고문 혐의자를 타국에 인도하지 않는 한 기소해야 한다고 규정하고 있다. 벨기에는 동 조항상 인도하지 않을 경우 기소해야 하는 것은 의무이며 해당 국가가 이유가 있어 기소하지 않고 있을 때 인도 요청을 받을 경우 동 조항에 위배되지 않기 위해서는 반드시 인도해야 한다고 주장하였다. 재판부는 제7(1)조는 고문 혐의자가 자국 영토 내에 소재하는 국가로 하여금, 타국의 인도 요청 여부와 상관없이, 기소를 위해 관련 당국에 송치할 것을 요구하고 있으며 관련 당국이 실제 기소할지 여부는 제6(2)조 예비 조사를 통해 수집된 증거의 정도에 따라 결정될 것이라고 보았다. 재판부는 만일 타국으로부터 인도 요청을 받았을 경우 조사 국가는 인도 요청을 수용함으로써 송치 의무에서 벗어날 수 있기는 하나 송치와 인도 중의 택일은 두 방안의 중요도나 성격이 동등하다는 것을 의미하지는 않는다고 설명하였다. 인도는 협약에 의해 조사 국가에게 제안된 선택인 반면 기소를 위한 송치는 협약상의 국제적 의무로서 그 위반은 국가의 책임이 수반되는 불법 행위라고 구분하였다.

(2) 인도 아니면 소추 의무의 적용 범위

재판부는 제7(1)조에 의한 세네갈의 기소 의무는 고문방지협약이 세네갈에게 발효한 1987년 6월 26일 이전에 발생한 사건에 대해서는 적용되지 않는다고 판단하였다. 비록 고문 방지가 국제 관습법의 일부이며 강행 규범(jus cogens)라고 인정하기는 하지만 조약법에 관한 비엔나협약 제28조의 규정상 소급 적용할 수 없다고 확인하였다. 벨기에는 제7(1)조에 기소 시한이 명기되어 있지는 않지만 자국 영토 내에 소재한 고문 혐의자를 기소를 위해 관계 당국에 송치하는 의무는 무기한 지연할 수 없다고 주장하고 수 년간 아브레를 기소하지 않은 세네갈은 동 조항을 위반하였다고 시비하였다. 세네갈은 기소하지 않기로 결정한 것이 아니라 Africa Union의 재판 위임 결정과 이를 실행하기 위한 소요 재원 마련에 시간이 걸렸을 뿐이라고 반박하였다. 재판부는 재원 조달상의 어려움은 아브레에 대한 기소 절차 개시 해태를 정당화하지 못하며 동 건을 Africa Union에 회부한 사실도 고문방지협약 의무 이행 지연을 정당화하지 못한다고 지적하였다.

(3) 인도 아니면 소추 의무의 이행 시기

고문 혐의자도 공정한 재판을 받을 권리가 있다고 협약 제7(3)조358에 명기되어 있으며 관련 절차를 신속히 진행하는 것도 공정한 재판의 일환이라고 지적하였다. 아브레를 처벌할 수 있는 국내법상의 근거가 마련된 것이 2007년 이후이고 따라서 2000년 ~ 2001년 세네갈 법원이 동인 심리를 위한 관할권이 없다고 판결하였기 때문에 기소를 신속히 진행할 수 없었다는 세네갈의 항변에 대해 재판부는 국내법의 규정을 이유로 국제 책임을 면탈할 수 없다는 조약법에 관한 비엔나협약 제27조를 언급하며 이를 기각하였다. 재판부는 제7(1)조에 시한이 적시되어 있지는 않으나 협약의 대상과 목적에 합치되는 방식으로 합리적인 기간 내에 수행되어야 한다는 의미가 내포되어 있다고 밝혔다. 제7(1)조의 기소 의무는 고문 방지를 위한 국제적인 투쟁을 실효화(實效化)하려는 협약의 대상과 목적을 수행하려고 의도하고 있으며 따라서 기소 절차는 지체 없이 수행되어야 한다고 언급하고 재판부는 2000년 최초 고발 접수 후 세네갈이 아브레에 대한 기소 절차를 개시하지 않은 것은 제7(1)조 의무 위반에 해당한다고 판시하였다.

제8장 │ 국가면제

CASE 41. 피노체트 사건[67]

I 사실관계

1. 칠레 국적의 피노체트는 대통령으로 재직 시 고문, 고문공모, 인질감금, 인질감금공모, 살인공모 등의 죄를 범하였다. 퇴임 이후 신병치료를 위해 영국에 입국하자 스페인은 영국과의 범죄인인도조약에 기초하여 피노체트의 인도를 요청하자 영국은 임시영장을 발부하였다. 이에 대항하여 피노체트의 변호인단은 인신보호영장을 신청하고 법원에 인도청구에 대한 사법심사를 요청하였다.

2. 원심법원의 판단

인도영장과 체포영장의 심사를 통해 원심법원은 모두 기각하였다. 인도영장의 경우 인도 청구영장에서 밝힌 피노체트의 범죄가 영국의 범죄인인도법상 인도대상범죄에 속하지 아니한다는 점에 기초하였다. 한편, 체포영장도 기각되었는데, 이는 피노체트가 국가원수로서 행한 공무상 행위는 타국의 재판관할권으로부터 면제된다는 주권면제 원칙에 기초하였다.

II 법적쟁점

이 사안의 핵심쟁점은 국제법상 국제범죄를 저지른 개인이 전직 대통령인 경우 주권면제를 향유하는가 하는 점이었다. 부수적으로는 영국 국내법상 쌍방가벌성의 성립시기, 보편관할권의 법적 성질 등도 쟁점화되었다.

---

67) 영국대법원, 1999년.

Ⅲ 영국 대법원의 판단

1. 주권면제의 문제

대법원은 원심판결을 파기하고 전직 국가원수는 재직 중에 행한 고문범죄, 인질감금 및 인도에 반한 죄에 대하여 주권면제를 주장할 수 없다고 판결하였다. 그 이유로서 다음 사항들을 제시하였다. 첫째, 고문 및 인질감금 행위는 국가원수에 행위에 포함될 수 없다. 둘째, 국가원수라는 자격이 개인의 이와 같은 범죄를 정당화시키는 것은 아니다. 셋째, 국제관습법상 전직 국가원수에 대해서 재판관할권 면제가 인정되는지는 확실하지 않다. 그러나 전직 국가원수에 면제가 인정되더라도 피노체트의 행위는 국가원수의 공적 행위에 포함될 수 없으므로 면제를 향유할 수 없다. 넷째, 전직 국가원수가 고문범죄에 대해 주권면제를 항변사유로 제기한다면 고문방지협약은 유명무실해질 것이다.

한편, Goff 판사는 피노체트가 주권면제를 향유한다고 밝혔다. 그 근거로서 다음을 제시하였다. 첫째, 고문방지협약은 주권면제의 포기에 관한 명시적인 해석기준을 담고 있지 않다. 둘째, 동 협약이 보편주의를 규정하고 있지만 당사국의 국가원수의 인도 또는 소추와 관련되는 경우 국가의 명시적인 주권면제 포기를 요청하고 있다. 셋째, 국제법 원칙으로서 주권면제가 가지는 중요성은 국제범죄의 억지라는 측면보다 상위에 위치한다.

2. 쌍방가벌성의 문제

범죄인인도법은 쌍방가벌성의 원칙을 규정하고 있었는바, 문제는 '피노체트의 범죄가 영국과 스페인 모두에서 범죄로 성립한 시기를 언제로 보아야 하는가'였다. 즉, 문제된 범죄가 '실제로 행해진 일자'를 결정시기로 보아야 하는가, 아니면 '인도청구가 행해진 일자'에 양국 모두 범죄로 성립되어 있어야 하는가에 대한 것이다. 인도시기로 본다면 피노체트 인도의 근거가 되는 범죄의 범위를 상당부분 축소시키기 때문에 논쟁이 되었다. 원심법원과 대법원은 피노체트는 영국형사사법법(Criminal Justice Act) 제134조가 효력을 발생하게 된 1988년 이후의 고문범죄만을 근거로 인도된다고 판단하였다. 이는 1988년 이전에 행해진 범죄는 영국법상 역외관할권을 행사할 수 있는 인도대상 범죄를 구성하지 않아 쌍방가벌성의 원칙을 충족할 수 없기 때문이다. Millett 판사만이 국제법은 영국법인 보통법의 일부이며, 보편주의에 따라 모든 국가가 이와 같은 범죄에 대해 관할권을 행사할 수 있으므로 1988년 이전 범죄에 대해서도 영국법원이 심리할 수 있다는 견해를 제시했다.

3. 결론

영국 대법원의 입장을 요약하면 우선, 영국은 제한적 주권면제의 법리에 기초하여 전직 국가원수인 피노체트에 대한 체포 및 인도가 국제법에 위반되지 않는다고 판단하였다. 피노체트의 행위는 인도에 대한 죄로서 이는 국가원수의 공적행위의 범주에 포함되지 않기 때문에 퇴임 이후에는 이에 대한 면제를 향유하지 않는다고 판단하였기 때문이다. 다만, 범죄인인도 사유에 해당하는 피노체트의 범죄는 1988년 이후로 한정하였다. 영국형사사법법이 발효된 이후의 범죄에 대해서만 스페인과 쌍방가벌성을 충족시킨다고 보았기 때문이다.

Ⅳ 평석

1. 국제법상의 보편주의의 적용

영국 법원은 국제법상 국제범죄에 대한 관할권 행사의 근거로 보편주의를 적용하고 이를 부각시킴으로써 국제공동체로 하여금 국제공동체 전체를 상대로 자행되는 국제범죄에 대한 사법적 해결의 기회를 제고하는 계기를 마련해 주었다. 그러나 법원은 특정범죄가 국제범죄의 구성요건을 충족하면 자동적으로 보편주의가 적용되는 것이 아니라 특정범죄에 관한 보편주의의 적용가능성을 규정하고 있는 협약의 존부 및 당해 협약에의 당사국 여부가 보편주의의 적용에 있어서 결정적인 판단근거가 된다고 보았다. 이러한 영국법원의 입장은 보편주의의 적용범위와 시기를 지나치게 축소하는 문제가 있다. 보편주의가 특정 국제범죄에 대해 모든 국가에게 관할권 행사를 허용하려는 점과 보편주의의 적용 여부는 원칙적으로 국제범죄라는 범죄 자체의 성격에 의해 결정되어야 한다는 점을 감안할 때, 영국법원의 판단은 보편주의에 관한 이론과 괴리가 있다.

2. 쌍방가벌성의 결정시기

영국대법원은 쌍방가벌성의 충족시점을 인도청구가 행해진 시기로 판단했다. 이로 인해 1973년부터 1988년까지 피노체트가 행한 고문행위는 인도청구의 대상이 될 수 없었다. 이는 국제법상 쌍방가벌성 원칙의 유연한 적용 경향에 역행하는 것이다. 오늘날 범죄인인도에 있어서 쌍방가벌성의 원칙은 사법공조의 원활화 측면에서 정책과 예양을 고려하여 유연하게 해석되고 있으며, 미국 대법원은 특정한 상황하에서는 쌍방가벌성의 원칙을 충족하지 않아도 된다고 보고 있다. 쌍방가벌성의 원칙의 결정시기에 대한 제한적 해석은 국제법상 사법공조의 효율성 제고 측면에서 바람직하지 못하다.

3. 전직 국가원수의 주권면제

(1) 국가원수의 주권면제에 관한 관습법

오늘날 국가원수의 주권면제 여부는 국가원수가 행한 행위의 성질에 따라 결정되고 있어서 절대적 주권면제가 인정되지 않는다. 현직 국가원수의 주권면제 및 전직 국가원수는 재직 중의 사적행위와 관련하여 면제를 주장할 수 없다는 점에 대해서는 국제관습법상 확립되어 있다. 그러나 관습법은 전직 국가원수가 공무상 행한 범죄에 대한 면제에 대해서는 확립된 규칙을 제시하지 못하고 있다.

(2) 국가원수의 국제범죄에 대한 주권면제

국제범죄행위자는 주권면제의 항변을 제기할 수 없다는 점에 대해 국제공동체는 인식을 같이 하고 있다. 구유고전범재판소는 Furundija 사건에서 고문행위를 저지른 범죄인은 국가원수 또는 정부수반이라 하더라도 국제법상 형사책임을 벗어날 수 없음을 확인하였다.

(3) 국가원수의 물적 면제

국가원수에게 주어지는 특권·면제는 국가원수로서 '적법한 임무를 충실히 행하고 있는가'와 분리해서 이해되어서는 안 된다. 국가원수가 정권유지의 목적으로 자국 내의 인권을 유린한 경우 국제관계상 일국을 대표하는 지위를 차지하고 있다는 이유만으로 이를 묵인한다면 이는 국제공동체가 추구하는 공통의 가치를 침해하는 자를 국제공동체의 이름으로 보호하는 결과가 될 것이기 때문이다. 국가원수가 행하는 공무가 적법성을 갖추지 못한 경우 문제가 된 국가원수는 주권면제의 항변을 제기할 수 없다는 것이 국제관행이다.[68] 영국법원도 국제범죄를 구성하는 행위는 재직 시의 공적행위로 볼 수 없다는 점에서 국제관행에 일치하는 판단을 한 것이다.

> **기출 및 예상문제**
>
> A국 국가원수 甲은 국가원수로 재직하던 당시 A국 내에 소재하던 B국 국민 다수에 대해 고문을 지시하거나 방조하는 한편 살해하기도 하였다. 또한 B국 국민이 소유하고 있던 회사를 강제로 몰수하여 상당한 재산상의 손해를 야기하였다. 甲이 퇴임을 1년 앞둔 시점에서 신병 치료차 C국에 입국하자 B국은 C국과의 범죄인인도조약에 기초하여 甲에 대한 인도를 청구하였고 C국은 甲에 대한 체포영장을 발부하였다. 이와 별도로 甲으로부터 신체·재산상의 손해를 받았다고 주장하는 乙은 甲을 상대로 C국 법원에 불법행위에 기한 손해배상청구소송을 제기하였다. 이와 관련하여 다음 물음에 답하시오. (총 40점)
>
> (1) C국의 甲에 대한 체포영장 발부행위에 대해 국제법적 관점에서 논평하시오. (10점)
>
> (2) 설문 (1)과 관련하여 만약 甲이 대통령의 직위에서 퇴임하였다고 전제하는 경우 甲에 대한 체포영장 발부행위는 적법한가? (10점)
>
> (3) 乙의 甲을 상대로 하는 손해배상청구소송에 대해 C국 법원이 국제법상 관할권을 행사할 수 있는가? (10점)
>
> (4) 설문 (3)과 관련하여 C국 법원이 관할권을 행사할 수 있는 방법에 대해 논의하시오. (10점)

---

[68] 이는 뉘른베르크 원칙, UN총회 결의, 인류의 평화와 안전에 반하는 범죄에 관한 ILC초안 제7조, ICTY규정 제7조, ICC규정 제27조에서 확인된다.

Ⅰ 사실관계

1. 미국인 McFaddon이 소유한 범선 Exchange호는 1810년 프랑스 관헌에 의해 공해상에서 나포되어 포획심판소의 판정을 거치지 않고 프랑스 해군에 편입되었다.

2. 1811년 동 선박이 해난 때문에 필라델피아항에 입항하자 McFaddon은 동 선박의 소유권을 주장하고 연방지방법원에 소송을 제기하였다.

3. Exchange호 측에서 아무도 출두하지 않자 미국 정부를 대신하여 펜실베니아주 연방검사는 청구각하를 요청하였다. 지방법원에서는 원고 청구가 각하되었으나, 항소법원이 원판결을 번복하고 항소인의 청구를 인정하자 미국 정부는 대법원에 상고하였다.

4. 대법원은 다시 2심판결을 파기하고 1심판결을 확인하였다.

Ⅱ 법적쟁점

주권국가인 프랑스는 미국법원의 관할권으로부터 면제되는지가 쟁점이 된다.

Ⅲ 판결요지

대법원은 자국 영역 내에서의 국가관할권은 '배타적이고 절대적(exclusive and absolute)'이며 그러한 지위와 권한의 행사는 타국에서도 재판관할권의 면제로 인정되어야 한다고 하였다. 즉, 소송은 관할권 부재를 이유로 각하되었다. 대법원은 국가의 영역관할권은 절대적이고 배타적이지만, 이러한 완전한 절대적 관할권의 예외는 국가의 '동의'(consent)를 전제로 가능하다고 보았다. 다시 말하면 국가의 배타적 관할권은 자신의 동의에 의해서만 제한될 수 있다는 것이다. 따라서 프랑스가 미국 내에서 미국의 관할권 행사에 동의하지 않는 한 미국은 프랑스에 대해 관할권을 행사할 수 없다. 주권국가가 평시에 우호국 군함의 자국입항을 허용한다면, 영역관할권 배제에 동의한 것으로 간주되어야 하며, 우호국과 그의 군함 역시 적대행위를 하지 않는 한 자신의 특권적 지위가 묵시적으로 보장받고 있다는 신뢰를 가지는 것이 국제법의 원칙이다. 따라서 미국과 우호관계를 유지하고 있는 프랑스군함이 미국의 내수인 필라델피아항에 입항할 때에는 관할권으로부터 배제될 것이라는 약속이 존재하였다고 볼 수 있으므로 미국법원이 관할권을 행사할 수 없다.

---

69) 미국대법원, 1812년.

CASE 43. 대림기업 사건[70]

I 사실관계

1. 원고는 미 육군 계약담당부서 공무원들과 내자호텔 일정 건물 부분에 관하여 음향 및 비디오기기 판매점 운영에 관한 계약(임대차계약)을 체결하였다.

2. 계약체결 시 피고 공무원들은 한미행정협정을 근거로 위 상점에서 판매되는 물품에 대해 면세가 된다고 하였고, 이를 계약서에도 명시하였다.

3. 원고에게 전자기기를 납품하기로 한 회사는 계약서를 신뢰하고 면세가 될 것으로 판단하고 조세가 면제된 저렴한 가격으로 납품하였다.

4. 그러나 한국 세무당국은 조세면제가 되지 않는다고 판단하고 회사에 대해 세금납부를 명령하였다.

5. 이 회사는 원고에게 조세부과 시의 가격과 조세면제 시의 차액의 배상을 요청하였고, 원고는 이를 지급해 주었다.

6. 원고는 미군계약소청심사위원회를 경유하여 한국법원에 제소하였다.

II 법적쟁점

1. 대한민국법원은 위 사안에 대해 재판관할권을 갖는가?

2. 피고 공무원들에게 과실로 인한 위법행위에 대한 손해배상책임이 인정되는가?

III 판결요지

1. 재판관할권

외국 또는 외국 국가기관의 행위는 그 행위의 성질이 주권적·공법적 행위가 아닌 사경제적 또는 상업활동적 행위인 경우에는 국내법원의 재판권으로부터 면제되지 아니한다. 1976년 미국의 외국주권면제법에 의하면 미국법원에서 미국 이외의 외국국가를 상대로 민사소송을 제기할 수 있고, 국제법상 상업활동에 관한 한 국가는 외국법원의 재판권으로부터 면제되지 않는다고 규정하고 있다. 또한 미국 내에서 동법에 기초하여 한국을 상대로 한 민사소송에 대해 재판권이 인정된 예가 있다. 원고의 이 사건청구가 원·피고 사이의 부동산임대차계약을 둘러싼 피고의 불법행위 혹은 계약상 과실을 원인으로 한 금원지급청구로서 그 행위가 사경제적 또는 상업활동적 성질을 가지고 있는 이 사건에 있어 피고는 국내법원의 재판권으로부터 면제되지 아니한다.

---

70) 대한민국 지방법원(90가합4223), 서울고등법원(94나27450), 1995.5.19.

2. 미국의 손해배상책임

피고 공무원들에게는 대한민국 세법 등 관계법령을 검토하지 아니하고 대한민국의 세법상 면세가 된다고 하여 이를 계약 내용의 일부로 포함시켰으며, 계약 이후에도 피고는 적극적으로 원고 경영의 상점이 면세점이라고 광고하는 등의 과실이 인정된다. 이러한 과실로 인한 위법행위로 원고에게 손해를 가하였다 할 것이므로 피고는 이로 인하여 원고가 입은 손해를 배상할 책임이 있다.

Ⅳ 평석

1. 한국 최초 제한적 면제론 인정

우리나라 법원이 최초로 제한적 면제론을 원용하여 관할권을 행사하였고, 손해배상 책임도 추궁한 사례이다. 법원은 제한적 주권면제를 적용하는 근거로, '상호주의'를 원용한 것으로 보인다. 즉, 미국법과 미국법원의 관행이 제한적 주권면제론에 기초하고 있고, 한국을 상대로 한 민사소송을 수리하여 재판을 하였으므로 한국법원도 유사한 성질의 사건에 대해 관할권을 가질 수 있다고 판단한 것이다.

2. 부동산 임대차 계약과 절대적 면제론

이 사건은 부동산 임대차에 관한 사안이므로 한국법원이 굳이 제한적 주권면제론을 원용하지 않아도 관할권을 가질 수 있었다. 절대적 주권면제론하에서도 부동산 관련 소송은 예외적으로 관할권 면제가 인정되기 때문이다.

기출 및 예상문제

A국 군당국은 B국 기업 甲으로부터 군화를 수입하는 계약을 체결하였고, 甲은 약속된 날짜에 군화를 인도하였으나, A국은 지불예정일에 대금결제를 이행하지 아니하였다. 甲은 수차례에 걸친 대금지급 청구에 A국이 응하지 아니하자, 자국 법원에 소를 제기하였다. 그러나 A국은 단 한 차례도 법원에 출석하지 아니하였으며 어떠한 항변도 제기하지 아니하였다. 이에 따라 B국 법원은 자국법을 적용하여 원고 전부 승소 판결을 내렸다. 그러나 A국은 판결을 정해진 기일까지 이행하지 아니하였고 B국 법원은 B국 내에 있는 A국 정부 재산에 대해 강제집행을 명령하였다. 이에 대해 A국은 B국의 조치가 국제법에 위반된다고 주장하였다. 이와 관련하여 다음 물음에 답하시오. (총 40점)

(1) B국이 A국을 피고로 하는 소송에서 재판관할권을 행사한 것이 국제법상 허용되는가? (20점)
(2) 만약 B국이 대한민국이라면 재판관할권을 행사할 것인가? (10점)
(3) B국이 국제법상 적법하게 강제집행권을 행사하기 위한 방안에 대해 설명하시오. (10점)

CASE 44. 주한미군에 의한 해고 사건[71]

Ⅰ 사실관계

1. 원고는, 원고가 피고 국방성 산하의 비세출 자금기관인 육군 및 공군교역처(the United States Army and Air Force Exchange Service)의 동두천시 미군 2사단 소재 캠프 케이시(Camp Cacey) 내의 버거킹(Burger King)에서 근무하다가 1992년 11월 8일 정당한 이유 없이 해고되었다고 주장하면서 피고를 상대로 위 해고의 무효확인과 위 해고된 날로부터 원고를 복직시킬 때까지의 임금의 지급을 구하였다.

2. 이에 대해 제1심 법원과 제2심 법원은 피고의 관할권 면제를 인정하여 소를 각하하였다.[72]

Ⅱ 법적쟁점

1. 외국국가에 대한 재판권에 관한 국제관습법

2. 우리나라 법원의 외국국가에 대한 재판권의 유무 및 그 범위

Ⅲ 대법원판결요지

1. 외국국가에 대한 재판권에 관한 국제관습법

국제관습법에 의하면 국가의 주권적 행위는 다른 국가의 재판권으로부터 면제되는 것이 원칙이라 할 것이나, 국가의 사법적(私法的) 행위까지 다른 국가의 재판권으로부터 면제된다는 것이 오늘날의 국제법이나 국제관례라고 할 수 없다. 따라서 우리나라의 영토 내에서 행하여진 외국의 사법적 행위가 주권적 활동에 속하는 것이거나 이와 밀접한 관련이 있어서 이에 대한 재판권의 행사가 외국의 주권적 활동에 대한 부당한 간섭이 될 우려가 있다는 등의 특별한 사정이 없는 한, 외국의 사법적 행위에 대하여는 당해 국가를 피고로 하여 우리나라의 법원이 재판권을 행사할 수 있다고 할 것이다. 이와 견해를 달리한 대법원 1975년 5월 23일자 74마281 결정은 이를 변경하기로 한다.

---

71) 한국 대법원, 97다39216
72) "원래 국가는 국제법과 국제관례상 외국의 재판권에 복종하지 않게 되어 있으므로, 특히 조약에 의하여 예외로 된 경우나 스스로 외교상 특권을 포기하는 경우를 제외하고는 외국 국가를 피고로 하여 당원이 재판권을 행사할 수는 없다고 할 것인데, 미합중국이 우리나라 법원의 재판권에 복종하기로 하는 내용의 조약이 있다거나 미합중국이 위와 같은 외교상의 특권을 포기하였다고 인정할 만한 아무런 증거가 없으므로, 이 사건 소는 우리나라의 법원에 재판권이 없어 부적법하다고 할 것이고, 같은 취지의 피고의 본안 전 항변은 이유 있다."

2. 원심법원의 판단 오류

원심으로서는 원고가 근무한 미합중국 산하 기관인 '육군 및 공군 교역처'의 임무 및 활동 내용, 원고의 지위 및 담당업무의 내용, 미합중국의 주권적 활동과 원고의 업무의 관련성 정도 등 제반 사정을 종합적으로 고려하여 이 사건 고용계약 및 해고행위의 법적 성질 및 주권적 활동과의 관련성 등을 살펴 본 다음에 이를 바탕으로 이 사건 고용계약 및 해고행위에 대하여 우리나라의 법원이 재판권을 행사할 수 있는지 여부를 판단하였어야 할 것이다. 그럼에도 불구하고 이 사건 고용계약 및 해고행위의 법적 성질 등을 제대로 살펴보지 아니한 채 그 판시와 같은 이유만으로 재판권이 없다고 단정하여 이 사건 소가 부적법하다고 판단한 원심판결에는 외국에 대한 재판권의 행사에 관한 법리를 오해하고 심리를 다하지 아니한 위법이 있다고 할 것이다. 상고이유 중 이 점을 지적하는 부분은 이유 있다. 그러므로 원심판결을 파기하고, 사건을 다시 심리·판단하게 하기 위하여 원심법원에 환송하기로 관여 대법관의 의견이 일치되어 주문과 같이 판결한다.

Ⅳ 평석73)

1. 제한적 주권면제론의 적용대상 및 기준

오늘날 다수 국가는 제한적 주권면제론을 수용하고 있으며, 점차 제한적 면제론을 지지하는 것이 세계적 추세이다. 일반적으로 유럽의 대륙법계 국가들 판례는 외국의 활동을 공적·공법적·주권적 또는 통치적 행위(acta jure imperii)와 사적·사법적·비주권적 또는 업무관리적 행위(acta jure gestionis)로 나누어 후자에 해당하는 경우에만 국내법원의 재판권에서 면제되지 않는 것으로 판시하였다. 그러나 양자를 구분하는 기준은 명확하지 않으나, 오늘날 성질기준, 목적기준, 상업적 활동기준, 성질 및 목적을 절충한 기준 등이 제시되고 있으며, 그 밖에도 기준을 일률적으로 제시하는 대신 각국 및 국제적 차원에서의 판단에 맡기자는 제안, 외국의 활동과 관련한 여러 가지 사정을 고려하자는 제안 등이 있다. 위 대법원 판결은 외국의 주권적 행위와 사법적 행위를 구별하고 후자의 경우 우리 법원이 재판권을 행사할 수 있다는 점을 분명히 밝히고 있으나, 양자의 구별기준까지 명확히 제시하고 있다고는 보기 어렵다. 위 대법원 판결에서 주목해야 할 점은 "외국의 사법적 행위가 주권적 활동에 속한 것이거나 이와 밀접한 관련이 있어서 이에 대한 재판권의 행사가 외국의 주권적 활동에 대한 부당한 간섭이 될 우려가 있다는 등의 특별한 사정"이 있는 경우에는 이에 대해 우리 법원이 재판권을 행사할 수 없는 것으로 판시하고 있다는 것이다. 이러한 표현은 현재 주권적 행위와 사법적 행위의 구별기준을 적용함에 있어 각국간에 일률성이 없고 또한 그 개념에도 차이가 있으므로, 우리의 국내법적 기준에 따르면 사법적 행위이지만 상대방 외국의 국내법적 기준에 따를 때는 공법적 행위 내지 주권이 결부되어 있는 행위인 경우 이러한 행위에 대해서까지 재판권을 행사하는 것은 타국의 주권을 침해할 소지가 크다는 점을 직시한 결과 나타난 것으로 보인다.

2. 국가면제와 외교면제의 구별

국가면제와 외교면제는 상호 구별되는 개념이다. 외교사절이 향유하는 면제는 공적 임무의 수행을 원활하게 하기 위한 기능적 필요성이 강하게 작용하여 인정된 면제인 반면, 국가면제는 외국의 주권적 행위와 관련하여 주권평등 및 독립의 원칙과 국가의 명예라는 관념에 기초한다. 그런데 과거 절대적 면제론을 취했던 우리나라 대법원판례(1975년 5월 23일 결정, 74마281)는 국가면제가 제한되는 사유로서 "조약에 의하여 예외로 된 경우나 스스로 외교상의 특권을 포기한 경우"를 제시함으로써 국가면제와 외교면제의 법리를 혼동하고 있다.

---

73) 최태현(2001), 한국에 있어서의 제한적 주권면제론의 수용, 국제판례연구 제2집, 서울국제법연구원, 박영사, 246-269면.

위 새로운 대법원판결은 구 대법원판례에 나타났던 표현을 답습하지 않았다는 측면에서 일단 바람직한 것으로 보여지나 위 판결의 내용만으로는 양자의 차이를 제대로 인식하고 있는지 여부를 판단하기는 어렵다.

3. 고용계약에 있어서의 특수성

외국과 체결된 고용계약과 관련하여 발생한 소송에서 근로자가 소재하는 국가의 법원이 재판권을 행사할 수 있는지 여부는 여러 가지 복잡한 요인에 의해 결정되지만, 한마디로 외국과 법정지국 간의 상충하는 이해관계 중 어느 것을 우선시할 것인가에 따라 결정된다. 즉, 우리 법원의 재판권 행사는 근로자에 대하여 법정지를 제공하려는 우리나라의 이해관계가 외국의 전속적 관할권에 근거한 이해관계를 훨씬 능가한다고 판단될 때 가능하다. 우리 법원이 외국의 고용계약과 관련한 소송에서 재판권을 행사하기 위해서는 몇 가지 요건을 갖춰야 한다. 첫째, 고용계약은 고용국가인 외국과 법정지국인 한국이라는 두 주권국가의 존재를 전제로 하며, 우리 나라의 이해관계가 외국의 이해관계보다 훨씬 큰 경우에만 우리 법원은 재판권을 행사할 수 있다. 둘째, 고용 계약은 외국이 그의 국민이 아닌 사인을 고용하여 한국의 영토 내에서 고용의 목적인 노무의 전부 또는 일부 가 이행되었거나 이행될 것을 요구한다. 그 밖에도 이행할 직무가 통치적인 것인지의 여부, 분쟁의 원인으로 된 고용계약의 특정한 측면이 통치적인 것인지 또는 상업적 것인지의 여부를 확인하는 것도 재판권행사 여부 결정에 있어서 중요하다. 위 대법원 판결은 고용계약과 관련된 것으로서 제한적 주권면제론의 핵심사항인 상 업적 계약 또는 활동과의 관계에 대해 침묵하고 있다는 점에서 아쉬운 점이 있다. 한편, UN주권면제협약은 고용계약에 대한 비면제의 제한사유로서 근로자가 통치적인 권한의 행사와 밀접히 관련된 직무를 이행하기 위 하여 충원된 경우[74], 소송의 대상이 개인의 충원, 고용갱신 또는 복직인 경우, 고용계약이 체결되었던 당시 근로자가 고용국가의 국민이거나 또는 일상적으로 거주하는 자인 경우, 소가 제기된 당시 근로자가 고용국가 의 국민인 경우 등을 규정하고 있다. 위 대법원 판결은 해고무효를 확인하고 복직 시까지의 임금지급을 구하 는 소송에서 해고무효와 복직 시까지의 임금지급을 구별하지 않고 양자를 동일하게 취급하여 결과적으로 고용 계약에 관한 일반적 기준을 일률적으로 적용하고 있다. 그러나 이는 외국의 주권기관에 고용된 개인의 지위에 관한 사항에 대해서는 가급적 재판권행사를 자제하는 현재의 일반적 관행과 배치된 판결이다. '해고행위'는 외 국의 주권적 행위로 볼 수 있기 때문이다. 해고행위와 같이 외국의 재량적인 행위에 대해서까지 법정지국법원 이 재판권을 행사하는 것은 외국의 주권을 침해할 소지가 크기 때문이다.

---

74) 개인비서, 전신관, 통역관 및 기타 국가안보 또는 국가의 기본적 이익과 관련된 직무를 부여받은 자 등이 이에 해당한다.

Ⅰ 사실관계

1. 본 사건은 제2차 세계대전 당시에 이탈리아를 점령하고 있던 나치 독일의 행위에 대하여 당시의 이탈리아 인 피해자들[77]이 제기한 이탈리아 국내법원에서의 소송 및 유사한 사실관계하에서 그리스에서 발생한 소송에서 그리스 법원이 내린 판결을 이탈리아 법원이 집행판결을 부여한 사건 등과 관련하여 발생하였다. 독일과 동맹관계에 있던 이탈리아에서 무솔리니가 실각하고 독일과 동맹관계를 종료한 1943년 9월 이후 독일 점령하에서 발생한 피해에 대하여 피해자들이 금전적인 보상을 이탈리아 법원에 제기하였다.

2. 이러한 일련의 소송에 대해 이탈리아 법원은 이탈리아에 소재한 독일의 부동산에 대해 압류처분을 하였고, 독일에 대해 관할권 면제를 부인하고 이탈리아 법원의 관할권이 있다고 판단하였다.

3. 독일은 이러한 이탈리아 법원의 태도는 국가면제와 관련한 국제법 규범에 반한다는 의사를 이탈리아 정부에 반복적으로 전달하였으나 아무런 해결이 되지 않자 ICJ에 이탈리아를 제소하였다.

Ⅱ 당사국 주장

1. 독일

독일은 제2차 세계대전 중인 1943년 9월부터 1945년 5월까지 독일 제국에 의하여 자행된 국제인도법 위반을 근거로 독일에게 제기된 민사청구를 이탈리아 법원이 허용함으로써 이탈리아는 국제법상 독일이 향유하는 관할권 면제를 존중할 국제법상의 의무를 위반하였고, 독일 정부가 비상업적 용도로 사용하는 국가재산에 대한 강제집행을 허용함으로써 독일의 집행권으로부터의 면제를 침해하였으며, 이탈리아에서 발생한 사례들과 유사한 사례와 관련하여 내려진 그리스 판결들을 이탈리아에서 집행판결을 부여함으로써 또한 독일의 관할권 면제를 침해하였다고 주장하였다.

2. 이탈리아

이탈리아는 독일에 대해 국가면제가 배제되어야 한다고 주장하였다. 이탈리아는 무력충돌 시 적용되는 국제법 원칙을 심각하게 위반하는 것은 전쟁범죄 및 반인도적 범죄에 해당하는 것이며, 이러한 행위로 위반한 규범은 국제법상 강행규범으로 인정되는 것이고, 이탈리아 법원에서 소송을 제기한 원고는 여타의 모든 구제방법으로 부터 배제되었기 때문에 이탈리아 법원이 제공하는 구제책이 마지막 구제수단이므로 이러한 행위에 대해서는 국가면제가 배제되어 법정지 법원이 타국에 대하여 관할권을 행사할 수 있다고 반박하였다.

---

75) Jurisdictional Immunities of the State, Germany v. Italy: Greece Intervening), 2012, ICJ.

76) 이성덕(2012), 강행규범과 국가면제: 2012년 ICJ 관할권 면제 사건을 중심으로, 중앙법학 제14집 4호.

77) 이탈리아 피해자들은 세 부류로 나눌 수 있다. ① 이탈리아 영토에서 체포되어 독일로 강제노역을 위하여 송출된 자들. ② 1943 년 9월 이후 이탈리아가 연합국에 가담함으로써 독일과 적대관계에 놓이게 된 이후 독일군에 의하여 체포된 이탈리아 군인들로 서 포로지위를 인정받지 못한 자들. ③ 제2차 세계대전이 끝나기 직전 달에 독일군에 의하여 자행된 살육의 피해자들.

Ⅲ ICJ 판결

1. 강행규범 위반행위에 대해 국가면제를 부인하는 관습법의 성립 여부

ICJ는 국제인권법이나 무력충돌에 관한 국제규범을 심각하게 위반한 경우 국가면제를 부정하는 국제관습법이 성립하였는지에 대해 소극적으로 판단하였다. ICJ는 이탈리아 국내법원의 경우를 제외하고는 그러한 국가 실행을 찾아볼 수 없다고 하였다. 그리스는 Voiotia 사건에서는 이탈리아와 유사한 입장을 취했으나 2년 후 Margellos 사건에서는 특별최고재판소가 입장을 변경하였다. 캐나다, 프랑스, 슬로베니아, 뉴질랜드, 폴란드, 영국도 유사한 사례에서 국가면제를 인정하였음을 확인하였다.

또한, 국가면제와 관련한 국제문서인 1972년 국가면제에 관한 유럽협정, 2004년 UN 관할권면제협정 및 미주기구의 미주 간 관할권 위원회에 의하여 작성된 1983년 국가의 관할권 면제에 관한 미주간협정 초안도 강행규범적 성질을 갖는 규범의 심각한 위반행위에 대하여 국가면제를 배제하는 규정을 가지지 않는다는 점도 확인하였다.

ICJ는 이러한 점을 고려하여 국가기관인 자연인이 형사소송에서 면제권을 향유하는지, 향유한다면 어느 정도까지 향유하는지의 문제와는 별론으로 국제인권법이나 무력충돌과 관련한 국제법의 심각한 위반이 있었다는 사실이 국가에게 부여되는 민사소송에 있어서의 관할권 면제를 박탈하지 않는 것이 현재의 국제관습법이라고 확인하였다.

2. 강행규범과 국가면제와 관련한 국제법의 충돌 문제

이와 관련하여 이탈리아는 강행규범에 반하는 조약과 관습법은 강행규범의 하위효력을 가지므로 충돌 시 조약이나 관습의 효력이 부인되듯이 강행규범으로서의 성질을 가지지 않은 국제관습법으로서의 국가면제와 관련한 규범은 강행규범의 내용에 양보하여야 한다고 주장하였다.

이에 대해 ICJ는 점령지에서의 민간인 살해나 강제이주 및 강제노역에 종사하도록 하는 것이 강행규범에 위반되는 것이기는 하나, 그것이 국가면제의 규범과 직접 충돌하는 것은 아니라고 판단하였다. 국가면제규범은 한 국가의 법원이 타 국가에 대하여 관할권을 행사할 수 있는지 여부에 대하여 규율하는 성질상 절차적인 규범으로 절차 개시의 원인이 된 행위의 적법성 여부에 대해서는 관심을 기울이지 않기 때문에 양 규범은 서로 다른 문제를 규율하는 규범이라고 하였다. 또한, ICJ는 강행규범 위반행위에 대해 국가면제를 인정한다고 해서 강행규범 위반에 의하여 야기된 상황을 적법한 것이라고 인정하거나 그러한 상황을 유지하는 데 지원하는 것도 아니므로 국가책임법 초안 제41조를 위반하는 것도 아니라고 하였다.

결국, ICJ는 강행규범 위반이 연계되어 있더라도 국가면제에 관한 국제관습법의 적용은 영향을 받지 않는다고 결론지었다.

3. 피해자들의 최후 구제책이 국내소송이므로 국가면제를 부인해야 하는가?

이와 관련하여 ICJ는 이탈리아인 피해자에 대한 독일의 배상규정의 흠결이 관할권 면제를 박탈할 사유가 될 수 없으며, 구제를 확보할 수 있는 실효적인 대체수단이 존재하는가의 문제는 관할권 면제 인정 여부에 관한 문제에 영향을 주지 않는다고 판단하고, 그러한 문제는 국가 간에 포괄적인 배상에 의해 해결할 수도 있다고 하였다.

Ⅳ 주요 반대 의견

1. Trindade

Trindade 재판관은 반대의견에서 판결에 대한 반대의사를 표시하였다. 그는 ICJ의 판결이 가치에는 눈을 감고 있는 법실증주의에 입각한 방법론에 근거한 것으로서 이러한 입장에 따라 판결을 하면 국제법의 화석화를 야기하게 되고, 결과적으로 국제법의 지속적인 발전을 저해할 수 밖에 없다고 하였다. 국가면제가 표상하는 법적 절차는 그것 자체가 목적이 될 수 없고 정의를 실현하는 수단이 되어야 할 것이라고 하면서, ICJ의 판결은 강행규범의 효력과 그것이 추구하는 법적 결과를 배제하는 것이라고 비판하였다.

2. Yusuf

Yusuf 재판관은 반대의견에서 강행규범이 추구하는 가치와 국가면제가 추구하는 가치 사이의 균형의 중요성을 피력하였다. 그는 국가면제가 국가 간의 조화롭고 우호적인 관계의 형성에 중요한제도이기는 하지만 모든 상황을 규율하는 규범도 아니고 그것의 일관성과 확실성이 완전히 담보되어 있는 것도 아니라고 하였다. 따라서 사건의 특징, 상황 및 그에 내재하는 요소들을 충분히 고려하여 국가면제 인정 여부를 결정해야 한다고 하였다. 이러한 고려사항에는 본 사건의 경우와 같이 국가면제를 인정하는 경우 대체수단을 피해자가 가지고 있지 않은 점도 참고되어야 한다고 보았다. 결국, 그는 국가면제가 국제법상 침해 불가능한 가치를 갖지도 않으며, 심각한 인권침해에 대하여 실효적인 국제를 받을 권리는 국제관습법의 일부분으로 인정되어야 함을 지적하면서 현재의 국제법 상태는 피해 당사자인 이탈리아 국민이 다른 여타의 대체적인 구제수단을 갖고 있지 않은 예외적인 상황으로 그러한 경우에는 국가면제를 인정하지 않는 것이 타당하다고 주장하였다.

Ⅴ 평석78)

강행규범 위반 행위에 대하여 국가면제를 인정할 것인지의 문제에 대해 국가들의 국내법원은 상이한 태도를 취하고 있으며, ICJ 판결은 영국법원이 의존한 실체법·절차법 구분이라는 이분법적인 규범 분류방식에 입각하여 양 규범의 충돌 가능성을 쉽게 해결하였다고 볼 수 있다. 그러나 국가면제와 관련하여 일의적인 적용범위가 국제관습법상 확립되어 있는지도 의문인 상황에서 일부 국가들의 실행을 통하여 국가면제와 관련한 규범의 내용을 확정하고 적용한 성급한 점이 있었다고 볼 수 있다. 국가면제와 관련하여 국제관습법이 존재한다는 사실은 분명하지만 그것의 내용범위는 확정적이지 않으므로 국내법원의 재량권을 인정할 수도 있었을 것이다. 즉, 이탈리아가 판단하는 국가면제와 관련한 국제관습법은 강행규범을 위반하는 행위에 대해서는 국가면제를 인정하지 않는 내용을 포함한다고 볼 수 있다. 국제사회 공동체 모두에게 타당한 국제공공질서의 보루로서 국제법상 강행규범의 존재를 인정한다면 그러한 강행규범이 실현하고자 하는 가치를 최대한 확보할 수 있는 방법으로 실체법 및 절차법이 발달하는 것이 바람직할 것이다. 강행규범이 국제공공질서의 일부분이라고 할 수 있고, 특정 사안에 있어서 국가면제의 적용이 이러한 국제공공질서에 반하는 결과를 야기한다면 국가면제를 적용하지 않는 것이 타당한 것이라고 보아야 할 것이다.

---

78) 이성덕, 전게논문, p.239-242 요약.

제9장 | 국가행위이론

CASE 46. Underhill v. Hernandez
CASE 47. Sabbatino 사건
CASE 48. Bernstein 사건

CASE 46. Underhill v. Hernandez[79]

Ⅰ 사실관계

1. 1892년 베네수엘라에서 혁명이 발생하였다. 혁명군은 크레스포(Crespo)에 의해 지도되었고, 에르난데스 (Hernandez) 장군은 크레스포 휘하의 군지도자였다.

2. 크레스포는 혁명에 성공하였고, 미국은 크레스포 정부를 합법적 정부로 승인하였다.

3. 혁명과정에서 에르난데스는 Bolivar시를 점령하고 통치권을 행사하였다.

4. 언더힐(Underhill)은 베네수엘라 정부와 계약을 체결하여 Bolivar시의 수도배수공사를 맡고 있었다. 언더 힐은 에르난데스가 Bolivar에 입성한 이후 도시를 떠나기 위해 여권발급을 신청하였으나 거절되었다가 상 당기간 후에 발급되었다.

5. 언더힐은 에르난데스의 여권발급 거부행위로 인한 손해, 자택거주 제한조치, 에르난데스 부하직원들에 의 한 폭행과 고문을 이유로 소송을 미국법원에 제기하였다.

6. 소송 제기 당시 에르난데스는 실각하여 미국에 망명해 있었다.

Ⅱ 법적쟁점

전직 국가원수를 상대로 하는 소송에서 국가기관의 면제가 인정되는가?

---

79) 미국연방대법원, 1897년.

III 판결요지

1. 판결

미국법원은 피고의 행동에 대해 미국이 판단할 권한을 가지고 있지 않다고 판시하였다.

2. 판결이유

(1) 주권존중 의무

모든 주권국가들은 상호 간에 상대방의 독립성을 존중할 의무를 갖고 있으며, 법원은 상대방 국가가 그 영토 내에서 행한 일에 대하여 판단하지 않을 의무를 진다. 그러므로 국가에 의한 피해에 대한 구제요청도 당해국이 마련하는 구제책에 의존해야 한다.

(2) 성공한 반란 정부의 행위의 문제

반란 정부가 반란에 성공하고 승인을 받은 경우 그 기간 동안 그 정부의 행위는 그 정부가 반란 정부로 시작한 때까지 소급하여 하나의 독립국가의 행위로 인정받게 된다. 이 사건에서 피고가 취한 행동은 베네수엘라 정부가 취한 공적행위가 되므로 그 행위에 대해서 타국 법원이 판단할 수 없다.

IV 평석

1. 관할권 면제의 이유

이 사건에서 미국대법원이 에르난데스의 재판관할권 면제를 인정한 이유는 '주권평등 원칙'과 '타국의 공적행위의 유효성을 법원이 심사할 수 없다'는 것 때문이다.

2. Hernandez의 행위 성질과 면제

미국대법원은 Hernandez의 행위의 성질을 '공적행위'로 판단하였다. 따라서 Hernandez가 퇴임한 이후였지만 관할권의 면제를 인정한 것이다. 즉, 물적면제가 인정된 것이다. 일반적으로 '사적행위'에 대해서는 '인적면제'만 인정되므로 퇴임 이후에는 재판관할권으로부터 면제되지 아니한다.

3. 성공한 반란 정부의 반란 시 행위

혁명을 통해 신정부가 수립되는 경우 '정부승계'와 '정부승인' 문제가 발생한다. 정부승계는 신정부가 구정부의 국제책임을 포괄적으로 승계하는 것을 말한다. 정부승계의 범위에는 반란과정에서 타국이나 타국민에 입힌 피해에 대한 배상 의무도 포함한다.

> **기출 및 예상문제**
>
> A국의 중앙정부 X와 반란단체 Y 사이의 내전 중에 B국의 국민인 甲은 X에게 붙잡혀 장기간 구금되고 고문을 당하였다. 그 후 Y는 X를 붕괴시키고 집권하였다. (총 40점) 2007외시
>
> (1) X의 행위에 대하여 Y는 A국의 정부로서 책임을 지는가? (10점)
>
> (2) B국이 甲의 권리구제를 위하여 A국에 대하여 행사할 수 있는 권리의 근거와 요건은? (30점)

CASE 47. Sabbatino 사건[80]

I 사실관계

1. 1959년 쿠바에 혁명이 발생하여 카스트로(Fidel Castro)가 이끄는 반란군이 정권 장악에 성공하였다. 카스트로는 정권장악 이후 미국인 소유의 설탕회사에 대해 국유화 조치를 단행하였다. 이는 미국의 설탕수입 쿼터 축소에 대한 보복조치적 성격을 띠었다. 동 조치는 미국계 기업을 상대로 행해졌고 충분한 보상조치도 주어지지 않았다.

2. Farr and Whitlock은 설탕제조회사인 CAV사와 설탕매매계약을 체결하였다. 계약체결시점은 CAV사에 대한 국유화가 단행되기 전이었고, 국유화가 단행된 이후 Farr사는 다시 CAV의 새로운 소유주인 쿠바국영회사와 구매계약을 체결하였으나, 대금은 CAV사의 미국 내 파산관재인 Sabbatino에게 지급하였다.

3. 쿠바국립은행은 Farr사와 Sabbatino를 상대로 대금인도청구소송을 뉴욕법원에 제기하였다.

II 법적쟁점

국제법에 위반되는 국유화 조치의 유효성을 인정할 것인가? 즉, 미국 국내법상의 '국가행위이론'을 동 사건에 적용할 것인가?

III 판결요지

1. 지방법원 – 국가행위이론 비적용, 원고패소

국가행위이론은 당해 국가의 행위가 국제법 위반인 경우에는 적용되지 않는다. 쿠바의 국유화령은 미국의 쿠바 설탕 수입쿼터 축소에 대한 보복으로 공공목적을 갖지 않으며, 미국민만을 차별적으로 대우하며 충분한 보상을 규정하지 않았기 때문에 명백한 국제법 위반이고 따라서 미국법원으로서는 쿠바의 국유화 법령의 효력을 인정할 수 없다. 따라서 원고의 청구는 이유없다.

2. 고등법원 – 국가행위이론 비적용, 원고패소

두 가지 이유로 원고의 청구를 기각하였다. 첫째, 쿠바의 국유화는 국제법에 위반되므로 국제법에 위반된 타국의 조치에 대해서는 국가행위이론을 적용하지 않는다. 둘째, 국가행위이론은 미국법원이 적용해 온 국제사법규칙의 하나로서 법원의 판결이 행정부의 대외관계의 행동을 방해해서는 안 된다는 고려에 기초하고 있다. 그런데, 국무성은 법원이 판결을 내리는 것에 반대하지 않는다는 의사를 분명히 하고 있기 때문에 국가행위이론은 적용되지 않는다. 따라서, 국가행위이론을 적용하지 않는다. 쿠바의 국유화는 국제법에 위반되므로 국유화의 유효성을 인정할 수 없으므로 원고의 청구는 이유없다.

---

80) 미국연방대법원, 1964년.

3. 대법원 – 국가행위이론 적용, 원고승소

대법원은 국가행위이론을 적용하여 쿠바 국유화 조치의 유효성을 심사하지 않았다. 이는 곧 쿠바의 조치의 유효성을 승인함을 의미하며, 따라서 원고의 청구는 인용되었다. 대법원이 국가행위이론을 적용한 것은 세 가지 이유 때문이다. 첫째, 국가행위이론이 헌법에 명문규정을 두고 있지 않으나, 삼권분립의 정신을 반영한 것이므로 헌법적 근거를 갖고 있다. 둘째, 국유화에 관한 전통적인 국제법규는 현재 공산주의 국가나 신생국가들에 의해 의문이 제기되고 있어 이러한 문제에 대해서 미국법원이 판단을 내리는 것은 곤란하다. 셋째, 국유화로 인한 손해의 구제방법은 외교적 교섭에 의하는 편이 유리하다. 법원이 일방적 판결을 내리는 경우 행정부의 외교교섭을 방해할 가능성이 있다. 고등법원이 원용한 국무성 관리의 서한은 행정부가 동 사건에 대한 논평을 거부한 것으로 해석해야 한다.

4. 파기환송심 – 국가행위이론 비적용, 원고패소

파기환송심 판결이 내려지기 전에 미국의회는 제2차 Hickenlooper 수정(Sabbatino Amendment)법을 제정하여 국제법에 위반한 국유화 조치에 대해서는 국가행위이론의 적용을 배제하였다. 연방지방재판소로 반송된 Sabbatino 판결은 동법에 의해 파기되고, 원고의 소송은 최종적으로 기각되었다.

Ⅳ 평석 – 국가행위이론의 법적 기초

연방법원은 국가행위이론의 법적 기초를 '주권평등'에서 구하였던 1897년의 Underhill v. Hernandez 판례를 부인하였다. 대신, 외국 정부의 행위의 유효성을 심사함으로써 행정부가 당해 국가와 외교관계를 형성해 나가는 것을 방해하지 않기 위한 '사법적 자제'(judicial self-restraint)에 기초한다고 판시하였다.

CASE 48. Bernstein 사건[81]

Ⅰ 사실관계

1. 원고(Bernstein)는 유태인으로서 나치 정부로부터 해운회사 소유권을 박탈당했고, 이 소유권은 벨기에회사인 피고에게 양도되었다.

2. 1947년 번스타인(Bernstein)은 뉴욕 지방법원에 피고를 상대로 소송을 제기하였다.

3. 동 사건에서 뉴욕 지방법원과 항소법원은 원고의 청구를 기각하였다.

4. 1949년 미국 국무부는 나치 정부의 강압행위에 대해서는 국가행위이론을 적용하는 것이 요구되지 않는다는 취지의 의견을 표명하였다.

5. 번스타인은 자신의 선박을 구입한 네덜란드 회사를 상대로 새로운 소송을 제기하였다.

---

81) 미국항소법원(Court of Appeals), 1947년.

Ⅱ 법적쟁점

1. 나치 정부의 행위의 유효성을 미국법원이 심사할 수 있는가?

2. 행정부의 의견표명과 국가행위이론의 적용 배제

Ⅲ 판결요지

1. 벨기에 회사를 상대로 한 소송

번스타인이 벨기에 회사를 상대로 한 소송에서 지방법원과 항소법원은 모두 국가행위이론을 적용하여 나찌정부 행위의 유효성을 심사하지 아니하였다. 이에 따라 원고는 패소하였다.

2. 네덜란드 회사를 상대로 한 소송

번스타인이 패소한 이후 번스타인의 변호사는 항소법원의 의견에 따라 미 국무부에 국가행위이론의 적용 여부를 질의하였고, 국무부는 답변서에서 나치 정부의 강압적 행위에 대해서는 국가행위이론의 적용이 요구되지 않는다고 하였다. 이에 따라 법원은 국가행위이론을 적용하지 않고, 나치 정부 행위의 유효성을 심사하였다.

Ⅳ 평석

1. Bernstein Exception

국가행위이론의 인정취지는 삼권분립 원칙에 기초하여 미 사법부의 행위가 미 행정부(국무부)의 작용을 방해하지 않기 위한 것이다. 따라서 미 행정부가 관할권 행사를 요청하는 경우 사법부가 관할권을 행사하는 것은 삼권분립원칙에 반하지 아니한다. 이 사건은 이러한 사실을 최초로 확인한 것이다. 이를 '번스타인 예외(Bernstein Exception)'라 칭한다.

2. 원고와 피고가 사인인 경우 국가행위이론의 적용

이 사건에서 원고와 피고는 모두 사인이다. 따라서 '국가면제'론의 적용 여지는 없다. 국가면제론은 '피고'가 '국가' 또는 '국가기관'인 경우 문제된다. 그러나 국가행위이론은 원고나 피고가 누구인가와 관계없이 적용된다. 재판과정에서 타국의 국내법이나 국내조치의 유효성이 문제되는 상황에서는 언제든지 국가행위이론이 문제된다.

제10장 | 외교 및 영사면제

CASE 49. 비호권 사건[82)]

I 사실관계

1. 페루에서 혁명이 발생하였고, 이가 실패하자 반군지도자 토레(Torre)는 콜롬비아 대사관에 망명을 신청하였다.

2. 콜롬비아는 토레에게 외교적 비호를 부여하고 페루에게 통행증(safe conduct) 발급을 요청하였으나, 페루는 이를 거부하고 오히려 토레의 자국에의 인도를 요청하였다.

II 법적쟁점

1. 콜롬비아는 토레에 대해 외교적 비호를 부여할 수 있는가?

2. 페루는 망명요청자인 토레가 안전하게 출국할 수 있도록 보증할 의무가 있는가?

---

82) Asylum Case, Colombia v. Peru, ICJ, 1950년.

Ⅲ 판단

1. 외교적 비호인정 여부

콜롬비아가 외교적 비호를 부여할 법적 근거가 명확하지 않다. 콜롬비아는 지역관습의 존재 및 페루가 그 관습에 적극적으로 참여하고 있음을 입증해야 하나 이를 입증하지 못하였다. 외교적 비호를 부여하는 지역관습이 존재한다고 하더라도 페루에 대해서는 적용되지 않는다. 페루는 외교적 비호를 인정한 제반조약(예컨대, 몬테비데오조약)을 비준하지 않음으로써 외교적 비호를 인정하는 데 반대해 왔다.

2. 출국보장 의무

페루는 토레의 안전한 출국을 보장할 의무가 없다. 하바나조약상의 출국보장의무는 영토국이 피비호자의 국외송출을 요구한 경우에만 비호국은 영역국에게 안전보장을 요구할 수 있다. 그런데, 페루는 토레의 퇴거를 요청한 바가 없으므로 안전한 출국을 보장할 의무 또한 존재하지 않는다.

Ⅳ 평석

1. 지역국제관습법이 성립될 수 있다.

2. 지역국제관습법에는 '묵시적 합의' 이론이 적용된다. 따라서 지역국제관습법이 성립했다고 하더라도 이에 대해 적극적으로 참여하지 않는 국가는 지역관습법의 적용을 받지 않는다.

3. 일반국제관습법과 달리 국가는 집요하게 반대하지 않더라도 지역관습법의 적용을 배제할 수 있다. 일반국제법에서 침묵은 '묵인'으로 인정되나, 지역국제법에서 '침묵'은 지역국제법에의 참여거부 의사로 인정된다. 따라서 적극적으로 지역관습법을 받아들이는 행동이 요구된다.

4. 지역관습법을 원용하는 국가는 관행의 존재뿐만 아니라 법적확신의 존재까지 모두 입증해야 한다. 나아가 어떤 국가가 그 관습의 적용에 동의하였음도 입증해야 한다.

> **기출 및 예상문제**
>
> 2009년 1월 10일 아프리카의 '말란제 공화국'(Republic of Malanje)은 이웃 국가인 '루사카 공화국'(Republic of Lusaka)의 수도에 소재하는 자국 대사관에, '루사카 공화국'에서 군사 쿠데타를 도모하다가 실패하고 망명을 요청한 '아미르 무하마드'(Amir Muhammad) 장군의 망명을 허용하였다. '루사카 공화국'은 이에 이의를 제기하여 분쟁이 발생하였는데, 결국 두 국가는 이 문제를 중재재판소에 의뢰하기로 합의하였다. 이를 국제법적으로 분석하여 가장 합당한 해결책을 제시하시오. (30점) [2009외시]

Ⅰ 사실관계

주 페루 콜롬비아 대사관에 망명한 페루 정치인 아야 데 라 토레(Haya de la Torre, 이하 토레)와 관련하여 1950년 11월 20일 ICJ의 판결과 같은 해 11월 27일 해석 요청에 대한 ICJ의 추가 판결 이후 페루와 콜롬비아는 이 판결을 어떻게 이행해야 하는지, 특히 토레의 신병 인도 여부와 관련하여 합의를 볼 수 없었다. 페루 외교부장관은 콜롬비아 앞 공한을 통해 불법으로 판결된 망명 보호상태를 중단하고 즉시 토레를 인도하여 줄 것을 요구하였으나, 콜롬비아는 하바나협정 제1(2)조에 의거, 일반범죄자의 신병을 인도할 의무가 있을 뿐 일반범죄로 고발되지 않은 토레의 신병을 인도할 의무는 없다는 것이 판결문의 결정이라고 반박하였다. 1950년 12월 13일 콜롬비아는 토레의 신병을 페루에게 인도해야 할 의무의 존부를 판결하여 줄 재판을 신청하였다. 페루도 답변서(counter memorial)를 통해 1950년 11월 20일 판결이 어떠한 방식으로 이행되어야 하는지와 페루 사법 당국이 동인에 대한 정상적인 사법 절차를 재개할 수 있도록 부당하게 유지되고 있는 망명 보호상태를 종료하라고 판결하여 줄 것을 요청하였다.

Ⅱ 법적쟁점

1. 원판결의 해석상 신병 인도 의무의 존부
2. 하바나협약상 신병 인도 의무 존부
3. 망명 보호 종료방안

Ⅲ 국제사법재판소의 판결

1. 원판결의 해석상 신병 인도 의무 존부

1950년 11월 20일 판결을 집행하는 데 있어 콜롬비아는 토레를 페루 당국에 인도할 의무가 없다고 판결하여 달라는 콜롬비아의 요청에 대해 재판부는 신병 인도 문제는 원 재판부에 제기되지도 않았고 따라서 원 재판부가 결정한 바도 없다고 확인하였다. 재판부는 따라서 원 판결문으로부터 토레의 신병 인도 의무 존부에 관한 어떠한 결정도 도출할 수 없다고 언급하였으며 이러한 상황에서 재판부는 원 판결을 근거로 하여 콜롬비아가 토레의 신병을 페루 당국에 인도해야 하는지 여부에 관해 언급할 위치에 있지 않다고 판단하였다.

---

83) Columbia v. Peru, 1953.5.19. 판결. 국제사법재판소.
84) 산업통상자원부 홈페이지(https://disputecase.kr) 게시 내용 요약 정리.

2. 하바나협약상 신병 인도 의무 존부

콜롬비아는 위 요청에 대해 판결할 수 없을 경우에는 재판부의 통상적인 권능을 행사하여 인도 의무 존부 여부를 판결하여 달라고 재판청구서에 명기하였다. 이에 대해 재판부는 하바나협정 제2(2)조를 인용하면서 하바나협정상의 외교적 망명은 정치범의 일시적 보호를 위한 잠정적인 조치로서 '망명 신청자가 다른 방법으로 자신의 안전을 확보하는데 꼭 필요한 기간 동안만' 부여되는 것이라고 환기하였다. 재판부는 하바나협정은 망명이 종료되는 방식에 관한 문제에 대해서는 완전한 답변을 제시하지 않고 있다고 확인하였다. 하바나협정 제1조는 일반범죄로 고발된 망명신청자는 국적국 정부에 인도해야 한다고 규정하고 있고 정치범의 경우 망명이 적정하게 부여되었고 망명자 국적국 정부가 국외 송출을 요청하는 경우 안전 통행을 보장받아 망명 보호상태를 종료하는 방안을 언급하고 있기는 하나 이 사건 경우처럼 망명 부여가 적정하게 부여되지 않았고 국적국 정부가 국외 송출을 요청하지도 않은 경우의 망명 종료 방안에 대해서는 규정된 바가 없다는 것이다. 재판부는 그러나 이러한 침묵을 하바나협정 제2조 규정과 합치되지 않게 망명이 부여된 피난자를 인도해야 할 의무가 있다고 해석할 수는 없다고 보았다. 재판부는 페루가 원 사건에서 토레가 일반범죄자임을 입증하지 못했고 콜롬비아의 망명 허용은 하바나협정 제2(2)조와 합치되지 않는다고 판결하였음을 환기하고 이 상황에서 신병 인도에 관한 한 피난자는 정치적 위반 행위로 고발된 것으로 취급해야 한다고 보았다. 재판부는 콜롬비아는 토레를 페루 당국에 인도해야 할 어떤 의무도 없다고 결론내렸다.

3. 망명 보호 종료 방안

페루는 토레에 대한 콜롬비아의 망명 부여 및 유지상태가 1950년 11월 20일 판결 즉시 중단되었어야 했고 페루 사법 당국이 동인에 대한 정상적인 심리 절차를 진행할 수 있도록 중단되어야 한다고 판결하여 줄 것을 요청하였다. 재판부는 원 판결에서 콜롬비아의 망명 허용 결정은 하바나협정 제2(2)조와 합치되지 않는다고 판정되었으므로 불법적인 상황을 종료해야 하는 법적인 결과를 수반한다고 인정하였다. 재판부는 부적절하게 망명을 허용한 콜롬비아는 이를 종료해야 할 의무가 있으며 망명 보호상태가 계속 유지되고 있으므로 페루는 그 종료를 요구할 법적인 자격이 있다고 확인하였다. 다만 페루 사법 절차를 계속하기 위하여 종료해야 한다는 주장은 간접적으로 토레의 신병 인도를 포함하는 것인데 신병 인도 의무는 없다고 이미 판시하였으므로 이 부분에 대한 페루의 시비는 수용할 수 없다고 천명하였다. 결국 재판부는 망명 보호는 종료되어야 하나 콜롬비아는 토레의 신병을 인도함으로써 망명 보호를 종료해야 하는 의무가 있는 것은 아니라는 결론에 도달하였다고 밝혔다. 재판부는 망명상태를 종료하기 위한 방안에 대해서는 실용적인 조언을 할 수 없다고 확인하였다. 그리하는 것은 자신의 사법적인 권능을 초과하는 것이라는 이유를 밝혔다. 재판부는 당사국들이 국가 간 예양과 우호 관계 등을 고려하여 실용적이고 만족할 만한 방안을 찾을 수 있을 것으로 생각한다고 밝혔다.

CASE 51. 테헤란 미대사관 인질 사건[85]

Ⅰ 사실관계

1. 1978년 9월, 미국의 전폭적 지지를 받고 있었던 팔라비 이란 국왕은 계엄령을 선포하고 반팔래비 시위군중들을 무차별 사살하였다. 당시의 반체제운동은 이란 국민의 90%를 차지했던 시아파 이슬람교도들에 의해 이루어지고 있었는데, 이러한 무차별 사살로 시위가 가속화되었으며 1979년 1월 팔라비는 패배를 인정하고 미국으로 망명하였다. 이로써 이란의 호메이니가 귀국하고 이란회교공화국이 수립되었다.

2. 그러나 이란에서의 반미감정은 수그러들지 않았고, 1979년 11월 테헤란 주재 미대사관은 수백명의 무장집단에 의해 점거되었다. 당시 이란보안군 요원들은 미대사관 주변에서 철수한 것으로 알려졌으며, 시위대의 대사관 점거를 방지하기 위한 노력을 전혀 하지 않은 것으로 입증되었다.

3. 그 이후 호메이니는 대사관 점거 및 인질 억류에 관한 정부승인을 명확히 선언하는 명령을 발표하여, 팔래비를 이란에 송환하고 그 재산을 반환할 때까지 현 상태를 유지해야 한다고 선언하였다.

4. 안전보장이사회는 결의 457을 채택하여 외교관계에 관한 비엔나협약(이하 비엔나협약)의 모든 당사자들의 의무를 재확인하고 테헤란 주재 미대사관 직원들의 즉각 석방과 보호제공 및 이란 출국허용을 긴급 요청하였다.

5. 한편 미국의 카터 대통령은 미국군대에 의한 인질구출작전을 개시하였으나, 그 직후 기술적 이유로 중단되었다. 이 작전은 UN헌장 제51조에 근거한 자위권의 행사라고 주장되었다.

6. 이후 이 사건은 미국에 의해 ICJ에 제소되었다. 그러나 이란 정부는 이 사건의 정치적 성격을 강조하면서 ICJ의 관할권을 부인하는 서한만을 보냈을 뿐 재판절차에는 불참하였다. 한편 미국 정부는 재판신청서와는 별도의 요청서에서 ICJ에 대해 임시보호조치를 지시해주도록 요청하였다.

Ⅱ 법적쟁점

1. ICJ의 관할권 존재 여부

미국은 재판신청서에서 비엔나협약과 동 협약에 관한 분쟁의 강제적 해결에 관한 선택의정서 제1조를 원용하여 ICJ의 관할권을 주장하였다. 이 조항은 "협약의 해석 또는 적용으로부터 발생하는 분쟁은 ICJ의 강제관할권에 속하며, 따라서 이 의정서 당사국인 어느 분쟁당사국이 제기한 재판신청서에 의해 ICJ에 제소될 수 있다."라고 규정하고 있다. 반면 이란 정부는 이 사건이 정치적 사건이므로 UN헌장 제33조에 의한 비재판적 절차에 의해 해결되어야 한다고 주장하면서, 비엔나협약 선택의정서 제1조에 의한 ICJ의 강제관할권을 부인하였다.

---

85) United States Diplomatic and Consular Staff in Teran, U.S. v. Iran, ICJ, 1980년.

2. 안전보장이사회 결의와 ICJ 임시조치의 관계, 임시조치 요청 및 임시조치명령

동 사건에 관한 안전보장이사회(이하 안보리) 결의 457은 양국 간의 위험한 긴장 수준에 유의하고 비엔나협약 상 모든 당사국 의무를 재확인하면서 인질들의 즉각 석방 및 이란 출국허용을 촉구하였다. 이 때 안보리 결의 와 ICJ에 의한 임시조치의 관계가 쟁점이 되었다.

또한 이란 정부는 임시조치란 그 정의상 당사국들의 이익을 보호하는 데 있으므로 이 조치는 미국 정부가 일 방적으로 제기할 수 없다고 주장하였다.

3. 이란의 국제위법행위

폭도들이 미대사관을 점거하고 인질을 억류한 동 사건이 이란 정부의 국제위법행위를 구성하는 것인지 문제되 었다. 비엔나협약 제22조[86] 제1항은 공관으로 진입할 수 없는 주체를 '접수국의 관원'으로 명시하고 있을 뿐, 소위 '성난 시민들'의 진입에 대해서는 침묵하고 있기 때문이다.

4. 특별상황의 존재가능성

이란 정부는 ICJ에 서한을 보내어 사건의 정치적 성격을 강조하면서, 1953년 미국 중앙정보부가 합법정부 전 복 및 왕정복고에 깊이 간섭하는 등 이란에 대해 범죄를 저질렀다고 주장하였다. 따라서 이는 이란의 행위를 정당화하는 방어사유가 된다고 하였다.

5. 미국군대의 인질구출작전의 위법성 여부

미국군대가 인질구출작전을 수행한 것은 이란의 영토를 침범한 행위이다. 이란은 이에 대해 정식으로 문제를 제기하지 않았으나, ICJ는 본안판단의 결론을 맺기 전에 이에 대한 언급을 하지 않을 수 없었다.

Ⅲ 법원의 판단

1. ICJ의 관할권 존재 여부

ICJ는 이란의 주장에 대해 주권국가 간의 법적 분쟁은 바로 그 본질상 정치적 배경 속에서 발생할 수 있다고 판시하면서, 선택의정서 제1조를 인정하는 판결을 내렸다. 즉, 이란회교혁명이 본질적으로 그리고 직접적으로 이란의 국가주권 내에 있는 문제라는 데에는 의심의 여지가 없으나, 공관과 영사관 및 국제적 보호인물들의 억류에 관련되고 외교관계 및 영사관계를 규율하는 다자조약의 해석 또는 적용을 포함하는 분쟁은 바로 그 본 질상 국제관할권에 속하는 분쟁이라고 하였다. 따라서 ICJ는 이 사건에 관한 관할권을 가진다고 보았다.

---

86) 외교협약 제22조
  1. 공관지역은 불가침이다. 접수국의 관헌은, 공관장의 동의없이는 공관지역에 들어가지 못한다.
  2. 접수국은, 어떠한 침입이나 손해에 대하여도 공관지역을 보호하며, 공관의 안녕을 교란시키거나 품위의 손상을 방지하기 위하여 모든 적절한 조치를 취할 특별한 의무를 가진다.
  3. 공관지역과 동 지역내에 있는 비품류 및 기타 재산과 공관의 수송수단은 수색, 징발, 차압 또는 강제집행으로부터 면제된다.

2. 안보리 결의와 ICJ 임시조치의 관계, 임시조치 요청 및 임시조치명령

ICJ는 이 결의는 양국 간의 위험한 긴장수준이 국제평화와 안전에 심각한 결과를 야기할 수 있다는 우려를 나타낸 것이라고 하면서, 양국 간의 협정에 따라 UN사무총장에 의해 설치된 사실조사위원회 그 자체는 양국 간의 사실 또는 법률문제를 결정할 권한이 없기 때문에 ICJ의 계속적 소송진행과 양립된다고 판시하였다. 즉, 안보리 결의에도 불구하고 ICJ의 임시조치가 방해되지는 않는다고 본 것이다. 또한 ICJ는 임시조치의 요구는 본질상 일방적이라고 선언하면서, 이란 정부가 미대사관의 소유권을 미국으로 회복시킬 것과 미국의 전적인 통제하에 둘 것, 공관의 불가침과 실질적 보호를 보장할 것, 모든 인질을 즉각 석방하도록 보장할 것 등을 내용으로 하는 임시조치명령을 내렸다.

3. 이란의 국제위법행위

ICJ는 사태를 두 시기로 나누어 이란 정부의 국제위법행위 여부를 판단하였다.

첫째, 폭도들이 미대사관을 무력공격했을 때 그들은 이란 정부의 대리인 또는 기관으로 승인된 어떠한 형태의 공적 지위도 갖고 있지 않았다. 따라서 폭도들의 대사관 점거행위와 외교관 체포 및 인질 억류 행위를 이란 정부의 책임으로 돌릴 수 없다. 그러나 이는 이란 정부에 전혀 책임이 없음을 의미하지는 않는다고 지적하였다. 이란 정부는 비엔나협약에 의한 접수국으로서 미대사관과 영사관, 그 요원 및 공문서와 통신수단의 보호와 외교관의 이동의 자유를 보장할 적절한 조치를 취할 절대적인 의무가 있기 때문이다. 그러나 이란 정부는 폭도들의 미대사관 공격으로부터 이를 보호하기 위한 '적절한 조치'를 취하지 않았던 것이다.

둘째, 이란은 폭도들의 집요한 위반을 신속하게 종식시키고 원상회복과 피해배상에 관한 모든 노력 및 적절한 조치를 취하지 않고, 오히려 폭도들의 행위를 승인하였다. 호메이니의 사태 승인은 폭도들의 계속적인 대사관 점거와 인질억류 행위를 이란 정부행위로 전환시켰다. 이에 폭도들은 이제 이란 정부의 대리인이 되었으며, 따라서 ICJ는 국가 자체가 이 행위에 대해 국제책임을 져야 한다고 판시하였다.

4. 특별상황의 존재가능성

ICJ는 외교법 자체가 외교관과 영사관 직원의 불법행위에 대한 방어수단과 제재조치를 규정하고 있으므로, 이란의 행위는 방어행위로 정당화되지 않는다고 판시하였다. 즉, 접수국은 언제든지 그리고 그 결정을 설명하지 않고서도 불법행위를 한 외교관을 '기피인물' 또는 '부적격인물'로 파견국에 통보할 수 있다. 또한 외교관의 외교임무 남용이 심각한 수준에 이를 경우 접수국은 대응조치로서 파견국과의 외교단절조치를 취할 수 있다. 그러나 이란 정부는 외교법상 허용되는 이러한 정상적인 실효적 수단에 호소하지 않고 미대사관과 그 요원에 대한 강박행위에 호소하였으므로, 동 사태의 근본적인 불법적 성격을 부인할 수 있는 어떠한 특별한 상황도 존재한다고 볼 수 없다는 것이다.

5. 미국군대의 인질구출작전의 위법성 여부

ICJ는 15개월 동안 계속된 인질억류사태에 대한 미국 정부의 감정을 이해하면서도, 법원이 판결주문을 준비 중이던 상황에서 군사작전을 실시하는 것은 그 동기에 관계없이 국제관계에서의 사법절차에 대한 존중을 손상하는 것이라고 판시하였다. 그러나 이 작전의 합법성문제 및 이로부터 파생되는 책임문제가 ICJ에 정식으로 제기되지 않았으므로, ICJ의 판결은 이 구출작전의 영향을 받지 않는다고 하였다.

기출 및 예상문제

정치적으로 불안정한 상태인 A국에서는 정부군과 반란군 사이에 군사적 충돌이 격화되고 있다. 반란군은 A국 수도에 소재하는 종합병원에서 B국 국적의 민간인 30여 명을 포함한 다수의 외국인들을 인질로 억류하고 있다. B국은 헬리콥터와 특수부대를 동원하여 병원 내 자국민과 외국인들을 구출하려고 한다. B국의 군사적 구출작전의 국제법적 정당성에 대해 논하시오. (단, A국과 B국은 UN 회원국이다) (30점) 2019국립외교원

CASE 52. Case concerning Avena and Other Mexican Nationals[87]

I 사실관계

멕시코와 미국은 영사관계에 관한 비엔나협약(이하 비엔나협약)과 비엔나협약 관련 분쟁의 강제적 해결에 관한 선택의정서(이하 선택의정서)의 당사국이다. 멕시코는 비엔나협약 제36조 규정에 근거하여 미국이 협약을 위반했다고 주장하였다. 즉, 동 조항에 따르면 파견국의 영사관할 구역 내에서 파견국의 국민이 체포, 구금, 유치, 또는 구속될 때 권한 있는 당국은 관련자에게 그의 권리를 지체 없이 고지해야 하는데, 52개의 사건에서 미국 당국이 이를 위반하였다는 것이다. 멕시코가 제소한 52개의 사건 중 49개의 사건은 연방 또는 주의 사법당국에 의해서 각각 소송이 진행 중이며, 3개의 사건은 미국 내의 모든 사법적 해결방법이 완료된 상태이다. 이에 ICJ는 각 사건들에 대한 미국 당국의 위법행위 여부를 검토하였다.

II 법적쟁점

1. 미국의 항변의 원용가능성

(1) 미국의 항변제출 시기 문제

멕시코의 제소에 대해 미국은 항변을 제출하였는데, 준비서면의 접수로부터 4개월이 경과된 이후 접수되었다. 이에 멕시코는 ICJ규칙 제79조 제1항[88] 규정에 따라 당해 항변이 받아들여질 수 없다고 주장하였다.

(2) 국내법원 행위에 대한 관할권

미국은 멕시코의 주장이 기본적으로 미국의 주 또는 연방의 형사정의체계에서 멕시코 국민의 처우 문제에 관한 것으로, 이는 전체적으로 미국 형사정의체계의 운영에 관한 것이라고 주장하였다. 즉, 멕시코의 미국 형사정의체계의 운영을 기본적으로 통제하는 의도이므로, ICJ의 관할권을 벗어난 것이라고 하였다.

---

87) Mexico v. U.S., ICJ, 2004년.
88) 재판소 관할권 또는 사건의 부탁가능성에 대한 피고의 모든 항변 또는 본안의 절차에 들어가기 전에 그 결정이 요구되는 기타의 항변은 답변서의 제출기한 내에 서면으로 제출하여야 한다. 피고 이외의 당사자가 제출하는 모든 항변은 그 당사자의 최초의 소송서류의 제출기한 내에 제출하여야 한다(ICJ규칙 제79조 제1항).

(3) 구제방법에 대한 관할권

멕시코는 원상회복의 권리를 주장하면서 미국이 구금 당시에 그리고 미국의 위반에 의한 심문, 소송, 유죄평결 그리고 형선고 이전에 존재하였던 상황으로 되돌려야 한다고 주장하였다. 반면 미국은 국내의 형사정의체계에서 미국에 특정한 행위를 요구하는 것은 미국법원의 독립성을 깊이 침해하는 것이며, 따라서 미국이 유죄평결과 형선고를 무효화할 특정 의무가 있음을 심리하는 것은 관할권 밖이라고 주장하였다.

(4) 국내구제완료의 원칙

미국은 멕시코가 자국민을 위한 외교적 보호권의 행사에 있어서 국내구제완료 요건을 갖추지 못하였기 때문에 동 제소는 소송적격이 없다고 주장하였다. 그러나 멕시코는 먼저 본 사건에서의 멕시코 국민의 대다수는 비엔나협약에 근거하여 미국에서 사법적 구제를 요청하였으며, 그들의 주장이 주로 절차적 흠결원칙에 근거하여 받아들여지지 않았다고 주장하였다. 즉, 이용 가능한 사법적 구제가 효과적이지 못했으므로 국내구제를 미완료한 것이 아니라고 하였다.

(5) 묵시적 포기의 문제

미국은 멕시코가 실제로 비엔나협약 위반을 알고 있었지만 이 같은 위반사실을 미국에 알려주지 않았거나 기간이 훨씬 지난 후 알려주었음을 지적하였다. 즉, 동 사건이 즉시 언급되었다면 강제적 조치가 가능했을 것인데, 멕시코가 표현을 하지 않았으므로 미국이 협약상의 의무에 맞게 행동하였다는 것이다.

2. 국적의 입증책임 문제

멕시코는 협약 제36조[89] 제1항(b)의 규정과 관련된 국적의 문제는 이를 주장하는 측에서 입증책임을 진다는 국제법의 일반원칙을 인정하면서, 소장에서 언급된 52명의 출생증명서와 특히 그들 중 42명으로부터는 미국 국적을 취득하지 않았다는 성명을 받아 법원에 제출함으로써 그 입증책임을 이행하였다고 주장하였다. 미국은 국적에 대한 실질적인 모든 정보 제출은 멕시코의 책임이며, 이 책임은 아직 이행되지 않았다고 주장하였다.

3. 영사통지와 영사접견권의 고지의무

멕시코는 제36조 제1항은 접수국이 외국인의 권리에 대해 잠정적으로 결정적인 어떠한 조치를 취하기 전에 영사권의 통지와 영사접견에 대한 합리적 기회를 제공할 의무를 규정하고 있다고 하면서, 미국은 이들 52명 각각에 대해 동 권리를 지체 없이 고지하지 못했다고 주장하였다.

---

89) 영사관계협약 제36조
  1. 파견국의 국민에 관련되는 영사기능의 수행을 용이하게 할 목적으로 다음의 규정이 적용된다.
    (a) 영사관원은 파견국의 국민과 자유로이 통신할 수 있으며 또한 접촉할 수 있다. 파견국의 국민은 파견국 영사관원과의 통신 및 접촉에 관하여 동일한 자유를 가진다.
    (b) 파견국의 영사관할구역내에서 파견국의 국민이, 체포되는 경우, 또는 재판에 회부되기 전에 구금 또는 유치되는 경우, 또는 기타의 방법으로 구속되는 경우에, 그 국민이 파견국의 영사기관에 통보할 것을 요청하면, 접수국의 권한있는 당국은 지체없이 통보하여야 한다. 체포, 구금, 유치 또는 구속되어있는 자가 영사기관에 보내는 어떠한 통신도 동 당국에 의하여 지체없이 전달되어야 한다. 동 당국은 관계자에게 본 세항에 따를 그의 권리를 지체없이 통보하여야 한다.
    (c) 영사관원은 구금, 유치 또는 구속되어 있는 파견국의 국민을 방문하며 또한 동 국민과 면담하고 교신하며 또한 그의 법적대리를 주선하는 권리를 가진다. 영사관원은 판결에 따라 그 관할구역내에 구금, 유치 또는 구속되어 있는 파견국의 국민을 방문하는 권리를 또한 가진다. 다만, 구금, 유치 또는 구속되어 있는 국민을 대신하여 영사관원이 조치를 취하는 것을 동 국민이 명시적으로 반대하는 경우에, 동 영사관원은 그러한 조치를 삼가여야 한다.
  2. 동조 제1항에 언급된 권리는 접수국의 법령에 의거하여 행사되어야 한다. 다만, 동 법령은 본조에 따라 부여된 권리가 의도하는 목적을 충분히 실현할 수 있어야 한다는 조건에 따라야 한다.

4. '지체 없이'의 해석에 대한 문제

멕시코에 따르면 구금자에 대한 고지의 시간은 제36조에서 제공된 권리를 행사하는 데 매우 중요하며, 따라서 '지체 없이'는 무조건적인 '즉시'를 의미한다고 보았다. 그러나 미국은 이를 '고의적인 지연 없이', '요구된 행위가 상황에 따라 합리적으로 가능한 한 빨리'로 해석된다고 보았다.

5. 위반의 법적 효과

멕시코는 자신이 입은 손해에 따라 원상회복의 형태로 모든 손해에 대한 완전한 배상을 받을 권한이 있으며, 이는 52명에 대한 유죄평결과 사형선고를 무효화하거나 그 집행력과 효력을 상실시킴으로써 이전의 상태로 되돌릴 의무를 구성한다고 주장하였다. 이에 미국은 이전 상태로의 회복이 단지 각각의 사건에 대해 위반을 고려하는 재심리를 허용할 것을 요청하고 있을 뿐, 유죄평결과 형선고를 무효화하는 것을 의미하는 것은 아니라고 하였다.

6. 사면절차의 문제

멕시코는 사면절차는 재심리의 방법으로 볼 수 없으며, 이는 LaGrand 사건에서 법원이 판결한 적절한 구제를 제공할 의무에 정면으로 위배된다고 주장하였다. 그러나 미국은 행정적 사면절차를 통해 제36조 제1항의 권리가 의도한 목적이 완전히 실행되었으며, 사면절차는 재심리로서 적합하다고 반박하였다.

Ⅲ 법원의 판단

1. 미국의 항변의 원용가능성

(1) 미국의 항변제출 시기 문제

법원은 ICJ규칙 제79조는 오로지 선결적 항변에 대해서만 적용된다고 하면서, 선결적 항변은 '본안의 절차에 들어가기 전에 그 결정이 요구되는 항변으로 심리단계를 중단시키기 위한 것'임을 지적하였다. 즉, 그 외의 항변은 동조에 의해 배제되지 않는데, 미국의 항변은 선결적 항변으로 제출된 것은 아니며 법원이 동 사건의 소익의 측면에서 다루기 전에 이들 모두에 대해서 심리하고 결정해야 할 소송 전 성질을 갖춘 것은 아니다. 따라서 법원은 동 항변은 소익과 함께 본안심리에서 다루어져야 하는 성질을 가지고 있으며, 준비서면의 접수로부터 3개월 내에 제출되지 않았다는 이유로 미국의 관할권과 소송적격에 대한 항변을 심리에서 제외해서는 안 된다고 판결하였다.

(2) 국내법원 행위에 대한 관할권

ICJ는 비엔나협약의 당사국으로서 지켜야 하는 의무가 타 당사국의 국민과 관련한 국내법원의 행동도 포함한다면, 법원은 동 협약의 위반이 있었는지를 확인하기 위해서 국제법의 견지에서 체약국의 국내법원의 활동도 조사할 수 있어야 한다고 판시하였다. 따라서 관할권에 대한 미국의 첫 번째 항변을 기각하였다.

(3) 구제방법에 대한 관할권

법원은 LaGrand 사건에서 특정 문제에 대한 분쟁에 대해 법원의 관할권이 인정되면 동 의무의 위반에 대해서 당사국이 요청한 구제방법을 심리하기 위한 또 다른 관할권의 근거가 필요하지 않다는 평결을 상기하였다. 따라서 미국의 항변을 기각하였다.

(4) 국내구제완료의 원칙

법원은 우선 비엔나협약 제36조 제1항(b)하에서 멕시코인의 개인적 권리는 미국의 국내법체계의 처음 단계에서 주장되었어야 하며, 멕시코는 국내절차가 완료된 경우에만 외교적 보호제도의 절차를 통해서 자국민의 개인적 피해를 주장할 권리를 가진다고 판시하였다. 그러나 본 사건에서 멕시코는 동 원칙에 기초해서만 제소한 것은 아니며, 미국의 국제의무 위반의 결과 직접 그리고 자국민을 통한 손해에 기초하여 '그 자신'의 청구를 주장한 것이다. 요컨대 멕시코는 그 자신의 청구로 법원에 멕시코가 직접 그리고 제36조 제1항(b)하에서 멕시코인에게 부여된 개인적 권리의 위반을 통해서 피해를 보았다고 주장하는 권리의 위반에 대해 심사해줄 것을 요청한 것이다. 이 경우 국내구제완료의 의무는 적용되지 않으므로, 법원은 미국의 항변을 기각한다고 판결하였다.

(5) 묵시적 포기의 문제

ICJ는 청구의 지연은 사실의 판단과 적용가능한 법의 내용에 대한 판단 모두에 대해 피고국의 권리를 침해할 수 있다고 판시하면서도, 동 사건에서는 이러한 권리침해의 위험이 있다고 할 수는 없다고 하였다. 권리의 묵시적 포기에 기초한 제소불가능성은 미국이 주장하는 것보다는 더 장기적이고 일관적인 멕시코 측의 불행사를 수반해야 한다는 것이다. 더 나아가 멕시코는 비엔나협약에서 규정하고 있는 위반에 대해 미국에 미리 통지했다는 몇 개의 증거를 제시하였고, 미국의 항변은 기각되었다.

2. 국적의 입증책임 문제

법원은 소장에서 언급된 52명이 체포 당시 멕시코 국적을 가졌다는 것에 대한 입증책임은 멕시코에 있다고 판결하였다. 또한 멕시코가 이를 위해 출생증명서와 국적선언서를 제출하였으며, 그 내용에 대해 미국으로부터의 이의가 없었음을 밝혔다. 그러나 몇몇 사건에서의 구금자가 미국의 국적도 가지고 있었다는 미국의 주장에 대해, 이러한 가능성을 증명하고 모든 관련 정보를 제시할 책임이 미국에 있다고 판시하였다. 따라서 미국은 그 입증책임을 다하지 못하였으며 결론적으로 상기 52명의 멕시코인에 대해서 미국은 협약 제36조 제1항(b)의 의무를 부담해야 한다고 판결하였다.

3. 영사통지와 영사접견권의 고지의무

ICJ는 제36조 제1항(b)의 세 요소를 언급하였다. 첫째, 관련자가 제36조하의 그의 권리를 지체 없이 고지받을 권리, 둘째, 그가 요구한다면 즉시 개인의 구금을 영사관에게 통지할 권리, 셋째, 구금자가 보내는 모든 통신을 즉시 영사관에게 통지할 권리이다. 법원은 구금당국이 이에 따라 관련인에게 고지할 의무는 그 자가 외국인이라는 사실을 알았을 때 또는 알 수 있었을 때이며, 정확히 언제 발생하는가는 상황에 따라 다르다고 판시하였다. 그러나 많은 외국인이 미국에 산다는 점을 고려할 때, 구금 시 개인의 국적에 대해서 정기적으로 질문을 하는 것이 바람직하며 또 그렇게 함으로써 협약 상 의무가 이행되는 것이라고 하였다.

4. '지체 없이'의 해석에 대한 문제

법원은 '지체 없이'의 정확한 의미가 협약에서 정의되고 있지 않으므로 이는 조약의 해석 문제라고 하면서, 반드시 '체포 즉시'로 해석될 필요는 없다고 판시하였다. 즉 동 규정은 이러한 고지가 반드시 심문에 우선하며 따라서 고지 전의 심문이 제36조의 위반을 구성하는 것은 아니라는 것이다. 그러나 체포당국이 구금자가 외국인임을 알았거나 알 수 있었던 경우에는 즉시 고지의 의무가 발생한다고 볼 수 있다.

5. 위반의 법적 효과

ICJ는 미국의 위반에 대한 효과적인 구제방법은 미국이 각각의 사건에 대해 권한있는 당국에 의한 제36조의 위반이 형사정의체계의 운영과정에서 피고인에게 실질적 침해를 야기하였는가를 확인하기 위해 이들 국민들에 대해 미국법원의 재심리를 허용하는 것이라고 결정하였다. 따라서 법원은 원상회복에 의한 완전한 손해배상을 요청한 멕시코의 주장을 기각하였다.

6. 사면절차의 문제

ICJ는 재심리의 절차에서 중요한 것은 재심리의 실질적 결과가 무엇이든 간에 비엔나협약에서 규정된 권리의 위반에 관심이 집중되어야 한다고 지적하였다. 즉 사면절차가 협약상 권리의 위반을 고려하여 유죄판결과 형선고에 대한 효과적인 재심리를 수행하기 위한 적절한 방법으로서의 자격을 갖추었는지 판단해야 하는데, ICJ는 현재 미국의 형사정의체계에서 시행되고 있는 사면절차는 재심리로서의 요건을 충분히 만족하지 못한다고 보았다. 그럼에도 불구하고 사면절차는 사법적 절차가 비엔나협약상 권리위반을 적절히 고려하지 못하는 경우에는 사법적 재심리를 보충할 수 있다고 판단하였다.

Ⅳ 평석

1. 잠정조치의 효력 및 이행

ICJ는 52개의 사건 중 3개의 사건에 대해 잠정조치명령을 하였는데, 그 중 Mr. Torres는 사형집행일이 결정된 상태였다. 미국은 Mr. Torres를 포함한 52명 그 누구에 대해서도 사형을 집행하지 않았다. 이는 잠정조치의 명령이 법적 구속력을 가진다는 LaGrand 사건의 판결을 받아들인 것으로, 국제판결에 의해 국내법원 판결의 형집행 효력이 정지되었다는 점에서 의의를 가진다.

2. 제36조 제1항(b)의 고지의무 시기

동 사건에서는 LaGrand 사건에서는 명확하지 않았던 제36조 제1항(b)하에서의 영사통지권 및 영사접견권의 고지의무 발생시기에 대해 명확한 해석이 이루어졌다. 즉, 접수국의 사법경찰관이 구금자가 외국인이라는 사실을 알았을 때 또는 외국인이라고 믿을만한 합리적인 이유가 있었을 때 이를 관련국 영사에게 고지하여야 하며, 그 구체적 시기는 사건별로 상황에 따라 결정된다.

3. 미란다 원칙의 언급

법원은 나아가 이러한 고지의무가 미국 국내법상 미란다 권리의 고지와 함께 이루어질 것을 제안하였으며 동 고지의무가 미란다 원칙과 동일한 의미를 가진다고 판시하였다. 이는 동 협약상의 권리를 고지하지 못한 경우를 미란다 권리의 고지를 하지 않은 상황과 동일하게 취급해야 한다고 언급한 것이다. 즉, 고지의무가 이루어지지 않은 상태에서 얻은 자백 및 진술의 증거능력을 부인하도록 한 것이다.

4. 효과적인 재심리

법원은 비엔나협약 위반의 법적 결과로서 미국에 재심리를 허용할 것을 명령하면서도, 재심리의 구체적인 방법을 미국에 일임하였다. 이는 법원이 구체적 방법을 결정함에 있어 주권국가의 관할권을 존중한다는 의미로 해석된다.

Ⅰ 사실관계

1. 파키스탄의 인도 국민 체포

이 사건은 파키스탄에 의해 체포된 인도인 자다브(Jadhav)에 대한 영사 접근권이 쟁점이 된 사건이다. 2016년 5월 3일 Kulbhushan Sudihir Jadhav라는 인도인이 파키스탄 당국에 의해 체포되었다. 인도에 따르면 그는 퇴역 해군 장교로서 당시 이란에 사업차 거주 중이었고 파키스탄 당국에 의해 납치되었다는 것이었으나 파키스탄은 그가 인도 정보부요원으로서 사업가로 위장하여 이란에서 파키스탄으로 육로로 불법 잠입하려는 것을 체포하였다고 주장하였다. 체포 당시 그는 Hussein Patel이라는 이름으로 인도 여권을 소지 중이었다. 2016년 3월 25일 파키스탄은 이슬라마바드 소재 인도 대사관에 Jadhav의 체포 사실을 그가 간첩행위를 위해 잠입하였다고 자백하는 영상과 함께 통보하였다. 같은 날 인도 대사관은 파키스탄 외교부 앞 공한을 통해 동인에 대한 영사접근권을 요청하였다. 이후 계속된 수차례의 영사접근권 요청은 계속 기각되었으며 2016년 4월 8일 파키스탄은 Jadhav를 기소하였고 군사법 및 기밀보호법 위반 혐의로 군법회의에서 재판이 진행되었다.

2. 인도와 파키스탄의 갈등

2017년 1월 23일 파키스탄 외교부는 Jadhav에 관한 형사 공조요청 공한을 인도에 발송하여 증거 수집을 위한 수사 협조를 요청하였으나 인도는 이 요청이 법적 근거가 없고 믿을만 한 증거에 의해 뒷받침되지도 않았다고 일축하고 2017년 3월 21일 파키스탄 외교부는 인도가 요청한 영사접근권은 수사 협조 요청에 대한 인도의 반응에 따라 검토될 수 있을 것이라는 요지의 공한을 송부하였다. 인도는 영사접근권은 사실 관계 및 동인의 상태를 확인하기 위한 핵심적인 요건이지 거래 대상이 아니라고 반박하였다.

3. 파키스탄 국내 절차 진행

같은 해 4월 10일 Jadhav는 사형을 선고받았다. 파키스탄 법규에 의하면 군법회의 판결은 고등군법회의에 항소할 수 있었고 고등군법회의 판결은 군 참모총장에게 사면 청원을 제기할 수 있으며 대통령에게 군 참모총장의 결정에 대해 사면을 청구할 수 있었다. 파키스탄은 2017년 4월 26일 Jadhav는 고등군법회의에 항소하였으나 패소하였고 6월 22일 군 참모총장에게 사면을 청원하였다고 통지하였으나 인도는 재판자료 등에 대한 접근이 허락되지 않아 항소 및 사면 청원 등의 재판 진행정황에 대해 자세히 알 수 없다고 시비하였다. 2017년 12월 5일 파키스탄은 Jadhav의 부인과 모친에게 인도적 견지에서 면회를 허락하였다.

---

90) India v. Pakistan, 2019.7.19. 판결, 국제사법재판소.
91) 산업통상자원부 홈페이지(https://disputecase.kr) 게시 내용 요약 정리.

4. 인도의 제소

인도는 Jadhav에 대한 파키스탄의 항소심이 진행 중이던 2017년 5월 8일 이 사건을 ICJ에 제소하여 파키스탄이 Jadhav의 체포 사실을 즉시 인도에 통보하지 않고 영사접근권을 제공하지 않은 것은 영사관계에 관한 비엔나협약 제36(1)조 위반이며 상응한 배상조치를 청구하였다. 인도와 파키스탄은 모두 이 협약의 분쟁해결에 관한 선택의정서 채택국이어서 동 협정의 해석과 적용에 관한 분쟁은 ICJ의 강제관할권을 수용한다는 선택의정서 제1조에 의해 인도의 일방적인 재판 청구가 가능하였다. 인도는 재판 청구와 동시에 ICJ의 판결 시까지 Jadhav에 대한 사형 집행 정지를 명령하여 달라는 잠정 명령 청구도 같이 제기하였다. 파키스탄은 ICJ의 관할권에는 시비하지 않았으나 인도가 ICJ의 재판 절차를 남용하고 선택 의정서상의 여타 분쟁 해결 절차를 무시하였다는 등의 이유로 인도의 재판 청구를 수리할 수 없다는 주장을 제기하였으며 설사 수리 가능하다 할지라도 협약 제36조 영사접근권 등에 관한 규정은 간첩 사건에는 적용되지 않는다고 반박하였다.

Ⅱ 법적쟁점

1. 재판의 수리 가능성

2. 영사협약 제36조 적용 가능성

3. 영사협약 제36조 위반 여부

4. 배상

Ⅲ 국제사법재판소의 판단

1. 재판의 수리 가능성

(1) 파키스탄 국내절차가 진행중이어서 인도의 제소가 재판절차를 남용한 것인지 여부

파키스탄은 자국 사면 청원 절차 진행 중에 재판을 청구한 점이 인도가 재판 절차를 남용한 것이므로 이 사건 재판 청구를 수리해서는 안된다는 주장을 제기하였다. 청원과 관련하여 파키스탄은 자국법의 항소 및 사면 청원 절차상 군법회의 1차 판결 후 최대 150일 이내에 사면을 청구할 수 있으며 아직 판결 후 150일이 경과하지 않았고 항소 및 사면 청원 절차가 파키스탄 내에서 진행 중에 있으므로 인도의 재판 청구, 특히 사형 집행 중단을 요구하는 잠정명령 청구는 시기상조이고 재판 절차상의 권리를 남용한 것이라고 역설하였다. 재판부는 잠정판결에서 파키스탄의 항소 및 사면 청원 제도에 대해 언급하기는 하였으나 그 결정이 언제 내려질지 알 수 없으며 사형 판결이 확정될 경우 언제 집행될지 알 수 없다는 점을 분명히 적시하였다고 환기하면서 인도가 재판을 청구하고 잠정 명령을 청구한 것이 재판 절차상의 권리를 남용한 것이라고 볼 수 없다고 판결하였다.

(2) 선택의정서상의 중재나 조정절차를 선행해야하는지 여부

파키스탄은 영사협약 선택의정서 제2조와 제3조에 각각 중재 및 조정 절차가 규정되어 있음에도 불구하고 인도가 이에 대해 정당한 주의를 기울이지 않았으며 제2조 규정과 달리 분쟁의 존재를 파키스탄에게 통보하지도 않았으므로 재판을 수리할 수 없다는 주장도 제기하였다. 재판부는 이미 US Diplomatic Staff 사건에서 제2조와 제3조는 제1조에 정확하고 단정적으로 적시되어 있는 ICJ 강제관할권 적용의 전제조건이 될 수 없으며 ICJ의 대체 수단으로 분쟁당사국이 중재나 조정에 합의할 수 있다는 것을 규정하고 있는 것이라고 판결된 바 있음을 소개하고 파키스탄의 주장을 기각하였다.

(3) 인도의 영사접근권 요구가 권리 남용에 해당되는지 여부

파키스탄은 인도가 Jadhav의 국적에 관한 증거(그의 본명으로 발행된 인도 여권)를 제출하지 않았고 형사공조요청도 거부하였으며 간첩행위를 위해 파키스탄에 잠입시킨 것이라는 점을 들어 소송의 수리불가를 주장하였다. 이러한 인도가 영사협약상의 영사접근권을 요구하는 것은 권리의 남용에 해당한다는 것이다. 재판부는 본명이 기재된 여권제출 문제는 결국 Jadhav의 인도 국적자 여부에 관한 것이므로 협약 제36조 위반 여부 심리 시 판단할 문제라고 보았다. 재판부는 형사 공조요청 거부 및 간첩 행위 주장은 결국 인도가 국제법상의 여러 의무를 먼저 준수하지 않았으므로 영사접근권을 요구할 수 없다는 것인데 의무 위반과 영사접근권과의 관계가 분명하게 설명되지 않았으며, 이는 본안 심리에서 살펴보아야 할 주장이라고 보고 파키스탄의 주장을 받아들이지 않았다.

(4) 불법행위는 권리를 발생시키지 않는다는 항변의 문제

파키스탄은 불법행위는 권리를 발생시키지 않는다(ex turpi causa non oritur actio)는 원칙을 근거로 인도의 재판 청구는 수리할 수 없다고 주장하였다. 가짜 여권 교부, 형사 공조요청 거절, 간첩행위 등의 불법행위를 한 인도는 영사보호를 청구할 자격이 없다는 것이다. 인도는 파키스탄이 주장하는 불법행위 자체를 부인하면서 영사협약 제36조의 준수 의무는 체포된 개인의 불법행위 여부에 결부되는 것이 아니라고 일축하였다. 재판부는 제소국의 행위가 법적으로 제재할 수 있는 것이라 하더라도 그 이유 자체가 불법행위에 의한 권리 불발생 원칙에 근거한 상대국의 수리 불능 주장을 용인할 수 있을 정도로 충분한 것은 아니라고 판시한 판례를 제시하면서 파키스탄의 주장을 기각하였다.

2. 영사협약 제36조 적용 가능성

(1) 영사협약 제36조는 간첩행위에 대해 적용을 배제하는지 여부

파키스탄은 이 사건에 대한 재판부의 관할권을 시비하지는 않았으나 영사협약 제36조의 적용 가능성에 대한 시비를 제기하였다. 파키스탄은 제36조는 간첩성이 농후한 사안에는 적용되지 않는다고 주장하였다. 행동이나 소지품 등으로 볼 때 일견(prima facie) 간첩임이 분명해 보이는 자에게는 제36조의 권리가 적용되지 않는다는 것으로서 영사협약 성안 과정 시 간첩행위는 영사협약의 적용 대상에서 제외한다는 양해가 있었다는 주장을 근거로 제기하였다. 재판부는 제36조는 물론 영사협약의 그 어느 조항도 간첩행위를 언급하고 있지 않으며 맥락과 협약의 대상과 목적에 비추어 볼 때에도 제36조가 간첩행위를 적용 대상에서 제외하지 않는다고 보았다. 영사협약의 서문에 나타난 이 협약의 대상과 목적은 국가 간 우호 관계 증진에 기여하는 것이고 제36조는 파견국 국민에 대한 영사 기능 행사의 촉진을 목적으로 적시하고 있는 점을 고려할 때 재판부는 영사는 모든 경우에 있어 협약에 규정된 대로 자국 국민에 대한 영사접근권을 행사할 수 있어야 하며 만일 접수국이 간첩 혐의자라고 주장하는 개인에 대해 영사접근권이 부인된다면 해당 조항의 목적과 정면으로 배치되는 것이라고 설명하였다. 재판부는 이에 따라 용어의 통상적인 의미나 맥락, 대상과 목적에서 제36조를 해석할 때 간첩행위가 적용 대상에서 제외되지 않는다고 확인하였다.

(2) 2008년 양자 간 영사접근권에 관한 약정상 간첩행위가 배제되는지 여부

파키스탄과 인도는 2008년 영사접근권에 관한 약정을 체결하였다. 이를 근거로 파키스탄은 이 사건에는 영사협약이 아니라 2008년 약정이 우선 적용되어야 하며 정치, 안보상의 이유로 체포, 구금된 경우에는 해당 국가가 본안을 우선 조사할 권리를 가진다는 제6조에 의거하여 파키스탄이 Jadhav의 영사접근권 문제를 심리할 권한이 있다고 주장하였다. 재판부는 2008년 약정 제6조의 문안과 체포, 구금, 투옥된 상대국 국민에 대한 인도적 대우 보장을 목적으로 규정하고 있는 2008년 약정 서문을 감안할 때 제6조가 정치, 안보상의 이유로 한 체포, 구금 시 영사접근권을 부인한다고 해석할 수는 없다고 보았다. 또한 정치, 안보적인 이유로 협약 제36조의 일탈을 허용하면 영사접근권이 무의미해지며 접수국에게 영사접근권을 부인할 수 있는 가능성을 부여하는 것이나 이미 협약 성안 과정에서 살펴본 바와 같이 제36조에는 어떠한 예외도 적용되지 않는다고 환기하였다. 재판부는 협약 제73(2)조는 영사협약 조항을 확인, 보충, 확대, 강화하는 후속 협정만을 용인하는 것이라고 언급하고 2008년 약정을 제73(2)조의 견지에서 살펴볼 때 이 약정은 본 협약을 확인·보충·확대·강화하려는 후속 협정에 해당한다고 이해하였다. 따라서 제6조는 파키스탄이 주장하는 것처럼 협약 제36조의 의무를 대체한다고 볼 수 없다고 판시하였다.

3. 영사협약 제36조 위반 여부

(1) 영사보호권의 고지 의무 위반 여부

영사협약 제36(1)조(b)는 접수국이 외국민을 구금할 경우 지체 없이 자국 영사와 연락할 수 있는 권리를 고지해야 한다고 규정하고 있다. 인도는 파키스탄이 Jadhav에게 이를 고지하였는지는 알 수 없으나 파키스탄이 Jadhav는 영사접근권을 누릴 자격이 없다고 공개적으로 주장하였으므로 영사와의 연락권을 고지하지 않았음을 강력하게 시사한다고 논박하였다. 파키스탄은 영사연락권을 고지했다고 반박하지는 않았다. 재판부는 파키스탄이 인도의 주장을 반박하지 않았고 이 사건 심리 시 일관되게 간첩 혐의자에게는 영사협약이 적용되지 않는다고 주장한 점에 비추어 볼 때 제36(1)조(b)상의 권리를 고지하지 않은 것으로 추론되며 따라서 파키스탄은 고지 의무를 위반하였다고 결론지었다.

(2) 파키스탄이 당사자의 요구를 인도에 통지했는지 여부

영사협약 제36(1)조(b)는 외국민 체포·구금 시 당사자의 요구가 있으면 지체 없이 국적국 영사에게 통보하도록 규정하고 있다. 인도는 Jadhav가 체포된 것은 2016년 3월 3일이며 이 사실이 인도 대사관에 통보된 것은 2016년 3월 25일이므로 파키스탄은 즉시 통보 의무를 위반하였다고 시비하였다. 재판부는 제36(1)조(b)는 접수국이 외국인의 체포, 구금 사실을 국적국에게 통보해야 하는 방식에 대해서는 특정하고 있지 않으며 통보에 포함된 내용이 국적국의 제36(1)조상 영사권 행사를 지원하는데 충분할 정도인지가 중요하다고 지적하였다. 파키스탄 통보 후 그날 당일 인도가 영사접근권을 요청할 수 있었으므로 재판부는 파키스탄이 제36(1)조(b) 규정대로 인도에 Jadhav의 체포 및 구금 사실을 통보한 것이라고 인정하였다.

(3) 파키스탄이 인도에 지체 없이 통지했는지 여부

통보가 지체 없이 이루어졌는지 여부와 관련하여 파키스탄은 2016년 3월 3일 체포 당시 Jadhav는 가명의 인도 여권을 소지하고 있었으므로 실명을 확인하여 통보하기까지 일정 기간이 소요될 수밖에 없었다고 항변하였으나 재판부는 여권 자체는 정식 여권이었으므로 파키스탄은 체포 즉시 해당자가 인도 국적자이거나 그럴 가능성이 농후하다는 점을 알 수 있었고 제36(1)조(b)상의 통보 의무가 개시되었다고 설명하였다. 재판부는 비록 '지체 없이'가 '즉시'를 의미하지 않고 지체 여부는 각 사안의 내용과 정황별로 판단해야 할 것이나 이 사건의 여러 정황을 고려할 때 체포 후 3주 이상이 경과한 3월 25일에야 통보한 것은 지체 없이 통보하라는 제36(1)조(b)에 위반된다고 판시하였다.

(4) 인도의 영사접근권에 파키스탄이 조건을 부가할 수 있는지 여부

인도의 영사접근권 요구에 대해 파키스탄은 자국이 요청한 형사 공조요청에 대한 인도의 반응에 따라 결정하겠다고 회신하였다. 인도는 협약 제36조상의 접수국의 의무는 파견국의 협조 정도에 결부되는 것이 아니라 예외가 없는 절대적인 의무라고 반박하였다. 이후 수차례 거듭된 인도의 요구에도 불구하고 파키스탄은 Jadhav에 대한 인도의 영사접근을 허락하지 않았다. 파키스탄은 Jadhav가 파키스탄의 국선변호인을 선임하였으므로 법적 준비를 위한 영사 방문도 필요하지 않다고 주장하였다. 재판부는 제36(1)조(a)와 (c)의 영사접근권은 피구금자의 국적국에 의해 원용될 수 있는 조건부 권리가 아니라 독립적인 권리라고 설명하고 인도가 형사 공조요청에 협조하지 않았다고 해서 파키스탄의 영사접근권 부여 의무가 면제되는 것은 아니며 인도 영사의 접근 거부를 정당화하지 못한다고 확인하였다.

(5) 국선변호인 선임이 영사보호권을 대체할 수 있는지 여부

재판부는 제36(1)조(c)는 영사가 피구금자를 방문·면담·교신한 결과를 토대로 법적 대리를 주선하는 것을 상정하고 있다고 설명하고 Jadhav에게 변호사 선택권을 부여하여 국선변호인을 스스로 선임하였다는 파키스탄의 주장은 영사의 법적 대리 주선권을 무산시키지 못한다고 지적하면서 결론적으로 파키스탄은 제36(1)조(a)와 (c)도 위반하였다고 확인하였다.

4. 배상

인도는 영사협약 제36조 위반에 대한 배상으로 Jadhav에 대한 군법회의의 사형 판결 취소, 집행 정지, 석방 및 귀환 보장을 청구하였다. 인도는 LaGrand 사건과 Avena and others 사건에서는 판결에 대한 검토와 재고려가 적절한 배상 방식이라고 판결되었으나 이는 미국의 사법 제도가 정당한 절차를 준수하고 있었기 때문이라고 언급하고 파키스탄의 군법회의와 같은 사법 제도는 절차적 정당성의 최소 기준에도 미치지 못하므로 기존 판결에 대한 검토와 재고려를 통한 배상은 매우 부적절하다고 주장하였다. 재판부는 선택의정서 제1조에 명시된 재판부의 관할권은 영사협약의 해석과 적용에 국한되며 이 사건의 피해 구제는 협약 제36조상의 의무 위반에 의해 초래된 피해 배상을 제공하는 것이고 제36조 위반에 해당하는 것은 Jahdav에 대한 판결이 아니라 판결에 앞서 행해진 영사접근권에 관한 협약 위반행위라고 설명하였다. 재판부는 또한 판결 취소가 제36조 위반에 대한 필수적이고 유일한 구제조치라고 볼 수 없다고 밝혔다. 재판부는 이 사건의 적절한 구제 수단은 이전의 영사협약 제36조 위반 사건에서 채택된 바와 같이 기존 판결에 대한 실효적인 검토와 재고려(effective review and reconsideration)라고 판단하였다. Jadhav에 대한 판결을 실효적으로 검토하고 재고려하기 위해서는 제36(1)조 권리 위반의 효과에 대해 충분히 고려하고 조사하는 것이며 통상 기존 판결의 검토와 재고려에 적합한 것은 사법 절차라고 재판부는 첨언하였다. 재판부는 실효적인 검토 및 재고려 의무는 다양한 방식에 의해 수행될 수 있으며 그 방식은 파키스탄이 선택할 문제라고 언급하였다. 그러나 방식 선택이 아무 조건이 없는 것은 아니며 실효적 검토 및 재고려 의무는 일정한 결과를 나타내야 하는 의무(obligation of result)로서 파키스탄은 실효적인 검토와 재고려를 제공하기 위한 모든 수단을, 필요한 경우 적절한 입법을 포함하여, 강구해야 한다고 판시하였다.

제11장 │ 국가책임

CASE 54. 코르푸해협 사건[92]

Ⅰ 사실관계

1. 코르푸해협은 알바니아 본토와 Corfu섬 사이에 위치한 해협으로서 알바니아의 영해에 해당하며 공해의 두 부분을 연결하고 있으며 국제 해상 교통에 유용한 항로로 평가된다.

2. 영국은 1946년 10월 2일 군함을 코르푸해협에 파견하였다. 동 해협을 항행하던 중 기뢰가 폭발하여 군함에 심한 손상을 입었다.

3. 3주 후 영국은 掃海船(소해선)을 파견하여 코르푸해협에서 기뢰 제거작업을 하여 22발의 기뢰선을 절단하였다.

Ⅱ 법적쟁점

1. 영국과 알바니아 간에 ICJ 관할권이 성립하는가?

2. 알바니아는 기뢰가 존재하는 사실을 고지하지 않아 영국의 무해통항권을 침해하였는가?

3. 영국이 코르푸해협에서 기뢰 제거작업을 한 것이 알바니아의 영토주권을 침해한 것인가?

---

92) UK / 알바니아, ICJ, 1949년.

Ⅲ 판결요지

1. 관할권의 존부 – 적극

ICJ는 알바니아의 항변을 배척하고 관할권을 인정하였다. 영국과 알바니아 간 사전에 명시적 합의는 존재하지 않았으나, 알바니아가 1947년 7월 ICJ에 제출한 서한에 의하면, 알바니아는 분쟁을 ICJ에 부탁해야 한다는 안전보장이사회의 권고를 완전히 수락하는 취지의 선언을 하여 이 사건에서 재판소의 관할권을 수락하였으므로 알바니아는 ICJ의 재판관할권을 부인할 수 없다. 관할권의 수락이 당사국의 합의나 선택조항 수락선언에 의하지 않고 각각 별개의 연속된 두 행위에 의해 발생하는 것을 금하는 규정은 존재하지 않는다.

2. 코르푸해협에서 군함의 무해통항권 존부 – 적극

ICJ는 코르푸해협에서 군함이 무해통항권을 가진다고 판시하였다. 코르푸해협은 공해의 두 부분을 연결하는 지리적 위치와 국제 통항에 이용되고 있는 사실에서 국제 해상 교통의 유용한 항로이다. 따라서 타국이 그 군함을 연안국의 사전동의를 얻지 않고 통항시킬 권리를 갖는 해협이며 연안국은 조약에 특별한 규칙이 없으면 그러한 통항을 금지할 수 없다.

3. 코르푸해협에서의 기뢰사고로 인한 알바니아의 책임 여부 – 적극

ICJ는 영해에서 위험사실이 존재하여 무해통항권을 침해할 우려가 있는 경우 이를 고지해야 할 의무가 있다고 보고, 알바니아가 그러한 위험을 알고도 영국 군함에 고지하지 않음으로써 영국 군함에 피해가 발생하였으므로 알바니아는 국가책임을 져야 한다고 판시하였다. 알바니아는 기뢰를 알바니아가 직접 또는 제3국을 통해 설치한 증거가 없고, 기뢰설치에 관한 알바니아의 원조에 관한 증거가 없다고 주장하였다. 그러나 ICJ는 국가가 타국의 영역 내에서 피해를 입은 경우 직접 증거를 확보하는 것이 곤란하기 때문에 정황증거에 의해 주장하는 것이 가능하다고 보고, 기뢰 폭발 전후 알바니아의 태도, 알바니아 연안에서 기뢰 부설작업을 할 수 있는 능력으로 보아 알바니아의 인지 없이는 기뢰 부설이 불가능함이 인정된다고 판시하였다.

4. 알바니아 영해에서 영국의 소해작업이 알바니아의 영토주권을 침해하는가? 적극

ICJ는 영국의 소해작업이 알바니아의 의사에 반하여 이루어졌고, 소해작업은 무해통항권의 행사로서 정당화되지 아니한다고 판시하였다. 영국은 증거물을 보전하기 위한 행동이었고, 자위 내지는 자력 구제의 방법이라고 항변하였으나 배척되었다. ICJ는 영국의 행위는 국제관계의 불가결한 기초인 주권존중 원칙에 반하며, 허용되지 않는 위법한 간섭이라고 판단하였다.

Ⅳ 평석

1. 영역사용의 관리책임 원칙

위 사례는 이른바 '영역사용의 관리책임 원칙'을 인정한 판례로 평가된다. 영역사용의 관리책임 원칙이란 국가는 자국의 영토를 배타적으로 사용할 권리를 가지나, 그러한 배타적 권리의 행사로 타국에 피해를 야기하지 않아야 한다는 원칙을 말한다. 코르푸해협이 알바니아의 영해로서 배타적 주권이 인정되는 수역이라 할지라도 그것으로 인해서 영국에 피해를 야기해서는 아니된다. 영역사용의 관리책임 원칙은 오늘날 국제환경법상 결과책임을 추궁하는 하나의 근거로서 원용되고 있다.

2. 확대관할권이론

코르푸해협 사건에서 ICJ의 관할권은 '확대관할권(forum prorogatum)'으로 인정되고 있다. 일반적으로 ICJ 관할권은 사전적 동의, 명시적 동의, 동시적 합의 등에 기초하는 것이 원칙이나, 이 사안에서는 묵시적 동의, 순차적 동의, 사후적 동의가 인정되었다.

3. 영해에서 군함의 무해통항권

오늘날 국제법에서는 영해에서 군함의 무해통항권 인정 여부를 놓고 학설대립이 있다. 국가들은 일반적으로 사전통고제나 사전허가제를 규정하여 군함의 무해통항에 제한을 가하고 있는 것이 현실이다. 이 사건이 영해에서 군함의 무해통항권을 인정한 사례이긴 하나, '해협'이라는 특수한 상황에서 인정된 것으로 보는 것이 타당하다. 즉, 일반적 영해에서 군함의 무해통항권이 인정된 사례로 보기는 어렵다는 것이다. 오늘날 국제법에서도 '해협'에서는 군함도 '통과통항권'이 인정되고 있다.

CASE 55. Rainbow Warrior호 사건[93]

I 사실관계

1. 1985년 7월 10일 환경보호단체인 Greenpeace International 소속의 민간 선박인 Rainbow Warrior호가 뉴질랜드의 오클랜드 항구에서 프랑스 비밀경찰요원들이 설치한 폭발장치에 의해 침몰되었고, 이 사건으로 승선하고 있던 선원 Fernando Pereira가 사망하였다.

2. 프랑스는 비밀경찰요원 Mafart 소령과 Prieur 대위의 인도를 요청하였으나 뉴질랜드는 거부하고 프랑스 측에 배상을 요구하였다.

3. 이 사건은 UN 사무총장의 중개에 부탁되었고 프랑스가 700만 불을 배상하고, 범죄인은 프랑스령 폴리네시아에 있는 Hao섬 교도소에 3년간 수용하기로 하였다.

4. 프랑스는 3년이 지나기 전에 이들을 일방적으로 본국으로 귀환시켰다. 프랑스는 Mafart는 아프다는 이유로, Prieur가 임신했고 아버지가 병에 걸렸다는 이유로 귀환시켰다.

5. 프랑스와 뉴질랜드 간 분쟁이 재발하였고, 중재에 부탁되었다.

---

93) 뉴질랜드 v. 프랑스, 국제중재, 1990년.

Ⅱ 법적쟁점

1. 프랑스 측의 조약위반 여부

2. 불가항력에 의한 위법성 조각 여부

3. 프랑스 측의 책임이행 방안

Ⅲ 판결요지

1. 프랑스 측의 조약위반 여부 – 적극

중재재판소는 프랑스가 3년의 형기가 지나기 전에 자국민을 본국으로 귀환 조치한 것은 뉴질랜드와의 합의 위반이라고 재정하였다.

2. 불가항력에 의한 위법성 조각 여부 – 소극

프랑스는 불가항력(force majeure)과 조난(distress)에 의해 위법성이 조각된다고 항변하였으나 배척되었다. 첫째, 불가항력에 의한 면책은 피할 수 없는 사정의 발생으로 인해 야기된 비자발적이고 비의도적인 행위에만 적용되나, 두 명의 특수부대 요원에 대한 프랑스의 송환은 의도적이고 자발적이었다. 둘째, 중재재판부는 조난에 의해 위법성을 조각하기 위해서는 긴급상황의 존재, 긴급상황이 중지된 후 원상회복, 이러한 조치 후 뉴질랜드의 동의를 얻기 위한 프랑스의 성실한 노력이 있어야 한다고 전제하였다. 그러나 긴급상황이 존재하긴 하였으나, 나머지 두 가지 요건은 충족하지 못한다고 보아 프랑스의 항변을 기각하였다.

3. 프랑스 측의 책임 이행 방안

중재재판부는 재판진행 중 3년의 형기가 도과하였으므로 프랑스는 더 이상 합의내용을 위반한 것으로 간주할 수 없다고 보아 뉴질랜드가 요청하는 프랑스의 불법적 행동에 대한 중단명령은 프랑스의 불법행위가 더 이상 존재하지 않기 때문에 실현이 불가능다고 판시하였다. 또한, 금전배상명령은 내리지 않기로 하고 프랑스와 뉴질랜드 양국 정부가 상호 간의 우호관계 개선을 위해 기금을 설립할 것과 프랑스 정부로 하여금 이 기금에 200만 불을 우선 기부할 것을 권고하였다.

기출 및 예상문제

A국 국적인들로 구성된 테러집단이 갑은 B국 항구에 정박 중이던 자국 국적 선박에 폭탄을 장착시켜 동 선박을 침몰시키고, 선박 내에 있던 자국민 5명과 C국 국적인 8명이 숨졌다. 이 사건을 수사하던 B국 경찰은 갑이 A국과 사전에 공모하여 행위하였고 지속적으로 공작금을 받았을 뿐 아니라 사건 진행중에도 갑이 계속해서 A국에 보고한 사실을 밝혀냈다. 이 사례에서 제기될 수 있는 국제법적 쟁점들을 정리하고 국제법적 관점에서 논평하시오. (30점)

CASE 56. Nuclear Test 사건[94]

Ⅰ 사실 관계

1. 프랑스는 1945년 이래 대기, 지하 및 수중에서 약 200여 회에 걸친 핵실험을 실시하였는데 그 중 상당수가 남태평양에서 이루어졌으며 핵실험 부근지역은 '금지구역(Prohibited Zones)'과 '위험구역(Dangerous Zones)'으로 설정되어 선박과 항공기의 운항이 제한되었다.

2. 이에 인접국가인 오스트레일리아와 뉴질랜드는 프랑스 정부에 태평양상의 대기 중 핵실험을 중지할 것과 예정되어 있던 핵실험에 관한 정보를 제공할 것을 요구하였다.

3. 그러나 프랑스는 계획된 핵실험을 강행할 것이며, 여하한 핵실험 프로그램도 통보할 수 없다는 입장을 고수하였다. 이에 따라 오스트레일리아와 뉴질랜드 양국은 1973년 국제사법재판소(이하 ICJ)에 프랑스를 상대로 핵실험 중지를 요구하는 소송을 각각 제기하였다.

4. 오스트레일리아와 뉴질랜드는 남태평양 연안에서 더 이상의 핵실험을 계속하는 것이 국제법에 위배되며 자국 영토와 국민 건강에 피해를 준다고 주장하면서, 프랑스가 차후에 핵실험을 계속해서는 안 된다는 판결을 내려주도록 법원에 요청하였다. 더불어 양 국가는 최종판결이 확정되기 전에 프랑스 정부가 잠정적으로 핵실험을 중지해야 한다는 것을 내용으로 하는 잠정조치(provisional measure)를 내려줄 것을 요청하였다.

5. 프랑스는 ICJ가 이 사건을 심리할 권한을 가지고 있지 않으므로 ICJ의 관할권을 수락할 수 없으며 따라서 소송대리인을 임명할 의사가 없다는 것을 밝히고 ICJ에 대해서 본 사건을 각하해줄 것을 요청하였다. 그리고 프랑스는 ICJ에 출두하지 않고 일체의 심리에 참가하지 않았다.

Ⅱ 법적쟁점

1. ICJ가 잠정조치를 취하는 것이 가능한가?

잠정조치의 결정을 하기 전에 본안에 관한 재판 관할권의 존부를 최종적으로 확인하여야 하는지의 여부와 오스트레일리아와 뉴질랜드의 피해를 막기 위해 핵실험을 금지하는 잠정조치가 불가피한 것인지의 여부가 문제되었다.

2. ICJ는 이 사건에 대한 관할권을 가지고 있는가?

ICJ의 관할권에 대한 분쟁이 존재하는 경우 그 판단주체가 누구인지의 여부와 대기권 핵실험을 중단하겠다는 프랑스의 일방적 선언으로 인해 소의 이익이 소멸했는지의 여부가 문제되었다.

---

94) Nuclear Tests 사건, Australia v. France, ICJ, 1974년; New Zealand v. France, ICJ, 1974년.

3. 프랑스 정부의 핵실험은 국제법상 불법행위로서 이를 중지해야 하는가?

프랑스의 핵실험을 금지하는 조약이나 관습법이 존재하는지, 특히 핵실험을 금지하는 조약과 환경 원칙들이 국제관습법으로서의 지위를 누리고 있는지가 문제되었다.

Ⅲ 잠정조치에 관한 판단

1. 잠정조치 심사와 재판관할권의 관계

잠정조치의 결정을 하기 전에 본안에 관한 재판 관할권의 존부를 최종적으로 확인할 필요는 없지만, 적어도 원고가 원용하는 제 규정이 재판소의 관할권을 성립시키는 충분한 기초는 되어야 한다. 재판부는 원고의 주장[95]이 이 요건을 충족한다고 판단하기 때문에 원고의 잠정조치 지시의 요청을 심사한다.

2. 잠정조치 발동의 필요성

(1) 프랑스의 핵실험 지속가능성

프랑스는 1966년부터 1972년까지 태평양에서 대규모 수소폭탄 및 핵무기실험을 계속해왔을 뿐만 아니라 1973년과 1975년 및 그 이후에도 핵실험프로그램을 계획하고 있었다. 이러한 사실은 태평양상에서 프랑스 정부가 핵실험을 계속할 가능성이 높다는 오스트레일리아의 주장을 뒷받침하였다.

(2) 핵실험으로 인한 피해가능성

1965년에서 1972년 사이의 UN 방사능영향조사과학위원회의 보고서에 따르면 대기 중 핵실험으로 인해 그 분진이 대기 중으로 방출되며, 그 결과 다량의 방사능물질이 각 지역에 분산되는 것이 사실이므로 프랑스정부의 핵실험 결과 오스트레일리아의 영토 내에 떨어진 방사능낙진이 동 국가에 피해를 준 가능성을 배제하기는 어려웠다.

3. 결론

이상의 사실을 종합적으로 고려해 볼 때 법원은 오스트레일리아가 주장하는 권리를 보전하기 위한 잠정조치가 필요하다고 판단하였으며, 1973년 6월 22일 투표를 통해 8대 6의 찬성으로 임시보호조치[96]를 명령하였다[97].

---

95) 오스트레일리아와 뉴질랜드는 잠정조치의 근거로 '국제분쟁의 평화적 해결을 위한 1928년 일반법' 제33조와 ICJ규정 제41조와 ICJ규칙 제66조를 주장하였다.

96) 이 조치의 구체적인 내용에 따르면, 오스트레일리아 및 프랑스 정부는 소송절차가 종결될 때까지 법원에 계류 중인 분쟁을 악화 내지 확대시키거나 다른 당사자의 권리를 침해하는 어떤 종류의 행위도 해서는 아니 되며, 특히 프랑스 정부는 오스트레일리아의 영토에 방사능낙진을 뒤덮는 핵실험을 잠정적으로 중지할 것이 요구되었다.

97) 이 같은 조치는 뉴질랜드와 프랑스 사이의 관계에서도 똑같이 적용되었다.

Ⅳ 재판관할권에 대한 판단

1. 재판관할권 존부 판단의 주체

오스트레일리아와 뉴질랜드는 프랑스의 계속되는 핵실험이 국제법의 적용규칙에 어긋남을 판단·선언해 줄 것을 법원에 요청하는 동시에 핵실험 중지를 명령해줄 것을 요구하고 있는 반면 프랑스는 반대 입장을 표명하고 소송목록의 제거를 요구하며 일체의 소송과정에 참여하지 않았다. 법원은 프랑스의 요청대로 사건을 목록에서 삭제하는 것은 적절하지 않기 때문에 이에 동의할 수 없으며, ICJ규정 제36조 제6항[98]을 적용하여 적정한 절차에 따라 사건을 다룰 것임을 선언하였다.

2. 분쟁의 존재 및 성격에 대한 검토

재판소는 이 사건에 대한 관할권 여부를 판단하기 전에 먼저 소송 진행의 계속에 결정적인 영향력을 미치는 분쟁의 존재 및 성격을 검토해야 한다. 오스트레일리아 정부는 프랑스의 핵실험 계속이 불법적이라고 보고 이의 중지를 요구하는 데 반해, 프랑스 정부는 핵실험 실시 자체가 합법적이라고 주장하며 이를 중단하기를 거부하고 있다. 그러므로 이 사건의 궁극적인 목적은 '프랑스 정부의 확고하고, 명시적이고, 구속력 있는 핵실험 중지약속(firm, explicit and binding undertaking to refrain from further atmospheric tests)'이라고 볼 수 있다.

3. 일방적 선언(unilateral statements)의 법적 의무 설정 여부

법률상 또는 사실상의 사태에 관해서 일방적 행위로서 이루어지는 선언이 법적 의무를 창설하는 효과를 가질 수 있는 것은 충분히 승인되고 있다. 선언에 따라서 구속되는 것이 선언국의 의사라면, 그 의사는 자국의 선언에 법적 성질을 부여하는 것이고, 그 때부터 선언국은 법적으로 그 선언에 합치되는 행동을 할 것이 요구된다. 이러한 약속이 명시적으로 구속될 의사를 가지고 행하여졌다면 가령 국제 교섭의 과정에서 이루어지지 않아도 구속력을 가진다. 재판소에 제출되어 있는 프랑스 정부의 성명 가운데 가장 중요한 것은 단연 공화국 대통령에 의해 이루어진 것이다. 대통령 임무를 고려하여 구두 내지 서면에 의한 국가원수로서의 명시적인 통고 또는 성명은 명백히 국가대표기관에 의한 프랑스 국가의 행위이다. 이러한 성명은 형식에 관계없이 그 의도에 비추어 당해 국가의 약속을 구성하는 것으로 간주되어야 한다.

4. 일방적 선언에 의한 분쟁해결

프랑스가 남태평양에서 더 이상 대기권 핵실험을 실시하지 않을 의무를 약속함으로써 사실상 원고의 목적은 달성되었다고 해도 과언이 아니다. 재판소는 사법재판소로서 국가 간에 현존하는 분쟁을 해결하도록 요구되며 분쟁의 존재는 재판소가 그 사법기능을 행사하기 위한 제1차적 조건이다. 재판소에 제기된 분쟁은 재판소가 결정을 내릴 때에 존속하고 있어야 한다. 이제 피고가 실제로 핵실험 중단 의사를 밝혔으며 그것이 곧 의무의 이행이고 재판소로 하여금 어떠한 사법행동을 할 것도 요구되지 않는다. 즉, 분쟁은 이미 소멸하였기 때문에 오스트레일리아의 청구는 어떠한 목적도 가지지 않는다. 따라서 판결을 내릴 필요가 없다. 또한 잠정조치는 종결 판결이 있을 때까지 유효한 것으로서 그 명령은 본 판결의 선고와 동시에 실효된다[99].

---

98) 재판소가 관할권을 가지는지의 여부에 관하여 분쟁이 있는 경우에는, 그 문제는 재판소의 결정에 의하여 해결된다.
99) 뉴질랜드에 대해서도 같은 취지의 판결이 내려졌다.

Ⅴ 평석

1. 잠정조치의 법적 근거 및 기본원칙

(1) 문제의 소재

ICJ 잠정조치의 근거는 재판소규정 제41조[100]인데, 이에 대한 해석론으로서 '충분한 관할권 원칙(doctrine of prima facie jurisdiction)'과 이에 대한 반대 견해의 대립이 존재한다.

(2) 충분한 관할권 원칙

동 원칙은 잠정조치의 명령 당시 법원이 사건 심리에 관한 관할권을 가질 필요는 없지만, 관할권의 부재가 명백한 경우에는 법원규정 제41조에 따르는 조치를 취해서는 안 된다는 것이다. 다시 말해서 잠정조치는 관할권의 부재가 명백하지 않은 경우에만 정당하다는 것이다. 뉴질랜드의 국제법학자인 Elkind는 법원이 임시보호조치를 취하기 전에 관할권의 보유를 먼저 결정하도록 요구하는 것은 제41조의 임시적 성격 및 그 조항이 예견하는 긴급성과 일치하는 않는다는 이유를 들어 이 원칙을 지지하고 있다.

(3) 반대 견해

반대 견해를 피력한 법관들에 따르면, 잠정조치를 명령해야 할 상황이라고 할지라도 재판소는 이를 명하기 전에 관할권을 가진다는 것을 스스로 충족시키지 않으면 안 되며, 그 조치의 임시적인 성격이나 긴급성도 관할권 확인의 필요성을 배제하지 못한다고 한다.

2. 핵실험의 불법성 여부

(1) 문제의 소재

ICJ가 핵실험의 국제법 위반 여부를 심리하지 않은 채로 이 사건을 종결하였기 때문에 핵실험행위가 과연 국제법 위반인가 하는 문제를 놓고 많은 논란이 존재한다.

(2) 핵실험 금지 조약의 프랑스에의 적용 여부

사건 당시 핵실험을 규제하는 기존 법규범으로서는 1963년에 체결된 핵무기 실험금지조약(부분적 핵실험 금지조약)이 있었으나 프랑스는 동 조약의 가입국이 아니었기 때문에 동 조약은 프랑스에게 적용되지 않았다. 또한 핵무기 및 핵실험에 관하여 핵강국과 후발 핵개발국 사이에 갈등이 존재하고 있었으므로 동 조약이 비서명국에까지 적용될 수 있는 새로운 국제법 원칙이라고 볼 수 없다는 것이 일반적인 견해이다.

(3) 환경법 원칙의 적용가능성

인간과 그 환경은 핵무기의 영향과 다른 모든 대량 파괴수단으로부터 구제되어야 하며 각국 관할권 내의 활동이 다른 지역에 피해를 주지 않도록 책임을 부담하도록 규정하고 있는 스톡홀름선언 등의 환경 원칙들이 국제관습법으로서의 지위를 누리는 경우 프랑스의 핵실험은 위법한 것이 된다. 그러나 이러한 환경 원칙들에 대해 대부분의 국가들은 그 법적 효력을 인정하지 않고 있으며, 국제법상 이를 집행하기 위한 제도적 보장도 마련되어 있지 않다. 이는 각 국가들이 자국의 개발주권이 제한을 받고 환경피해에 대한 국제책임이 현실화하는 것을 꺼리고 있기 때문이다. 그러므로 스톡홀름선언 등의 환경 원칙들에 의해서도 핵실험의 불법성을 법적으로 뒷받침할 수 있는 근거는 마련되지 못하였다고 볼 수 있다.

---

100) 1. 재판소는 사정에 의하여 필요하다고 인정하는 때에는 각 당사자의 각각의 권리를 보전하기 위하여 취하여져야 할 잠정조치를 제시(indicate)할 권한을 가진다.
　　 2. 종국판결이 있을 때까지, 제시되는 조치는 즉시 당사자 및 안전보장이사회에 통지된다.

A국은 핵무기를 개발하기 위해 태평양 인근 공해상에서 핵실험을 계획하고 실행하였다. 이에 대해 인근 연안국인 B국과 C국은 A국의 핵실험에 대해 수차례 항의하였음에도 불구하고 이를 실행하자, 국제사법재판소(ICJ)에 제소하였다. B국과 C국은 A국이 더 이상 자국 인근 공해에서 핵실험을 하지 않도록 보장할 것을 청구이유로 적시하였다. A, B, C국은 아무런 조건 없이 ICJ규정 제36조 제2항을 수락하고 있다. 소장(訴狀)이 ICJ에 접수된 직후 A국 대통령 甲은 기자회견을 자청하여 공개적으로 A국은 장차 공해상에서 여하한 핵실험도 하지 않겠다고 천명하였다. 甲은 B국과 C국을 방문하여 정상회담을 진행하는 과정에서도 이러한 약속을 되풀이 하였다. 한편, A국의 소송대리인은 선결적 항변(preliminary objection)을 제기하여 자국의 핵실험금지선언으로 더 이상 소의 이익이 존재하지 않기 때문에 소송절차를 종료할 것을 주장하였다. 이에 대해 재판부는 어떠한 결론을 내릴 것으로 예상되는가? A국 대통령 甲의 행위의 요건과 그 효력을 중심으로 논의하시오. (35점)

CASE 57. Serbian Loans 사건[101]

Ⅰ 사실관계

세르비아, 크로아티아, 슬로베니아는 프랑스 국내에서 공채를 모집하였다. 제1차 세계대전 이후 프랑화의 가치가 하락하자 공채 소지자들은 지폐 프랑화에 의한 지불을 거부하고 금 프랑에 의한 지불을 요구하였다. 프랑스는 세르비아 등과 교섭을 벌였으나 결렬되자 합의에 의해 PCIJ에 부탁하였다.

Ⅱ 법적쟁점

1. 관할권

국가와 사인 간의 분쟁을 ICJ가 관할할 수 있는가의 문제, 분쟁의 대상이 사실과 국내법의 문제임에도 불구하고 ICJ가 관할권을 갖는가의 문제가 쟁점이 되었다.

2. 지불방법 및 수단에 대한 공채 관련 문언의 해석

공채소지자에 대한 지불방법 및 지불액이 관련 문서에서 특정되어 있는지, 그리고 그 가치가 얼마로 정해져 있었는지 등이 문제되었다.

3. 전쟁은 세르비아 등의 지불책임을 조각시키는가?

세르비아 등은 지불 의무를 회피하기 위해 '불가항력'을 원용하였다.

---

101) Case Concerning the Payment of Various Serbian Loans Issued in France, France v. Serbia, PCIJ, 1929년.

Ⅲ 판결요지

1. 관할권 – 적극

PCIJ는 자신의 관할권을 확인하였다. 애초의 분쟁은 세르비아 정부와 공채 소지자인 프랑스 국민과의 분쟁이었으나 부탁합의서에 의해 재판소에 부탁된 것은 프랑스와 세르비아 간 교섭결렬에 따른 제2의 분쟁사건이다. 또한 PCIJ규정 제36조 제2항에서 '인정되면 국제의무의 위반으로 되는 사실의 존재'를 명시하고 있으므로 '사실'에 대해 PCIJ의 관할권이 배척되는 것은 아니다. 그리고 국내법상 문제라 할지라도 분쟁 당사국이 재판소에 부탁할 것에 합의한 경우 재판소 관할권이 방해받지 아니한다.

2. 공채에 대한 지불수단 및 가치

이는 공채에 관한 문서의 해석에 관한 문제이다. PCIJ는 이들 문서들의 해석을 통해 공채는 '금'에 의해 지불되도록 합의되었다고 결론지었다. 또한 PCIJ는 공채발행 당시 '금' 프랑의 가치가 공채계약에 특정되어 있었다고 보고 1000분의 900의 순도로 6.45161g 중량의 금괴의 20분의 1이라고 확정하였다.

3. 전쟁의 위법성 조각사유 인정 여부 – 소극

PCIJ는 세르비아에 의해 원용된 '불가항력'을 위법성 조각사유로 인정하지 않았다. 전쟁이 중대한 경제적 결과를 초래함에도 불구하고 세르비아 정부와 프랑스인 공채소지자들과의 계약의무에 영향을 미치지 않는다고 판시하였다.

CASE 58. Mergé Claim[102]

Ⅰ 사실관계

메르제(Mergé)는 1909년 미국에서 태어나 미국 국적을 취득하였으며, 24세 때 로마에서 이탈리아인과 결혼하여 이탈리아법에 따라 이탈리아 국적도 취득하였다. 1937년까지 이탈리아에 거주하다 남편이 일본주재 이탈리아 대사관 통번역가로 근무함에 따라 일본으로 건너가 미국인으로 등록하였으며, 1946년 이후 이탈리아로 돌아가 미국 국민으로 등록하였다. 1948년 미국은 이탈리아에 대해 1947년 평화조약에 근거하여 전쟁과정에서 메르제가 입은 손해에 대한 배상을 청구하였으나, 이탈리아는 메르제가 자국민이라는 이유로 배상을 거절하였다.

Ⅱ 법적쟁점

메르제는 이중국적자로서 어느 국가의 외교적 보호를 받을 수 있는지가 쟁점이다.

---

102) U.S. v. Italian Republic, 국제중재, 1955년.

1. 미국의 외교적 보호권 인정 여부 – 소극

메르제는 미국인으로 볼 수 없기 때문에 미국은 이탈리아에 대해 메르제의 외교적 보호권을 행사할 수 없다.

2. 이중국적자에 대한 외교적 보호권과 국적의 실효성

미국은 미국과 이탈리아의 이중국적을 가진 자에 대해 외교적 보호권을 행사할 수 있으나 미국의 국적이 유효한 또는 지배적인 국적이어야 한다(the principle of effective or dominant nationality). 구체적 사건에서 미국의 국적이 우선한가를 결정함에 있어서 주소를 어디에 두고 있는지, 그리고 어느 국가와 더 밀접하고 유효한 관계를 유지하고 있는지, 그리고 그의 정치적·경제적·사회적·시민적 생활 및 가족생활의 범주를 고려해야 한다. 이러한 기준에 비춰볼 때 메르제의 미국 국적은 유효한 국적이 아니다. 왜냐하면 가족이 미국에 주소를 두고 있지 않을 뿐 아니라 가장의 이해관계나 직업생활이 미국에서 이루어지지도 않았고 결혼 후 미국에 거주하지도 않았다.

Ⅳ 평석

메르제 사건은 이중국적국 중 일국이 가해국인 경우 타방 국적국이 '유효한 또는 우월한 국적국'이라면 가해국에 대해 외교적 보호권을 발동할 수 있다고 판정한 사례이다. 물론 결론적으로 미국의 외교적 보호권을 배척하였으나 만약 미국이 지배적 국적국이었다면 이중국적국 일방이었음에도 불구하고 미국의 외교적 보호권이 승인되었을 것이다. 이는 전통국제법의 원칙과는 다소 상이한 결론이다. 다만, ILC는 메르제 사건과 유사한 맥락에서 예외적으로 이중국적국 상호 간 외교적 보호권 행사 가능성을 인정하고 있다(ILC 외교보호초안 제7조).

기출 및 예상문제

A국에서 태어나 A국 국적을 취득한 甲은 만 10세에 B국으로 건너가 거주하였으며 만 25세에 B국 국민과 혼인하여 B국 국적법에 따라 B국 국적을 취득하였으나 A국 국적은 A국 및 B국 양국 법률에 의해 소멸되지 아니하였다. 만 40세에 A국에 일시 입국하여 A국과 도로건설을 위한 양허계약을 체결하였으나 공정률이 80% 진행된 시점에서 A국은 일방적으로 공사 중단을 선언하고 공사 관련 장비 등을 국유화함으로써 막대한 재산상의 손해가 발생하였다. 甲은 A국 법원에 계약불이행 및 공사 중단에 따른 손해배상청구소송을 제기하였으나 최고법원은 이를 기각하였다. 이와 관련하여 다음 물음에 답하시오. (총 40점)

(1) A국의 조치는 국제법상 정당한가? (15점)

(2) B국은 甲이 입은 손해를 이유로 외교적 보호권을 행사할 수 있는가? (15점)

(3) B국이 외교적 보호권을 행사하기 위한 요건에 대해 설명하시오. (10점)

CASE 59. Interhandel 사건[103]

I 사실관계

1. 1942년 미국은 자국에서 설립된 General Aniline and Film Corporation 회사 주식의 90%를 대적통상법을 근거로 몰수하였다. 주식은 적국 회사인 독일의 I.G.Farben사가 스위스의 I.G.Chemie사를 통해 보유하면서 General Aniline and Film Corporation사를 지배하고 있다고 판단했기 때문이다.

2. 스위스는 I.G.Chemie사는 1940년에 독일 회사와의 관계를 끊고 인터한델(Interhandel)사로 개칭하였다고 주장하면서 인터한델의 자산반환을 미국 정부에 요구하였다. 그러나 미국은 이를 거절하였다.

3. 인터한델은 대적통상법에 기초하여 1,2심에서 패소하고 연방대법원에 상고하였으나 기각되었다. 이에 스위스는 선택조항 수락선언에 기초하여 ICJ에 제소하였다.

4. 미국대법원은 스위스의 ICJ 제소 직후 인터한델사 소송의 재심을 허락하였다.

II 법적쟁점

1. 국내적 구제 미완료 여부

2. 소송이 간접침해에 관한 것인지 여부

III 판결요지

1. 인터한델사의 국내구제 미완료 여부 – 적극

ICJ는 미국의 선결적 항변들 중 '국내구제미완료'로 인해 소송의 수리가능성이 없다(inadmissible)는 항변을 인용하였다. 스위스의 제소 직후 미국 대법원이 재심의 필요성을 인정하여 지방법원으로 되돌려 보냈는데 이로 인해 국내구제가 완료되지 않았다고 판단한 것이다.

2. 직접침해 인정 여부 – 소극

스위스는 미국이 스위스 재심청의 결정을 이행하지 않음으로써 미국에 의해 스위스의 권리가 직접침해되었으므로 국내적 구제절차를 완료할 필요가 없다고 주장하였다. 1946년 스위스·미국·영국·프랑스는 워싱턴협정을 체결하여 스위스 내 독일 재산의 조사 및 청산절차를 합의하였는바 이견이 있는 경우 스위스 재심청의 결정을 최종적인 것으로 하기로 합의하였었다. 이에 대해 ICJ는 스위스의 청구는 '인터한델사의 재미 자산의 반환'이 목적이므로 본 분쟁은 스위스가 자국민이 갖는 청구원인을 받아들여 시작한 것과 다름이 없기 때문에 당연히 국내적 구제 원칙이 적용된다고 판단하였다. 즉, 간접침해에 관한 사안으로 본 것이다.

---

103) Swiss v. U.S., 선결적 항변, ICJ, 1959년.

CASE 60. Ambatielos 중재 사건[104]

Ⅰ 사실관계

1919년 그리스 국민인 Ambatielos는 영국 정부와 상당수의 선박구매계약을 체결하였다. Ambatielos는 영국 정부가 선박을 지정기일에 양도하지 않자 양도기한 경과로 손실을 입었다고 주장하며 2척의 구매계약을 취소해야 한다고 주장하였다. Ambatielos는 영국 정부를 상대로 영국법원에 제소하였으나 영국 정부는 국가의 특권을 이유로 계약에 관련된 서류 제출을 거부했고 이에 따라 Ambatielos는 양도기한에 대한 약속이 있음을 입증할 수 없었다. 1심에서 패한 이후 Ambatielos는 항소하고 선박구매계약 협상을 했던 영국관리 Laing을 증인으로 신청하였으나 법원은 제1심법원에서 할 수 있었던 증인요청을 새로이 항소심에서 요청하는 것은 허용될 수 없다고 하면서 증인신청을 허락하지 않았다. 항소심에서 패한 Ambatielos는 대법원에 상고하지 않았다. 그리스는 외교적 보호권을 발동하였으며 영국과 중재재판에 합의하고 중재위원회를 구성하였다.

Ⅱ 법적쟁점

중재재판에서 '국내구제의 완료 여부'가 쟁점이 되었다. 영국은 Ambatielos가 국내적 구제를 완료하지 않았으므로 그리스가 외교적 보호권을 발동할 수 없다고 주장한 반면, 그리스는 Ambatielos에게 제공된 영국법의 구제방법이 효과적이지 못했으므로 국내구제 절차완료의 원칙은 적용되지 않는다고 반박하였다.

Ⅲ 판정요지

1. 국내적 구제의 완료 여부 – 소극

중재위원회는 Ambatielos가 영국 국내법상 국내구제를 완료하지 않았다고 판정하였다. 우선, 1922년 소송절차에서 Ambatielos는 그의 승소를 확정하는 데 필수적이었던 증인을 소환할 수 있었음에도 불구하고 소환하지 않았다. 영국법에 의하면 Ambatielos가 증인으로서 Laing 소령을 소환하는 것을 배제하지 않았다. 따라서 Ambatielos가 Hill 법관에게 Laing 소령을 증인으로 소환하지 않았다는 것은 소송절차에 있어서 그에게 가능한 국내적 구제의 미완료에 해당하는 것이다. 둘째, Ambatielos는 대법원에 대한 상고절차를 이용하지 않았다. 또한 그에 앞서 Ambatielos는 항소법원이 Laing 소령의 소환을 허용하지 않은 이후 항소절차를 계속하지 않았다. 상원에 대한 상고가 항소법원의 결정과 다를 것 같지는 않다고 하더라도 만약 그러한 상고가 명백히 소용없는 것이 아니라면 Ambatielos가 상원에 상소하지 않은 것은 국내구제를 완료하지 못한 것으로 간주되어야 한다.

---

104) 그리스 v. 영국, 중재위원회, 1956년.

2. 구제수단의 비실효성 여부 – 소극

그리스는 구제수단의 비실효성을 이유로 영국의 항변에 대해 반박하였으나 중재위원회는 이를 받아들이지 않았다. 중재위원회는 항소심법원이 실제로 원심법원이 사실 문제에 관하여 부여한 판결을 재심할 권한을 갖지 않아 재심사를 하지 못하여 구제가 얻어질 수 없을 때에 구제수단이 실효성이 없다고 볼 수 있다고 하였다. 이러한 경우 그러한 구제수단이 명백히 소용없는 것이라는 증명이 필요하다고 하였다. 그러나 이 사안의 경우는 영국법이 제공하고 있는 구제절차나 수단이 명백히 비실효적인 것으로 증명되지 않았다고 판정하였다.

CASE 61. 트레일 제련소 사건[105]

Ⅰ 사실관계

캐나다 영토 Trail에 민간회사가 경영하는 제련소가 설립되어 납과 아연을 제련하였다. 1925년과 1927년에 제련소는 새로운 굴뚝을 건설하여 생산량은 증가하였으나 동시에 아황산가스 배출량도 증가하였다. 미국은 제련소에서 배출된 가스가 워싱턴주의 농작물과 산림자원에 손해를 주었다고 주장하면 배상을 요구하였다. 국제합동위원회가 구성되어 1932년 1월 1일까지 발생한 손해에 대해 35만 달러의 지불을 권고하였으나 미국이 만족하지 못하고 거절하자, 양국은 국제중재 설치를 합의하였다.

Ⅱ 법적쟁점

1. 국제법상 초국경적 오염에 대한 배상 의무가 있는가?

2. 캐나다의 배상범위와 추후 방지조치를 취할 의무의 존부

Ⅲ 재정요지

1. 국제법상 초국경적 오염에 대한 배상의무의 존부 – 적극

재판소는 국제법상 국가는 매연에 의해 타국의 영역이나 인체·재산에 손해를 가하는 방법으로 자국의 영토를 사용하거나 사용을 허가하는 권리를 갖지 못한다고 판시하였다. 캐나다 정부는 트레일 제련소가 매연에 의한 피해를 미국 내에 미치지 않도록 조치할 국제법상 의무를 진다.

2. 캐나다의 배상책임의 범위 및 추후방지 의무

우선, 1932년 이후에도 워싱턴 주에 손해가 발생하고 있었는지 여부가 문제되었다. 이에 대해 재판소는 긍정적으로 판단하였으나 1937년까지 발생한 피해로 배상범위를 한정하였다. 또한 재판소는 캐나다는 장래의 손해 발생을 방지하기 위해 제련소의 운영에 대한 일정한 통제조치를 취할 것을 명령하였다.

---

105) Trail Smelter Case, US v. Canada, 국제중재, 1941년.

기출 및 예상문제

1. 한국은 매년 중국으로부터 오는 황사(현상)에 의해 사람, 가축, 농작물 등이 심각한 피해를 입는다고 보도되고 있다. 이른바 국경을 넘는 환경오염 피해에 대해 국제법상 관련당사국에게 인정되는 권리와 의무를 설명하시오. (25점) [2003외시]

2. A국과 B국은 인접국이다. A국은 자국기업 甲에게 철광석 제련소를 B국 국경 인근에 설립하는 것을 허가해 주었다. 그런데 甲의 공장을 가동하는 과정에서 발생한 매연이 B국의 삼림을 파괴하여 막대한 재산상의 손해를 초래하였을 뿐만 아니라 매연으로 인해 B국 국민의 건강에 대해서도 부정적 효과를 가져왔다. 이 사안과 관련하여 다음 물음에 답하시오. (총 30점)

   (1) A국은 B국에 대해 위법행위책임을 지는가? (15점)

   (2) 만약 A국에 위법성이 없다고 판명되는 경우 B국은 A국에 대해 책임을 물을 수 있는가? (15점)

제12장 │ 개인

CASE 62. Nottebohm 사건[106]

I 사실관계

1. 프리드리히 노테봄(Friedrich Nottebohm)은 독일 국적을 가지고 함부르크에서 출생하였으며 1905년 과테말라로 가서 거주하였다. 1939년 10월 초 노테봄은 자신의 변호사를 통해 리히텐슈타인 국적을 신청하였다.

2. 당시 리히텐슈타인 국적법에 따르면 국적취득 요건 중 가장 주요한 것이 3년 이상의 거주 요건이었으나 노테봄은 예외를 정당화하는 특별한 상황을 적시하지 아니한 채로 요건에서 면제되는 방안을 모색하여 세금을 지불하였으며, 그 후 1939년 10월 13일 군주의 사전내락서에 의해 노테봄의 국적취득 동의가 선고되었다. 리히텐슈타인 국적취득과 동시에 독일국적법에 따라 노테봄은 독일 국적을 상실하였다.

3. 1941년 과테말라는 독일에 대항하여 제2차 세계대전에 참전하였으며 1943년 노테봄은 과테말라법에 의해 적국인으로 체포되어 미국으로 추방되었으며 과테말라는 그의 재산을 몰수하였다.

4. 1951년 12월 리히텐슈타인 정부는 ICJ에 제소하여 과테말라 정부가 자국 국민인 노테봄과 그의 재산을 국제법에 위배되는 방법으로 처리하였다고 주장하며 배상을 청구하였다.

---

106) The Nottebohm Case, Lichtenstein v. Guatemala, ICJ, 1955년(본안).

Ⅱ 법적쟁점

1. 리히텐슈타인 국내법에 의거하여 국적이 부여되었는가?

과테말라는 국적취득의 유효성에 관하여, 노테봄이 독일 국적을 상실하지 않았다는 점과 리히텐슈타인법에서 국적취득의 요건으로 하고 있는 3년 거주 요건의 적용을 만족하지 못했다고 하며 기각을 요구하였다.

2. 국제법을 준수하여 리히텐슈타인 국적이 취득되었는가?

과테말라는 국제법을 준수하여 리히텐슈타인 국적이 취득되지 않았다고 주장하고 있는바, 1930년 헤이그협약 제1조와 제2조에 의하여 '국제협약, 국제관습, 국적에 관하여 일반적으로 인정된 법원칙과 부합하는 한' 다른 국가에 의하여 인정되어야 한다는 점을 들면서, 리히텐슈타인이 노테봄에게 국적을 부여함에 있어서 악의로 행위하였다고 주장하였다. 나아가 노테봄의 동기가 중립국 국적의 방패 밑에 숨어 독일국적의 지배에서 벗어나고자 한 데 있다는 주장을 하였다.

3. 노테봄에게 부여한 국적이 과테말라에 대하여 유효하게 대항할 수 있는가?

(1) 리히텐슈타인의 주장

리히텐슈타인은 과테말라가 국적취득을 인정하였으며 이에 상반되는 입장을 취할 수 없다고 주장하였다. 그 근거로 1939년 취리히에 있는 과테말라 총영사가 과테말라로 돌아가는 노테봄의 리히텐슈타인 여권에 비자발급을 하였다는 점, 1940년 1월 29일 노테봄은 과테말라 외무부에 대해 자신이 리히텐슈타인 국적을 취득하였다는 사실을 통지하고 외국인 등록부에 자신에 관한 내용이 수정되도록 요청하여 1월 31일 인정 받았다는 점 등을 제시하였다.

(2) 과테말라의 주장

과테말라는 과테말라법 제9조에서는 여권에 관한 조항이 있는데 이는 입국을 원활하기 위함이므로 기입여 부가 외국인 해당 국적을 취득하고 있는 것으로 법적으로 추정하는 증거가 될 수 없다고 주장하였다. 또한 모든 규정내용이 과테말라 내의 외국인의 관리에 관한 내용이지 외교적 보호의 행사에 관한 내용이 아니 라는 점을 들면서, 노테봄에 대한 리히텐슈타인의 국적부여가 리히텐슈타인으로 하여금 보호권을 행사할 어떠한 자격도 부여하지 않았다고 주장하였다.

4. 국적부여행위가 유효하지 않게 이루어졌더라도 국적부여라는 일방적 행위로 외교적 보호권을 행사 할 수 있을 것인가?

(1) 리히텐슈타인의 주장

리히텐슈타인은 1939년 10월 13일자의 리히텐슈타인에서의 노테봄의 국적취득이 국제법에 위반하지 않는 다고 주장하였다.

(2) 과테말라의 주장

과테말라는 (국적부여 행위의 유효성과 상관없이) 리히텐슈타인 공국에서의 노테봄의 국적취득이 과테말 라에 대하여 구속력이 있는 것이 아니라고 주장하였다. 과테말라는 "국가가 외교적 보호의 권리를 갖게 되 는 것은 국가와 개인 간의 국적의 긴밀한 관계이다."라는 PCIJ의 판결을 인용하면서 리히텐슈타인의 신청 이 허용될 수 없는 내용임을 주장하였다.

Ⅲ 판례요지

1. 리히텐슈타인 국내법에 의거하여 국적이 부여되었는가?

첫 번째 주장에 대하여 법원은, 노테봄은 독일 국적법에 의하여 국적을 상실하였으며 국제법상으로는 국적의 유효성이 이전 국적의 상실이 전제됨을 요구하지 아니한다고 하였다. 두 번째 주장에 대하여, 리히텐슈타인 법에 의하면 예외조항을 두고 있고 군주는 이를 적용하였다고 하였다. 따라서 리히텐슈타인법을 적용하는 한 노테봄은 1939년부터 리히텐슈타인 국적을 보유하고 있었음이 틀림없으며, 과테말라는 자국의 입장을 증명할 수 없으며 입증책임은 피고국에게 있다고 밝히었다.

2. 국제법을 준수하여 리히텐슈타인 국적이 취득되었는가?

주장에 대한 입증책임은 과테말라에게 있는 것인데 주장을 뒷받침할 아무런 근거가 제시되지 않았으며, 법원이 노테봄의 동기를 검토하기란 어려우며, 설사 중립국가의 국적을 취득하기 위해 국적을 변경하였다고 하더라도 국내법 또는 국제법상 이러한 이유로 그의 국적취득을 무효화하는 규정은 없다.

3. 노테봄에게 부여한 국적이 과테말라에 대하여 유효하게 대항할 수 있는가?

문제의 핵심은 노테봄이 리히텐슈타인의 국적을 취득하였으며 이 국적취득이 다른 국가에서 인정될 수 있느냐 하는 것이다. 이때 모든 국가에 의한 인정이 아니고 과테말라에 의한 인정이 판결 대상이다. 즉, 모든 국가에 관해서 적용되는 문제의 일반적 검토가 아니고 리히텐슈타인에 의하여 노테봄에 부여된 국적이 과테말라에 대항하여 적용될 수 있는지에 대해서만 결정하기로 하였다. 법원은 국적을 부여한 국가에 대해 외교적 보호권을 행사할 자격을 부여하기 위해서는 국적이 존재하여야하기 때문에 이러한 국적부여에 의해 노테봄이 국적을 취득하였는지에 대해서 확인하고자 하였다. 즉, 노테봄과 리히텐슈타인사이의 실질적인 관계가 타국과 그와의 관계에 비하여 굳건하여 그에게 부여된 국적이 사실이고 유효한 것인지 여부를 확인하여야 한다고 보았다. 노테봄의 국적취득은 국제관계에서 채택된 국적의 개념과 관계없이 부여된 것이다. 따라서 과테말라는 이러한 상황에서 이루어진 국적을 존중할 의무를 지지 아니하므로 노테봄에 부여된 국적이 과테말라에 대항하여 적용될 수 없다.

4. 국적부여행위가 유효하지 않게 이루어졌더라도 국적부여라는 일방적 행위로 외교적 보호권을 행사할 수 있을 것인가?

리히텐슈타인이 주권국가로서 국적에 관한 국내 고유한 입법을 하고 이 국적을 해당 법에 의거하여 부여할 수 있다. 따라서 노테봄의 국적취득은 리히텐슈타인의 국내관할권의 행사에 의한 행위이다. 그러나 이 행위에 의하여 취해진 행위의 상당부분이 의도하는 국제적 효과를 자동적으로 갖지는 못하며 추가조건에 의해서만 다른 국가에 대하여 구속력을 갖는 경우가 많다. 국제관행에 의하면 국적이란 그 근거로서 사회적 연계사실, 존재, 이해 및 정의, 진정한 관계가 호혜적인 권리, 의무를 갖는 법률적 결속이다. 즉, 국적을 부여받은 자는 다른 국가의 구성원들보다 국적을 부여한 국가의 구성원들과 훨씬 밀접하게 연계되어 있어야 한다는 법적 내용을 담고있다. 이러한 밀접한 연계가 확립되었을 때에만 국적을 부여하는 국가는 외교적 보호를 행사할 지위를 가지게 된다. 노테봄의 경우 국적취득 시점에서 사실관계를 살펴볼 때 법원의 판단으로는 그의 일상생활, 이해, 행위, 가족관계 등에서 다른 국가보다 리히텐슈타인에 대하여 가장 밀접한 연계관계를 가지지 아니하므로 노테봄과 리히텐슈타인과의 실제 연계성은 극히 미미하다고 판단하였다. 따라서 법원은 리히텐슈타인에 대하여 노테봄을 위해 외교적 보호를 행사할 권리를 기각하였으며 리히텐슈타인의 신청을 인정할 수 없는 것이라 하였다.

Ⅳ 평석

1. 국제법원의 국적조사에 관한 권한

국제법원이 소송에서 진정한 국적에 관하여 조사할 수 있는 권한이 일반적으로 인정되어 왔는데 그 이유는 법원의 관할권이 그 진정한 국적에 의하여 성립하기 때문이다. 그러나 단지 사건과 관련있는 '일정범위의 한도' 내에서 국적의 존재 여부를 확인할 수 있을 뿐이며 국내법의 적용과 해석을 자유로이 검토할 수 없다.

2. 국제법에서의 국적

1930년 국적법 충돌에 관한 헤이그 협약에서는 "각각의 국가가 자국의 법에 의하여 자국의 국민을 결정한다." 라고 규정하고 있다. 국제법이 주권국가가 국내법으로 자국민을 결정할 권한을 부여하여 광범위한 임의적 권능을 지니게 되나 무제한적인 것은 아니며 일반국제법의 제한을 받는다. 속지주의, 속인주의 등 다양한 형식으로 이루어지는데, 공통적인 것은 국가와 국적을 부여받는 사람 사이에 현재의 국제법이 충분하다고 인정하는 '상당한 관계(some connection)'가 요구된다는 것이다. 따라서 만일 국가가 이러한 제약을 무시하고 당해 국가와 전혀 관계가 없거나 현 국제법에서 충분하다고 인정할 수 없는 정도의 관계 정도만 가진 상태에서 어느 개인에게 국적을 부여한다면 이는 국제법을 위반하는 것이라고 하겠다.

3. 금반언과 기능적 접근

과테말라가 비자발급 등 노테봄의 리히텐슈타인 국적 인정행위에 대하여 금반언의 원칙을 적용할 수 있을까? 법원은 리히텐슈타인이 노테봄에게 부여한 국적으로부터 외교적 보호권의 행사를 이끌어낼 만큼 증거를 갖고 있지 않다고 판시하였다. 즉, 금반언의 원칙이 기능적으로 적용되었다고 하더라도 과테말라의 이러한 인정행위들은 단지 외국인의 관리에 관한 것이지 외교적 보호에 관한 것이 아니기 때문이다.

4. 외교적 보호

리히텐슈타인의 국적을 노테봄에게 부여한다고 할지라도 그를 위하여 과테말라에 대하여 외교적 보호를 행사할 수는 없는 것으로 결정하고 있다. 이 판결에 의하면 외교적 보호권의 행사에 대한 새로운 제약을 인정했으나 이 새로운 제약은 국제법상 근거가 없다. 노테봄의 판결이 근거하고 있는 극단적인 이중적 개념은 국내법과 국제법을 분리하였다. 판결이 채택한 기능적인 접근은 국적의 부여와 외국의 인정을 분리하였으며, 외교적 보호의 여러 가지 다른 형태를 분리하였으며, 국적의 인정이 다른 국가에 대한 외교적 보호의 충분조건이라는 점에 의문을 제기하였다. 국적을 밀접한 관계를 갖는 외교적 보호와 분리한 것이다.

I 사실관계

제2차 세계대전 이후 이란에서 민족주의 운동이 본격화되면서 1951년 이란 정부는 모든 석유산업의 국유화법 안을 의회에 제출하고 의회에서는 동 법안이 통과되었다. 동 법에 따라 이란 석유자원의 대부분을 지배하고 있던 영국계 회사 앵글로이란 석유회사의 자산은 신설된 국영 이란 석유회사로 넘어갔다. 앵글로이란 석유회 사는 이란 정부가 동 회사와 체결한 양허협약이 1993년까지 유효함에도 불구하고 국유화법으로 기한 전에 동 협약을 일방적으로 폐기하였으며, 외국인 재산의 수용에는 충분하고 유효한 그리고 신속한 보상이 필요함에도 불구하고 동 국유화조치는 무상이라는 등의 이유를 들어 이란 정부의 국유화조치에 이의를 제기하였다. 영국 정부는 사건을 UN 안전보장이사회 및 ICJ에 회부하였고, 앵글로 이란 석유회사는 여러 국가의 국내법원에도 제소하였다.

II 잠정조치

영국은 본안심리에 앞서 법원이 재판소규정 제41조 및 재판소규칙 제61조에 의거한 잠정조치를 취해 줄 것을 요청하였다. 법원은 영국 정부의 잠정조치 요청을 받아들여 영국 정부 및 이란에 대해 '재판소가 내리는 판결 의 이행을 확보하기 위해 당사자의 권리를 침해하거나, 또는 분쟁을 악화시키는 조치를 일체 취하지 말도록 할 것'과 '동 석유회사의 영업활동을 방해하기 위한 수단으로 제소하지 말 것'을 명령하였다.

III 선결적 항변

1. 이란의 선결적 항변

이란은 ICJ에 재판관할권에 대해 선결적 항변을 제기하였다. 영국과 이란은 ICJ규정 제36조 제2항에 따른 관 할권 수락선언을 하였으나, 이란의 관할권 수락선언의 효력은 1932년 9월 이후 이란이 체결한 조약에만 미치 는 것으로 인정되었다.

2. ICJ 판단

ICJ는 이란의 선결적 항변을 받아들였다. 영국은 1934년 덴마크와의 조약에서 이란은 국제법의 제원칙에 따 라 상대 국민을 대우한다고 규정하고 있으며, 동 규정은 1857년 영국과의 조약에서 정한 최혜국 조항에 의거 하여 영국 국민에게 적용된다고 주장하였다. 이에 대해 ICJ는 영국과 이란이 체결한 조약은 1857년에 체결된 조약이므로 이란의 설정한 시간유보의 한계를 벗어난 것이라고 판단하였다. 또한 영국이 관할권을 설정하기 위해 이란이 제3국과 체결한 조약을 원용할 수는 없다고 하였다. 영국은 1933년 이란 정부와 앵글로이란 석유 회사가 체결한 '석유양허협약'을 이란이 위반하였으므로 ICJ 관할권이 성립한다고 주장하였다. 이에 대해 ICJ 는 석유양허협약이 이란 정부와 회사 간의 이권계약의 성격과 양국 정부 간의 국제거래의 성격을 모두 갖고 있으나 이란의 선택조항 수락선언에서 언급한 '조약'에 해당한다는 영국의 주장을 인정하지 않았다.

---

107) Aglo-Iranian Oil Company 사건, United Kingdom v. Iran, 1952년(선결적 항변).

CASE 64. 바르셀로나 트랙션 사건[108]

Ⅰ 사실관계

1. 바르셀로나 트랙션 회사는 1911년 캐나다 토론토에서 설립되어 그 곳에 본점을 두고 있는 캐나다 전력회사였다. 이 회사의 지사 중 셋은 캐나다법률하에서, 나머지는 스페인법률하에서 설립되었으며, 이 회사의 많은 주식이 벨기에인 및 벨기에기업 소유가 되었다.

2. 이 회사의 사채(私債)는 주로 Sterling화[영화(英貨)]로 발행되었고, 일부는 Peseta화(스페인화)로 발행되었다. 그러나 1936년 스페인 내란으로 외화 이전이 금지되어 양 통화(通貨)에 의한 이자지급이 불가능해졌다.

3. 이에 따라 1948년 2월 스페인 국적의 사채권자는 이자 미지급을 이유로 스페인 지방법원에서 파산선고를 받아냈으며 이후 바르셀로나 트랙션의 자산은 동결되었다. 이후 파산관재인에 의해 이 회사의 매각조치가 단행되었다. 바르셀로나 트랙션 및 기타 이해관계인이 파산선고 및 그에 따른 결정에 대해 제기한 소송은 모두 실패하였으며, 영국, 캐나다, 미국, 벨기에 등 이해당사국들의 협상에도 진전이 없었다.

4. 이에 사건은 1958년 ICJ에 부탁되었다. 그 후 벨기에와 스페인은 직접교섭을 하기로 결정하였고 합의에 의해서 이 사건은 법원의 사건목록에서 삭제되었다. 그러나 협상이 결렬되자 1962년 벨기에는 다시 국제사법재판소에 제소하였다.

Ⅱ 법적쟁점(스페인의 선결적 항변 이유)

1. 관할권에 대한 항변

(1) 소 취하 후 재소(再訴) 불가
(2) 1927년 재판조정조약에 의한 ICJ 관할권 성립 부인

2. 재판적격성에 대한 항변

(1) 벨기에의 원고적격(locus standi) 부인
(2) 국내구제 미완료

Ⅲ 판결요지

1. 소 취하 후 재소(再訴) 불가 – 소극

스페인은 1961년 ICJ에 의해 소송중지 명령이 내려졌으므로 벨기에가 다시 소송을 제기할 수 없다고 주장하였다. 그러나 소의 취하 후에 국가가 다시 소송을 제기하는 것이 금지되지 않는다. 별단의 의사표시 또는 재소의 명백한 포기가 없는 한, 소의 취하가 재소의 포기를 의미한다고 단정할 수 없다.

---

108) Case concerning the Barcelona Traction, Light and Power Company, Limited, Belgium v. Spain, ICJ, 1970년.

2. 1927년 조약에 의한 ICJ 관할권 부인 – 소극

스페인은 벨기에의 일방적 제소에 있어서 1927년 조약을 기초로 하고 있으나 동 조약은 'PCIJ'에 대한 재판부탁을 규정하고 있으므로 ICJ의 재판관할권이 부인된다고 항변하였다. PCIJ는 1946년 4월 18일에 이미 해산하였기 때문이다. 그러나 ICJ는 ICJ규정 제37조[109]를 근거로 재판관할권이 있다고 판단하였다. ICJ규정 제37조의 목적은 예상된 PCIJ의 해산에 의해 기존의 다수의 재판조항이 기능 불능에 빠지는 것을 방지하기 위하여 ICJ규정 당사국 간에는 조약 중의 PCIJ에 대한 언급을 자동적으로 ICJ로 대체한 것이라고 하였다. 따라서 ICJ규정 제37조에 의해 1927년 조약상의 PCIJ에의 부탁은 자동적으로 ICJ로 대체되므로 스페인과 벨기에 간에는 1927년 조약에 의해 ICJ 관할권이 성립한다고 하였다.

3. 벨기에의 원고적격 부인 – 적극

재판적격성에 대한 항변은 관할권과 별도로 본안판단에 병합되어 다루어졌다. ICJ는 벨기에는 문제가 된 회사의 '국적국'이 아니므로 당사자적격이 없다고 판단하고 스페인의 항변을 인용하였다. ICJ는 법인의 피해에 대해 외교적 보호권을 발동할 수 있는 주체는 당해 법인의 국적국이라고 하였다. 주주에 대한 직접적인 피해가 있는 경우, 예컨대 주주의 권리인 배당청구권, 총회에서의 의결권, 해산 후의 잔여 자산 분배청구권 등이 침해된 경우라면 주주의 국적국이 외교적 보호권을 발동할 수 있다. 그러나 본 건에서 벨기에는 바르셀로나 트랙션이라는 법인에 대한 스페인의 침해를 이유로 소를 제기하고 있으므로 주주의 침해에 대해 보호권을 발동하고 있는 것은 아니다. 그러나 벨기에는 바르셀로나 트랙션의 국적국이 아니다. 전통 국제법에 의하면 법인의 국적국은 설립의 준거법 소속국과 본점 소재지의 국가이다. 그런데 바르셀로나 트랙션은 캐나다법에 근거하여 설립되었으며 50년 이상 캐나다법하에서 회사를 계속 유지해 왔고 캐나다에서 등기사무소를 유지했으며 회사는 캐나다 세무당국의 기록부에 등록되어 있다. 따라서 바르셀로나 트랙션사는 캐나다 국적을 유지한다. 예외적으로 법인에 대한 침해에 대해 주주의 국적국이 외교적 보호권을 발동할 수 있으나 이는 회사가 존재하지 않거나 회사의 본국이 회사를 위하여 행위하는 능력을 결여했다고 인정되는 경우이다. 그러나 본 건의 경우 이러한 예외가 존재하지 아니한다. 바르셀로나 트랙션사는 스페인의 전(全) 자산을 상실하고, 캐나다에서도 재산보전조치를 받았으며, 잠정관재인과 관리인이 임명되어 경제적으로는 완전히 마비상태가 되었으나 법인으로서의 행위능력을 잃지는 않았고, 회사로서의 법적 능력을 유지하고 있었다. 한편, 본국인 캐나다가 바르셀로나 트랙션사를 보호할 수 있는 능력이 소멸되지도 않았다. 어느 시점에서 캐나다는 사건이 사인 간의 교섭으로 해결되어야 한다고 하여 바르셀로나 트랙션사를 위하여 행동하는 것을 중단하였으나 캐나다는 여전히 외교적 보호권을 행사할 자격을 유지하고 있다. 요컨대, 벨기에는 바르셀로나 트랙션사의 국적국이 아니고 또한 법인의 법적 소멸(legal demise)이나 캐나다의 외교적 보호능력 상실 등의 사정이 있어 예외적으로 외교적 보호권을 발동할 수 있는 상황도 존재하지 아니하므로 본 소송의 당사자 능력이 없다.

4. 국내구제 미완료 – 심리하지 않음

---

[109] 현행의 조약 또는 협약이 국제연맹이 설치한 재판소 또는 상설국제사법재판소에 어떤 사항을 회부하는 것을 규정하고 있는 경우에 그 사항은 재판소 규정의 당사국 사이에서는 국제사법재판소에 회부된다(ICJ규정 제37조).

Ⅳ 평석

1. 법인에 대한 외교적 보호의 주체

ICJ는 법인에 대한 외교적 보호의 주체는 법인의 국적국이며, 법인의 설립지국 및 본점 소재지국이라고 하였다. 법인의 국적국이 아닌 국가는 법인이 법적으로 소멸하거나 법인의 국적국이 법인을 위하여 보호권을 발동하는 것이 불가능한 경우 예외적으로 보호권을 발동할 수 있다고 판시하였다.

2. 주주의 국적국의 외교적 보호권

법인의 피해로 주주에게 간접적으로 피해가 발생한 경우에는 원칙적으로 주주의 국적국이 보호권을 발동할 수 없다. 그러나 주주의 권리가 직접침해되는 경우에는 주주의 국적국도 외교적 보호권을 발동할 수 있다.

3. 국제법상 의무의 유형

국가의 국제법상 의무에는 국제사회 전체에 대한 의무와 외교적 보호의 분야에서 다른 1국에 생기는 의무가 있다. 전자는 권리의 중요성에 비추어 모든 국가가 그 보호에 법적 이익을 가지는 것으로써 국제사회 전체에 대한 의무(obligations erga omnes)이다. 그러나 의무의 이행이 외교적 보호의 대상이 되는 의무는 이와 다르다. 이 의무 위반에 대하여 청구를 제기하기 위해서는 국가는 우선 자국이 청구를 제출할 권리를 가진다는 것을 증명해야 한다.

4. 법인과 국적국 간 진정한 연계의 문제

ICJ는 법인과 설립지국 간의 진정한 연관(genuine link)이 있어야만 국적국으로 인정될 수 있다는 벨기에의 주장을 인정하지 않았다. ICJ는 일부 국가의 경우 자국법에 기초하여 설립된 회사라 하더라도 자국 영역 내에 본점 및 사무소 또는 통합중심지가 존재하지 않거나 또는 자국민이 회사의 실질적 보유 내지 과반수의 주식을 보유하고 있지 않은 경우 회사에 대한 외교적 보호권을 인정하지 않은 경우가 있다는 점은 인정했다. 그러나 법인에 대한 외교적 보호에 있어서 진정한 관련이라는 기준은 일반적 지지를 얻고 있는 것은 아니라고 판시하였다.

> **기출 및 예상문제**
>
> 1. A국의 국민인 甲은 B국에서 B국의 회사법에 따라 X주식회사를 설립하고 주주가 되었다. X주식회사는 주로 C국에서 사업을 하고 있었다. 한편, C국에서는 정부군과 반란군 사이에 내전이 발생하였는데, 내전 과정에서 반란군은 점령지 내에 위치한 X주식회사의 재산을 보상 없이 수용하였다. 이후 반란단체는 내전에서 승리하여 신정부 수립에 성공하였다. 위 수용행위와 관련하여 A국 또는 X주식회사가 C국 법원에서 C국 정부를 상대로 손해배상을 구하는 소송을 제기한 바는 없다. 다만, C국의 대법원은 유사한 사안에서 원고의 청구를 기각한 전례가 있다. 반란단체가 X주식회사를 수용한 행위와 관련하여 A국 또는 B국이 각각 C국에 대하여 외교적 보호권을 행사할 수 있는가? (40점) [2019국립외교원]

2. 회사 甲은 A국 국내법에 따라 설립되었고 주된 사무소도 A국에 있다. 甲은 자회사 乙을 B국에 두고 영업을 하였으며 乙회사 지분의 85%는 C국 국민이 보유하고 있다. 한편 B국은 乙을 무보상으로 몰수하였다. 乙은 이에 대해 B국 법원에 제소하였으나 B국법원은 자국 헌법상 통치행위이론을 적용하여 각하하였으며 상고도 허락하지 않았다. 이 사안과 관련하여 다음 물음에 답하시오. (총 30점)

(1) C국은 자국 주주들이 입은 피해를 이유로 B국에 대해 국가책임을 청구하였으나 B국이 응하지 아니하자 B국을 ICJ에 제소하였다. 이에 대해 B국은 선결적 항변을 제기하였다. 위 사안과 관련하여 B국이 제기한 선결적 항변 사유에 대해 설명하고 그 인용여부를 논하시오. (단 A국과 B국은 ICJ 규정 제36조 제2항을 무조건부로 수락하였다) (10점)

(2) 甲은 B국을 상대로 A국 법원에 불법행위로 인한 손해배상청구소송을 제기하였다. 이에 대해 A국 법원은 관할권을 행사할 수 있는가? (단, A국은 국내법을 통해 제한적 주권면제론을 규정하고 있다) (10점)

(3) 위 사건에서 A국이 미국이라고 가정하자. 또한 B국이 몰수한 乙의 재산을 미국 내의 다른 기업 丙에게 매각하였다고 하자. 만약 乙이 丙을 상대로 미국(A국) 법원에 제소한다면 소송결과는 어떻게 될 것으로 생각되는가? 국가행위이론에 관한 미국법원의 판결과 입법례를 고려하여 논의하시오. (10점)

CASE 65. 뉴른베르크 국제군사법원 판결[110]

Ⅰ 사실관계

1. 1945년 8월 미국·영국·소련 3국 대표는 소련에서 '유럽 추축국의 주요 전쟁범죄인의 소추와 처벌을 위한 협정'을 체결하고 법원, 범죄행위, 재판절차 등을 규정하였다. 이 조약에 기초하여 독일의 주요 전범 24인에 대한 기소장이 뉴른베르크 군사법원에 제출되었다.

2. 뉴른베르크 군사재판소 조례는 종래 전쟁범에서 인정된 '전쟁범죄' 외에 '평화에 대한 죄'와 '인도에 대한 죄'가 새롭게 규정되어 있었다. 평화에 대한 죄란 "침략전쟁 혹은 국제조약, 협정, 서약에 위반하는 전쟁을 계획하고 준비하며 실행한 것, 또는 이러한 행위를 달성하기 위한 공동계획이나 모의에 참가한 것"을 말한다. 인도에 대한 죄는 "전쟁 전 또는 전쟁 중에 일반 시민에 대하여 행해진 살해, 절멸적인 대량 살인, 노예화, 강제 이동, 그 외의 비인도적 행위, 범죄가 행해진 국가의 국내법에 위반하는가에 관계없이 군사법원의 관할권에 속하는 범죄의 실행을 위해 행해지고 또는 이것과 관련하여 행해진 정치적·인종적·종교적 이유에 의한 박해"로 정의되었다.

3. 재판을 통해 교수형 12명, 징역형은 무기 3명, 20년 2명, 15년 1명, 10년 1명 및 무죄 3명이 확정되었다.

---

110) 22 Trial of the Major War Criminals before the International Military Tribunal Proceedings 411, 1948년.

Ⅱ 법적쟁점

1. 죄형법정주의의 위반 문제

종래의 전쟁범죄와 달리 평화에 대한 죄, 인도에 대한 죄는 피고인들이 전쟁을 수행하는 동안이나 그 이후에 이미 국제법상 규정된 바가 없었다. 따라서 뉴른베르크 재판에서 전범자들의 처벌은 사후입법에 의한 처벌로서 법률불소급의 원칙에 반하는 게 아닌가 하는 문제가 제기되었다. 구체적으로 두 가지가 문제된다. 첫째, 평화에 대한 죄 및 인도에 대한 죄가 사후입법인가? 둘째, 법률불소급의 원칙이 국제법상 확립된 원칙인가?

2. 행위자의 공적지위와 면제

기소된 자들이 국가의 고위직에 있던 자들이므로 이들에 대한 인적면제 또는 물적면제가 문제되었다.

3. 개인의 형사책임 인정 여부

전통적으로 전쟁은 국가 간 행위이므로 그에 대한 책임은 국가에 귀속되는 것으로 간주되었기 때문에 국가의 기관인 개인이 책임을 질 수 있는가 하는 문제가 뉴른베르크 재판소에서 제기되었다.

4. 상관의 지시에 의한 행위의 문제

뉴른베르크 재판소 헌장 제8조에 의하면 상관의 명에 의한 하급자의 행위도 처벌할 수 있도록 규정하고 있다. 그러나 뉴른베르크 재판 당시 피고들은 상관인 히틀러의 명령에 의한 행동이었으므로 자신들에게 책임을 물을 수 없다고 항변하였다.

5. 하급자의 행위에 의한 상관의 처벌 문제

뉴른베르크 재판소에서 전시범죄로 처벌된 자들은 사실상 직접적인 범죄행위를 한 자가 아니었으므로 부하의 행위로 인한 상관의 책임 여부가 쟁점이 되었다.

Ⅲ 판결요지

1. 죄형법정주의의 위반 문제

재판소는 법원 조례는 새로운 범죄를 사후적으로 규정한 것이 아니라 제정 당시 존재하고 있던 국제법을 표명한 것이라고 판시하였다. 평화에 대한 죄의 경우 1924년 제네바의정서, 1927년 국제연맹총회 결의, 1928년 아바나회의 결의, 1928년 부전조약 등에 의해 침략전쟁이 국제범죄라는 관념이 존재하고 있었다. 인도에 대한 죄의 경우 1939년 전쟁 전의 행위는 평화에 대한 죄 또는 전쟁 범죄와 결부되어 행해진 경우 구성요건을 충족한다. 그러나 1939년 이후의 행위는 그러한 조건과 무관하게 법원의 관할권 범위 내에 있다.

2. 개인의 형사책임 인정 여부

전쟁이 국가 간 행위라 할지라도 전쟁을 개시할 여부를 결정하고 실행하는 것은 국가라는 추상적 관념체가 아니라 국가기관인 개인이다. 국가의 기관은 국가가 지는 국제법이나 조약상의 의무를 존중해야 하고 이에 위반하는 것은 기관으로서의 정당한 행위가 아니다. 따라서 개인으로서의 책임을 면할 수 없다.

3. 행위자의 공적 지위와 면제

일정한 상황에서 국가의 대표를 보호하고 있는 국제법 원칙은 국제법에 의해 범죄로 간주되는 행위에는 적용되지 않는다. 이와 같은 행위를 한 자는 그 공적 지위를 빌미로 정당한 처벌을 면할 수 없다.

4. 상관의 지시에 의한 행위의 문제

재판소는 피고인들에게 허용되는 자유재량이 있었음에도 불구하고 과도한 권력행사를 감행하였으므로 결코 책임이 조각될 수 없다.

5. 하급자의 행위에 의한 상관의 처벌 문제

상관은 하급자의 행위에 대해서도 처벌될 수 있다. 상관은 자기가 명령한 행위뿐 아니라 허가하거나 묵인한 행위에 대해서도 책임을 진다.

CASE 66. 한국관련 개인청원 사례

I 한국관련 개인통보 주요 사례

1. 손종규 대 대한민국 사건

대우조선의 파업에 대한 손종규의 지지 성명을 유죄로 판결한 것이 B규약 제19조 제2항상의 권리 침해라는 통보 제출, 이에 대해 위원회는 위반으로 판단하였다.

2. 김근태 대 대한민국 사건

김근태는 자신이 작성한 정치적 연설과 문건의 배포를 유죄로 처벌한 행위가 B규약 제19조 제2항상의 권리침해 통보 제출, 이에 대해 위원회는 위반으로 판단하였다.

3. 박태훈 대 대한민국 사건

박태훈은 재미한국청년연합에 가입하고 미국에서 반정부시위에 참여한 것을 유죄로 처벌한 행위가 규약 제18조 제1항, 제19조 제1항·제2항, 제26조상의 권리 침해라는 통보 제출, 이에 대해 위원회는 한국 정부가 제19조를 위반했다고 판단하였다.

4. 모하메드 아자즈와 아미르 자밀 대 대한민국 사건

모하마드 아자즈와 아미르 자밀은 증인에 대한 고문으로 얻은 진술, 잘못된 통역에 따른 유죄판결이 규약 제6조, 제7조, 제9조, 제14조상의 권리 침해라는 통보 제출, 이에 대해 위원회는 위반이 아니라고 판단하였다.

5. 남기정 대 대한민국 사건

남기정은 비검정중등국어 교과서의 발간 및 채택 금지가 규약 제19조 제2항상의 권리침해라는 통보 제출, 이에 대해 위원회는 사건의 심리를 허용할 수 없다고 판단하였다.

6. 강용주 대 대한민국 사건

강용주는 준법서약서 요구 등 사상전향제 및 장기간의 독방구금이 규약 제10조 제1항·제3항, 제18조 제1항·제2항, 제26조상의 권리 침해라는 통보 제출, 이에 대해 위원회는 한국 정부가 제시된 조항을 위반했다고 판단하였다.

7. 신학철 대 대한민국 사건

신학철은 자신의 그림에 대한 유죄처벌이 규약 제19조 제2항상의 권리 침해라는 통보 제출, 이에 대해 위원회는 위반으로 판단하였다.

8. 김종철 대 대한민국 사건

김종철은 선거운동기간 중 여론조사 결과의 공개 금지 및 그에 따른 처벌이 규약 제19조 제2항, 제25조, 제26조상의 권리 침해라는 통보 제출, 위원회는 한국 정부의 규약 위반을 발견할 수 없다고 판단하였다.

9. 이정은 대 대한민국 사건

이정은은 한국대학총학생회연합(한총련) 대의원을 이적단체 가입 및 활동의 죄로 처벌한 행위가 규약 제18조 제1항, 제19조 제1항·제2항, 제22조 제1항, 제26조상의 권리침해라는 통보 제출, 이에 대해 위원회는 제22조 제1항 위반으로 판단하였다.

Ⅱ 한국관련 개인통보 사건의 특징

첫째, 대부분의 개인통보 사건은 표현의 자유에 대한 권리 침해로 제기되었다. 즉, B규약 제19조 위반 여부가 쟁점이 되었다. 둘째, 대한민국 국내법원의 판결이 대상이 되었다. 표현의 자유에 대한 8건 중 7건이 국내법원의 유죄판결을 대상으로 하였다. 셋째, 대한민국은 국가안보나 공공질서로 정당화하였다. 즉, 대한민국은 국가보안법, 노동쟁의조정법, 공직선거 및 선거부정방지법'에 따른 적법절차라고 정당화하였다. 넷째, 대부분 한국 정부의 규약 위반으로 판정되었다. 즉, 한국 정부의 국가안보와 공공질서에 관한 한국의 법과 실행이 국제기준과 불일치함을 보여주었다.

Ⅲ 표현의 자유 제한에 대한 국제법적 평가

1. 표현의 자유에 대한 한국 정부의 형사처벌

손종규, 김근태, 박태훈, 신학철, 이정은의 5가지 사례의 공통원인은 반정부활동에 대한 사법적 단죄로서 한국의 국내법상 위반을 구성하지 않는다. 왜냐하면 문제의 노동쟁의조정법과 국가보안법 모두 헌법재판소에서 합헌으로 인정되었기 때문이다. 이를 통해 중립성을 갖는 국내사법기관의 판결이 위원회의 심리대상이 되는 변화를 맞게 되었다.

2. 표현의 자유 제한에 관한 한국 정부의 입장과 논리

(1) 한국 헌법의 규약 합치성

한국 정부는 규약이 보장하는 자유와 권리를 그대로 반영하므로 합치한다는 논리 및 규약과 헌법의 문언상 피상적 유사성으로부터 동일한 내용의 권리보호에 관한 법규범이라는 논리를 전개하였다. 이러한 동일시는 규약에 근거한 법리에 대한 숙고 없이 한국법에 근거한 법리를 적용하는 방식으로 나아간다. 이는 국내 법리를 국제 심사에 사용하는 것으로서 위원회의 규약 해석과는 동떨어지게 된다.

(2) 한국 정부의 행위의 정당화

규약 제19조 제3항에 따라 그 제한이 허용되는 사유 중 국가안보와 공공질서로 정당화하고 있다. 이는 표현의 자유에 대한 침해가 정치사회적 맥락하에서 이루어지고 있음을 알 수 있다. 사례를 살펴보면, 손종규 사건에서는 총파업이 국가안보와 공공질서에 대한 위협이므로 이에 대한 형사처벌이 정당하고 주장하였고, 김근태 사건에서는 통보자의 유인물 배부가 자유민주적 공공질서에 대한 위험을 초래했다고 주장하였다. 박태훈 사건에서는 재미한국청년연합이 이적단체로서 이에 대한 동조가 한국의 민주체제 수호에 대한 위협이라고 주장하였고, 이정은 사건에서는 국가안보와 민주질서의 보호를 위한 필요를 주장하였다. 또한 신학철 사건에서는 당해 사건의 대법원 판결에서 권리 제한의 목적이 국가안보라고 주장하였다.

(3) 공공질서에 대한 근본적 위협을 북한이라고 규정

한국 정부는 북한위협으로 인한 국가보안법의 불가피성으로 표현의 자유에 대한 제한을 정당화하고 있다. 김근태 사건, 박태훈 사건, 이정은 사건이 이러한 논리가 적용된 사례이다. 이렇게 북한위협이라는 사실상의 비상사태하에서의 권리 제한에 관한 한국 정부의 실행은 오히려 규약 제4조에 입각하고 있다. 그러나 한국 정부는 공공의 비상사태에 대한 법적 선언을 공식화하지 않고 있으므로 법형식에서는 제19조 제3항을, 법논리에서는 제4조상의 공공의 비상사태를 원용하는 불합리성을 보이고 있다.

3. 시민적 · 정치적 위원회의 판단과 논거

위원회는 5건의 사건에 대해 모두 위반 판정을 내렸다. 이러한 판단의 근거는 기본적으로 표현의 자유를 민주사회의 초석으로 인식하는 데에서 출발한다. 이는 표현의 자유에 대한 제한을 엄격하게 제한하는 태도로 연결된다. 이러한 태도는 박태훈 사건에서 위원회가 '표현의 자유는 모든 민주사회에서 가장 중요한 것'으로 보고 이에 대한 제한에 있어 '엄격한 정당성'을 요구하는 점에서 볼 수 있다.

또한 북한 위협론에 근거한 한국 정부의 반론에 대해 위원회는 다음과 같은 이유에서 이를 기각한다. 우선 한국 정부가 주장하는 위협의 정확한 성격 규정이 이루어지지 않았다는 점이다. 이는 박태훈 사건 및 손종규 사건에서의 위원회의 판정에서 볼 수 있다. 다음으로 유죄 판결을 받은 통보자의 행위가 공공의 안전에 어떠한 구체적 영향을 주었는지가 모호하다는 점이다. 이는 김근태 사건에 대한 위원회의 최종견해에서 제시된 바 있다.

Ⅳ 평석

상기 사례 분석을 통해 한국의 인권 문제 중 국제적으로 표면화된 최대 현안은 표현의 자유에 대한 제한이라는 점이다. 또한 한국 정부가 북한의 위협으로부터 국가안보와 공공질서를 보호한다는 목적을 내세워 표현의 자유에 대한 제한을 정당화하고 있다는 점도 두드러진다. 위원회는 한국 정부의 이러한 정당화 논리에 대해 엄격한 잣대로 평가하였으며 5가지 사례 모두 위반 판정을 내렸다. 이는 국가보안법이 안고 있는 치명적 약점을 확인시켜 준다. 그럼에도 불구하고 한국 정부는 국가보안법이 국제적 정당성을 인정받지는 못하더라도 국내적으로는 유효한 실정법이라는 태도를 유지하고 있다.

CASE 67. 손종규 대 대한민국[111]

Ⅰ 사실관계

청원을 제출한 손종규는 1990년 9월 27일 이래 주식회사 금호 노동조합 위원장이며 대기업 연대회의의 창립 회원이었다. 1991년 2월 8일 경상남도 거제도에 있는 대우조선에서 노동쟁의가 일어났을 때 정부는 경찰병력을 동원하여 쟁의를 진압하겠다고 공표하였고, 손종규는 쟁의지점에서 400km 떨어진 서울에서 다른 연대회의 회원들과 1991년 2월 9일 모임을 가졌다. 모임 끝에 그들은 노동쟁의를 지지하고 정부의 병력투입 위협을 비난하는 성명을 채택하였다. 1991년 2월 10일 연대회의 모임을 마치고 나오던 중 손종규 및 연대회의 다른 회원들은 노동쟁의에 제3자 개입을 금지하는 노동쟁의조정법 위반혐의로 기소되었다. 1991년 8월 9일 손종규는 징역 1년 6개월과 3년의 집행유예형을 선고받았고 항소 및 상고는 기각되었다. 이에 손종규는 자유권규약 위원회에 개인청원을 제기하였다.

Ⅱ 법적쟁점

손종규는 노동쟁의조정법 제13조의2(제3자 개입금지)가 노동운동 동조자를 처벌하고 노동자를 격리시키는데 이용된다고 주장하였다. 또한 쟁의 당사자에게 영향을 주는 어떠한 행동도 금한다는 동 법 조항 자체의 불명료성이 죄형법정주의의 기본원칙을 위반한다고 주장하였다. 더 나아가 대한민국의 조치는 자유권규약 제19조 제2항에 규정된 표현의 자유를 위반하였으며, 자신이 행사한 표현의 자유가 다른 사람의 권리나 명예를 침해한 것이 아니고, 또한 국가안보나 공공질서 및 공중보건이나 도덕을 위협한 것이 아니라고 주장하였다.

Ⅲ 견해요지

1. 자유권규약 제19조 제2항 위반 여부 – 적극

자유권규약위원회는 심리대상을 손종규가 대우조선 쟁의 지지성명을 발행하는 데 가담한 것과 정부의 쟁의 무력진압 위협에 대해 비판한 것으로 노동쟁의조정법 제13조2에 의해 손종규를 처벌한 것이 자유권규약 제19조 제2항에 위반되는지의 문제로 국한시켰다. 위원회는 대한민국 정부의 조치는 자유권규약 제19조 제2항을 위반하였으며, 제19조 제3항에 의해 정당화되지 아니한다고 판단하였다. 위원회는 표현의 자유에 대한 제한이 제19조 제3항에 의해 정당화되기 위해서는 법률에 의한 제한일 것, 제19조 제3항에 규정된 목적과 관련될 것, 정당한 목적을 위해 필요한 것일 것을 요건으로 한다고 하였다. 정당한 목적을 위해 필요한 것으로 인정되기 위해서는 표현의 자유 행사가 구체적으로 어떠한 위협을 초래하는지에 대해 명확하게 특정되어야 한다고 전제하였다. 대한민국은 손종규가 발행한 성명이 국가적 총파업을 선동하고 이로써 국가안보와 공공질서를 위협할 수 있다고 주장하였다. 그러나 위원회는 대한민국이 손종규의 표현의 자유 행사가 초래하였다고 주장하는 위협이 구체적으로 어떤 성격의 것이었는가에 대해 규명하지 못했다고 판단하였으며, 대한민국이 주장한 내용 중 어떠한 것도 제19조 제3항에 기술된 표현의 자유에 대한 제한의 충분조건이 되지 않았다고 판단하였다.

---

111) 자유권규약위원회, 1994.3.18.

2. 위원회의 권고사항

위원회는 손종규가 그의 표현의 자유를 행사한 것을 이유로 처벌을 받는 것에 대해 적절한 금전배상을 포함한 실질적인 보상을 받을 권리가 있다고 하였다. 나아가 위원회는 대한민국이 노동쟁의조정법 제13조의2를 재검토할 것을 권고하였다. 또한 당사국은 이와 유사한 위반이 앞으로 다시는 일어나지 않도록 보장할 의무가 있다고 하였다. 자유권규약위원회는 당사국이 앞으로 90일 이내에 자유권규약위원회의 견해를 이행하는 조치를 취하고 이를 알려줄 것을 기대한다고 하였다.

CASE 68. Soering 사건[112]

Ⅰ 사실관계

Soering은 독일 국민이고, 미국 버지니아주에서 살인을 범하고[113] 영국으로 도망 중에 체포되었다. 미국은 영국과의 범죄인인도조약에 기초하여 그의 인도를 청구하였고, 독일 역시 범죄인인도조약에 기초하여 인도를 요청하였다. 인도청구의 경합에 대해 영국은 인도청구의 순서 및 사건의 상황 전체를 고려하여 미국으로 인도하기 위한 국내절차를 계속 진행하였다. 당시 Soering은 사형이 적용되는 죄로 기소되어 있었으나 영국은 원칙적으로 사형이 폐지된 국가였다. 이와 관련하여 영미범죄인인도조약은 이 경우 사형이 적용되는 범죄에 대해 사형을 집행하지 않는다는 보증을 주지 않는 경우 인도를 거부할 수 있게 하였다. 이에 따라 미국은 사형을 적용하지 말 것을 요구하는 영국의 의사를 재판관에게 전달하겠다는 버지니아주 검사의 증명서를 영국에 통지했다. 영국재판소는 내무부장관의 청구에 따라 인도 시까지의 구금을 명령했다. Soering은 이에 대해 법원에 이의를 제기하였으나 받아들여지지 않았고 상소도 허락하지 않았다. 이에 내무부장관은 Soering의 미국으로의 인도명령에 서명했다. Soering은 자신을 미국에 인도하는 것은 유럽인권협약을 위반한 것이라고 주장하면서 유럽인권위원회에 청원을 제출하였다. 이어 유럽인권위원회, 영국, 독일이 유럽인권재판소에 제소하였다. 영국은 미국으로의 인도가 유럽인권협약에 위반될 것이라는 유럽인권법원의 판결을 존중하여 미국으로의 인도를 거절하였다. 그러나 추후 capital murder가 아닌 first-degree murder로 범죄인인도를 재청구하자 이에 응하여 인도해 주었으며 Soering은 종신형을 선고받았다.

Ⅱ 법적쟁점

Soering의 인도에 관련하여 유럽인권협약 제3조상 고문의 금지, 제6조상 공정한 재판을 받을 권리, 제13조상의 실효적 구제를 받을 권리 등이 침해되는지가 문제되었다.

---

112) Soering v. 영국, 유럽인권재판소, 1989년.
113) Soering은 자신과 Elizabeth Haysom의 교제를 Haysom의 부모가 반대하자 Haysom의 부모를 칼로 찔러 살해하였다.

Ⅲ 판결요지

1. 제3조 위반 여부 – 적극

법원은 영국이 Soering을 인도결정한 것은 유럽인권협약 제3조를 위반한 것이라고 판정하였다. 우선 법원은 인도의 결과로서 협약상의 권리가 침해된다면 체약국의 협약상의 의무는 면제되지 않는다고 전제하였다. 또한 야기될 침해가 중대하고도 회복불능의 것이라면 협약의 잠재적 위반에 대해서도 판단을 내릴 수 있다고 하였다. 또한 도망범죄인이 인도된다면, 청구국에서 고문 또는 비인도적 대우 또는 형벌을 당할 진정한 위험에 직면한다는 것을 믿을 수 있는 충분한 증거가 있다면 도망범죄인을 인도하는 체약국의 결정은 제3조를 위반할 수 있다고 하였다. Soering이 미국에 인도되어 사형판결을 받고 '죽음의 순번 대기(death row)'를 하는 경우 사형선고부터 집행까지 평균 6 ~ 8년이 소요되며, 그 기간 동안 엄격한 구금조건하에서 죽음의 공포를 감내하지 않을 수 없다는 점, Soering이 범행 당시 18세의 젊은 나이였다는 점, 정신적으로 불안했다는 점, 범죄인을 서독에 인도하더라도 범죄인인도의 목적이 달성된다는 점 등을 고려할 때 본건 인도 결정은 집행되는 경우 유럽인권협약 제3조를 위반할 것이라고 판시하였다.

2. 제6조 위반 여부 – 소극

원고는 버지니아주에서의 사형 판결에 대한 상소 절차의 대부분에 있어서 법률부조가 행해지지 않으므로 유럽인권협약 제6조의 보장이 확보되지 않는다고 주장하였다. 이에 대해 재판부는 청구국에 있어서 재판거부를 야기할 위험이 있는 경우, 예외적으로 인도 결정이 협정 제6조와 상충할 위험성이 없는 것은 아니나, 본 건에서는 그와 같은 위험이 인정되지 않는다고 판시하였다.

Ⅳ 평석[114]

이 판결의 특징적 내용을 다음 네 가지로 요약할 수 있다. 첫째, 동 재판소는 유럽인권협약의 '잠재적 위반'(potential violations)에 대해서는 판결하지 않는다는 원칙을 이탈하였다. 둘째, 유럽인권협약은 역외적 효과(extra-territorial effects)를 가질 수 있다. 즉, 유럽인권재판소는 문제의 살인사건이 협약의 비당사국에서 발생하였고 또 사형이 부과되더라도 그 비당사국에서 집행될 것이라는 사실은 문제 삼지 않았다. 셋째, 사형 그 자체는 유럽인권협약의 위반이 아니다. 넷째, 사형을 둘러싼 환경은 유럽인권협약 제3조의 위반을 야기할 수 있다.

---

114) 김대순, 국제법론(제15판), 823면.

I 사실관계

중국 국적을 가진 파룬궁 수련자들이 한국에 난민인정 신청을 하였으며, 고등법원은 일부에 대해 난민자격을 인정하는 한편, 일부에 대해서는 난민인정을 불허하였다. 이와 관련하여 난민지위를 인정받은 자에 대해서는 법무부장관이 상고하였고, 난민인정을 받지 못한 나머지 중국인에 대해서는 이들이 대법원에 상고하였다.

II 법적쟁점

1. 난민지위인정에 있어서 '본국의 박해를 받을 근거 있는 공포의 존부' 판단
2. 난민인정 신청 이후에 한국 내에서 전개한 활동들의 박해 존부 판단 시 고려 여부

III 대법원 판결

1. 중국인들의 상고에 대한 판결

이들의 상고에 대해 대법원은 기각 판결하였다. 다음은 대법원의 판결내용이다.

(1) 난민인정 요건으로서의 '박해'

난민 인정의 요건이 되는 '박해'는 '생명, 신체 또는 자유에 대한 위협을 비롯하여 인간의 본질적 존엄성에 대한 중대한 침해나 차별을 야기하는 행위'를 의미하는 것으로서, 난민인정의 신청을 하는 외국인은 그러한 박해를 받을 '충분한 근거 있는 공포'가 있음을 입증하여야 한다. 따라서 원고들이 난민으로 인정받기 위하여는, 중국 내에서 처벌대상이 되는 관련 활동으로 인하여 체포 또는 구금과 같은 박해를 받아 한국에 입국한 사람으로서 중국으로 돌아갈 경우 중국 정부로부터 박해를 받을 우려가 있다는 충분한 근거 있는 공포를 가진 사람이거나, 한국에 체류하면서 활동에 관련한 적극적이고 주도적인 활동으로 인하여 중국 정부가 주목할 정도에 이르러 중국으로 돌아갈 경우 중국 정부로부터 박해를 받을 우려가 있다는 충분한 근거 있는 공포를 가진 사람에 해당하여야 한다.

(2) '박해'에 대한 판단

원고들은 대부분 조선족으로서 중국 정부의 탄압을 피해 한국에 입국하여 수련 활동을 하면서 중국 내 수련 활동에 대한 탄압의 진실을 규명하는 반(反)중국공산당 활동을 조직적으로 활발하게 해오고 있는 바, 중국으로 돌아갈 경우 수련 및 한국 내에서의 위와 같은 반중국공산당 활동으로 인하여 박해를 받을 충분한 근거가 있으므로 피고(법무부장관)의 원고들에 대한 난민인정 불허처분은 위법하다고 주장한다. 그러나 원고들이 중국 내에서의 적극적인 수련 활동으로 인하여 박해를 받아 대한민국에 입국한 사람들이라고 볼 수 없을 뿐만 아니라, 대한민국에 체류하면서 수련과 관련한 활동으로 인하여 중국 정부로부터 특별한 주목을 받아 박해를 받을 우려가 있다고 볼 만한 충분한 근거 있는 공포를 가진 사람들이라고 할 수도 없다. 따라서 원심의 난민인정 불허처분은 정당하고, 거기에 난민 개념에 관한 법리를 오해한 잘못이 없다.

---

115) 2012두14378(대법원, 2013.4.25.) 대법원 판결문에 기초하여 편저자가 재구성한 것이다.

2. 법무부장관의 상고에 대한 판결

대법원은 법무부장관의 상고가 이유 있다고 보고 원심판단을 파기하였다. 다음은 대법원의 판결이다.

(1) 원심판단

원심은 그 채용 증거들을 종합하여, 원고(조선족 파룬궁 수련자)가 대한민국에 입국한 이후 부천에 있는 공원 등지에서 수련을 시작하였고 인천 제2부두에서 중국인들을 상대로 중국 내 파룬궁에 대한 박해 실태에 관한 진상자료를 배부하는 등의 방법으로 반중국공산당 활동을 하였으며 학회 인권난민대책위원회 주최로 2009.12.5.부터 2009.12.19.까지 뚝섬역 부근에서 개최된 인권홍보를 위한 옥외집회와 관련하여 연락책임자로 신고되는 등 각종 수련 관련 옥외집회 당시 질서유지인 또는 연락책임자로서 중심적인 활동을 하였고, 2009.4.24. 중국대사관 앞에서 개최된 수련생 평화대청원 기자회견에 참석하였으며, 2009.7.4. 중국의 한국 수련생 납치사건의 해결을 촉구하는 기자회견에 참석하였고, 서울이나 인천의 지하철역이나 월미도 등지에서 개최된 수련 관련 진상 활동과 서명운동에 적극적으로 참가하였으며, 2009.11.24. 청와대 앞에서 중국 정부의 박해 실태를 알리는 1인 시위를 한 것을 비롯하여 지속해서 청와대와 중국대사관 앞 등에서 1인 시위를 한 사실을 인정한 다음, 원고가 비록 중국 내에서의 적극적인 수련 관련 활동으로 인하여 박해를 받아 대한민국에 입국한 사람에 해당한다고는 할 수 없으나, 대한민국에 체류하면서 수련과 관련한 활동을 함에 있어 매우 적극적이고 주도적이며 중심적인 역할을 맡아 수행함으로써 중국 정부로부터 주목받기에 충분한 정도에 이르렀다고 보이므로, 원고는 박해를 받게 될 것이라는 충분한 근거 있는 공포를 가진 사람에 해당한다고 판단하였다.

(2) 대법원의 판단

그러나 원심의 위와 같은 판단은 아래와 같은 이유로 수긍하기 어렵다. 즉, 원고는 중국 내에서 수련 활동과 관련된 불법집회나 시위 활동, 공공장소에서의 소란행위, 선전물의 출판 등과 같은 공개적이고 적극적인 활동을 하거나 이로 인하여 중국 정부로부터 체포, 구금과 같은 박해를 받은 적이 없고, 주로 집에서 관련 책을 읽거나 수련을 하는 등 단순한 일반 수련생에 불과했다는 점, 2007.10.6. 대한민국에 입국한 이후 1년이 더 경과한 2008.11.13.에 이르러서야 수련자임을 이유로 난민 신청을 하였고, 수련과 관련된 공개적인 활동을 시작한 시기도 난민 신청을 한 후인 2009.4.경인 점, 2008.6.13. 중국으로 출국하여 일주일간 중국에서 체류하였다가 2008.6.21. 별다른 문제 없이 대한민국에 재입국한 점, 난민신청과 관련하여 출입국관리사무소에서 면담할 때 "한국에서 난민 신청을 할 수 있다는 사실을 어떻게 알게 되었나요?"라는 면담관의 질문에 "아들이 한국에서 공부하고 있었는데 끝나면 돌아가야 하고 남아 있을 방법을 생각하고 있었는데 다른 수련자들이 난민 신청을 할 수 있다고 하여 신청을 하게 되었다."라고 답변하였고, "초청은 누가 해 주었나요?"라는 면담관의 질문에 "큰아들이 H대학교 박사과정 유학 중이어서 초청해 주어 왔다."라고 답변하였으며, "한국에 입국한 목적은 무엇이었나요?"라는 면담관의 질문에, "아들 만나는 것도 있지만 수련 목적도 있다."고 답변하였던 점, 수련자의 수가 전 세계적으로 엄청나게 많고, 중국 정부가 해외에서 수련 활동을 하는 사람들의 활동내역이나 인적사항 등에 관하여 일반적으로 상세하게 파악하거나 주목하지 않는 것으로 보이는 점을 감안할 때, 수련 관련 옥외집회에서 질서유지인, 연락책임자로 신고되었다거나 수련생 평화대청원 등 행사에서 기자회견을 하였다는 등의 사실만으로 중국 정부의 주목을 끌 정도에 이르렀다고 단정할 수 없는 점 등을 고려하며, 원고가 박해를 받게 될 것이라는 충분히 근거 있는 공포를 가진 사람에 해당한다고 인정하는 데 신중하여야 한다.

그럼에도 원심은 원고가 오로지 난민 지위를 인정받을 목적으로 수련 관련 활동에 관여한 것은 아닌지, 원고의 활동이 중국 정부의 주목을 끌 정도에 이르렀는지 등을 충분히 심리하여 박해를 받을 충분한 근거 있는 공포를 가진 사람에 해당하는지를 판단하였어야 함에도 난민신청 후에야 이루어진 몇몇 수련 관련 활동에만 주목한 채 난민에 해당한다고 인정하였는바, 이는 난민 개념에 관한 법리를 오해하여 심리를 다하지 아니함으로써 판단을 그르친 것이다. 이 점을 지적하는 피고(법무부장관)의 주장은 이유 있다.

I 사실관계

1. 이 사건 청구의 요지

청구인은 2006.6.1. 청구국으로부터 범죄인에 대한 인도청구가 있음을 이유로 범죄인인도법 제11조 내지 제13조의 규정에 의하여 범죄인의 인도 허가 여부에 관한 심사를 청구하였다.

2. 인도심사청구의 대상 범죄사실

범죄인은 1950년 베트남 빈딘에서 출생하여 부모를 따라 미국에 들어가 생활하다가 1992년 금융사기 범죄를 저지르기 위해서 Vinamoto Company의 임원(Executive Director) 신분으로 베트남으로 입국한 후 1995.4.30. 자유베트남 혁명정부(12755 Brookhurst St. #202 Garden Grove, Ca 92640, California, USA 소재)를 조직하여 자신을 내각총리로 자칭한 후 베트남 사회주의공화국 전복을 획책하고 있는 자인 바,

(1) 1999.3.12.부터 1999.3.16.까지 위 조직의 조직원인 Tran Thi Hue, Nguyen Van Phuong, Ty 등에게 테러 훈련을 받기 위해 캄보디아에서 태국으로 이동하도록 지시하고, 1999.3.25. 상기 테러집단은 베트남에 대한 테러행위를 자행하기 위해 베트남에 입국한 후 1999.4.18. 밤부터 1999.4.19. 아침 사이 테러공격을 기도하고, 반베트남 선전물 12,000부, 사이공 괴뢰정권 깃발 29개, 풍선 65개, 상기 깃발과 풍선을 띄우기 위한 실 뭉치 25개 등을 운반하였으며, 캄보디아에서 베트남으로 이동하는 과정에서 Nguyen Van Phuong은 Nguyen Van Han Ha, Nguyen Hong Nhat, Nguyen Van Hung 등이 테러공격을 위해 베트남에 입국하도록 회유하고, 캄보디아에서 베트남으로 입국하고자 했던 Nguyen Van Slnh, Nguyen Van Ty, Nguyen Van Hung와 합류하기 위해서 Tay Ninh 지방을 통해 베트남으로 불법 입국하면서 1kg의 폭약, 뇌관 3개와 지연신관을 1999.4.16.에 운반하고, Tran Thi Hue는 상기 테러집단이 사이공 괴뢰정권의 깃발을 배포하고, 반베트남 선전물을 유포하며, Nguyen Hue Street에 소재한 호치민 대통령 동상 근처의 공공장소를 공격하도록 지시하고, Le Aan Mlnh, Le Kim Hung, Nguyen Van Hung은 테러공격을 위해 폭탄 3개를 제조했으나, 이들의 테러계획을 이행하지 못하고, Shinh, Hung, Ty는 베트남에서 캄보디아로 출국하고,

(2) 1999.3.21.부터 1999.3.26.까지 범죄인 Le Kim Hung은 Tran Hong Hai, Pahm Van Muoi, Ly Hien, Tran Van Duo, Huynh Buu Lan 등 테러 조직원들을 캄보디아에서 태국으로 입국시켜 베트남에서 폭탄 테러공격 감행을 위해 폭약 사용방법을 전수받고, 반베트남 선전물을 유포하고, 1999.3.28. 위 테러 집단은 베트남에 불법 입국하여 테러를 자행하려 하였으나, 테러공격이 자행되기 전 베트남 경찰에 의해 발각되어 체포되어 미수에 그치고,

(3) 1999.4.15. 범죄인 Ha Vien은 Son Tam, Danh Huong에게 폭약 4개(약 0.1kg), 뇌관 2개와 지연신관을 운반하도록 지시하고, 위 물건들을 호치민 대통령 동상 근처(호치민시, Thong Nhay Palace, Tao Dan park, Nguyen Due Street)에서 폭탄테러에 이용될 예정이었으나, Son Tam과 Danh Huong은 베트남의 An Giang과 Dong Thap 지역이 캄보디아와 접한 국경 지역에서 체포되는 바람에 미수에 그치고,

---

116) 2006토1인도심사청구(2006.7.27.)
117) 법원의 판결 내용을 중심으로 편저자가 재구성한 것이다.

(4) 1999.4.21. Le Kim Huang, Le Van Minh(가명 Hal Au)은 Chung Khao(가명 Chan Khlu)와 To Van Hong에게 호치민 대통령 동상 근처(호치민시, Thong Nhay Palace, Tao Dan park, Nguyen Due Street)에서 폭탄 테러 공격을 감행하기 위해, 폭약 4개(각 1kg), 뇌관 2개, 신관 지연을 베트남에 운반하도록 지시했으나 두 사람이 베트남의 An Giang과 Dong Thap 지역이 캄보디아와 접한 국경 지역에서 체포되는 바람에 미수에 그치고,

(5) 1999.8.19.부터 1999.6.22.까지 범죄인은 Vo Sy Cuong, Dinh Quang Hai에게 베트남에 불법 입국하여 폭탄 테러공격을 감행하도록 지시했으나, 상기 2인은 작전 수행 전에 체포되어 미수에 그치고,

(6) 1999.7.19. 범죄인 Ha Vien은 Nguyen Van Binh이 5개의 가방에 나누어 담겨진 20kg의 폭약 파우더를 구입하도록 지시하고, Nguyen Van Binh의 공범은 Binh에게 뇌관 20개를 주었으며, 그 후 범죄인은 Son Tam, Danh Huonh에게 Cao Tho 지역, 호치민시 호치민 대통령 동상이 위치한 지역에서 폭탄 테러 공격을 감행하는 데 사용될 3.5kg의 폭약을 운반하도록 지시했으나, 이들은 테러공격을 감행하기 전 체포되어 미수에 그치고,

(7) 1999.11.15. 범죄인 Ha Vien은 Ho Long Duc를 베트남에 보내 테러공작원들을 모집하라고 지시하고, 베트남에 입국하는 길에 Ho Long Duc는 Pham Thanh Hau와 접촉했으며, 그에게 테러 행위를 위한 베트남 입국을 권유했으나, 이들은 폭탄테러 공격을 위해 Can Tho, Ninh Kieu의 호치민 대통령 동상이 세워져 있는 지역을 조사하던 중 모두 체포되고,

(8) 1999.12.22. 범죄인 Ha Vien은 Huyanh Anh Tu, Huynh Anh Tri, Nguyen Ngoo Phuong에게 베트남에 불법 입국하도록 지시하고, 이들은 폭약 960g, 뇌관 2개와 지연신관을 이용하여 설날에 Can Tao 지역과 호치민시에서 테러공격을 감행하기 위해 상기 물건을 베트남으로 운반했으나, 이들은 테러공격 감행 전 체포되어 미수에 그치고,

(9) 2000.1.30.부터 2000.2.14.까지 범죄인과 공범들은 폭약 13kg, 뇌관 15개, 8개 부분으로 나뉜 지연신관(각 부분은 20cm)을 0.1m 구입하고, Van Ngoc Hieu는 Le Ngoc Anh Tuan(가명 Mung)에게 Ninh Kleu에서의 테러 목적으로 폭약 0.5kg, 뇌관 10개, 지연 신관 0.5개를 베트남으로 가져오도록 지시하고(호치민시 방송국, 우체국, Can Tho 테러공격 목적), 범죄인은 Ly Ngoc Ha, Pham Anh Tuan, Nguyen Thanh Van, Le Ngoc Anh Tuan(가명 Nguyen Van Mung), Tran Kim Huong, Do Van Thai, Tran Hoang Giang, Van Ngoc Hieu를 폭약, 폭약 원격조정기 2개, 반베트남 선전물 144부를 운반하여 베트남에 입국하도록 지시하고(Van Ngoc Leu 5.5kg), Le Ngoc Anh Tuan 5kg, Pham Anh Tuan 0.5kg 폭약 운반), Do Van Thai, Tran Hoang Giang, Van Ngoc Hieu는 폭탄 3개를 제조하여 두 개의 조로 나뉘어 폭탄을 장치했으나 체포되는 바람에 미수에 그치고,

(10) 2000.3. 범죄인과 공범들은 Le Than, Nguyen Thi Thu Thuy를 베트남으로 보내서 Hoa Hoa교 창시자인 Huynh Phu So의 서거 기념일인 2000.3.29.과 3.30.에 지뢰와 휘발유를 이용하여 테러공격을 감행하도록 지시하고, 테러 목적은 Hoa Hoa교인들이 베트남 정부에 항거하도록 선동하기 위해서였으나 Than은 Thuy와 접촉하지 못했고, 수류탄도 받지 못해 테러계획은 무산되고 두 사람은 체포되는 바람에 미수에 그치고,

(11) 2000.4.18. 범죄인과 공범들은 Nguyen Thi Thu Thuy를 태국에서 베트남으로 보내고, Nguyen Thi Thuy는 가스탱크를 구입하여 공공건물, 학교 등을 폭파하도록 지시받았으며, Can Tho과 Long Xuyen 은 호치민시에서 시민들이 통일 기념일과 국제 노동절을 맞아 기념행사를 벌이는 2000.5.1. 폭탄 테러 공격을 자행하도록 지시받았으나, 발각 체포되어 미수에 그치고,

(12) 2000.7.22. 범죄인은 당시 미국에 있던 Son Nguyen Thanh Dien을 베트남으로 보내 테러공격을 감행하도록 했으나, Son Nguyen Thanh Dien은 2000.8.17. 체포되어 미수에 그치는 등, 1999.3.12.부터 2000.7.22.까지 공범들에게 폭약 총 47.98kg, 뇌관 총 44개와 지연신관을 캄보디아에서 구입하도록 지시하고, 사람들을 베트남에 보내어 테러를 감행하도록 12차례 지시했으며, 폭약 총 23.46kg, 뇌관 19개와 지연 신관을 구입하여 테러를 감행하도록 6차례 지시하고,

(13) 2001.6. Tuan에게 태국 주재 베트남 대사관을 조사하도록 지시하고, Tuan과 Phan Nguyen Thanh Hien Sy는 대사관 조사결과를 범죄인에게 보고하였으며, 범죄인은 Tuan에게 대사관으로 잠입해 대사관 보안 관련 정보를 수집하도록 지시했으나 Tuan은 체포되는 것을 우려하여 지시를 따르지 않겠다고 거부하여 다른 테러공작원에게 지시를 내리도록 요청하고, Tuan과 Sy는 태국 여성 댄서 1명을 고용, 대사관에 잠입하도록 지시하려 했으나, 댄서가 약속 장소에 나타나지 않아 계획은 무산되고, 그 후 범죄인은 Phan Nguyen Thanh Hien Sy와 Nguyen Van Trang에게 태국 주재 베트남대사관을 대상으로 테러를 감행하도록 지시하고, Sy는 폭약, 석유, 휴대폰 2대, 포장지를 구입하여, 폭탄 2개(휴대폰을 원격 조종기로 이용하여 폭발)를 제조하고, 2001.6.19. Sy는 핸드백 2개에 폭탄 2개를 넣어 운반했으며, Trang은 다른 차량으로 이동하고, Sy는 상기 핸드백 중 1개를 대사관에 던지고, Trang은 휴대폰을 이용하여 폭탄을 폭파시키려 했으나, 폭탄은 뇌관 조립 과정상의 문제로 인해 터지지 않아 미수에 그쳤다.

Ⅱ 법적쟁점 및 적용법규

1. 법적쟁점

이 사건 인도심사청구에서의 주요 쟁점은 대한민국이 범죄인을 청구국에 인도하여야 할 국제법상의 의무가 있는지, 아니면 이 사건 대상 범죄가 정치범죄로서 정치범 불인도의 원칙에 따라 범죄인을 청구국에 인도하여서는 아니 되는 것인지 여부이다. 이와 관련하여 절대적 인도거절 사유 또는 절대적 인도거절의 예외 사유에 해당하는지가 쟁점이 되었다.

2. 적용법규

(1) 이 사건 인도심사청구에서의 주요 쟁점은 대한민국이 범죄인을 청구국에 인도하여야 할 국제법상의 의무가 있는지, 아니면 이 사건 대상 범죄가 정치범죄로서 정치범 불인도의 원칙에 따라 범죄인을 청구국에 인도하여서는 아니 되는 것인지 여부이다.

이 점에 관하여는 국내법으로서 1988.8.5. 공포되어 시행되고 있는 범죄인인도법과 조약으로서 대한민국과 청구국 사이에 2003.9.15. 체결하여 2005.4.19. 발효된 '대한민국과 베트남사회주의공화국 간의 범죄인인도조약'(이하 '이 사건 인도조약'이라 한다)에 관련 규정이 있는데, 우리나라 헌법은 "헌법에 의하여 체결·공포된 조약과 일반적으로 승인된 국제법규는 국내법과 같은 효력을 가진다."라고 규정하고 있고(헌법 제6조 제1항), 이러한 헌법 규정 아래에서는 국회의 동의를 요하는 조약은 법률과 동일한 효력을, 국회의 동의를 요하지 않는 조약은 대통령령과 같은 효력을 인정하는 것이라고 해석함이 타당하므로, 이 사건 인도조약은 국회의 비준을 거친 조약으로서 법률과 동일한 효력을 가지는 것이라 할 것이고, 따라서 대한민국이

청구국에 대하여 범죄인을 인도할 의무가 있는지 여부를 판단함에 있어서는 신법우선의 원칙, 특별법우선의 원칙 등 법률해석의 일반원칙에 의하여 이 사건 인도조약이 범죄인인도법에 우선하여 적용되어야 한다.

(2) 이 사건 인도조약에 의하면, 양 당사국은 인도대상범죄에 대한 기소, 재판 또는 형의 집행을 위하여 자국의 영역에서 발견되고 타방 당사국에 의하여 청구되는 자를 이 사건 인도조약의 규정에 따라 타방 당사국에 인도하여야 할 의무가 있고(이 사건 인도조약 제1조), 인도대상범죄는 인도청구 시 양 당사국의 법에 의하여 최소 1년 이상의 자유형이나 그 이상의 중형으로 처벌할 수 있는 범죄로 정하고 있는데(이 사건 인도조약 제2조 제1항), 기록에 의하면, 이 사건 인도심사청구의 대상 범죄사실은 청구국의 형법 제84조(테러리즘)에 의하여 징역 2년 이상 20년 이하의 징역, 무기징역 또는 사형에 처할 수 있는 범죄인 사실을 인정할 수 있고, 한편 대상 범죄사실은 대한민국 형법 제120조 제1항, 제119조 제3항ㆍ제1항의 규정에 의한 폭발물 사용 예비ㆍ음모죄 또는 총포ㆍ도검ㆍ화약류 등 단속법 제70조 제2항ㆍ제1항 제2호, 제71조 제1호, 제12조 제1항에 규정된 범죄에 해당하므로, 결국 대상 범죄사실은 이 사건 인도조약상 양 당사국의 법에 의하여 최소 1년 이상의 자유형이나 그 이상의 중형으로 처벌할 수 있는 범죄로서 인도대상범죄에 해당한다.

Ⅲ 법원의 결정

1. 주문

범죄인을 청구국에 인도하는 것을 허가하지 아니한다.

2. 절대적 인도거절 사유에 해당하는지 여부

(1) 범죄인 및 변호인의 주장

범죄인 및 변호인은 이 사건 인도심사청구 범죄사실이 인도대상범죄에 해당한다 하더라도 그 범죄는 이 사건 인도조약상 절대적 거절사유인 정치적 성격을 갖는 범죄이므로 범죄인에 대한 인도를 허가하여서는 아니 된다고 주장하므로, 과연 이 사건 인도대상범죄가 정치적 성격을 갖는 범죄로서 이 사건 인도조약에 의하여 범죄인에 대한 인도를 거절하여야 할 것인지 여부에 관하여 살펴본다.

(2) 정치범 불인도의 원칙

① 본래 중세에 이르기까지 국제사회에서의 범죄인인도제도는 선린국가 간의 정치범죄인의 인도를 주된 내용으로 하고 있었으나, 18세기 프랑스 혁명 이후 다양한 정치체제가 등장하고 근대 인권사상이 발달함에 따라 정치범 불인도의 원칙이 발전되기 시작하였고, 벨기에가 1834년 범죄인인도법에 처음으로 정치범 불인도의 원칙을 도입한 이래 지금은 세계 대부분의 국가가 국내법과 조약에 정치범 불인도의 원칙을 규정함으로써 이는 국제법상의 기본원칙으로 확립되었다.

② 이 사건 인도조약은 물론 범죄인인도법에서도 정치범에 대하여 '정치적 성격을 갖는 범죄'라거나 '정치적 성격을 지닌 범죄이거나 그와 관련된 범죄'라고만 규정할 뿐 정치범죄의 정의와 범위에 관하여는 아무런 규정을 두지 않아 정치범죄의 의미와 범위는 위 각 규정의 내용에 근거하여 합리적으로 해석할 수밖에 없다.

일반적으로 국제법 학자들이 범죄인인도 절차에 있어 정치범죄의 개념을 "자연범죄의 경우와 마찬가지로 반사회적(反社會的) 또는 반공서양속적(反公序良俗的)인 것으로서 국가가 제정해 놓은 구성 요건에 해당하는 위법·유책한 것이지만, 국가권력 담당자에게 반대하더라도 국민 다수의 잠재적인 정의감정 또는 국민 일부의 도덕적 감정에는 합치하는 범죄"라고 정의하거나, "특정 국가의 기본적 정치질서를 교란·파괴할 목적을 가지고 보통법상의 중대범죄 이외의 방법으로 형벌 법령에 위반하여 그 법익을 침해하거나 침해할 위험을 가지고 있는 모든 행위"라고 정의하고 있는 바와 같이, 정치범죄는 해당 국가의 정치질서에 반대하는 행위와 그와 같은 목적을 위하여 저지른 일반범죄, 즉 강학상 절대적 정치범죄와 상대적 정치범죄를 의미한다고 볼 것이고, 그 해당 여부를 판단함에 있어서는 범죄자의 동기, 목적 등의 주관적 심리요소와 피해법익이 국가적 내지 정치적 조직질서의 파괴에 해당하는지 여부 등 객관적 요소를 고려하여야 할 것이다.

다만, 이와 같은 정치범 불인도의 원칙은 본래부터 절대적인 것이 아니고 범죄인인도조약 체결 당사국 간의 합의에 의하여 제한될 수 있는 것이며, 특히 최근에 이르러서는 특정한 범죄 유형에 관하여는 다자간 국제조약을 통하여 위 원칙이 완화 또는 제한되는 경향이 뚜렷한데, 이러한 예외가 인정되는 국제범죄의 유형으로는 인류에 반하는 범죄, 집단살해, 전쟁범죄, 해적행위, 항공기 납치행위, 노예·인신매매 기타 부녀 및 아동 거래행위, 국제마약거래, 고문, 폭탄 테러행위 등이 주로 열거되고 있다.

(3) 이 사건 인도조약상 "정치적 성격을 갖는 범죄"의 의미

이 사건 인도조약 제3조 제1항 가.목은 "인도청구되는 범죄가 정치적 성격을 갖는 범죄라고 피청구국이 결정하는 경우에는 범죄인인도가 허용되지 아니한다."라고 규정하고 있을 뿐, 따로 "정치적 성격을 갖는 범죄"의 의미에 관하여 정의하고 있지 않은 채 전적으로 피청구국이 결정하여야 할 사항으로 유보하고 있다. 그런데 절대적 인도거절 사유에 관한 이 사건 인도조약의 규정 형식에 관하여 보면, 우선 제3조 제1항 가.목에 위와 같이 정치적 성격을 갖는 범죄에 관하여는 범죄인인도가 허용되지 않는다는 원칙을 선언한 다음, 제2항에서 "국가원수 또는 그 가족구성원의 생명에 대한 침해행위나 그 미수행위 또는 그들의 신체에 대한 공격행위(가.목)", "양 당사국이 모두 당사자인 다자간 국제협정에 의하여 당사국이 관할권을 행사하거나 범죄인을 인도할 의무가 있는 범죄(나.목)"의 경우에는 정치범 불인도의 원칙을 규정한 제1항 가.목의 규정을 적용하지 않는다는 예외를 규정하고 있다.

한편, 범죄인인도법도 이 사건 인도조약과 마찬가지로 제8조 제1항에서 "인도범죄가 정치적 성격을 지닌 범죄이거나 그와 관련된 범죄인 경우에는 범죄인을 인도하여서는 아니 된다."라고 규정한 후, "국가원수·정부수반 또는 그 가족의 생명·신체를 침해하거나 위협하는 범죄", "다자간 조약에 의하여 대한민국이 범죄인에 대하여 재판권을 행사하거나 범죄인을 인도할 의무를 부담하고 있는 범죄", "다수인의 생명·신체를 침해·위협하거나 이에 대한 위험을 야기하는 범죄"를 정치범 인도거절의 예외 사유로 열거하고 있다. 위와 같은 이 사건 인도조약 및 범죄인인도법의 규정 형식에다가 앞에서 본 정치범 불인도 원칙의 발전 과정 및 최근의 제한 경향, 정치범죄의 개념 및 유형 등에 비추어 보면, 이 사건 인도조약 제3조 제1항에서 말하는 "정치적 성격을 갖는 범죄"라 함은 범죄인인도법 제8조 제1항 소정의 "정치적 성격을 지닌 범죄이거나 그와 관련된 범죄"와 같은 의미로서 순수 정치범죄뿐 아니라 상대적 정치범죄까지 아우르는 개념으로 해석함이 상당하고, 이렇게 해석하는 것이 같은 조 제2항에서 예외 사유를 열거하는 취지와도 부합한다.

(4) 이 사건 인도대상 범죄가 정치적 성격을 갖는 범죄인지 여부

① 범죄인인도의 대상 범죄가 정치적 성격을 갖는 범죄, 즉 정치범죄에 해당하는지 여부는 범죄행위에 있어서 범죄인의 동기, 목적, 기타 주관적 심리요소와 피해법익이 국가적 내지 정치적 조직질서의 파괴인지 여부와 같은 객관적 요소는 물론, 범죄인이 속한 조직의 정치적 성격과 견해, 위 조직의 활동 내용과 범죄인의 역할, 범행의 구체적인 경위 등의 제반 사정을 종합하여 판단하여야 함은 앞서 본 바와 같다.

② 우선 이 사건 인도심사청구 범죄사실에 관하여 보면, 대상 범죄사실은 범죄인이 1995.4.30. 자유베트남 혁명정부를 조직하여 자신을 내각총리로 자칭한 후 청구국의 전복을 꾀하고 있다고 전제하고, 범죄인이 이러한 목적을 달성하기 위하여 베트남 지역 내에서 테러행위를 감행하기 위하여 폭약 또는 뇌관을 구입, 제조, 운반하도록 지시함과 아울러 청구국에 반대하는 내용의 깃발, 유인물, 풍선 등을 게양, 살포하기 위하여 운반하도록 지시하였다는 것이다.

나아가 기록에 의하면, 대상 범죄사실에서 언급되고 있는 자유베트남 혁명정부는 자유민주주의 베트남 정부(Government of Free Vietnam, GFVN)를 지칭하는 것으로 보이는데, 이는 1995.4.30. 미국 캘리포니아주 가든 그로브(Garden Grove)시에서 청구국의 정치질서를 반대하는 조직들이 연합하여 결성한 자칭 망명정부기구로 현재의 베트남 지역에 있는 공산정권을 타도하고 시장경제 제도와 자유선거를 근간으로 하는 자유민주주의 정부의 수립을 목적으로 하는 정치기구인 사실, 범죄인은 1949.10.1. 베트남 빈딘(Binh Dinh)에서 태어난 자로 1975.4. 베트남이 공산화되자 특공대를 조직하여 공산정권에 대항하여 투쟁하다가 1982년경 베트남을 탈출하여 미국으로 건너간 이후 지금까지 미국에 거주하고 있는 미국 영주권자로서, 자유민주주의 베트남 정부의 수립에 참여한 이래 2003년에 이르기까지 위 정부의 국무장관(Secretary of State), 수상(Prime Minister)을 역임하였으며, 그 후 위 정부와 관련된 베트남 국민당(Vietnam National Party)의 당수(Secretary General)로 선출되어 지금까지 재직하고 있는 사실을 인정할 수 있다.

③ 또한, 이 사건 인도심사청구의 대상 범죄는 그 자체에 의하더라도 대부분 폭발물 사용의 대상이 사람인지 시설인지조차 특정되지 않은 것으로 범죄인인도법이 규정하고 있는 "다수인의 생명·신체를 침해·위협하거나 이에 대한 위험을 야기하는 범죄"로 평가하기에 어려움이 있을 뿐더러, 대부분의 범죄사실은 실제로 폭발물이 사용되지 않은 채 예비·음모 단계에서 적발되어 시설이나 사람에 대한 어떠한 피해도 발생하지 않았다는 것으로서 오늘날 정치범 불인도 원칙에 대한 완화 내지 예외로 되는 범죄에 해당되는지 여부에 대하여도 강한 의심이 든다.

④ 이상과 같은 이 사건 인도심사청구의 대상 범죄사실의 내용과 성격 및 위 인정사실에서 볼 수 있는 사정들, 기타 이 사건 기록 및 심문 결과를 통하여 드러난 이 사건 범죄의 동기, 목적, 범행의 경위 및 내용, 피해법익의 내용 및 피해의 정도, 범죄인 및 범죄인이 속한 정치조직의 성격과 정치적 견해, 범죄인의 활동 내용 및 범행 가담 정도 등을 종합하여 보면, 이 사건 인도대상범죄는 폭발물을 이용한 범죄의 예비·음모라는 일반범죄와 청구국의 정치질서에 반대하는 정치범죄가 결합된 상대적 정치범죄라 할 것이고, 이는 앞서 본 바와 같이 이 사건 인도조약 제3조 제1항 소정의 "정치적 성격을 갖는 범죄"에 해당하는 것이므로, 특별히 이 사건 인도조약상 예외 사유에 해당한다는 사정이 없는 한 범죄인을 청구국에 인도하는 것은 이 사건 인도조약에 위배된다.

3. 절대적 인도거절의 예외 사유에 해당하는지 여부

(1) 청구인의 주장

이에 대하여 청구인은 이 사건 인도심사청구 대상 범죄는 아래와 같이 "폭탄테러행위의 억제를 위한 국제협약" 또는 "국제연합 안전보장이사회의 2001.9.28.자 1373호 결의" 등의 국제협정에 의하여 대한민국이 이 사건 인도조약에 의하여 범죄인을 인도할 의무가 있는 경우에 해당할 뿐 아니라, 범죄인인도법 제8조 제1항 제3호의 예외 사유에 해당하여 범죄인을 인도하여야 할 경우에도 해당하므로, 어느 모로 보더라도 이 사건 범죄인에 대한 인도를 허가하여야 한다고 주장하므로 이에 관하여 살펴본다.

(2) 이 사건 인도조약 제3조 제2항 나.목에 해당하는지 여부

① 이 사건 인도조약 제3조 제2항 나.목의 규정 내용: 앞서 본 바와 같이 이 사건 인도조약은 "양 당사국이 모두 당사자인 다자간 국제협정에 의하여 당사국이 관할권을 행사하거나 범죄인을 인도할 의무가 있는 범죄"를 정치범 불인도의 원칙을 규정한 이 사건 인도조약 제3조 제1항의 예외 사유로 규정하고 있다. 이는 범죄인인도법 제8조 제1항 제2호가 "다자간 조약에 의하여 대한민국이 범죄인에 대한 재판권을 행사하거나 범죄인을 인도할 의무를 부담하고 있는 범죄"를 정치범 불인도 원칙의 예외로 규정하고 있는 것과 같은 취지로서 인류에 반하는 국제범죄 및 국제테러범죄에 관하여 정치범 불인도의 원칙을 제한하고자 하는 국제사회의 요청에 부합하는 내용이라 할 것이다. 다만, 이 사건 인도조약은 "양 당사국이 모두 당사자인 다자간 국제협정"이라고 명시함으로써 적용되는 조약의 범위를 범죄인인도법보다 좁게 규정하고 있다.

② 폭탄테러행위의 억제를 위한 국제협약: 폭탄테러행위의 억제를 위한 국제협약은 1998.1.12. 국제연합에서 체결된 다자간 조약으로서 조약 성립 후 가입을 희망하는 국가의 일방적 행위에 의하여 조약가입이 허용되는 이른바 개방조약이다.

위 조약은 그 동안 확산되어 온 폭발물을 이용한 테러행위를 방지하고 테러범죄행위자를 기소, 처벌하기 위한 효과적이고 실행 가능한 조치를 고안, 채택하기 위한 국가 간의 국제협력을 제고하기 위하여 제안된 것으로서, 폭발성 장치 또는 기타 치명적 장치를 위법하고 고의적으로 전달·배치·방출·폭발시키거나 그러한 범죄에 공범으로 참가하는 행위를 대상 범죄에 포함시키고 있으며(위 국제협약 제2조), 이러한 범죄들은 범죄인인도 또는 사법공조를 위하여 정치적 범죄, 정치적 범죄와 관련되는 범죄 또는 정치적 동기에 의하여 발생한 범죄로 간주하지 않는다고 규정하고 있다(위 국제협약 제11조).

나아가 이 사건 범죄인인도심사청구의 양 당사국인 대한민국과 청구국이 위 조약에 가입한 당사자인지 여부에 관하여 보건대, 기록에 의하면, 대한민국은 2004.2.9. 국회의 비준 동의를 거쳐 같은 해 2.17. 비준서를 국제연합 사무총장에게 기탁함으로써 위 조약에 가입하였지만, 청구국은 아직 위 조약에 가입하지 않아 당사자가 아닌 사실을 인정할 수 있는바, 이에 따르면 위 조약은 이 사건 인도조약 제3조 제2항 나.목 소정의 "양 당사국이 모두 당사자인 다자간 국제협정"에는 해당하지 않는다 할 것이고, 결국 위 조약을 근거로 범죄인에 대한 인도를 허가할 수는 없다.

③ 국제연합 안전보장이사회의 2001.9.28.자 1373호 결의: 국제연합 안전보장이사회는 2001.9.28. 1373호 결의(UN Security Council Resolution 1373)를 채택하였는데, 이 결의는 2001.9.11. 미국 뉴욕, 워싱턴 D.C., 펜실베니아 등지에서 일어난 이른바 '9·11 테러'를 강력히 비난함과 아울러 회원국들에게 테러 관련 국제협약의 완전한 이행과 테러행위의 예방 및 근절을 위한 국제적인 공조를 촉구하고자 채택된 것으로서 대한민국과 청구국은 모두 위 결의에 서명함으로써 위 결의의 당사자가 되었다.

일반적으로 국제연합 등 국제조직의 결의는 어느 국가의 정부행위가 아니라 국제조직 그 자체의 행위에 불과한 것으로서 그 국제조직을 구성하는 국가 사이의 합의의 형식을 갖춘 것은 아니고, 따라서 국제법의 법원(法源)으로도 인정되지 않는다. 그러나 국제연합 헌장은 회원국이 안전보장이사회의 결정을 수락하고 이행할 것을 동의하는 것으로 규정하고 있고(국제연합 헌장 제25조), 국제연합 헌장 제7장 중 제41조(외교관계의 단절 등 비군사적 방법에 의한 대응조치에 관한 규정) 및 제42조(군사적 방법에 의한 대응조치에 관한 규정)에 의한 안전보장이사회의 결정은 모든 회원국에 대한 구속력이 있는 것(binding decision)으로 인정되고 있다.

따라서 위 1373호 결의가 이 사건 인도조약 제3조 제2항 나.목 소정의 "다자간 국제협정"에 해당하는 것인지 여부에 관하여 본다. 기록에 의하면, 위 결의는 국제연합 회원국들에게 국제연합 헌장 제7장에 의한 조치를 요구하는 것으로서 회원국들에 대하여 구속력이 있는 것으로 보이나, 다자간 국제협정에 있어서는 이를 체결함에 있어서 협정 체결의 제안, 초안의 작성, 본문의 채택 등에 있어 일정한 절차 및 요건을 준수하여야 하고, 각 가입국의 국내 비준절차를 거쳐야 할 필요도 있으며, 특정 조약의 당사자가 되려고 하는 국가에게는 특수 사정을 고려하여 조약 당사자가 되는 조건으로 당해 조약의 적용을 제한하거나 또는 일부 배제한다는 일방적인 의사표시, 즉 조약의 유보(reservation)를 할 수 있는 권한이 부여되어 있고, 조약의 효력이 발생한 이후에는 이를 국제연합사무국에 등록하여 일정한 효력을 발생시키는 등의 절차 및 효력발생에 있어서 여러 가지 요건과 제한이 요구되는 것임에 반하여, 국제연합 안전보장이사회의 결의는 일정한 경우에 회원국들에 대하여 구속력이 있다고는 하나, 다자간 국제협정에서 요구되는, 앞서 본 바와 같은 절차 및 효력 발생에 관한 요건이나 제한이 그대로 적용되는 것이 아니어서 이를 다자간 국제협정과 동일한 것으로 볼 수 없다. 따라서 아무래도 국제연합 안전보장이사회의 위 1373호 결의는 이 사건 인도조약 제3조 제2호 나.목 소정의 "다자간 국제협정"에 해당한다고 할 수는 없다.

더 나아가 국제연합 안전보장이사회 1373호 결의의 내용 중 테러행위자의 처벌에 관한 부분을 살펴보면, 모든 회원국들은 ㉠ 테러행위에 대한 자금제공이나 지원과 관련된 수사나 형사 절차와 관련하여 서로 최대한 협조하여야 할 것을 결정(decides)하고[위 결의 제2항(f)], ㉠ 국제법과 국내법에 의거하여 정보를 교환하고 테러행위의 발생을 예방하기 위하여 행정 분야 및 사법 분야에서 공조할 것[위 결의 제3항(b)], ㉠ 테러공격을 예방 및 억제하고 테러행위를 저지르는 자에 대한 조치를 취하기 위하여 특별히 양자협약이나 다자협약을 통해 협조할 것[위 결의 제3항(c)], ㉣ 1999.12.9.자 테러자금조달 억제에 관한 국제협약을 포함한 테러리즘에 관련된 국제협약이나 의정서에 가능한 빠른 시일 내에 가입할 것[위 결의 제3항(d)], ㉤ 국제법에 의거하여, 테러행위를 자행·조직·조장한 자에 대하여 난민의 지위가 악용되지 않도록 보장하고, 정치적 동기가 있다는 주장이 테러혐의자의 인도요청의 거부 근거로 인정되지 않도록 보장할 것[위 결의 제3항(g)]을 요구(calls upon)한다는 것 등을 결의하고 있을 뿐이다.

결국 위 1373호 결의의 내용에 따르면, 안전보장이사회는 위 결의를 통하여 국제연합의 모든 회원국들에게 테러행위의 방지 및 처벌에 관한 국제적인 공조를 요구하는 것일 뿐 회원국들에게 테러행위자에 대한 구체적인 재판권의 행사나 범죄인인도의 의무를 부과하는 것은 아니라 할 것이고, 오히려 각 회원국들에게 테러행위의 방지 및 처벌에 관한 각종 국제협약과 의정서에 가입함으로써 이를 통하여 구체적으로 테러행위자에 대한 처벌과 범죄인인도에 관한 국제적인 규약에 동참하거나, "국제법에 의거하여" 테러혐의자가 정치적 동기가 있다는 주장에 근거하여 범죄인인도 요청을 거부하지 않을 것 등을 촉구하고 있을 뿐이다.

이상에서 살펴본 바와 같이 국제연합 안전보장이사회 1373호 결의는 다자간 국제협정으로서의 절차적, 실체적 요건을 갖추지 못하였을 뿐 아니라, 그 결의의 내용도 각 회원국들에 대하여 범죄인인도에 관한 구체적인 의무를 부과하는 것이 아니므로, 결국 위 결의는 이 사건 인도조약 제3조 제2항 나.목 소정의 다자간 국제협정에 해당하지는 않는다 할 것이다.

④ 소결론: 따라서 이 사건 범죄는 다자간 국제협정에 의하여 대한민국이 범죄인을 인도할 의무가 있는 경우에 해당한다는 청구인의 주장은 이유 없다.

(3) 범죄인인도법 제8조 제1항 제3호가 적용되는지 여부

앞서 본 바와 같이 범죄인인도법 제8조 제1항 제3호는 정치범 불인도의 원칙의 예외로서 "다수인의 생명·신체를 침해·위협하거나 이에 대한 위험을 야기하는 범죄"를 정치범 인도거절의 예외 사유 중의 하나로 열거하고 있는데 반하여 이 사건 인도조약은 이를 예외 사유 중의 하나로 열거하지 않고 있으므로, 과연 이 사건에 있어 위 범죄인인도법의 규정이 적용될 수 있는지 여부에 관하여 살펴본다.

앞서 본 대로 범죄인인도법에 우선하여 이 사건 인도조약의 규정이 이 사건 범죄인인도심사청구에 적용되어야 할뿐더러, 범죄인인도법 제3조의2는 "범죄인인도에 관하여 인도조약에 이 법과 다른 규정이 있는 경우에는 그 규정에 따른다."라고 명시적으로 규정하고 있는바, 이에 따르면 이 사건에 있어서는 범죄인인도법 제8조 제1항 제3호가 적용되지 않는다고 봄이 상당하다.

따라서 범죄인인도법 제8조 제1항 제3호의 규정에 의하여 이 사건 범죄인인도를 허가하여야 한다는 청구인의 주장은 더 이상 나아가 살펴볼 필요 없이 이유 없다.

4. 결론

그렇다면, 이 사건 인도대상범죄는 정치적 성격을 갖는 범죄이고, 달리 범죄인을 인도하여야 할 예외 사유도 존재하지 아니하므로, 범죄인인도법 제15조 제1항 제2호, 인도조약 제3조 제1항 가.목에 의하여 범죄인을 청구국에 인도하는 것을 허가하지 아니하기로 하여 주문과 같이 결정한다.

제13장 | 영토의 취득

CASE 71. Western Sahara 사건[118]

I 사실관계

1. 스페인은 1884년부터 서부 사하라(Western Sahara) 지역을 식민지로 보유해 오다 1960년 동 지역을 UN 헌장에 따라 비자치지역으로 독립시키고자 하였고 UN총회는 동 지역을 비자치지역으로 승인하였다.

2. 이에 대해 모로코와 모리타니아가 이에 이의를 제기하고 서부 사하라가 자국에 귀속되어야 한다고 주장하였다. 양국은 동 지역이 스페인의 식민지가 되던 당시부터 그 지역에 대한 주권을 행사하고 있었다고 주장하였다.

3. UN총회는 서부 사하라의 지위에 관해 ICJ에 권고적 의견을 요청하기로 하였다.

II 권고적 의견 요청사항

1. 서부 사하라가 스페인의 식민지가 되던 당시 동 지역은 무주지였는가?

2. 서부 사하라 지역과 모로코 및 모리타니아와의 법적 유대는 무엇인가?

---

118) Western Sahara Case, Advisory Opinion, ICJ, 1975년.

Ⅲ 권고적 의견 요지

1. 스페인 식민지로 편입되던 당시 서부 사하라의 법적 지위 – 무주지가 아님

ICJ는 당시 서부 사하라 지역은 무주지가 아니라고 판단하였다. 시제법의 원칙상 당해 지역이 무주지인가 여부는 당시 국제법에 따라 판단해야 한다. 당시 국제법에 따르면 사회적 · 정치적 조직을 갖는 부족이나 주민이 거주하는 지역은 무주지로 간주되지 않았다. 당시 서부 사하라는 주민들이 사회적 · 정치적으로 조직화되어 있었으며 주민들을 대표하는 권한을 가진 정치적 지도자도 존재하였다. 따라서 서부 사하라 지역은 당시 무주지가 아니었다. 스페인도 서부 사하라를 식민지로 편입하면서 자국이 무주지에 주권을 확립한 것으로 행동하지는 않았다.

2. 서부 사하라 지역과 모로코 및 모리타니아의 관계

(1) 서부 사하라 지역과 모로코의 관계

ICJ는 모로코와 모리타니아가 서부 사하라 지역에 대해 영토주권을 확립하고 있지 못하다고 판단하였다. 모로코가 제시한 증거자료들로부터 서부 사하라 지역이 스페인의 식민지로 편입되던 당시 서부 사하라에 대해 모로코의 영토주권이 확립되었다는 것을 발견할 수 없다고 보았다. 모로코와 서부 사하라의 일부 부족 사이에 충성 의무라는 법적 관계가 존재하기는 하였고, 이들 부족에 대한 모로코의 영향력이 일정 정도 인정되었으나 이것으로부터 영토주권 확립을 도출할 수는 없다고 판단하였다.

(2) 서부 사하라 지역과 모리타니아의 관계

모리타니아는 서부 사하라와 문화적 · 지리적 · 역사적 · 사회적 일체성을 갖고 있었다고 주장하였고 그러한 사실이 어느 정도 인정되었으나 그러한 사실로부터 주권적 관계를 유추할 수는 없다고 판단하였다.

3. 서부 사하라 지역의 독립문제

ICJ는 서부 사하라와 모로코 및 모리타니아 간의 법적 관계가 무엇이든 간에 그것이 UN총회 결의에 의해 서부 사하라를 독립시키는 데 영향을 미치거나 서부 사하라 지역민의 자결권을 제한할 정도는 아니라고 판단하였다.

CASE 72. Clipperton Island Arbitration[119)]

Ⅰ 사실관계

1. 클리퍼튼섬(Clipperton Island)은 태평양에 있는 무인도로서, 산호초로 구성되어 있고 멕시코 서부 해안에서 남서쪽으로 약 670마일 거리에 위치하고 있다.

---

119) Clipperton Island Arbitration, France v. Mexico, 국제중재, 1931년.

2. 1858년 프랑스 해군장교는 정부의 지시를 받고 클리퍼튼섬을 탐험하고 상세한 지리적 좌표를 만들어 프랑스 주권을 선포하였다. 프랑스는 이러한 사실을 하와이 정부에 통고하였으며 이에 관한 고시(告示)가 하와이 신문에 공표되었다.

3. 1897년 세 명의 미국인 클리퍼튼섬에서 허가 없이 구아노를 줍다 적발되자 프랑스와 멕시코가 서로 관할권을 주장하여 양국 간 분쟁이 야기되었다.

4. 멕시코는 1821년 스페인으로부터 독립하였다. 멕시코는 스페인이 동 섬을 발견하였으므로 주권이 자국에게 귀속된다고 주장하였다.

Ⅱ 법적쟁점

1. 클리퍼튼섬에 대한 주권은?

2. 발견의 법적 효력

3. 상징적 지배에 의한 주권 취득 여부

Ⅲ 재정요지

클리퍼튼섬에 대한 주권은 프랑스에 있다고 보았다.

1. 결정적 기일

중재관인 이탈리아 국왕은 이 사건의 결정적 기일(critical date)은 프랑스와 멕시코 간에 분쟁이 발생한 1897년으로 보고 1897년 이전에 어떤 국가가 동 섬을 실효적으로 지배하였는지를 판단하였다.

2. 상징적 지배의 문제

1897년 이전에 동 섬에 대한 주권선포 행위는 1858년 프랑스에 의해 행해진 것 밖에 없으므로 동 행위에 의해 프랑스가 영토주권을 취득하는지가 문제되었다. 이에 대해 중재관은 클리퍼튼섬은 완전히 무인도였기 때문에 단순한 주권의 천명만으로도 섬을 프랑스의 실효적 지배하에 두기에 충분하다고 보고, 프랑스가 1858년에 영토주권을 취득하였다고 판단하였다.

3. 발견의 법적 효력

멕시코는 스페인이 클리퍼튼섬을 발견했다고 주장하였으나 스페인이 동 섬을 발견했다는 증거도 없을 뿐만 아니라 설사 스페인이 동 섬을 발견했다고 하더라도 그러한 발견은 실효적인 점유를 동반해야 하는데 그 점 또한 입증되지 않았다고 판결하였다.

Ⅳ 평석

1. 무인도에 대한 상징적 지배의 인정

선점의 요건의 하나로 무주지에 대한 실효적 지배가 확립되어야 한다. 그러나 인구가 없거나 희박한 지역에서는 만일 경쟁국가가 없다면 사소한 주권적 권리의 행사도 실효적 주권행사로 볼 수 있다는 판결을 내린 사건이다. 이러한 견해는 '작고 본토로부터 멀리 떨어져 있으며 사람이 살지 않는(small, isolated, uninhabited)' 클리퍼튼섬같은 상황에 대해서는 이론(異論) 없이 적용될 수 있다.

2. 발견은 영역주권 취득의 불완전한 권원(title)에 불과

발견은 영역주권 취득의 불완전한 권원에 불과하며 실효적인 점유가 동반되어야 선점이 완료된다.

3. 프랑스는 선점 요건을 충족하였는가?

선점 요건은 무주지, 국가의 행위, 영유의사, 실효적 지배이다. 프랑스가 1858년 주권선언을 하던 당시 클리퍼튼섬은 무주지였다. 프랑스 해군 장교는 국가기관이며 국가행위로 귀속된다. 하와이에 통고하고 일간지에 공표함으로써 영유의사를 표시하였다. 주권선언을 통해 동 섬을 상징적으로 지배하였다. 따라서 프랑스는 선점요건을 모두 충족하였다.

CASE 73. Chamizal Arbitration[120)]

Ⅰ 사실관계

1. 차미잘(Chamizal) 지역은 애초에 멕시코의 영역이었으나 1846년 리오그란데강이 갑작스럽게 수로를 변경하여 탈베크 원칙에 따르면 미국에 속하게 되었다.

2. 미국 정부에서 차미잘 지역에서 공권력을 행사하였고, 이후 미국은 시효에 의해 대상 지역에 대한 영토주권을 취득하였다고 주장하였다.

3. 멕시코는 이에 대해 반복해서 외교적 항의를 제기하였다.

Ⅱ 법적쟁점

1. 미국은 시효에 의해 동 지역에 대한 영토주권을 취득하였는지 여부

2. 시효중단의 효력이 있는 항의의 정도

3. 급격한 수로 변경과 국경선의 변경 여부

---

120) US v. Mexico, 국제중재, 1911년.

Ⅲ 재정요지

1. 미국의 시효취득 인정 여부 – 소극

시효에 의한 영토취득을 위해서는 타국 영토에 대한 점유가 "방해받지 않고 차단되지 않으며 이의를 제기 받지 않았어야(undisturbed, uninterrupted and unchallenged)" 한다. 또한 "평온했어야(peaceable)" 한다. 그러나 멕시코는 여러 해에 걸쳐 반복하여 항의를 제기하였으므로 미국은 시효로 동 지역을 취득하지 못한다고 판단하였다.

2. 항의의 정도

국제법상 시효완성을 중단시키기 위한 항의(protest)의 형식에는 단순한 외교적 항의로부터 국제재판에 회부하는 것까지 다양하다. 당시 미국이 차미잘 지역에 대해 무력을 수반하여 점유를 유지하고 있었으므로 멕시코가 영토 탈환을 시도한다면 무력분쟁이 발생할 수 있었을 것이다. 따라서 그러한 상황하에서 멕시코가 단지 외교적 항의만 제기한 것은 미국의 시효취득을 막는 데 충분한 것으로 수락될 수 있다.

3. 급격한 수로 변경과 국경선 문제

종래 탈베크 원칙에 의하면 국제접속 하천에 있어서 국경선은 항행 가능한 하천인 경우 가항수로의 중간선에 의해 획정되었다. 그리고 항행이 불가능한 경우는 중간선이 국경선이 되었다. 이러한 탈베크 원칙에는 예외가 있는바 하천의 유수가 홍수 등으로 급격하게 그 수로를 변경한 경우 국경선은 원래의 위치로부터 변경되지 않는다.

CASE 74. Island of Palmas 사건[121]

Ⅰ 사실관계

1. 팔마스섬(Island of Palmas)은 필리핀의 민다나오섬과 네덜란드령 동인도제도에 속한 나마사군도의 중간에 위치하고 있다.

2. 이 섬은 1500년대 중반에 스페인 탐험가들에 의하여 발견되었다.

3. 미서전쟁 이후 1898년 파리조약이 체결되어 스페인은 필리핀을 미국에 할양하였다. 미국은 이 조약에 의해 팔마스섬이 당연히 자국의 관할권에 속한다고 생각하였다.

4. 1906년 미국의 미트 장군이 팔마스섬을 방문하고 이 섬에 네덜란드 국기가 게양되어 있는 것을 발견하고 미국 정부에 보고한 이후에 미국과 네덜란드의 분쟁이 야기되었다.

---

121) US v. The Netherlands, 국제중재, 1928년.

Ⅱ 법적쟁점

1. 팔마스 섬에 대한 주권의 귀속 – 네덜란드

2. 발견과 실효적 지배

3. 인접성

4. 지도의 효력

Ⅲ 재정요지

1. 팔마스 섬에 대한 주권의 귀속 – 네덜란드

Max Huber 중재관은 팔마스섬의 주권자는 네덜란드라고 확정하였다. 그는 파리조약 체결 시에 팔마스섬이 스페인령의 일부였는지 아니면 네덜란드령의 일부였는지를 심사하였다. 1677년 네덜란드 동인도 회사가 원주민의 수장과 협약을 체결함으로써 팔마스섬에 대한 주권을 확립하였으며 이후 약 200년간 어떤 국가도 이것을 다투지 않았다. 네덜란드는 팔마스섬에 대해 장기간 계속해서 평온하게 실효적 지배력을 행사해 왔으므로 팔마스섬에 대한 영역주권을 확립하였다.

2. 발견과 실효적 지배

발견으로부터 발생하는 원시적 권원은 스페인에게 속한다고 인정할 수 있다. 그러나 권리의 창설과 권리의 존속은 구별되어야 한다. 19세기 국제법에 따르면 선점이 영역주권에 대한 청구로 되기 위해서는 실효적이어야 한다. 팔마스섬을 발견만 하고 어떠한 후속 행위도 없는 경우 주권을 수립하기에 충분하지 않다. 발견은 주권의 최종적 권원을 창설하는 것이 아니며 단순히 '불완전한 권원(inchoate title)'을 창설하는 것에 지나지 않는다. 발견이라는 미완성의 권원은 실효적 지배에 의해 상당기간 내에 보완되어야 한다. 그렇지 않은 경우 발견에 의해 미완성 권원이 존속되고 있었다고 하더라도 계속적이고 평온하게 실효적 지배력을 행사한 국가보다 우선할 수 없다.

3. 인접성

자국 해안에 어느 정도 인접하여 있는 섬에 대해 그 지리적 위치만으로 주권을 주장하는 인접성의 원칙은 국제법의 규칙으로 인정할 수 없다. 영해 밖에 위치한 섬에 대해서 어떤 국가의 영역이 그 섬과 가장 가까운 대륙이거나 상당 규모의 섬이라는 사실만으로 그 섬이 그 국가에 속하여야 한다는 의미의 실정 국제법 규칙의 존재를 찾는 것은 불가능하다.

4. 지도의 효력

지도는 법률적 문서에 부속되고 있는 경우를 제외하고는 권리의 승인이나 포기의 효과를 가져 오는 문서로서의 가치를 갖고 있지 않다.

CASE 75. Legal Status of Eastern Greenland 사건[122)

I 사실관계

1. 그린란드(Greenland)섬은 900년경에 발견되어 약 1세기 후부터 식민활동이 개시되었으며 13세기에는 동 지역에 노르웨이 왕국이 식민지를 건설하였다.

2. 노르웨이와 덴마크는 동군연합을 형성하고 있었으나 1814년 키일조약에 의해 덴마크는 그린란드 및 아이슬란드를 제외한 노르웨이를 스웨덴에 이양하였다. 노르웨이는 스웨덴과 동군연합을 형성하고 있다가 1905년 독립하였다.

3. 19세기부터 20세기 초에 걸쳐 덴마크는 그린란드를 자신의 주권하에 두었고, 제1차 세계대전 중 및 종료 후에 미국, 영국, 프랑스, 일본 이탈리아, 스웨덴 등에 대해 동 지역에 대한 주권의 승인을 요구하였다. 대부분의 국가는 덴마크의 주권승인 요구에 긍정적이었으나 노르웨이는 동부 그린란드에서의 자국민의 어업의 자유를 주장하면서 덴마크의 주권승인 요구를 거부하였다.

4. 1919년 노르웨이 외무장관은 그린란드 전체에 대한 덴마크의 영유권 문제에 관해 이의를 제기하지 않겠다는 구두약속을 한 바 있었다.

5. 1931년 7월 10일 노르웨이는 동 지역이 무주지라고 주장하고 선점을 선언하였다.

6. 덴마크는 양국이 모두 수락한 선택조항에 기초하여 이 사건을 PCIJ에 제소하였다.

II 법적쟁점

1. 동부 그린란드에 대한 영역권의 주체

2. 상징적 지배의 인정 여부

3. 노르웨이 외무장관의 발언의 효력

---

122) Denmark v. Norway, PCIJ, 1933년.

Ⅲ 판결요지

1. 동부 그린란드에 대한 영역권의 주체 – 덴마크

PCIJ는 실효적 지배의 원칙에 기초하여 덴마크의 영역권을 승인하였다. 법원은 할양조약과 같은 권원이 아니라 권위의 계속적인 표시만을 주권의 근거로 삼기 위해서는 두 가지 요소가 필요하다고 보았다. 즉, 당해 지역에 대한 주권자라는 의사와 그러한 의사에 기초하는 권위가 실제로 어느 정도 행사되거나 표시되어야 한다는 것이다. 그리고 법원은 만일 타국이 당해 영역에 대하여 주권을 주장하고 있다면 어느 정도 그 사정도 고려해야 한다고 하였다. 덴마크는 타국들과 체결한 조약에서 동부 그린란드를 덴마크의 영토로 언급하고 그곳에서의 무역을 허락하였으며, 덴마크의 일부 입법적·행정적 규정을 그곳에 대해서도 적용하고, 국제적 승인을 얻으려고 시도하기도 하였다. 이러한 사실들은 덴마크가 실효적 지배를 통해 영역권을 취득했다고 인정할 수 있는 충분한 증거들이다.

2. 상징적 지배의 인정 여부 – 적극

다른 국가가 더 우월한 주장을 입증할 수 없는 한 인구가 별로 없거나 살지 않는 지역의 경우에는 주권적 권리의 실제적 행사가 거의 요구되지 않는다.

3. 노르웨이 외무장관의 발언의 효력

1919년 7월 22일 노르웨이 외무장관의 덴마크 공사에 대한 구두 답변은 그린란드에 대한 덴마크의 주권을 확정적으로 승인한 것이라고는 할 수 없지만, 외무장관의 선언에 의한 약속의 결과로써 노르웨이는 그린란드 전체에 대한 덴마크의 주권을 다투지 않을 것과 그 영토를 점령해서는 안 될 의무를 부담하였다.

CASE 76. Minquiers and Ecrehos 사건[123)]

Ⅰ 사실관계

1. 두 도서는 영국령 Channel 군도의 하나인 Jersey섬과 프랑스령 Chausey섬 사이에 위치한 작은 군도로서 19세기 말 이후 영국과 프랑스 간 영역권의 귀속에 관한 다툼이 있었다.

2. 영국과 프랑스는 특별협정을 체결하여 영역권의 귀속 주체를 판단해 줄 것을 요청하였다.

---

123) Fracne/UK, ICJ, 1953년.

Ⅱ 법적쟁점

1. 영역권의 귀속

프랑스와 영국은 원시적 권원 및 실효적 점유에 의한 권원에 기초하여 영역권을 주장하였다.

2. 결정적 기일(critical date)

결정적 기일이란 영토의 주권자를 결정하는 소송에서 영토주권의 소재가 결정적으로 확인되는 시점을 말한다. 이 사건에서 영국은 특별협정을 체결한 1950년 12월 29일을, 프랑스는 양국 간에 어업협정이 체결된 1839년 8월 2일을 결정적 기일로 제시하였다.

3. 어업협정과 영역권의 관계

1839년 8월 2일에 체결한 어업협정상 공동어업수역 내에 Minquiers섬과 Ecrehos섬이 존재하는 것이 영역권 결정에 있어서 어떠한 효과를 줄 수 있는지가 문제되었다. 프랑스는 양 섬이 양국 공동어업수역 내에 존재하고 있기 때문에 어업협정 체결 이후 어느 일방이 이들 섬에서 행한 행위는 타방에 대한 영토주권의 표현으로서 제시될 수 없다고 주장하였다.

4. 시제법

영역권 취득에 관한 국제법이 시대에 따라 변경되는 경우 이전의 국제법에 따라 취득한 영역권이 그대로 유지되는지가 문제되었다. 즉, 영역권 취득에 관한 국제법이 변경되는 경우 새로운 법에 따라 영역권 보유 여부를 판단해야 하는가?

Ⅲ 판결요지

1. 영역권의 귀속

ICJ는 중세시대의 권원에 기초한 영역권 주장을 배척하고 후대의 법에 기초한 영역권의 귀속 여부를 각국이 제시한 증거에 기초하여 판단하였다. 그 결과 ICJ는 영국의 영역권을 승인하였다. 영국은 19세기 초 양 섬에서 수차례 형사재판권을 행사하였고, 그 곳에 건축된 가옥을 과세대상으로 삼았으며, 동 섬에서의 부동산 매매는 영국 지방행정당국의 통제를 받았다. 반면, 프랑스는 이와 비슷한 주권의 표현을 입증하지 못했다. 따라서 재판소는 자신이 부탁받은 임무대로 상반되는 주장들의 '상대적 힘'을 평가하여 만장일치로 영국의 영토주권을 인정하였다.

2. 결정적 기일(critical date)

ICJ는 양국이 제시한 결정적 기일 대신 프랑스가 처음으로 Ecrehos 주권을 주장한 1886년(Ecrehos)과 1888년(Minquiers)을 결정적 기일로 잡았다. 이 때 처음으로 양국 간 영역권에 대한 분쟁이 발생했기 때문이다. 결정적 기일 이후의 국가의 대상 지역에 대한 주권적 행위는 실효적 지배의 증거자료로 인정되지 않지만, ICJ는 양 섬에 관한 활동이 여러 측면에서 분쟁이 발생하기 이전부터 점진적으로 전개되어 왔고 그 후에도 중단되지 아니하였으므로 결정적 기일 이후의 행위라도 그것이 당사자의 법적 지위를 개선할 목적으로 행해진 것이 아니라면 재판소가 고려할 수 있다고 언급하였다.

3. 어업협정과 영역권의 관계

ICJ는 양 섬이 공동어업수역 내에 위치하고 있다고 하더라도 그 같은 공동어업수역이 소도와 바위의 육지영토의 공동사용권체제(a regime of common user of the land territory of the islets and rocks)를 수반할 것이라는 점을 인정할 수 없다고 하였다. 원용된 조약규정들이 단지 어업만을 언급하고 있을 뿐 그 어떤 종류의 육지영토의 사용권에 대해서도 언급하고 있지 않기 때문이다. 즉, 어업협정상 양 섬이 공동어업수역 내에 있다고 하더라도 어업협정이 양 섬의 주권자를 결정하는데 하등 영향을 주지 않는다는 것이다.

4. 시제법

ICJ는 프랑스가 13세기 증거들에 기초하여 제기한 영역권 주장을 배척하였다. 프랑스 왕이 양 섬에 관하여 봉건적 권원을 가지고 있었다 하더라도 그 권원은 1204년 이래 여러 사건의 결과 실효하였음에 틀림없고 후대의 법에 근거한 유효한 권원에 의해 대체되지 않는 한 오늘날 어떠한 법적 효과도 가지지 않는다는 이유 때문이었다. 즉, 시제법 이론에 따라 봉건시대의 법에 따라 취득한 영토권원은 대체시의 법에 따라 다른 유효한 권원에 의해 대체되어야 한다고 본 것이다.

CASE 77. 페드라 브랑카, 미들락스 및 사우스레지 영유권 분쟁 사건[124][125]

Ⅰ 사실관계

1. 페드라 브랑카는 무인도로서 길이 137m, 평균 폭 60m의 화강암지대이다. 인도양과 남중국해를 잇는 국제무역항로이자 매일 900여 척의 선박이 통항하는 싱가포르 해협의 동쪽 입구에 위치하고 있다. 미들락스는 페드라 브랑카로부터 남쪽으로 약 0.6해리 떨어져 있으며, 항상 수면 위에 있는 두 개의 암초군이다. 사우스 레지는 페드라 브랑카로부터 남서쪽으로 약 2.2해리 떨어져 있는 간출지(low-tide elevation)이다.

2. 말레이시아가 1979년 출판한 정부간행 지도에 페드라 브랑카(또는 풀라우 바투 푸테)섬을 '풀라우 바투 푸테'라는 이름을 붙여 자국의 영해 내에 속하는 것으로 표시하자, 실질적으로 동 섬을 관할하고 있던 싱가포르가 1980년 서면 항의함으로써 페드라 브랑카 도서 영유권 분쟁이 발생하였다.

3. 싱가포르와 말레이시아는 합의에 의해 ICJ에 제소하였다.

Ⅱ 법적쟁점

1. 결정적 기일

2. 분쟁 도서 및 간출지의 영유권

---

124) *Sovereignty over Pedra Branca/Pulau Batu Puteh, Middle Rocks and South Ledge*, Malaysia/Singapore, ICJ, 2008년 5월 23일 판결.
125) 김용환(2008), 페드라 브랑카, 미들락스 및 사우스레지의 영유권에 관한 ICJ 판례 분석, 국제법학회논총 제53권 제2호.

Ⅲ ICJ 판결

1. 결정적 기일

ICJ는 페드라 브랑카 영유권에 대한 결정적 기일을 1980년 2월 14일로 정했다. 이 날은 말레이시아가 발행한 지도에 대해 싱가포르가 정식으로 서면 항의한 날이다. ICJ는 이 날 이후의 양국의 행위를 '당사자의 법적 입장을 개선하기 위해 취한 것'으로 간주하여 결정적 기일 이후의 행위는 재판상 고려대상이 되지 않는다고 하였다. 한편 미들락스와 사우스 레지의 결정적 기일은 1993년 2월 6일이며, 이날은 양국 정부 간 1차 협상에서 이들의 귀속 문제가 처음 제기된 날이었다.

2. 영유권

(1) 싱가포르

싱가포르는 '무주지 선점론'과 '말레이시아의 영유권 부인 또는 묵인'에 기초하여 영유권을 주장하였다.

① 무주지 선점론: 페드라 브랑카는 무주지였으며, 이 섬의 영유권은 1847년에서 1851년 사이 호스버러(Horsburgh) 등대 건설기간 중 이를 주도한 영국에 의해 확립되었다. 이후 영국을 승계한 싱가포르가 이 섬의 영유권을 가졌으며, 특히 160년 동안 페드라 브랑카 섬과 인근 주위 수역에 대해 계속적이고 공공연하게 영유권을 행사해 왔으며 말레이시아의 항의가 없었다.

② 말레이시아의 영유권 부인 또는 묵인: 영국 식민 당국은 1953년 양국의 영해 경계획정을 위해 페드라 브랑카섬의 법적 지위를 묻는 서한을 조호르 국(말레이사의 전임국)에 보낸 바 있으나 조호르 국은 국무장관 대행 명의의 회신에서 페드라 브랑카에 대한 소유권을 부인했다. 또한 1962년에서 1972년까지 말레이시아 정부가 발행한 일련의 공식 지도에도 페드라 브랑카를 싱가포르에 속하는 것으로 표시해 왔다. 심지어 1977년에 페드라 브랑카 섬에 군사 통신시설을 설치하고, 싱가포르의 국기를 게양했을 때에도 말레이시아 정부의 항의는 없었다.

(2) 말레이시아

① 고유영토론: 말레이시아는 1847년 영국이 페드라 브랑카 섬에 대한 영유 의사를 표명할 당시 무주지가 아니었음을 강조했다. 17세기 중반 네덜란드 동인도 회사가 싱가포르 해협에서 선박을 나포한 것에 대해 조호르 국왕이 항의 서한을 제출했던 사실과 [싱가포르 자유신문](1843.5.25.)에서 페드라 브랑카 섬을 술탄령으로 기술했던 점, 그리고 1851년 동인도 회사가 동 섬에 등대를 건설하고 운영한 것도 조호르 국의 허가와 동의를 받고 한 것이라는 점 등을 근거로 제시하였다.

② 싱가포르의 국제법 위반: 말레이시아는 페드라 브랑카섬에 대한 싱가포르의 영유권 주장은 크로퍼드조약(Crawfurd Treaty) 위반이라고 주장하였다. 동 조약은 조호르 국왕이 싱가포르와 그 일대 10마일을 동인도 회사에 양도한 조약이다. 페드라 브랑카는 싱가포르에서 약 24해리 떨어진 곳에 위치하고 있으므로 동 조약의 범위에 들지 않는다. 말레이시아는 따라서 동 조약의 범위에 들지 않는 페드라 브랑카에 대해 영국이 말레이시아의 영유권을 인정한 것이라고 주장하였다.

(3) ICJ

① 판결: 페드라 브랑카의 영유권은 싱가포르에게 있고, 미들락스의 영유권은 말레이시아에게 있으며, 사우스 레지는 영해 중첩 수역에 있으므로 추후 경계획정에 따라 결정될 것이다.

② 무주지 선점론 – 기각: ICJ는 싱가포르의 무주지 선점론을 부인했다. ICJ는 페드라 브랑카섬이 국제해협인 싱가포르 해협 내 항해상 위험요소였던 바, 페드라 브랑카섬이 그 지역에서 발견된 적이 없다거나 미지의 섬이었다는 싱가포르의 주장을 일축했다.

③ 고유영토론 – 인정: ICJ는 말레이시아의 고유영토론을 받아들였다. 네덜란드 동인도 회사가 페드라 브랑카의 주변 해역에서 선박을 나포한 것에 대한 조호르 국왕의 항의서한, [싱가포르 자유신문]에서 페드라 브랑카 섬을 술탄령으로 기술했던 점 등이 말레이시아의 고유영토론을 지지하는 증거라고 하였다. 또한 ICJ는 당시 영국 관헌들의 보고서에서 페드라 브랑카 해역에 살던 오랑 라우트 족이 조호르 국에게 복속했다는 내용을 중시하여 말레이시아가 싱가포르해협 내 모든 도서에 대해 '계속적이고 평화롭게 영유권을 행사했다'는 것을 인정하였다. 요컨대 ICJ는 19세기 중반까지 말레이시아가 페드라 브랑카의 원시적 권원(original title)을 가지고 있었다고 보았다.

④ 1824년의 '크로퍼드 조약'의 문제: ICJ는 동 조약에 의해 싱가포르와 일대 해역에 대한 권리를 영국에 할양했음에도 불구하고 말레이시아의 페드라 브랑카 섬에 대한 영유권에는 영향이 없었다고 판시하였다. 그러나 이 조약을 통해 오히려 영국이 말레이시아의 페드라 브랑카 영유권을 승인했다는 말레이시아의 주장은 배척했다.

⑤ 영유권의 이전: ICJ는 페드라 브랑카가 말레이시아의 고유영토였다고 해도 이러한 영유권은 싱가포르에 이전되었다고 판단하였다. ICJ는 "타방 국가가 주권자로서의 자격으로 한 행위, 즉 타방 국가가 명시적으로 영유권을 표명한 것에 대해 영유권을 가지고 있는 국가가 대응(respond)하지 않는다면, … 그 결과 특별한 사정하에서 영유권이 양도될 수 있다."라고 하였다. 이러한 관점에서 ICJ는 1957년 조호르 국왕의 회신을 결정적인 증거로 판단하였다. 싱가포르 식민당국이 페드라 브랑카의 법적 지위가 불분명하므로 동 섬의 임대나 할양 및 처분 여부를 알 수 있는 어떠한 문서가 있는지 알려주라고 요청하자 조호르 정부는 페드라 브랑카 암석의 소유권(ownership)을 주장하지 않는다는 것을 통보해 주었다. ICJ는 이러한 회신을 조호르 국왕의 페드라 브랑카에 대한 '영유권'(sovereignty)의 포기로 간주했다.

Ⅳ 평석

1. ICJ의 도서영유권 판단기준

이번 판결은 ICJ의 도서영유권에 대한 판단기준을 알 수 있다는 점에서 주목할 만한다. ICJ는 영유권 관련 판결 시 역사적 추론보다는 식민지 전후 행사되었던 국가관할권의 실질적인 행사와 묵인의 유무를 판단기준으로 삼는 경향이 있다. ICJ는 온두라스의 점유사실에 엘 살 바도르가 효과적으로 항의하지 못한 점을 인정해 엘 티그레(El Tigre)섬의 영유권을 온두라스에게 인정한 바 있다. 또한 말레이시아가 리키탄과 시파단섬에 바다거북 보호령을 내려 규제한 사실과 등대를 설치 및 운영해 온 데 대해 인도네시아가 항의하지 않은 것을 근거로 두 섬의 영유권을 말레이시아에게 인정하기도 하였다. 이번 사건의 경우 싱가포르의 '주권자의 자격으로서' 한 행위에 대해 말레이시아가 장기간 항의하지 않은 점을 강조하였다.

2. 영유권 양도의 법리

ICJ는 타방 국가가 '주권자의 자격'으로 한 행위에 대해 원주권자가 항의하지 않은 것은 '묵인'이며 이러한 경우 영유권이 양도된다고 보았다. 그러나 "주권의 양도는 명백해야 하고, 그 행위 및 사실관계에 있어서 아무런 의혹도 없어야 한다."라고 하면서도 ICJ가 강조한 것은 말레이시아의 1953년 회신이다. ICJ는 이 서신에서 "페드라 브랑카 섬의 소유권을 주장하지 않는다."라고 한 말레이시아의 의사를 영유권 포기로 보았으며, 전후 사정상 이 때 '소유권'은 '영유권'을 의미했다는 것이다. 비록 영국의 보호국 상태에 있었던 말레이시아가 영국에게 반박할 수 있는 처지가 아니었다는 점을 감안하더라도, 1963년 독립을 달성한 이후에는 즉시 항의했어야 한다는 것이다.

3. 독도 문제 관련 시사점

페드라 브랑카섬은 분명 말레이시아의 고유영토였지만 싱가포르의 실효적 지배에 대해 계속 묵인한 점, 심지어 도서의 법적 지위에 대한 상대국의 물음에 부주의하게 소유권을 부인한 점 때문에 도서영유권을 상실하게 된 점은 반면교사로 삼아야 할 부분이다.

CASE 78. 부루키나 파소 대 말리 국경분쟁 사건[126]

Ⅰ 사실관계

서아프리카에 위치하는 부리키나 파소(Burkina Faso. 분쟁 부탁 시 국명은 Upper Volta)와 말리 공화국(Republic of Mali)은 모두 프랑스의 식민지였으나 1960년에 각각 독립했다. 양국의 국경선은 약 1,300km에 걸쳐 있으나 식민지 시대에 행정구획이 종종 변경되었기 때문에 불명확한 부분이 있었다. 1974년 무력충돌을 계기로 아프리카단결기구(OAU)의 중개위원회에서 국경 문제가 심의되었으나 분쟁을 해결하지 못했다. 1983년 양국은 특별협정을 체결하여 동 사건을 ICJ에 회부했다. 재판절차 진행중이던 1985년 12월 양국 간 국경에서 무력충돌이 발생하자 양국은 가보전조치를 요청했다.

Ⅱ 법적쟁점

1. 가보전조치의 명령 여부

2. 국경선 획정

(1) Uti Possidetis 원칙

(2) 형평 원칙

(3) 말리 대통령의 일방행위의 효력

(4) 지도의 효력

(5) 실효적 지배와 Uti Possidetis 원칙

---

126) Case Concerning The Frontier Dispute, Burkina Faso v. Republic of Mali, ICJ, 1986년.

Ⅲ 판결요지

1. 가보전조치의 명령 여부

재판부는 전원일치로 잠정조치를 지시하였다. 재판부는 국경에서 발생한 무력분쟁이 각 당사국이 주장하는 주권적 권리의 존재에 영향을 미치는 것은 아니다. 그러나 군사활동의 결과 재판부의 최종 판결에 필요한 증거가 파괴될 우려가 있고, 분쟁지역의 사람, 재산 및 양국의 이익이 회복할 수 없는 손해를 입을 가능성이 있으므로 가보전조치를 지시할 필요가 있다. 재판부는 구체적으로 다음과 같이 지시하였다. 첫째, 분쟁의 악화 또는 확대 또는 판결에 따르는 당사국의 권리를 침해하는 행동을 취하지 말 것. 둘째, 증거 수집을 저해하는 행위를 삼갈 것. 셋째, 양 정부 간의 합의에 의한 정전을 준수할 것. 넷째, 본 명령으로부터 20일 이내에 양 정부 간의 합의에 의해 결정된 지점까지 자국 군대를 철수할 것.

2. 국경선 획정

(1) Uti Possidetis 원칙

재판부는 특별합의 전문에 분쟁 해결이 '특히 식민지 시대부터 계속 되어 온 국경선의 불가변성이라는 원칙의 존중에 기하여' 행해져야 한다는 문언에 주의하여 'uti possidetis 원칙'[127]을 적용하였다. 동 원칙은 스페인령 아메리카에서 최초로 사용되었으나 이는 국제법의 특정 체계에 관한 특별규칙이 아니라 일반적 원칙이며 그 목적은 식민본국 철수 후에 국경선을 둘러싼 분쟁에 의하여 신국가의 독립과 안정성이 위험에 처하는 것을 방지하는 데 있다. 동 원칙은 인민의 자결권과 모순되지만, 아프리카에서의 영역의 현상유지는 독립 투쟁에 의하여 달성된 것을 유지하고, 다수의 희생에 의해 획득한 것을 유지하는 최선의 방법이다. uti possidetis 원칙은 가장 중요한 법적 원칙의 하나로서 확립되었다.

(2) 형평 원칙

양 당사국은 ICJ규정 제38조에 의한 형평과 선에 따라 재판하는 권한을 재판소에 부여하지 않았다. 또한 국경선 획정 문제에서는 해양경계획정 시에 적용되는 '형평 원칙'과 동등한 개념은 존재하지 않는다. 양 당사국이 합의하지 않았기 때문에 '법에 반하는(contra legem) 형평'에 기초한 주장도 부정되어야 하고, '법을 초월한(praeter legem) 형평'도 적용할 수 없다. 다만 재판부는 '법 아래에서의(infra legem) 형평', 즉 유효한 법의 해석방법을 구성하고 동시에 동 법의 속성의 하나인 형평의 형태를 검토할 수 있다. 따라서 재판부는 국경획정에 있어서 식민지 당시 프랑스 해외영토법을 고려할 수 있다.

(3) 말리 대통령의 일방행위의 효력

말리의 대통령은 1975년의 OAU 중개위원회의 법률소위원회에 의한 판단에 따른다는 추지의 표명을 하였다. 그러나 재판부는 말리 대통령의 일방행위로부터 어떠한 법적 의무도 도출되지 않는다고 판시하였다. 중개위원회는 법적 구속력 있는 결정을 할 수 없으며, 소위원회의 작업이 종료되지 않았다는 점에 대해 다툼이 없기 때문이다. 호주와 뉴질랜드 대 프랑스의 핵실험사건에서 보듯이 일방적 행위가 법적의무를 창설하는 경우가 있지만, 그것은 당해국의 의사에 의한 것이었으며, 본 건의 경우는 그와 다르다고 하였다.

---

127) uti possidetis juris는 '모든 회원국은 독립을 달성할 당시의 국경선을 존중할 것을 약속한다'는 규칙으로, 현상유지 원칙을 의미한다. 동 원칙은 19세기 초반 남미에서 스페인의 식민지들이 독립할 때 식민통치 당시의 행정경계선을 국경선으로 채택함으로써 적용되었다.

(4) 지도의 효력

국경 분쟁에 있어서 지도는 단순한 사정에 지나지 않고, 영역 확정에 있어서 국제법상 고유의 효력을 부여하는 자료로 인정되지 않는다. 지도의 증거적 가치는 보조적, 확인적인 것에 불과하고 입증책임을 전환시킬 만큼의 충분한 법적 추정은 주어지지 않는다.

(5) 실효적 지배와 Uti Possidetis 원칙

양 당사국은 식민지통치의 실효성을 원용하였으나 실효적 통치와 uti possidetis 원칙, 즉 행위와 법의 사이에 존재하는 관계에 대해서는 다음과 같이 정리할 수 있다. 첫째, 행위가 법과 일치하는 경우 실효성의 역할은 법적 권원으로부터 나오는 권리의 행사를 확인하는 것에 지나지 않는다. 둘째, 행위와 법이 일치하지 않는 경우 법적 권원을 갖는 국가에 우위성이 부여된다. 셋째, 실효성이 법적 권원을 수반하지 않는 경우, 실효성은 항상 고려되어야 한다. 넷째, 법적 권원이 관련하는 영역의 범위를 정확하게 나타낼 수 없는 경우, 실효성은 법적 권원이 실제와 같이 해석되는지 여부를 나타내는 본질적 역할을 한다.

(6) 결론

재판부는 전원일치로 일정지점을 연결한 선을 양국의 국경선으로 결정하는 한편, 판결 후의 경계선 획정 작업을 보좌할 전문가 3명을 지정하였다.

CASE 79. 카메룬과 나이지리아 간 Bakassi반도의 주권에 관한 분쟁

Ⅰ 사실관계

나이지리아의 군대가 자국민 보호를 위하여 Bakassi반도에 진입하여 Bakassi에 주둔하고 있는 카메룬 군대를 공격한 1993년 말부터 양국 간 무력충돌이 발생하였다. 이에 카메룬은 1994년 2월 안보리의 긴급소집을 요청하였고, OAU의 분쟁해결기관에 회의를 요청하였다. 그리고 1994년 3월 나이지리아를 ICJ에 제소하였고, 이후 Chad호수 지역의 영토 주권 분쟁과 국경선 문제를 추가 제소하여 양 제소가 병합되어 심리되었다. 이에 나이지리아는 ICJ의 관할권과 제소의 허용성에 대한 선결적 항변을 제출하였으나 ICJ는 ICJ에 이 분쟁에 대한 재판관할권이 있으며 카메룬의 제소는 허용된다고 판단하였다. 또한 카메룬은 당사국들의 군대가 나이지리아의 무력공격 전에 점령하고 있던 위치에서 철수하고, 당사국들은 ICJ의 판결 때까지 국경선에서의 모든 군사행동과 이 분쟁사건에서 증거 수집을 방해할 수 있는 모든 행위를 삼가 달라는 잠정조치를 요청하였고, ICJ는 이를 받아들였다.

Ⅱ Bakassi반도의 주권에 관한 분쟁당사국의 주장

Bakassi반도는 1914년 이후 나이지리아가 점령해왔고 ICJ에 부탁된 분쟁의 주된 측면은 Bakassi반도의 주권에 관한 것이었다. 카메룬은 1913년 3월 11일 영국과 독일 간 조약이 동 반도에 대한 양 당사국의 국경선을 획정하였으며, Bakassi반도를 독일에 귀속시켰다고 주장하였다. 카메룬과 나이지리아가 독립할 당시에 이 국경선이 양국 간의 국경선이 되었으며, 식민지 국가를 승계한 두 국가는 Uti Possidetis 원칙을 따르게 되었다는 것이다. 따라서 Bakassi반도에서 나이지리아에 의해 점령된 지역에 대한 주권은 카메룬에 속하며, 나이지리아는 카메룬에 대하여 무력을 행사하여 군사적으로 영토를 점령하였으므로 국제조약법과 국제관습법상의 의무를 위반했다고 주장하였다.

한편 나이지리아에 의하면 Bakassi반도에 대한 권원은 1913년 Old Calabar의 왕 및 족장에게 속해 있었는데, 나이지리아의 독립시에 나이지리아에게 넘겨질 때까지 Old Calabar의 왕 및 족장이 이 영토에 대한 권원을 보유하고 있었다고 주장하였다. 그래서 영국은 Bakassi반도에 대한 권원을 갖지 않았기 때문에 Bakassi반도에 대한 권원을 타국에게 양도할 수 없었고, 그 결과 1913년 3월 11일 영국과 독일 간 조약의 관련규정은 효력이 없는 것으로 간주되어야 한다고 주장하였다. 또한 1913년의 조약이 1885년 베를린회의 일반의정서의 전문에 저촉되며, 독일 의회에서 동의를 받지 못하였고, 1919년 베르사유 평화조약에 따라 폐지되었다고 주장하였다.

Ⅲ Bakassi반도의 주권에 관한 판결의 분석

1. 1913년 3월 11일 영국과 독일 간 조약

ICJ는 1913년 조약을 독일 의회가 동의하지 않았다는 나이지리아의 주장과 관련하여, 독일 자체가 국내법에 규정된 절차를 이행하였다고 생각하고 있고, 영국도 이에 대해 문제를 제기하지 않았으며 이 조약이 양국에서 공식적으로 공표되었다는 점에 주목하였다. 그리하여 나이지리아의 이러한 주장을 받아들이지 않았다.

또한 ICJ는 독일이 1916년 이후에 카메룬에서 영토적 권한을 실제 행사하지 않은 것으로 판단하였다. 베르사유 조약에 따라 독일은 해외식민지에 대한 권한을 포기하였고, 그 결과 영국은 독일에 관련하여 회복시켜야 할 양자조약에 1913년 3월 11일 영국과 독일 간 조약을 포함시킬 이유가 없었다고 ICJ는 판단하여 나이지리아의 주장을 배척하였다.

2. 1884년 9월 10일 영국과 족장 간 조약

ICJ는 사하라이남 아프리카에서 보호조약으로 명명된 조약들은 국가와 체결하였다기보다는 상당한 규모의 영토에 대해 권한을 행사하는 지역의 족장과 체결한 것이라고 보았다. Old Calabar의 왕 및 족장과 체결한 1884년 조약은 중앙정부권력의 증거조차도 없기 때문에 국제적 보호령을 설정한 조약이 아니었다고 판단한 것이다. 영국은 처음부터 1884년 조약에 의해 포함되는 이 영토를 식민지배 형태로 통치하려는 것이었지 이 영토를 보호하려는 것이 아니었다. 그래서 ICJ는 영국과 Old Calabar의 왕 및 족장 간에 체결된 1884년 조약을 족장의 주권이 보존되는 전형적인 보호령으로 보지 않았다. 또한 ICJ는 Old Calabar의 왕 및 족장을 국가의 진실한 대표자로 보지 않았다. ICJ는 사하라이남 아프리카에서 체결된 보호조약은 국가와 체결한 것이 아니라, 상당한 규모의 영토에 대해 권한을 행사하는 지역의 족장과 체결한 것이라고 강조하고 있는데 이는 지역의 족장은 국가와 유사한 것이 아님을 나타낸다.

따라서 처음부터 1884년 조약은 Bakassi반도의 주권을 영국으로 양도한 것이 될 수 없고, 1884년 조약이 용어의 전형적 의미에서 보호령을 설정한 것은 아니라는 것이다. 1884년 조약의 법적결과는 Bakassi반도에 대하여 영국이 실효적 지배에 의하여 주권을 취득한 것인데 영국은 이러한 권원을 협정에 의해 양도할 수 있으며, 이에 따라 독일이 Bakassi반도에 대한 주권을 취득한 것이다. 따라서 ICJ는 1913년 영국과 독일 간 조약이 Bakassi반도에 대한 주권을 독일에게 양도한 것으로 판단하였다.

3. 1913년 조약 이후의 상황

ICJ는 남부 카메룬에서 실시된 주민투표가 Bakassi반도를 포함한 것이 확실하며, 그 당시 Bakassi반도는 영국의 신탁통치하에 남카메룬의 일부분이었다고 지적하였다. 신탁통치를 종결하고 주민투표의 결과를 승인하는 UN총회결의1608에 대해 나이지리아가 찬성하였을 때, 나이지리아에 의해 이러한 국경선은 인정된 것이라고 하였다. 또한 그 후 나이지리아가 카메룬에 전달한 구상서에 부속된 지도에는 Bakassi반도가 카메룬에 속하는 것으로 되어있다는 점을 지적하며 나이지리아는 Bakassi가 카메룬의 주권에 속하는 것으로 이해하고 있었다고 보았다.

4. 나이지리아의 실효적 지배 주장과 카메룬의 동의 여부

ICJ는 나이지리아의 독립 시에 오랜 점령에 의해 확인될 수 있는 나이지리아의 권원은 존재하지 않았고, 카메룬이 독립 시 1913년 3월 11일 영국과 독일간의 협정에 의해 확립된 Bakassi반도에 대한 권원을 승계하였다고 판단하였다. Bakassi반도에 대한 나이지리아의 점유가 카메룬이 보유한 기존의 협정상의 권원에 저촉되고 이러한 점유가 제한된 기간 동안이었던 상황에서 역사적 강화의 주장에 의하여 Bakassi반도에 대한 권원이 나이지리아에게 부여되지는 못한다고 판단하였다. 그리고 1961년에서 1962년까지 나이지리아는 Bakassi반도에 대한 카메룬의 권원을 공개적으로 인정하였다고 ICJ는 지적하였다. 이러한 나이지리아의 입장은 Maroua 선언을 서명한 1975년까지 지속되었다.
또한 카메룬은 독립이후 Bakassi반도에 대한 자국의 권원을 결코 포기하지 않았음을 명백히 하는 활동을 하였다고 ICJ는 지적하였다. 나이지리아는 1970년대 말 이전에 주권의 권한으로 행동할 수는 없었으며, 이후의 시기에 카메룬이 Bakassi반도에 대한 권원포기에 동의했다고 나타내는 증거는 없다고 판단하였다. 이러한 이유로 나이지리아가 주장하는 Bakassi반도에 대한 권원의 근거를 ICJ는 배척하였다.
따라서 ICJ는 Bakassi반도에서 카메룬과 나이지리아 간의 국경선은 1913년 영독 간 협정에 의해 경계획정이 되어 있으며 동 반도에 대한 주권은 카메룬에 있다고 판결하였다.

Ⅳ 평석

Bakassi반도의 주권의 권원에 대하여 나이지리아는 Bakassi반도에 대한 오랜 점령에 의한 역사적 강화에 근거한 권원을 주장했고 이 반도에 대한 Old Calabar의 왕 및 족장의 시원적 권원이 1960년 독립 시에 나이지리아에게 부여되었다고 주장하였으며, 권원의 역사적 강화에 관련된 요소와 실효적 지배에 관한 다양한 국가 활동의 증거를 제시하였다. 그러나 ICJ는 Bakassi반도에 대한 나이지리아의 점유는 제한된 기간 동안이었으므로 나이지리아가 주장한 권원의 역사적 강화의 주장을 받아들이지 않았고, 나이지리아의 주장은 1913년 영국과 독일간의 협정에 의한 Bakassi반도에 대한 카메룬의 영토적 권원과도 저촉된다고 보아 이를 배척하였다.
즉, ICJ는 영토취득의 권원으로서 나이지리아가 주장하는 권원의 역사적 강화이론을 받아들이지 않았고, 나이지리아의 실효적 지배의 이론보다는 영토에 관련된 국제협정상의 권원이 우월하다는 점을 밝힌 것이다.

ICJ는 1884년 9월 10일 영국과 Bakassi반도지역의 족장 간에 체결된 보호조약의 국제법적 성격과 관련하여, 일반적으로는 보호조약이 강대국과 피보호국 간에 체결될 경우 피보호국이 국제법상 주권을 보유한 자격으로 체결하지만 19세기 당시 사하라이남 아프리카에서 체결된 보호조약들은 국가와 체결된 것으로 보지 않았다. 즉, 영국이 식민 지배의 형태로서 이러한 보호조약을 체결한 것이며 보호조약 본래의 의미인 피보호국을 보호하려는 목적이 아니었다는 것이다. ICJ는 19세기에 사하라이남 아프리카 지역에 중앙정부를 갖춘 국가조직이 존재하였다는 것을 인정하지 않았다.

영국은 족장들과의 1884년 조약에 의해 Bakassi반도지역에 대한 영토에 대한 권원을 취득한 것이 아니라 이 지역에 대한 실효적 지배를 통하여 권원을 취득하게 되었고, 이 지역의 족장과의 조약체결에 따른 족장들의 동의에 의해 영토에 대한 권원이 강화되었다고 ICJ는 판단하였다. 그래서 영국은 Bakassi반도에 대한 주권을 1913년 독일과의 조약에 의해 독일에게 양도할 수 있는 권한이 있었다는 것이다. 제1차 세계대전에서 독일이 패전한 이후 아프리카에 있던 독일의 식민지 영토가 국제연맹의 위임통치와 국제연합의 신탁통치제도를 거치면서 Bakassi반도는 영국령 카메룬으로 존속하게 되었고, 이후 영국으로부터 카메룬이 독립하면서 Bakassi반도는 카메룬의 주권에 속하게 되었다고 판결하였다.

CASE 80. 라누호 중재 사건[128]

❶ 사실관계

1. 까롤강은 라누호에서 프랑스로 유입되며 다시 스페인영역으로 흘러 들어간다.

2. 프랑스가 라누호의 물을 프랑스령 Ariège강으로 유로를 변경시켜 수력발전소를 건설하려고 하자 스페인이 이에 반대하여 양국 사이에 분쟁이 발생하였다.

❷ 법적쟁점

1. 국제하천의 이용에 관한 국제법 원칙

2. 프랑스가 관련 국제법 원칙을 위반하였는지 여부

❸ 재정요지

1. 국제하천의 이용 원칙

중재법원은 상류국은 하류국의 이익을 침해하지 않는 범위 내에서 국제하천수를 이용할 수 있다는 국제법 원칙을 확인하였다. 유역국 간 분쟁이 발생하는 경우 최선의 해결책은 관계국 사이에 이해를 조정하여 합의하는 것이고, 당사국은 모든 연락과 협의 요청을 성실하게 받아들여야 할 법적 의무가 있다고 하였다.

---

128) Spain v. France, 국제중재, 1957년.

2. 프랑스의 행위의 적법성

중재법원은 프랑스 행위에 위법성이 없다고 재정하였다. 프랑스의 수력발전이 까롤강의 수량을 변경시키는 것이 아니므로 프랑스의 유로변경식 수력발전소 건설은 적법하다고 판단하였다.

기출 및 예상문제

A국과 B국은 'X하천'의 각각 상류국과 하류국이다. 상류국인 A국은 'X하천'의 자국관할 유역에 댐('Y댐')을 건설하여 'X하천'을 관리해 오고 있다. A국과 B국 간 특별조약은 체결되지 아니하였으나 오랜 기간 동안 A국은 댐을 방류할 때는 B국에 통보를 해 주었다. 2009년 5월 A국과 B국은 군비경쟁에 돌입하면서 양국 간 긴장이 고조되었다. 2009년 8월 A국은 B국에 대해 여하한 통보도 하지 않고 'X하천'에 건설된 'Y댐'을 갑작스럽게 방류하여 B국 국민 100여 명이 숨지고 농경지 침수로 막대한 재산상의 손해를 입게 되었다. B국은 A국에 대해 사과와 손해배상을 요구하였으나 A국은 B국의 요구에 대해 어떠한 반응도 보이지 않고 있다. 이에 따라 B국은 강제관할권에 기초하여 ICJ에 제소하였다. 이와 관련하여 다음 물음에 답하시오. (총 40점)

(1) A국은 선결적 항변을 제기하여 B국은 외교적 보호권에 기초하여 제소하였으나 B국 피해자 측에서 국내구제를 완료하지 않았다고 주장하였다. A국의 주장은 타당한가? (10점)

(2) A국은 본안절차에 있어서 자국은 B국에 대해 어떠한 의무도 지고 있지 아니하므로 국가책임을 지지 않는다고 주장하였다. A국의 주장은 타당한가? (20점)

(3) A국은 설령 자국이 책임을 진다고 하더라도 '불가항력'에 의해 위법성이 조각된다고 주장하였다. 위법성 조각사유로서 '불가항력'을 원용하기 위한 요건에 대해 설명하시오. (10점)

CASE 81. Territorial Dispute(Libya / Chad) 사건[129][130]

Ⅰ 사실관계

1. 리비아와 차드의 독립

이 사건은 ICJ가 동경 15°선 이동(以東) 지역의 리비아와 차드 간 국경을 식민 모국이었던 이탈리아, 프랑스, 영국이 합의했던 국경선을 근거로 획정한 사건이다. 리비아는 이탈리아 식민통치를 받아오다 2차 대전에서 이탈리아가 패전한 이후 영, 불, 미, 소련의 공동 통치를 거쳐 1951년 12월 24일 독립하였다. 독립 당시 리비아 남부의 차드는 프랑스 식민통치하에 있었고 1960년 8월 11일 독립하였다. 리비아와 차드 간의 국경지대는 이탈리아, 영국, 프랑스의 세력권이 충돌하던 지역으로서 19세기 말 20세기 초에 걸쳐 이들 국가는 수차례의 협정, 외교 공한 교환, 국제회의 등을 통해 경계획정에 관해 합의하였다.

---

129) Libya v. Chad, 1994.2.3. 판결. 국제사법재판소.
130) 산업통상자원부 홈페이지(https://disputecase.kr) 게시 내용 요약 정리.

2. 강대국 간 조약 체결

차드와의 국경지대는 1935년 이탈리아와 프랑스 간의 협정에 의해 이탈리아령으로 인정되었으나 이 조약은 양국 의회의 비준을 받지 못해 발효되지는 못하였다. 영국과 프랑스는 문제의 국경지대가 차드, 즉 당시 프랑스령에 속한다는 합의를 한 바 있어 서구 열강 간의 합의도 상호 상충되는 점이 있었다. 리비아 독립 이후 당시 차드를 식민지배하고 있던 프랑스는 1955년 8월 10일 리비아와 우호친선조약을 체결하였다. 이 조약 3조는 이전 서구 열강 간에 합의된 국제적 문건상의 경계를 국경으로 인정한다고 규정하고 해당 문건을 나열하였으나 1935년 이탈리아 – 프랑스 간 협정은 포함되지 않았다.

3. 차드 내전

리비아와 차드 국경지대는 원주민인 Senoussi 부족이 유목 생활을 하고 있었다. 이들은 이슬람 교도들로서 같은 이슬람 국가인 리비아와 유대관계를 형성하고 있었으며 리비아는 1968년 차드 내전이 발생하자 이들이 주축이 된 게릴라 부대인 차드해방전선을 지원하였다. 리비아는 이 지역을 자국령으로 인식하고 있었으며 차드에 친(親)리비아 정권을 수립하고 국경지대 확보를 위해 수차례 무력개입을 시도하여 1978년 1월부터 1987년 9월까지 양국의 무력 충돌은 계속되었다.

4. 리비아 – 차드 기본조약 체결

차드군은 리비아군을 격퇴하고 국경지대를 장악하였으며 1989년 8월 리비아와 차드는 영토 분쟁의 평화적 해결을 위한 기본조약(이하 1989년 기본조약)을 체결하고 양국 간 국경선획정을 ICJ에 의뢰하기로 합의하였다. 1989년 기본조약에 의거하여 양국은 1990년 9월 3일 국경지대 국경선획정을 재판을 ICJ에 청구하였다.

Ⅱ 법적쟁점

1. 1955년 조약 부속서 Ⅰ의 해석

2. 부속서 Ⅰ 기재 국제합의의 성격

3. 국경선 설정

Ⅲ 국제사법재판소 판단

1. 1955년 조약 부속서 I의 해석

차드는 1955년 리비아 – 프랑스 간 친선 조약을 포함하여 이 사건 당사국에 적용할 수 있는 국제법에 근거하여 경계를 획정하여 줄 것을 청구하였다. 리비아는 해당 지역 원주민이 종교문화적·정치경제적으로 리비아인들이며 이 지역 영유권은 원주민과 오토만 제국이 공동 소유하여 오다 오토만 제국 몰락 이후 리비아에 진출한 이탈리아에 이전된 후 1951년 독립과 함께 리비아에 승계된 것이라고 주장하였다. 재판부는 1955년 친선 조약 제3조의 규정부터 살펴보았다. 이 조항은 부속서 I에 나열된 리비아 독립 당시 유효한 국제적 합의상의 리비아와 튀니지, 알제리, 프랑스령 서아프리카, 프랑스령 적도 아프리카 간의 경계를 인정한다고 규정하고 부속서에 해당 합의 6개를 나열하고 있었다. 재판부는 인정한다(recognize)는 의미는 법적인 의무를 부담하겠다는 것으로서 부속서에 나열된 국제적 합의가 정한 경계를 법적인 국경선으로 수용한다는 의미라고 판정하였다. 재판부는 부속서 I에 기재된 국제적 합의가 획정한 경계가 곧 리비아의 국경선이라고 리비아가 인정한 것이며 따라서 이 사건에서 재판부의 역할은 리비아가 이 조약으로 부담한 법적인 의무의 범위, 즉 부속서 I에 나열된 국제적 합의가 획정한 국경선을 구체적으로 확인하는 것이라고 판단하였다.

2. 부속서 I 기재 국제 합의의 성격

(1) 리비아 의사의 중요성

리비아는 부속서 I에 기재된 국제적 합의 중 1910년 프랑스 – 오토만협정, 1919년 프랑스 – 이탈리아약정만 국경선에 대한 합의이므로 인정할 수 있으나 이들은 분쟁지역 국경과 무관한 리비아와 튀니지 간의 경계이며 나머지 합의는 합의내용이 정식의 국경선에 관한 합의가 아니라 서구 열강의 세력권 범위를 획정한 것이고 체결 당시 리비아 식민 모국이었던 이탈리아가 합의한 것도 아니며 제2차 세계대전 패전 후 이탈리아는 리비아 지역에 관한 모든 권리를 박탈당하였으므로 이탈리아에 대해 적용할 수도 없다는 논리를 전개하였다. 이들 합의상의 경계를 인정할 수 없다는 것이다.

재판부는 국경선획정은 국가의 주권사항으로서 해당 국가가 상호 합의를 통해 특정한 경계를 국경선으로 아무 제한 없이 결정할 수 있으며 특정한 경계가 설사 영토 경계가 아니었다 하더라도 해당 당사국이 이를 국경선으로 인정하면 정식의 국경선이 되는 것이라고 설시하였다. 리비아가 주장하는 대로 세력권 경계였든 식민 모국인 이탈리아가 구속되지 않든 리비아가 1955년 협정 제3조에 의거하여 이를 국경선으로 인정하였으므로 리비아 주장의 실질을 살펴볼 이유가 없다고 본 것이다.

(2) 효력이 종료된 조약의 문제

리비아는 제3조 문안상 리비아 독립 당시 발효 중인 국제협정이라고 규정되어 있으므로 부속서 I에 나열된 국제적 합의 중 리비아 독립일 당시 효력이 없는 것은 고려 대상에서 제외해야 한다고 항변하기도 하였으나 재판부는 수용하지 않았다. 정확한 문안은 독립일 당시 발효 중으로서 부속서 I에 나열된(as listed) 것이라고 지적하고 'as listed'라는 수식 어귀상 제3조 목적을 위해 부속서 I 문건이 발효 중이라고 당사국이 합의한 것은 명백하며 만일 그렇지 않다면 부속서 I에 기재할 이유가 없었을 것이라고 재판부는 언급하였다. 따라서 부속서 I에 나열된 국제적 합의가 실제로 리비아 독립일 당시 발효 중이었는지 여부나 리비아에 적용 가능하였는지 여부에 대해 재판부는 심리하지 않았다.

3. 국경선 설정

재판부는 동경 16°선 이북(以西)의 경계에 대해서는 차드가 동경 15°선 이동(以東)의 경계만을 확정하여 주도록 청구하였으므로 동경 15°~16°선 사이의 경계만 획정하겠다고 밝혔다. 재판부는 가용한 정보와 당사국이 제출한 지도를 종합하여 심리한 결과 해당 지도상의 Tripolitania 주 경계선이 동경 15°선과 만나는 지점은 북위 23°선이 동경 15°선과 교차하는 지점이라고 결론지었다. 재판부는 이와 같이 식민 모국 간의 합의로 설정된 경계선이 리비아와 차드 간의 국경선이라는 점은 독립 이후 양국의 행동으로도 확인된다고 부연하였다. 1974년 8월 12일 체결된 리비아 – 차드 간 협정 제2조는 양국 간 국경은 식민시대의 결과물로서 양국 국민과는 무관하나 이 사실이 양국 간 우호 협력에 방해가 되어서는 안 된다고 규정하고 있으며 리비아 독립 이후 차드 독립 이전 시기에 프랑스는 차드 지역의 면적을 1919년 협정상의 경계선을 기준으로 측량하여 UN에 보고하였으나 리비아는 특별히 이의를 제기하지 않았다. 차드는 1919년 협정상의 경계선 이남 지역을 리비아가 점령하자 이를 UN과 OAU(아프리카단결기구)에 지속적으로 제기하여 해당 지역이 자국 영토라는 점을 분명히 하였다. 재판부는 이러한 점에 비추어 리비아와 차드는 식민 모국이 설정한 경계를 양국 간 국경으로 이해하여 왔음이 입증된다고 보았다.

제14장 | 해양법

I 사실관계

1. M/V Saiga호 사건은 국제해양법법원 설립 후 접수된 첫 번째 사건이다. 1997년, 세인트빈센트 그레나딘의 소장에 의하면, 우크라이나와 세네갈 선원으로 구성된 M/V Saiga호는 약 5400미터/톤의 경유를 싣고 세네갈을 출발하였다. M/V Saiga호는 기니의 배타적 경제수역에서 3척의 어선에 경유를 공급하였다. 그 후 동 선박은 항로를 수정하여 기니의 배타적 경제수역 남쪽 경계를 향해서 항행하였다.

2. 행해일지에 따르면 M/V Saiga호가 기니의 배타적 경제수역 남쪽 한계 외측 남쪽지점에 도달했을 때 기니의 경비선에 의해 공격을 받았으며 밀수혐의로 체포되었다. 동 선박과 선원은 기니로 인양되었으며 선박과 선장은 그곳에 억류되었고 4940미터/톤의 경유가 기니 당국의 명령에 의해 압수·하역되었다.

3. 이에 세인트빈센트 그레나딘은 해양법협약에 따라 국제해양법법원에 M/V Saiga호와 선원의 즉시 석방을 요청하였다.

II 당사국의 주장

1. 세인트빈센트 그레나딘의 주장

세인트빈센트 그레나딘은 동 제소의 근거로서 협약 제292조132)에 기초하고 있다. 즉, 협약 당사국인 국가의 정부당국이 역시 협약 당사국인 국가의 선박을 억류하고 있으며, 동 협약은 억류국에 대해 합당한 보석금과 기타 재정보증의 예치를 조건으로 선박과 선원을 즉시 석방할 것을 규정하고 있는데, 기니가 이를 이행하지 않았기 때문에 동 석방의 문제를 법원에 제출할 수 있다는 것이다. 동 청구에 의하면, '기니는 이제까지 M/V Saiga호의 억류에 관해 어떠한 보석금 또는 기타 재정적 보증을 요구하지 않고 있으며, 자국 행위를 이해당사국에 통보하지도 않았고, 세인트빈센트 그레나딘의 대표가 선박에 억류중인 선원을 접견하는 것도 허용하지 않는다.'고 주장하고 있다.

---

131) The M/V Saiga Case(No.1), Saint Vincent and the Grenadines v. Guinea, International Tribunal for the Law of the Sea, 1997년.

132) 해양법협약 제292조

   1. 어느 한 당사국의 당국이 다른 당사국의 국기를 게양한 선박을 억류하고 있고, 적정한 보석금이나 그 밖의 금융 보증이 예치되었음에도 불구하고 억류국이 선박이나 선원을 신속히 석방해야 할 이 협약상의 규정을 준수하지 아니하였다고 주장되는 경우, 당사국 간 달리 합의되지 아니하는 한, 억류로부터의 석방 문제는 당사국 간 합의된 재판소에 회부될 수 있으며, 만일 그러한 합의가 억류일로부터 10일 이내에 이루어지지 아니하면 제287조에 따라 억류국이 수락한 재판소나 국제해양법재판소에 회부될 수 있다.

   2. 석방신청은 선박의 기국에 의하여 또는 기국을 대리하여서만 할 수 있다.

   3. 재판소는 지체 없이 석방신청을 처리하고, 선박과 그 소유자 또는 선원에 대한 적절한 국내법정에서의 사건의 심리에 영향을 미침이 없이 석방문제만을 처리한다. 억류국의 당국은 선박이나 승무원을 언제라도 석방할 수 있는 권한을 가진다.

   4. 재판소가 결정한 보석금이나 그 밖의 금융 보증이 예치되는 즉시 억류국의 당국은 선박이나 선원들의 석방에 관한 재판소의 결정을 신속히 이행한다.

2. 기니의 주장

기니는 M/V Saiga호가 체포 당시 접속수역에서 경유를 판매·급유한 것은 밀수행위라고 주장하였으며, 동 체포가 기니 수역 밖에서 이루어졌으나, 협약상의 추적권의 이행으로 이루어졌다고 주장하였다. 기니는 또한 법원은 동 사건에 대한 관할권이 없으며, 동 제소는 심리적격이 없다고 주장하였다.

Ⅲ 법원의 판단

법원은 M/V Saiga호의 활동과 항로에 대한 증거, 증인의 증언, 선박과 선장 등이 아직도 기니에 억류되어 있다는 사실 등을 고려하여 다음과 같이 판결하였다. 첫째, 동 사건에 대해서 법원이 관할권을 가진다. 둘째, 기니 정부는 M/V Saiga호와 선원을 세인트빈센트 그레나딘 정부의 보석금 납부를 조건으로 즉각 석방해야 한다. 보석금은 이미 하역된 100만 달러 가치의 경유와 추가금 40만 달러로 결정한다. 동 판결에 따라서 세인트 빈센트 그레나딘 정부는 40만 달러를 납부하였으며, 기니 정부도 판결의 즉각적인 이행을 약속하였다.

CASE 83. M/V Saiga호 사건 Ⅱ [133]

Ⅰ 사실관계

1. 세인트빈센트 그레나딘은 M/V Saiga호 사건에 대한 국제해양법법원의 판결에 따라 40만 달러의 은행보증서를 기니의 소송대리인에게 제출하였다.

2. 그러나 기니는 은행보증서의 규정조건들에 이의를 제기하며 변경을 요청하였다. 세인트빈센트 그레나딘은 기니의 변경요청은 불합리하며 받아들일 수 없다고 반박하였다. 또한 세인트빈센트 그레나딘은 기니가 판결의 이행을 미루면서 M/V Saiga호의 선장에 대해 형사소송을 개시하였다고 주장하였다. 즉, Conarkry의 일심법원은 M/V Saiga호의 선장에 대해 경유의 불법수입, 밀수, 사기 그리고 탈세 등의 혐의로 유죄평결을 하고 벌금을 부과하였고, 벌금의 지급을 보장하기 위해 선박과 화물의 몰수를 명령하였다. 이에 선장은 Conarkry의 항소법원에 항소하였고, 동 법원은 하급심의 판결을 확정하였다. 한편 기니는 선장의 형사소송과 관련하여 소환일정에 세인트빈센트 그레나딘이 민사적으로 책임이 있는 것으로 기록하였다.

3. 이에 세인트빈센트 그레나딘 정부는 동 사건에 대해 중재법원의 구성을 요청하였으며, 국제해양법법원에게 중재법원이 구성되는 동안의 잠정조치명령을 요청하였다. 그러나 양 당사국은 중재법원 대신에 국제해양법법원에 분쟁의 본안심리를 부탁하는 특별협정을 체결하였다. 따라서 법원은 이를 받아들여 동 사건을 'M/V Saiga호(No.2)'로 사건목록에 올렸다.

---

133) The M/V "Saiga"(No.2), Saint Vincent and the Grenadines v. Guinea, International Tribunal for the Law of the Sea, 1999년.

Ⅱ 법적쟁점

1. 잠정조치의 명령

세인트빈센트 그레나딘은 법원에 잠정조치로서 기니가 항행의 자유와 기타 권리를 침해해서는 안 된다는 명령을 요청하였다. 더 나아가 기니가 M/V Saiga호와 선원을 석방하고 기니 법원의 판결의 적용과 효력을 정지하고 이들 판결의 집행을 중지하며, 배타적 경제수역 내에서의 관세법의 집행을 중지할 것을 명령하였다. 세인트빈센트 그레나딘은 또한 기니가 협약하에서 승인되지 않는 선박의 추적권의 행사를 금지할 것을 요청하였다.

2. 관할권의 존부

양 당사국은 법원의 관할권에 대해 이견이 없었다. 그러나 법원은 동 사건에 대해 관할권을 가지는가를 스스로 판단하여야 한다.

3. 심리적격성

기니는 세인트빈센트 그레나딘의 주장에 대해서 유효하지 않은 M/V Saiga호의 등록, 세인트빈센트 그레나딘과 M/V Saiga호와의 진정한 관련성 결여, 기니 국내법에 의한 가능한 구제 미완료, 청구대상인의 국적인 세인트빈센트 그레나딘이 아니라는 것 등 심리적격에 대한 문제를 제기하였다. 이에 세인트빈센트 그레나딘은 양국 간 특별협정에 의하여 기니가 심리적격에 대해서 이의를 제기할 수 있는 권리를 갖지 못한다고 주장하였다.

4. M/V Saiga호 체포의 적격성

세인트빈센트 그레나딘은 M/V Saiga호가 선박에 대한 기니의 국내법 또는 규칙을 위반하지 않았기 때문에, M/V Saiga호의 체포와 기니의 후속행동은 불법이라고 주장하였으며, 만약 기니의 국내법 또는 규칙을 M/V Saiga호의 행위에 적용한다면 이는 협약에 위반된다고 주장하였다. 반면 기니는 M/V Saiga호가 기니의 법을 위반하였다는 사실은 항소법원의 판결에 의해 결정되었고, 따라서 법원은 기니의 국내입법이 기니 당국이나 법원에 의해서 적절하게 적용되었는가를 판단할 자격이 없다고 주장하였다.

5. 추적권의 적법한 행사 여부

세인트빈센트 그레나딘은 M/V Saiga호를 체포하는 데 있어서 기니가 협약 제111조[134]의 추적권을 적법하게 행사하지 않았다고 주장하였다. 그러나 기니는 이를 부인하였다.

---

134) 해양법협약 제111조
    1. 외국선박에 대한 추적은 연안국의 권한있는 당국이 그 선박이 자국의 법령을 위반한 것으로 믿을 만한 충분한 이유가 있을 때 행사할 수 있다. 이러한 추적은 외국선박이나 그 선박의 보조선이 추적국의 내수·군도수역·영해 또는 접속수역에 있을 때 시작되고 또한 추적이 중단되지 아니한 경우에 한하여 영해나 접속수역 밖으로 계속될 수 있다. 영해나 접속수역에 있는 외국선박이 정선명령을 받았을 때 정선명령을 한 선박은 반드시 영해나 접속수역에 있어야 할 필요는 없다. 외국선박이 제33조에 정의된 접속수역에 있을 경우 추적은 그 수역을 설정함으로써 보호하려는 권리가 침해되는 경우에 한하여 행할 수 있다.
    2. 추적권은 배타적경제수역이나 대륙붕(대륙붕시설 주변의 안전수역 포함)에서 이 협약에 따라 배타적경제수역이나 대륙붕(이러한 안전수역 포함)에 적용될 수 있는 연안국의 법령을 위반한 경우에 준용한다.
    3. 추적권은 추적당하는 선박이 그 국적국 또는 제3국의 영해에 들어감과 동시에 소멸한다.
    4. 추적당하는 선박이나 그 선박의 보조선 또는 추적하는 선박을 모선으로 사용하면서 한선단을 형성하여 활동하는 그 밖의 보조선이 영해의 한계 내에 있거나, 경우에 따라서는, 접속수역·배타적경제수역 한계 내에 또는 대륙붕 상부에 있다는 사실을 추적선박이 이용가능한 실제적인 방법으로 확인하지 아니하는 한, 추적은 시작된 것으로 인정되지 아니한다. 추적은 시각이나 음향 정선신호가 외국선박이 보거나 들을 수 있는 거리에서 발신된 후 비로소 이를 시작할 수 있다.

6. 무력 사용 여부

세인트빈센트 그레나딘은 M/V Saiga호의 정선과 체포 과정에서 기니가 과도하고 부당한 무력을 사용하였다고 주장하였다.

Ⅲ 법원의 판단

1. 잠정조치의 명령

(1) 선박과 선원의 석방 문제

잠정조치에 대한 소송이 진행되는 동안, 기니는 1997년 판결을 이행하여 선박, 선장, 선원을 석방하였다. 따라서 법원은 선박과 선장 등의 석방 문제는 더 이상 다룰 필요가 없게 되었다.

(2) 선장에 대한 소송문제

법원은 '기니는 동 사건과 선장에 대한 기소 및 유죄평결과 관련해서 M/V Saiga호, 선장 및 선원, 선주 또는 운용자에 대한 어떠한 사법적 또는 행정적 조치도 결정 또는 집행해서는 안 된다'고 명령하였다.

(3) 분쟁의 악화와 확대 방지

법원은 '본안에 대한 판결이 있을 때까지 세인트빈센트 그레나딘과 기니는 본 사건과 동일한 사건을 방지하기 위한 모든 노력을 다해야 한다'고 명령하였다. 즉, 양 당사국은 분쟁을 악화 또는 확대하는 어떠한 행위도 취하지 않을 것을 보장하여야 한다.

(4) 보고서 제출

법원은 또한 '양 당사국은 그들이 취한 조치 또는 취하려고 하는 조치에 대한 초기 보고서를 제출하여야 한다'고 명령하였다. 동 보고서는 기한 내, 가능한 한 빠른 시간 내에 제출되어야 한다.

---

5. 추적권은 군함·군용항공기 또는 정부업무에 사용중인 것으로 명백히 표시되어 식별이 가능하며 그러한 권한이 부여된 그 밖의 선박이나 항공기에 의하여서만 행사될 수 있다.

6. 추적이 항공기에 의하여 행하여지는 경우 (a) 제1항부터 제4항까지의 규정을 준용한다. (b) 정선명령을 한 항공기는 선박을 직접 나포할 수 있는 경우를 제외하고는 그 항공기가 요청한 연안국의 선박이나 다른 항공기가 도착하여 추적을 인수할 때까지 그 선박을 스스로 적극적으로 추적한다. 선박의 범법사실 또는 범법혐의가 항공기에 의하여 발견되었더라도, 그 항공기에 의하여 또는 중단없이 계속하여 그 추적을 행한 다른 항공기나 선박에 의하여 정선명령을 받고 추적당하지 아니하는 한, 영해 밖에서의 나포를 정당화시킬 수 없다.

7. 어느 국가의 관할권 내에서 나포되어 권한있는 당국의 심리를 받기 위하여 그 국가의 항구에 호송된 선박은 부득이한 사정에 의하여 그 항행도중에 배타적경제수역의 어느 한 부분이나 공해의 어느 한 부분을 통하여 호송되었다는 이유만으로 그 석방을 주장할 수 없다.

8. 추적권의 행사가 정당화되지 아니하는 상황에서 선박이 영해 밖에서 정지되거나 나포된 경우, 그 선박은 이로 인하여 받은 모든 손실이나 피해를 보상받는다.

2. 관할권의 존부

법원은 동 사건의 관할권의 기초로서 협약 제287조, 제288조[135] 그리고 법원에 분쟁을 부탁하기로 한 양국 간의 협정을 언급하였다. 따라서 법원은 동 사건에 대해서 관할권을 가진다고 결정하였다.

3. 심리적격성

(1) 심리적격 제기허용 문제

법원은 특별협정이 기니가 심리적격에 대해 반론을 주장하는 것을 배제하고 있지 않다고 판결하였다. 왜 냐하면 동 협정의 목적은 본래 중재법원에 부탁된 분쟁을 법원에 이송하는 것이기 때문이다. 즉 현재 사건 에서 법원규칙과 소송절차가 단일한 국면에서 이루어진다고 하는 당사국 사이의 협정에 부합하는 한, 관 할권에 대한 기니의 유보가 곧 심리적격에 반론을 제기하는 일반적인 권리를 빼앗는 것은 아니라고 한 것 이다.

(2) M/V Saiga호의 등록

법원은 선박의 국적은 당사국에 의해 법원에 제시된 증거에 기초해서 결정되어야 하는 사실의 문제라고 언급하였다. 법원은 세인트빈센트 그레나딘이 제출한 상선법의 관련규정, 동 선박의 국적표시, 그리고 계 속된 통제행위 등의 증거를 고려하였으며, 기니는 항변서의 제출 때 선박의 등록에 대한 어떠한 반증도 제 시하지 못했음을 상기하였다. 따라서 법원은 M/V Saiga호가 유효하게 등록되지 않았다는 기니의 주장을 기각하였다.

(3) 선박과 기국 간의 진정한 관련성

법원은 이와 관련하여 두 가지 문제가 다루어져야 한다고 언급하였다.

첫째, 기국과 선박 사이의 진정한 관련성 결여가 타국에게 선박의 국적에 대한 유효성을 부인할 수 있는 자격을 주는가이다. 법원은 협약 규정의 문맥, 목적, 입법과정을 검토한 결과, 기국과 선박 사이에 진정한 관련성을 요구하는 협약의 목적은 기국의 의무의 효과적인 이행을 보장하기 위함이며, 타국이 선박 등록 의 유효성을 부인하기 위한 기준을 정하기 위한 것은 아니라고 설시하였다.

둘째, 사건 당시 M/V Saiga호와 세인트빈센트 그레나딘 사이에 진정한 관련성이 존재했는가에 관한 것이 다. 법원은 상기 결정에 비추어 이를 판단할 필요가 없다고 결정하였으며, 나아가 기니에 의해서 제기된 증거 중 어느 것도 사건 당시 세인트빈센트 그레나딘과 동 선박 사이에 진정한 관련성이 없다는 주장을 정당화하기에 충분치 못했다고 판단하였다. 따라서 세인트빈센트 그레나딘과 M/V Saiga호 사이에 진정 한 관련성이 없다는 기니의 주장을 기각하였다.

---

135) 해양법협약 제288조
   1. 제287조에 언급된 재판소는 이 부에 따라 재판소에 회부되는 이 협약의 해석이나 적용에 관한 분쟁에 대하여 관할권을 가 진다.
   2. 제287조에 언급된 재판소는 이 협약의 목적과 관련된 국제협정의 해석이나 적용에 관한 분쟁으로서 그 국제협정에 따라 재판소에 회부된 분쟁에 대하여 관할권을 가진다.
   3. 제6부속서에 따라 설립된 국제해양법재판소 해저분쟁재판부와 제11부 제5절에 언급된 그 밖의 모든 재판부나 중재재판소 는 제11부 제5절에 따라 회부된 모든 문제에 대하여 관할권을 가진다.
   4. 재판소가 관할권을 가지는지 여부에 관한 분쟁이 있는 경우, 그 문제는 그 재판소의 결정에 의하여 해결한다.

(4) 국내구제의 완료

법원은 국내구제완료의 원칙은 국가행위가 외국인의 대우에 관한 국제의무를 위반하였을 때 적용된다는 국가책임초안 제22조를 언급하였다. 동 사건은 세인트빈센트 그레나딘의 직접적인 권리에 대한 침해이며, 선원의 피해는 이러한 국가에 대한 침해에서 파생되어 나온 것이므로, 국내구제완료의 원칙은 동 사건에 적용되지 않는다고 결정하였다.

(5) 청구대상인의 국적

법원은 협약은 선박에 대한 기국의 의무, 타국의 행위로 발생한 선박의 피해 또는 그 손해배상의 청구, 그리고 협약 제292조하에서 소송을 제기하는 국적국의 권리의 관점에서 선박을 하나의 단위로 보고 있으며, 따라서 선박은 국적국과의 관계에서 하나의 대상물로서 다루어져야 하며, 선박에 승선한 사람들의 국적과는 관련이 없다고 판결하였다.

또한 법원은 선원들이 임시직으로 다양한 국가의 국민으로 구성되어 있고, 선박의 화물과 관련한 복잡한 이해관계가 현대 해양수송의 기본적인 특징이라고 전제하면서, 만약 손해를 입은 사람이 각각 자국의 국가로부터 보호를 찾을 의무가 있다면 과도한 혼란이 발생할 것이라고 언급하였다. 따라서 법원은 기니의 주장을 기각하였다.

4. M/V Saiga호 체포의 적법성

법원은 협약의 조항 및 PCIJ의 판결을 고려하였을 때, 기니의 국내법과 규칙이 협약에 일치하는가를 결정할 자격이 있다고 판결하였다. 법원은 기니가 배타적 경제수역을 포함하는 관세범주에서 관세법을 적용함으로써 협약을 위반하였으며, 그 결과로 발생한 M/V Saiga호의 체포와 억류, 선장의 기소와 유효평결, 화물의 몰수 그리고 선박의 압류도 역시 협약에 반한다고 판결하였다. 또한 기니가 배타적 경제수역에 대해 관세법을 불법적으로 적용한 것은 필요상황에 의해 정당화될 수 있는 가능성이 있으나, 기니의 행동을 정당화하는 필요상황이 존재하지 않았다고 판시하였다.

5. 추적권의 적법한 행사 여부

법원은 협약 제111조 하의 추적권의 행사에 대한 요건은 추적과정 전체에 걸쳐 판단되어야 하며, 현 사건에서 이들 중 몇 개의 요건은 이행되지 않았다고 판결하였다. 즉 추적이 중단되었으며, 추적개시 전에 어떠한 시각적, 청각적 신호도 없었고, 나아가 M/V Saiga호는 협약상 추적을 허용하는 기니의 국내법 또는 규칙 위반 사실이 없었다고 판시하였다. 결국 법원은 동 사건에서 기니의 추적권 행사는 그 어떤 법적 기초도 없다고 하였다.

6. 무력 사용 여부

법원은 국제법상 무력의 사용이 허용되지 않으며 무력이 불가피한 경우에도 합리적이고 필요한 범위를 벗어날 수 없다고 언급하면서, 경비선이 M/V Saiga호에 접근하였을 때 선박에 대해 국제법과 관습에서 요구되는 어떠한 신호나 경고도 주지 않고 실탄을 발사한 사실은 변명의 여지가 없다고 판시하였다. 또한 선원으로부터 어떠한 무력 사용이나 위협이 없었음에도 불구하고 선원과 엔진에 무차별 총격을 가하였으며 2명의 선원에게 중상을 가하였으므로, 기니는 과도한 무력을 행사하였다고 판결하였다.

7. 손해배상

법원은 타국의 국제불법행위에 대해 피해국이 가해국에 대해서 손해배상을 받을 권리가 있다는 것은 확립된 국제법상 원칙이라고 언급하였다. 따라서 세인트빈센트 그레나딘이 관련 또는 이해관계인을 포함하여 M/V Saiga호의 운용으로부터 받은 피해 또는 기타 손실은 물론 그로부터 직접적으로 얻은 피해에 대해 손해배상을 받을 자격이 있으며, 그 피해 또는 기타 손실은 선원의 부상, 불법체포, 억류 또는 기타 학대, 선박의 재산상 피해 또는 압류 그리고 이익의 상실을 포함한 경제적 손실로 구성된다고 판시하였다.

기출 및 예상문제

A국 국적의 정부선박 '청천강'호는 인접국인 B국의 배타적 경제수역을 항해하면서 B국 연안의 군사시설 촬영 등 군사정보수집업무에 종사하다가 B국 해상보안청 소속 경비정에 발각되어, 정선명령을 받자 이를 무시하고 도주하기 시작하였다. B국 경비정은 이를 계속 추적, 인접국인 C국 EEZ 내에서 동 선박을 격침시켰다. 이 사례에서 모든 사건 관련 국가들은 1982년 채택되고 1994년 발효한 국제연합 해양법협약의 당사국으로 가정한다. (총 30점)

(1) 연안국의 EEZ에서의 권리를 간략히 설명하고 이에 비추어 '청천강'호의 행위의 적법성 여부를 논하시오. (10점)

(2) B국 경비정의 긴급추적, 격침 행위는 적법한가? 그 근거는 무엇인가? C국은 이 사건과 관련하여 어떠한 권리를 주장할 수 있다고 보는가? (10점)

(3) 위 사례에서 만일 '청천강'호가 B국 EEZ 내에서 조업 중이던 D국 어선에 해상 급유 중이었을 경우, B국 경비정은 이에 승선, 검색, 나포 또는 추적할 정당한 권리를 갖는가? 또 만일 '청천강'호가 B국 EEZ 내에서 어류 밀수에 종사한 혐의가 있는 선박이었을 경우 그 답은 어떻게 되는가? D국 역시 협약 당사국으로 가정한다. (10점)

CASE 84. 영불대륙붕 경계획정 사건[136]

Ⅰ 사실관계

영국과 프랑스는 1970년부터 4년간 대륙붕 경계획정에 관한 교섭의 결과 대부분의 영국해협수역에는 중간선을 채택하는 데 합의했으나 일부 해협수역에 대해서는 합의를 보지 못했다. 합의를 보지 못한 Channel Islands와 Scilly Islands는 모두 영국령이나 전자는 프랑스의 본토연안에 근접위치하고 후자는 영국 본토연안에 근접위치하고 있었다. 양국은 5명으로 구성된 특별중재재판소에 제소하기로 합의하였다.

Ⅱ 법적쟁점

1. 양제도의 지형은 등거리의 원칙의 적용을 배제하는 특별상황에 해당되는가?

2. 양제도의 존재가 양국본토 간의 대륙붕 경계획정에 영향을 미치는가?

---

136) Anglo-French Continental Shelf Arbitration, 국제중재, 1979년.

Ⅲ 판결요지

1. 영국과 프랑스는 거의 동등한 대향해안선을 가지므로 양국 대륙붕의 경계는 원칙적으로 중간선이다.

2. 도서에 관해서는 Channel Islands의 존재는 무시하고 12해리의 영해만 인정하였다. Scilly Islands에 대해서는 반분효과(半分效果)만을 인정하였다.

3. 등거리 원칙은 결국 형평의 원칙과 동일한 목적을 갖는 법적 원리이며 형평의 원칙은 등거리 원칙의 해석을 위한 가장 적절한 원리이며 수단이다.

CASE 85. 튀니지 – 리비아 대륙붕 사건[137]

Ⅰ 사실관계

리비아와 튀니지는 그들의 인접대륙붕의 경계에 대해 리비아는 대륙붕의 경계선이 북상해야 한다고 주장하고 튀니지는 동쪽으로 그어져야 된다고 주장하였다. 양국은 특별협정을 체결하여 국제사법재판소에 부탁하였다. 양국은 대륙붕의 경계를 획정하는 데 적용할 특별상황을 고려한 형평의 원리와 제3차 해양법회의의 최근 경향을 반영할 국제법의 원리와 원칙을 묻고, 아울러 판결 후에 양국의 전문가들이 이를 적용하여 어려움 없이 대륙붕 경계를 획정할 수 있는 실제적 방식을 제시해 줄 것을 부탁했다.

Ⅱ 법적쟁점

1. 양 당사국은 다 같이 등거리선을 배척하고 제반 관계사정을 고려하여 형평의 원칙에 따라야 한다고 주장하고 형평의 원칙을 자연연장론과 관련지어 전개해야 한다는 점에서는 동의하였다.

2. 그러나 형평의 원칙의 적용에 있어서 양국 간 이견이 존재하였다.

Ⅲ 판결요지

1. 대륙붕을 지질학적 또는 지형학적 측면에서만 파악하려는 것이 타당하지 않다고 지적하고 과학적으로 대륙붕의 영유를 밝힐 수 있다는 양국의 주장을 배척하였다.

2. 대륙붕의 영유 문제는 국제법의 표준에 의해야 한다고 단정하고, 자연적 연장을 구성하는 물리적 형태는 그 자체에 법적 권원이 있는 것이 아니라 형평한 해결을 위해 고려되어야 할 여러 상황 중의 하나에 불과하다고 선언했다.

3. 형평의 원리를 국제법의 일부분으로 적용하는 데 있어서 형평한 결과를 생산해 내도록 제반 관계상황을 고려해야 한다고 판시했다.

---

137) Tunisia–Libya Continental Shelf Case, ICJ, 1982년.

CASE 86. 메인만 경계획정 사건[138)139)

I 사실관계

1. 미국의 북동부에 위치한 메인만 지역은 약 36,000평방마일로서 어업자원이 풍부하고 석유와 가스가 상당량 매장되어 있는 것으로 알려져 있다. 특히 메인만 지역에 위치한 Georges Bank는 세계적으로 가장 풍부한 어장 중의 하나로서 북해보다는 두 배, 북동북극해보다는 다섯 배의 어획량을 보이는 것으로 알려져 있다.

2. 미국과 캐나다는 이 지역에서 일방적으로 해양관할권을 확대함으로써 관할수역이 중복되게 되어 경계획정과 관련하여 분쟁이 발생하였다. 양국 간의 본격적인 분쟁은 캐나다가 1964년에 Georges Bank의 북동쪽 부분에 석유와 가스 탐사를 허가한 때 개시되었다.

3. 양국은 1979년 협정을 체결하여 분쟁을 사법적으로 해결하기로 하였고, 1984년 10월 12일 국제사법재판소의 특별재판부는 메인만 지역에서의 미국과 캐나다 간의 해양경계선 분쟁에 대한 판결을 내렸다.

II 법적쟁점

1. 자연적 경계선

2. 사회경제적 조건

3. 인접성

4. 1958년 대륙붕협약의 적용 문제

5. 묵인에 의한 사실상의 경계선 인정 여부

6. 본 사건에 이용된 형평한 기준과 방법

7. 구체적인 경계선

III 판결요지

1. 자연적 경계선

미국은 자체분석을 근거로 동 지역 해수에 세 가지 뚜렷이 구별되는 다른 해양 및 생태계를 발견하였으며, 각각은 독특한 형태의 온도, 염도, 밀도, 수직층화와 조류현상을 갖고 있다고 판단하고, 이에 기초한 자연경계선을 주장하였다. 그러나 재판소는 동 지역처럼 매우 역동적인 환경에는 안정적인 자연적 경계선은 없다고 판시하였다. 재판소는 해양 또는 육지의 경계획정은 법정치적인 작업이며, 자연적 경계선을 수용해야 하는 것은 아니라고 하였다.

---

138) Case Concerning the Delimitation of the Maritime Boundary in the Gulf of Maine Area, 캐나다 / 미국, ICJ, 1984년.
139) 박찬호, 미국과 캐나다간 메인만에서의 해양경계획정에 관한 소고, 저스티스 통권 제89호.

2. 사회경제적 조건

재판소는 사회경제적 조건, 즉 동 지역 경제가 어업에 의존하고 있다는 사실은 경계획정과정에 직접적으로 영향을 주는 요소가 아니라고 판시하였다. 재판소는 국제법은 해양경계획정에 있어서 지리적 기준만을 고려하도록 하고 있기 때문이라고 하였다. 다만 사회경제적 조건들은 잠정적 경계획정이 수행된 이후 그것이 형평한 결과에 이르는지를 확인하기 위해서 고려할 수는 있을 것이라고 하였다.

3. 인접성

재판소는 캐나다가 주장한 인접성의 개념을 인정하지 않았다. 재판소는 어떤 해양이나 해저지역에 대한 법적인 권원은 법적인 작용의 효과이며, 권원의 범위의 경계선은 법규칙으로부터 도출되는 것이지 순전히 물리적인 사실에 고유한 것으로부터 나오는 것은 아니라고 하였다.

4. 1958년 대륙붕협약의 적용 문제

동 협약 제6조는 대향국 또는 인접국의 대륙붕 경계획정에 있어서 합의가 형성되지 아니하고, 특별한 상황에 의해 다른 경계선이 정당화되지 않으면 중간선이나 등거리선에 의하도록 하고 있다. 미국과 캐나다는 모두 동 조약의 당사국들이므로 동 조항의 적용 여부가 문제되었다. 이에 대해 재판소는 동 조항은 대륙붕 경계획정 문제에만 적용되므로 대륙붕과 상부의 어업수역에 대한 단일 경계선을 획정하는 본 소송에는 적용되지 않는다고 판시하였다.

5. 묵인에 의한 사실상의 경계선 인정 여부

캐나다는 1964년에 Georges Bank에서 석유의 독점적 개발을 위한 허가를 시작한 이후 지질탐사를 수행하였으나 미국이 이를 알면서도 항의하지 않았으므로 묵인한 것이라고 주장하였다. 이에 대해 미국은 캐나다가 자국의 주장을 국제적으로 알리기 위한 공식적인 선언이나 발표를 하지 않았다고 반박하였다. 재판소는 미국이 중간선에 의해 Georges Bank 대륙붕의 경계획정을 묵인하였다는 결론을 도출할 수 없고, 캐나다와의 해양경계획정에 대한 미국의 태도는 1960년대 말까지 불확실하였고 일관성이 없다고 하였다.

6. 본 사건에 이용된 형평한 기준과 방법

재판소는 연안의 길이의 현저한 차이와 인접성에서 대향으로의 변화에 따른 연안 방향의 변화를 중요하게 고려하였다. 재판소는 연안의 길이의 차이는 등거리선이나 다른 선의 수정을 정당화하는 비중 있는 특별한 상황이라고 하였다.

7. 구체적인 경계선

재판소는 경계획정을 위하여 연안이 인접한 만내의 부분, 마주보는 측면 연안의 형태를 띠는 만의 중간 부분, 만 바깥쪽 외곽 부분 등 세 부분으로 구분하였다. 재판소는 첫 번째 부분은 두 개의 수직면 사이의 이등분선, 두 번째 부분은 중간 등거리선, 세 번째 부분에 대해서는 만의 폐쇄선에 대한 수직선을 적용하였다.

1. 단일경계선

메인만 사건은 대륙붕뿐 아니라 동시에 배타적 어업수역, 즉 상부수역의 경계를 획정하는 최초의 사례가 되었다. 당사국들이 체결한 특별협정 제2조는 특별재판부로 하여금 캐나다와 미국의 대륙붕과 어업수역을 분할하는 단일경계선을 결정해주도록 요구하고 있다. 이에 대해 재판부는 1958년 대륙붕에 관한 협약 대신 형평성의 원칙을 적용하여 경계를 획정하였다. 대륙붕과 배타적 경제수역, 배타적 어업수역은 서로 별개의 제도이므로 각각 별도의 경계를 획정해야 한다는 반론도 있으나 당사국이 요청하는 경우 단일 경계선으로 경계획정은 가능하다. 단, UN해양법협약이나 일반국제법상 단일경계선에 의한 해양경계획정 의무는 없다(Qatar / Bahrain 사건, Cameroon / Nigeria 사건, ICJ).

2. 경제적 상황

국제사법재판소는 튀니지-리비아 사건에서 경제적인 상황은 경계획정에 있어서 무관한 요소라고 판단하였다. 메인만 사건에서도 당사국들은 경제적 성격의 주장을 제기하였으나 재판소는 소송 초기단계에서 어업 및 이와 연관된 산업과 관련된 주장을 배척하였다. 그러나 재판소가 메인만 연안의 물리적·지리적 요소에만 주목하여 Georges Banks와 관련된 사람들의 행위의 오랜 역사를 무시하였다는 비판이 제기되기도 한다.

3. 비례성

국제사법재판소는 1969년 북해대륙붕사건에서 각 국가에 속하는 대륙붕의 범위와 각 연안의 길이 간에 합리적인 정도의 비례성을 고려하였다. 1982년 튀니지-리비아 사건에서는 비례성의 원칙을 가장 중요한 형평의 측면으로 간주하였다. 재판소는 비례성을 튀니지와 리비아 간 지중해에서 설정되는 선의 형평을 평가하는 기준으로 사용하였다. 그러나 메인만 사건에서 재판소는 이전에 적용되는 방식으로 비례성의 원칙을 사용하지 않았다. 재판소는 당사국에 속하는 해양수역의 비율을 연안의 길이의 비율과 비교하지 않고, 당사국 관련 연안의 길이의 중대한 차이에 주목하고 그 길이의 비율을 결정하여 중간선을 그 비율에 따라 이동하였다.

CASE 87. 리비아 – 몰타 대륙붕 사건141)

Ⅰ 사실관계

몰타는 지중해 중앙에 위치한 도서국가로 4개의 주요 섬과 사람이 살지 않는 암석으로 구성되어 있다. 반면에 리비아는 북아프리카 해안의 대륙국가로 광대한 면적과 긴 해안을 가지고 있다.
1982년, 리비아와 몰타는 ICJ에 그들 간의 대륙붕 경계획정에 적용할 국제법 원칙과 규칙들을 결정해줄 것과, 실제로 당해 수역에 대륙붕 경계선을 그을 수 있도록 그러한 원칙과 규칙들을 적용하기 위한 현실적 방법들을 제시해줄 것을 요청하였다. 이에 ICJ는 대륙붕 경계획정 원칙을 밝히는 한편 실제로도 형평에 맞는 구체적인 양국 간 대륙붕 경계선을 제시하였다.

---

140) 박찬호, 전게논문, 187-189면.
141) Libya – Malta Continental Shelf Case, ICJ, 1985년.

Ⅱ 법적쟁점

1. 형평의 원칙

리비아는 대륙붕 경계획정은 형평에 맞는 결과를 위하여 형평의 원칙에 따라 모든 관련 상황들을 고려하여 이루어져야 한다고 하였다. 몰타 역시 자국과 리비아 간 대륙붕 경계획정은 국제법을 기초로 형평에 맞는 해결을 목적으로 해야 한다고 하였다. 그러나 경계선을 어떤 방식으로 긋는 것이 형평에 적합하며, 어떤 사항들을 고려하는 것이 형평에 맞는 것인지에 대해서는 상당한 입장 차이가 있었다. 예를 들어, 몰타는 자국과 리비아 해안의 저조점으로부터 최단거리에 있는 점들을 연결하는 중간선 방식에 의해 형평이 실현된다고 주장하였으나 리비아는 이에 동의하지 않았다.

2. 등거리선 원칙의 적용 여부

리비아는 등거리선 방법의 적용이 의무적인 것이 아니라고 하면서, 특히 이 사건에 등거리선 방법을 사용하게 되면 형평에 맞는 해결에 도달할 수 없다고 주장하였다. 반면 몰타는 해안으로부터의 거리개념이 중요해졌으므로 거리원칙에 따른 대륙붕 경계획정을 주장하였다.

3. 육지영토의 자연적 연장의 고려 여부

리비아는 각 당사국의 육지영토의 자연적 연장이 각 국에 속하는 대륙붕에 대한 권원의 기초가 된다고 하면서, 경계획정은 가능한 한 각국에게 그 영토의 자연적 연장을 구성하는 대륙붕 전체를 주는 방향으로 이루어져야 한다고 주장하였다. 이 사건에서 문제 수역의 해저와 지하에는 근본적 단절이 있어 상이한 두개의 대륙붕이 존재하므로, 동 사건에서 대륙붕 경계획정을 위한 원칙은 자연적 연장원칙이 되어야 한다고 하였다. 반면 몰타는 리비아가 주장하는 자연적 연장을 지질학적 개념이 아닌 '거리'라는 측면에서 파악하였다.

4. 해안선 길이의 고려 여부

리비아의 해안선의 길이는 192마일에 달하는 데 비해 몰타의 해안선은 24마일에 불과하다. 리비아는 형평을 위해 해안선의 길이를 고려해야 한다고 주장하였으며, 각국에 속하는 대륙붕의 면적과 각국 해안선 길이 간에 상당한 정도로 비율이 이루어져야 한다고 하였다.

5. 기타 형평적 고려사항들

동 사건에서 당사국들은 형평에 맞는 결과에 도달하기 위해 고려할 사항들로 배후지, 경제상황, 섬, 비율 등을 광범위하게 제시하였다.

Ⅲ 법원의 판단

1. 형평의 원칙

1969년 북해대륙붕 사건 이래 ICJ는 일관되게 대륙붕 경계획정은 관련 상황을 고려하여 형평에 맞는 결과를 목적으로 이루어져야 한다고 판시해왔다. 동 사건에서도 리비아와 몰타 모두 형평에 따른 경계획정을 요구하였으므로, 당사국들의 이러한 주장에 따라 ICJ는 "경계획정은 형평의 원칙에 따라 모든 관련 상황을 고려하여 형평에 맞는 결과에 도달하도록 이루어져야 한다."라고 명시하였다.

2. 등거리선 원칙의 적용 여부

ICJ는 국가들의 관행이 등거리선 방법을 비롯한 어떠한 경계획정 방법의 의무적 사용을 요구하는 규칙의 존재를 증명하는 데 이르지는 못한다고 판단하면서, 등거리선 방법이 많은 경우 형평에 맞는 결과를 가져오는 것은 사실이지만 이 방법이 빈번히 사용되어왔다는 사실만으로 이 방법을 지지할 수 없다고 하였다. 그러나 실제로 법원은 동 사건에서 일차적으로 중간선을 획정하고 갖가지 형평적 고려사항들을 참작하여 이를 수정하는 방식으로 양국 간 대륙붕 경계선을 확정하였다.

3. 육지영토의 자연적 연장의 고려 여부

ICJ는 해양법협약 제76조[142) 대륙붕의 정의에 대한 해석을 둘러싸고 조문의 '거리'에 대한 규정에 주목하였다. 즉, 협약이 거리 원칙을 표현하였다는 몰타의 주장과 자연적 연장만이 국제관습법에 해당한다고 하는 리비아의 주장 사이에서 몰타의 입장을 지지하였다. 즉, 자연적 연장 개념이 거리기준에 의해 대체되었다고까지 말할 수는 없으나, 대륙변계가 연안으로부터 200해리에 미치지 못하는 경우에는 자연적 연장은 그 역사적 배경에도 불구하고 해저와 지하의 물리적 성격에 관계 없이 해안으로부터의 거리에 의해 측정된다고 하였다.

4. 해안선 길이의 고려 여부

재판부는 리비아와 몰타의 해안선 간 심각한 불비(不比)는 리비아에게 보다 많은 대륙붕을 주는 방향으로 중간선을 조정하는 것을 정당화한다고 판시하였다. 그러나 그러한 조정이 수학적 정확성을 요구하는 것은 아니라고 하면서, 산술적 형평보다는 결과의 형평성에 대한 광범위한 평가를 중시하였다.

5. 기타 형평적 고려사항들

법원은 1969년 북해대륙붕 사건에 대한 판단에서 형평에 맞는 절차를 위한 고려사항에는 아무런 제한이 없다고 하면서, 오직 한 가지 요소에 의존하기보다는 모든 고려사항들 간 균형을 맞출 때 보다 형평에 맞는 결과가 나오는 경우가 많으며, 갖가지 고려사항들에 부여될 상대적 무게는 사안에 따라 달라진다고 하였다. 동 사건에서 ICJ는 배후지의 관련성을 인정해달라는 리비아의 주장을 기각하였는데, 이제까지의 국가관행과 법학자들의 학설, 제3차 해양법회의 작업문서를 검토할 때 그 어느 곳에서도 해안의 배후지를 대륙붕에 관한 권리창출을 위한 기초로 인정하지 않고 있다고 하였다. 한편 경제적·안보적 요인을 관련 상황에 포함시켜달라는 몰타의 요청에 대해, 법원은 해양경계획정이 양국의 상대적인 경제적 상황에 영향을 받아서는 안 된다고 하면서, 상대적으로 가난한 국가의 부족한 경제자원 보충을 위해 그 국가의 대륙붕을 확장해 줄 수는 없다고 하였다. 비율에 대해서는, 이를 경계획정을 위한 형평적 고려사항으로 인정은 하면서도 이를 적극적으로 옹호하려고 하지는 않았는데, 이는 형평을 판단하기 위한 수단이나 부당한 차이에 대한 교정이라는 차원을 넘어 다른 고려사항들의 적용 여지를 지나치게 잠식할 수 있다는 우려 때문이었다.

---

142) 해양법협약 제76조

    1. 연안국의 대륙붕은 영해 밖으로 영토의 자연적 연장에 따라 대륙변계의 바깥 끝까지, 또는 대륙변계의 바깥 끝이 200해리에 미치지 아니하는 경우, 영해기선으로부터 200해리까지의 해저지역의 해저와 하층토로 이루어진다.

    2. 연안국의 대륙붕은 제4항부터 제6항까지 규정한 한계 밖으로 확장될 수 없다.

    3. 대륙변계는 연안국 육지의 해면 아래쪽 연장으로서, 대륙붕·대륙사면·대륙융기의 해저와 하층토로 이루어진다. 대륙변계는 해양산맥을 포함한 심해대양저나 그 하층토를 포함하지 아니한다.

Ⅳ 평석

1. 형평의 원칙 재확인

동 사건에서 ICJ는 이전의 판결들과 마찬가지로 형평이 대륙붕 경계획정의 원칙임을 재확인하였다. 그러나 형평에 맞는 결과를 위하여 고려되어야 할 사항에 대해서는 큰 인식차가 있다. 형평의 의미와 법적기능은 여전히 모호한 것이므로, 판결에 대한 배경설명이 약하다는 비판을 본질적으로 면할 수 없다는 것이 ICJ와 중재판정이 안고 있는 공통적인 문제점이다.

2. 관련 상황의 고려에 대한 평가

동 사건에 대한 판결은 형평의 원칙 구현에 필요한 관련 상황들을 평가하는 데 있어서 긍정적인 평가와 동시에 부정적인 평가를 받고 있다.

첫째, 대륙붕의 권원에 있어 자연적 연장을 거리기준에 평가하자는 몰타의 주장을 받아들였으나, 대륙붕의 역사적 발달과정에 비추어 해저지형의 특수성을 무시하는 법원의 입장이 계속 유지될 수 있을지 의문이다.

둘째, 법원은 몰타의 등거리선 주장은 기각하면서 실제로 등거리선과 유사한 결과를 가져올 거리기준에 따라 추후 수정을 조건으로 임시경계선을 획정하였는데, 이는 다소 모순된 것으로 생각된다.

셋째, 당사국들의 해안선과 대륙붕 면적 사이의 비율은 경계획정 결과의 형평성을 가늠하는 잣대로 긍정적 평가를 받았으나, 구체적으로 어떤 상황에서 비율이 경계선 조정에 사용되는가에 대해서는 아무 객관적 기준도 제시되지 않았다.

CASE 88. 니카라과와 온두라스 간 해양경계 사건[143)144)]

Ⅰ 사실관계

1. 니카라과와 온두라스는 스페인에 의해 별개의 행정단위인 주(province)로 나누어 통치되다 1821년 별개의 국가로 독립하였다.

2. 양국은 육지 국경문제는 해결하였으나 카리브해에서의 해양경계는 획정하지 못하고 있었다. 양국 간에는 1979년 니카라과에 공산정권이 수립된 이후 갈등이 고조되었다. 니카라과는 온두라스가 자국 해역이라고 주장하는 북위 15도 이북의 해역에서 온두라스 어선을 여러 번 단속하고 나포하였다.

3. 양국 간 갈등은 1999년 12월 28일 온두라스가 1986년에 체결된 콜롬비아와의 해양경계조약(북위 15도 이북 해역을 온두라스 해역으로 인정하는 내용을 담고 있었음)을 4일 후에 비준하겠다고 통고함으로써 고조되었으며 니카라과는 CACJ(중미사법재판소), WTO, ICJ 등에 제소하였다.

---

143) Case Concerning Territorial and Maritime Dispute between Nicaragua and Honduras, Nicaraguav. Honduras, ICJ, 2007년 10월 8일.

144) 서철원(2008), 니카라구아와 온두라스간의 해양경계사건 분석, 국제법학회논총 제53권 제2호.

Ⅱ 법적쟁점

1. 결정적 기일

2. 도서 영유권 – uti possidetis, 지리적 근접성, 지도, 실효적 점유(effectivités)

3. 해양경계획정

Ⅲ ICJ 판결

1. 결정적 기일

(1) 온두라스

이 사건은 섬의 영유권 문제와 해양경계 두 개의 분쟁으로 구성되어 있으므로 결정적 기일은 각각 설정되어야 한다. 영유권문제에 있어서 uti possidetis 원칙에 의한 영유권 문제의 결정적 기일은 1821년이고, 실효적 점유로 인한 영유권 문제의 결정적 기일은 1821년에서 영유권 주장을 처음으로 한 Memorial을 제출한 2001년 3월 21일 사이이다. 한편, 해양경계획정 문제의 결정적 기일은 니카라과에 산디니스타 정권이 들어선 1979년이다. 그 이전에는 니카라과가 북위 15도 이북의 해역에 대해서 관할권을 주장한 적이 없기 때문이다.

(2) 니카라과

섬에 대한 영유권 분쟁은 해양경계 분쟁에 묵시적으로 포함되어 있으므로 이 사건은 하나의 문제이고 따라서 결정적 기일도 동일하게 설정되어야 한다. 결정적 기일은 양국 간 서신교환으로 해양경계획정 논의를 시작한 1977년이다.

(3) ICJ

결정적 기일은 분쟁이 구체화된 시점을 의미한다. 분쟁이 있다고 하기 위해서는 사실관계나 법적인 관점에 대한 이견이 있어야 한다. 또한 결정적 기일은 이러한 분쟁의 존재가 확정된 시점, 즉 사실관계나 법적 관점에 대한 이견이 구체화(crystallization)된 시점이다. 해양경계와 섬의 영유권 문제는 관련되어 있으나 별개의 분쟁이므로 이 사안에서 결정적 기일은 각각 결정되어야 한다. 섬의 영유권 문제에 적용되는 결정적 기일은 구두변론 종결 시에 섬에 대한 영유권을 처음으로 한 2001년이다. 그 이전에는 북위 15도 이북의 섬에 대해 니카라과가 영유권 주장을 하지 않았기 때문이다. 한편 해양경계설정에 적용되는 결정적 기일은 니카라과가 북위 15도 이북에서 조업하던 온두라스 어선을 나포하여 이에 대한 외교서한을 교환한 1982년이다. 나포에 대하여 양국이 주고 받은 외교서한에서 양국은 처음으로 해당 수역에 대한 관할권 주장을 명확하게 하였기 때문이다.

2. 도서 영유권 – uti possidetis, 지리적 근접성, 제3국의 승인, 실효적 점유(effectivités)

(1) uti possidetis

온두라스는 동 원칙을 적용할 것을 주장하였으나 니카라과는 반대하였다. ICJ는 육지만이 아니라 섬이나 해양경계에도 동 원칙이 적용될 수는 있으나 이번 사건의 경우 동 원칙을 적용할 수 없다고 하였다. 동 원칙에 따라 영유권을 결정하기 위해서는 식민모국인 스페인의 국내법으로 문제가 된 지역을 지방행정청의 관할하에 둔다는 결정이 있어야 하는데 문제가 된 섬에는 그러한 결정이 없었기 때문이다.

(2) 지리적 근접성

니카라과는 문제가 된 섬들이 자국의 섬인 Edinburgh Cay에 가깝다는 이유로 영유권을 주장하였다. ICJ는 니카라과의 주장을 인정하지 않았다. 지리적 근접성이 유리한 추정을 부여할 수는 있다고 하더라도 이때의 근접성은 '본토'로부터의 근접성이지 '다른 섬'과의 근접성을 의미하는 것은 아니라는 이유에서였다.

(3) 지도

양국은 자국의 영유권 주장을 뒷받침하기 위해 많은 지도들을 제출하였다. ICJ는 지도를 제작한 자가 해당 분쟁 및 당사자와 중립적인가의 여부는 지도의 증명력에 중요한 영향을 미친다고 하였다. 또한 지도가 국경조약이나 국경조약의 일부가 아니면 지도만으로는 국경을 정하는 결정적인 증거가 될 수 없고 다른 근거에 의하여 확인된 결론을 보강하는 증거의 역할을 할 뿐이라고 설시하였다. 이러한 전제에서 ICJ는 양국이 제시한 지도는 자신들의 주장을 뒷받침하기 위하여 자체 제작된 지도이거나 문제가 된 섬의 영유권 표시가 명확하지 않은 지도이므로 가치가 없다고 하였다.

(4) 실효적 지배

ICJ는 결국 실효적 지배의 법리를 적용하여 문제가 된 섬의 영유권을 온두라스가 가진다고 결정하였다. ICJ는 실효적 점유를 인정하기 위해서는 첫째, 주권자로서 행동하겠다는 의사와 의지가 있어야 하고, 둘째, 이러한 의사가 실질적인 권한의 행사로 표시되어야 한다고 확인하였다. 두 번째 요건인 실질적인 권한 행사의 정도는 문제가 된 영토의 상황에 따라 상대적이라는 점도 지적하였다. 이러한 법리에 따라 온두라스가 문제가 된 섬에 행사한 형사재판관할권과 민사재판관할권, 외국인에 대한 작업허가서 발급 등과 같은 이민통제, 미국과 공동으로 마약단속을 한 것 등은 실효적 지배를 뒷받침하는 유효한 권한 행사라고 인정하였다.

3. 해양경계획정

(1) uti possidetis 원칙

온두라스는 해양경계가 북위 15도 선이 되어야 한다는 근거로 uti possidetis 원칙과 묵시적 합의를 제시하였으나 ICJ는 이를 받아들이지 않았다. ICJ는 동 원칙이 해양경계에도 적용될 수 있다는 것은 인정하나 그 범위는 역사적 만이나 당시에 인정되었던 영해 정도라고 하였다. 또한 스페인이 경계설정에 위도선을 선호했다는 것은 일반적인 주장일 뿐이고 그것이 문제가 된 해역에서 적용되었다는 것을 뒷받침하는 아무런 증거가 없다고 하였다.

(2) 묵시적 합의

온두라스는 해양경계에 관하여 양국 간 또는 제3국이 인정하는 묵시적 합의(tacit agreement)가 있었고, 이것이 해양법협약 제15조, 제74조, 제83조 등에서 언급하고 있는 경계를 정하는 별도의 합의에 해당한다고 주장하였다. 온두라스는 묵시적 합의의 근거로 양국이 어업권이 허가된 수역이나 유전광구의 범위를 북위 15도선을 경계로 한 것, 다른 국가들과의 조약이나 국제협력에서 북위 15도 선을 경계로 하고 있다는 점 등을 제시하였다. 그러나 ICJ는 해양경계는 중요한 문제이기 때문에 묵시적 합의가 있다는 것이 쉽게 추정되지 않으며, 묵시적 합의에 대한 증거가 강력해야(compelling) 한다고 하면서 이 사건에서는 이러한 증거가 없다고 하였다.

(3) 이등분선

다른 원칙에 의한 해양경계 주장을 기각한 다음 ICJ는 해양경계획정의 일반적인 방법인 등거리선 방법을 사용하지 않고 이등분선 방법을 사용하였다. 등거리선 방법은 양국의 국경이 만나는 지점에 있는 두 개의 점을 정하여 이 점에서 같은 거리에 있는 선을 연결하는 방법이다. 반면 이등분선 방법은 해안선의 일반적인 모양을 반영하는 가상의 선이 만나 이루는 각을 반으로 나누는 선을 긋는 방법이다. ICJ는 등거리선 방법을 적용하는 것이 적절하지 않거나 불가능한 경우 이등분선을 사용할 수 있으며 이번 사안이 그에 해당한다고 하였다. ICJ는 그 이유로 첫째, 등거리선의 기준으로 사용될 수 있는 해안에 근접한 섬들의 영유권 문제가 해결되지 않았으며, 둘째, 문제가 되는 해안의 모습이 Coco강이 운반하는 침전물로 인해 계속 변화한다는 점을 제시하였다.

CASE 89. 흑해 해양경계획정 사건[145][146]

Ⅰ 사실관계

1. 이 사건은 루마니아와 우크라이나의 EEZ 및 대륙붕의 단일 경계획정에 관한 것이다. 경계획정에 있어서 뱀섬(Serpents' Island, 세르팡 섬)의 법적 지위가 문제되었다. 뱀섬은 본래 루마니아 영토였으나 1948년 구 소련에 양도되었다가 1991년 구 소련 해체 이후 다시 우크라이나에 귀속하게 되었다.

2. 루마니아와 우크라이나는 해양경계획정 문제와 해저개발권을 놓고 1998년부터 6년간 10차례 전문가 수준의 협상을 포함하여, 총 24차례 협상을 가졌으나 합의에 이르지 못했다.

3. 루마니아는 1997년 2월 체결한 우호협력조약 제2조에 따른 추가협정 제4조에 기초하여 우크라이나를 ICJ에 제소하였다.

Ⅱ 법적쟁점

1. 관할권

2. 결정적 기일

3. Effectivités

4. 뱀섬의 법적지위 및 중첩 EEZ 및 대륙붕 경계획정

---

145) Case concerning Maritime Delimitation in the Black Sea(Rumania v. Ukraine), 2009.2.3., ICJ.
146) 김용환(2009), ICJ 흑해 해양경계획정 판결의 주요 쟁점 및 시사점, 국제법학회논총 제54권 제2호.

Ⅲ ICJ 판결 요지

1. 관할권

루마니아의 제소에 대해 우크라이나는 선결적 항변을 제기하지 않아 양국 간 관할권 성립 여부에 대한 다툼은 없었다. ICJ 역시 추가협정 제4조의 요건을 충족시켜 관할권을 가진다고 확인하였다. 동 조항에 의하면 협상 개시 후 2년 이내에 경계에 합의하지 못할 것과 국경조약이 발효했을 것 등 2개 요건이 제소 요건으로 규정되어 있었다.

2. 결정적 기일

결정적 기일(critical date)이란 '분쟁의 핵심쟁점이 구체화된 날'로서 결정적 기일 이후 양국의 행위는 '당사자의 법적 입장을 개선하기 위해 취한 것'으로 간주되며, 결정적 기일 이후의 행위는 재판상 고려대상이 되지 않는다. 결정적 기일을 결정하는 책임은 재판소에 있다. 우크라이나는 '핵심적 기일'(key dates)[147]로서 1949년, 1997년 및 2003년을 제시하였다. 그리고 결정적 기일이 해양경계에 영향을 미친다면 그 기일은 루마니아의 제소일인 2004년 9월 16일이 되어야 한다고 주장하였다. 반면, 루마니아는 1997년 추가협정 제4조에서 양 당사국이 해양경계에 관한 분쟁의 존재를 이미 명확히 했다는 것을 강조했다. 그리고 동 협정 체결 이후 우크라이나의 석유관련 행위는 본 소송과 무관하다고 주장하였다. ICJ는 양 당사국의 대륙붕 또는 EEZ 경계와 관련된 사전 합의는 없다는 것을 강조하고 결정적 기일과 관련된 직접적인 답변은 회피하였다.

3. Effectivités

우크라이나는 2001년 이전까지는 분쟁해역에서 우크라이나의 석유 및 가스 탐사 허가나 어로행위 규제 및 불법선박 단속에 대해 루마니아의 항의가 없었다는 이유로 이러한 국가행위(effectivités)를 '잠정적 중간선을 수정하는 관련 사정'으로 주장하였다. ICJ는 '바베이도스와 트리나다드 토바고 간 중재 판결'을 인용하여 우크라이나의 주장을 기각했다. "자원관련 기준은 국제법정이나 재판소의 결정에 의해 보다 신중히 취급되어 왔는 바, 일반적으로 이러한 요소를 관련사정으로 적용하지 않았다."

4. 뱀섬의 법적지위 및 중첩 EEZ 및 대륙붕 경계획정

(1) 우크라이나

뱀섬은 '바위섬'이 아니라 '섬'이다. 뱀섬에는 물도 있고 야생식물도 존재하며 제121조 제3항의 요건인 '인간의 거주'(human habitation)와 '독자적 경제생활'(economic life of their own)도 충족시킨다. 뱀섬에 인간의 거주 흔적은 고대로부터 나타났으며, 고고학적 유물이 이를 증명해 주며, 또한 뱀섬에 대한 매립작업 등은 갑작스레 이루어진 것이 아니라 우크라이나 독립 후 시작된 현대화 작업의 일환으로 1995년에 시작된 것이다.

---

147) 1949년은 구 소련과 루마니아가 국경선을 획정한 해, 1997년은 우크라이나와 루마니아가 대륙붕과 EEZ 경계를 획정하기로 합의한 해, 2003년은 영해의 경계를 재확인한 해에 해당한다.

(2) 루마니아

양국 간 경계획정은 등거리 선에 의해 이루어져야 한다. 뱀섬은 해양법협약 제121조 제3항에 해당하는 섬의 요건을 충족하지 못한 '바위섬'이므로 영해 이외에 EEZ나 대륙붕을 가질 수 없다. 따라서 뱀섬을 경계획정의 기점으로 사용할 수 없다. 뱀섬에 물과 야생식물이 있다는 주장에는 추가적인 설명이나 증거가 제시된 바 없다. 잡풀이나 이끼 정도는 있을 수 있으나 물과 관련해서는 어느 정도의 양인지 그리고 얼마나 빨리 고갈될 수 있는지 아무런 설명도 없다. 독자적 거주 가능성과 관련해서 우크라이나가 제시한 것은 하나의 가능성일 뿐이고 실제로 뱀섬에서 인간의 거주나 독자적 경제생활이 어떻게 그리고 언제 가능한지에 대해 설명하지 않았다. 우크라이나가 뱀섬의 크기를 늘린다고 해서 뱀섬의 법적 지위가 달라지는 것은 아니다.

(3) ICJ

① 경계획정에 있어서 두 단계로 나눠서 접근한다. 우선 제1단계로 기하학적으로 객관적이며 그 지역의 형상에 맞는 방법을 사용해 잠정적 중간선 또는 등거리선을 긋는다. 제2단계에서 형평한 해결에 도달하기 위해 그 잠정적 중간선을 수정하거나 이동시켜야 할 만한 관련사정이 있는지 검토한다.

② 뱀섬은 경계획정의 기점이 될 수 없다. 뱀섬이 우크라이나 해안선의 일반적 형상이 아니므로 잠정적 등거리선의 기점이 될 수 없다. 즉, 뱀섬은 본토에서 20해리 정도 떨어져 있어 우크라이나의 해안선을 구성하는 주변 도서군 중의 하나가 아니다.

③ 또한 뱀섬은 잠정적 중간선을 수정할 만한 관련사정에도 해당하지 않는다. 그 이유는 첫째, 본 사건의 경계획정 대상 수역이 우크라이나의 본토 해안선에서 200해리 이내에 있기 때문이다. 둘째, 뱀섬은 본토 해안선에서 20해리 떨어져 있다. 셋째, 우크라이나는 뱀섬이 UN해양법협약 제121조 제2항의 범주에 든다고 보았으면서도 이를 반영해 관련 지역의 한계를 더 확장하여 주장하지도 않았다.

Ⅳ 평석

1. 뱀섬의 법적 지위

이번 사건의 핵심쟁점은 뱀섬의 법적 지위였다. 루마니아와 우크라이나는 뱀섬이 해양법협약 제121조 제3항의 '섬' 또는 '바위섬'인지에 대해 다투었다. 그러나 ICJ는 이 문제에 대해 의도적으로 회피했다.[148] 다만 법원은 "법원은 어떤 접근방법이 검토 중인 경계선에 불공정한 결과를 준다면, 경우에 따라 매우 작은 섬은 고려하지 않거나 섬의 해역에 대한 잠재적 권원을 모두 주지는 않도록 결정할 수 있다."라고 하여 뱀섬을 관련사정으로 고려하지 않은 이유를 제시하기도 하였다.

2. UN해양법협약 제121조 제3항의 문제

동 조항의 '인간의 거주' 요건과 '독자적 경제생활' 요건의 모호성이 논쟁의 중심이라 볼 수 있다. 인간의 거주에 대해서는 현재 거주하고 있는지 보다는 인간의 거주를 유지시킬 수 있는 '능력'(capacity)의 존재가 중요하며 이러한 능력 판단에 있어서 '담수'(sweet water)의 존재가 중요하다. 그러나 어떤 암석에 본토로부터 급수시설을 연결하거나 담수화설비(desalination plant)를 구축하는 경우 어떻게 평가할 것인지가 문제된다. '독자적 경제생활' 요건 역시 어떠한 암석에도 등대나 항해 수단 등 적절한 지원만 제공된다면 얼마든지 독자적 경제생활이 가능하므로 해석상 난점이 있다. 이와 관련하여 '인위적 추가 없이'(without artificial addition)라는 문구를 삽입했어야 한다는 설득력 있는 주장이 있다.

---

148) 김용환(2009), 242면.

3. 독도는 섬(island)인가?

한국과 일본은 EEZ 경계획정 협상에 있어서 독도에 대한 견해 차이로 협상을 진척시키지 못하고 있다. 다만 한국과 일본은 2006년 6월 제5차 회담에서 '독도가 대륙붕이나 EEZ를 가질 수 있는 섬'이라는 점에 대해 합의하였다.[149]

CASE 90. 방글라데시와 미얀마 벵골만 해양경계획정 사건[150][151]

I 사실관계

1. 2011년 3월 14일 국제해양법재판소(이하 재판소)는 재판소 역사상 처음으로 해양경계획정에 관한 판결을 내렸다. 재판소의 판결에 대해 재판소가 해양경계획정에 관한 기존 국제법원들의 법리와 상반되는 법리를 적용할지도 모른다는 우려가 있었으나 재판소는 기존의 해양경계획정에 관한 국제사법법원과 국제중재재판소의 선례를 검토하고, 관련 사건을 인용하고 존중하는 형태의 결정을 내렸다.

2. 벵골만에서 인접하고 있는 방글라데시와 미얀마는 영해, 200해리 이내의 배타적경제수역과 대륙붕, 그리고 200해리 이원의 대륙붕 경계획정을 위해 이 문제를 재판소에 부탁하였다.

II 해양경계획정에 대한 ITLOS의 판결

1. 해양경계획정에 있어서 3단계 접근법의 적용

해양경계획정에 있어서 재판소는 다른 재판소에서 적용한 두 단계 방식 대신 3단계 방식을 적용하였다. 두 단계 방법이란 먼저 잠정적 해양경계선을 획정하고, 관련 해안의 모든 관련 상황을 검토하여 잠정적 해양경계선을 이동 또는 조정하는 방법을 말한다. 반면, 3단계 방식은 2009년 루마니아와 우크라이나 사건에서 국제사법법원이 적용한 방법으로서, 먼저 등거리선이 불가능한 이유가 존재하지 않는 한, 잠정적 경계로 등거리 선을 사용한다. 둘째, 잠정적 등거리선의 이동 또는 조정을 필요로 하는 사실이 있는지 여부를 검토한다. 셋째, 분쟁당사국의 관련 해안선의 길이와 해양경계획정의 결과 당사국에 귀속되는 해역의 면적 간 비례성을 검토한다.

이번 사건에서 재판소는 먼저 등거리 방법에 의한 잠정적 경계선의 타당성과 이등분선의 부적합성을 설명한 이후, 최종적으로 잠정적 등거리선을 그었다. 다음, 재판소는 관련 상황을 고려하여 형평한 결과를 도출할 수 있도록 조정하고, 마지막으로 관련해안선의 길이와 관련해역의 면적을 비교하는 세 단계 방법을 적용하였다.

---

149) 김용환(2009), 244면.
150) Dispute Concerning Delimitation of the Maritime Boundary between Bangladesh and Myanmar in the Bay of Bengal, 국제해양법법원(ITLOS), 2011.
151) 이창열(2012), 200해리 이내의 배타적경제수역 및 대륙붕 경계획정 판결에 관한 동향과 함의:방글라데시와 미얀마 벵골만 해양경계획정 사건을 중심으로, 국제법학회논총 제57권 제2호.

2. 등거리 방법에 의한 잠정적 해양경계선 채택

이 사건에서 재판소는 잠정적 경계를 등거리 방법에 의해 설정하였다. 재판소는 1969년 북해대륙붕 사건을 인용하면서, 강제적인 해양경계획정 방법은 존재하지 않으며 등거리선은 특정한 상황에서 형평하지 않은 결과를 가져올 수 있음을 분명히 하면서도 이번 사건에서는 등거리방법이 적절하다고 판단하였다. 재판소는 대부분의 선례들이 등거리 방법의 적용이 가능하지 않거나 적절하지 않은 경우를 제외하고, 등거리 방법에 의한 잠정적 경계를 사용한 점과 미얀마 해안의 상황을 고려할 때 이등분선 등 다른 방법은 적절하지 않다는 점을 고려하였다.

3. 해양경계획정을 위한 적절한 기점의 선택

이번 사건에서 방글라데시는 일관되게 이등분선에 의한 경계획정을 주장하였다. 방글라데시는 미얀마가 주장하는 등거리 방법을 위한 기점의 숫자가 형평한 경계획정을 하기에는 너무 적으며, 해안 형상이 오목하기 때문에 미얀마의 해안에 대항하는 적절한 기점을 찾기 어렵다고 주장하였다. 이에 대해 미얀마는 해양경계를 획정하는 데 기점의 숫자는 중요한 요소가 아니라고 반박하였다. ICJ는 미얀마의 입장을 인용하여 등거리선에 의해 잠정적 경계선을 획정하였다.

4. 형평한 결과를 달성하기 위한 관련 상황

(1) 오목한 해안과 차단효과(Cut off effect)

방글라데시는 자국의 해안이 이중으로 오목한 형태를 하고 있어 인접한 국가와 등거리 선에 의하여 경계를 획정하는 경우, 쐐기 모양의 해역을 형성하며 그 정점이 200해리에 이르지 못한다고 주장하였다. 특히 등거리 선으로 해양경계를 획정할 경우 방글라데시가 입는 피해는 1969년 북해대륙붕 사건에서 법원이 인정하였던 독일의 피해보다 더 심각하며, 방글라데시는 기니와 기니아비소 사건에서 국제사법법원이 구제해 준 것보다 적은 규모의 구제를 요청하고 있다고 주장하였다. 이에 대해 미얀마는 방글라데시의 해안이 오목한 것은 사실이나, 방글라데시가 주장하는 것처럼 잠정적 등거리선을 조정할 정도의 영향이 큰 것은 아니라고 반박하였다.

재판소는 방글라데시의 해안은 이미 북해대륙붕 사건에서 오목한 해안의 대표적인 예로 언급될 만큼 오목하다는 것은 객관적 사실이라고 인정하였다. 그러나 재판소는 해안의 형상이 오목하다고 하여 반드시 관련 상황으로 고려해야 하는 것은 아니며, 그 형상으로 인하여 해안의 차단효과를 가져오는 경우에 조정이 필요할 수 있다고 하였다. 재판소는 오목하거나 볼록한 해안에 등거리 방법이 사용된다면 연안에서 멀어질수록 더욱 불합리한 결과가 발생하게 되므로, 자연의 지리적 특징으로부터 발생하는 불형평을 가능한 구제해 주거나 보생해 주어야 한다는 1969년 북해대륙붕 사건을 인용하였다.

이에 따라 재판소는 이번 사건에서 잠정적 등거리선은 방글라데시 해안에 차단효과를 주기 때문에 방글라데시 해안의 오목함을 관련 상황이라고 결정하였다.

(2) 마틴섬의 기점으로서의 효과

이번 사건에서 또 다른 쟁점은 마틴섬(방글라데시의 영토)의 존재였다. 쟁점은 마틴섬이 방글라데시와 미
얀마의 경계에 매우 가까이 위치하고 있었기 때문에 배타적경제수역과 대륙붕의 경계획정에 기점으로서의
효력을 가질 수 있는지, 그리고 잠정적 등거리선을 이동 또는 관련 상황으로 고려해야하는지가 문제되었
다. 재판소는 배타적경제수역과 대륙붕의 해양경계획정에 있어서 섬에 주어지는 효과는 개별 사건의 지리
적 상황에 따라 결정되는 것이며 이와 관련하여 어떠한 일반적 규칙도 정립되지 않았다고 하였다. 재판소
는 마틴섬이 관련 상황으로 고려될 수 있는 중요한 지형임은 부인하지 않았다. 그러나 그 위치로 인하여
마틴섬에 기점의 효과를 인정하게 되며, 미얀마의 해안의 연장을 방해하는 선을 만들어 내어 부당한 왜곡
을 초래한다고 하였고, 이러한 왜곡효과는 바다 방향으로 갈수록 심각하게 증가한다고 하였다. 이에 따라
재판소는 마틴섬을 잠정적 등거리선의 이동 또는 조정을 하게 하는 관련 상황으로 고려할 수 없으며, 배타
적경제수역과 대륙붕 경계획정에 아무런 효과도 가지지 않는다고 하였다.

(3) 200해리 이내의 단일경계획정과 지형적·지질학적 요소

이번 사건에서 방글라데시는 자국의 육지와 벵골만의 해저는 물리학적·지질학적·지형학적으로 매우 밀
접한 관련을 가지고 있기 때문에 200해리 이내에서 경계를 채택하게 되면 방글라데시의 권한에 대한 중대
한 침해라고 주장하였다. 이에 대해 미얀마는 200해리 이내의 대륙붕 경계획정은 UN해양법협약 제76조
에 따라 순수하게 연안의 거리에 따라 결정되어야 한다고 주장하였다. 재판소는 벵골 퇴적계의 경우 200
해리 이내의 배타적경제수역과 대륙붕 경계획정과는 아무런 관련이 없다고 하였다. 재판소는 200해리 이
내의 해저와 하층토 그리고 상부수역 모두에 적용 가능한 단일 해양경계선의 위치와 방향은 당해 지역의
지질학 또는 지형학에 근거하는 것이 아니라 당사국 연안에 관련되는 지리학에 기초하여 결정되어야 한다
고 판시하였다.

Ⅲ 평석

1. 경계획정에 있어서 두 단계 방법과 세 단계 방법의 문제

두 단계 방법과 세 단계 방법의 외견상 차이점은 관련 해안의 길이를 두 번째 단계에서 적용하는지 세 번째
단계에서 적용하는지의 문제이다. 그러나 두 단계 방법에서도 해안선의 길이는 잠정적 경계선을 형평을 위해
조정함에 있어서 고려하기 때문에 사실상 두 방법은 큰 차이가 없다. 관련 상황의 평가와 적용에 관한 최종적
인 단계에서 형평한 결과의 최종 판단을 위한 비례성 검토는 두 번째 단계의 관련 상황의 평가의 연장선에 있
는 것으로 볼 수 있기 때문이다.

2. 잠정적 경계선 결정에 있어서 등거리선의 문제

기존 판결에서 국제사법법원과 국제중재재판소는 특별히 불가능한 요소가 존재하지 않는 한, 특히 마주하는
해안에서 잠정적 경계로 등거리 방법을 선호하는 모습을 보였다. 그러나 언제나 등거리방법이 사용되는 것은
아니다. 등거리 방법에 의한 사건이 다수인 것은 등거리 방법의 사용이 적절한 해안이 다수라는 것을 말해 줄
뿐이다. 이번 사건도 등거리선을 적용하였으나, 모든 분쟁해안이 이번 사건과 동일한 조건을 가지고 있는 것
은 아니기 때문에 잠정적 경계로 등거리 방법이 우선적 지위를 가지는 것이라고 오해해서는 안 된다.

배타적경제수역 및 대륙붕의 경계획정에 있어서, 중국은 형평의 원칙을 주장하고 있고, 우리나라는 중간선을 주장하고 있다. 반면, 일본과의 관계에 있어서 일본은 중간선을 주장하고, 우리나라는 배타적경제수역과 달리 대륙붕의 경우 대륙붕의 자연적 연장에 의한 경계획정을 주장하고 있다. 우리나라와 중국의 황해 및 동중국해의 지리적 특성을 살펴보면, 등거리 방법에 의한 잠정적 해양경계를 불가능하게 할 만한 요소를 찾을 수 없다. 황해 및 동중국해의 경우 양국은 서로 대항하고 있으며, 양국 해안의 일반적 방향이 심하게 굴곡하거나 변동하는 부분도 없다. 또한 양국 해안 사이에 멀리 떨어져 있는 섬과 같은 지형도 존재하지 않기 때문이다. 우리나라와 일본의 동해 및 동중국해의 지리적 특성도 마찬가지이다. 따라서 중국 및 일본과의 해양경계획정에서 잠정적 해양경계의 설정은 등거리에 의할 가능성이 높다. 이는 중국과의 관계에서는 우리에게 유리하지만, 일본과의 관계에서는 유리하다고 말할 수 없다.

3. 기점 선택의 문제

재판소는 이 판결에서 연안국이 경계획정을 목적으로 스스로 기점을 선택할 권한을 가지는 것은 분명하나, 재판소는 당사국이 지정한 기점을 수락해야 할 의무는 없으며, 지리적인 상황을 고려하여 적절한 기점을 선택할 수 있다고 하였다. 중국 및 일본과의 해양경계획정에서 무리한 기점을 주장하기보다는 해양경계획정에 직접 영향을 줄 수 있고, 국제해양법협약에 최대한 부합하는 방법으로 채택할 필요가 있다. 또한 중국 및 일본이 주장하는 무리한 기점에 대하여 침묵하는 것은 상대방의 기점에 대한 묵시적인 동의로 인정될 가능성이 크기 때문에 상대방의 기점에 대해 논리적이며 적극적인 반박이 필요하다.

4. 동중국해 해양경계획정과 차단효과 적용 가능성

재판소는 해안의 오목함이 반드시 관련 상황으로 고려되는 것은 아니고, 차단효과를 줄 경우에만 관련 상황으로 고려된다고 하였다. 이와 동시에 오목한 해안에 등거리방법을 적용할 경우 해안의 차단효과가 발생한다는 점도 지적하였다. 따라서 오목한 해안에 등거리 방법을 적용할 경우 관련 상황으로 고려되어야 한다고 추론할 수 있다. 우리나라와 일본, 우리나라와 중국의 해안은 서로 마주하고 있으나, 동중국해로 나아가는 방향에서 양국의 해안은 마치 인접하고 있는 모습을 하고 있다. 동중국해를 전체적으로 볼 때, 한국은 중국과 일본 사이에 오목한 형태의 가운데에 위치하고 있다. 따라서 중국 및 일본과 해양경계획정에서 등거리 방법을 그대로 적용할 경우 우리나라는 남쪽으로의 해역의 연장이 차단되는 효과가 발생한다고 볼 수 있다. 따라서 삼국의 해양경계가 만나게 되는 정점은 우리나라에 유리하게 선택될 수 있다.

5. 섬의 지리적 위치에 따른 기점 효과 축소 문제

1977년 이전의 국가 간 협정에서는 섬에 대해 완전효과를 부여하는 것이 통상적이었으나, 이후 판례들은 섬의 효과를 축소하는 경향을 보였다. 특히 잠정적 등거리 선에 가까이 위치한 섬들은 배타적경제수역과 대륙붕의 기점으로서의 효과를 부여하지 않는다. 카타르 바레인 사건에서 Qit'at Jaradah섬에 대하여 섬의 법적 지위를 가지는 것으로는 판단하면서도, 어떠한 식물도 존재하지 않고 사람이 거주하지 않는 매우 작은 섬으로서 양국 본토의 중간 지점에 위치하는 점을 들어 기선효과를 인정하지 않았다. 흑해해양경계획정 사건에서도 국제사법법원은 Serpents섬에 대해서도 그 위치에 의하여 해양경계획정에 불균형한 효과를 주는 매우 작은 섬은 기점으로 고려하지 않을 수 있다고 하였다. 이번 사건의 경우 역시 해양경계획정에서 기점으로 섬이 사용될 수 있는지를 결정하는 요소는 섬으로서의 법적 지위를 가지는지 여부보다는 당해 섬의 지리적 위치 및 해양경계획정에 어떠한 영향을 줄 수 있는지가 중요하다는 점을 보여 준다. 독도의 경우 울릉도와 오키도 사이의 중간선에 가까이 위치하고 있어 독도가 완전한 효과를 받도록 하는 데에는 다소 어려움이 있을 수 있다.

6. 200해리 이내의 지형적·지질학적 요소와 동중국해 해양경계획정 문제

기존의 국제사법법원 판결은 대륙붕경계획정에 있어서 200해리 이내의 지질학적 또는 지형학적 요인을 반영하지 않는 경향을 보여주고 있다. 1985년 리비아 몰타 사건에서 국제사법법원은 자연적 연장의 단절로 리비아가 주장한 지구대(rift zone)에 대하여, 해당 지형이 200해리 범위 내에 있다는 이유로 처음부터 고려의 대상에서 제외하였다. 따라서 분쟁당사국 간 거리가 400해리를 넘지 않는 해역의 경계획정에서 지질학적 또는 지형학적 요소는 관련 상황으로 고려되기 어렵다. 동중국해의 한국, 중국, 일본 세 나라의 해안간 거리는 모두 400해리 이내이다. 황해 및 동중국해 대륙붕 경계획정에 있어서 중국은 지질학적 또는 지형학적 요소를 기반으로 경계획정을 주장하는 반면, 우리나라는 중간선에 의한 배타적경제수역과 대륙붕의 단일경계선을 주장하고 있다. 따라서 이번 판결은 우리나라에 다소 유리하다고 볼 수 있다. 그러나 우리나라는 일본과의 대륙붕경계획정에서 동중국해의 오키나와 해구까지를 한국의 대륙붕의 연장으로 주장하는 반면, 일본은 중간선에 의한 배타적경제수역과 대륙붕의 단일경계선을 주장하고 있다. 따라서 일본과의 관계에서는 우리나라에 다소 불리한 판결이라고 볼 수 있을 것이다.

CASE 91. I'm Alone호 사건[152]

I 사실관계

1. 1919년 미국은 금주법을 제정하여 주류의 제조·판매·운송 및 수입을 금지하였다.

2. 동법의 시행으로 밀수가 급증하자 관세법을 통해 연안으로부터 12해리까지의 해역에 출입하는 모든 선박을 임검·수사할 수 있도록 규정하였다. 그러나 미국은 공해상에서의 외국 선박의 수사에 대한 영국의 항의를 받아들여 양자조약을 통해 영국 선박에 대해서는 한 시간 항행거리 내에서만 주류 밀수 단속을 하기로 합의하였다.

3. I'm Alone호는 주류 밀수 선박으로서 미국 통상기선으로부터 6.5해리 밖에서 정박 중 미국 세관선에 발각되어 정선명령을 받았으나 도주하였다.

4. 세관선 Wolcott호는 무선교신을 통해 협조할 것을 요청하였으나 계속 도주하자 도중에 합세한 세관선 Dexter호의 공격을 받고 공해상에서 침몰하였다.

5. 영국은 선박과 선원의 피해배상을 요구함으로써 분쟁이 발생하였고 양자조약에 따라 합동위원회(위원회 보고서가 존중될 것으로 조약에 규정됨)에 부탁하였다.

---

152) Canada v. US, 합동위원회, 1935년.

Ⅱ 법적쟁점

1. 추적권이 국제관습법으로 성립되어 있는가?

캐나다는 추적권이 국제법상 승인되지 아니한다고 주장하였다. 반면, 미국은 추적이 선박의 한 시간 항행거리 내에서 개시된 때에도 추적권 이론을 적용할 수 있다고 주장하면서 종래 자국 법원이 동일한 원칙을 적용해 왔으나 영국 · 캐나다 양국 정부로부터 항의를 받은 적이 없다고 지적하였다.

2. 미국의 추적권 행사는 정당한가?

캐나다는 설령 추적권이 인정된다고 하더라도 추적은 영해로부터 개시되어야 하고, 다른 경비선이 처음에 추적을 개시한 경비선과 교대한 경우 계속된 추적으로 간주할 수 없고, 추적권이 피의선박의 격침까지 허용하는 것은 아니라고 주장하였다.

3. 선박의 등록국과 소유자의 국적이 다른 경우의 문제

아임 얼론호는 1929년 3월 22일 캐나다 회사의 명의로 캐나다에 등록되어 있었으나 실제로는 미국인이 소유한 선박이었다.

Ⅲ 판정요지

1. 추적권의 존부와 행사의 적법성

미국은 조약에 기초하여 연안에서 한 시간 항행 거리 내의 해역에 위반 선박이 존재하는 때에도 추적권을 행사할 수 있다고 주장하였으나, 위원회는 이점에 대해 최종적인 합의에 이르지 못하였다. 다만 위원회는 설령 추적권이 인정된다고 하더라도 피의선박의 고의적인 격침은 조약의 어떤 규정에 의해서도 정당화되지 않는다고 판단하였다.

2. 미국의 배상책임 범위

첫째, 동 선박이 조약을 위반하여 주류 밀수에 사용되어 왔다는 사실, 미국인에 의해 실질적으로 소유 · 관리된 사실, 사건 당시 선박의 운항에서 적재물의 처리까지 미국인이 지휘하였다는 사실을 근거로 선박과 적재물의 손실에 대해서는 배상할 필요가 없다고 하였다. 둘째, 미국의 격침행위는 위법한 행위이므로 미국은 캐나다 정부에게 위법사실을 시인하고 사죄하여야 하며, 캐나다 정부에게 US $25,000의 배상금을 지불하라고 결정하였다. 밀수혐의가 입증되지 않은 선박의 선장과 승무원, 유가족을 위해 미국은 캐나다에 별도로 US $25,000을 지급하도록 하였다.

CASE 92. Camouco호 사건[153]

Ⅰ 사실관계

1999년 Crozet섬의 EEZ에서 프랑스 당국은 파나마 선박인 Camouco호를 남태평양 국제수로에서 체포하였다. 동 선박의 혐의 사실로는 Crozet섬의 배타적 경제수역에서의 불법적인 어로, 6톤의 냉동 toothfish를 선적한 채로 EEZ에 들어온다는 것을 보고하지 않은 점, 외국기를 게양하고 선박의 상징을 감춘 점, 도주행위 등이었다. Camouco호의 선장은 기소되어 Saint-Denis에 법정구금되었다.

프랑스 일심법원은 보석금으로 2,000만 프랑을 결정하였으나 Camouco호의 선주는 보석금의 삭감을 요청하며 항소하였다. 이에 파나마는 해양법협약 제292조에 따라 보석금 95만 프랑으로 선장과 선박에 대한 즉시 석방명령을 국제해양법법원에 요청하였다.

Ⅱ 당사국의 주장

1. 파나마의 주장

파나마는 프랑스가 동 협약 제73조[154] 제4항에 따라 Camouco호의 나포사실을 파나마에 즉각 통고하지 않았으며, 선장과 선박을 즉각 석방하지 않음으로써 제73조 제2항을 위반하였다고 주장하였다. 파나마는 또한 잠정적인 형벌적 조치가 선장에게 적용된 것은 제73조 제3항을 위반한 것으로, 불법적인 구금을 구성한다고 주장하였다.

2. 프랑스의 주장

프랑스는 당해 법원의 관할권에 대해서는 이의가 없었지만 파나마의 제소가 Camouco호 나포 3개월이 지난 후 제기되었으며, 따라서 금반언 유사의 상황을 초래하였다고 주장하였다. 아울러 프랑스는 보석금을 2,000만 프랑 이하로 삭감할 수 없다고 하였다.

---

153) The Comouco Case, Panama v. France, 즉시석방명령(Prompt Release), No.5.
154) 해양법협약 제73조
  1. 연안국은 배타적경제수역의 생물자원을 탐사·개발·보존 및 관리하는 주권적 권리를 행사함에 있어서, 이 협약에 부합되게 채택한 자국법령을 준수하도록 보장하기 위하여 승선, 검색, 나포 및 사법절차를 포함하여 필요한 조치를 취할 수 있다.
  2. 나포된 선박과 승무원은 적절한 보석금이나 그 밖의 보증금을 예치한 뒤에는 즉시 석방된다.
  3. 배타적경제수역에서 어업법령 위반에 대한 연안국의 처벌에는, 관련국 간 달리 합의하지 아니하는 한, 금고 또는 다른 형태의 체형이 포함되지 아니한다.
  4. 외국선박을 나포하거나 억류한 경우, 그 연안국은 적절한 경로를 통하여 취하여진 조치와 그 후에 부과된 처벌에 관하여 기국에 신속히 통고한다.

Ⅲ 법원의 판단

1. 제소기한

법원은 협약 제292조는 선박이나 선원의 구금 후 제소까지 특정기한을 요구하고 있지 않다며 법원이 동조에 의하여 관할권을 가진다고 판결하였다. 법원은 제292조 제1항의 '당사국 합의에 관한 10일'이라는 규정의 목적은 당사국이 합의된 법원에 석방의 문제를 제소하도록 하기 위한 것이라고 설명하였다.

2. 관할권

법원은 또한 항소법원에 계류 중인 Saint-Denis 항소법원에 계류 중인 사건이기 때문에 제소할 수 없다는 주장에 대해서도 제292조는 독립적인 구제방법이며 국내법원의 결정에 대한 항소가 아니라며 거절하였다.

3. 보석금

법원은 보석금이나 기타 재정보증의 제공이 제292조에 의한 제소의 전제조건이 아니라는 M/V Saiga호 사건 판결을 재확인하였다. 법원은 더 나아가 동 사건의 전체적인 정황과 양 당사국이 동의한 전문가의 증언에 의하면 Camouco호의 가치가 370만 프랑인 점을 감안할 때 프랑스가 부과한 2,000만 프랑은 부당하다고 판시하였다.

4. 판결

따라서 법원은 파나마의 주장은 심리적격을 가진다고 판단하고, 프랑스는 Camouco호와 선장을 800만 프랑에 해당하는 보석금이나 재정보증의 예치와 함께 즉시 석방하라고 판결하였다.

CASE 93. Grand Prince호 사건[155]

Ⅰ 사실관계

2001년, 벨리제(Belize)는 프랑스를 상대로 Grand Prince호를 즉각 석방할 것을 요청하는 소송을 제기하였다. 소장에 따르면, 벨리제 국적인 Grand Prince호는 Kerguelen 제도의 배타적 경제수역에서 불법어로의 혐의로 체포되었으며 체포 당시 동 선박에는 약 16~18톤의 toothfish와 200kg의 바닷가재가 선적되어 있었다. 또한 Reunion의 일심법원은 선적된 어류와 선박 및 어로장비의 압류를 명령하였으며, 선박의 석방에 대한 보석금으로 174만 유로를 결정하였다. 더 나아가 Saint-Denis의 경범죄법원은 선박의 압류를 결정하고, 이를 임시적으로 집행하였다고 벨리제는 주장하였다. 이에 벨리제는 국제해양법법원에게 프랑스에 의해 결정된 선박의 보석금은 합당하지 않으며, 21만 유로의 보석금 또는 재정보증으로 동 선박을 석방해줄 것을 요청하였다.

---

155) The "Grand Prince" Case, Belize v.France, Prompt Release, No.8.

Ⅱ 당사국의 주장

1. 벨리제의 주장

(1) 법원이 협약 제292조[156] 하에서 동 청구를 심리할 관할권을 가진다.

(2) 동 청구는 심리적격을 가진다.

(3) 프랑스는 협약 제73조 제2항[157]을 위반하였다. 보석금은 액수, 성질, 형식에 있어 합리적이지 않다.

(4) 프랑스는 법원에서 결정하는 보석금 또는 재정보증의 납부를 조건으로 Grand Prince호를 즉시 석방하여야 한다.

2. 프랑스의 주장

프랑스 정부는 벨리제가 제출한 모든 청구를 거부할 것을 법원에 요청하였다. 즉, 벨리제의 청구는 심리적격을 갖지 않으며, 법원은 동 청구를 심리할 관할권이 없기 때문에 동 청구는 기각되어야 한다는 것이다. 설사 법원이 동 청구를 심리한다고 해도, 동 사건의 정황상 법원이 즉시 석방을 명령할 요건을 갖추고 있지 않기 때문에 청구인의 청구를 기각한다고 선고해야 한다고 덧붙였다.

Ⅲ 법원의 판단

법원은 동 사건에 대해 심리할 관할권을 가지지 않는다고 판결하였다. 주된 이유는 제기된 증거를 통해 보았을 때 벨리제가 동 소송의 청구 시 Grand Prince호가 벨리즈 국적의 선박이라는 사실을 증명하지 못하였다는 것이다. 법원은 즉시 석방사건의 청구는 오직 선박의 기국만이 할 수 있으며, Grand Prince호가 자국의 선박이라는 입증책임은 벨리제에 있다고 언급하였다. 그러나 제출된 모든 서류를 검토할 때, Grand Prince호가 벨리제에 등록되어 있다는 주장은 협약 제292조하에서 청구를 제기하기 위한 국적국의 요건에 대해 충분한 근거를 제시하고 있지 않다고 판결하였다. 그 결과 법원은 동 청구를 심리할 관할권을 가지지 않는다고 결정하였다.

---

156) 해양법협약 제292조
　　1. 어느 한 당사국의 당국이 다른 당사국의 국기를 게양한 선박을 억류하고 있고, 적절한 보석금이나 그 밖의 금융 보증이 예치되었음에도 불구하고 억류국이 선박이나 선원을 신속히 석방해야 할 이 협약상의 규정을 준수하지 아니하였다고 주장되는 경우, 당사국 간 달리 합의되지 아니하는 한, 억류로부터의 석방문제는 당사국 간 합의된 재판소에 회부될 수 있으며, 만일 그러한 합의가 억류일로부터 10일 이내에 이루어지지 아니하면 제287조에 따라 억류국이 수락한 재판소나 국제해양법재판소에 회부될 수 있다.
　　2. 석방신청은 선박의 기국에 의하여 또는 기국을 대리하여서만 할 수 있다.
　　3. 재판소는 지체없이 석방신청을 처리하고, 선박과 그 소유자 또는 선원에 대한 적절한 국내 법정에서의 사건의 심리에 영향을 미침이 없이 석방문제만을 처리한다. 억류국의 당국은 선박이나 승무원을 언제라도 석방할 수 있는 권한을 가진다.
　　4. 재판소가 결정한 보석금이나 그 밖의 금융 보증이 예치되는 즉시 억류국의 당국은 선박이나 선원들의 석방에 관한 재판소의 결정을 신속히 이행한다.
157) 나포된 선박과 승무원은 적절한 보석금이나 그 밖의 보증금을 예치한 뒤에는 즉시 석방된다(해양법협약 제73조 제2항).

Ⅰ 사실관계

2000년, 세이셸은 프랑스에 대해서 세이셸 국적 어선인 Monte Confurco호를 즉각 석방하라며 국제해양법법원에 소송을 제기하였다. 소장에 의하면 Monte Confurco호는 Southern Seas의 국제수역에서 toothfish의 주낙어업탐사(long-line fishing expedition)를 위해 출항하였으며, 어업법 위반 및 Kerguelen섬의 배타적 경제수역으로 들어간다는 통보를 하지 않았다는 이유로 프랑스에 의해 체포되었고, 동 선박과 선장은 프랑스 당국에 의해 억류되었다.

세이셸은 프랑스가 결정한 5,640만 프랑의 보석금은 합리적이지 않으며, 따라서 최고 220만 프랑의 범위에서 결정되어야 한다고 주장하였다.

Ⅱ 법적쟁점

1. 관할권과 심리적격

세이셸은 해양법법원이 협약 제292조 하에서 동 청구를 심리할 관할권을 가지며, 동 청구는 심리적격을 가진다고 주장하였다. 반면 프랑스는 Monte Confurco호의 석방에 대한 프랑스 법원의 보석금 결정은 합리적이므로, 세이셸에 의해 제출된 청구는 심리적격을 갖지 못한다고 주장하였다.

2. 즉시석방

세이셸은 프랑스가 Monte Confurco호의 체포를 적절하게 통보하지 않음으로써 협약 제73조 제4항을 위반하였고 체포된 선장의 즉각적인 석방에 관한 협약 규정을 준수하지 않았다고 주장하였다. 또한 선장에게 형벌적 조치를 적용함으로써 제73조 제3항의 규정을 위반하였으며, 이는 불법적 억류를 구성한다고 덧붙였다. 따라서 프랑스가 선장을 보석금 없이 석방할 것을 요청하였다.

Ⅲ 법원의 판단

1. 관할권과 심리적격

법원은 협약 제292조에 따라 동 청구권에 대한 관할권이 있음을 만장일치로 결정하였으며, 프랑스가 협약의 제73조 제3항과 제4항을 위반하였다는 세이셸의 주장에 대해서는 심리적격을 갖지 않으며, 협약 제73조 제2항의 불이행 주장에 대해서는 심리적격이 있다고 판결하였다.

---

158) The Monte Confurco Case, Seychelles v. France, Prompt Release, No.6.

2. 즉시석방

법원은 프랑스가 Monte Confurco호와 선장을 법원에 의해서 결정된 보석금 또는 기타 재정보증의 예치로 즉시 석방해야 한다고 판결하였다. 또한 법원은 보석금 또는 기타 재정보증금은 1800만 프랑으로 결정되며, 여기에는 프랑스 당국에 의해 압류된 158톤의 어류의 가치인 900만 프랑이 포함되므로, 실질적 보석금은 900만 프랑으로 결정되어야 한다고 하였다. 법원은 또한 동 보석금은 은행보증의 형태 또는 기타 합의된 형태로 이루어져야 한다고 결정하였다. 마지막으로, 법원은 프랑스에 의해 결정된 은행보증은 보증액이 프랑스에서의 최종판결 또는 적절한 국내법원의 결정에서 결정되는 총액수를 지불하기에 충분치 않은 경우에만 요청될 수 있다고 결정하였다.

CASE 95. Mox 공장 사건[159]

Ⅰ 사실관계

동 분쟁은 영국 당국이 영국에 새로운 Mox 공장시설의 설립을 허가함으로써 시작되었다. 동 시설은 이미 사용된 핵연료를 Mox라는 새로운 연료로 재처리하기 위해 설립된 것이다. 아일랜드 정부는 공장의 가동이 Irish Sea를 오염시키며, 방사능물질의 공장으로의 수송과 관련하여 잠재적 위험이 있다고 주장하였다. 이에 아일랜드는 영국을 상대로 중재법원의 구성을 요청하였으며, 이에 따른 잠정조치의 명령을 국제해양법법원에 요청하였다.

Ⅱ 법적쟁점

1. 관할권 문제

영국은 협약 제282조[160]에 기초하여, '동 분쟁의 주요한 문제는 분쟁해결을 위한 구속력있는 해결방법을 규정하고 있는 유럽조약을 포함한 지역협정에 의해서 다루어져야 하기에 법원은 잠정조치를 내릴 수 있는 권한을 가지고 있지 않다'고 주장하였다. 또한 동 사건이 법원에 기소되기 이전에 양 당사국 사이에 어떠한 의견의 교환도 이루어지지 않았으므로 협약 제283조의 요건이 충족되지 않았다고 주장하였다.

2. 잠정조치의 긴급성 문제

아일랜드가 법원에 요청한 잠정조치명령에 대하여, 영국은 법원이 이러한 청구를 기각할 것을 주장하였다.

---

159) The MOX Plant Case, Ireland v. UK, 중재, Provisional Meaures, Case No.10.
160) 이 협약의 해석이나 적용에 관한 분쟁의 당사자인 당사국들이 일반협정·지역협정·양자협정을 통하여 또는 다른 방법으로 어느 한 분쟁당사자의 요청에 따라 구속력 있는 결정을 초래하는 절차에 그 분쟁을 회부하기로 합의한 경우, 그 분쟁당사자가 달리 합의하지 아니하는 한, 이부에 규정된 절차 대신 그 절차가 적용된다(해양법협약 제282조).

Ⅲ 법원의 판단

1. 관할권 문제

법원은 영국의 주장을 검토하면서, 당사국이 협정에 도달할 가능성이 없다고 판단되는 때에는 의견의 교환을 계속해야 할 의무가 없다고 판단하였다. 따라서 중재법원은 동 분쟁에 대해서 일견 관할권을 가진다고 판결하였다.

2. 잠정조치의 긴급성 문제

법원은 중재법원이 구성되고 있는 시점에서 잠정조치가 필요한가에 대하여 심사하였다. 법원은 협약 제290조 제5항161)에 따라 긴급한 상황이 있으며 잠정조치가 필요하다고 인정될 때에만 잠정조치를 명령할 수 있다고 언급하였다. 그러나 동 사건의 정황상, 중재법원이 구성되기까지 비교적 단기간 동안에는 아일랜드가 요구한 잠정조치의 명령이 그 긴급상황에 의한 필요성이 없다고 판결하였다.

그러나 법원은 협약과 국제법하에서 해양환경오염의 방지를 위해 협력의무가 중요한 원칙이 됨을 강조하면서, 법원이 해양환경의 보존에 적절하다고 판단되는 부분에 대해 명령할 수 있는 권리가 있다고 판시하였다. 법원에 따르면, 양국이 Mox 공장의 운용에 의한 위험 또는 영향과 관련한 정보를 교환하고 필요하다면 이들 문제에 대한 해결방법을 마련하는 데 있어 상호 협력이 요구된다. 따라서 중재재판의 구성과 결정이 있기까지 다음의 잠정조치를 명령하였다.

(1) Mox 공장의 설립허가로부터 Irish Sea에 대한 가능한 영향에 대한 추가정보의 교환

(2) Irish Sea를 보호하기 위한 Mox 공장의 운용의 위험 또는 영향의 감시

(3) Mox 공장의 운용의 결과로부터 발생할 수 있는 해양환경의 오염방지를 위한 적절한 방법의 고안

---

161) 이 절에 따라 분쟁이 회부되는 중재재판소가 구성되는 동안 잠정조치의 요청이 있는 경우 당사자가 합의하는 재판소가, 만일 잠정조치의 요청이 있은 후 2주일 이내에 이러한 합의가 이루어지지 아니하는 경우에는 국제해양법재판소(또는 심해저활동에 관하여서는 해저분쟁재판부)가, 이 조에 따라 잠정조치를 명령, 변경 또는 철회할 수 있다. 다만, 이는 장차 구성될 중재재판소가 일응 관할권을 가지고 있고 상황이 긴급하여 필요하다고 인정된 경우에 한한다. 분쟁이 회부된 중재재판소는 구성 즉시 제1항부터 제4항까지에 따라 그 잠정조치를 변경, 철회 또는 확인할 수 있다(해양법협약 제290조 제5항).

CASE 96. Volga호 사건[162)

Ⅰ 사실관계

2002년, 호주는 러시아의 Volga호가 호주 어업구역에서 불법적인 어로행위를 하였다는 이유로 군 헬리콥터와 군함을 이용하여 동 선박을 나포하였다. 동 선박의 선원들은 상당한 기간 구금된 후 본국으로 송환되었지만, 스페인 국적의 선원 3명은 법원의 명령으로 계속 억류되었다. 체포 당시 동 선박에 적재되었던 어획어류는 호주 당국에 의해서 198만 호주달러로 판매되었으며, 호주 당국은 동 선박과 선원의 석방에 대한 보석금으로 418만 호주달러를 요구하였다. 이에 러시아는 호주가 해양법협약 제292조를 위반하였으며, 따라서 호주가 러시아 선적의 Volga호와 3명의 선원을 최대 50만 호주달러 또는 법원이 상당하다고 결정하는 액수의 보석금 납입을 조건으로 즉시 석방해줄 것을 요청하며 국제해양법법원에 제소하였다.

Ⅱ 러시아의 주장

1. 법원은 협약 제292조에 의해 동 청구를 심리할 관할권을 가진다.

2. 동 청구는 심리적격을 가진다.

3. 피청구인이 부과한 보석금은 Volga호와 3명의 선원의 석방에 대한 조건을 부과한 것으로, 이는 협약 제73조 제2항[163)에 의해서 허용되지 않으며 합리적이지도 않기 때문에 협약을 위반하였다.

4. 호주는 최대 50만 호주달러의 범위 또는 모든 정황상 합리적이라고 법원이 결정한 액수의 보석금 납부로 선박과 선원을 즉시 석방해야 한다.

Ⅲ 법원의 판단

1. 관할권 및 심리적격 문제

법원은 협약 제292조에 의해 러시아의 청구를 심리할 관할권을 가진다고 판결하였다. 또한 러시아의 제소는 호주의 협약 제73조 제2항의 불이행에 관한 것으로 심리적격을 가진다고 판단하였다.

2. 보석금의 적법성 문제

법원은 피청구인이 적절한 보증 또는 보증금의 부과에 따라 선박 또는 선원을 즉시 석방해야 하는 협약 규정을 위반하였다는 청구인의 주장은 매우 근거있다고 결정하였으며, 호주는 법원에 의해 결정되는 보증금 또는 재정보증의 납부를 조건으로 Volga호를 즉시 석방하라고 판결하였다. 법원이 결정한 보석금 또는 기타 재정적 보증금의 액수는 192만 호주달러이다.

---

162) The "Volga" Case, Russian Federation v. Australia, Prompt Release, Case No.11.
163) 나포된 선박과 승무원은 적절한 보석금이나 그 밖의 보증금을 예치한 뒤에는 즉시 석방된다(해양법협약 제73조 제2항).

CASE 97. 남방 참다랑어 사건[164]

I 사실관계

1998년, 뉴질랜드와 호주는 일본이 일방적인 실험적 어로프로젝트라는 명목하에 실질적인 어로행위를 함으로써 고도성 회귀어족인 남방 참다랑어(이하 SBT) 어족을 위협하고 있으며, 이는 해양법협약 제64조[165]와 제116조를 위반하였다는 외교서한을 일본에 전달하였으며, 1999년 동 분쟁에 대해서 중재법원의 구성을 요청하였다.

뉴질랜드와 호주는 또한 중재법원이 구성되는 동안 일본이 SBT에 대한 실험프로젝트에 의한 어로를 즉각 중단하고, 국내할당량으로 어로를 규제할 것을 목적으로 하는 잠정조치의 명령을 국제해양법법원에 요청하였으며, 법원의 최종결정이 있기까지 일본이 SBT에 대한 어로에 있어 예방적 원칙에 부합하는 행동을 취해야 할 것을 선언하고 소익을 악화시키거나 손상시킬 수 있는 어떠한 행동도 취하지 않는다는 보장을 요청하였다.

II 법적쟁점

1. 잠정조치의 문제

일본은 국제해양법법원이 일견 관할권을 가지지 않으며, 따라서 잠정조치명령을 할 수 없다고 주장하였다.

2. 소익의 상실 여부

일본은 이전의 협상에서 실험적 어획할당량을 청구인들이 정한 양으로 제한할 준비가 되어있다고 합의하였기 때문에 소익이 상실되었다고 주장하였다.

3. 적용법규

일본은 동 사건이 1993년 남방 참다랑어족 보존협약(CCSBT)의 분쟁의 범위에 해당되며, 따라서 UN해양법의 일반적 규정은 적용되지 않는다고 주장하였다.

---

164) Southern Bluefin Tuna Cases, New Zealand v. Japan; Australia v. Japan, Provisional Measures, Case No.3 and 4.
165) 연안국과 제1부속서에 열거된 고도회유성어종을 어획하는 국민이 있는 그 밖의 국가는 배타적경제수역과 그 바깥의 인접수역에서 그러한 어종의 보존을 보장하고 최적이용목표를 달성하기 위하여 직접 또는 적절한 국제기구를 통하여 협력한다. 적절한 국제기구가 없는 지역에서는 연안국과 같은 수역에서 이러한 어종을 어획하는 국민이 있는 그 밖의 국가는 이러한 기구를 설립하고 그 사업에 참여하도록 노력한다(해양법협약 제64조 제1항).

Ⅲ 법원의 판단

1. 잠정조치의 문제

국제해양법법원은 관할권이 있음을 확인하고, 협약 제290조 제5항[166]에 따라 상황의 긴급성이 있다면 잠정조치명령의 권한을 가진다고 판결하였다. 법원은 해양생물자원의 보존은 해양환경의 보호와 보존의 요소이며, 따라서 법원은 비록 당사국에 의해서 제시된 과학적 증거를 확정적으로 평가할 수 없지만, 잠정조치는 당사국의 권리를 보존하고 SBT 어족의 계속되는 고갈을 회피하기 위한 긴급성의 문제로서 정당화된다고 판시하였다. 이에 법원은 마지막으로 합의한 수준에서 어획량을 유지할 것, 당사국은 실험적 어로프로그램의 수행을 중지해야 할 것, 당사국은 협상을 재개해야 할 것, SBT 어로에 관여하는 다른 당사국들과 협정을 모색해야 할 것 등에 대해 잠정조치를 명령하였다.

2. 소익의 상실 여부

중재법원은 청구인과의 협상이 더 이상 이루어지고 있지 않으며, 일본의 주장이 사실이라 해도 일본의 실험적 어로프로그램의 성질에 관해서는 아직도 분쟁이 남아있다고 판시하면서 일본의 주장을 기각하였다.

3. 적용법규

중재법원은 특별법우선 원칙은 인정하지만, 수개의 조약이 하나의 특정분쟁에 관계될 수 있다는 것은 국제법과 국가관행상 통상적인 것이며, 하나의 행위가 하나 이상의 조약의 의무를 위반할 수 있다고 판시하였다. 즉 중재법원은 CCSBT와 해양법협약이 동 사건에서 적용법규라고 결론내렸다.

4. 관할권

중재법원은 양 당사국이 그들의 선택에 의한 평화적 방법으로 분쟁을 해결할 것을 모색하는 CCSBT 제16조에 합의하였지만, 동 조항에 의해서 협약상의 절차의 적용이 배제되지는 않는다고 판정하였다. 그러나 중재법원은 강제관할권을 갖고 있지 않기 때문에, 심리절차에 들어가기 위해서는 모든 당사국의 동의가 요구된다고 언급하면서, 중재법원이 관할권을 갖지 못한다고 판결하였다.

---

[166] 이 절에 따라 분쟁이 회부되는 중재재판소가 구성되는 동안 잠정조치의 요청이 있는 경우 당사자가 합의하는 재판소가, 만일 잠정조치의 요청이 있은 후 2주일 이내에 이러한 합의가 이루어지지 아니하는 경우에는 국제해양법재판소(또는 심해저활동에 관하여서는 해저분쟁재판부)가, 이 조에 따라 잠정조치를 명령, 변경 또는 철회할 수 있다. 다만, 이는 장차 구성될 중재재판소가 일응 관할권을 가지고 있고 상황이 긴급하여 필요하다고 인정된 경우에 한한다. 분쟁이 회부된 중재재판소는 구성 즉시 제1항부터 제4항까지에 따라 그 잠정조치를 변경, 철회 또는 확인할 수 있다(해양법협약 제290조 제5항).

Ⅰ 사실관계

1. 엘살바도르와 온두라스는 1821년 9월 15일 스페인으로부터 독립하여 코스타리카등과 함께 중앙아메리카공화국연방이 되었다가 1839년 이 연방의 해체로 개별국가를 이루게 되었다. 1854년 미국이 온두라스, 엘살바도르, 니카라과 3국이 면하고 있는 폰세카만의 El Tigre섬을 온두라스에게 구입하겠다고 제안하자 엘살바도르가 이에 대해 항의하며 Meanguera섬과 Meanguerita섬에 대해 영유권을 주장하였다.

2. 1884년 Cruz-Letona협정에 의해 폰세카만 수역에 있어서 두 국가 간에 경계획정이 이루어졌지만, 온두라스 의회가 이를 비준하지 않아 발효되지 못하였다. 그 후 엘살바도르와 온두라스 간의 경계분쟁은 그 이후에도 계속되었으며 1969년에는 무력충돌로까지 악화되었다.

3. 1976년 10월 엘살바도르와 온두라스 간의 중개절차 채택에 관한 조약이 미주기구의 협력에 의해 체결되었고 1978년 1월에 시작한 중개의 결과 1980년 10월 30일에 일반평화조약(General Treaty of Peace)이 체결되었다. 이 조약에 근거해 설립된 합동경계위원회는 그 후 5년 동안 43회에 걸쳐 회의를 하였으나 아무런 성과를 내지 못하였고, 결국 5년이 경과한 후에도 협의가 이루어지지 않는 경우에는 ICJ에 부탁하기로 한다는 일반평화조약 제31조에 의하여 1986년 5월 24일 본 사건의 특별협정이 체결되었다.

4. 1986년 12월 11일 엘살바도르와 온두라스는 그들이 1986년 5월 24일 체결한 특별협정(Special Agreement)을 ICJ 서기국에 제출하였다. 이 특별협정 제2조에서는 1980년 10월 30일 체결한 일반평화조약 제16조에 규정되어 있지 않은 6개 지역의 경계를 획정해 줄 것과 폰세카만 내에 있는 섬과 수역의 법적지위를 결정해 줄 것을 특별재판부(Chamber)에 요청하고 있다.

Ⅱ 법적쟁점

1. 분쟁상태의 존재 여부

2. 재판 시 적용되는 법규

3. El Tigre섬의 법적 지위

4. Meanguera섬과 Meanguerita섬의 법적 지위

---

167) Land, Island and Maritime Frontier Dispute, El Salvador/Honduras, Nicaragua intervening, ICJ, 1992년.
168) 홍성근(1999), Fonseca만의 섬의 법적 지위와 독도문제, 외법논집 제7집.

Ⅲ 판례 요지

1. 분쟁상태의 존재 여부 및 존재 시 그 대상이 무엇인가?

(1) 당사국 주장

특별협정 제2조 제2항은 "제도(諸島)와 수역의 법적지위를 결정할 것"을 규정하고 있으나 폰세카만 내의 어떤 섬을 구체적으로 지칭하는지가 문제되었다. 엘살바도르는 Zacate Grande섬과 Farallones섬을 제외하고 만 내의 모든 섬들에 대해 자국이 주권을 가지고 있다고 주장한 반면, 온두라스는 단지 Meanguera섬과 Meanguerita섬만이 분쟁상태에 있고 그 두 섬에 대해 자국이 주권을 가지고 있다고 주장하였다. 또한 온두라스는 엘살바도르의 El Tigre에 대한 주장이 완전히 근거가 없는 것이기 때문에 진정한 분쟁은 존재하지 않는다고 하였다.

(2) ICJ 판정

재판부는 "국제적 분쟁의 존재 여부는 객관적으로 결정해야 할 문제"라고 하는 것을 인용하며 "현재 소송에서 어떤 섬에 대한 분쟁의 존재 여부는 그 섬이 구체적인 논쟁의 대상이 되느냐 하는 사실로부터 이끌어낼 수 있다."라고 하였다. 따라서 그러한 논쟁이 없다면 "법 또는 사실의 문제에 관한 불일치" 또는 "법적 견해 또는 이익의 대립"이 없기 때문에 진정한 분쟁이 없다는 결론에 도달할 수 있게 된다고 밝혔다. 재판부는 1985년 외교적 문서가 교환된 것을 주목하였다. 즉, 엘살바도르는 1985년 1월 24일 각서에서 모든 섬, 특히 El Tigre섬에 대해 분쟁이 존재한다고 주장하였고, 온두라스는 1985년 3월 11일 반박서에서 동 섬에 대한 엘살바도르의 주장을 부정하였다. 이러한 점은 앞서 제시한 분쟁의 정의에 합치하여 양국 간에는 El Tigre섬을 포함하여 Meanguera섬과 Meaguerita섬이 분쟁상태에 있다고 판단하였다. 한편, 온두라스가 주장한 엘살바도르의 El Tigre에 대한 주장이 완전히 근거가 없는 것이기 때문에 진정한 분쟁은 존재하지 않는다는 것에 대해, 재판부는 "분쟁의 존재는 당사국의 그것에 대한 주장의 객관적 타당성에 의존하는 것은 아니다."라고 하였다.

2. 재판 시 적용되는 법규는 무엇인가?

(1) 당사국 주장

온두라스는 일반평화조약 제26조에 의거하여 uti possidetis 원칙만이 적용될 수 있다고 하였다. 엘살바도르는 섬에 관한 분쟁은 국경획정에 관한 분쟁이라기보다 영토의 귀속에 관한 분쟁이므로 섬에 대한 주권의 실효적 행사와 표시(the exercise or display of sovereignty over islands)를 중요하게 고려해야 한다고 하였다. 즉, 두 가지 방법으로 검토할 수 있는데 한편으로는 이 사건은 주권의 기초로서 섬에 대한 실효적 점유에 따라 판단할 수 있고 다른 한편으로는 1821년의 uti possidetis 원칙에 따라 이 섬에 대한 움직일 수 없는 증거로서 역사적 권원에 의존할 수도 있다는 것이다.

(2) ICJ 판단

재판부는 섬에 대한 주권을 결정함에 있어 그 출발점이 1821년의 uti possidetis 원칙이어야 한다는 것에 대해서는 의심의 여지가 없다고 하였다. 따라서 먼저 1821년 당시 문제의 섬들이 스페인 식민지의 어느 행정단위에 귀속되어 있었는가를 식민지기간 동안의 입법적·행정적 기록을 통해서, 아울러 colonial effectivités[169]를 고려하여 검토해야 할 것이다. 그러나 섬에 대한 입법적·행정적 기록이 혼란스러울 뿐만 아니라 다툼이 있어 스페인 식민지법이 섬의 귀속에 대해 명확한 대답을 제시해 주지 못하고 있다. 이런 상황에서 재판부는 1821년 독립 직후 양국의 태도를 검토하고 더욱이 묵인(acquiescence)을 구성할지도 모르는 양 당사국에 의해 이루어진 보다 근년(近年)의 행동을 통해서 검토해야 한다고 보았다. 또한 재판부는 일반평화조약 제26조에서 제기한 "당사국에 의해 제기되고 국제법에서 인정된 법적·역사적·인간적 기타 다른 모든 형태의 증거와 주장을 고려할 것"이라고 하였다. 한편, 문제의 섬에 대한 연안국 어느 일방에 의한 실효적 점유는 독립 후라 할지라도 실효성을 구성할 수 있으며 당시의 법적 지위에 참고가 된다고 하였다. 따라서 주권의 행사에 의해 뒷받침된 점유는 uti possidetis 원칙의 권원을 확인하는 증거로서 채택될 것이다. 이 점유는 uti possidetis 원칙이 사법적으로 승인되고 결정되기 위해서 공식적으로 표현할 수 있는 실질적으로 거의 유일한 방법이다.

3. El Tigre 섬의 법적 지위

(1) 당사국 주장

엘살바도르는 El Tigre섬이 1833년 이전에 자국에게 속해 있었고, 그 이후에는 이 섬에 있어서 온두라스의 존재는 인정하지만 자국이 공인한 범위 내에서 이루어진 것이라고 주장하였다. 즉, 1833년 이후 온두라스의 이 섬에 대한 점유는 "1833년에 엘살바도르가 공인한 범위 내에서 이루어진 사실상의 점령(a de facto occupation)에 불과한 것"이라고 주장하였다.

(2) ICJ 판단

재판부는 1849년 12월 영국이 일시적으로 이 섬을 점령했지만 온두라스에 반환한다고 진술한 점, 같은 해 10월 온두라스가 미국과 이 섬을 18개월간 이양한다고 하는 조약을 체결한 점, 1854년 온두라스가 폰세카만 연안과 섬의 토지를 매각하려고 할 때 엘살바도르가 El Tigre섬에 대해 주권을 주장하지 않았다는 점 등 역사적 사건들을 고려하여, 양국의 행위는 일관되게 El Tigre섬이 온두라스에 속하는 것으로 가정하고 있다는 결론을 내렸다.

4. Meanguera섬과 Meanguerita섬의 법적 지위

재판소는 Meanguerita는 크기가 작고, 보다 큰 섬에 근접해 있으며, 사람이 거주하지 않는다는 이유로 Meanguera의 부속섬(dependency)으로 다루었다. 이는 양 당사국도 인정한 것이었다. 재판소는 다양한 증거 자료들을 검토한 후 Meanguera섬에 대한 엘살바도르의 주권을 승인하였으며, 이에 따라 Meanguerita섬 역시 엘살바도르의 주권을 인정하였다. 그 증거들은 다음과 같다. ① 1856년 및 1879년에 엘살바도르 공공간행물이 Meanguera섬에 대한 행정적 조치를 보도하였으나 온두라스는 이에 대해 어떠한 항의나 반응도 보이지 않았다. ② 19세기 이후 엘살바도르는 19세기 이후 온두라스의 반대나 항의 없이 동 섬에 있어서 실효적 지배를 강화해 왔다.

---

169) Frontier Dispute 사건에서 ICJ는 "식민지 시대 동안 그 지역에서 영토적 관할권의 실효적 행사의 증거로써 행정당국의 행위"라고 정의하였다. '식민지 통치의 실효성'으로 번역할 수 있다[홍성근(1999), 724면].

③ 1900년 온두라스와 니카라과 간의 해양경계획정 시에 등거리선이 사용되었고, 그 기준점을 Meanguera섬이 아니라 El Tigre섬으로 하였다. 요컨대, 재판부는 1821년의 uti possidetis 원칙의 지위를 식민지 권원과 실효성(colonial titles and effectivités)에 근거하여 만족스럽게 확인할 수 없지만, 엘살바도르가 1854년에 Meanguera에 대해 주권을 주장하고 그 이후 동 섬에 대하여 실효적 점유와 지배를 행해 왔다고 하는 사실에 기초하여 엘살바도르를 동 섬에 대한 주권국으로 간주할 수 있다고 하였다.

IV 평석170) – 독도 문제에의 적용

1. 독도 분쟁의 존재

본 사건에서 두 나라가 ICJ에 부탁한 특별협정 제2조 제2항에는 구체적으로 ICJ의 판단을 요하는 섬이 명기되지 않고 다만 섬들(the islands)로 되어있다. 당해 특별재판부는 양 당사국이 특별협정 체결전인 1985년에 교환된 외교문서에 El Tigre섬에 대한 양국의 주장과 반박이 있었다는 사실 등에 주목하여 이 섬이 분쟁상태에 있다고 하여 관할권을 행사하였다. 비록 엘살바도르의 주장이 완전히 근거가 없는 것이라고 하더라도 분쟁의 존재를 인정하는 데에는 영향을 미치지 않는다고 본 것이다. 1952년 4월 28일 대일강화조약의 발효를 앞두고 같은 해 1월 18일 한국 정부는 일본의 세력으로부터 한반도 인접수역을 보호하고자 '대한민국 인접해양의 주권에 대한 대통령선언', 이른바 평화선언을 선포하였고 일본은 이에 대한 항의를 했다. 이를 시작으로 일본은 거의 매년 독도영유권을 주장하였으며 1954년에는 이 분쟁을 합의하여 ICJ에 제소할 것을 제의해오기도 하였다. 또한 1996년 동해에서의 EEZ와 그 주변수역을 두고 치열한 논쟁을 벌였으며 그 결과 중간수역 혹은 잠정수역이 된바 있다. 또한 일본은 외교적 경로를 통한 항의에 그치지 않고 순시선, 항공기 등을 통해 독도의 영해 및 영공을 침범해 옴으로 한국의 독도에 대한 실효적 지배를 부정하고 있다. 이러한 사실들로 미루어 보면 구체적인 논쟁, 즉 독도문제와 관련해 법 또는 사실의 문제에 있어서 불일치를 보이고 있으며 법적견해 또는 이익과 관련해서도 대립하고 있음을 알 수 있다. 일본 측 주장의 허구와 상관없이, 폰세카만 사건에서 본 바와 같이, 분쟁의 존재를 인정하는 데에는 아무런 영향도 미치지 않는다.

2. 독도 문제에 적용 가능한 법 원칙

폰세카만 사건에서 보듯 1821년 이전의 기록들이 혼란스럽고 다툼이 있을 경우에는 그 이후의 것을 근거로 판단했듯이, 독도 문제에 있어서도 역사적 기록들이 일본과 팽팽한 다툼을 벌일 때에는 이를 배제하고 양 당사국에 의해 이루어진 근년의 행동을 검토할 가능성이 크다. 또한, 폰세카만 사건에서 실제적으로 특별재판부는 섬의 법적지위를 다룸에 있어서 실효적 지배를 중요한 요소로 다루었고, 특히 실효적 행정과 지배에 관한 증거를 중요시하여 Meanguera섬 거주민의 증언을 듣기도 하였으며, 또한 실효적 점유와 결부하여 타방당사국에 의해 이루어진 묵인이 있었는가도 고려해야 할 중요한 사항으로 다룬바 있다. 독도 문제에서도 실효적 지배 여부와 묵인의 존재 여부를 중요하게 고려할 가능성이 크다. 아울러 당사국에 의해 제기되고 국제법하에서 인정된 법적·역사적·인간적 기타 다른 모든 형태의 증거와 주장을 고려하여 판단하게 될 것이다.

---

170) 홍성근(1999), 732–740면.

3. 독도문제와 결정적 시점

폰세카만 사건에 있어서 일정의 결정적 시점(critical date)을 정하기보다 결정적 기간(critical period)을 정하여 양국의 행위를 분석한바 있다. 즉, 이 사건에서는 결정적 시점을 정하여 이전의 사실만 유효한 증거로 채택하고 이후의 사실에 대해서 배척하기 보다는, 오히려 일정시점 이전의 사실을 단편적이고 애매하다는 이유로 배제하고 일정시점 이후의 사실을 유효한 증거로 하여 당사국의 행위를 비교분석하고 있다. 이러한 점을 볼 때 독도 문제에 있어서도 양국 간 다툼이 있는 역사적 기록들을 단편적이고 애매한 기록이라 하여 그 시기의 사실들을 증거로 채택하지 않고 영유와 직접적으로 관련된 기록이 있는 시기를 잡아 독도의 법적지위를 판단 할 수도 있을 것이다.

4. 해양경계획정과 영유권 문제

폰세카만 사건에서 재판부는 Meanguera섬과 Meanguerita섬의 법적 지위를 판단함에 있어 해양경계획정에도 주목하였다. 1900년 온두라스와 니카라과가 해양경계획정을 할 때 그 기준점을 온두라스가 자국의 영토라고 주장하는 Meanguera섬이 아니라 El Tigre섬으로 한 사실에 주목하였다. 지난 1999년 1월 22일 발효한 신한일어업협정을 둘러싸고 한국의 학자들 간에는 그 어업협정이 독도영유권에 영향을 미치는가의 여부를 두고 뜨거운 논쟁을 벌였다. 폰세카만 사건에서도 보듯 모든 형태의 증거와 주장을 고려한다고 할 때 과연 이 어업협정이 독도영유권에 영향을 미치지 않는다고 할 수 있을 지는 의문이다.

5. 독도와 부속도서

Meanguerita섬의 크기가 작고, 보다 큰 섬에 근접해 있으며, 사람이 살지 않는다는 사실에 근거하여 부속섬(dependency)이라고 판단하였다. 이 경우 특별한 주권행사가 없는 한 주도에 따른 부속섬으로 취급하여 그 처분에 따르도록 하였다. 독도가 울릉도의 속도인가 하는 것과 관련하여 한일 양국의 대립이 있다. 독도가 울릉도의 부속도서라는 사실을 확실하게 입증할 수 있다면 독도는 주도인 울릉도의 운명을 따르게 되어 자연 한국의 영토로 인정을 받게 될 것이다.

6. 한국의 대응을 위한 제언

한국 측 정부는 독도가 분쟁의 대상이 되지 않는다고 하는데 분쟁의 존재 여부가 당사국 주장의 객관적 타당성에 의존하고 있지 않음을 발견할 수 있다. 따라서 이러한 사실을 인지하고 보다 적극적인 자세로 독도 문제에 대한 대응책을 마련할 필요가 있다. 또한 독도와 관련된 역사적 기록들이 단편적이고 다툼이 있다는 이유로 증거채택에서 배제되지 않도록 하는 노력, 영유권판단에 간접적 추정 또는 보충적 증거로 제공될 수 있는 어업협정, 대륙붕 경계협정 그리고 EEZ 경계획정과 관련하여 깊은 주의가 요구된다. 마지막으로 독도가 울릉도의 속도라는 사실은 지리적·역사적·법적·인간적 사실 등을 통해서도 분명한 바 이를 부각시키기 위한 다각적인 노력이 필요하다.

CASE 99. Tomimaru호 사건[171][172]

I 사실관계

Tomimaru(富丸)호는 일본 국적의 트롤 어선으로서 러시아 당국으로부터 포획 가능 어종과 중량이 적시된 어로 허가를 받고 베링해 인근 러시아 배타적 경제수역 내에서 조업하고 있던 중 2006년 10월 31일 러시아 어업단속선에게 허가되지 않은 어종 포획 혐의가 적발되어 정식 조사를 위해 인근 항구로 나포되었다. 조사 결과 6만 톤 이상의 비인가 어종을 포획한 것이 확인되었고 러시아 당국은 이로 인한 손해액을 880만 루블(약 34만 불)로 추산하였으며 2006년 12월 1일 선장을 불법 어로죄로 기소하였다. Tomimaru호는 물증으로서 억류되었고 불법 어획물은 몰수되었다. 선장은 2007년 5월 15일 50만 루블의 벌금과 900만 루블의 손해배상금 판결을 받았으나 항소하여 이 사건 재판 중 항소심이 진행되고 있었다. 선장에 대한 형사 기소에 추가하여 선주 및 선박에 대한 행정 과징금 부과를 위한 행정심판도 진행되었으며 Tomimaru호 선주가 선박 억류 해제를 위한 보석금 납부 의사를 밝히고 동 금액을 책정하여 줄 것을 요청하였으나 2006년 12월 19일 러시아 1심 법원은 러시아 법령상 행정법률 위반 사안에서 보석금 예치 시 해당 물건의 압류 해제는 가능하지 않다는 이유로 선주의 선박 보석금 산정 청원을 수리하지 않았다. 동 법원은 12월 28일 280만 루블의 벌금을 부과하고 Tomimaru호를 몰수하도록 판결하였다. 항소심 역시 2007년 1월 24일 1심 판결을 확인하자 선주는 대법원에 항소하여 동 심리 절차가 이 사건 재판 중 진행되고 있는 상태였다. 2심의 1심 판결 확인과 동시에 몰수가 집행되어 Tomimaru호는 러시아의 국가 재산으로 등록되었다. 러시아 사법제도상 대법원 항소가 2심 법원의 판결 집행을 정지하지는 못한다. 일본은 Tomimaru호 나포 후 수차례에 걸쳐 즉시석방을 요청하였으나 받아들여지지 않자 러시아가 해양법협약 제73(2)조의 즉시석방 의무를 위반하였다고 주장하고 2007년 7월 6일 협약 제292조에 따른 즉시석방 재판을 청구하면서 재판부가 합리적이라고 판단되는 선박 및 선원의 석방 조건을 정해 주고 이에 따라 러시아가 석방하도록 명령하여 줄 것을 요구하였다.

II 법적쟁점

1. 일본의 청구의 모호성 문제
2. 러시아의 일본 선박 몰수의 문제

---

171) Japan v. Russia, 2007.8.6. 판결, 국제해양법재판소.
172) 산업통상자원부 홈페이지(https://disputecase.kr) 게시 내용 요약 정리.

Ⅲ 국제해양법법원의 판단

1. 일본 청구의 모호성 문제

러시아는 합리적이라고 판단되는 선박 및 선원의 석방 조건(terms and conditions)를 정해달라는 일본의 재판 청구가 지나치게 모호하고 특정적이지 않아서 재판부가 청구를 정당하게 고려하거나 러시아가 대응하는 것이 곤란하므로 수리할 수 없다는 주장을 제기하였다. 아울러 협약 제292조상 재판부는 석방 조건을 결정할 권한이 없으며 석방 보석금의 액수와 형식을 결정할 수 있을 뿐이라고 강조하였다. 재판부는 이를 수용하지 않았다. 이 사건의 제292조상 청구는 제73(2)조와 연계된 것으로서 일본은 합리적인 보석금 등의 예치 시 선박과 선원의 석방을 명령할 수 있는 제292조상의 권한을 행사하여 줄 것을 청구한 것이라고 확인하고 재판부는 일본의 청구는 수리할 수 있다고 판시하였다.

2. 러시아의 일본 선박 몰수의 문제

(1) 몰수조치로 선박의 국적이 변경되는지 여부

러시아는 Tomimaru호 몰수 판결로 인해 일본의 제292조 재판 청구의 대상이 존재하지 않게 되었다고 주장하였다. 제292(3)조에 따라 재판부는 선박, 선원, 선주에 대한 억류국 국내 법원의 본안 심리에 영향을 미치지 않는 조건하에서 즉시석방 건에 대해서만 심리할 수 있을 뿐인데 이 사건은 이미 국내 법원에서 심리 종결되어 몰수 판결이 집행되었으므로 결과적으로 즉시석방 청구를 심리할 권한이 없다고 러시아는 상술하였다. 몰수가 선적에 미치는 영향에 대해서 재판부는 몰수가 그 자체로 선적의 자동적인 변경이나 선적의 상실로 귀결되는 것은 아니라고 언급하였다. 기국의 주요 기능과 제292조의 즉시 석방 절차를 개시할 수 있는 기국의 핵심적인 역할을 감안할 때 소유권의 변경이 자동적으로 기국의 변경으로 이어진다고 가정할 수 없다고 재판부는 판단하였다.

(2) 몰수로 인해 선박 즉시석방 청구가 의미 없게 되는지 여부

몰수로 인해 선박 즉시석방 청구가 의미 없게 되는지 여부와 관련하여 재판부는 즉시 석방 절차의 대상과 목적부터 고려하였다. 재판부는 제292조의 목적을 고려할 때 기국이 적시에 행동하는 것이 중요하다고 강조하였다. 제292조의 목적은 선박 소유주와 기국이 합리적인 시간 내에 억류국의 사법제도를 활용하거나 제292조의 즉시석방 절차를 개시하여야 달성할 수 있다는 것이다. 즉시석방 절차의 대상과 목적을 감안할 때 몰수가 결정되었다 해서 해당 선박의 억류국 내 사법 절차가 진행 중인 동안에 재판부가 즉시 석방 청구를 심리할 수 없는 것은 아니라고 재판부는 강조한 후 재판 진행 중 러시아 대법원이 선박 몰수를 용인하는 최종 판결을 내렸고 이에 따라 일본은 이 사건이 미결상태라는 주장을 더이상 제기하지 않았으며 국제적인 적법 절차 기준과의 불합치 주장이 재판 과정 중 제기된 바 없으며 선박 몰수로 인해 국제적 또는 국내적인 구제 절차를 활용할 수 없었다는 주장 역시 제기된 바 없음을 주목하였다. 재판부는 협약 제292조상의 선박 석방 판결이 이미 종결된 억류국 국내 법원의 판결과 상치될 수 있으며 억류국의 권한을 침해하여 결과적으로 제292(3)조 규정과 배치될 수 있다는 점을 고려하였다. 이와 같은 이유로 재판부는 일본의 재판 청구가 더 이상 의미가 없게 되었으며 따라서 청구된 판결을 내릴 필요가 없다고 판시하였다.

CASE 100. The Arctic Sunrise Arbitration[173]

I 사실관계

1. Artic Sunries호의 항의 활동과 러시아의 추적권 발동

2013년 9월 18일 러시아의 북극해 석유 생산에 항의하는 그린피스 소속의 환경보호 운동가들이 네덜란드 국기를 단 쇄빙선 'Arctic Sunrise호'에서 4척의 고속고무보트를 내려 러시아의 세계 최대 가스 생산업체 가즈프롬의 석유시추 플랫폼(유정 굴착장치) 프리라즈롬나야에 올라가 시위를 벌이려 시도하다 러시아 해안경비대에 의해 프리라즈롬나야의 500m 안전수역 밖으로 쫓겨났다. 그리고 러시아는 Arctic Sunrise호의 자선들이 프리라즈롬나야의 500m 안전수역 내에 있었으므로 안전수역 밖 EEZ의 모선에 대한 추적을 단행하였다. 프리라즈롬나야는 '일년에 2/3 기간 동안 빙하로 뒤덮여 있고 기온이 최저 −50℃까지 떨어지는 러시아 EEZ 내의 페초라해에 위치한 북극해 최초의 석유시추 플랫폼으로서 그린피스가 안전에 의문을 제기하는 시설이다.

2. 러시아의 관할권 행사

9월 19일 총과 칼로 무장한 15인의 러시아연방 보안기관 요원들은 헬리콥터를 통해 실시한 강제 임검을 통해 Arctic Sunrise호와 30명의 승선자를 나포·억류하였다. 러시아 당국은 그들은 해적행위로 소추하였다가 나중에는 죄목을 폭력행위로 완화시켰다. Arctic Sunrise호의 기국인 네덜란드 정부는 러시아에 대해 선박과 탑승자들의 즉각적인 석방을 요구하였다.

3. 네덜란드의 제소

2013년 10월 4일 네덜란드는 러시아가 협약 하에서 동일한 분쟁해결절차를 수락하지 않았기 때문에 러시아 EEZ 내에서의 러시아 당국에 의한 Arctic Sunrise호의 임검과 억류 및 거기에 타고 있던 사람들의 억류 사건과 관련하여 협약 제287조에 따라 협약 제7부속서하의 중재재판을 개시한다고 러시아에 통지하였다.

4. 잠정조치 요청

10월21일 네덜란드는 협약 제7부속서하의 중재재판소가 구성되는 동안 국제해양법재판소에 이 사건과 관련하여 일정 잠정조치의 명령을 요청하였다 네덜란드는 국제해양법재판소에 자국 출신 재판관이 없기 때문에 국제해양법재판소규정(협약 제6부속서) 제17조 제3항에 따라 임시재판관 1인을 선정하기도 하였다. 국제해양법재판소는 11월 22일 러시아에 대해 네덜란드가 3,600,000 유로의 보석금 혹은 금융보증을 기탁하는 즉시 선박과 모든 억류된 사람들을 석방할 것을 명하는 잠정조치를 발하였다. 러시아는 잠정조치명령을 이행했다.

---

173) 네덜란드 v. 러시아, 2014. 국제중재.

Ⅱ 법적쟁점

1. 재판관할권의 존부

2. 법정조언자 인정 여부

3. 추적권 발동의 적법성 여부

4. 해적행위 해당 여부

5. 손해배상

Ⅲ 중재재판소 판정

1. 재판관할권의 존부

중재재판소는 네덜란드 측의 요청으로 먼저 재판관할권 문제에 대해 별도로 검토하였다. 그리고 2014년 11월 26일 심리 결과 러시아가 1997년에 UN해양법협약을 비준하면서 첨부한 선언은 "협약 제298조 제1항(b)의 언어를 정확히 추적하지 않은" 것으로서 본 사건에 대한 재판소의 관할권 성립에 영향을 주지 못한다고 판시하였다.

2. 법정조언자 인정 여부

그린피스는 법정의 조언자로서의 의견 제출의 기회를 달라고 요청하였으나, 중재재판부는 만장일치로 거절하였다.

3. 추적권 발동의 적법성 여부

국제해양법재판소가 M/V Saiga호 사건(No.2)에서 지적한 바와 같이 UN해양법협약 제111조에 명시된 추적권 행사를 위한 요건은 '누적적'인 것으로 각 요건이 모두 충족되어야 하는데 사실 검토 결과 러시아의 추적은 도중에 '중단되었기' 때문에 추적권 행사를 위한 누적적 요건을 충족시키지 못하였다고 판단하였다.

4. 해적행위 해당 여부

러시아 EEZ 내의 석유시추 플랫폼 프리라즈롬나야는 선박이 아닌 '고정된 플랫폼'이기 때문에 해적행위가 성립하기 위한 타 선박의 요건에 해당하지 않으므로 해적에 해당되지 않는다고 하였다.

5. 손해배상

2015년 8월 14일 중재재판소는 만장일치의 결정을 통해 러시아가 UN해양법협약을 위반하여 행동하였으며 피해 선박의 기국인 네덜란드는 Arctic Sunrise호에 가해진 중대한 손해에 대해 이자와 함께 금전배상을 받을 권리가 있다고 판시하였다.

A국의 국영석유회사는 최근 A국의 배타적경제수역(EEZ) 내에서 막대한 양의 유정을 찾는데 성공하여 이곳에 석유시추장치(oil platform)를 설치하였다. World Wide Ocean(WWO)은 전 세계적으로 해양 환경보호에 주도적인 역할을 수행하는 시민단체이다. WWO는 A국이 수년 동안 유정발견, 시험발굴, 상업개발에 이르는 일련의 과정에서 발생한 오염사고를 주목하면서 A국의 석유시추장치 개발을 강하게 반대하고 있다.

B국의 깃발을 게양한 WWO의 선박 'Ocean Sunset'(OS호)이 A국의 석유시추장치 하단부에 접근하자 A국은 특수부대를 투입한 후 선원 10명과 20명이 환경운동가를 모두 체포하고 OS호를 A국 항에 강제로 정박시켰다. A국은 자국의 '배타적 경제수역 내 시설물 관리 및 해적행위 특별법'에 따라서 '해적행위'로 처벌하기로 하고 전원 구속시켰으며 선박은 몰수하기로 하였다. B국은 구속된 선원과 선박을 모두 석방하도록 A국에 공식적으로 요청하였다. 이와 관련하여 다음 물음에 답하시오. (A국과 B국은 해양법에 관한 국제연합협약의 당사국이다) (총 50점) [2016행시]

(1) 석유시추장치 설치와 관련하여 A국이 연안국으로서 주장할 수 있는 권리에 대하여 설명하시오. (20점)

(2) 선박나포와 관련하여 A국과 B국이 각각 주장할 수 있는 국제법상의 권리에 대하여 논하시오. (30점)

CASE 101. Ghana - Cote d'Ivoire Maritime Delimitation 사건[174][175]

I 사실관계

이 사건은 가나와 코트디부아르 간 영해, EEZ 및 대륙붕 경계획정에 관한 사건이다. 양국은 이 사건을 해양법재판소에 의뢰하기로 합의하였으며 3인으로 구성된 소재판부를 구성해 줄 것을 요청하였다.

II 법적쟁점

1. 묵시적 경계의 존재 여부

2. 금반언 원칙 적용 여부

3. 해양경계획정

4. 가나의 코트디부아르 주권 침해 여부

5. 해양법협약 제83조 위반 여부

---

174) Ghana v. Cote d'Ivoire, 2017.9.23. 판결, 국제해양법재판소.
175) 산업통상자원부 홈페이지(https://disputecase.kr) 게시 내용 요약 정리.

Ⅲ 판단

1. 묵시적 경계 존부

가나는 양국 간 등거리선에 대한 묵시적 합의가 존재한다고 주장했으나 재판부는 이를 기각했다.

첫째, 가나는 50년 이상 양국은 등거리선에 의해 양국 해양경계가 결정되어 있었으며, 이 선을 기준으로 양국은 해저 광구 설정, 개발 계약, 탐사 및 시추활동을 각자의 해역에서 수행해왔다고 주장했으나 재판부는 이를 기각했다. 재판부는 양국이 설정한 광구가 가나가 주장하는 등거리선을 기준으로 설정되어 있으며 지질 탐사, 시추 등 각종 개발 행위가 등거리선으로 분획된 각국의 해역에서 이루어졌고 심지어 상대국 해역 진입 시 사전 허가를 구하는 등 유전 관련 활동에 있어서 등거리선이 경계로서의 관련성을 가진다는 점은 인정하였다. 그러나 유전 개발과 관련된 관행이 양국 간 묵시적 경계 합의를 시사한다고는 보지 않았다.

둘째, 가나는 양국의 국내법이 등거리선에 대한 합의를 뒷받침한다고 주장했으나, 재판부는 국가의 일방적 행위에 불과한 입법은 이미 합의된 경계선을 확인해 줄 수는 있어도 그 자체로 합의가 존재함을 증명하는 것은 아니라고 하였다.

셋째, 가나는 양국이 대륙붕한계위원회에 제출한 자료가 등거리선을 규정하고 있어, 등거리선에 대한 묵시적 합의를 입증한다고 주장하였으나, 재판부는 코트디부아르가 해당 자료를 해양경계획정의 근거로 삼을 수 없음을 이미 언급하고 있으므로 등거리선 원칙이 합의된 원칙은 아니라고 하였다.

넷째, 코트디부아르는 가나측과 해양경계획정을 위한 협상을 지속해 온 것이 묵시적 합의의 부존재를 증명한다고 주장했고, 재판부는 이를 받아들였다. 가나는 협상은 기 합의된 경계선을 공식화하려는 목적이라고 주장했으나, 재판부는 받아들이지 않았다.

결론적으로 재판부는 가나의 다양한 주장을 기각하고 등거리선에 따른 경계획정에 대한 묵시적 합의가 존재하지 않았다고 판시하였다.

2. 금반언 원칙 적용 여부

가나는 코트디부아르가 자체 법령과 가나와의 공적인 문서, 국제 기구에의 보고서 및 자국 지도에서 반복적으로 등거리선을 인정하여 왔으며 가나는 코트디부아르의 명백하고 지속적이며 일관된 행동을 신뢰했으므로 금반언(estopel)의 원칙에 따라 코트디부아르는 등거리선 원칙에 반대할 수 없다고 주장했으나, 재판부는 이를 받아들이지 않았다. 가나는 금반언 원칙은 국제법의 일반 원칙으로서 일국의 행동이 특별한 상황을 창출하였고 타국이 선의로 이러한 행동을 믿었고 이로 인해 손해를 감수했을 경우 금반언의 원칙이 적용되었다고 주장하면서 이러한 요건이 이 사건에서 모두 충족되었으므로 코트디부아르는 등거리선을 부인할 수 없다고 항변하였다. 반면, 코트디부아르는 등거리선을 인정한 사실 자체를 부인하였다. 재판부는 가나가 주장하는 금반원 원칙의 3개 요소가 벵갈만(Bay of Bengal) 사건에서 언급된 점은 인정하였으나 재판부는 묵시적 합의의 존재 자체를 인정하지 않았다. 즉, 특별한 상황을 창출한 행동의 존재라는 금반언 원칙 첫째 요건이 충족되지 않으므로 나머지 요건의 충족 여부는 살펴볼 필요도 없다고 하였다.

3. 해양경계획정

(1) 3단계 접근법의 적용

가나와 코트디부아르는 동일한 경계획정 방식을 적용하여 영해, 배타적 경제수역 및 대륙붕 경계를 설정해야 한다는 점에 대해서는 이견이 없었다. 재판부는 경계획정에 있어서 기존의 3단계 접근법을 적용하였다. 즉, 잠정적 경계선 설정, 형평을 위해 잠정적 경계선의 이동, 비례성 판단의 3단계 접근법이다. 재판부는 잠정적 경계선으로 등거리선을 적용하였다. 재판부는 뱅갈만(Bay of Bengal) 사건에서 확인되었듯이 경계 획정 사건 대부분, 특히 최근 사건은 등거리 및 관련 상황 방식을 보편적으로 사용하였다고 강조하였다. 재판부는 잠정적 경계선의 이동 요인이 없으며, 비례성 차원에서도 잠정적 경계선이 문제가 없다고 판단하고, 잠정적 등거리선에 기초한 경계획정을 최종적 경계로 확정지었다.

(2) 해안의 오목함 반영 여부

잠정적 등거리선의 조정에 있어서 코트디부와르 해안의 오목함(concavity)이 문제되었으나, 재판부는 이를 고려사항으로 인정하지 않았다. 재판부는 해안선의 오목함(concavity) 자체가 (등거리선 조정을 필요로 하는) 관련 상황이 될 수는 없으나 양국 간 등거리선이 해안의 오목함으로 인해 잠식효과를 발생시킬 경우 공정한 결과 도출을 위해 선 조정이 필요할 수 있다는 뱅갈만(Bay of Bengal) 사건을 인용하였고 이 사건에서는 또한 등거리선 조정을 위해서는 잠식효과로 인해 국제법이 허용하는 범위까지 자국 해역을 확장할 수 없고 공정한 결과를 도출할 수 없어야 한다고 판시하였다고 환기하였다. 재판부는 잠식효과의 발생 정도를 살펴본 결과 코트디부아르의 해역이 가나에 의해 잠식되기 시작하는 곳은 해안 기준 163해리 지점으로서 200해리 해역 한계를 감안할 때 잠식효과가 등거리선을 조정해야 할 정도로 상당하다고 볼 수 없다고 판단하였다.

(3) 자원의 문제

코트디부아르는 Jomoro 지대 앞 바다의 유전 지대가 잠정 등거리선을 조정하지 않을 경우 가나의 소유가 되므로 자원의 공정한 분배를 위해 등거리선을 조정해야 한다는 주장했으나 기각되었다. 재판부는 이전의 판례를 살펴볼 때 해양 경계선은 관련 해안선의 지리적인 형태에 근거하여 객관적으로 결정하는 것이지 해당 국가의 경제적 사정을 고려하여 배분적 정의를 실천하기 위한 수단이 아니라고 하였다. 다만 일부 사건 판례에서 해당 국가 국민의 복지와 가계에 재앙적인 결과를 초래할 경우만 예외로 자원 배분을 고려하여 등거리선을 조정할 수 있다고 하였다. 재판부는 코트디부아르의 주장이 사실에 부합하는지도 불확실하고 재앙적 결과를 회피하기 위해 지리적 형태에 기반하여 작도해야 하는 원칙에서 일탈할 정도인지에 대해 코트디부아르의 주장의 근거가 충분하지 않다고 판단하였다.

4. 가나의 코트디부아르 주권 침해 여부

코트디부아르는 자국에 속한 수역에서 가나가 일방적으로 유전 탐사 및 시추행위를 한 것이 자국의 주권을 침해한 것이라고 주장했으나 재판부는 이를 기각했다. 재판부가 양국 간 해양 분계선을 최종 확정하기 전, 재판이 진행되는 동안에 가나는 2009년부터 2014년까지 코트디부아르도 주권을 주장하는 Jomoro 지대 앞바다에 TEN이라는 광구를 설정하고 유전 탐사 및 시추 행위를 수행하였다. 코트디부아르는 최종 경계가 확정되기 전까지는 분쟁 구역에서 일방적인 경제활동을 해서는 안 된다고 주장하면서 가나의 행위는 코트디부아르의 주권을 침해한 것이라고 판정하여 줄 것을 청구하였다.

재판부는 주권 침해를 구성하기 위해서는 우선 해당 행위를 수행한 지역이 자국의 주권 관할지가 아니라 타국과의 주권이 경합되는 분쟁 지역이라는 인식이 있어야 한다고 전제하였다. 재판부는 대륙붕 영유권이 충돌하는 경우 경계가 획정되어야 어느 지역이 어느 국가에게 속하는지가 확정되는 것이고 어느 국가의 영유권이 우선하는지를 결정되는 것이라고 천명하고 경계획정은 단순한 선언적인 것이 아니라 권리를 창출하는 성질을 보유하고 있다고 밝혔다. 따라서 경계획정 이전에 일방에 의해서 후에 타방의 소속으로 획정된 구역에서 수행된 행위는 타방의 주권을 침해한 것은 아니라고 언급하고 코트디부아르의 주장을 기각했다.

5. 해양법협약 제83조 위반 여부

(1) 제83조 제1항 위반 여부

코트디부아르는 경계획정 전 행해진 가나의 일방적인 석유 탐사 및 시추행위는 합의에 의한 경계 획정 의무를 규정한 해양법협약 제83조 제1항 위반에 해당한다고 주장했으나 재판부는 기각했다. 코트디부아르는 합의에 이르기 위해서는 협상을 해야 하고 협상은 선의(in good faith)로 진행해야 하는데 일방적인 행위는 선의의 의무를 위반한 것이라고 주장하였다. 재판부는 제83조 제1항의 합의 의무는 불가피하게 협상을 수반하고, 선의에 입각한 협상 의무는 해양법협약뿐 아니라 일반 국제법의 중요한 부분을 차지한다고는 인정하였다. 그러나 선의의 협상 의무는 행위의 의무이지 결과를 발현해야 하는 결과의 의무는 아니며 따라서 선의의 협상 의무 위반은 일방이 기대했던 결과가 도출되지 않았다고 해서 성립하지는 않는다고 언급하였다. 재판부는 2008년부터 2014년까지 양국이 진행한 해양경계 협상에서는 육지 경계 종점의 위치를 획정하는 등의 성과도 있었고 코트디부아르는 이 협상이 아무 의미도 없었다는 신뢰할 만한 주장도 제기하지 않았다고 지적하면서 가나가 이 협상에 선의에 입각하여 참여하지 않았다는 주장을 코트디부아르가 설득력 있게 입증하지 못했다고 판시하였다.

(2) 제83조 제3항 위반 여부

코트디부아르는 가나의 일방적인 탐사 및 시추행위는 분계선 확정 위협 및 방해행위를 금지한 협약 제83조 제3항도 위반하였다고 주장했으나 기각되었다. 재판부는 제83조 제3항은 잠정 합의 개시 노력 의무와 최종 합의 위협 및 방해 금지 의무를 부과하고 있으며 전자는 모든 노력을 다하라는 표현에 나타나듯이 행위의 의무로서 잠정합의에 도달해야 하는 의무에 해당하지는 않는다고 지적하였다. 재판부는 코트디부아르는 가나에게 잠정협정 체결을 제안한 바 없으므로 잠정합의를 위해 노력할 의무를 가나가 위반했다고 주장할 수 없다고 판시하였다. 또한, 가나의 일방적인 탐사 및 시추행위가 최종합의를 위협하거나 방해했다고 볼 수 없다고 판시하였다. 재판부는 가나가 2015년 4월 25일 재판부의 잠정 명령을 수용하여 탐사 활동을 중단하였고 가나의 탐사 활동은 재판부의 최종 경계선 확정 결과 자국에게 배정된 구역에서만 이루어졌었다는 점을 주목하여 가나가 최종 합의 도출을 위협하거나 방해하였다고 판정할 수는 없다고 하였다.

CASE 102. M/V Norstar호 사건[176][177]

I 사실관계

M/V Norstar호는 노르웨이 회사가 소유하고 있는 파나마 선적의 해상 주유선으로서 1994년부터 1998년까지 지중해 및 대서양 인근 해역에서 대형 요트에게 연료를 공급하는 사업에 사용되었다. 1997년 이탈리아 세관은 M/V Norstar호가 이탈리아에서 구입한 면세유를 이탈리아 영해 밖 공해상에서 판매하는 행위가 범죄에 해당한다고 보고 수사한 끝에 M/V Norstar호 선장, 선주 회사 대표 등 8명을 기소하였다. M/V Norstar호가 이탈리아에서 구매한 유류는 항해용으로서 이탈리아 외에서 소비되는 것을 전제로 하므로 면세된 것인데 M/V Norstar호가 이를 이탈리아 항구로 진입하는 대형 요트에게 판매함으로써 원래의 면세판매 요건을 준수하지 않았으며 이는 결국 탈세 및 밀수에 해당한다는 것이다. 이탈리아 검찰은 1998년 8월11일 M/V Norstar호 몰수 영장을 발부하고 스페인 검찰에 당시 스페인 라팔마항에 정박 중이던 M/V Norstar호 몰수를 집행하여 달라고 공조를 요청하였다. 2000년 1월 20일 재판이 개시되었으며 이탈리아 1심 법원은 2003년 3월 14일 무죄를 선고하였고 M/V Norstar호 몰수도 취소하였다. 2003년 8월 18일 이탈리아 검찰은 항소하였으나 2005년 10월 25일 패소하였다. 파나마는 공해상에서의 해상 주유활동은 해양법협약과 일반국제법에서 보장하는 공해상의 자유에 해당하는 것으로서 이탈리아의 M/V Norstar호 억류 및 몰수조치는 해양법협약 제87조의 공해상의 자유를 침해하는 것이고 신의성실과 권리남용금지를 규정한 제300조 위반이라고 주장하며 2015년 11월 16일 재판을 청구하였다. 재판부는 이탈리아가 제87조 공해자유 원칙을 위반하였으나, 제300조 신의성실과 권리남용금지 규정을 위반한 것은 아니라고 판시하였다.

II 법적쟁점

1. 공해자유 원칙(제87조) 적용 여부

2. 공해자유 원칙(제87조) 위반 여부

3. 신의성실 및 권리남용금지 의무(제300조) 위반 여부

---

176) Panama v. Italy, 2019.4.10. 판결, 국제해양법재판소.

177) 산업통상자원부 홈페이지(https://disputecase.kr) 게시 내용 요약 정리.

Ⅲ 국제해양법재판소 판단

1. 공해자유 원칙 적용 여부

공해자유 원칙 위반 여부 판단에 앞서서 당해 사건에 공해관련 규정이 적용되는지가 문제되었다. 이탈리아는 몰수 영장이 M/V Norstar호의 공해상에서의 주유행위에 대하여 발부된 것이 아니라 M/V Norstar호가 필수적인 수단으로 사용된 이탈리아 영토 내에서의 범죄행위에 대해서 발부된 것이라고 언급하고 M/V Norstar호가 억류된 것은 해상 주유행위 때문이 아니라 면세 유류 밀수와 탈세 범죄 수행이 실체적인 원천(corpus delicti)이라고 주장했기 때문이다.

재판부는 영장 내의 기재사항은, 첫째, M/V Norstar호가 항해용 면세유를 이탈리아 항구에서 구입하여 적재한 사실, 둘째, 이탈리아 영해 외에서 대형 요트에게 주유한 사실, 셋째, 대형 요트들이 동 유류 구매 및 선적 사실을 신고하지 않고 이탈리아 항구로 진입한 사실로 구분되고, 첫째와 셋째 사실은 이탈리아 내에서, 둘째 사실은 이탈리아 영해 외에서 발생한 것이 확인된다고 보았다. 재판부는 해당 몰수 영장이 주로 이탈리아 영토 내에서 행해진 범죄에 대해 관련될 뿐 아니라 M/V Norstar호의 공해상 주유행위에도 관련된다고 언급하면서 영장 내에 주유받은 요트들과 M/V Norsta호 간의 긴밀한 접촉이 입증되고 외국 선박의 반복적인 인근 공해 사용은 이탈리아의 재정적 이해에 직접적인 영향을 미친다는 점 등이 기재되어 있는 점을 제시하였다. 재판부는 몰수 영장 외에 이탈리아 내 재판 판결문 등 여타 자료 등도 검토한 후 몰수 영장과 그 집행은 위 3개 사실 모두에 관련된 것이라고 판단하고 따라서 해양법협약 제87조는 이 사건에 적용할 수 있다고 결론지었다.

2. 공해자유 원칙(제87조) 위반 여부

(1) 공해상 주유활동의 공해자유 해당 여부

재판부는 공해상 주유활동은 공해자유 원칙에 해당되고, 주유활동을 이유로 선박에 대해 이탈리아가 관할권을 행사한 것은 공해자유 원칙을 위반한 것이라고 판시하였다. 재판부는 제87(1)조 공해는 모든 국가에게 개방된다는 의미는 공해의 일부라도 특정 국가의 주권 아래 있을 수 없고 어느 국가도 공해상의 외국 선박에 대해 관할권을 행사할 수 없다는 점을 내포하고 있다고 보았다. 해상 주유가 항행의 자유에 해당하는지에 대해 재판부는 두 당사국 모두 공해상에서 해상 주유의 합법성에 대해서는 다툼이 없으며 M/V Virginia G 사건에서 연안국은 배타적 경제 수역 내에서 외국 어선을 대상으로 하는 해상 주유행위 외의 여타 해상 주유행위에 대해서는 관할권이 없다고 판시한 바 있음을 환기하고 공해상의 해상 주유는 해양법협약이나 여타 국제법에 규정된 조건 아래에서 행사된다면 항행의 자유의 일부분이라는 견해를 표명하였다. 따라서 재판부는 M/V Norstar호가 공해상에서 여가용 요트에 대해 주유한 행위는 협약 제87조상의 항행의 자유에 속한다고 판단하였다.

(2) 공해 항행의 자유 침해 여부

재판부는 공해상 외국 선박에 대해서는 (기국 외의) 어느 국가도 관할권을 행사할 수 없으므로 국제법적 근거가 없는 일체의 항해 방해행위 또는 관할권 행사행위는 설사 물리적인 방해나 법집행이 아니더라도 항행 자유를 위반한 것이라고 보았다. 이탈리아는 법집행에 버금가는 행위라도 위축효과(chilling effect)를 발생할 수 있으므로 제87조 위반행위가 될 수 있는 가능성은 수긍하였으나 이 사건에서 몰수 영장이 알려졌거나 알 수 있었을 상황이 아니므로 위축효과가 발생하지 않았으며 따라서 제87조 위반에 해당하지 않는다고 주장하였다. 재판부는 위축효과의 발현 여부와 무관하게 공해상 외국 선박을 기국 이외 국가의 관할권에 종속시키는 일체의 행위는 항행자유 위반이며 이탈리아가 M/V Norstar호의 공해상 주유행위에 대해 형법과 관세법을 적용하는 것은 위축효과 존부와 상관없이 제87조의 항행자유 침해에 해당한다고 판단하였다.

(3) 공해에서 집행관할권과 입법관할권의 문제

재판부는 기국의 배타적인 관할권은 항행 자유의 본질적인 구성 요소로서 공해상 (위법 행위에 대한) 법집행 관할권(enforcement jurisdiction) 행사는 물론 입법관할권(prescriptive jurisdiction)을 공해상 외국 선박의 합법적인 행위로까지 확장하는 것도 금지한다고 판시하였다. 이탈리아처럼 자국 형사법과 관세법을 공해상에도 적용하여 외국 선박의 행위를 범죄화한다면 설사 공해상에서 이들 법을 실제로 집행하지 않았다 하더라도 이는 제87조 위반이라고 판단하였다. 위법행위가 아닌 공해상 주유행위에 대해 이탈리아가 자국 형사법과 관세법을 적용하여 범죄인 것으로 취급하였다는 것이다. 이탈리아의 주된 주장은 몰수 영장이 공해가 아니라 자국 항구, 즉 주권이 적용되는 내해에서 집행되었으므로 협약 제87조가 적용되지 않는다는 것이었다. 재판부는 법집행이 내해에서 수행되었다 하더라도 해당 국가가 자국 형법과 관세법을 외국 선박의 공해상 행위까지 영토 외적으로 확대해서 동 행위를 범죄화하였다면 협약 제87조가 적용 및 위반될 수 있다고 일축하고 이 사건에서 협약 제87(1)조가 적용될 수 있으며 이탈리아는 자국의 형법 및 관세법을 공해로 확대 적용하고 몰수 영장을 발급하여 스페인 당국에게 집행을 요청함으로써 파나마가 M/V Norstar 호 기국으로서 향유하는 항행 자유를 침해하였다고 확인하였다.

(4) 이탈리아 법원 판결의 문제

재판부는 이탈리아 법원의 판결이 이 사건에서 심리에서 의미를 갖는지 여부에 대해 자신의 임무는 이탈리아의 몰수 영장 발부 및 집행을 통해 해양법협약상의 의무에 부합하게 행동하였는지를 가리는 것이고 이탈리아 법원의 임무는 밀수와 탈세행위 발생 여부를 살피는 것이므로 두 임무는 서로 분리되고 독립적이라는 견해를 밝혔다. 위법행위가 없었다는 이탈리아 법원의 판결은 M/V Norstar호 억류가 해양법협약상 불법이라는 점을 의미하거나 시사하는 것은 아니라고 설명하였다.

3. 신의성실 및 권리남용금지 의무(제300조) 위반 여부

(1) 신의성실 의무 위반 여부

해양법협약 제300조는 협약상 의무의 성실이행과 권리남용금지를 규정하고 있다. 파나마는 이탈리아가 제87조상의 의무를 이행하지 않았고 결과적으로 제300조도 위반하였다고 주장하였다. 제300조는 그 자체로 의무 위반을 구성할 수 없고 특정의 의무와 권리를 부여한 별도 조항과 관련하여 위반을 시비할 수 있기 때문에 제300조에 규정된 성실히 이행되지 못한 의무와 남용된 권리가 구체적으로 어느 조항에 규정된 것인지를 특정해야 했기 때문에 파나마는 제87조와 제300조의 연결성을 강조한 것이다. 재판부는 M/V Louisa 사건에서 해양법협약 제300조는 그 자체로 원용될 수 없고 제300조 위반을 주장하려면 반드시 신의성실에 맞게 이행되지 않은 의무가 해양법협약에 의해 부과되었고 남용되었다는 권리가 해양법협약에 의해 부여된 것을 먼저 밝히고 나서 제300조와 해당 의무 및 권리 사이의 연결 관계를 수립해야 한다고 판결하였음을 환기하였다. 재판부는 이에 따라 파나마가 이 사건에서 제87조와 제300조가 연계된다는 점을 입증해야 할 것이나 제87조 위반은 필연적으로 제300조 위반을 수반한다는 파나마의 주장은 수용할 수 없고 파나마는 제87조 위반을 입증해야 할 뿐 아니라 신의 성실에 저촉되게 위반되었다는 점을 입증해야 한다고 설시하였다. 결론적으로 재판부는 이탈리아의 공해자유 원칙 위반이 어떻게 신의성실 의무 위반에 해당되는지에 대해 입증하지 못했다고 판시하였다.

(2) 권리남용금지 의무 위반 여부

제300조의 권리남용에 대해 파나마는 이탈리아의 M/V Norstar호 몰수는 수사가 종결된 1998년 9월 24일 이전인 8월 11일에 서둘러 집행된 것으로서 시기상조이며 정당화될 수 없고 이탈리아의 권리 남용에 해당한다고 주장하였다. 재판부는 몰수의 조기 집행은 협약 제87조 항행의 자유와 연계되지 않는 사안으로서 재판부의 이 사건 관할권 밖이라고 판단하였다. 이상을 근거로 재판부는 이탈리아가 해양법협약 제300조를 위반하지 않았다고 확인하였다.

CASE 103. M/V Virginia G호 사건[178)179)

I 사실관계

M/V Virginia G호는 파나마 선적의 해상 주유선으로서 선주는 스페인 회사이고 사건 발생 당시 아일랜드 회사에 용선되어 쿠바인 선장과 가나 및 쿠바 국적의 선원이 기네비소 연안 해상에서 해상 주유업을 수행하고 있었다. 2009년 8월 21일 Virginia G호는 기네비소 해안 60해리 배타적 경제수역(EEZ)에서 해상 주유 중 기네비소의 어업조사통제청 단속선에 의해 적발되어 인근 항구로 나포되었다. 정선 및 승선 당시 통제청 직원은 소속을 나타내는 유니폼을 착용하고 있었고 무장상태였으나 발포하지는 않았다. 주유 중이던 어선(Amabal I, II호)도 함께 나포되었으나 조사 후 수일 내 석방되었다. 2009년 8월 27일 기네비소 해사조사위원회는 배타적 경제수역 내 비인가석유 판매혐의로 Virginia G호와 장비, 시설, 선내 화물, 적재 연료 등을 직권으로 몰수하였고 선주 측에 통지하였다. Virginia G호 선장 및 선원은 나포 직후 조사차 수일간 구금되었다가 석방되었으나 여권을 압류 당해 출국할 수 없었으며 여권이 반환된 2010년 1월 이후에야 출국할 수 있었다. 기네비소가 적재 연료를 인출하여 경매 처분할 예정임을 2009년 10월 5일 선주에게 통보하자 선주는 집행 정지 가처분 신청을 기네비소 지방법원에 제기하였으며 법원은 11월 5일 최종 판결 시까지 선박 및 화물 몰수와 관련된 일체의 행위를 잠정중단할 것을 명령하였다. 기네비소 당국의 항소에 따라 동 건은 기네비소 대법원에 회부되었으나 심리 진행 중 기네비소 당국이 Virginia G호를 석방한 관계로 소의 이익이 없어 심리 진행이 중단되었다. 법원의 집행정지 명령에도 불구하고 기네비소 재무부는 2009년 11월 20일 Virginia G호에 적재된 연료를 인출할 것을 명령하였고 선주의 이의 제기에 따라 지방법원은 인출 연료의 즉시 재적재를 명령하였으나 연료는 경매 처분되었다. 선주는 2010년 1월 18일 기네비소 재무부의 연료 인출 명령에 대해 소송을 제기하였으나 후에 Virginia G호가 석방되어 재판이 진행되지는 않았다. 선주는 기네비소 해사조사위원회의 선박 등 몰수 명령에 대해서도 2009년 12월 4일 정식 재판을 제기하였으나 당사자들의 자료 불제출 등의 절차상 해태 및 지연으로 인해 2010년 3월 이후 심리가 진전되지 못하고 있었다. 2010년 9월 20일 기네비소 해사조사위원회는 Virginia G호가 파나마 선적이기는 하나 우호협력 관계에 있는 스페인 소유임을 고려하여 2009년 8월 27일자 몰수 명령을 취소하고 Virginia G호를 석방한다고 발표하였다. 파나마는 기네비소의 Virginia G호 몰수 행위가 해양법협약 등에 위반된다고 주장하고 이 사건을 해양법재판소에 회부할 것을 기네비소에 제의하였으며 기네비소가 이에 동의함으로써 2011년 7월 4일 재판 절차가 개시되었다.

---

178) Panama v. Guinea – Bissau, 2014.4.14. 판결, 국제해양법재판소.
179) 산업통상자원부 홈페이지(https://disputecase.kr) 게시 내용 요약 정리.

Ⅱ 법적쟁점

1. 선결적 항변 제기 시점

2. 진정한 관련성(genuine link)

3. 선박 및 선원 등의 국적 문제

4. 국내구제완료 원칙

5. EEZ에서의 주유활동에 대한 연안국의 단속 권한 존부

6. EEZ에서의 주유활동 선박에 대한 단속조치의 적법성

Ⅲ 국제해양법법원의 판단

1. 재판의 수리 가능성(Admissibility)

해양법법원에의 제소에 합의하여 제소한 이후 기네비소가 선결적 항변을 제기하자, 이에 대해 파나마는 선결적 항변을 제기할 수 없다고 반박하였다. 이에 대해 재판부는 분쟁 당사국은 수리 가능성에 대해 시비를 제기할 권한이 있으나 분쟁을 회부하기로 합의한 당사국 간의 특별 약정에 명시된 제약에 종속되는 것이라고 언급하고 파나마와 기네비소가 합의한 특별 약정(해양법재판소 회부에 제안과 이에 대한 동의 서한)에는 수리 가능성 제기에 대한 아무런 제약도 적시되어 있지 않으므로 기네비소는 수리 가능성 시비를 제기할 수 없다는 파나마의 주장을 기각하였다. 한편, 파나마는 선결적 항변은 제소 후 90일 이내에 제기해야 한다고 주장하였으나, 재판부는 재판규칙 제97(1)조의 90일 시한을 도과 문제와 관련하여 이 조항은 본안 심리에 앞서서 판결하여 줄 것을 요청하는 관할권, 수리 가능성 시비에 한해 적용되는 것이지 본안 심리 전에 관할권 등의 선결이 요청되지 않은 사건에는 적용되지 않는다고 판시한 M/V Saiga호 사건 판례를 인용하면서 본안 심리에 앞서 관할권 등의 선결이 요청되지 않은 이 사건에 있어 기네비소의 수리 가능성 시비 제기가 금지되지는 않는다고 판시하였다.

2. 진정한 관련성

기네비소는 Virginia G호와 파나마 간에 진정한 관계가 존재하지 않으므로 파나마의 재판 청구는 수리될 수 없다고 주장하였다. 기네비소는 진정한 관계란 단순히 형식적인 선박 등록뿐 아니라 선박과 기국 간에 실질적인 관계를 요구한다고 전제하면서 해양법협약 제91(1)조 규정상 기국과 선박 사이에 성립되어야 하는 진정한 관계의 핵심 조건은 국적이라고 주장하고 Virginia G호 선주 및 선원 모두 파나마 국적자가 아닌 점을 지적하였다. 기네비소는 파나마와 같은 편의치적의 경우 선박과 기국 간에 특별한 관계가 없다고 보아야 하며 기국과 선박 간에 진정한 관계가 없을 경우 연안국은 해당 선박의 항행의 자유를 인정할 의무가 없다고 주장하였다. 재판부는 협약 제91(1)조 규정상 선박과 기국 간에는 진정한 관계가 있어야 하나 각국은 자국기 게양 권리를 부여한 선박에 대해서는 해당 취지의 문건을 발행하여야 한다는 제91(2)조 규정을 환기하고 M/V Saiga호 사건에서 선박에 대한 국적 부여는 해당 국가의 배타적인 주권 사항이라고 판시한 점을 들어 기국과 선박 간의 진정한 관계는 선박에 대한 국가의 국적 부여 권한을 행사하기 위해 충족되어야 하는 선결 조건은 아니라고 보았다.

3. 선박의 국적

기네비소는 Virginia G호 선원이나 관계자 누구도 파나마 국적자가 아니므로 파나마는 기네비소에 대해 외교적 보호권을 주장할 제소 적격(locus standi) 자체가 없다고 반박하였으나 재판부는 수용하지 않았다. 재판부는 M/V Saiga호 사건에서 해양법협약상 기국의 의무, 치적선의 피해 및 손실 배상에 관한 기국의 권리 등에 있어서 선박을 단일체로 판단하였음을 환기하면서 Virginia G호 선원, 화물, 선주 및 선박 운영 관계자 모두는 기국에 연결된 하나의 단일체로서 파나마는 이들에 대한 피해로 귀결된 파나마의 해양법협약상의 권리 침해 사항에 대해 재판을 청구할 자격이 있다고 판시하였다. 재판부는 국제법상 자국민에 대한 국가의 외교적 보호권 행사는 자국적 선박의 운영에 관계자이기는 하나 자국민은 아닌 자연인, 법인의 피해 보상을 위한 청구와는 구별되는 것이라고 설명하고 M/V Saiga호 사건에서 선원 다수의 국적이 상이한 현재 상황에서 해운 국적국별로 각각 외교적 보호권을 행사하게 하는 것은 불필요한 어려움을 자초하는 것이라고 판시하였음을 인용하면서 기네비소가 국적을 이유로 한 수리 불능 주장을 기각하였다.

4. 국내구제완료 문제

(1) 기네비소의 주장

기네비소는 이 사건 관련 재판이 국내에서 진행 중에 있으며 해양법협약 제295조에 규정된 바와 같이 국내 구제 절차가 소진되지 않은 이 사건은 수리되어서는 안된다고 주장하였다. 기네비소는 Virginia G호가 해상 주유를 위해 자발적이고 고의로 기네비소의 배타적 경제수역 내로 진입하여 스스로 기네비소와의 관계를 형성한 것이기 때문에 자국의 관할권에 종속되는 것이라고 밝혔다. 기네비소는 자국법상 선박 등의 몰수에 있어 선주에게 제공되는 법적 구제 조치는 몰수 해제 청구소를 형사법원에 청구하거나 해사위원회에 몰수 결정 취소 청구소를 제기하는 두 가지 방법이 있음에도 불구하고 Virginia G호는 어느 방법도 사용하지 않았다고 밝히고 이는 석방 보증금 예치, 재판 진행 비용 납부 등의 금전적 의무를 회피하기 위해 해양법 재판소에 제소한 것이라고 비난하였다.

(2) 파나마의 반박

파나마는 이 사건은 기네비소가 동의하여 해양법 재판소에 회부된 것, 즉 재판 회부에 관해 양국 간의 특별 합의가 있었으므로 국내구제 소진 원칙이 동 특별 합의에 의해 대체된 것으로 보아야 한다고 반박하였다. 또한 이 사건에서 침해된 주된 권리는 항행의 자유와 선박 운영에 관한 것으로서 협약 제56조, 제58조, 제73조, 제90조에 의해 본질적으로 기국인 파나마에 속하는 것이고 파나마는 협약의 관련 조항이 보장한 기국으로서의 권리에 근거하여 시비를 제기하는 것이므로 국내 구제 소진 원칙에 구애받을 수 없다고 주장하였다. 자발적인 배타적 경제수역 진입으로 인해 관할권이 성립한다는 기네비소의 주장에 대해서도 파나마는 동 수역 내 해상 주유행위는 항행의 자유에 속하는 것이므로 기네비소의 관할권 대상이 아니라고 일축하였다.

(3) 재판부 입장

재판부는 양국의 특별 합의가 국내구제 소진 원칙을 대체했는지에 대해서는 이미 수리 가능성 심리 시 특별 합의로 인해 기네비소가 수리 가능성 시비를 제기할 수 없는 것은 아니라고 판시하였음을 환기하고 기네비소가 국내구제 소진 원칙을 이유로 수리 불능 주장을 제기하는 것이 금지되지 않는다고 판시하였다. 외교적 보호권과 관련하여 재판부는 동 권한은 국내 구제가 소진된 이후에 행사하는 것이 확립된 국제법 원칙인 것은 2006년 국제법위원회(ILC)에서 채택한 외교적 보호권 초안(Draft Articles on Diplomatic Protection) 제14(1)조에 반영된 것으로도 확실하다고 언급하였으며 외교적 보호권은 국민이 외국의 불법행위에 의해 피해를 보았을 경우 국적국이 행사하는 것으로서 시비를 제기하는 국가 자체가 타국의 불법행위에 의해 직접적인 피해를 입었을 경우에는 적용되지 않는다는 것 역시 확립된 국제법 원칙이라고 인정하였다. 파나마는 기네비소에 의해 피해를 본 것은 자유항행권 등 기국으로서의 파나마 자신의 권리라고 주장하였으므로 재판부는 국내구제 소진 원칙이 적용되지 않는다고 보았다.

5. EEZ 내 급유활동에 대한 연안국의 통제 문제

(1) 급유활동에 대한 통제 가능성

EEZ 내에서의 급유활동이 항행의 자유에 해당되는지 아니면, EEZ 내 어업 관련활동으로 인정되어 연안국이 통제할 수 있는지가 문제되었다. 재판부는 협약 제56조상의 '주권'이란 용어는 천연자원의 탐사, 개발, 보존 및 관리에 필요하거나 관계되는 모든 권리를 망라하는 것으로서 적절한 집행조치의 채택 권한도 포함한다고 보았다. 또한 재판부는 연안국의 규율 가능 행위는 모두 어업과 직접적인 관계가 있어야 한다는 점이 자명하며 어선에 대한 해상 주유행위는 어선으로 하여금 어로활동을 지속할 수 있게 하여 주므로 어업과 직접적으로 관계된 것으로 볼 수 있다고 결론내렸다. 재판부는 외국 선박의 배타적 경제수역 내 해상 주유행위를 연안국이 규제하는 것은 협약 제56조와 제62(4)조에 규정된 생물자원의 보존 및 관리 조치에 해당하며 이는 기네비소 외에 다수의 국가에서 해상 주유행위를 규제하여 왔으며 명시적인 반대없이 대부분 준수되어 온 관행상으로도 입증된다고 하였다.

(2) 급유활동 관련하여 수수료 납부를 요구한 조치의 위법성

재판부는 연안국이 배타적 경제수역 내 어선에 대한 외국 선박의 해상 주유행위를 규제하는 것이 금지되지 않는다고 보았다. 이러한 규제 권한은 천연자원의 탐사, 개발, 보존 및 관리에 관한 연안국의 주권에 해당하기 때문이다. 기네비소 법규상 배타적 경제수역 내의 어선에 대해 주유행위를 할 때에는 사전에 인가를 받고 상응하는 수수료를 납부해야 했다. 재판부는 연안국은 배타적 경제수역 내에서는 일정 시설(인공섬, 구조물 등)을 제외하고는 관세법을 적용할 수 없다고 하였다. 그러나 기네비소의 수수료는 재정적 목적에서가 아니라 해상 주유 인가에 관련하여 제공된 서비스에 대한 대가이며 수수료 징수는 조세나 관세법을 배타적 경제 수역으로 확대하여 적용하려는 것이 아니므로 재판부는 기네비소의 관련 법규가 협약 제56조와 제62(4)조에 합치된다고 판결하였다.

(3) Virginia G호의 나포 및 몰수조치의 적법성

재판부는 기네비소가 Virginia G호를 몰수한 것은 협약을 위반하였다고 판시하였다. Virginia G호의 나포 및 몰수와 관련하여 재판부는 협약 제73(1)조 규정상 연안국은 이 협약에 부합하게 채택한 자국법령을 준수하도록 보장하기 위하여 필요한 조치를 취할 수 있다는 점을 지적하였다. 재판부는 직권 몰수가 위반의 정도를 불문하고 사법 절차 이용 가능성도 봉쇄한 채 무조건 적용되는 것이라면 제73(1)조의 필요성 요건을 충족했는지 의문이 있을 수 있으나 기네비소의 법령은 위반 제재에 있어 해당 당국에게 재량 (flexibility)을 부여하고 있고 몰수 결정에 대해 법적인 시비를 제기할 수 있는 가능성을 보장하고 있으므로 몰수는 그 자체가 제73(1)조 위반을 구성하지는 않는다고 보았다. 제73(1)조 위반 여부는 이 사건의 사실 관계와 정황에 따라 판단해야 한다는 것이었다. 재판부는 몰수 결정은 기네비소 법령상 이의 청구가 가능한 행정 조치라는 점, 해상 주유는 인가 대상인 점, 인가 미취득 주유행위 시 선박 몰수가 가능하다는 점, 연안국은 협약상 배타적 경제수역 내 해상 주유행위를 규제할 수 있는 점, Virginia G호는 인가증 없이 해상 주유활동을 한 점, 인가증 취득 수수료가 112 유로 정도라는 점 등을 주목하였다. 재판부는 해상 주유 인가 취득 및 수수료 납부 의무 위반은 중대한 위반 사항에 해당한다고 보았으나 이 사건 정황상 경감 사유가 존재한다고 판단하였다. 당초 Virginia G호는 함께 나포되었다가 석방된 Amabal I, II호에게 주유하던 중 적발되었는데 Amabla I, II호 선주는 해상 주유를 중개하는 업자에게 주유 희망 유량, 주유 위치, 시간 등의 정보를 통지하고 주유 인가증을 접수받아 Virginia G호에게 전달하여 줄 것을 요청하였으나 중개업자는 구두로만 인가 신청하고 실제 인가증을 수령해오지는 않았다. 재판부는 Amabal I, II호는 벌금만 부과받았을 뿐 몰수되지 않았고 이외에도 Virginia G호로부터 해상 주유를 받았으나 벌금조차 부과받지 않은 선박도 있음을 확인하고 이러한 사실관계에 비추어 볼 때 인가증을 문서로 받아 오지 못한 것은 인가 신청과정상의 오해로 보이며 Virginia G호와 적재 유류 등을 몰수하는 것은 실제 위반 행위 제재나 향후 위반행위 방지를 위해 꼭 필요하다고 볼 수 없다고 판단하였다. 재판부는 제재조치를 실행함에 있어서 해당 사건의 정황과 위반의 중대성을 적절히 감안하여 합리성이 적용되어야 한다고 언급하고 Virginia G호에 대한 제재조치는 사건 정황에 비추어 볼 때 합리적이라고 볼 수 없다고 설명하고 몰수 조치는 협약 제73(1)조 위반이라고 결론 내렸다.

6. 해양법협약 제73(2), (3), (4)조 위반 여부

(1) 제73조 제2항 위반 여부 - 보석금

협약 제73조 제2항에 의하면 적절한 보석금을 예치하는 경우 선박이나 선원은 즉시 석방된다. 기네비소 법령에 의하면 억류 선박의 석방 보석금은 관할 법원이 결정하도록 규정되어 있었다. 파나마는 보석금 산정 조건을 알 수 없고 기네비소에게 유리하다는 점 등을 이유로 법원이 아닌 기네비소 행정 당국에게 보석금 산정을 수차례 요청하였으나 기네비소는 대응하지 않았다. 파나마는 이를 근거로 기네비소가 보석금 예치 시 선박을 즉시 석방해야 한다는 협약 제73(2)조를 위반하였다고 주장하였다. 재판부는 제73(2)조 규정은 연안국에게 보석금 예치 시 '즉시', '석방', 및 보석금 규모의 '합리성' 3개의 의무를 부과하고 있으나 이 의무를 준수하는 방식에 대해서는 연안국에게 일임하고 있다고 전제하였다. 재판부는 기네비소의 관련 법령이 이 세 가지 요건을 모두 충족한다고 보고 기네비소가 협약 73조 제2항을 위반하지 않았다고 판시하였다.

(2) 제73조 제3항 위반 여부: 체형 부과 금지

파나마는 Virginia G호 선장과 선원이 여권이 압수된 채 Virginia G호 정식 재판도 없이 선내에 4개월 이상 사실상 연금되었으며 이는 징역이나 신체형을 금지하는 해양법협약 제73(3)조 위반에 해당한다고 시비하였다. 기네비소는 여권의 일시 압류는 통상 시행되는 조치이며 이는 파나마의 주장처럼 신체형에 해당하지 않는다고 일축하였다. 재판부는 기네비소 법령이 배타적 경제수역 내 어로활동 위반에 대해 징역 또는 여타의 신체형을 부과하지 않는 것은 문언상 명백하며 억류 초기 조사과정에서의 일시적 구금과 사건 심리기간 중 선상에 거주하게 한 것은 선원이 희망할 경우 하선이 자유로웠던 점 등에 비추어 볼 때 징역으로 볼 수 없다고 판단하였다. 선원 여권의 일시 압류에 대해서도 징역으로 볼 수 없으며 Virginia G호 선장 및 선원에게 징역이 부과되지 않았으므로 기네비소가 협약 제73(3)조를 위반하지 않았다고 결론 내렸다.

(3) 협약 제73조 제4항 위반 여부 – 관계국에 통고 의무

Virginia G호 억류 후 기네비소는 선주, 선장, 선원 모두 파나마 국적자가 아니라는 이유로 억류사실을 파나마에 즉시 통보하지 않았다. 파나마는 이는 협약 제73(4)조 위반이며 즉시 통보는 선원 국적국이 아니라 선적국에게 하는 것이고 선원이 선적국 국적자여야 하는 것도 아니라고 비난하였다. 재판부는 우선 선주 및 선원이 기국의 국민이 아니라는 사실이 기국과 선박 간의 진정한 관계를 규정한 해양법협약 제91(1)조와 관련이 있는지 살펴본 후 제91(1)조는 선주와 선원의 국적에 대해서 아무런 제한도 부과하고 있지 않다고 확인하였다. 아울러 제출된 증거로 볼 때 선적국인 파나마가 Virginia G호에 대해 협약 제94(1)조에 규정된 바와 달리 효과적인 관할권과 통제권을 행사하지 않았다고 볼 근거도 없다고 단정하였으며 기네비소가 Virginia G호 억류 및 후속조치에 대해 파나마에게 통보한 사실이 없음을 확인하고 기네비소는 제73(4)조를 위반함으로써 기국인 파나마가 Virginia G호에 대해 기네비소가 취한 조치에 관하여 파나마가 개입할 수 있는 기국으로서의 권리를 박탈한 것이라고 판시하였다.

7. 임검권 발동에 있어서 폭력사용의 문제

파나마는 Virginia G호 정선 및 임검 시 정도 이상의 폭력과 협박이 행해졌고 조사 역시 합리적인 수준 이상으로 진행되었으며 승선한 기네비소의 단속반은 자신의 신분을 밝히지 않은 채 무저항상태의 선원들을 향해 총을 겨누는 등 매우 폭력적이고 위협적으로 행동하였다고 주장하고, 이는 폭력은 불가피할 경우에 한해 합리적이고 필수적인 범위 내에서 사용되어야 한다는 원칙을 위반한 것이라고 시비하였다. 기네비소는 폭력 사용사실 자체를 부인하였다. 재판부는 법 집행활동 시 폭력의 사용이 일반적으로 금지되지는 않으나 M/V Saiga 사건에서 폭력 사용은 가능한 한 회피해야 하고 불가피할 경우 정황상 합리적이고 필요한 범위를 초과해서는 안 된다고 판시한 바 있음을 환기하였다. 재판부는 제출된 자료를 볼 때 기네비소 해사위원회가 사용한 단속선은 외부에 분명히 표식을 하였고 Virginia G호에 승선한 요원은 신분을 알 수 있는 제복을 착용하였으며 선장과 선주와의 통신이 허가되는 등 임검 시의 폭력 사용이 당시 정황상 합리적이거나 필요한 범위를 초과했다고 볼 수는 없다고 판단하였다.

CASE 104. M/V Louisa호 사건[180][181]

Ⅰ 사실관계

2006년 2월 1일 스페인 경찰은 스페인 남부 카디즈 항구에 정박 중이던 세인트 빈센트 그레나딘 선적의 M/V Louisa호를 수색하여 해저 고고학 유물 수 점과 일반인 소지가 금지된 소총 5정, 권총 등의 무기를 발견하였다. 세인트 빈센트 그레나딘에 따르면 M/V Louisa호는 미국 소재 Sage Maritime Research사의 소유 선박으로서 2004년 10월까지 해저 유전 및 가스전 탐사를 위해 해저면 측량활동을 수행하였고 이는 동업관계에 있는 스페인 회사가 스페인 정부로부터 정식으로 인가받은 활동이었다. 그러나 두 회사가 맺은 업무협약서에는 해저면 측량을 위한 탐사 및 연구활동 외에 해저 유물 또는 난파선 발견 시 처리방향 등이 기재되어 있는 등 의문점이 있었다. 스페인 경찰은 카디즈 항에 장기 정박 중인 M/V Louisa호에 선장의 동의 없이 승선하여 해저 유물과 무기를 발견하고 선내에 있던 선원 3명을 심문 차 구금하였다. 2010년 10월 27일 M/V Louisa호는 스페인 형법에 의거하여 무기소지 및 유물 손괴 범죄의 직접 수단이라는 이유로 압류되었다. 선원들은 심문 후 석방되었으나 이들은 불법 무기소지 혐의로 기소되어 스페인을 출국할 수 없었고 주기적으로 스페인 당국에 출두하여 거주사실을 입증하여야 했다. 해양법재판소의 이 사건 심리 진행 당시 스페인 법원의 형사 재판이 계류 중에 있었다. 이에 대해 2010년 11월 24일 세인트 빈센트 그레나딘은 스페인의 M/V Louisa호 억류행위가 해양법협약 위반이라고 주장하고 손해배상 청구 소송을 해양법재판소에 제출하였다.

Ⅱ 법적쟁점

1. 해양법재판소 관할권의 성립 여부

2. 해양법협약 제73조 위반 여부

3. 공해 항행의 자유(제83조) 위반 여부

4. 내수에서 형사관할권 행사 시 사전통고 의무 위반 여부

5. 신의성실 의무 및 권한남용금지 의무(제300조) 위반 여부

---

180) Saint Vincent and the Grenadines v. Spain, 2013.5.28. 판결, 국제해양법재판소.
181) 산업통상자원부 홈페이지(https://disputecase.kr) 게시 내용 요약 정리.

Ⅲ 해양법법원의 판단

1. 해양법재판소 관할권의 성립 여부

해양법협약 제287(1)조는 각국이 협약의 해석과 적용에 관한 분쟁 해결수단을 문서상의 선언을 통해 해양법재판소, 국제사법재판소, 중재재판정부 중에서 하나 또는 복수를 임의로 선정하도록 규정하고 있다. 스페인은 해양법협약의 해석과 적용에 관한 분쟁 해결수단으로서 해양법재판소와 국제사법재판소를 선정한다고 선언한 반면 세인트 빈센트 그레나딘의 선언문은 자국 선박의 체포와 억류에 관한 분쟁(dispute concerning the arrest or detention of its vessels)의 해결수단으로서 해양법재판소를 선정한다고 기재되어 있었다. 스페인은 상호주의 원칙상 재판부는 양국의 선언이 관할하는 동일한 법적 근거 내에서 재판부는 관할권을 가진다고 주장하고 재판부의 관할권은 선박의 체포와 억류에 관한 분쟁, 즉 해양법협약 중 명시적으로 선박의 체포 또는 억류라는 용어를 포함한 조항에 해당하는 분쟁에 국한된다는 입장을 개진하였다. 세인트 빈센트 그레나딘은 자국 선언문중 concerning이라는 표현은 선박의 체포나 억류의 의미를 갖는 해양법협약의 모든 조항을 의미하는 것으로서 이들 단어를 명시적으로 포함하고 있는 조항에 국한된다는 스페인의 주장은 세인트 빈센트 그레나딘의 선언을 스페인이 원하는 내용으로 대체하는 것이라고 반박하였다.

재판부는 분쟁 당사국이 범위를 달리하여 제287조상 선언을 하였을 경우 재판부의 관할권은 양국 선언이 중첩되는 부분에 한정된다고 밝혔으며 국제사법재판소(ICJ)의 관련 판례를 인용하였다. 재판부는 양국의 관할권 수용 선언 중 더 범위가 좁은 국가의 선언에 따라 관할권 범위를 정해야 한다는 위 판례에 따라 이 사건 경우 세인트 빈센트 그레나딘의 선언이 그 범위가 더 협소하므로 세인트 빈센트 그레나딘의 선언이 의미하는 바를 해석해야 할 필요가 있다고 보았으며 이 과정에서 선언국의 의도에 특별한 주안점을 두어야 한다는 견해를 표명하였다. 핵심은 세인트 빈센트 그레나딘의 선언문이 선박의 체포 또는 억류를 명시적으로 포함한 조항만을 의미하는지 여부였다. 재판부는 선언문 중 'concerning'이라는 용어는 체포 또는 억류라는 단어를 명기한 조항만이 아니라 동 의미를 포함한 모든 조항을 지칭하는 것이라고 해석하였다. 이러한 해석은 세인트 빈센트 그레나딘이 이 사건 재판을 청구할 때 제출한 입장서에 기재된, 선언 당시 세인트 빈센트 그레나딘의 의도를 감안할 때 확실하다고 언급하고 보다 협의로 해석해야 한다는 스페인의 주장을 기각하였다.

2. 해양법협약 제73조 위반 여부

세인트 빈센트 그레나딘은 재판 청구 당시에는 스페인의 M/V Louisa호와 선원의 억류가 해양법협약 제73조에 위반된다고 주장하였다. 이에 대해 재판부는 M/V Louisa호가 배타적 경제수역 내 생물자원에 관한 스페인의 법령 위반 혐의로 억류된 것이 아니라 무기 소지 및 해저 유물 무단 채취 혐의로 형사 입건된 것임을 주목하고 협약 제73조는 M/V Louisa호 및 선원의 억류에 관한 세인트 빈센트 그레나딘의 주장의 법적 근거가 될 수 없다고 밝혔다.

3. 공해 항행의 자유(제83조) 위반 여부

세인트 빈센트 그레나딘은 스페인이 M/V Louisa호를 억류함으로써 결과적으로 공해 접근권이 부인되었으며 공해상의 항행 자유가 침해되었다고 주장하였다. 스페인은 M/V Louisa호 억류는 공해상에서가 아니라 M/V Louisa호가 스스로 스페인 항구에 정박하고 있던 중에 집행된 것이라고 환기하고 제87조에 관한 세인트 빈센트 그레나딘의 해석은 이 조항의 본래 의미와 합치되지 않는다고 비난하였다. 이에 대해 재판부는 해상에서의 항행 자유를 규정한 제87조는 M/V Louisa호에 대해 진행 중인 사법 절차에도 불구하고 공해 접근권과 출항권을 부여해야 하는 방식으로 해석할 수는 없으며 M/V Louisa호의 억류와 관련된 세인트 빈센트 그레나딘의 주장의 법적 근거가 될 수 없다고 결론지었다.

4. 내수에서 형사관할권 행사 시 사전통고 의무 위반 여부

세인트 빈센트 그레나딘은 M/V Louisa호에 대한 압수 수색은 선장에 대한 사전통지 없이 이루어졌으며 이는 일반적인 국제법 위반일 뿐 아니라 스페인 형법 위반이라고 주장하였으나 스페인은 일반국제법상 사전통지 의무가 존재하지 않으며 사전고지 후 조사 의무가 스페인 형법에 규정되어 있기는 하나 마약, 테러 등 특정 범죄와 인도적인 사유가 있을 경우 사전고지 없이 승선할 수 있는 특례조항도 있다고 반박하였다. 재판부는 자국 항구에 정박된 상업선박 승선 시 기국에게 사전통지하거나 기국 또는 선장의 허가를 득해야 한다는 규정은 해양법협약에 없으며 스페인의 스페인 형법 위반 여부는 재판부의 심리 대상도 아니라고 판시하였다.

5. 신의성실 의무 및 권한남용금지 의무(제300조) 위반 여부

세인트 빈센트 그레나딘은 재판 청구서와 서면 입장서에는 포함되지 않은 스페인 당국에 의한 M/V Louisa호 선원 인권침해 혐의를 구두변론 과정 중에서 제기하고 스페인은 신의칙 및 권리남용방지 의무를 규정한 해양법협약 제300조를 위반한 것이라고 주장하였다. 재판부는 제300조의 문언상 이 조항을 따로 독립하여 자체적으로 원용할 수 없는 것은 명백하다고 판단하였다. 재판부는 세인트 빈센트 그레나딘의 재판 청구서와 서면 입장서는 제300조 위반 주장은 기재되어 있지 않으며 구두변론 단계에서 새로운 혐의로 제기한 것을 지적하고 판결 청구사항은 재판 청구서에 직접적으로 기재되어 있거나 암시되어 있어야 한다는 것이 법적인 요건이라고 언급하였다. 재판부는 해양법재판소헌장 제24(1)조에 분쟁의 대상(subject of the dispute)이 재판 청구 시 표시되어야 한다고 규정되어 있으며 재판소절차규칙 제54(1)조는 재판 청구서는 반드시 분쟁 대상을 기재해야 한다고 규정되어 있다고 환기한 후 후속 심리 과정 중에서 재판 청구서의 내용을 보다 명확하게 할 수는 있지만 청구서에 기재된 위반 주장의 한계를 넘어설 수는 없다고 단정하였다. 즉, 재판 청구서에 의해 재판부에 회부된 분쟁은 성질이 다른 새로운 분쟁으로 변형할 수 없다는 것이다. 재판부는 이와 같은 이유로 협약 제300조는 세인트 빈센트 그레나딘이 제출한 위반 주장의 법적인 근거가 될 수 없다고 결론지었다.

CASE 105. Maritime Delimitation between Greenland and Jan Mayen 사건[182][183]

I 사실관계

이 사건은 덴마크령 그린란드와 그 앞바다에 있는 노르웨이령 얀마위엔(Jan Mayen)섬 간의 대륙붕과 어업 수역 경계를 ICJ가 확정한 사건이다. 그린란드 앞 바다에 있는 얀마위엔섬은 작은 화산섬으로 정착 인구가 없는 무인도이다. 20여 명의 기술 인력이 간헐적으로 단기 거주하고 있어 섬 자체의 독자적인 경제활동이 이루어지지 않고 있었다. 반면 그린란드는 약 5만여 명의 인구가 상주하고 주로 인근 해역에서의 어업에 의존하고 있었다. 해역 인근에는 바다 빙어의 어장이 있어 덴마크 본토 어민들도 출어하고 있었다.

그린란드와 얀마위엔섬 간의 거리는 250해리(463km)로서 양국이 국제적으로 인정된 폭 200해리의 대륙붕이나 어업수역을 설정할 경우 관할권이 충돌하는 중첩 수역이 발생하였다. 1977년 1월 1일 덴마크는 폭 200해리의 어업수역을 설정하였으나 그린란드에 대해서는 노르웨이와의 충돌을 회피하기 위해 얀마위엔섬과 상당히 이격된 북위 67°선까지만 적용하였다. 1980년 6월 1일 덴마크는 북위 67°선 이북에 대해서도 200해리 어업 수역을 설정한다고 공표하였으나 그린란드와 얀마위엔섬 사이의 등거리선 이원(以遠)해역에 대해서는 관할권 행사를 유보하였다가 1981년 8월 31일 전 해역에 대해 관할권을 행사한다고 공표하였다.

노르웨이는 1980년 5월 29일 얀마위엔섬 주변에 폭 200해리의 어업 수역을 설정하였으나 그린란드를 마주보는 해역에 대해서는 등거리선을 적용하였다. 따라서 1980년 6월 1일부터 1981년 8월 31일까지는 등거리선이 사실상 그린란드와 얀마위엔 간의 해역 경계로 기능하였으나 그 이후 양국은 해양 경계를 두고 반목하였다. 협의에 의한 해결이 난망시 되자 덴마크는 1988년 8월 16일 동 해역의 해양경계를 획정하여 줄 것을 ICJ에 청구하였다. 양국 모두 ICJ의 강제 관할권을 수락하고 있었다.

II 법적쟁점

1. 등거리선 적용 가능 여부

2. 잠정 등거리선 설정 후 조정방식 적용 가능 여부

3. 고려해야 할 특수사정

4. 해양경계선 설정

---

182) Denmark v. Norway, 1993.6.14. 판결, 국제사법재판소.
183) 산업통상자원부 홈페이지(https://disputecase.kr) 게시 내용 요약 정리.

Ⅲ 국제사법재판소 판단

1. 등거리선 적용 가능 여부

1965년 12월 8일 노르웨이와 덴마크는 양국 간 대륙붕 경계를 등거리선으로 정한다는 협정을 체결하였다. 노르웨이는 이 협정에 따라 그린란드와 얀마위엔섬 간의 대륙붕 및 어업수역 경계 역시 이미 등거리선으로 결정되었다고 주장하였으나 덴마크는 동 협정은 노르웨이와 덴마크 본토 간의 경계를 의미하는 것이지 문제 해역에는 적용되지 않는다고 반박하였다. 노르웨이와 덴마크는 모두 1958년 대륙붕협정 체결국이고 이 협정 제6(1)조는 마주 보는 해안국의 경우 특수한 사정이 없는 한 등거리선을 경계로 한다고 규정하고 있었다. 노르웨이는 이 조항을 원용하여 그린란드와 얀마위엔섬 간의 해양 경계는 등거리선이라고 주장하였으나 덴마크는 두 섬의 현저한 면적, 해안선, 어업 의존도 등은 등거리선을 적용할 수 없는 특수한 사정에 해당한다고 반박하였다. 재판부는 1965년 양자협정의 경우 제1조에는 등거리선 적용을 규정하고 있으나 제2조에는 양국 본토가 마주 보는 북해지역의 좌표만을 규정하고 있으며 boundary라는 단수 표현을 사용하고 있어 본토에서 이격된 그린란드 해역 경계도 포함한다고 볼 수는 없다고 판단하였다. 1958년 대륙붕협정에 대해 재판부는 특수한 사정이 없을 경우 등거리선을 적용하라는 것이므로 특수상황 존부 여부를 재판부가 심리하여 결정할 일이며 등거리선이 이 협정에 의해 이미 적용되고 있다고 단정할 수는 없다고 밝히고 노르웨이의 주장을 기각하였다.

2. 잠정 등거리선 설정 후 조정방식 적용 가능 여부

1958년 대륙붕협정 제6(1)조는 인접국가 간의 대륙붕 경계는 합의로 설정하되 합의가 이루어지지 않을 경우 특수한 사정이 없다면 등거리선으로 설정한다고 규정하고 있었다. 재판부는 이전 North Sea Continental Shelf 사건 재판부가 대안 국가 간 대륙붕 경계는 등거리선으로 획정한다고 판시한 바 있고 Continental Shelf(Libya / Malta) 사건 재판부는 등거리선의 형평성은 대안 국가의 경우 특히 뚜렷하게 나타나며 일단 등거리선을 잠정적으로 획정하고 다른 요소를 고려하여 조정하는 것이 공평한 결과를 달성할 수 있는 가장 사려 깊은 경계획정 방법이라고 판단하였음을 환기하였다. 재판부는 인접국가 간 대륙붕 경계를 획정한 Gulf of Maine 사건과 Continental Shelf(Libya / Malta) 사건 모두 등거리선을 잠정적인 경계로 설정하고 조정하였다고 첨언하고 국제관습법상 인접국가 간 경계는 등거리선이 인정되어 온 점과 1958년 대륙붕협정은 특수 사정의 존부 판정 없이 적용할 수 없다는 점을 들어 이 사건 역시 등거리선을 잠정적인 경계로 설정하고 등거리선을 조정하거나 이동해야 하는 특수한 사정의 존부를 살피는 것이 이전의 판례와도 부합된다고 판단하였다. 어업수역 경계 역시 Gulf of Maine 사건에서 등거리선을 양 인접국가의 해안선의 길이를 감안하여 조정하여 경계를 획정하였음을 환기하고 대륙붕 경계획정 방식과 마찬가지로 잠정적으로 설정한 등거리선을 조정하는 방식으로 결정하는 것이 타당하다고 판단하였다.

3. 고려해야 할 특수사정

(1) 해안선의 길이

재판부가 우선 고려한 특수사정은 문제 해역에서의 그린란드 해안선과 얀마위엔섬의 해안선 격차였다. 전자는 504km, 후자는 54km로 9:1의 비율이었다. 재판부는 대다수의 지리적 상황에서 등거리선은 외견상 공평한 결과를 나타내지만 해안선의 길이와 등거리선으로 분할한 해역의 면적 간의 관계가 비례적이지 않기 때문에 공평성을 보장하기 위해서 이러한 격차를 고려할 필요성이 있는 상황이 있을 수 있으며 North Sea Continental Shelf 사건 판결에서도 해안선의 길이와 그 국가에 배정되는 대륙붕 간에는 합리적인 수준의 비례성이 있어야 한다고 보았다고 인용하였다. 이에 따라 재판부는 그린란드와 얀마위엔섬 해안선 길이 격차를 감안하여 등거리선을 얀마위엔섬 방향으로 이동해야 한다고 보았다. 그러나 두 해안선 길이 격차를 직접적이고 기계적으로 적용해야 하는 것은 아니며 얀마위엔섬 역시 국제관습법에 인정된 자신의 해역, 예컨대 직선 기선기준 200해리 해역을 가질 권리가 있으며 해안선 길이 격차가 크다는 이유로 덴마크의 주장대로 그린란드에게는 폭 200리 수역을 모두 인정하고 잔여 해역만을 얀마위엔섬에 배정하는 것은 얀마위엔섬의 국제법적 권리와 형평성을 침해하는 것이라고 설시하였다.

(2) 해당 수역에 형성되는 어장에의 접근성

재판부가 고려한 또 다른 사정은 해당 수역에 형성되는 어장에의 접근성이었다. 그린란드와 얀마위엔섬 해역 남부에는 바다빙어의 일종인 capelin의 주요 서식지였다. 그린란드 북부 해역에도 capelin이 서식하고 있지만 유빙과 해양 동결로 인해 그린란드 어민은 그린란드 남부 해안에서 출어하여 문제 수역의 남부 어장에서 어획활동을 할 수밖에 없었다. 재판부는 이러한 상황을 고려할 때 등거리선으로 해양 경계를 획정하면 그린란드 어민의 바다빙어 어장 접근성이 현저하게 제약된다고 판단하였으며 등거리선을 얀마위엔섬 방향으로 이동시켜 (등거리선을 적용할 때보다는) 넓은 해역을 그린란드에게 배정하는 것이 공평하다고 판단하였다. 덴마크는 얀마위엔섬의 상주 인구 부재, 어업활동 부재와 같은 경제 사회적 요인도 경계획정 시 반영해야 한다고 주장하였다. 50,000명 이상의 주민이 어업에 주로 의존하고 있으므로 그린란드에게 보다 넓은 해역이 배정되어야 한다는 주장이다. 재판부는 Continental Shelf(Libya / Malta) 사건에서 경계획정이 분쟁 당사국의 경제 현황에 따라 영향을 받지는 않는다고 판결하였음을 인용하였다. 동 재판부는 경제적으로 미발달된 국가에게 보상 차원에서 대륙붕을 더 넓게 배정해야 한다는 주장을 배척하면서 경제보상 논리는 국제법에 근거가 없으며 대륙붕 경계획정에 관한 규정이나 인접국 간 영토 획정에 관한 규정 어디에도 경제적 격차를 고려할 여지는 없다고 확인하였었다. 재판부는 이에 따라 얀마위엔섬의 인구상황 등의 사회경제적 요인을 이 사건 경계획정에 고려할 이유는 없다고 판단하였다.

4. 해양경계선 설정

덴마크는 재판청구 시 ICJ가 양국 간 해역경계선을 구체적으로 획정하여 줄 것을 청구하였다. 재판부는 바다빙어 어장이 형성되는 남부 해역은 양국에게 균등하게 배분되도록 경계를 획정하고 북부 해역은 얀마위엔섬도 독자적인 해역을 가질 수 있는 권리가 있음을 감안하여 경계를 획정하였다.

I 사실관계

1. 개요

이 사건은 소말리아가 ICJ에 케냐와의 해양경계선 획정을 청구한 데 대해 케냐가 자신의 ICJ 강제관할권 수용 선언상의 유보 내용과 UN 해양법협약상의 규정을 근거로 ICJ의 관할권 부재를 항변하였으나 기각된 사건이다. 소말리아와 케냐는 해양경계선에 관한 입장이 상이하여 양국 간의 영해, 배타적 경제수역, 대륙붕 경계와 200해리 이원의 대륙붕한계에 관한 합의를 이루지 못하고 있었다. UN해양법 제76(8)조는 200해리 이원의 대륙붕한계를 획정하려는 국가는 관련 자료를 UN 대륙붕한계위원회에 제출하고 한계위원회의 권고에 근거하여 합의에 의해 결정하도록 규정하고 있었다. 자료 제출기한은 협정 발효 후 10년 이내로서 2009년 5월 13일이 양국 모두에게 적용되는 기한이었다. 분쟁수역의 경우 위 자료 제출에 대해 분쟁당사국의 사전 동의가 있어야 한다고 규정되어 있었다.

2. 대륙붕한계위원회에 대한 자료제출 문제

소말리아와 케냐는 경계를 획정하지 못한 분쟁수역이 있었고 동 수역의 범위가 200해리 이원의 대륙붕까지도 포함하고 있었으므로 동 조항의 적용을 받았다. 자료 제출기한이 임박하여 옴에 따라 양 국은 상대국의 위 자료 제출에 반대하지 않는다는 요지의 양해 각서를 2009년 4월 채택하였고 소말리아는 예비 자료를 제출하였으나 이 양해 각서가 의회에서 비준을 받지 못하게 되었다. 소말리아는 2010년 3월 2일 동 양해 각서를 실행 불능 조약으로 취급하여 줄 것을 UN 사무총장에게 통지하였고 케냐의 200해리 이원 대륙붕한계에 관한 자료제출에 대해 반대하였다. 후에 양국은 상대방의 UN 대륙붕한계위원회 앞 대륙붕 자료제출 및 검토를 반대하고 철회하는 등의 우여곡절을 겪었으나 끝내 양국 간 해양경계 및 대륙붕 외곽한계에 대해 합의하지 못하였다.

3. 소말리아의 제소 및 케냐의 선결적 항변

소말리아는 2014년 8월 28일 이 문제를 판결하여 줄 것을 ICJ에 청구하였으나 케냐는 자신의 ICJ 강제관할권 수용선언에 부가된 유보조항에 별도의 분쟁해결 절차를 이용하기로 합의된 분쟁에 대해서는 ICJ 관할권을 부인하였으며 UN 해양법협약의 분쟁해결 절차가 이에 해당한다는 이유로 ICJ의 관할권을 부인하였고, 설사 관할권이 인정된다 하더라도 소말리아의 2009년 양해 각서 위반 등으로 인해 동 재판 청구를 수리할 수 없다는 선결적 항변을 제기하였다.

---

184) Somalia v. Kenya, 2017.2.2. 판결, 국제사법재판소.
185) 산업통상자원부 홈페이지(https://disputecase.kr) 게시 내용 요약 정리.

Ⅱ 법적쟁점

1. 강제관할권 수락선언에 대한 유보

2. UN해양법협약 제15부

3. 수리가능성

Ⅲ 국제사법재판소의 판단

1. 강제관할권 수락선언에 대한 유보

(1) 케냐의 선택조항 수락선언과 이에 대한 유보의 내용

케냐가 1963년 12월 12일 수용한 ICJ 강제관할권 수용선언은 동 일자 이후 발생하는 모든 분쟁에 대해 ICJ의 관할권을 수용한다고 천명하였으나 분쟁당사국이 여타 분쟁해결 수단을 이용하기로 합의하였거나 합의해야 하는 분쟁은 제외한다는 유보사항이 부가되어 있었다.

(2) 양해각서의 성격

케냐와 소말리아가 체결한 2009년 양해각서 제6조는 분쟁 수역의 해양경계획정(200해리 이원의 대륙붕한계 포함)은 대륙붕한계위원회의 자료 검토가 종료된 후 국제법에 의거하여 당사국 간 합의되어야 한다고 규정하고 있었다. 케냐는 이 조항은 유보조항에 언급된 여타 분쟁해결 수단에 해당한다고 주장하고 따라서 ICJ 관할권이 적용되지 않는다고 주장하였다. 소말리아는 의회의 비준을 받는 데 실패하였으므로 양해각서 자체가 무효라고 항변하였다. 재판부는 문서형태의 국가 간 합의는 조약에 해당하는데 양해각서는 문서로 되어 있고 발효조항이 포함되어 있는 것은 양해각서가 구속력이 있음을 시사하는 것이라고 보았다. 양해각서는 각 서명자가 본국 정부의 위임을 받아 서명한다고 적시되어 있었고 서명과 동시에 발효한다고도 명시되어 있으므로 양해 각서는 유효한 국가 간 조약이라고 확인하고 소말리아 의회의 비준을 받지 못했으므로 무효라는 소말리아의 주장을 수용하지 않았다.

(3) 양해각서가 여타 분쟁해결 수단에 해당되는지 여부

재판부는 제6조는 한계위원회의 권고를 접수한 이후에 해양경계를 협상하겠다는 소말리아와 케냐의 기대를 반영한 것이지 양해각서 전체의 맥락이나 대상과 목적에 비추어 볼 때 이 조항이 해양경계획정에 관한 분쟁해결 절차를 수립한 것으로 해석할 수는 없으며 당사국들이 해양경계획정 협상을 개시하기 전에 한계위원회의 권고 발표를 기다려야 한다거나 특정의 분쟁해결 절차 사용 의무를 부과하지도 않는다고 설시하였다. 제6조는 따라서 케냐의 ICJ 강제관할권 수용선언상의 유보조항에 명기된 '여타의 분쟁해결 수단 사용 합의'에 해당하지 않으며 이 사건은 ICJ의 관할권 외에 있지 않다고 판시하였다.

2. 해양법협약 제15부

해양법협약 15장은 해양경계획정에 관한 분쟁해결 절차를 규정하고 있었다. 케냐는 소말리아와 케냐 모두 해양법협약 가입국으로서 동 협약의 분쟁해결 절차를 준수해야 할 의무가 있으므로 동 절차는 케냐의 ICJ 강제관할권 수용선언 유보조항에 언급된 여타의 분쟁해결 수단을 사용하기로 합의된 것이며 따라서 이 사건에 대해서는 ICJ 관할권이 배제된다고 주장하였다. 재판부는 당사국이 분쟁을 구속력 있는 판결을 내릴 수 있는 절차에 회부하기로 일반적·지역적 또는 양자 조약이나 기타의 방법을 통해 합의한 경우에는 동 절차가 15장의 절차 대신 적용된다고 규정하고 있는 해양법협약 제282조를 주목하였다. 재판부는 ICJ는 의심할 여지 없이 '구속력 있는 판결을 내릴 수 있는 절차'에 해당하며 강제관할권 수용선언은 '기타의 방법'을 통해 분쟁 해결을 회부하기로 합의한 것에 해당하므로 ICJ 절차가 15장의 절차 대신에 적용된다고 판단하였다. 해양법협약 기초과정에서도 강제관할권 수용을 통한 ICJ 절차 합의에 대해 상당한 협의가 있었으며 '기타의 방법'이란 이를 염두에 두고 사용된 표현이라는 점을 나타내는 자료도 제시하였다. 이를 토대로 재판부는 15장은 케냐의 유보조항에 속하지 않으며 이미 양해각서도 동 범주에 속하지 않는다고 판시하였으므로 이 사건에 대한 ICJ의 관할권은 케냐의 유보조항에 의해 제한받지 않는다고 결론지었다.

3. 수리 가능성

케냐는 양국은 양해각서에서 해양경계를 협상을 통해 획정하기로 합의하였고, 다만 대륙붕한계위원회의 권고가 나오기를 기다리고 있으므로 소말리아의 재판 청구를 수리하는 것은 시기상조라고 주장하였다. 재판부는 케냐의 수리 불능 주장의 전제, 즉 양해각서가 한계위원회의 권고 이후 협상 의무를 규정하고 있다는 케냐의 주장을 이미 기각하였으므로 케냐의 수리 불능 주장은 성립하지 않는다고 기각하였다. 케냐가 제출한 대륙붕 관련 자료를 한계위원회가 검토하는 것에 대해 반대하였으며 이는 상대국 자료 제출을 반대하지 않는다는 양해각서를 정면으로 위반한 것이므로 사건 발생의 책임이 있는 소말리아의 재판 청구는 수리해서는 안된다는 주장도 제기하였다. 재판부는 재판 청구국이 해당 사건에서 문제가 되는 조약을 위반했다는 사실 자체는 재판청구의 수리 가능성에 영향을 미치는 것은 아니라고 언급하였다. 더욱이 소말리아가 재판을 청구한 근거는 양해 각서도 아니라고 언급하고 재판부는 케냐의 주장을 수용하지 않았다.

CASE 107. 1955년 EL AL기 사건

CASE 107. 1955년 EL AL기 사건[186][187]

I 사실관계

1. 1955년 7월 27일 이스라엘국적의 이스라엘 회사인 EL AL Israel Airlines Ltd.에 소속된 민간장거리여객기 No. 4X-AKC가 오스트리아 Vienna와 이스라엘의 Lod 간의 상업적 정기운항 중에 사전허가 없이 불가리아 영공을 침범한 후 불가리아의 대공방위군의 항공기에 의해 격추되었다. 그 결과 7명의 승무원과 여러 나라 국적의 승객 51명이 모두 사망하였다.

2. 7월 29일 이스라엘 정부는 불가리아 정부에게 강한 어조로 된 서한을 보내 항공기에 대한 공격을 비난하고 충분한 배상 및 책임 있는 자들을 처벌할 것을 요구하였다. 승객들의 본국인 미국, 프랑스, 스웨덴 정부 및 캐나다와 남아프리카공화국을 대신하는 영국 정부의 항의가 있었다.

3. 이 사건을 우호적으로 해결하기 위해 협상과 외교교섭을 벌였으나 이러한 방법이 만족스러운 결과를 가져다 주지 못하였고 이스라엘 정부는 1957년 10월 16일 국제사법법원(이하 법원)에 소송제기신청서를 제출하였고 불가리아는 이에 대응하여 5가지 선결적 항변을 제출하였다.

4. 1957년 10월과 11월에 미국과 영국도 불가리아에 대하여 손해배상 소송을 제기하였으나 이스라엘과 불가리아의 소송에 대하여 법원이 관할권이 없다는 결정이 내려지자 영국과 미국은 소송을 취하하였다.

---

186) Case concerning the Aerial Incident of July 27th, Israel v. Bulgaria, ICJ, 선결적 항변, 1959년.
187) 김한택, 1955년 EL AL기 사건, 국제법판례연구, 고려대학교 국제법연구회, 99-127면.

Ⅱ 각국의 입장

1. 이스라엘의 청구내용

이스라엘은 신청서에서 1921년 불가리아 선언과 국제사법법원규정 제36조 제5항[188]을 근거로 하여 법원에 다음의 사항을 판결해줄 것을 요구하였다. 첫째, 이스라엘 항공기 격추와 인명과 재산의 손실 등에 관해 국제법상 책임이 있음을 판결할 것, 둘째, 불가리아가 이스라엘에게 배상하여야 할 배상액을 결정할 것, 셋째, 이스라엘 정부가 부담한 모든 경비와 비용이 불가리아에 의해 야기된 것임을 결정하여 줄 것이다.

2. 불가리아의 선결적 항변

이에 대해 불가리아는 다섯 개의 선결적 항변(preliminary objection)을 제기하였다. 첫째, ICJ규정 제36조 제5항은 불가리아에 적용될 수 없고 법원도 관할권을 가질 수 없다. 둘째, 어떠한 경우에도 불가리아는 동 정부가 UN의 회원국이 된 1955년 12월 14일 이전의 행위에 관하여 관할권을 수락할 수 없다. 셋째, 대부분의 손해는 비 이스라엘 보험회사가 입은 것이므로 이스라엘의 청구를 받아들일 수 없다. 넷째, 동 분쟁은 불가리아의 배타적 관할권에 종속되고 본질적으로 불가리아의 국내관할권에 속하는 것이다. 다섯째, 동 분쟁은 국내구제완료를 하지 못했다.

Ⅲ 법적쟁점 – 제36조 제5항에 관한 선결적 항변의 수용 여부

이와 같은 불가리아의 5가지 항변 중에서 첫 번째 선결적 항변만이 1959년 5월 26일 법원의 판결의 대상이 되었다.

1. 이스라엘의 입장

이 사건에서 법원의 관할권은 법원규정 제36조 제5항과 강제관할권을 수락한 양 당사자의 선언에 지배된다. 법원규정 제36조 제5항은 분명하며 그것에 효력을 부여하는 데에는 어떠한 어려움도 없다. 또한 제36조 제5항은 상설 국제사법법원규정 제36조하에서 이루어지고 헌장의 효력발생일인 1945년 10월 24일까지 여전히 효력을 가지는 모든 선언들은 현재의 규정의 당사자들 사이에서는 그들 자신의 조건에 따라서 여전히 지속되는 기간에 대하여 이 법원의 강제관할권을 수락한 것으로 여겨져야 한다는 규칙을 규정하고 있다.

2. 불가리아의 입장

1921년 8월 12일의 불가리아의 선언이 1946년 4월 18일 국제연맹총회에 의해서 선언된 상설국제사법법원의 해산 때문에 적용될 수 없으므로 따라서 제36조 제5항은 불가리아에 적용될 수 없고 법원도 관할권을 가질 수 없다.

---

188) 상설국제사법재판소규정 제36조에 의하여 이루어진 선언으로서 계속 효력을 가지는 것은, 재판소규정의 당사국 사이에서는, 이 선언이 금후 존속하여야 할 기간 동안 그리고 이 선언의 조건에 따라 재판소의 강제적 관할을 수락한 것으로 본다(ICJ규정 제36조 제5항).

Ⅳ 판례요지

1. 법원의 판결 – 선결적 항변 인용

규정 제36조 제5항은 적용되는 국가에 관하여 새로운 법원의 강제관할권의 탄생을 결정짓고 있다. 두 가지 조건이 요구되는바 ① 그 선언을 한 국가는 그 규약의 당사자가 되어야 하며, ② 그 국가의 선언은 여전히 효력을 가지고 있어야 한다는 것이다. 따라서 불가리아가 UN에 가입하기 전에 불가리아 선언이 실효되었기 때문에 그 당시 그 선언이 여전히 효력을 가지고 있다고 말할 수 없다. 따라서 규정 제36조 제5항에서 언급한 두 번째의 조건은 이 사건에서는 만족될 수 없다. 따라서 규정 제36조 제5항이 1921년 불가리아 선언에는 적용 될 수 없다. 기타의 선결적 항변을 계속해서 고찰하는 것은 불필요하며 법원은 재판 관할권이 없다고 판결내린다.

2. 판결이유

(1) 규정 제36조 제5항의 해석에 있어 서명국들과 비서명국의 구별

동 조항의 목적은 상설국제사법법원을 국제사법법원으로 대치시키고 따라서 그와 같은 선언의 법적효과를 한 법원에서 다른 법원으로 이전시키는 이와 같은 선언들에 있어서의 수정을 도입하는 것이다. 이때, 샌프란시스코회의에 참석하고 그 헌장과 규정에 서명한 국가들에 의해서 만들어진 선언에 관하여 적용된다는 것은 쉽게 이해되는 일이다. 이때 불가리아를 포함한 그 밖의 국가들에 의해 만들어진 선언들도 포함하는 것을 의미하는가에 대하여 원문(text)은 명쾌하게 설명하고 있지 않다. UN헌장 채택 당시의 서명국들과 추후에 UN에 가입하게 될 다른 국가들의 지위 사이에는 근본적인 차이가 존재한다. 샌프란시스코에 참석한 국가들은 그와 같은 선언들의 효력이 새로운 법원의 강제관할권으로 옮겨지는 것에 동의했을 때 그 사실에 대한 충분한 지식을 가지고 행동하였고 또한 그렇게 할 권한을 가지고 있었다. 그러나 비서명국의 경우는 이와는 근본적인 입장이 다르다. 왜냐하면 규정 제36조 제5항 규정은 오로지 서명국들에 의해 동의된 것으로 비서명국가들에 관하여는 법적 효력이 없기 때문이다. 즉, 비서명국들의 동의가 없는 규정은 원래의 의무를 유지시킬 수도 없고 변형시킬수도 없기 때문에, 규정이 효력을 발한 직후의 상설국제사법법원의 해산은 그들을 그 의무로부터 자유롭게 하였다.

(2) 규정 제36조 제5항의 조약제정자의 의도

동 규정은 샌프란시스코회의의 소위원회 D에 의해 제안되었고 그 이후 1945년 6월 1일에 Ⅵ/Ⅰ위원회에 의해 토의되고 채택되었다. 이때, 규정 제36조 제5항의 의미에 관하여 캐나다, 영국, 오스트레일리아 대표들이 말하였는데, 참가국 수에 대해 40여국 또는 20여국을 운운한 바 있으며, 특히 오스트레일리아 대표는 회의에 참석하지 않았던 17개의 국가의 선언을 배척하였다. 이러한 대표들의 견해는 규정 제36조 제5항이 그 회의에 참석하지 않은 국가의 선언에 적용하려는 의도는 아니었다는 것을 분명하게 보여준다. 이는 Ⅵ/Ⅰ위원회 보고서에 의해서는 확정되는데 "새로운 규정의 당사자와 다른 국가 간에 또는 다른 국가 상호 간에 발생하는 분쟁에 관하여 구법원의 관할권의 수락은 다른 방법으로 다루어져야만 한다."라고 하면서 불참한 국가들과 참여한 국가들 간 명확한 구분을 하였다.

(3) 법원의 임의관할 원칙

Monetary Gold Removed from Rome in 1943 사건에서 언급되었던 바와 같이 법원은 오직 그에 동의한 국가에 대하여만 관할권을 행사할 수 있다. 상설국제사법법원의 관할권을 수락하는 선언을 국제사법법원으로 이전시키는 데에 대한 동의는 샌프란시스코 회의에 참석하여 그 헌장에 서명하고 비준하고 그것에 의하여 제36조 제5항이 들어있는 규정을 수락한 국가에 의해 유효하게 이루어진 것으로 간주되어야 할 것이다. 만일 그렇게 하지 않는다면 이는 법원의 관할권이 피고국의 승낙에 기초한다는 조건을 가진 원칙을 모두 무시하는 것이고 단지 추정으로써만 충분한 동의가 있었다고 여기는 것과 같을 것이다.

Ⅴ 평석 – 국제관행의 검토

1. "인도 통행권 사건"에서의 포르투갈

"인도령 통행권 사건"에서 포르투갈은 UN에 가입한지 5일만에 몇 가지 중요한 유보와 함께 무기한으로 효력을 갖던 1920년 12월 16일의 무조건적 수락을 제한시키는 새로운 선언을 하였으며 이 새로운 선언을 제36조 제2항[189]에 근거하였다. 법원은 조심스럽게 이 문제를 다루기를 회피하였다. 그러나 포르투갈이 그와 같은 방법으로 행동할 권리가 있었는지, 즉 무기한적으로 행한 수락이 일반적인 철회나 유보로 제한될 수 있는가 하는 의심이 제기된다.

2. "프레아 비헤아 사원 사건"에서의 태국

1940년 5월 3일 태국은 구 규정하의 선택조항의 수락을 10년으로 갱신하였다. 태국은 상설국제사법법원의 해산 약 8개월 후인 1946년 12월 16일에 UN 회원국이 되었다. 그런데 태국은 1945 ~ 1950년 법원의 연감(ICJ Yearbooks)에 규정 제36조 제5항에 기초하여 새로운 법원의 강제관할권에 종속된 국가로 등재되어 있었으며 1950년 태국은 1940년의 수락을 또 다른 10년으로 갱신하였다. 프레아 비헤아 사원 사건의 선결적 항변에서 태국은 EL AL 사건의 판결에 근거하여, 규정 제36조 제5항의 적용에 의하여 현재의 법원의 강제관할권을 수락한 것으로 변형되지 못한 모든 선언들은 소멸되고 실효되었으므로 관할권 수락선언은 의미가 없어졌다고 주장하였다. 이에 대해 법원은 1950년 5월 20일의 태국의 선언은 태국이 법원의 강제관할권에 완전히 의뢰할 의도가 있었던 새롭고 독립적인 문서라고 하였다.

3. "바르셀로나 트랙션 사건"에서의 스페인

스페인은 선결적 항변에서 1927년 조약 제7조 제4항이 상설국제사법법원을 언급하고 있기 때문에 1946년 상설국제사법법원의 해산으로 이 조항은 효력을 잃었다고 주장하였다. 스페인은 이를 뒷받침하기 위해 EL AL 사건을 원용하였다. 그러나 법원은 EL AL 사건은 규정 제36조 제5항에 관계된 것이지만 본 사건은 제37조[190]와 관련된 것이라고 하면서, 1927년의 조약이 유효하며 양 당사국은 국제사법법원의 당사국이므로 법원이 관할권을 가진다고 판결한 바 있다.

---

189) 재판소규정의 당사국은 다음 사항에 관한 모든 법률적 분쟁에 대하여 재판소의 관할을, 동일한 의무를 수락하는 모든 다른 국가와의 관계에 있어서 당연히 또한 특별한 합의없이도, 강제적인 것으로 인정한다는 것을 언제든지 선언할 수 있다.
가. 조약의 해석 나. 국제법상의 문제 다. 확인되는 경우, 국제의무의 위반에 해당하는 사실의 존재 라. 국제의무의 위반에 대하여 이루어지는 배상의 성질 또는 범위(ICJ 규정 제36조 제2항).
190) 현행의 조약 또는 협약이 국제연맹이 설치한 재판소 또는 상설국제사법 재판소에 어떤 사항을 회부하는 것을 규정하고 있는 경우에 그 사항은 재판소 규정의 당사국 사이에서는 국제사법재판소에 회부된다(ICJ 규정 제37조).

제16장 | 분쟁의 평화적 해결수단

CASE 108. 제노사이드협약 적용에 대한 사건[191]

Ⅰ 사실관계

1. 1946년 보스니아 – 헤르체고비나, 크로아티아, 마케도니아, 몬테네그로, 세르비아, 슬로베니아의 6개 공화국으로 구성된 유고슬라비아(정식명칭: 유고슬라비아사회주의연방공화국, 1974년)가 창설되었다.

2. 세르비아와 몬테네그로를 제외한 4개 공화국들은 동서 냉전 종식과 유고연방의 분열에 따라 1990년대 초유고연방으로부터 독립을 선언하였다. 보스니아 – 헤르체고비나[192] 역시 독립을 선언하였으며 미국과 EC가 승인하였고 1992년 5월 22일 UN에 가입하였다. 세르비아와 몬테네그로는 '유고슬라비아연방공화국'(이른바 신유고연방)으로 재편되어 유고연방의 법인격을 승계한다고 선언하였다. 이 선언에 대해 UN 안전보장이사회(이하 안보리)는 1992년 5월 30일 결의 제777호를 채택하여 신유고연방이 유고연방의 회원국 지위를 자동적으로 계속 유지한다는 주장은 수락될 수 없으므로 신유고연방이 유고연방과 동일한 국가로서 UN에 참여하는 것을 정지시킨다고 결정하였다. 신유고연방은 결국 2000년 10월 27일 유고연방의 회원국 지위를 승계한다는 주장을 포기하고 신회원국으로 UN 가입을 신청하여 2000년 11월 1일자로 '세르비아 – 몬테네그로'로서 UN에 가입하였다. 2006년 6월 몬테네그로는 국민투표를 통해 '세르비아 – 몬테네그로'로부터 독립을 선언하였다. 독립선언 이후 세르비아는 동 일자 UN 사무총장 앞 서한에서 세르비아공화국이 세르비아 – 몬테네그로의 UN에서의 회원국 지위를 승계한다고 선언하였다.

---

191) The Application of the Convention on the Prevention and Punishment of the Crime of Genocide (Bosnia and Herzegovina v. Serbia and Montenegro), ICJ, 2007.2.26.

192) 주민은 세르비아인 31%, 크로아티아인 17%, 회교도 44%로 구성되어 있다. 독립 당시 국민투표에서 세르비아인은 모두 불참하였다.

3. 보스니아 내의 세르비아민족은 1992년 4월 7일자로 '보스니아 – 헤르체고비나의 세르비아 공화국'(Serbian Republic of Bosina and Herzegovina) 수립을 선포하고, 유고연방인민군의 Ratko Mladic 장군이 지휘하는 군대가 보스니아 영토의 2/3지역을 장악하여 보스니아는 내전상태에 돌입하게 되었으며 1995년 7월 Srebrenica의 대학살 사건이 발생하였다. 보스니아 내전은 1995년 12월 보스니아, 크로아티아, 신유고연방간 Dayton – Paris 평화협정이 체결되어 일단 종식되었다.

4. 보스니아는 1993년 3월 20일 Genocide협약 제9조[193)]의 분쟁회부조항(compromissory clause)에 따라 신유고연방이 Genocide협약상 의무를 위반하였다는 취지로 ICJ에 소송을 제기하였다. ICJ는 1993년 4월 및 9월에 잠정조치를 명하였으나, 이후 1995년 7월 Srebrenica에서 보스니아 회교도 주민들이 대량 학살되는 사건이 발생하였고, 1996년 7월 ICJ의 관할권 유무에 대한 선결적 항변에 대한 결정 및 2003년 2월 관할권 확인에 대한 수정요청에 관한 결정 등의 조치를 취하였으며, 2007년 2월 본안심리를 완료하였다.

Ⅱ 법적쟁점

1. 잠정조치

2. 선결적 항변

(1) ICJ 관할권의 성립 여부

(2) 시간적 관할권

(3) 물적 관할권

3. 관할권 수정 요청

4. 본안

(1) Genocide협약 상 당사국의 의무

(2) 보스니아 – 헤르체고비나의 세르비아 인민공화국(추후 Republica Srpska로 국명 변경, 이하 RS)의 행위가 제노사이드에 해당하는지 여부

(3) **Srebrenica 학살에 대한 책임**

　　① 세르비아에 대한 귀속 여부

　　② 세르비아의 지시 또는 통제 여부

　　③ 세르비아가 공범인지 여부

(4) 세르비아의 제노사이드 예방 의무 위반 여부

(5) 세르비아의 제노사이드 처벌 의무 위반 여부

(6) 배상

---

193) 본 협약의 해석, 적용 또는 이행에 관한 체약국 간의 분쟁은 집단살해 또는 제3조에 열거된 기타 행위의 어떤 것이라도 이에 대한 국가책임에 관한 분쟁을 포함하여 분쟁당사국 요구에 의하여 국제사법재판소에 부탁한다(Genocide협약 제9조).

Ⅲ 잠정조치, 선결적 항변, 관할권 수정 요청

1. 잠정조치

보스니아 및 신유고연방의 잠정조치 요청에 대해 ICJ는 제노사이드협약 제9조에 따라 ICJ에 일견 관할권이 있다고 보고 잠정조치를 명령하였다. 첫째, 신유고연방은 제노사이드 예방을 위하여 그 권한 내의 모든 조치를 취해야 한다. 둘째, 신유고연방은 그 자신의 통제 또는 영향력하에 있는, 또는 신유고연방이 지원하는 어떠한 군사적 또는 준군사적 조직 등이 보스니아의 회교도 등에 대하여 제노사이드를 행하지 않도록 보장(ensure)해야 한다. 셋째, 신유고연방과 보스니아는 제노사이드 예방 및 처벌에 관한 현재의 분쟁을 악화시킬 수 있는 어떠한 행위도 취하여서는 아니된다.

2. 선결적 항변

(1) ICJ 관할권의 성립 여부

ICJ 관할권 성립 여부와 관련하여 세르비아가 ICJ규정 및 제노사이드협약의 당사국인지 여부 및 보스니아가 제노사이드협약의 당사국인지가 문제되었다. 이는 곧 신유고연방이 전임국인 유고슬라비아의 승계국으로서의 지위가 인정되는지, 신유고연방의 UN과의 관계에서의 법적 지위 등의 문제와 관련되었다.

① 세르비아의 ICJ규정 당사국 여부: UN헌장 제93조는 모든 UN 회원국이 사실상 ICJ규정 당사국이라고 하고 있고, 신유고연방은 자신이 유고슬라비아를 승계하였다고 주장하였으므로 신유고연방은 ICJ 규정 당사국이라고 볼 여지가 있다. 그러나 신유고연방의 승계주장을 UN 안보리가 부인함으로써 신유고연방의 UN 회원국 지위가 명확하지 않았다. 더구나 UN 안보리는 신유고연방의 UN 내 활동을 중지시키면서도 '유고슬라비아'라는 명패 사용을 허가함으로써 불확실성을 가중시켰다. ICJ는 ICJ규정 제35조 제2항의 '재판소가 UN 회원국이 아닌 다른 국가에 개방될 조건은 발효 중인 조약의 특별규정에 따라 안보리가 정하는 바에 따른다'는 논리를 적용하였다. 한편, 신유고연방이 2000년 새롭게 UN에 가입한 이후 제기한 관할권 수정 요청에서는 1996년 관할권 결정은 '기판력의 원칙'(principle of res judicata)에 따라 당사자에 대하여 구속력이 있고 최종적이라는 이유로 수정 요청을 받아들이지 않았다.

② 세르비아의 Genocide협약 당사국 여부: ICJ는 1993년 잠정조치 및 1996년 관할권 결정시 유고연방이 1950년 8월 29일부터 제노사이드협약의 당사국이었으며, 신유고연방이 1992년 4월 27일자 선언으로 유고연방의 법인격의 계속성을 가지고 있었으며, 유고연방의 모든 국제적 약속을 준수할 것임과 신유고연방이 동 협약의 당사국이라는데 아무런 논쟁이 없다는 신유고연방의 주장에 근거하여 동 소송이 ICJ에 제기된 1993년 3월 20일 현재 신유고연방이 동 협약 규정에 기속된다고 결정하였다. 한편, 신유고연방이 '세르비아 – 몬테네그로'라는 국명으로 UN에 신규가입한 이후 제노사이드협약에 대한 승계통고가 없었다는 이유로 ICJ가 관할권을 가지지 않는다는 주장도 배척했다. ICJ는 본안심리에서 이 문제를 다루면서 보스니아가 세르비아에 대한 소송을 ICJ에 제기한 시점에서 세르비아가 Genocide협약의 당사국이라는 1996년도 관할권 결정의 기판력을 확인하고, 1996년도 판결시와 마찬가지로 ICJ가 제노사이드협약 제9조에 따라 관할권을 가지고 있음을 재확인하였다.

③ 보스니아의 Genocide협약 당사국 여부: 신유고연방은 보스니아의 독립이 국제법에 반하여 이루어졌기 때문에 보스니아가 동 협약의 당사국이 아니라고 주장하였다. 보스니아는 1992년 12월 29일자로 유고연방이 당사국이었던 제노사이드협약을 승계하고, 동 협약의 규정을 충실히 준수할 것이며, 동 승계는 보스니아가 독립한 1992년 3월 6일부터 유효하다는 내용의 협약 승계통보를 UN 사무총장에게 발송했었다. ICJ는 보스니아는 제노사이드협약을 승계하였다고 판단하였다. 제노사이드 협약은 UN 회원국에 대해 개방되어 있고, 보스니아는 1992년 5월 22일에 UN 회원국이 되었으므로 동 협약에 가입할 수 있다. 또한, 국가분열시 새로 수립된 국가는 전임국의 조약을 승계하는 것이 원칙이므로 보스니아가 유고연방의 조약을 승계하며 이러한 조약에는 유고연방이 가입하고 있었던 제노사이드협약도 포함된다고 하였다.

(2) 시간적 관할권

① 신유고연방의 주장: 신유고연방은 보스니아와 신유고연방이 1995년 12월 14일 Dayton협정 체결 시 비로소 상호 승인하였으므로 동 일자 이전에는 양 당사국 간에 제노사이드협약이 유효하지 않다고 주장하였다. 또한 보스니아가 제노사이드협약 승계통보를 1992년 12월 29일에 했으나 가입날짜로 간주되는 1993년 3월 29일 이전의 사건에 대해서는 ICJ 관할권이 없다고 주장하였다. 또한 보스니아의 협약 승계가 소급효를 가진다고 해도 승계통보를 한 1992년 12월 29일 이전의 사건에 대해서는 ICJ 관할권이 없다고 주장하였다.

② ICJ: 제노사이드협약 제9조는 동 협약이 모든 UN 회원국에 개방된다고 규정하고 있으므로 보스니아는 UN에 가입한 순간부터 협약의 당사국이 될 수 있다고 하였다. 보스니아의 동 협약 승계 방식 및 동 협약의 보스니아에 대한 발효일자와 관련하여 ICJ는 승계가 독립일자에 이루어졌는지 또는 승계의 통보 일자에 이루어졌는지는 중요하지 않다고 하였다. 또한 제노사이드협약의 특수성을 고려하여 ICJ는 분쟁의 시작부터 발생한 모든 사건에 동 협약을 적용할 수 있으며, 그 근거로 제노사이드 협약에는 ICJ의 시간적 관할권을 제약하는 어떠한 규정도 존재하지 않는다는 사실을 제시하였다.

(3) 물적 관할권

신유고연방은 보스니아 내 분쟁은 내전(civil war)이고, 신유고연방은 동 분쟁의 당사자가 아니며, 신유고연방은 당시의 보스니아 영토에 대한 관할권을 행사하지 않고 있었으므로 보스니아 내에서의 사건에 아무런 책임이 없다고 주장하였다. 이에 대해 ICJ는 제노사이드협약은 모든 분쟁에 적용될 수 있으며 분쟁의 성격과도 무관하다고 하였다. 또한 동 협약상 권리와 의무는 '대세적 권리와 의무'(rights and obligations erga omnes)이므로 제노사이드협약의 적용이 영토적으로 제한되지 않는다고 결정하였다.

3. 관할권 수정 요청

(1) 신유고연방(세르비아)

세르비아-몬테네그로는 2000년 11월 1일자로 '세르비아 – 몬테네그로'라는 국명으로 UN에 가입하였고, 이후 2001년 4월 ICJ에 ICJ규정 제61조[194]에 근거하여 관할권 수정요청(Application for revision of the Judgement)을 제기하였다. 보스니아의 제소 당시 신유고연방은 UN 회원국이 아니었고 ICJ규정 당사국도 아니었으므로 관할권이 없으며, 유고연방과 신유고연방은 동일한 국가가 아니었으므로 제노사이드협약의 당사국도 아니라는 주장을 제기했다.

(2) ICJ

ICJ는 다음과 같은 이유로 관할권 수정 요청을 기각했다. 첫째, 재판소규정 제61조는 '판결 당시 알려지지 않았던 새로운 사실의 발견'에 근거해야 한다. 이는 판결 이전에 존재하였으나 추후에 발견된 것을 의미하므로 판결 '이후에' 신유고연방이 UN에 가입했다는 사실을 들어 재심을 요청할 수 없다. 둘째, 신유고연방의 UN 가입을 승인한 2000년 11월 1일자 UN총회 결의 55/12는 신유고연방의 1992년 ~ 2000년간 UN에서의 독특한 지위(sui generis position) 및 재판소규정이나 제노사이드협약상의 지위를 소급하여 변경시킬 수 없다.

Ⅳ 본안판단

1. Genocide협약의 적용범위

(1) 당사국의 의무

동 협약의 실체적 적용범위에 관련하여 동 조약이 당사국에게 제노사이드에 대한 입법의무 및 '소추 또는 범죄인인도 의무'(prosecute or extradite)만 부과하는지 아니면 당사국이 제노사이드를 행하지 않을 의무도 부과하는지 문제되었다. ICJ는 협약규정은 1969년 조약법에 관한 비엔나협약에 따라 협약의 전체 문맥과 목적에 비추어 통상적 의미로 해석되어야 한다고 전제하고, 협약 제1조에 규정된 제노사이드 예방과 처벌 의무에는 당사국이 제노사이드를 행하지 않을 의무가 포함된다고 하였다. 그 논거로서 첫째, 제노사이드를 국제범죄로 규정한 것은 국가가 이를 행하지 않아야 한다는 의미이며, 둘째, 국가가 제노사이드를 예방할 의무가 있음에도 불구하고 국가가 그 기관 또는 그 구성원에 의하여 제노사이드를 행할 수 있다는 것은 모순이라는 점을 들었다.

(2) 개인에 대한 제노사이드 범죄 선고 없이도 ICJ가 특정 국가의 제노사이드 여부를 결정할 수 있는가?

ICJ는 ICJ와 ICTY 사이에 서로 다른 절차와 권한이 있다는 사실이 ICJ가 제노사이드에 관하여 재판하는 데 법적 제약이 되지 않는다고 하였으며, 제노사이드 및 그 공범에 대한 국가책임은 그에 관한 개인에 대한 범죄 선고 없이도 발생한다고 하였다.

---

194) ICJ규정 제61조
  1. 판결의 재심청구는 재판소 및 재심을 청구하는 당사자가 판결이 선고되었을 당시에는 알지 못하였던 결정적 요소로 될 성질을 가진 어떤 사실의 발견에 근거하는 때에 한하여 할 수 있다. 다만, 그러한 사실을 알지 못한 것이 과실에 의한 것이 아니었어야 한다.
  2. 재심의 소송절차는 새로운 사실이 존재함을 명기하고, 그 새로운 사실이 사건을 재심할 성질의 것임을 인정하고, 또한 재심청구가 이러한 이유로 허용될 수 있음을 선언하고 있는 재판소의 판결에 의하여 개시된다.
  3. 재판소는 재심의 소송절차를 허가하기 전에 원판결의 내용을 먼저 준수하도록 요청할 수 있다.
  4. 재심청구는 새로운 사실을 발견한 때부터 늦어도 6월 이내에 이루어져야 한다.
  5. 판결일부터 10년이 지난 후에는 재심청구를 할 수 없다.

(3) 영토적 적용범위

ICJ는 제노사이드 방지 및 처벌 의무는 영토에 의해 제한되지 않으며, 국가가 어느 장소에서 행동하든 관계없이 적용된다고 하였다. 다만 범죄인의 소추 의무는 명백히 영토적으로 제한되어 제노사이드로 기소된 자의 재판은 제노사이드가 행해진 영토국의 권한 있는 법원 또는 국제형사법원에 의해서만 행해진다고 하였다.

(4) 제노사이드의 요건

ICJ는 제노사이드는 '행위'(act)와 '의도'(intent)로 구성되며, '보호되는 그룹을 그 그룹으로서 전체적으로 또는 부분적으로 파괴하려는 의도', 즉 특별한 의도(a special or specific intent)를 요한다고 하였다. 보호되는 그룹이란 민족, 인종, 또는 종교적인 적극적 특징을 가진 그룹을 의미하며, 제노사이드는 그 그룹을 지리적으로 제한된 지역 내에서 파괴하려는 것이라고 하였다.

2. 보스니아 – 헤르체고비나의 세르비아 인민 공화국(추후 Republica Srpska로 국명 변경, 이하 RS)의 행위가 제노사이드에 해당하는지 여부

ICJ는 Srebrenica 대학살이 제노사이드에 해당한다고 판단하였다. 동 대학살은 보스니아 회교도들을 대상으로 하여 약 7,000명을 살해하고 심각한 육체적 정신적 위해를 가했다고 판단하였다. 또한 RS에 의한 '특별한 의도'도 확인된다고 하였다.

3. Srebrenica 학살에 대한 책임

(1) 세르비아에 대한 귀속 여부

ICJ는 Srebrenica 대학살은 세르비아에 귀속되지 않는다고 판단하였다. 즉, 세르비아 군대가 학살에 참여하지 않았으며, 세르비아의 정치지도자들도 학살의 기획·준비·실행에 참여하지 않았다고 본 것이다. 비록 세르비아가 RS에 재정적 지원을 하고 있었고, 동 지원이 RS 군대 장교에 대한 급료와 수당 지급의 형태로 이루어졌으나 이러한 지원 때문에 RS 군대를 세르비아의 기관으로 인정할 수 없다고 하였다. 따라서 대학살에 대해 세르비아의 국제책임이 없다고 하였다.

(2) 세르비아의 지시 또는 통제 여부

ICJ는 RS가 세르비아의 지시 또는 통제를 받아 대학살을 자행했다는 보스니아의 주장도 기각했다. ICJ는 지시 또는 통제에 기초하여 국가책임을 인정하기 위해서는 전체적 행동에 대한 일반적 지시나 지침이 아니라 개별작전에 대한 '유효한 통제'(effective control)가 행사되거나 구체적 지시가 있어야 한다고 하였다. ICJ는 보스니아가 세르비아에 의해 제노사이드 지시가 내려졌다는 점을 입증하지 못했으며, 제노사이드 이행결정은 세르비아의 지시 또는 통제 없이 RS 군대 참모들에 의해 내려졌다고 판시하였다.

(3) 세르비아가 공범인지 여부

ICJ는 세르비아가 공범이 되기 위해서는 그 국가기관 또는 구성원이 제노사이드행위를 지원(aid or assistance)했는지를 검토해야 하며, 제노사이드 범죄자에 대한 그러한 지원시 범죄자들의 제노사이드 이행에 대한 특별의도를 알았거나 알 수 있었는지 여부에 대한 검토가 필요하다고 하였다. ICJ는 세르비아 당국이 제노사이드를 자행한 RS 군지휘관들이 제노사이드를 자행하고 있다는 것을 알고서도 동 RS 군지휘관들에게 원조나 지원을 했다는 사실을 명확하게 확립할 수 없기 때문에 세르비아의 공범행위가 성립하지 않는다고 판단하였다.

4. 세르비아의 제노사이드 예방 의무 위반 여부

ICJ는 세르비아가 제노사이드 예방 의무를 위반하였다고 판단하였다. 제노사이드협약의 당사국에 부과된 예방 의무는 제노사이드가 발생하지 않도록 '결과에 대한 의무'는 아니며 합리적으로 이용가능한 모든 수단을 사용하여 예방할 '행동 의무'라고 하였다. 그러나 세르비아는 이러한 예방의무를 태만히 하였다고 하였다. ICJ는 세르비아가 그 영향력과 정보에 비추어 제노사이드를 예방하기 위한 최선의 노력을 기울였어야 하나, Milosevic 대통령 등 세르비아의 지도자들은 Srebrenica 지역에서 보스니아–세르비아인들과 회교도들 간의 뿌리깊은 증오의 분위기를 완전히 알고 있었음에도 제노사이드 예방을 위한 아무런 조치도 취하지 않았기 때문에 협약상 예방 의무를 위반하였으며, 이에 따른 국제책임을 진다고 판결하였다.

5. 세르비아의 제노사이드 처벌 의무 위반 여부

ICJ는 Srebrenica에서의 제노사이드는 세르비아 영토 내에서 행해진 것이 아니기 때문에 세르비아가 제노사이드의 주범, 공범 등에 대하여 자국 법원에서 재판하지 않았다는 것만으로 책임이 성립될 수는 없다고 하였다. 그러나 국제형사재판소가 설립되면 범죄가 자국 영토 밖에서 일어났다 하더라도 자국 영토에 있는 범인을 체포하여 국제형사재판소에서의 재판을 위해 인도할 의무가 있음을 확인하였다. ICJ는 주범인 Mladic이 세르비아 내에 있다는 정보에 유의하여 그 소재를 확인하고 구속해야 하나 그렇지 않고 있음을 주목하고 세르비아가 ICTY에 협조할 의무를 위반하였다고 판단하였다.

6. 배상

ICJ는 세르비아가 제노사이드 예방을 위해 모든 조치를 취하였다고 하더라도 제노사이드를 예방할 수 있었을 지 확신할 수 없기 때문에 재정적 배상이 적절한 형태의 배상은 아니라고 하였다. 따라서 세르비아의 협약상 예방의무 불이행 판결이 '원고에 대한 만족'(reparation in the form of satisfaction)이 된다고 판결하였다. 한편 제노사이드 처벌 의무 위반에 대한 배상과 관련해서는 범죄혐의로 소추된자 특히 Mladic에 대해 인도의무를 이행해야 한다고 판시하였다.

Ⅴ 평석

1. 제노사이드 위반 여부에 대한 최초 판결

동 판결은 UN에서 1948년 제노사이드협약이 채택된 이후 국가의 제노사이드 위반 여부에 대한 ICJ의 최초 판결로서 앞으로 국제인도법 발전에 상당한 영향을 미칠 수 있는 중대한 진전이라고 판단된다.

2. 국가의 제노사이드 관련 의무 확립

제노사이드 등 반인륜적 범죄가 개인의 인권을 보호해야 할 국가나 국가기관 또는 그 구성원, 국가기관의 지시나 통제하에 있는 개인이나 단체에 의하여 행해질 경우 그에 대한 형사책임을 개인에게 부과하는 것으로 처벌이 종료된다면 이는 다른 형태의 '불처벌' 관행이 될 수 있다. 그러나 ICJ의 이번 판결은 1948년 채택 이후 사실상 아무런 역할을 해오지 못한 제노사이드협약을 직접 관련 국가에 적용하여 국가가 제노사이드의 예방 및 처벌에 관한 책임을 질 뿐 아니라 직접 또는 간접적으로 제노사이드를 행해서는 안 될 의무가 있음을 확인하고 이에 따른 국가책임을 확립하였다는 데 큰 의의가 있다.

CASE 109. Monetary Gold 사건[195)]

Ⅰ 사실관계

1. 이탈리아는 1939년 알바니아를 점령하던 당시 금화를 알바니아로부터 몰수해 갔다.

2. 이 금화는 1943년 독일 군대가 이탈리아에서 퇴각하면서 이탈리아 금고에서 가져갔다.

3. 이탈리아는 연합국인 영국, 프랑스 및 미국을 상대로 금화를 반환할 것을 요청하는 소송을 ICJ에 제기하였다.

Ⅱ 법적쟁점 – 이탈리아가 제기한 선결적 항변의 타당성

원고인 이탈리아는 선결적 항변(Preliminary objection)을 제기하여 필요적 공동당사자인 알바니아의 탈루를 이유로 재판소의 관할권에 이의를 제기하였다.

Ⅲ 판결요지 – 인용

재판소는 필요적 공동당사자의 탈루로 관할권을 가질 수 없다는 이탈리아의 항변을 인용하여 사건을 각하하였다. 재판소는 법원 관할권에 동의하지 아니한 제3국인 알바니아의 법익이 판결의 바로 그 주제를 형성하고 있으므로 알바니아의 동의 없이 사건을 심리할 수 없다고 판시하였다. 즉, 원고 이탈리아의 피고들에 대한 청구의 타당성을 검토하기 위해서는 우선 알바니아와 이탈리아의 관계에서 이탈리아가 적법하게 금화에 대한 소유권을 가지는지를 따져보아야 할 것이다. 그러나 이는 ICJ 관할권에 동의하지 않은 국가인 알바니아의 권리를 침해하는 것이며, ICJ에는 그러한 권한이 부여되어 있지 아니하다.

---

195) Monetary Gold Removed from Rome in 1943 Case, Italy v. France, UK and USA, 선결적 항변, ICJ, 1954년.

CASE 110. 동티모르 사건[196][197]

Ⅰ 사실관계

1. 지리적 위치

티모르는 동남아시아 말레이군도에 있는 섬이다. 서티모르는 네덜란드의 식민지였으나 인도네시아가 독립할 때 인도네시아의 영토로 편입되었다. 동티모르는 16세기 이래 포르투갈의 식민지였다. 동티모르의 남쪽 해안은 호주의 북쪽 해안과 약 230해리의 거리를 두고 마주보고 있다. 인도네시아와 호주는 1971년 대륙붕관련 협정을 체결하면서 동티모르 해안에 연접한 대륙붕은 제외하였으며, 제외된 지역을 티모르갭(Timor Gap)이라 한다.

2. 동티모르와 포르투갈 및 인도네시아

포르투갈은 동티모르를 식민지화한 이래 동티모르를 자국 영토로 주장하였으며 1933년 헌법에서는 동티모르를 포르투갈의 '해외주'(overseas province)로 규정하였다. 그러나 1974년 군부 쿠데타 이후 식민지정책을 전환하여 자결권을 부여하는 방향으로 수정하였다. 이후 동티모르에서는 내전이 발생하였으며 이 와중에 포르투갈은 동티모르에서 철수하였고, 인도네시아는 동티모르를 침공하여 인도네시아의 27번째 주로 편입하는 조치를 취했다.

3. 동티모르 사태에 대한 UN의 대응

UN은 1960년 총회결의 제1542호를 채택하여 동티모르를 UN헌장상의 비자치지역으로 분류하였다. 인도네시아군이 동티모르를 침공한 이후에는 안전보장이사회(이하 안보리)는 결의 제384호를 채택하여 동티모르의 영토보전과 동티모르 인민의 고유한 자결권을 존중할 것과 인도네시아 병력의 즉각적인 철수를 요청하였다. UN 총회 역시 결의 제3485호를 통해 인도네시아 병력의 무력간섭에 대한 강한 유감을 표시하였다.

4. 동티모르에 대한 호주의 태도

호주는 애초 인도네시아의 무력개입에 대한 비난하는 태도를 취했으나 1978년 1월 20일에 인도네시아의 동티모르 병합에 대해 사실상의(de facto) 승인을 부여하였다.

5. 티모르갭에 대한 호주와 인도네시아의 협정

인도네시아의 동티모르 병합에 관한 호주의 승인이 있은 이후, 인도네시아와 호주는 티모르갭의 대륙붕 경계획정을 위한 교섭을 시작하였으나 실패하자 자원의 공동탐사와 개발을 위한 잠정협정을 체결하였다(1989년 12월 11일).

---

196) Case concerning East Timor, 포르투갈 대 호주, ICJ, 1995년.
197) 박배근(2001), 동티모르 사건, 국제법판례연구, 제2집, 서울국제법연구원, 박영사.

6. 포르투갈의 제소

이에 대해 포르투갈은 호주를 ICJ에 제소하였다. 포르투갈의 청구사항은 다음과 같다. 첫째, 자결권 등에 관한 동티모르 인민의 권리 및 동티모르 시정국으로서의 포르투갈의 권리를 오스트레일리아가 존중할 의무가 있다. 둘째, 1989년 호주가 인도네시아가 협정을 체결함으로써 동티모르 인민의 권리 및 포르투갈의 권리를 침해하였다. 셋째, 티모르갭의 대륙붕 탐사와 개발에 관하여 포르투갈과 교섭을 배제함으로써 권리 조정을 위해 교섭할 의무를 오스트레일리아가 이행하지 않았다. 넷째, 의무위반으로 발생한 손해에 대한 배상. 다섯째, 호주는 국제법 위반을 중지하고 티모르갭에서 시정국 이외의 어떠한 국가와도 협정 체결이나 대륙붕에 관한 관할권 행사를 삼간다.

7. 호주의 청구

호주는 포르투갈의 청구에 대해 ICJ가 관할권을 가지지 아니하며, 또한 청구는 수리될 수 없다는 판결과 선언을 청구했다. 나아가 호주의 행동은 포르투갈이 주장한 국제법상 권리를 침해하지 않았다는 판결과 선언을 청구했다.

Ⅱ 법적쟁점

1. 분쟁의 존부

2. 제3자 법익의 원칙과 수리가능성

3. 자결권의 대세적 권리성과 제3자 법익의 원칙

4. 동티모르 및 포르투갈의 지위와 UN결의

Ⅲ 판례요지

1. 분쟁의 존부

호주는 자국과 포르투갈 사이에 '분쟁'이 존재하지 않는다고 항변하면서 포르투갈이 자국을 피고로 제소한 것은 작위적인 일이며 진정한 피고는 인도네시아라고 주장하였다. 이에 대해 재판소는 "법과 사실에 관한 의견의 불일치, 당사자 사이의 법적 견해나 이해의 충돌"이 분쟁이라고 정의하고 포르투갈과 호주사이에는 분쟁이 존재한다고 판시하였다. 두 나라 사이에는 1989년 조약을 교섭하고 체결하며 시행하는 것이 국제법상 포르투갈에 대한 호주의 의무 위반을 구성하는지의 문제에 대해 법과 사실에 관한 견해의 불일치가 존재하기 때문이라고 하였다.

2. 제3자 법익의 원칙과 수리가능성

호주는 포르투갈이 재판소에 요구한 판단은 필연적으로 제3국의 동의없이 당해 제3국, 즉 인도네시아의 행위의 합법성에 대한 판단할 것을 요구한다고 주장하면서 소의 수리불능을 주장하였다. 반면, 포르투갈은 자신이 문제삼고 있는 것은 호주가 인도네시아와 조약을 협상하고 체결하며 시행에 착수한 행위로서 이는 동티모르와 그 시정국인 포르투갈에 대한 호주의 의무위반을 구성하므로 인도네시아의 권리에 대한 판결을 내리지 않더라도 그 자체에 대해 재판소가 판결을 내릴 수 있다고 반박하였다. 이에 대해 재판소는 제3자 법익의 원칙을 받아들여 오스트레일리아의 항변을 받아들였다. 재판소는 포르투갈이 호주가 인도네시아와 조약체결행위를 비난한 것은 포르투갈 자신이 동티모르에 대한 시정국이며 인도네시아는 동티모르를 위하여 조약을 체결할 권한이 없다는 판단한 기초한 것으로 보았다. 그런데 포르투갈은 조약을 합법적으로 체결할 수 있으나 인도네시아는 조약을 합법적으로 체결할 수 없는가 하는 문제를 먼저 문제삼지 않고서는 호주의 행위를 평가할 수 없다. 즉, 본 재판의 주제는 필연적으로 인도네시아가 동티모르에 진입하여 주류하고 있는 상황을 고려하여, 인도네시아가 동티모르의 대륙붕 자원과 관련하여 동티모르를 위하여 조약을 체결할 권한을 획득하였는지의 여부에 대한 결정이다. 그러나 재판소는 인도네시아의 동의 없이 그러한 결정을 내릴 수 없다고 하였다. 요컨대, 재판소는 포르투갈의 모든 청구에 대한 결정은 그 전제로서 인도네시아의 동의가 결여된 채 인도네시아의 행위의 합법성에 대한 결정을 내려야 하는 것이기 때문에, 선택조항에 근거하여 성립한 포르투갈과 호주에 대한 관할권을 행사할 수 없다고 하였다.

3. 자결권의 대세적 권리성과 제3자 법익의 원칙

포르투갈은 제3자 법익의 원칙이 적용되지 않는다는 논거로서 오스트레일리아에 의한 대세적 권리(rights erga omnes)의 침해를 들었다. 즉, 호주는 자결권을 침해하였으며 자결권은 대세적 권리이므로 제3국이 마찬가지의 권리침해행위를 하였는지 여부와 관계없이 개별적으로 그러한 권리의 존중을 요구할 수 있다는 것이다. 이에 대해 우선 재판소는 자결권이 대세적 성격(erga omnes character)을 가진다는 것은 부정할 수 없으며 현대국제법의 본질적인 원칙의 하나라는 점에 대해 언급하였다. 그러나 동시에 재판소는 어떤 규범의 대세적 성격과 관할권에 대한 합의규칙을 별개의 것으로 보았다. 원용되는 의무의 성격과 관계없이 재판소는 판결이 사건의 당사자가 아닌 다른 국가의 행위의 합법성에 관한 평가를 내포하는 경우에는 국가행위의 합법성에 대한 결정을 내릴 수 없다고 하였다.

4. 동티모르 및 포르투갈의 지위와 UN결의

포르투갈은 UN총회와 안보리결의를 통해 동티모르의 지위와 시정국으로서의 포르투갈의 지위가 이미 결정되었으므로 재판소는 그것을 '所與'(givens)로 받아들여야 하고, 따라서 동티모르에서 인도네시아의 무력행사 문제나 동티모르 영토에 인도네시아가 주류하는 것의 합법성에 관하여 선고할 필요가 없으므로 제3자 법익의 원칙이 적용되지 않는다고 주장하였다. 그러나 재판소는 UN총회와 안보리 결의가 동티모르에 대한 문제는 반드시 포르투갈과 교섭해야 할 의무를 부여하였다든지 동티모르 영토에 대한 인도네시아의 권한을 일절 승인하지 않아야 할 의무를 부여한 것에 이르지 못한다고 판단하였다. 그러므로 UN총회와 안보리 결의는 분쟁에 관한 결정을 내리기에 충분한 '소여(所與)'로 볼 수 없으며, 오스트레일리아가 시정국으로서의 포르투갈의 지위, 비자치지역으로서의 동티모르의 지위, 그리고 티모르 인민의 자결권과 천연자원과 부에 대한 영구주권을 존중하여야 할 호주의 의무를 위반하였다는 포르투갈의 청구에 대한 결정을 내리기 위해서는 그 전제로서 필연적으로 인도네시아의 행위의 합법성을 판단하지 않으면 안 된다고 판단하였다.

Ⅳ 평석

1. 관할권의 동의원칙과 제3자 법익 문제

국제사법재판소는 원칙적으로 강제관할권을 가지지 아니하므로 재판소의 관할권 행사에 대한 당사국의 동의는 관할권의 가장 근본적인 기초를 이룬다. 관할권의 동의 원칙이 재판당사국이 아닌 제3자와 관련될 때 이는 제3자 법익원칙, 즉 제3자의 법익에 대한 판단이 본안의 주제(subject-matter) 또는 필수적인 전제를 이루며 그러한 제3자가 재판소의 관할권 행사에 동의한 바가 없는 경우에는 재판소는 본안에 대한 관할권을 행사할 수 없다는 것으로 나타난다. 재판소는 제3자 법익 원칙을 적용하기 위한 기준으로, 판결이 제3자의 법익에 영향을 미치는 데 지나지 않는 것이 아니라, 제3자의 권리 또는 의무에 관한 판단이 본안 판단의 주제 자체(the very subject-matter of decision) 또는 본안에 관한 결정을 내리기 위한 전제(prerequisite for determination)이어야 한다는 것이다. 재판소가 제3자 법익의 원칙에 기초하여 관할권을 행사할 수 없다고 판단한 것에 대해 Weeramantry 판사는 재판소가 지는 '사법적 판결의 의무'(judicial duty to decide)를 강조하면서, 제3자 법익을 지나치게 넓게 인정할 경우 국제재판에 불합리한 결과가 초래될 수도 있고 국제사법재판소의 관할권이 부정되었을 경우 그를 대체할 수 있는 다른 사법기관이 국제사회에 존재하지 않는다는 점을 들어 본 판결을 비판하기도 하였다.

2. 대세적 권리와 제3자 법익

Weeramantry 판사는 자결권이라는 대세적 권리는 개별자에 대한 단독적인 권리의 총체(a series of separate rights erga singulum)이므로 자결권이라고 하는 대세적 권리는 오스트레일리아에 대한 개별적 권리임과 동시에 인도네시아에 대한 개별적 권리이고 그러한 두 개별적 권리 사이에는 아무런 의존관계가 없고, 따라서 오스트레일리아에 대한 동티모르 인민의 자결권은 인도네시아에 대한 동티모르 인민의 자결권과는 무관하게 대항력을 가진다. 오스트레일리아의 의무 위반은 제3자로서의 인도네시아의 자결권에 대한 의무 위반과는 무관하게 결정될 수 있는 사항이므로 인도네시아를 제3자로 하는 제3자 법익원칙은 재판의 수리가능성에 대한 항변으로 인정될 수 없다고 본다. 그러나 이러한 주장의 타당성을 긍정하더라도 자결권이라는 대세적 권리의 주체는 동티모르 인민이며, 국가가 아닌 '동티모르 인민'은 재판의 당사자가 될 수 없다는 것, 포르투갈이 동티모르의 시정국의 지위를 가지고 그에 근거하여 동티모르 인민을 대리하여 소송의 주체가 될 수 있는지의 문제는 여전히 존재한다는 지적도 있다.[198]

---

198) 박배근, 전게서, 22면.

3. 당사자적격의 문제

본 사건에서 당사자 적격과 관련하여 두 가지 문제가 제기된다. 첫째, 포르투갈이 동티모르 문제와 관련된 분쟁에서 당사자가 될 수 있는가 하는 문제이다. 이에 대해 小田판사는 UN총회결의나 안보리 결의, UN헌장과 '식민지 독립부여선언'(1960년)등에 의한 시정국의 의무이행(정보제공 등) 등을 검토해 볼 때, 포르투갈은 동티모르의 시정국이 될 수 없으며, 따라서 본 분쟁의 대상이 되는 티모르갭의 연안국으로 볼 수 없다고 하였다. 그러므로 티모르갭에 관한 분쟁에서 당사자적격(locus standi)이 인정될 수 없다는 것이다. 한편, Vereshchetin 판사는 포르투갈을 동티모르의 시정국이라고 볼 지라도 실제로 포르투갈이 동티모르 인민을 대신하여 행동할 수 있다고 평가될 수 있을 정도로 동티모르 인민의 지지를 받고 있는가가 당사자적격에서 중요하게 고려되어야 한다고 하였다. 이런 점을 고려할 때 포르투갈은 동티모르를 대신하여 당사자적격이 인정되지 않는다고 하였다. 재판 당시 포르투갈은 1975년 이후 약 20년간 동티모르에 대한 실효적 지배를 상실하였으며, 따라서 동티모르 인민의 다수의 희망이나 의사에 관한 충분한 지식을 가지고 재판에 임하고 있다고 판단하기 어렵기 때문이라고 하였다. 당사자적격에 관한 두 번째 문제는 인민은 자결권의 주체임에도 불구하고 재판 사건의 당사자가 될 수 없다는 문제이다. 이는 국제사법재판소의 재판절차가 인민과 같이 국제법상 실질적인 권리 주체의 지위에 있는 비국가적 실체에 관련하여 부적절하다는 점을 드러내 주는 것이다. 이러한 한계를 극복하기 위해서는 인민에 대해 재판사건의 당사자적격을 인정하는 방향으로 재판소규정의 개정이 필요하다. 또한, 자결권과 같은 중요한 권리에 대한 침해를 국제사회의 일반이익의 침해로 보고, 그러한 침해에 대한 민중소송(actio popularis)을 인정하는 것도 국제사법재판소의 당사자적격과 관련된 절차적 한계를 극복하는 방안이 될 수 있다.[199]

CASE 111. 노르웨이 공채 사건[200]

I 사실관계

1. 노르웨이국가 및 노르웨이 두 개 은행은 1885년부터 1905년에 걸쳐 프랑스 및 기타 외국 시장에서 수회에 걸쳐 공채를 모집하였다. 노르웨이은행권의 태환은 제1차 세계대전 발발 이후 몇 번 정지되었으며, 1931년 부터는 회복되지 않았다. 1923년 12월의 노르웨이법은 금에 의한 지급을 약정한 금전채무로서 채권자가 명목상의 금 가액의 노르웨이은행권에 의한 지급의 수취를 거부한 자에 대해서는 채무자는 은행의 태환의무가 해제될 때까지 지급의 연기를 구하는 것을 허가하였다.

2. 이에 대해 프랑스는 이러한 일방적 결정은 외국인채권자에게는 대항할 수 없다고 주장하면서 국제재판에 부탁할 것을 제안하였으나 노르웨이는 거부하였다. 이에 따라 프랑스는 1955년 7월 이 사건을 ICJ에 일방적으로 부탁하고 노르웨이는 선결적 항변을 제기하였다. 프랑스는 선결적 항변을 본안과 병합할 것을 청구하였고, 노르웨이도 반대하지 않았으므로 재판소는 이를 인정하였다.

3. 노르웨이는 1946년 11월, 프랑스는 1949년 3월에 각각 ICJ규정 제36조 제2항의 선택조항을 수락하고 있다.

---

199) 박배근, 전게서, 25면.
200) 프랑스 v. 노르웨이, ICJ, 1957년.

Ⅱ 선결적 항변 내용

노르웨이는 총 네 개의 선결적 항변을 제기하였다. 첫째, 본 건은 국내법상의 문제이다. 설사 이 점에 관하여 의문이 있다고 하더라도 프랑스는 선택조항 수락선언 시 자기의 판단에 의하여 본질상 국내관할권에 속하는 사항을 유보하고 있으므로 노르웨이는 이것을 원용한다. 둘째, 프랑스의 선언은 강제관할권의 수락을 선언의 비준 후의 사실 또는 상태에 관한 분쟁에 국한하고 있으므로 본 건은 이에 해당하지 않는다. 셋째, 노르웨이의 두 개의 은행의 공채에 관해서는 이러한 은행이 국가와 별개의 법인격을 가지므로 프랑스의 제소는 수리불능이다. 넷째, 프랑스의 채권소유자는 사전에 국내적 구제를 다하지 않았다.

Ⅲ 판결요지

1. 판결

재판부는 12대 3으로 노르웨이는 상호주의의 조건에 의하여 프랑스의 유보를 원용할 권리를 가지며, 재판소는 본 분쟁을 심리할 권한을 가지지 않는다고 판결하였다. 또한 노르웨이의 다른 항변에 대해서는 검토할 필요가 없다고 하였다.

2. 판결이유

재판부는 프랑스가 선택조항 수락선언에 부가한 유보를 상호주의에 의해 노르웨이가 원용할 수 있다고 하였다. 프랑스는 수락선언 시 선택조항의 수락선언은 프랑스 정부의 판단에 의해 본질적으로 국내관할에 속하는 사항에 관한 분쟁에 적용되지 않는다는 유보를 부가하였다. 재판부는 재판소의 관할권은 당사국의 선언이 일치하는 범위 내에서만 존재하며, 본 건의 경우 재판소의 관할권의 기초인 당사국의 공통의 의사는 프랑스의 유보에 의해 표시된 보다 좁은 한계 내에 있다고 판단하였다. 노르웨이는 상호주의의 원칙에 의하여 프랑스와 같이 노르웨이의 판단에 의하여 본질상 국내관할권에 속하는 분쟁을 재판소의 관할로부터 제외할 권리를 가진다고 판시하였다. 재판소는 프랑스의 유보가 규정 제36조 제6항과 양립하는 여부를 검토할 필요가 없다고 하였다. 양 당사자가 유보의 효력에 관해 다투지 아니하였으므로 재판소는 유보에 대하여 그대로, 그리고 당사국이 인정하는 대로 효과를 부여한다고 하였다.

CASE 112. LaGrand 사건[201]

Ⅰ 사실관계

1. 1982년 1월 Walter LaGrand과 Karl LaGrand 형제는 Arizona 주 Marana에서 벌어진 은행강도 사건에 연루되었다는 혐의로 체포되었고 1984년 주법원에 의해 사형선고가 내려졌다. 사형집행 날짜는 Karl LaGrand는 1999년 2월 24일, Walter LaGrand는 동년 3월 3일로 정하였다.

2. 두 형제는 독일에서 태어난 독일 국민으로 인생의 대부분을 미국에서 살았지만 계속 독일 국적을 유지하고 있었다. 미국과 독일 간 의견의 대립은 있으나 1982년 4월 늦어도 1983년 중반에는 LaGrand 형제의 국적이 독일임을 미국의 관련 기관이 알았으나 독일 영사기관은 이를 인지하지 못하였다.

3. 독일영사는 1992년 6월에야 비로소 LaGrand 형제 자신들의 통지에 의해서 이 사건을 알게 되었으며 이 형제들은 또한 자신들의 권리를 Arizona 주당국이 아닌 다른 곳으로부터 알았다. LaGrand 형제가 공식적으로 미국 당국으로부터 영사면접권을 통보받은 것은 1998년 12월이었다. 이러한 사실을 원인으로 하여 독일은 미국이 파견국 국민과의 통신 및 접촉에 대해 규정하고 있는 비엔나협약 제36조[202]를 위반하여 LaGrand 형제를 재판하고 결국 처형했다는 점을 들어 소송을 제기하였다.

4. 또한 Walter LaGrand의 처형이 임박한 1999년 3월 2일에 ICJ에 잠정조치청구가 제기되었고 ICJ는 그 다음날 잠정조치명령을 내렸으나 Walter LaGrand는 예정대로 처형되었다.

Ⅱ 법적쟁점

1. 미국의 독일과 LaGrand 형제에 대한 협약 제36조 제1항(b)의 의무 위반 여부

(1) 독일의 주장

LaGrand 형제 체포 후 협약 제36조 제1항(b)의 권리를 지체 없이 알려주지 않음으로써 독일이 영사도움을 줄 가능성을 박탈하였고 그로 인해 LaGrand 형제가 처형되게 하였다. 따라서 미국은 협약상 독일에 대해 부담하는 의무 및 LaGrand 형제에 대한 의무를 위반하였다. 협약 제36조 제1항(b)의 권리의 권리는 한 당사국 영토에 들어가는 다른 당사국 국민 모두의 개인적 권리이며 이는 협약 제36조 제1항(b)의 통상적 의미가 이 주장을 뒷받침한다.

---

201) Germany v. USA, ICJ, 2001년.
202) 영사관계협약 제36조(파견국 국민과의 통신 및 접촉)
    1. 파견국의 국민에 관련되는 영사기능의 수행을 용이하게 할 목적으로 다음의 규정이 적용된다.
        (a) 영사관원은 파견국의 국민과 자유로이 통신할 수 있으며 또한 접촉할 수 있다. 파견국의 국민은 파견국 영사관원과의 통신 및 접촉에 관하여 동일한 자유를 가진다.
        (b) 파견국의 영사관할구역 내에서 파견국의 국민이 체포되는 경우, 또는 재판에 회부되기 전에 구금 또는 유치되는 경우, 또는 기타의 방법으로 구속되는 경우에, 그 국민이 파견국의 영사기관에 통보할 것을 요청하면 접수국의 권한있는 당국은 지체 없이 통보하여야 한다. 체포 구금 유치 또는 구속되어 있는 자가 영사기관에 보내는 어떠한 통신도 동 당국에 의하여 지체 없이 전달되어야 한다. 동 당국은 관계자에게 본 세항에 따른 그의 권리를 지체없이 통보하여야 한다.
    2. 동조 제2항에 언급된 권리는 접수국의 법령에 의거하여 행사되어야 한다. 다만, 동 법령은 본조에 따라 부여된 권리가 의도하는 목적을 충분히 실현할 수 있어야 한다는 조건에 따라야 한다.

(2) 미국의 주장

미국의 권한있는 기관이 LaGrand 형제에게 해당 조에 따른 통보를 즉시하지 않았다는 점에서 미국은 독일에 대해 부담하는 의무를 위반하였으며 미국은 이 위반에 대해 독일에게 사과를 하였으며 재발방지를 위해 실질적인 조치를 취하고 있는 중이다.

2. 협약 제36조 제1항(b)의 권리가 개인에게 부여되는 권리인지 여부

(1) 독일의 주장

협약 제36조 제1항(b)의 권리는 한 당사국 영토에 들어가는 다른 당사국 국민 모두의 개인적 권리이며 이는 협약 제36조 제1항(b)의 통상적 의미가 이 주장을 뒷받침 한다.

(2) 미국의 주장

협약하의 영사통보권과 면접권은 비록 개인에게 혜택을 주지만 개인의 권리가 아니라 국가의 권리이다. 개인에 대한 대우는 자국민과 통신할 국가의 권리와 밀접하게 연관된 것으로 이와 같은 국가의 권리로부터 나오는 것이지 기본적인 인권이 아니다. 또한 제36조 제1항의 시작 부분 역시 "파견국의 국민에 관련되는 영사기능의 수행을 용이하게 할 목적으로"이며, 이 문장은 동 조항이 개인의 권리를 창설할 의도라는 주장을 뒷받침하지 않는다.

3. 미국 국내법규칙으로 인한 협약 제36조 제2항 위반 여부

독일은 미국의 국내법규칙, 특히 절차적 해태이론을 적용하여 LaGrand 형제가 협약하의 주장을 제기하지 못하게 하고 궁극적으로 그들을 처형하게 함으로써 제36조에 따라 부여된 권리가 의도하는 목적을 충분히 실현할 것을 요구하는 동 협약 제36조 제2항하에서 독일에 대해 부담하는 국제 의무를 위반했다고 주장하였다. 이에 대해 미국은 독일의 주장은 기각되어야 한다고 답변하였다.

4. 미국의 잠정조치명령 준수 의무 위반 여부

(1) 독일의 주장

잠정조치가 국제연합헌장과 ICJ규정에 의해 법적 구속력이 있다. 그 근거로 실효성 원칙, 최종판결의 구속력의 필연적인 결과로서 잠정조치의 구속력, 국제연합헌장 제94조 제1항, ICJ규정 제41조 제1항 그리고 ICJ의 관행을 들 수 있다.

(2) 미국의 주장

잠정조치명령의 핵심 부분에 사용한 용어가 구속력 있는 법적 의무를 창설하기 위해 사용되는 용어가 아니라고 하면서 잠정조치명령의 용어가 법적구속력을 창설하지 않았다.

Ⅲ 판례요지

1. 미국의 협약 제5조와 제36조 제1항(b) 위반 여부

법원은 LaGrand 형제에게 그들이 체포된 후 협약 제36조 제1항(b)의 권리를 지체 없이 알려주지 않음으로써 그리고 독일이 영사도움을 줄 가능성을 박탈하여 동 협약하의 의무를 독일과 LaGrand 형제에게 부담하는 의무를 위반하였다고 결론 내렸다.

2. 협약 제36조 제1항(b)의 권리가 개인에게 부여되는 권리인지 여부

법원은 협약 제36조 제1항(b)가 "동 당국은 관계자에게 본 세항에 따른 그의 권리를 지체 없이 통보하여야 한다."라고 규정하고 있고 동 조 (c)는 구금된 자에게 영사도움을 제공할 국가의 권리는 "동 국민이 명시적으로 반대하는 경우"에는 행사 할 수 없다고 규정하고 있으므로, 이처럼 명백한 규정들은 아무런 의심의 여지가 없다고 보았다. 즉, 이 규정들은 그 의미대로 적용되어야 하며 따라서 협약 제36조 제1항은 개인의 권리도 창설한다고 판시하였다.

3. 미국 국내법 규칙으로 인한 협약 제36조 제2항 위반 여부

LaGrand 형제에 대한 유죄판결 및 형선고를 동 협약에 규정된 권리에 비추어 재검토하는 것을 허락하지 않음으로써, 미국은 동 협약 제36조 제2항하에서 독일과 LaGrand 형제에게 부담하는 의무를 위반하였다고 판시하였다.

4. 미국의 잠정조치명령 준수 의무 위반 여부

법원은 잠정조치의 효력과 관련해서 기본적으로 ICJ규정 제41조의 해석에 관한 문제로 보았다. 영문과 불문의 차이가 있어 조약법협약 제33조 제4항을 적용하여 규정의 대상과 목적을 고려하여야 하는데 본 대상과 목적이 ICJ가 구속력 있는 결정에 의해 국제분쟁의 사법적 해결기능을 완수하게 하는 것이기 때문에 잠정조치는 구속력이 있다고 결론내렸다. 따라서 이 사건에서 본 재판소의 최종판결이 있을 때까지 Walter LaGrand가 처형되지 않도록 그 처분하의 모든 조치를 취하지 않음으로써, 미국은 ICJ가 1999년 3월 3일 내린 잠정조치 명령하의 의무를 위반했다고 판시하였다.

Ⅳ 평석

1. 분쟁의 존재 유무

미국은 협약 제36조 제1항(b)에 의해 요구되는 통보를 즉시하지 않았다는 것을 인정했기 때문에 독일과 미국 사이에 분쟁이 존재하는가가 우선 떠오르는 질문이다. Nuclear Tests 사건에서의 판시에 의하면 "분쟁의 존재는 근본적으로 선결적인 문제이며 ICJ가 사법적 기능을 행사하기위한 첫째조건"이다. 또한 ICJ가 그 기능을 행사하기 위한 필수조건인 분쟁의 의의에 대해 ICJ는 East Timor Case에서 "분쟁은 법 또는 사실의 문제에 관하여 의견을 달리 하는 것, 즉 두 당사자 사이에 법적 견해 또는 이해관계가 충돌하는 것이다."라고 말한 바 있다. 본 사안에서 미국은 일관되게 자신의 권한 있는 기관이 협약 제36조 제1항(b)가 요구하는 통보를 즉시하지 않았음을 스스로 인정하고 있다. 따라서 당사국들의 의견이 불일치하지 않고 오히려 일치하며 미국이 적극적으로 반대하는 바도 없기 때문에 분쟁이 존재하지 않는다고 할 수 있으며 이는 Oda 판사가 반대의견에서 지적한 바 있다.

2. 협약 제36조 제1항(b)의 개인 권리 창설 여부

Shi 판사의 개별의견을 보면, 비록 관련된 용어의 자연스럽고 통상적인 의미가 문맥상 타당하면 그것으로 충분하고 다른 해석방법에 의존할 필요가 없는 것이 일반적이나 문장으로부터 외견상 명백한 의미가 반드시 당사자들이 의도한 바를 반영하는 것은 아니라고 한 바 있다. 또한 Shi 판사는 영사관계협약 자체가 국가의 우호관계 발전에 기여하기 위한 것이지 개인의 권리창설에 대한 언급은 없으며 제36조가 "파견국의 국민에 관련되는 영사기능의 수행을 용이하게 할 목적으로" 시작되는 것을 제시하며 제36조의 범위를 영사기능의 용이한 수행에 한정시키고 있다. 나아가 Shi 판사는 독일은 자국의 권리에 대한 미국의 침해가 미국 스스로도 인정을 한 만큼 명확해서 분쟁이라고 볼만한 것이 없어서 무리하게 개인의 권리침해 문제를 끌어들인 것이 아닌가 하는 생각이 든다고 언급하였다.

3. 잠정조치명령의 효력에 관한 판결 검토

본 사건의 중요한 점은 ICJ가 잠정조치의 효력에 대해 처음으로 판결을 내렸다는 것이다. ICJ가 인정하듯 잠정조치의 법적효력에 관한 문제는 ICJ규정 제41조의 해석에 관한 것이다. 즉, 이 문제는 ICJ 관할권의 근거가 되는 임의의정서가 요구하듯이 영사관계협약의 해석으로부터 발생하는 분쟁이 아니다. 따라서 기본적으로 ICJ는 독일의 잠정조치위반 주장에 대해 결정할 권한이 없다고 보여 진다. 또한 잠정조치란 돌이킬 수 없는 급박한 침해에 처한 '국가의 권리'를 보전하기 위한 것인데 이 사건에서는 그러한 국가의 권리가 포함된 사건이 아니다. 독일 영사기관은 LaGrand 사건을 안 이후 영사관계협약상의 영사접근권을 행사하였으므로 굳이 잠정조치로서 보호해야 할 급박성도 필요성도 없다고 보여진다. 또한 잠정조치 명령은 Walter LaGrand 의 예정된 처형 4시간 전에게 지시되었는바 미국이 잠정조치 명령을 주지사에게 전달하는 등 명령을 이행하기 위한 모든 조치를 취했다는 미국의 주장이 잘못되었다고도 보여지지 않는다.

기출 및 예상문제

독일인 A와 B는 미국에서 은행강도를 하던 중 수명의 사람들을 살해하였다. 미국에서 A와 B는 모두 사형선고를 받았다. A와 B의 체포 당시 미국은 1963년 "영사관계에 관한 협약(Convention on Consular Relations)" 제36조에 규정된 A와 B의 권리를 그들에게 고지하지 않았다. 따라서 A와 B는 모국 독일로부터 영사의 법률적 지원을 받을 수 없었다. A가 사형된 직후 독일은 B의 사형선고를 중단하는 잠정조치(provisional measures)를 내려줄 것을 국제사법법원(ICJ)에 청구하였다. 이와 관련하여 ICJ의 잠정조치의 의의와 법적 성질을 설명하시오. (40점) 2006외시

CASE 113. 콩고 영토 무력분쟁 사건203)

Ⅰ 사실관계

1. 5년 동안 6개국이 관련된 콩고 민주공화국(Democratic Republic of the Congo: 이하 'DRC')에서 발생한 무력충돌은 초기에는 Hutu족과 Tutsi족과의 인종적인 갈등에서 촉발되었으나 후에 르완다와 우간다, 짐바브웨, 나미비아 그리고 앙골라가 개입하게 되었고 후에는 DRC에 풍부한 다이아몬드, 콜탄(coltan), 錫石(cassiterite), 주석 그리고 구리를 포함한 막대한 자원에 대한 전쟁으로 변화되었다. 동 무력충돌은 제2차 세계대전 이후 가장 많은 사상자를 낳은 참혹한 전쟁으로 기록되고 있다.

2. 콩고 내전은 2003년 4월 2일, 남아프리카공화국 Sun City에서 모든 당사자들이 '콩고평화협정 최종 법안'(Final Act)에 서명함으로써 종식되었으나, 인접국인 르완다와 우간다는 콩고 동부지방에서의 무기밀매, 자원약탈을 통해서 사회적 불안을 조성하고 있다는 의심을 받아왔다.

3. 본래 DRC는 1996년 6월 23일 우간다, 부룬디 그리고 르완다를 콩고 영토에서의 무력행사를 이유로 국제사법법원(International Court of Justice: 이하 '법원')에 제소하였다. DRC는 2001년 1월 30일, 부룬디와 르완다에 대한 소송을 취하하였다가 르완다에 대해서 2002년 5월 28일 새로운 소송을 제기하였으며, 이에 대해서 법원은 2006년 2월 3일 판결에 이르게 되었다.

Ⅱ 소송경위 및 관할권의 근거

1. 소송경위

2002년 5월 28일, DRC는 르완다공화국(Republic of Rwanda: 이하 '르완다')이 UN헌장과 아프리카연합기구(Organization of African Unity) 헌장에서 보장된 콩고의 주권과 영토보전을 심각하게 침해하여 콩고의 영역에서 무력공격을 자행하였으며, 그 행동의 결과로서 인권과 국제인도법을 광범위하게(massive), 심각하게(serious) 그리고 극악하게(flagrant) 위반하였다고 주장하면서 이를 법원에 제소하였다. DRC는 소장을 접수하면서 법원규정 제41조와 법원규칙 제73조와 제74조에 따라 잠정조치의 명령도 함께 요청하였다.

DRC가 요청한 잠정조치명령의 요청에 대한 공판은 2002년 6월 13일과 14일에 열렸으며, 르완다는 관할권 결여를 이유로 본 사건을 소송목록에서 삭제할 것을 요청하였다. 공판이 열린 후 2002년 7월 10일 법원은 명령으로써 DRC의 잠정조치 요청에 대해 '일응 관할권(prima facie jurisdiction)'이 없다고 결정하였다. 법원은 또한 르완다의 소송목록 삭제의 청구 또한 기각하였다.

2002년 9월 4일, 소송절차에 대한 양 당사국의 입장을 확인하기 위하여 법원장이 소집한 회의에서 르완다는 법원규칙 제79조 제2항과 제3항의 절차에 따라 본 사건에서의 관할권과 제소 가능성의 문제가 본안심리절차 이전에 독립적으로 결정되어야 한다고 제안하였으며, DRC는 이러한 결정은 법원의 재량사항이라고 주장하였다. 결국 동 회의에서 양 당사국은 르완다가 먼저 관할구와 제소 가능성의 문제에 한정된 준비서면을 제출하고 이에 대해서 DRC가 답변서를 제출하는 것으로 합의하였다. 이에 따라 변론서와 첨부서류가 제출되었으며 2005년 7월 4일부터 8일까지 구두공판이 열렸으며 법원은 구두주장과 답변을 청취하였다.

---

203) Armed Activities on the Territory of the Congo, Democratic Republic of the Congo v. Uganda, ICJ, 2005년.

2. DRC가 제시한 관할권의 근거

DRC는 본 사건에 대한 법원의 관할권의 근거로써 ① 모든 형태의 인종차별 철폐에 관한 국제협약(이하 '인종차별협약') 제36조와 제22조 제1항, ② 여성에 대한 모든 형태의 차별철폐에 관한 협약(이하 '여성차별협약') 제29조 제1항, ③ 집단살해죄의 방지와 처벌에 관한 협약(이하 '집단살해협약') 제9조, ④ 세계보건기구헌장(이하 WHO헌장) 제75조, ⑤ 국제연합 교육과학문화기구헌장(이하 'UNESCO헌장'), ⑥ 전문기구의 특권과 면제에 관한 협약(이하 '특권면제협약') 제9조, ⑦ 고문 및 그 밖의 잔혹한, 비인도적인 또는 굴욕적인 대우나 처벌의 방지에 관한 협약(이하 '고문방지협약') 제30조 제1항 그리고 ⑧ 민간항공의 안전에 대한 불법적 행위의 억제를 위한 몬트리올협약(이하 '몬트리올협약') 제14조 제1항을 언급하였다. DRC는 더 나아가 '조약법에 관한 비엔나협약'(이하 '비엔나협약') 제66조가 많은 국제문서에 반영된 인권 분야의 강행규범(jus cogens)의 위반으로 발생한 분쟁에 대해서 법원에게 관할권을 인정하고 있다고 주장하였다.

Ⅲ 양 당사국의 주장

1. 소장에서 DRC의 주장

소장에서 DRC는 법원에 대하여 르완다가 무력행위를 통해 상기의 제 조약들이 규정하고 있는 국제평화와 안전 그리고 인권보장 의무를 위반하고 있음을 선언하고 르완다가 콩고 영역에서 군대와 기타 무력을 즉각적이고 무조건적으로 철수할 의무가 있으며 DRC가 르완다에게 책임이 있는 불법행위에 대해서 르완다로부터 보상받을 권리를 가지고 있다고 심리·판결해 줄 것을 요청하였다.

2. 서면절차에서 양 당사국의 주장

(1) 르완다의 준비서면

르완다는 법원이 콩고가 제기한 본 사건에 대해서 관할권을 갖지 않으며 더 나아가 콩고가 제기한 주장은 제소 가능하지 않다고 심리·판결해 줄 것을 요청하였다.

(2) 콩고의 답변서

콩고는 법원이 르완다가 제기한 관할권에 대한 항변과 제소 가능성에 대한 항변이 근거가 없으며, 그 결과 법원은 본 사건의 본안을 심리할 관할권을 가지며, 콩고의 제소는 그대로 제소 가능하며 소송을 계속 진행할 것을 결정해 줄 것을 요청하였다.

3. 구두절차에서 양 당사국의 주장

(1) 르완다의 주장

르완다는 법원이 콩고가 르완다를 상대로 제기한 주장에 대해서 관할권을 갖지 않으며, 관할권이 있다고 해도 콩고가 르완다를 상대로 제기한 주장은 제소 가능하지 않다고 심리·판결해 줄 것을 요청하였다.

(2) 콩고의 주장

콩고는 법원이 르완다가 제기한 관할권과 제소 가능성에 대한 항변은 그 이유가 없으므로 법원이 동 사건에 대한 관할권을 갖고 자국의 소장이 제소 가능하다고 판결하고 본안심리에 들어갈 것을 요청하였다.

IV 관할권 항변에 대한 법원의 기본적 입장

1. 판결의 범위

법원은 현 단계에서는 양 당사자 사이의 분쟁에 대한 소익과 관련한 본안 문제를 심리할 수 없으며 오로지 본 분쟁을 심리할 관할권(jurisdiction)이 있는가의 문제와 DRC의 제소가 제소 가능한가(admissibility)의 문제만을 판단할 수 있다. 또한 관할권이 있다고 결정한 경우에만 DRC의 청구에 대한 제소 가능성의 문제를 심리할 수 있다는 것이 정립된 법리이다.

2. 고문방지협약과 관할권의 근거

르완다는 자국이 동 협약의 당사국이 아니기 때문에 동 협약은 명백하게 관할권의 근거를 제공하지 않는다고 주장하였으며 DRC는 이러한 르완다의 주장에 대한 어떠한 항변도 하지 않았다. 따라서 법원은 DRC는 본 사건에서 근거로서 고문방지협약을 원용할 수 없다고 판결하였다.

3. 특권면제협약과 관할권의 근거

법원은 DRC가 특권면제협약을 관할권의 근거로서 원용하지 않았기 때문에 이를 고려하지 않는다고 판결하였다.

4. DRC의 추가적 근거

DRC는 법원의 관할권에 대한 추가적 근거로서 확대관할권이론(doctrine of forum prorogatum)과 DRC의 잠정조치 요청에 대한 2002년 7월 10일의 법원명령을 제기하였다. 법원은 먼저 DRC가 주장한 제 협약의 분쟁해결 조항을 고려하기 전에 DRC가 원용한 두 개의 관할권 기초에 대해서 심리하였다.

(1) 확대관할권이론

① **DRC의 주장**: DRC는 피고국이 변론에 합의한 것은 피고국이 법원의 관할권을 받아들인 것이며 르완다가 법원이 명령하거나 요청한 모든 절차에 순응하였으며, 국가를 대표하여 본 사건의 다른 절차에 완전하고 적절하게 출석하였다고 주장하였다.

② **르완다의 항변**: 르완다는 자국은 법원이 관할권을 갖지 못한다고 일관되게 주장하였으며 이러한 관할권에 반대할 목적으로만 법원에 출석하였다고 지적하였다.

③ **법원의 판결**: 법원의 관할권을 수락하는 방식에 대한 제약은 존재하지 않으나 피고국의 의사는 자발적이고 명백한 방법으로 법원의 관할권을 수락한다는 국가의 의사표시로 간주될 수 있어야 한다. 법원은 르완다가 분명하고 계속적으로 소송의 모든 단계에서 관할권에 반대하였으므로 르완다의 자세는 자발적이고 명백한 방법으로 법원의 관할권을 수락한다는 의사표시로 간주될 수 없다고 판시하였다.

(2) 법원의 2002년 7월 10일 명령

① **DRC의 주장**: DRC는 법원이 2002년 7월 10일 명령에서 "관할권에 대한 명백한 결여가 없기 때문에 르완다가 본 사건을 사건목록에서 삭제해달라는 요청을 받아들일 수 없다."라고 판시한 것은 법원이 관할권을 가진다는 것을 법원이 인정한 것으로 해석될 수 있다고 주장하였다.

② **르완다의 항변**: 르완다는 법원이 관할권의 명백한 결여가 없다는 사실로 인하여 단순히 관할권을 갖는 것은 아니며, 관할권의 적극적인 존재가 있는 경우에만 관할권을 가진다고 지적하였다.

③ 법원의 판결: 법원은 잠정조치명령에 대한 요청의 심리가 긴급한 것으로 판명된다면 통상적으로 이러한 명령을 결정하는 단계에서 관할권에 대한 확정적인 결정을 할 수 없다고 판시하였다. 즉, 잠정조치의 심리 단계에서 양 당사자의 주장을 모두 기각함으로써 법원은 단순히 다음 단계에서 관할권에 대한 문제를 더욱 완전하게 심리할 권리를 유보한 것으로 현재 소송단계의 목적이 바로 이에 대해 심리하는 것이라고 판결하였다.

DRC가 제기한 두개의 추가적 관할권의 기초를 기각한다고 결정함으로써 법원은 '고문방지협약'을 제외한 소장에서 언급된 제 협약의 분쟁해결 규정을 심리하게 되었다. 이에 대해서 법원은 '집단살해협약' 제9조, '인종차별협약' 제 22조, '여성차별협약' 제29조 제1항, 'WHO헌장' 제75조, 'UNESCO헌장' 제14조 제2항, '몬트리올협약' 제14조 제1항, '비엔나협약' 제66조의 순서로 심리를 진행하였다.

Ⅴ 집단살해협약에 의한 법원의 관할권

1. 양 당사국의 주장

(1) 소장에서 DRC의 주장

DRC는 르완다가 집단살해협약 제2조와 제3조를 위반하였으며 법원이 이러한 주장을 심리하기 위한 관할권의 근거로서 동 협약 제9조[204]를 원용하였다.

(2) 준비서면에서 르완다의 주장

르완다는 동 협약에 의한 법원의 관할권은 제9조 전체에 대한 유보에 의해서 적용이 배제된다고 주장하였다.

(3) 답변서와 공판에서 DRC의 항변

DRC는 동 유보의 유효성에 대해서 이의를 제기하였으며, 더 나아가 르완다가 동 유보를 철회하였다고 주장하였다.

(4) 공판에서 르완다의 항변

르완다는 동 협약 제9조의 유보를 철회하였다는 DRC의 주장을 부인하였다.

2. 유보의 철회에 대한 법원의 판결

(1) DRC의 주장

① 르완다의 유보철회행위에 대한 DRC의 주장: DRC는 르완다 정부와 르완다 애국전선 사이에 체결된 1993년 8월 4일 'Arusha 평화협정'과 이에 따라 르완다가 채택한 1995년 2월 15일 명령 No. 014/01은 "모든 국제협정에서 르완다가 행한 모든 유보의 철회를 승인한다."라고 규정하고 있으며 이로써 르완다가 인권관련 국제조약에 대해 행한 모든 유보를 철회했다고 주장하였다.

② 국제연합 사무총장에 대한 통지에 대한 DRC의 주장: DRC는 더 나아가 유보의 철회가 UN 사무총장에게 통지되지 않았다는 사실은 르완다가 입법적 문구, 즉 1995년 2월 15일 명령에서 유보 철회의 의도를 명시하였기 때문에 제3국에 대해서 원용될 수 없다고 주장하였다.

---

204) "본 협약 해석 적용 또는 이행에 관한 체약국 간의 분쟁은 집단살해 또는 제3조에 열거된 기타 행위의 어떤 것이라도 이에 대한 국가책임에 관한 분쟁을 포함하여 분쟁 당사국 요구에 의하여 국제사법재판소에 부탁한다."

③ 르완다 법무부장관의 성명에 대한 DRC의 주장: DRC는 UN 인권위원회 61차 회기에서 행한 르완다 법무부장관의 성명205)은 인권조약에 대한 모든 유보를 철회한다는 1995년 2월 르완다 정부의 결정을 국제적 수준에서 밝힌 것이며, UN인권위원회라는 국제공동체의 가장 대표적인 공적 회의에서 만들어진 동 성명은 실제로 르완다 국가를 구속한다고 덧붙였다.

(2) 르완다의 주장

① 유보철회 행위에 대한 르완다의 주장: 르완다는 'Arusha 평화협정'은 타국이나 국제공동체 전체에 대한 르완다의 어떠한 의무도 창설하지 않는 국내합의이고, 'Arusha 평화협정'과 명령 No. 014/01는 공히 "모든 국제협정에서 르완다가 행한 모든 유보의 철회를 승인한다."라고 규정하고 있는 점에 비추어 추상적인 용어를 사용하고 있다고 지적하였다. 또한 르완다는 명령 No. 014/01은 의회의 승인을 받지 않았으므로 실효되었다고 지적하였다.

② 국제연합 사무총장에 대한 통지에 대한 르완다의 주장: 르완다는 더 나아가 집단살해협약 제9조에 대한 유보의 철회를 UN사무총장에게 통지한 적이 없으며, 따라서 어떠한 철회조치도 취한 적이 없고 국제적 수준에서 이러한 공식적 행동만이 조약의 의무에 대한 국가의 명확한 입장을 구성한다고 주장하였다.

③ 법무부장관의 성명에 대한 르완다의 주장: 르완다는 UN 인권위원회에서 행한 법무부장관의 성명은 ㉠ 단순히 "장래 어느 시점에", "특정되지 않은" 인권조약에 대한 "특정되지 않은" 유보를 철회할 르완다의 의도를 재천명한 것이며, ㉡ 외교관계에서 국가를 구속하는 자동적 권한을 가진 외무부장관이 아닌 법무부장관에 의한 것이므로 구속적이지 않으며, ㉢ 소송이 개시된 후 3년이나 지나서 UN 인권위원회와 같은 회의에서 행해진 것이므로 관할권의 문제에 어떠한 영향도 가질 수 없다고 주장하였다.

(3) 법원의 판결

① 심리의 대상: 법원은 양 당사국이 첫째, 1995년 2월 15일 명령 No. 014/01의 채택으로 르완다가 집단살해협약 제조에 대한 유보를 유효하게 철회하였는가에 대한 문제에 대해서 그리고 둘째, 국제연합 인권위원회 61차 회기에서 르완다 법무부장관의 성명의 법적 효과의 문제에 대해서 서로 대립되는 견해를 가지고 있다고 판단하고 이 두 문제를 순서대로 심리하였다.

② 르완다의 유보 철회의 여부: 법원은 르완다가 집단살해협약의 다른 당사국들에 대해서 유보의 철회를 통지했다고 볼 수 없으며, 또한 통지 없이 유보의 철회가 효력을 발생한다는 어떠한 합의도 찾아볼 수 없다고 판시하였다. 법원의 견해에 의하면 명령을 채택하고 르완다 공보에 게재한 것 자체로는 이러한 통지로 볼 수 없다는 것이다. 즉, 철회가 국제법상 효력을 갖기 위해서는 국제적 수준에서 통지가 이루어져야 한다는 것이다.

법원은 동 협약이 UN 사무총장이 수탁자인 다자조약이며 통상 서신을 통해서 르완다는 유보의 철회를 통지했어야 하는데 르완다 정부가 집단살해협약에 대해서 명령에 기초한 어떠한 국제적 수준의 행위도 취하지 않았으며 르완다가 동 유보의 철회를 사무총장에게 통지하였다는 어떠한 증거도 찾아볼 수 없었다고 보았다.

따라서 법원은 르완다에 의한 1995년 2월 15일 명령 No. 014/01의 채택과 공포가 국제법상 집단살해협약 제9조에 대한 유보의 철회로서의 효력을 갖지 못한다고 판결하였다.

---

205) "르완다에 의해 비준되지 않은 몇몇 인권조약과 아직 철회되지 않은 유보는 곧 비준되고 철회될 것이다."

③ 르완다 법무장관 성명의 효력: 법원은 전권위임장을 제시하지 않아도 자국을 대표하는 것으로 간주되는 국가원수, 정부수반 및 외무부장관 이외에도 현대국제관계에서 특정 분야에서 국가를 대표하는 다른 사람이 그들의 권한하에 있는 문제에 대해서 성명을 한 경우 국가가 이에 구속되는 경우가 증가하고 있으므로 법무부장관이 특정한 상황하에서 그의 성명에 의해서 자국을 구속할 수 있다는 가능성이 원칙적으로 배제될 수는 없다고 보았다. 따라서 법원은 단순히 법무부장관이라는 기능상의 본질 때문에 그가 행한 성명이 르완다 국가를 구속시킬 수 없다는 르완다의 주장을 받아들이지 않았다.

따라서 법원은 동 성명의 법적 성격을 결정하기 위해서 그것이 만들어진 상황과 실제 내용을 심리하였다. 법원은 이러한 종류의 성명은 그것이 분명하고 특정된 용어로 만들어졌을 때에만 법적 의무를 창설할 수 있다는 것을 상기하면서 동 성명은 유보철회의 대상과 시기에 대해서 추상적이고 불확실한 언급만을 하고 있으므로 집단살해협약 제9조의 유보에 대한 철회 결정의 르완다에 의한 확인 또는 이러한 철회에 대해서 법적 효력을 갖는 르완다 측의 어떤 종류의 일방적 약속으로 생각될 수 없으며 기껏해야 매우 일반적인 범위에서 의도를 표현한 것이라 판단하였다.

상기의 이유로 법원은 집단살해협약 제9조에 대한 유보를 르완다가 철회하였다는 DRC의 주장이 근거 없다고 판결하였으며 다음으로 동 유보가 유효하지 않다는 DRC의 주장을 심리하였다.

3. 유보의 유효성에 대한 법원의 판결

(1) DRC의 주장

DRC는 집단살해협약이 강행규범(jus cogens)을 포함하고 있기 때문에 르완다를 포함한 모든 국가에 대한 일반법의 효력을 가지고 있으며 르완다의 집단살해방지협약 제9조에 대한 유보는 절대적 규범을 수호하려는 법원의 고귀한 임무를 방해하려는 것이기 때문에 효력이 부정되어야 한다고 주장하였다.

DRC는 또한 집단살해협약의 목적은 분명히 심각한 국제법의 위반이 처벌되지 않는 것을 제거하려는 것인데 반해, 르완다의 유보의 효과는 집단살해를 감시하고 처벌하는 모든 체계로부터 배제하는 효과를 갖기 때문에 협약의 대상과 목적에 반한다고 주장하였다.

(2) 르완다의 주장

첫째, 르완다는 우선 DRC의 주장대로 집단살해협약의 실체적 규정이 강행규범적 지위를 갖고 대세적 권리와 의무를 창설한다고 해도, 법원이 동티모르 사건과 본 사건 2002년 7월 10일 명령에서 판시한 바와 같이, 그것이 그 자체로 동 협약의 권리와 의무의 적용에 관한 분쟁에 대해서 법원에게 관할권을 수여한 것은 아니라고 주장하였다.

둘째, 르완다는 제9조에 대한 유보는 협약에 대한 당사국의 실질적인 의무에 관한 것이 아니라, 절차적 규정이기 때문에 협약의 대상과 목적에 반하지 않는다고 주장하였다.

(3) 법원의 판결

법원은 협약에 의해 규정된 권리와 의무는 대세적 권리와 의무이지만, 규범의 대세적 성격과 관할권의 동의의 규칙은 완전히 별개이며, 대세적 권리와 의무가 분쟁에서 문제가 되었다는 단순한 사실이 동 분쟁을 심리할 관할권을 법원에게 부여하는 것은 아니라고 보았다. 법원은 당사국이 동의한 범위 내에서만 국가에 대해서 관할권을 가지며 조약의 분쟁해결조항이 법원의 관할권을 제공한다면 그 관할권은 동 규정에 따라 설정된 한계의 범위 내에서 동 조약의 당사국에게 존재한다고 보았다.

법원은 유보가 집단살해협약 하에서 금지되지 않는다고 이전에 판결하였음[206])을 언급하면서 집단살해협약의 유보는 이러한 유보가 협약의 대상과 목적에 반하지 않는 범위에서 허용된다고 보았다. 집단살해협약 제9조에 관한 르완다의 유보는 법원의 관할권과 관련된 것이며, 협약에서 그들 자신의 집단살해 행위와 관련한 실체규정에 영향을 주지 않으므로 현 사건의 정황에서 법원은 협약의 해석, 적용 또는 이행과 관련한 분쟁을 해결하는 특정 방법을 배제한다는 문제의 유보가 협약의 대상과 목적에 반하는 것으로 간주되어야 한다고 결론내릴 수 없었다.

법원은 더 나아가 조약법의 입장에서 르완다가 집단살해협약을 수락하고 문제의 유보를 만들었을 때 가 그에 대해 아무런 반대를 하지 않았다는 점을 언급하였다.

상기의 이유로 법원은 르완다의 유보가 법적 효과를 결여한다고 인정할 수 없다고 판결하였다.

4. 법원의 판결

결론적으로 법원은 상기로부터 르완다의 집단살해협약에 대한 유보를 고려하여 동 규정은 본 사건에서 법원의 관할권에 대한 근거를 구성하지 않는다고 판결하였다.

Ⅵ 기타 제조약의 분쟁해결조항에 의한 법원의 관할권

1. 인종차별협약 제22조에 대한 법원의 판결

(1) DRC의 주장

DRC는 소장에서 르완다가 '인종차별'을 정의하고 있는 동 협약의 제1조의 의미에서 많은 인종차별 행위를 자행하였다고 주장하면서 법원이 인종차별협약 제22조[207])를 근거로 관할권을 가진다고 주장하였다.

(2) 르완다의 주장

르완다는 인종차별협약에 의한 법원의 관할권은 제22조 전체에 대한 유보에 의해서 르완다에게는 적용이 배제되었다고 주장하였다. 르완다는 동 유보는 당사국의 2/3로부터 반대가 없었기 때문에 제20조 제2항에 따라 협약의 대상과 목적에 양립하는 것으로 간주되어야 한다고 주장하였고, DRC 자신도 르완다의 유보에 대해 어떠한 반대도 하지 않았다고 지적하였다.

(3) DRC의 항변

이에 대해 DRC는 인종차별협약의 제22조에 대한 르완다의 유보는 르완다에게 협약에 의해 금지된 행위를 전혀 처벌받지 않고 자행할 수 있도록 허용하기 때문에 조약의 대상과 목적에 반하므로 허용될 수 없다고 주장하였다. 더 나아가 DRC는 인종차별의 금지는 절대적 규범이므로 동 협약 제22조에 대한 르완다의 유보는 강행규범에 반하는 것으로 효력이 없는 것으로 보아야 한다고 주장하였다. 또한 DRC는 동 유보가 '르완다 기본법'(Rwandan Fundamental Law)에서 인권과 관련된 국제문서에 붙여진 르완다의 모든 유보를 철회한 결과 실효 내지는 폐기되었다고 주장하였다.

---

206) Advisory Opinion in the Case concerning Reservations to the Convention on the Prevention and Punishment of the Crime of Genocide, I.C.J. Reports(1951)

207) "이 협약의 해석이나 또는 적용에 대하여 2개 또는 그 이상 체약국 간 분쟁이 교섭이나 또는 이 협약에 명시적으로 규정된 절차에 의하여 해결되지 않을 때 이 분쟁은 분쟁당사국이 이 해결 방법에 합의하지 않는 한 분쟁당사국 어느 일방의 요청에 따라 국제사법재판소에 회부하여 판결하도록 한다."

(4) 법원의 판결

유보가 철회되었다는 DRC의 주장에 대하여, 법원은 인종차별협약에 대한 유보의 철회에 대한 절차를 규정한 동 협약 제20조 제3항[208])에 따라 르완다가 유보의 철회 의사를 UN 사무총장에게 통지하였다는 어떠한 증거도 제출되지 않았으므로 피고국이 유보를 여전히 유지하고 있다고 결론내렸다.

유보가 무효라는 DRC의 주장에 대하여, 법원은 인종차별협약이 대상과 목적에 반하는 유보를 금지하면서 협약 제20조 제2항에서 "최소한 이 협약의 체약국 중 2/3가 유보를 반대할 경우 동 유보는 용납될 수 없거나 또는 저해되는 것으로 간주된다."라고 규정하고 있는데, 르완다의 유보는 이러한 경우로 보이지 않는다고 언급하였다.

르완다의 유보가 절대적 규범과 충돌하기 때문에 법적효력을 가지지 않는다는 DRC의 주장에 대하여, 법원은 상기 집단살해협약 제9조의 유보에 대한 DRC의 주장을 기각한 이유와 동일한 이유로 이를 기각하였다. 법원은 상기의 이유로 르완다의 인종차별협약 제22조는 본 사건에서 법원의 관할권을 설립하는 것으로 원용될 수 없다고 판결하였다.

2. 여성차별협약 제29조 제1항에 대한 법원의 판결

(1) DRC의 주장

DRC는 소장에서 르완다가 '여성에 대한 차별'을 정의하고 있는 여성차별협약의 제1조의 의무를 위반하였다고 주장하면서 법원이 동 협약 제29조 제1항[209])을 근거로 관할권을 가진다고 주장하였다.

(2) 르완다의 주장

르완다는 본 사건이 법원에 제소하기 위한 전제조건을 충족하지 못했기 때문에 법원이 여성차별협약 제29조에 근거한 관할권을 갖지 못한다고 주장하였다. 르완다에 따르면 이들 전제조건은 모두 충족되어야 하는 것으로 그 내용은 다음과 같다. 첫째, 협약의 해석과 적용에 관한 당사국 사이에 분쟁이 존재하여야 한다. 둘째, 협상에 의해서 동 분쟁을 해결하는 것이 불가능하다는 것이 증명되어야 한다. 셋째, 당사국의 하나는 반드시 분쟁을 중재에 회부할 것을 요청하여야 한다. 마지막으로 중재 요청과 법원으로의 제소 사이에는 최소 6개월이 경과하여야 한다. 르완다는 더 나아가 이러한 절차에서 제기된 반대는 법원의 관할권에 관한 것이지 DRC가 주장하는 바와 같이 청구의 허용 가능성(Admissibility of the Application)을 의미하는 것은 아니라고 주장하였다.

르완다는 첫 번째 조건 즉, 협약에 관한 분쟁의 존재에 대해서 소장이 접수되기 이전에 콩고는 어떠한 주장도 하지 않았으며 르완다가 협약을 위반하였다는 주장을 전개하거나 협약의 적용과 해석에 관한 분쟁이 있다는 제안을 한 번도 하지 않았고, 협상의 선행이라는 조건에 대해서 르완다는 지난 수년간 양국 정부대표 사이에 개최된 수많은 회의에서 동 협약에 대한 문제를 한 번도 제기한 적이 없다고 주장하였다. 마지막으로 중재요건과 관련하여 르완다는 Lusaka 평화절차의 부분으로서 양국 대표 사이에 다양한 수준에서의 정규적이고 빈번한 회합을 개최했음에도 불구하고 DRC는 중재절차를 구성하는 데 필요한 어떠한 조치도 시도하지 않았다고 주장하였다.

---

208) "유보의 철회는 그 뜻을 사무총장에게 통고함으로써 어느 때라도 행할 수 있다. 이러한 통고는 접수된 날짜에 효력을 발생한다."

209) "본 협약의 해석 또는 적용에 관한 둘 또는 그 이상 당사국 간의 분쟁이 직접교섭에 의해 해결되지 아니 하는 경우 그들 중 하나의 요구가 있으면 중재재판에 회부되어야 한다. 중재재판 요구일로부터 6개월 이내 당사국이 중재재판 구성에 합의하지 못하면 동 당사국 중 일방은 국제사법재판소 규정에 부합하는 요청에 의해 동 분쟁을 국제재판소에 회부할 수 있다."

(3) DRC의 항변

DRC는 우선 동 협약 제29조에서 규정된 전제조건을 만족하지 못한다는 것을 근거로 관할권을 반대하는 것은 실제로는 소송의 허용 가능성에 대한 항변을 구성한다고 주장하였다. 다음으로 DRC는 문제가 된 분쟁해결 규정이 4개의 전제조건을 포함하고 있음을 부인하였다. DRC에 따르면 동 규정은 두 개의 조건만을 포함하고 있으며 이는 첫째, 분쟁은 반드시 협약의 해석과 적용에 관련되어야 한다는 것과 둘째, 중재절차를 구성하는 것이 불가능한 것으로 밝혀져야 하며, 이는 중재 요청일로부터 6개월이 지나야만 확인된다는 것이다.

이들 조건의 이행에 관해서 DRC는 국제법이 한 국가의 주장을 확인하기 위한 정형화된 형식을 규정하지 않고 있으므로 협상은 보통 양 당사국 사이에서 뿐만 아니라 국제기구 체계 내에서도 이루어질 수 있다고 주장하였다. DRC는 자국이 국제기구의 중재를 통해서 또는 양 당사국 사이에 개인적 접촉을 통해서 르완다에게 항의를 함으로써 많은 이의를 제출하는 등 협상을 위한 진정한 노력을 하였지만 르완다의 악의에 의해서 진행이 이루어지지 않았다고 주장하였다. 더 나아가 르완다와의 협상을 개시 또는 진행하기에 불가능하였기 때문에 협상에서 중재로 발전해 나갈 가능성을 고려할 수 없었다고 주장하였다.

(4) 법원의 판결

법원은 동 협약 제29조는 본 협약의 해석 또는 적용에 관한 당사국간의 분쟁이 직접교섭에 의해 해결되지 아니하는 경우, 일국 요청이 있으며 중재재판에 회부되어야 하며, 중재재판 요청일로부터 6개월 이내 당사국이 중재재판 구성에 합의하지 못한 사건에 대해서 법원에게 관할권을 부여하고 있다고 언급하였다. 법원은 이들 조건이 누적적이라는 것은 제29조의 언어로부터 분명하다는 견해를 밝혔으며, 따라서 이들 조건이 본 사건에서 충족되었는지를 심리하였다.

법원은 우선 이들 조건의 충족 여부는 법원의 관할권에 관한 문제가 아니라, 제소의 허용가능성에 대한 항변이라는 DRC의 논쟁을 심리하였다. 법원은 이에 대해서 관할권은 당사국의 동의에 기초하며 국제협정의 분쟁해결 조항에 이러한 동의가 명시되면 동의가 구속되는 모든 조건은 이에 대한 한계를 구성하는 것으로 간주되어야 한다고 보았다. 따라서 이러한 조건의 심리가 관할권과 관련이 되어 있으며 소송의 허용가능성과는 관련이 없다고 판시하였다.

조건의 충족 여부와 관련하여 법원은 동 협약 제29조하에서 DRC와 르완다 간 분쟁의 존재에 대한 항변의 성격이 무엇이든 간에 동 조항은 모든 분쟁이 협상에 들어갈 것을 요청하고 있다고 언급하면서, 그럼에도 불구하고 DRC가 실제로 협약의 해석과 적용에 대한 협상을 모색하였다는 것을 입증하지 못했다고 판시하였다. 법원은 더 나아가 DRC는 협약 제29조하에서 르완다와 중재절차를 위한 노력을 하지 않았다고 언급하였다. 여성차별협약 제29조의 형식상, 중재의 구성에 대한 양국 사이의 합의의 결여는 청구국이 중재를 제안하고 이에 대해서 피고국이 아무런 답을 안 하였거나 이를 수락하지 않는다는 명백한 의도를 표명하는 것으로부터만 증명될 수 있는데 본 사건에서 DRC가 르완다에게 중재절차를 요구하였으나 르완다가 이에 답하지 않았다고 결론내릴 수 있는 어떠한 것도 제출된 문서에서 찾을 수 없었기 때문이다.

법원은 상기의 이유로 여성차별협약 제29조 제1항은 본 사건에서 법원의 관할권을 성립시키는 것으로 원용될 수 없다고 판결하였다.

3. WHO헌장 제75조에 대한 법원의 판결

(1) DRC의 주장

DRC는 르완다가 WHO의 목적과 기능에 관한 동 헌장 제1조와 2조를 위반하였다고 주장하면서 법원이 동 헌장 제75조[210]를 근거로 관할권을 가진다고 주장하였다.

(2) 르완다의 주장

르완다는 첫째, DRC가 동 문서에 의해 규정된 어떠한 의무를 르완다가 위반하였는지를 특정하지 못했으며 DRC가 주장한 규정은 오로지 제2조에 대한 언급만 있는데, 동 규정은 회원국에게 어떠한 직접적인 의무도 부과하지 않고 있으며 둘째, DRC의 주장은 콩고가 동 분쟁이 르완다의 공격행위에서 발생하였다고 소장에서 명시하고 있는 바와 같이 헌장의 해석이나 적용에 관한 분쟁에서 기원한 것으로 보이지 않으므로 동 규정은 법원의 관할권을 제공하지 않는다고 주장하였다.

르완다는 더 나아가 동 헌장 제75조는 헌장의 적용과 해석에 관한 분쟁의 존재를 요구하는 것에 더해서 법원의 관할권에 대해 두 개의 전제조건을 규정하고 있다고 주장하였다. 즉, 협상에 의한 분쟁의 해결이 불가능하다고 증명되어야 하고, '세계보건총회'에 의한 해결이 또한 불가능하다고 판명되어야 하며, 이 두 가지 조건은 DRC가 주장하는 바와 같이 선택적이 아니라 누적적이며 본 사건에서 충족되지 않았다고 주장하였다.

(3) DRC의 항변

DRC는 르완다가 전쟁의 수단으로 AIDS의 확산을 이용하고, 콩고 영토에 대한 대규모의 살인을 자행함으로써 세계 인민에게 가능한 한 높은 보건수준을 달성하려는 목적을 가진 WHO헌장을 성실하게 이행하지 않았다고 주장하였다.

또한 DRC는 WHO헌장 제75조는 분쟁을 해결하기 위한 방법으로 협상과 세계보건총회의 절차 중에서 하나를 선택할 수 있는 권리를 열어놓고 있으며, 이들 두 조건은 헌장상 단어 'or'의 용법에서 알 수 있듯이 누적적이 아니라고 주장하면서 DRC는 협상을 선택했으나 이것이 르완다의 책임으로 실패했다고 주장하였다.

(4) 법원의 판결

법원은 DRC가 르완다와 서로 대립하고 있는 WHO헌장의 해석 또는 적용에 관한 문제 또는 분쟁이 있다는 사실을 입증하지 못했다고 판결하였다. 더 나아가 DRC가 WHO헌장 제75조상의 문제 또는 분쟁의 존재를 증명하였다고 하여도 동 규정의 다른 전제조건, 즉 르완다와 협상을 통해서 문제 또는 분쟁을 해결하기를 시도하였거나 '세계보건총회'가 이를 해결할 수 없었다는 것이 증명되지 않았다고 판시하였다.

상기의 이유에 따라 법원은 WHO헌장 제75조가 본 사건에서 법원의 관할권의 인정근거로 원용될 수 없다고 판결하였다.

4. UNESCO헌장 제14조 제2항에 대한 법원의 판결

(1) DRC의 주장

소장에서 DRC는 동 기구의 목적과 기능을 규정한 헌장 제1조를 원용하여 "전쟁으로 오늘날 DRC는 UNESCO에서 임무를 수행할 수 없다."라고 주장하면서 UNESCO헌장 제14조 제2항[211]에서 법원의 관할권의 근거를 찾았다.

---

210) 본 협약의 해석 또는 적용에 관한 것으로 협상이나, 보건총회에 의하여 해결되지 아니한 문제나 분쟁은 국제사법재판소의 규정에 따라 동 재판소에 부탁되어야 한다. 단 관계당사자가 다른 해결방법에 합의하였을 경우에는 그러하지 아니한다.

211) 이 헌장의 해석에 관한 의무 또는 분쟁은 총회가 그 절차규칙에 의거하여 결정하는 바에 따라 국제사법재판소 또는 중재재판에 결정을 위하여 부탁한다.

(2) 르완다의 주장

르완다는 먼저 동 규정이 헌장의 해석에 관한 분쟁에만 법원의 관할권을 한정하고 있으며, 자국이 UNESCO 헌장상의 어떠한 의무를 위반하였는지 콩고가 분명하게 지적하지 못했고, 마지막으로 UNESCO헌장 제14조 규정된 절차와 동 조항에서 언급한 UNESCO총회의 절차규칙(Rules of Procedure)이 지켜지지 않았으므로 UNESCO헌장 제14조에 근거한 법원의 관할권을 인정할 수 없다고 주장하였다.

(3) DRC의 항변

DRC는 UNESCO헌장 제14조는 분쟁을 해결하기 위한 방법으로 협상과 총회에 대한 청원 중에서 하나를 선택할 수 있는 권리를 열어놓고 있으며, DRC는 협상을 선택했으나 이것이 르완다의 과실로 실패했다고 주장하였다.

(4) 법원의 판결

법원은 UNESCO헌장 제14조 제2항은 특정의 조건하에서 법원에게 분쟁 또는 문제에 대한 관할권을 인정하고 있지만 이는 오로지 동 헌장의 해석에 관한 문제에 한정되는데 이는 DRC의 청구의 대상이 아니며, 더 나아가 상기 규정에 의한 문제 또는 분쟁의 존재가 증명되어도 DRC는 동 규정과 UNESCO 총회의 '절차규칙' 제38조에 규정된 절차를 이용하였다고 입증하지 못했다고 판결하였다.

법원은 상기의 이유에 의해서 UNESCO헌장 제14조 제2항은 본 사건에서 관할권의 근거를 제공하지 못한다고 판결하였다.

5. 몬트리올협약 제14조 제1항에 대한 법원의 판결

(1) DRC의 주장

소장에서 DRC는 "1998년 10월 10일, Kindu에서 콩고 소속 보잉727기를 격추함으로써 르완다가 몬트리올협약을 위반하였다."라고 주장하면서 법원이 몬트리올협약 제14조 제1항[212]을 근거로 관할권을 가진다고 주장하였다.

(2) 르완다의 주장

르완다는 DRC가 몬트리올협약 제14조 제1항에서 규정하고 있는 양 당사국 사이에 분쟁의 존재를 증명하지 못했으며, 이러한 분쟁이 존재한다고 해도, DRC가 몬트리올협약 제14조 제1항에 규정되어 있는 절차적 요건을 충족했다는 것을 입증하지 못했으므로 법원이 관할권을 갖지 못한다고 주장하였다.

(3) DRC의 항변

DRC는 우선 몬트리올협약 제14조에 규정된 전제조건을 충족하지 못한 것을 근거로 법원의 관할권을 반대하는 것은 실제로는 청구의 허용가능성에 대한 반대를 구성한다고 주장하였다.

다음으로 DRC는 본 조항에서 규정된 전제조건은 분쟁은 동 협약의 적용 또는 해석에 관련이 있어야 하며 중재를 구성한 것이 불가능한 것으로 판명되어야 한다는 두 가지 조건으로 구성되어 있는데, 분쟁의 존재는 "동 협약에서 법원에게 관할권의 근거를 제공해 줄 수 있는 분쟁은 오로지 Kindu 상공에서 콩고항공 소속 항공기와 관련된 1998년 10월 10일 사건뿐이다."라고 말함으로써 르완다 자신도 인정하였고, 협상의 요건은 르완다 당국이 DRC가 '1998년 10월 10일 사건'에 대해서 몬트리올협약의 적용에 관한 문제를 논의할 것을 요청할 때마다 공석정책(empty chair policy)을 채택하였고 이후에도 르완다의 과실로 협상의 시작 또는 진보가 불가능하였기 때문에 협상에서 중재로 발전할 가능성이 없었다고 주장하였다.

---

212) 협상을 통하여 해결될 수 없는 본 협약의 해석 또는 적용에 관한 2개국 또는 그 이상의 체약국들 간의 어떠한 분쟁도 그들 중 일국가의 요청에 의하여 중재에 회부된다. 중재요청일로부터 6개월 이내에 체약국들이 중재구성에 합의하지 못할 경우에는, 그들 당사국 중의 어느 일국가가 국제사법재판소에 동 재판소 규정에 따라 분쟁을 부탁할 수 있다.

(4) 법원의 판결

법원은 몬트리올협약 제14조 제1항은 협상에 의해서 해결될 수 없고 이러한 협상의 실패 후 분쟁이 일방 당사국의 요청으로 중재에 회부되고, 만약 당사국이 중재의 구성에 동의할 수 없다면 중재 요청일로부터 6개월이 지날 것을 조건으로 법원에게 협약의 해석 또는 적용에 관한 체약국 사이의 분쟁에 대해서 관할권을 부여하고 있다고 언급하였다. 따라서 이러한 동 규정에 의하여 법원이 관할권을 갖는가를 결정하기 위해서, 법원은 먼저 양 당사국 사이에 협상에 의해서 해결될 수 없었던 몬트리올협약의 해석 또는 적용과 관련한 분쟁이 있었는가를 판단해야만 했다.

법원은 이에 대해서 DRC가 소익으로 그의 주장에 적용될 수 있는 정확한 몬트리올협약의 규정을 제출하지 못했으며, 또한 DRC가 르완다에게 중재절차가 구성되어져야 한다는 제안을 하였으며, 르완다가 이에 대해 아무런 답변을 하지 않았다는 것을 입증하지 못함으로써 중재회부와 관련한 몬트리올협약 제14조 제1항에서 요청된 조건을 충족하였다는 것을 입증하지 못했다고 판결하였다.

6. 비엔나협약 제66조에 대한 법원의 판결

(1) DRC의 주장

법원의 관할권의 마지막 근거로서 DRC는 비엔나협약 제66조[213]를 원용하면서 르완다가 당사국인 비엔나협약은 강행규범에 반하는 조약의 유효성에 관한 모든 분쟁을 법원이 판결하도록 허용하고 있다고 설명하였다. DRC는 또한 르완다의 유보가 1969년 비엔나협약 제53조상의 '일반국제법의 절대규범'에 상충하기 때문에 집단살해협약 제9조와 인종차별협약 제22조에 대한 유보는 무효라고 주장하였다.

(2) 르완다의 주장

르완다는 강행규범이 법원에게 관할권을 부여할 수 있다는 DRC의 주장이, 관할권은 심지어 강행규범의 위반의 경우에도 언제나 당사국의 동의에 의존한다는 원칙을 무시하였기 때문에 근거가 없으며 이는 대세적 의무 위반에 대해서도 마찬가지라고 주장하였다.

르완다는 또한 동 협약 제66조는 비엔나협약의 해석과 적용에 관한 분쟁의 해결을 위한 체계의 일부분이며, 모든 경우의 사건이 아니라 강행규범에 위반한다고 알려진 조약의 '유효성'에 관한 분쟁에 대해서만 법원의 관할권을 부여한다고 주장하였다.

유보의 효력에 대한 DRC의 주장에 대해 르완다는 비엔나협약 제66조는 실체법이라기보다는 관할권에 관한 절차적 규정이기 때문에 오직 조약의 규정에 의해서 국가를 구속한다고 주장하였다.

(3) 법원의 판결

법원은 집단살해협약과 인종차별협약이 먼저 발효하였으므로[214] 본 사건에서 비엔나협약에 포함된 규칙은 국제관습법으로 선언된 것을 제외하고는 적용할 수 없다고 판시하였다. 비엔나협약 제66조에 포함된 규칙은 관습법의 성격을 갖지 않으며, 또한 두 당사국이 제66조가 그들 사이에서 적용된다고 합의하지도 않았음을 언급하였다.

마지막으로 법원은 논쟁에서 대세적(erga omnes) 권리와 의무 또는 일반국제법 절대적 규범(jus cogens)이 문제가 되었다는 단순한 사실 그 자체가 법원의 관할권은 항상 당사국의 동의에 의한다는 원칙의 예외를 구성하는 것은 아니라고 판시한 것을 되풀이하였다.

---

213) 제53조 또는 제64조의 적용 또는 해석에 관한 분쟁의 어느 한 당사국은 제 당사국이 공동의 동의에 의하여 분쟁을 중재 재판에 부탁하기로 합의하지 아니하는 한 분쟁을 국제사법재판소에 결정을 위하여 서면 신청으로써 부탁할 수 있다.

214) 집단살해협약은 1948년 12월 9일에 채택되어, DRC는 1962년 5월 31일에, 르완다는 1975년 4월 16일에 각각 수락하였으며, 인종차별협약은 1965년 12월 21일에 채택되고, DRC는 1976년 4월 21일에 르완다는 1975년 4월 16일에 각각 수락하였다.

Ⅶ 결론

법원은 상기의 이유로 본 사건에서 DRC에 의해서 제시된 관할권의 근거를 받아들일 수 없다고 결정하였으며, 또한 본 소장을 심리할 관할권을 법원이 갖지 않기 때문에 제소가능성에 대해서는 심리할 필요가 없다고 결정하였다. 결국, 콩고가 제소한 본 사건에 대해서 관할권이 없다고 판결한 것이다(15 대 2).

그러나 법원은 이러한 결정이 오직 동 사건에 대해서 관할권을 갖는가의 예비적 문제에만 한정된 것이라고 강조하였다. 즉, 국가가 법원의 관할권을 수락했는지, 그렇지 않은지와는 별도로 양 당사국은 국제연합헌장, 국제인권법 그리고 국제인도법을 포함한 다른 국제법의 규칙을 반드시 준수하여야만 하며, 그들에게 귀속된 행위가 국제법에 위반한다면 여전히 책임을 지게 된다.

상기에서 법원이 판시한 바와 같이 이번의 판결은 법원의 관할권에 대한 판결이며, 르완다의 행위에 대한 판결이 아니다. 따라서 르완다의 행위에 대한 법적 판단은 아직 내려지지 않은 것이며, 만약 관할권이 인정되는 다른 법원에서 르완다의 행위에 대한 적법성의 판단이 내려지게 된다면 본 사건의 판결은 어떠한 효력도 갖지 않는 것이다.

기출 및 예상문제

아타카 지역에 위치한 A국과 B국은 국경 문제를 둘러싸고 대립하던 중, A국 국경수비대가 B국 국경수비대를 향해 소총을 발사하자, B국 정부는 이를 자국에 대한 무력공격으로 규정하였다. 이후 B국은 대규모의 군대를 동원하여 A국 영토 내로 100여km 진격한 후 A국 국경지역을 점령하였다. 아타카 지역의 C국은 B국의 군사조치에 강력히 항의하며 B국 군대가 A국 영토로부터 철수할 것을 요구하였다. B국 정부는 C국의 항의 및 요구에 대해 이는 A국과 B국 간의 문제에 대한 부당한 개입이라며 강력히 비난하였다. 다음 물음에 답하시오. (총 40점) [2021국립외교원]

(1) B국이 취한 군사조치가 UN헌장상 정당화될 수 있는지를 검토하시오. (20점)

(2) B국의 행위에 대한 C국의 조치를 2001년 국제위법행위에 관한 국가책임규정 초안을 토대로 검토하시오. (20점)

I 사실관계

1. 이 사건은 세르비아와 몬테네그로가 자국 공습에 참여한 10개 NATO 회원국을 국제법 위반이라고 ICJ에 제소하였으나 제소 당시 세르비아와 몬테네그로가 UN 회원국과 ICJ헌장 당사국도 아니었으므로 ICJ가 재판을 진행할 수 있는 관할권이 없다고 판시된 사건이다.

2. NATO는 코소보 반군에 대한 세르비아와 몬테네그로(당시는 유고연방공화국)의 탄압을 저지하기 위해 1999년 3월 24일 공습작전을 개시하였다. 코소보는 세르비아의 자치주로서 중세 세르비아 왕국이 형성되었던 곳으로 세르비아의 정신적 고향같은 곳이나 15세기 중엽 오스만 터키에게 점령당한 이후 다수의 무슬림이 거주하기 시작하여 세르비아와는 민족 구성과 종교가 상당한 차이를 나타내고 있는 곳이다. 냉전 후 구 유고슬라비아공화국이 와해되고 수 개의 국가로 분리 독립하는 와중에 코소보에서도 독립 또는 이웃 알바이나와 통합하려는 저항이 시작되었다. 세르비아와 몬테네그로는 역사적 의미가 남다른 코소보의 분리를 좌시할 수 없었으며 1998년 2월부터 코소보 해방군과 본격적인 교전에 들어갔다. 세르비아 및 몬테네그로군은 민간인 학살, 고문, 인종 청소 등 각종 비인도적 행위를 자행하였으며 NATO는 이를 저지하기 위해 1999년 3월 24일부터 공습을 개시하였다. 당초 UN 안전보장이사회(이하 안보리)의 허가를 받고 공습할 예정이었으나 러시아와 중국이 거부권을 행사하자 인도적인 개입이라는 명분 아래 독자적으로 군사행동에 돌입하였다. 세르비아와 몬테네그로는 1999년 4월 29일 UN 승인 없는 NATO의 공습은 타국에 대한 무력 사용 금지, 국내 문제 불간섭, 타국 주권 존중 등에 관한 국제법을 정면으로 위반한 것이라고 주장하고 ICJ에 미국, 독일, 이탈리아 등 공습에 참가한 NATO 회원국 10개국을 제소하였다. 제소 근거는 1948년 집단 살해 예방 및 처벌에 관한 협약(이하 1948년 협약) 제9조였다.

II 법적쟁점

1. UN 가입 여부
2. ICJ헌장 제35(2)조 적용 가능 여부

III 국제사법재판소 판단

1. UN 가입국 여부

재판부는 세르비아 및 몬테네그로의 구 유고연방 승계 선언부터 UN 신규가입까지의 1992년 ~ 2000년 기간 중 세르비아 및 몬테네그로의 UN 내 지위는 이에 대한 UN의 권위 있는 결정이 이루어지지 않아 애매모호하고 상이한 판단이 가능한 독특한(sui generis) 상태에 있었다고 정리하였다.

---

215) Yugoslavia v. 캐나다, 영, 불, 독, 이, Belgium, Netherlands, Portugal, 2004.12.15, 국제사법재판소.
216) 산업통상자원부 홈페이지(https://disputecase.kr) 게시 내용 요약 정리.

그 근거로는 UN 안보리와 총회는 세르비아와 몬테네그로가 구 유고연방의 지위를 승계할 수 없으며 새로 가입 절차를 밟아야 한다고 결의하였으나 슬로베니아, 크로아티아 등이 구 유고연방에서 분리독립할 때마다 구 유고연방의 UN 분담금에서 이들의 분담금을 공제한 잔여액을 세르비아와 몬테네그로에게 계속 부과하였고 세르비아와 몬테네그로는 구 유고연방 승계국 지위를 계속 주장하여 왔다는 점을 들었다. 세르비아와 몬테네그로가 1999년 4월 25일 ICJ의 강제 관할권을 수용하자 이를 UN 회원국에게 회람하였고 수용선언의 적법성에 대한 슬로베니아, 크로아티아 등의 의문 제기를 UN 사무총장이 묵살한 점도 제시하였다. 재판부는 세르비아와 몬테네그로의 이러한 독특한 상태는 2000년 11월 1일 UN 정식 가입과 함께 종료되었고 가입 효력은 소급되는 것이 아니며 세르비아와 몬테네그로가 구유고연방의 가입국 자격을 2000년 11월 1일 회복한 것도 아니라고 확인하였다. 재판부는 세르비아와 몬테네그로의 UN 내에서의 독특한 지위는 UN 회원국 자격에 상당한 것이 아니라고 판단하였다. 즉, 세르비아와 몬테네그로의 2000년 11월 1일 UN 가입의 법적 효력상 이들은 이전에는 UN 회원국이 아니었으며 ICJ규정의 당사국도 아니었다고 결론지었다.

2. ICJ헌장 제35(2)조 적용 가능 여부

(1) ICJ헌장 비당사국의 재판 당사국 가능 여부

ICJ 헌장 제35(2)조는 UN 회원국이 아닌 국가도 발효 중인 조약의 특별 규정에 따라 ICJ 재판의 당사국이 될 수 있다고 규정하고 있었다. UN 비회원국이 가입한 특정조약이 발효 중이고 그 조약의 분쟁해결 조항이 ICJ 관할권을 규정하고 있으면 분쟁 당사국은 UN 비회원국, 즉 ICJ헌장 당사국이 아니어도 UN 안보리가 정한 조건에 따라 ICJ 재판 당사국이 될 수 있다는 것이다. 세르비아와 몬테네그로가 이 조항을 원용하지는 않았으나 NATO 회원국 중 일부는 향후 그럴 가능성을 봉쇄하기 위하여 세르비아와 몬테네그로에게는 이 조항이 적용되지 않는다고 판결하여 줄 것을 청구하였다.

(2) '발효 중인 조약'의 해석

재판부는 '발효 중인 조약'이란 발효 시점을 특정하고 있지 않으므로 ICJ헌장이 발효할 시점에 발효 중인 조약인지 재판을 청구할 시점에 발효 중인 조약인지 해석이 상충할 수 있다고 보았다. 재판부는 ICJ 헌장 제35(2)조의 '발효 중인 조약'이란 ICJ헌장 발효 시에 발효하고 있던 조약을 의미한다는 해석은 헌장 성안 당시의 협의 기록에서 확인된다고 보았다. 이 조항은 상설국제사법재판소 헌장에 포함되어 있는 동일한 문장을 그대로 차용한 것인데 상설국제사법재판소 헌장을 작성하기 위한 협상 과정 중에 국제연맹의 회원국이 아닌 독일이 PCIJ 재판의 당사국이 될 수 있는지 여부가 논의되어 베르사유 평화 조약의 당사국은 PCIJ 재판 당사국이 될 수 있다고 합의하였고 베르사유 협약이 '발효 중인 조약'이라는 표현으로 동 문장에 서술되었다는 것이다. 재판부는 ICJ헌장 제35(2)조는 PCIJ의 해당 조항을 그대로 차용하였으므로 PCIJ헌장 교섭 당시의 정황에 근거하여 해석하여야 하며 따라서 ICJ헌장 발효 시점에 발효 중이었던 조약이라고 해석하는 것이 타당하다고 결론내렸다.

(3) 제노사이드협약(1948)의 경우

재판부는 ICJ헌장 제35(2)조의 '발효 중인 조약'은 ICJ헌장 발효 당시에 발효하고 있던 조약을 의미한다고 판정하였으며 1948년 집단살해협약의 발효일은 1951년 1월 12일이므로 1948년 ICJ 헌장 발효 당시에는 아직 발효하지 않은 상태로서 세르비아와 몬테네그로가 구 유고연방의 동 협약 가입국 지위를 승계하였는지와 무관하게 세르비아와 몬테네그로는 1948년 협약과 ICJ헌장 제35(2)조를 원용하여 ICJ 재판을 청구하거나 피소국이 될 수 없다고 확인하고 재판부는 이 사건을 심리할 관할권이 없다고 판시하였다.

CASE 115. Questions of Mutual Assistance 사건[217)218)

Ⅰ 사실관계

1. 지부티에서 프랑스 판사 사망 사건 발생

이 사건은 지부티가 수사 기록 제공을 거절한 프랑스에 대해 양국 간 형사사법 공조조약 위반이며 지부티 대통령 등 고위관리에게 프랑스가 수사기관 및 법원 출석을 요청한 것이 국제법 위반이라고 ICJ에 제소한 사건이다. 지부티는 소말리아 북부, 예멘과 마주보고 있는 인구 80만 정도의 작은 나라로 1977년 프랑스로부터 독립하였다. 1995년 10월 19일 지부티 법무부에 파견 근무 중이었던 프랑스 판사 Bernard Borrel이 지부티市에서 80km 떨어진 바위 해안에서 맨발의 속옷 차림에 상반신이 불에 탄 채로 발견되었다. 지부티 검찰은 지리한 수사 끝에 2003년 12월 자살(분신 후 실족)한 것으로 사건을 종결하였다.

2. 프랑스의 개입

1997년 4월 프랑스 검찰은 시신 발견 위치나 상태 등에 비추어 피살 가능성을 염두에 두고 독자 수사를 개시하였으며 프랑스 수사 검사는 1986년 양국 간에 체결된 사법 공조조약에 근거하여 지부티 검찰의 수사기록 및 수집증거 제공, 현장방문 지원 등을 요청하였고 필요한 협조를 제공받았다. 지부티 대통령인 Omar Guelleh와 사건 당시 대통령 비서실장이 Borrel 판사 살해에 개입되어 있다는 전 지부티 대통령 경호실 근무자 Alhoumekani의 증언도 있었다. 이후 프랑스에서는 지부티 당국에 의한 살해론이 기정사실처럼 다수 보도되었고 지부티는 이에 대해 수차례 항의하였다.

3. 지부티의 재수사 결정

2004년 5월 지부티는 동 사건 재수사를 결정하고 같은 해 11월 3일 역시 사법 공조조약에 근거하여 프랑스의 수사 기록을 제공하여 줄 것을 요청하였으나 프랑스는 국가 기밀 보호를 이유로 이를 거절하였다. 지부티는 프랑스의 자료 제공 거부는 1986년 형사사법 공조조약 위반이라고 주장하였다. Alhoumekani의 증언과 관련하여 프랑스 수사 검사는 지부티 대통령에게 참고인으로 출석할 것을 요청하는 소환장을 두 차례 발부하였으며 Borrel 판사의 미망인이 청구한 별도의 재판을 진행 중인 프랑스 법원은 지부티 검찰총장과 국방위원장이 Alhoumekani에게 증언 철회 및 위증을 압박하였다는 주장을 확인하기 위해 이들을 증인으로 소환하였다. 지부티는 대통령과 고위관리에 대한 소환장 발부가 외교관 특권 면제 위반 등 국제법 위반에 해당한다고 주장하였다.

4. 지부티의 프랑스 제소

지부티는 2006년 1월 9일 사법 공조조약 및 국제법 위반 혐의로 프랑스를 ICJ에 제소하였다. 프랑스는 지부티의 일방적인 재판 청구에 대해 동의하였으나 재판 청구서에 명기되지 않은 대통령 및 고위관리에 대한 소환장 발부 건은 동의 범위를 넘어서므로 재판부가 수리할 수 없다고 반박하였고 본안 사항에 대해서는 지부티의 주장이 근거 없으니 기각해야 한다는 입장을 견지하였다.

---

217) Djibouti v. France, 2008.6.4. 판결, 국제사법재판소.
218) 산업통상자원부 홈페이지(https://disputecase.kr) 게시 내용 요약 정리.

Ⅱ 법적쟁점

1. 확대관할권

2. 우호협력조약 위반 여부

3. 사법 공조조약에 따른 사법 공조요청 수행 의무 여부

4. 프랑스의 수사기록 불제공의 사법 공조조약 위반 여부

5. 지부티 대통령 등에 대한 소환의 적법성 여부

Ⅲ 국제사법재판소의 판단

1. 확대관할권

(1) 확대관할권의 성립 여부

지부티 재판 청구 근거가 된 ICJ재판규칙 제38(5)조는 재판부 관할권에 대한 동의를 표시하지 않은 국가에 대해 재판을 청구하였는데 해당 국가가 재판부의 관할권에 동의하면 재판 절차를 진행할 수 있다고 규정하고 있었다. 2006년 1월 9일 지부티의 재판 청구서 제출 후 프랑스는 2006년 7월 25일 ICJ에 서한을 발송하여 제38(5)조에 의거한 관할권에 동의하나 이 동의는 재판 청구의 대상이 된 분쟁과 청구서에 기재된 시비 범위 내에서 유효하다고 적시하였다. 재판규칙 제38(5)조는 1978년 ICJ 재판 규칙이 개정되면서 새로 포함된 조항으로서 통상 확대 관할권(forum prorogatum) 조항으로 불린다. 이 사건은 동 조항 신설 이후 ICJ 재판에서 최초로 원용된 사건이다.

(2) 프랑스 측 동의의 범위

프랑스는 청구의 대상이 된 분쟁에 대해서만 ICJ 관할권에 동의한 것이므로 소환장 및 영장 발부의 적법성 여부는 재판부가 관할권을 행사할 수 없다고 주장하였다. 이에 대해 재판부는 분쟁 대상이 반드시 청구서의 관련 항목에 기재된 내용을 통해서만 배타적으로 결정되지는 않는다는 점은 이미 Right of Passage 사건에서 확인되었다고 언급하였다. 동 사건에서 재판부는 청구서와 당사국의 입장문과 언급을 통해 볼 때 재판부에 제출된 분쟁은 관할권이 시비된 포르투갈 통행권 행사에 대한 인도의 방해 외에 여타 항목이 더 있다고 보았다. 재판부는 지부티 재판 청구서에 지부티 대통령과 고위 관리에 대한 소환장 및 체포 영장 발부는 국제법 위반이며 이를 취소해 줄 것을 적시하고 있고 프랑스의 관할권 수용 동의 서한의 문안을 평이하게 해석하더라도 프랑스의 동의가 청구서의 '분쟁 대상' 항목에 국한되지 않는다고 판단하였다.

재판부는 프랑스가 지부티 청구서를 제공받고 관할권 동의 서한을 발송하였으므로 당시 이미 청구서에 기재된 시비에 대해 충분히 인지하고 있었으며 청구서의 대상을 구성하고 있는 분쟁의 특정 측면을 배제하겠다는 의사가 표시되지 않았다고 판단하였다. 이에 따라 재판부는 지부티 대통령에 대한 소환 등도 재판부의 관할권에 속한다고 판시하였다.

2. 우호협력조약 위반 여부

지부티는 사법 공조요청 기각 및 대통령에 대한 소환장 발부 등은 1977년 체결된 양국 간 우호협력조약 위반에 해당한다고 주장하였다. 프랑스는 이 조약은 양국 관계의 기본 지침이나 포괄적인 협력 의사를 천명한 것으로서 법적인 의무를 구성하지는 않는다고 반박하였다. 재판부는 동 조약의 목적은 경제, 금융, 사회, 문화 분야에서의 양국 관계 발전을 도모하는 것으로서 이에 따른 협력 의무는 광범위하고 일반적인 성질의 것을 의미하며 형사 문제에서의 상호 지원은 별도의 형사사법공조조약으로 수행되는 것으로서 우호협력조약에 나열된 협력 분야에 속하지 않는다고 설명하였다. 재판부는 1986년 사법공조조약을 1977년 우호조약의 정신을 고려하여 해석할 수는 있으나 사법 공조는 1977년 조약의 협력 분야로 규정되어 있지도 않고 사법공조조약 위반이 곧 우호조약 위반을 구성하는 것도 아니라고 언급하고 지부티의 주장을 기각하였다.

3. 사법 공조조약에 따른 사법 공조요청 수행 의무 여부

(1) 사법 공조에 있어서 상호주의

지부티는 프랑스가 Borrel 판사 살해 추정 사건 수사 자료 제공을 요청한 자신의 2004년 11월 3일자 사법 공조요청을 거절한 것은 동 의무를 규정한 1986년 사법 공조조약 제1조를 위반한 것이라고 주장하였다. 지부티는 이 조항은 당사국에게 상호주의의 의무를 부과하고 있으며 프랑스 사법 당국은 지부티가 제공한 수사 정보를 수혜하였으므로 지부티는 상호주의에 입각하여 프랑스로부터 요청한 수사정보를 제공받을 자격이 있다고 보았다. 프랑스는 지부티가 프랑스 요청 정보를 제공한 것은 인정하였으나 사법 공조는 각 사안의 성격과 내용에 따라 이루어지는 것이지 상호주의에 따라 이루어지는 것은 아니라고 반박하였다. 재판부는 동 1조는 의무 수행의 상호성을 언급하고 있기는 하나 지부티가 의미하는 것처럼 상대국의 사법 공조요청을 이행하였으므로 그 결과 상대국도 동일한 요청을 수용해야 한다는 것은 아니며 개개의 공조요청은 개별적으로 검토되어야 한다고 보았다. 지부티 주장대로 상호주의 의무가 있는 것으로 제1조를 해석하면 사법 공조의 예외를 규정한 제2조가 유명무실해진다고 언급하고 재판부는 지부티는 프랑스에 제출한 공조요청의 이행을 추구함에 있어 상호주의 원칙에 의존할 수 없다고 판시하였다.

(2) 국내법에 따른다는 규정의 의미

지부티는 1986년 사법 공조조약 제3(1)조294를 근거로 상대국의 사법 공조요청을 수행할 의무는 노력이나 시도의 의무가 아니라 결과의 의무(obligation of result)로서 협조요청을 받은 국가는 이에 응해야 하며 조항 중의 '국내법에 따른다(in accordance with its law)'는 표현은 국내법에 마련된 절차를 준수한다는 의미일 뿐이라고 주장하였으나 재판부는 사법 공조요청서의 처리는 접수국 사법 당국의 결정에 달린 문제로서 국내법상의 관련 절차를 준수하는 한 접수국은 요청받은 수사기록의 제공을 보장하지 못할 수도 있다고 언급하였다.

4. 프랑스의 수사기록 미제공의 사법 공조조약 위반 여부

재판부는 지부티의 수사기록 제공요청을 거부한 프랑스의 행위가 사법 공조조약에 위반되는지 여부는 일반적으로 판단할 수 없고 사건의 내용을 구체적으로 심리해야 알 수 있다고 하였다. 지부티의 수사기록 제공요청을 전달받은 프랑스 담당 검사는 동 기록 내에 비밀로 분류된 내무부와 국방부 간의 연락 내용이 포함되어 있음을 발견하고 안보, 공공 질서, 기타 핵심 국익과 관련된 사법 공조요청은 거절할 수 있다는 1986년 사법 공조조약 2(c)를 근거로 요청받은 수사 기록 제공을 거절하였다. 지부티는 안보, 공공 질서, 국익 관련 여부는 매우 정치적인 판단으로서 일개 수사 검사가 결정할 수 있는 사항이 아니라고 반박하였다.

재판부는 사법 공조요청 수용 여부 권한은 수사 검사에게 있다는 것이 프랑스의 법규정이며 법원에서도 확인된 사항이라고 언급하고 재판부는 프랑스 법원의 판단을 수용할 수밖에 없다고 확인하였다. 다만, 프랑스는 지부티가 요청한 수사 기록을 제공할 수 없는 사유를 자세히 설명하지 않은 채 지부티에 회신하였고 지부티는 동 사유를 프랑스 언론 보도를 통해 간접적으로 인지하게 되었다. 지부티는 이는 공조요청 거절 시 사유를 밝혀야 한다는 사법 공조조약 제17조 위반이며 이로 인해 프랑스는 2(c)를 원용할 수 없다고 주장하였다. 재판부는 프랑스의 회신 내용이 소략하여 수사 기록 제공 불능 사유가 설명되었다고 볼 수 없다고 언급하고 프랑스의 제17조 위반을 인정하였다.

5. 지부티 대통령 등에 대한 소환의 적법성 여부

(1) 지부티 대통령 소환의 문제

Borrel 사건을 수사 중이던 검사는 2005년 5월 17일 당시 프랑스를 공식 방문 중이던 지부티 대통령을 참고인으로 소환하였다. 소환 요청서는 지부티 대사관에 팩스로 발송하였고 출석 일자는 다음 날 5월 18일이었다. 이 소환장은 통상의 경우와 달리 불응 시 강제 집행될 수 있다는 고지가 첨부되지 않은 일종의 구속력 없는 초청과 같은 것이었으나 외국인에 대한 소환장은 외교부를 경유하여 발송한다는 프랑스 형사 소송법 규정과 달리 지부티 측에 직접 발송되었다. 지부티는 소환장을 묵살하였으며 수사 검사는 2007년 2월 14일 소환장을 외교부를 경유하여 다시 발송하였다. 재판부는 소환장의 내용이 강제성이 있는 것이 아니므로 국가 원수가 향유할 수 있는 외국 형사 관할권으로부터의 면제를 침해한 것은 아니라고 보았다. 그러나 외교 채널을 경유하지도 않고 직접, 그것도 하루 전에 팩스로 발송한 행위는 국가 간의 예양에 합치되는 것은 아니라고 지적하고 소환장 발송이 프랑스의 국제 의무 위반에 해당하지는 않지만 사과해야 마땅하다고 판시하였다. 한편, 외교 경로를 통해 다시 전달된 2007년 2월 14일자 소환장에 대해 재판부는 강제성이 있는 요청도 아니고 프랑스 국내 규정에 합치되게 정식 절차를 거쳐 전달된 것이므로 소환장 발부가 대통령의 위엄이나 명예를 훼손한 것이라고 보지 않는다고 판시하였다.

(2) 지부티 검찰총장 및 국방위원장의 경우

프랑스 법원은 2004년 12월 6일 지부티 검찰총장 및 국방위원장에게 증인 출석 요구서를 발송하였다. Alhoumekani의 지부티 대통령 개입 증언을 철회하도록 압력을 행사하고 위증을 교사한 혐의였다. 프랑스법상 증인 출석 요구서 수용은 강행 규범이었으나 이들은 외교적 면책권을 주장하며 증인 출석 요구서를 묵살하였다. 지부티는 대통령에 대한 소환장 발부는 국제적으로 보호되는 인사의 자유 및 위엄에 대한 공격을 금지하는 국제 관습법의 확립된 원칙에 위배되는 것이라고 주장하였으며 검찰총장과 국방위원장에 대한 증인 소환 역시 '외교 관계에 관한 비엔나협약' 및 '국제적 보호 인사에 대한 범죄 예방과 처벌에 관한 협약' 위반에 해당한다고 주장하였다. 재판부는 검찰총장과 국방위원장에 대한 증인 소환과 관련하여 재판부는 외교관이 아닌 관리가 개인적인 면제권을 향유할 수 있는 국제법적인 근거는 없으며 이들이 외교관이 아니므로 외교 관계에 관한 비엔나협약은 적용할 수 없다고 언급하였다.

(3) 국가면제 향유 여부

지부티는 검찰총장과 국방위원장이 공적 기능을 수행하는 지부티의 국가기관이므로 면제권을 향유할 수 있다고 주장하였다. 이에 대해 재판부는 국가기관으로서의 면제를 주장하기 위해서는 상대국 사법기관이 동 면제를 존중할 수 있도록 사전에 통보해야 하며 해당 기관은 면제를 향유할 수 있으나 동 기관이 행한 불법행위의 책임은 해당 국가에 귀속된다고 설명하였다. 재판부는 프랑스가 지부티에 대해 시비하는 행위가 지부티의 행위이며 검찰총장과 국방위원장이 국가기관으로서 동 행위를 수행하였다고 지부티로부터 통보받은 바 없고 프랑스 법원도 그러하다고 확인하고 지부티의 국가기관 면제권 주장을 기각하였다.

Ⅰ 사실관계

1. 남오세티아 및 아브카지아와 조지아전쟁

이 사건은 러시아가 South Ossetia(남오세티아)와 Abkhazia(아브카지아)를 침공하여 조지아인에 대하여 인종차별행위를 자행·방조하였다고 조지아가 인종차별협약 위반 시비를 제기하였으나 관할권이 부인된 사건이다. South Ossetia와 Abkhazia는 법적으로는 조지아 공화국의 자치주이다. 조지안인과는 역사, 문화, 언어를 달리 하는 Ossetia인과 Abkhaz인이 밀집 거주하는 지역으로서 구 소련 당시부터 조지아와는 별도의 자치지역이었으나 소련 당국은 통치상의 편의를 위해 이 일대를 장악하고 있는 조지아의 이들 지역에 대한 영향력 확대를 묵인하여 왔다. 이에 따라 조지아는 1991년 구 소련이 해체될 때 South Ossetia와 Abkhazia를 포함하여 독립하였고 자치주 지위를 부여하였다. 현지 주민들은 조지아 공화국으로의 편입을 반대하고 별도 독립국을 수립하기 위해 무장 투쟁을 전개하였으며 러시아의 지원 아래 1992년 조지아와 전면전에 돌입하였다. 그 해 6월 조지아는 러시아와 협정을 체결하여 South Ossetia에서의 휴전과 러시아군 철수 및 피난민 귀환, 공동관리위원회 설치에 합의하였다. Abkhazia에서의 전투는 1992년 9월 같은 내용의 협정이 체결되어 중단되었다.

2. UN평화유지군 파견

UN은 분쟁 재발을 방지하기 위해 1993년 7월 UN 조지아 임무단(UNOMIG)을 이들 지역에 상주시키고 인권유린행위 등의 조사 및 예방활동과 더불어 양측 간 충돌을 방지하기 위해 러시아 등이 참여하는 CIS 평화유지군을 주둔시키기로 하였다. 조지아는 러시아가 남오세티아 및 아브카지아 분리주의자들의 저항활동을 조장, 충동하고 있다고 비난하였으며 동 지역에서의 긴장상태가 지속되어 오던 중 2008년 8월부터 오세티아 분리주의자들의 무력 항쟁이 거세지기 시작하였다. 조지아 경찰 수송 차량이 습격을 받아 다수가 사망하였으며 조지아 군은 저격병을 배치하여 보복 작전을 개시하였다. 분리주의 무장 세력은 조지아인의 주거지를 포격하였고 다수의 피난민이 발생하였다.

3. 러시아와 조지아 전쟁

2008년 8월 7일 조지아군은 남오세티아의 주도 Tskhinvali로 진군하였으며 러시아군은 평화유지 명목으로 8월 8일 남오세티아로 진입하여 양국은 전면 전쟁상태에 돌입하였다. 8월 9일에는 Abkhazia 분리주의자들이 전면적인 무장투쟁을 개시하였고 당일 러시아군이 흑해 함대를 앞세우고 Abkhazia에 상륙하였다. 러시아와 조지아 간의 충돌은 8월 12일 프랑스 대통령의 중재로 휴전이 선포될 때까지 5일간 계속되었다. 프랑스의 중재안에 대해 Abkhazia, South Ossetia, 조지아, 러시아가 8월 16일 서명함으로써 전쟁이 종료되었다.

---

219) Georgia v. Russia, 2011.4.1. 판결, 국제사법재판소.
220) 산업통상자원부 홈페이지(https://disputecase.kr) 게시 내용 요약 정리.

4. 조지아의 제소

조지아는 2008년 8월 12일 러시아가 남오세티아와 아브카지아에서 조지아인 차별행위 자행, 동 행위 조장, 방조행위를 저질렀으며 이는 모든 형태의 인종차별 철폐에 관한 국제협약 위반에 해당한다고 주장하고 ICJ에 재판을 청구하였다. 청구 근거는 동 협약의 해석과 적용에 관한 분쟁은 ICJ에 회부한다는 동 협약 22조를 원용하였다. 이 협약은 1999년 7월 2일 양국 간에 발효된 상태였다.

Ⅱ 법적쟁점

1. 분쟁의 존부

2. 분쟁해결조항 조건 충족 여부

3. 교섭 시행 여부

Ⅲ 국제사법재판소의 판단

1. 분쟁의 존부

러시아는 South Ossetia와 Abkhazia 지역에 분쟁이 존재했다면 이는 조지아와 이들 지역 간의 분쟁이지 러시아와의 분쟁은 아니며 설사 그렇다고 가정하더라도 차별금지협약의 해석과 적용에 관한 분쟁은 아니므로 동협약의 분쟁해결조항을 적용할 수 있는 분쟁 자체가 존재하지 않는다고 주장하였다. 재판부는 분쟁이란 당사자 간의 법 또는 사실에 관한 불일치, 법적 견해나 이해관계의 충돌이라는 것이 확립된 판례이며 분쟁의 존부 판단은 재판부가 객관적으로 결정할 문제이고 일방 당사자가 타방 당사자의 주장을 적극적으로 반대한다는 것이 표명되어야 한다는 판례를 원용하였다. 재판부는 분쟁 존부에 관한 재판부의 결정은 반드시 사실관계에 대한 심사를 토대로 해야 하며 분쟁은 재판 청구서 제출 시점에 존재해야 하고 이 사건 경우 제22조 규정대로 협약의 해석과 적용에 관한 것이어야 한다고 확인하였다. 재판부는 제시된 증거에 비추어 볼 때 조지아 대통령의 8월 9일 성명, 8월 10일 UN 안전보장이사회에서의 조지아 대표 발언, 조지아 외교부 8월 10일자 성명, 조지아 대통령의 8월 11일 CNN 인터뷰 등을 통해 조지아는 러시아가 조지아인에 대한 인종청소행위를 자행하고 있다고 비난하였으며 2008년 8월 12일 러시아 외교장관은 기자회견에서 조지아의 주장을 정면으로 배격하였다. 조지아는 이러한 사실도 양국 간 분쟁의 근거로 제기하였다. 재판부는 조지아의 각종 성명 등이 러시아의 침략을 규탄하는 것이기는 하나 러시아를 겨냥하여 인종청소행위를 적시하고 있고 러시아 측이 극렬히 부인하고 있으므로 양국 간에는 인종차별철폐협약상의 의무 준수 여부에 관한 분쟁이 존재한다고 인정하였다. 이에 따라 재판부는 양국 간 분쟁이 존재하지 않으므로 재판부의 관할권이 성립하지 않는다는 러시아의 항변은 기각하였다.

2. 분쟁해결조항 조건 충족 여부

러시아는 차별철폐협약 제22조의 규정상 분쟁이 ICJ에 회부되기 위해서는 사전에 2개의 절차적인 조건, 즉 교섭과 협약에 명시적으로 규정된 절차 적용이 충족되어야 하나 이러한 사실이 없으므로 재판부의 관할권이 성립하지 않는다고 주장하였다. 재판부는 교섭과 협약상의 절차를 명기한 것은 ICJ 회부 전에 이를 시도하라는 의무를 부여한 것이라고 보았다. 즉, 이 사건 경우 교섭과 협약상의 절차 적용이 먼저 시도되었을 것을 시사하고 있다고 파악하였다.

3. 교섭 시행 여부

제22조상의 교섭이 사전에 시행되었는지 여부에 관해 러시아는 교섭은 다양한 형식과 기간 등이 있을 수 있어 가변적이기는 하나 법이나 사실에 관한 입장의 교환과 합의에 이르기 위한 타협을 포함하여야 하고 교섭의 의무란 단순히 개시의 의무가 아니라 합의 달성을 위해 최대한 시도하는 의무라고 주장하였다. 반면 조지아는 상대방에 대한 단순한 항의 표명을 포함하여 당사자 간의 간접적인 의사 교환도 교섭에 해당한다는 입장을 견지하였다. 재판부는 교섭은 최소한 문제해결 의도를 갖고 상대방과 논의하려는 진지한 시도를 필요로 한다고 보았으며 러시아가 인용한 것처럼 교섭의 의무는 합의 달성을 최대한 시도하는 의무라는 점이 다수의 판례를 통해 거듭 확인되었다고 언급하였다. 재판부는 교섭하려는 진지한 시도는 교섭의 전제 조건으로서 이는 교섭의 실패, 교섭의 교착, 무익함으로 충족된 것으로 볼 수 있다는 것이 다수 판례이며 교섭 수행 여부 확인은 각 개별 사안별로 판단하여야 하고 국제 회의나 의회 외교도 교섭으로 인정된다고 언급하였다. 재판부는 제출된 자료가 나타내는 사실 관계를 살펴볼 때 2008년 8월 9일 이후 재판이 청구된 12일 기간 중에 조지아와 러시아가 인종차별철폐협약상의 문제를 협의하기 위한 교섭을 진행하였다고 볼 수 없다고 결론짓고 따라서 동 협약 제22조에 규정된 ICJ 회부 전제 조건이 충족되지 않았으므로 재판부는 이 사건에 대해 관할권이 없다고 판시하였다.

기출 및 예상문제

다음 제시문을 읽고 물음에 답하시오. (총 40점) 2021 국립외교원

(가) A국과 B국은 국경을 접하고 있다. A국의 가르타 지역은 B국과 근접한 국경지역에 있다. 가르타 지역의 주민 대다수는 B국의 다수를 차지하는 주민과 종교 및 역사적 전통을 공유하고 있기에 B국에 편입되기를 강력히 요구하고 있다. 이러한 가르타 지역 주민들이 A국 중앙정부에 대항하여 무장투쟁을 전개하자 B국은 이들의 활동을 지지하였다. A국은 가르타 지역을 제대로 통제할 수 없게 되자, 그 배후에는 B국이 있으며, B국의 적극적인 지원 하에 A국 중앙정부에 무장투쟁을 전개하고 있는 가르타 지역 분리주의자들이 A국에 우호적인 주민을 조직적으로 학대 및 추방하고 있다고 주장하였다.

(나) A국과 B국 간에는 1970년에 '양국 간 모든 형태의 차별철폐를 위한 협정'(이하 '1970년 협정')을 체결하였다. 이 협정에는 모든 형태의 차별을 금지하는 내용을 규정하고 있다.

(다) A국은 1970년 협정을 근거로 A국에 우호적인 가르타 주민에 대한 학대 및 추방을 지원하는 B국의 행위를 금지하는 잠정조치 명령을 내려줄 것을 국제사법재판소(ICJ)에 신청하였다.

(라) A국은 B국을 상대로 1970년 협정의 위반을 이유로 ICJ에 소송을 제기하였다. 이에 B국은 ICJ에 재판관할권이 없다고 항변하였다. B국의 이러한 항변에 따르면, A국이 주장하는 바는 무력사용금지 의무 위반, 국내문제 불간섭 의무 위반, 국제인도법 위반 여부일 뿐이며, 인종차별 문제에 관한 것은 아니라는 것이다. 아울러, B국은 A국이 제소하기 전에 양국 사이에 어떠한 교섭도 없었으므로, A국이 근거로 삼는 1970년 협정 제16조를 원용할 수 없기에 ICJ의 재판관할권이 없다고 항변하였다.

(마) 1970년 협정 제16조는 다음과 같이 규정하고 있다. "이 협정의 해석 및 적용과 관련해서 발생하는 모든 분쟁은 우선 양국 간 교섭에 의하여 해결한다. 단 6개월 이내에 해결이 되지 않는 경우에는 ICJ에 해당 분쟁을 회부한다."

(1) A국의 신청에 대해 ICJ가 잠정조치 명령을 내릴 것인지 여부를 결정할 때 고려할 사항을 제시하시오. (20점)

(2) ICJ의 재판관할권이 없다는 B국의 항변에 대해 ICJ가 고려할 사항을 제시하시오. (20점)

제17장 | 국가의 무력사용

CASE 117. 캐롤라인호 사건[221)]

Ⅰ 사실관계

캐나다에서 영국(당시 캐나다의 종주국)을 상대로 한 내란과정에서 발생한 사건이다. 캐나다의 독립에 호의적인 미국인들이 반란을 원조하고 있었고, 캐롤라인호는 미국 선적의 선박으로서 캐나다 반군들에게 무기, 탄약 등을 수송하던 선박이었다. 1837년 12월 29일 영국군은 미국항에 정박중이던 캐롤라인호를 급습하여 승무원과 승객 수십명을 살해하고 캐롤라인호에 방화하여 나이아가라 폭포에 낙하시켰다. 미국이 항의와 손해배상을 청구하였으나 영국은 자위권에 기초하여 정당성을 주장하였다. 양국 간 대립이 지속되었으나 1842년 영국이 미국에 사죄함으로써 종결되었다.

Ⅱ 법적쟁점

자위권의 요건 및 영국의 행위가 자위권으로 정당화되는지가 문제되었다.

Ⅲ 양국의 입장

1. 미국

미국은 자위권의 요건을 제시하면서 영국의 행위는 자위권의 요건을 충족하지 못한다고 주장하였다. 미 국무장관 Webster는 "독립국가가 영토의 불가침을 존중하는 것은 문명의 가장 필수적인 기초이다. 자위권이라는 대원칙에서 예외가 있을 수 있다는 것을 인정하지만, 그러한 예외는 필요성(necessity)이 급박하고(instant), 압도적이며(overwhelming), 다른 수단을 선택할 여지가 없고(leaving no choice of means), 숙고할 여유가 전혀 없을(and no moment for deliberation) 경우에만 허용된다는 것은 의문의 여지가 없다'고 하였다. 그러므로, Webster는 영국이 자위권행사의 정당화를 주장하기 위해서는 다음의 사실이 증명되어야 한다고 하였다;

---

221) 미국 대 영국, 1837년.

Caroline호에 승선한 사람들에 대한 경고(admonition)나 항의가 불필요하거나 이용 불가능한 것이라는 점; 동이 트는 것을 기다릴 시간적 여유가 없었으며, 범죄자와 범인(凡人)을 구별할 수 있는 상황이 아니었다는 점; 선박을 나포하여 억류시키는 것으로는 충분하지 못했다는 점 등.

2. 영국

반면 영국 외상 Ashbuton은 영국의 행동이 자위권의 조건에 합치된다고 하면서도 미국의 영토를 침범한 것에 대해서는 유감을 표하였다.

Ⅳ 평석

첫째, Webster의 언급은 당시의 관습법을 확인한 것으로 인정되고 있다. 자위권, 특히 예방적 자위권이 인정된다. 다만, 필요성과 비례성 요건을 충족해야 한다. 둘째, 전통적 자위권에서는 예방적 자위권이 인정되어, 무력공격이 발생하기 전이라도 무력사용을 하는 경우 일정한 요건하에서는 위법성이 조각될 수 있다. 그러나 현대적 자위권에서는 예방적 자위권의 인정여부에 대해 논란이 있다. 특히 UN헌장 제51조는 자위권의 요건으로 '무력공격의 발생'을 규정하고 있어서 예방적 자위권은 금지되는 것으로 해석되고 있다.

CASE 118. 핵무기 사용의 적법성에 대한 권고적 의견[222]

Ⅰ ICJ의 관할권 수락 배경

1. 권고적 의견의 요청

권고적 의견을 먼저 구한 것은 WHO이었으나, 재판부는 UN헌장 제96조상의 요건을 충족하지 못한 것으로 보아 기각하였다. WHO 권고적 의견 요청은 ICJ의 영향력을 핵무기의 금지를 위한 운동에 활용하기 위한 세계법원계획(WORLD COURT PROJECT)이라는 NGO의 활동에 영향을 받았다. WHO의 권고적 의견 요청이 기각되자 UN총회가 권고적 의견을 요청하였다. 그러나 총회가 요청한 질문은 ① 전적으로 가설적 질문이며, ② 국제법 일반에 대한 매우 추상적이고 애매한 질문이고, ③ 정치적 목적을 가진 질문이라는 점에서 논란이 있었다.

2. ICJ

강제제척사유(compelling reasons)에 해당하지 않는 한 권고적 의견 요청에 응하는 전통과 추상적인 문제인지를 떠나 모든 법률 문제에 권고적 의견을 낼 수 있으며 특정분쟁이 발생한 경우가 아니더라도 권고적 의견을 낼 수 있음을 이유로 관할권을 수락하였다.

---

222) Legality of the Threat or Use of Nuclear Weapon, Advisory Opinion, ICJ, 1996년.

Ⅱ 국제법상 핵무기의 허용성

1. 의견요지

국제사법재판소는 "국제법은 핵무기의 사용 또는 그 위협에 대해 특별히 허용하고 있지도 않으며 또한 특별히 금지하지도 않고 있다."라는 권고적 의견을 제시하였다. 이러한 의견을 제시함에 있어서 다음과 같은 다양한 국제법을 검토하였다.

2. 조약

(1) 평시 국제법

① 시민적 · 정치적 권리에 관한 국제규약: 제6조상의 생명권(누구도 자의적으로 자신의 생명을 박탈당하지 않을 권리)의 적용 여부가 논란이 되었으나, ICJ는 "전시 특정무기의 사용을 통한 생명의 손실이 동 규약 제6조를 위반하는 생명의 자의적인 박탈인지의 여부는 동 규약 제6조에 의해서가 아니라 무력충돌법상의 관련 규정에 의해 결정된다."라고 하였다.

② Genocide협약: 핵무기의 사용이 제노사이드협약 제2조에 해당하는지가 검토되었다. 재판소는 "핵무기가 제집단의 전부 또는 일부를 '멸절시킬 의도(intent to destroy)'로써 사용되는 경우에 한하여 제노사이드협약을 위반하게 된다."라고 판단하였다.

③ 환경의 보호에 관한 규정: 핵무기의 사용이 환경법상의 제원칙을 위반할 것인가에 대해서, 재판정은 환경의 보호에 관한 현행 국제법은 핵무기의 사용을 특별히 금지하지 않으나 환경의 존중이라는 일반적 국가의무에 비추어 환경에 관련된 무력충돌법의 원칙에 합치되도록 고려되어야 한다고 결정하였다.

④ 평시국제법의 적용가능성: 이러한 평시의 국제법이 무력충돌상황에서 무제한적으로 적용될 수 없다. 핵무기의 사용을 규율함에 있어서 가장 직접적으로 적용 가능한 규범은 UN헌장, 무력충돌에 적용 가능한 법 및 핵무기 관련 특정조약에 내포되어 있는 무력의 사용에 관한 법이다.

(2) 제네바가스의정서

헤이그 독가스금지선언, 헤이그부속규칙 제23조등에 규정된 독성무기 사용 금지의 원칙이 핵무기에 적용되는지 검토하였다. ICJ는 제조약상의 금지는 독 또는 질식성 효과에 의한 살상을 주된 목적으로 하는 무기에 한정되며 각 체약국들은 핵무기 문제를 당연히 배제하는 것으로 인식하여 왔다고 판단하였다.

(3) 핵무기에 관한 제조약

앞서 언급된 핵실험규제, 핵무기의 확산방지, 핵무기의 실질적 감축 등의 조약이 사실상 핵무기 사용을 전면적으로 금지하는 것과 같은 결과를 추론할 수 있을 것인지에 대해 ICJ는 동 조약들이 장차 핵무기의 사용을 일반적으로 금지할 전조를 제공하는 데 지나지 않으며 그 자체에 금지를 내포하는 것은 아니라고 결론을 지었다.

(4) UN총회의 제결의

총회 결의의 규범적 가치를 인정한다고 해도, 핵무기 사용의 위법성에 관한 법적 확신은 존재하지 않는다고 판단하였다.

3. 국제관습법

우선, ICJ는 실질적 관행과 법적 확신에 의해 관습법이 성립함을 재확인하면서 법적확신의 존재 또는 출현을 핵억지정책과 UN총회 제결의를 기초로 검토하였다. 핵억지정책에 대해서는 핵무기 사용의 위법성에 대한 찬반 양론이 심각하게 나뉘어진 것을 근거로 법적확신이 존재한다고 결정할 수 없다고 하였으며, UN총회 결의 또한 핵무기 사용의 위법성에 대한 법적 확신의 증거로는 부족하다고 하였다.

Ⅲ 핵무기와 UN헌장

ICJ는 UN헌장 제51조에 따른 자위권 행사의 수단으로서 핵무기가 사용될 수 있는가, 특히 핵무기가 비례성의 원칙을 충족시킬 것인가에 대해 검토하였다. 이에 대해 재판정은 명확한 답변을 회피하고, 다만, 자위의 수단으로서 비례성의 요건을 갖춘 핵반격을 가할 수 있다고 믿는 국가는 핵무기의 본질과 그 사용에 따른 위험을 더 깊이 고려해야 한다고만 언급하였다.

Ⅳ 핵무기와 국제인도법

1. 의견요지

재판소는 "핵무기의 사용 또는 그 위협은 무력충돌에 적용되는 국제법의 제규칙, 특히 국제인도법의 제규칙과 원칙에 일반적으로 반한다. 그러나 국제법의 현상황 및 본 재판소가 다룰 수 있는 사실적 요소에 비추어 국가 존립 자체가 위태로운 상황하에서 자위의 수단으로써 행사되는 핵무기의 사용 또는 그 위협이 위법인지 합법인지에 관해서는 결론을 낼 수 없다."라는 의견을 제시하였다.

2. 국제인도법의 제규칙과 원칙

특히, 구별의 원칙(principle of distinction), 불필요한 고통의 금지 원칙, 그리고 중립의 원칙 및 Martens 조항의 위반 여부를 검토하였다. 구별의 원칙이란 민간인과 전투원 그리고 민간물자와 군사목표를 구분하여 전자를 최대한 보호함을 목적으로 하는 원칙이며, 불필요한 고통의 금지 원칙이란 전투에서 불필요한 고통이나 또는 과다한 상해를 유발하는 성질의 무기 내지 방법을 금지하는 국제인도법상의 원칙이다. 또 마르텐스조항은 전투수행에 대한 조약이 존재하지 않는 경우에도 충돌당사국이 확립된 관행 및 인도상의 원칙, 공중양심에 입각한 국제법의 제원칙에 의하여 여전히 규제받는다는 원칙이다. 재판정은 "핵무기의 고유한 특성에 비추어, 그 사용이 국제인도법의 원칙과 양립할 수 없을 것으로 추정되나, 필연적으로 반할 것이라는 확신을 이끌어 낼 수 있는 충분한 기초를 가지지 못한다."라고 하였다.

3. 극단적 상황하에서의 자위권

자위권의 행사수단으로서 핵무기의 사용이 국제인도법의 원칙에 위반하는 상황을 상정할 수 있다. 이 경우 핵무기의 사용의 합법성에 대한 판단에 관한 문제이다. ICJ는 "국가의 존립이 위태로운 상황하에서 자위의 수단으로써 행사되는 핵무기의 사용 또는 그 위협이 위법인지의 여부에 관해서는 결론을 낼 수 없다."라고 판단하였다. 즉, 자위권 행사의 수단으로서의 핵무기의 사용 시에는 국제인도법의 일반적 적용으로부터 제외될 수 있음을 추론할 수 있다.

Ⅴ 핵군축을 위한 교섭 의무

ICJ는 각종 핵군축 조약에서 규정하는 핵군축 의무를 적시하면서 단순히 교섭에 임할 의무일 뿐 아니라 구체적인 결과를 도출해내기 위한 최종협상으로 이끌어 나갈 의무라고 하였다.

Ⅵ 권고적 의견에 대한 평가

1. 관할권

본 사안의 관할에 대해서는 고도의 입법론적 접근이 요구되는 정치적 성격의 문제이며 ICJ의 관할권 행사가 UN의 다른 기관에서 진행되는 핵군축에 부정적 영향을 미칠 수 있음을 이유로 논란이 있었음에도 ICJ는 이런 주장을 배척하고 관할권을 행사함으로써 "사법적극주의"(judicial activism)에 접근하였다. 한편, 권고적 의견 요청의 요건에 관한 헌장 제96조 해석에 있어서 UN총회와 WHO를 달리 취급한 것은 정당하다고 본다.

2. 핵무기 사용의 위법성의 평가

위법성의 평가에 있어서는 소극적인 태도를 보인 점을 부인할 수 없다. 특히 제네바 가스의정서가 규율하는 무기의 종류를 지나치게 좁게 해석한 점과, 핵무기의 국제인도법 위반 가능성의 검토에 있어 현재 개발된 전술핵무기를 그 종류, 기능, 효과 등을 기준으로 세분해서 검토하지 않은 점이 아쉬운 점으로 지적된다.

3. 법적 추론의 형식과 법의 흠결

권고적 의견의 전체적인 법적 추론의 특징은 '일반적 허용의 원칙'을 인정하지 않았다는 것과 '국제법의 완전성'을 전제하고 있지 않는 것이다. 만약 일반적 허용의 원칙을 인정한다면 핵무기의 위법성을 판단하기 위해 핵무기 사용을 허용하는 국제법의 규칙이 존재하는지의 여부를 고찰할 필요가 없었기 때문이다. 또한 이러한 ICJ의 태도는 국제법상 합법성 판단을 위해 적용되어야 할 국제법 규칙이 존재하지 않는 경우가 있음을 보여주는 것이다.

CASE 119. 로커비 사건[223)]

Ⅰ 사실관계

1. 1988년 12월 21일, 미국의 민간 여객기인 Pan Am 제103호기가 스코틀랜드의 로커비 상공에서 폭발하여 259명의 승객과 승무원, 11명의 로커비 주민이 사망하였다.

2. 영국과 미국의 관계당국이 조사한 결과, 기내에 설치된 시한폭발장치로 인해 폭발이 일어났으며, 이 폭발에 리비아인들이 연루되어 있음을 가리키는 증거가 있다는 결론을 내렸다.

---

223) Questions of Interpretation and Application of the 1971 Montreal Convention Arising from the Aerial Incident at Lockerbie, Libya v. UK, ICJ, 1992년.

3. 1991년, 스코틀랜드 검찰관은 두 명의 리비아인을 살인공모, 살인 및 항공안전법 위반혐의로 기소했으며 미국 콜롬비아 지방법원도 위 두 명을 항공기 폭파 혐의로 기소하였다.

4. 양국은 이러한 사실을 리비아에 통지하면서 피고인들이 리비아 관리라고 주장하고, 이들을 각기 자국의 당국에 인도해줄 것을 요청하였다. 그러나 리비아는 이에 대하여 수사에 협력할 용의는 있으나 자국 헌법 규정상 자국민을 인도할 수 없다는 태도를 취했다.

5. 안전보장이사회(이하 안보리)는 영국과 미국의 요청에 응할 것을 리비아에 촉구하는 결의 제731호를 통과시켰고, 리비아는 40일 이후 영국과 미국을 상대로 이 사건에 관한 ICJ 소송절차를 개시하였다. 이와 동시에 리비아는 영국과 미국으로 하여금 리비아 이외의 관할권 하에서 기소된 자들에 대해 그들을 인도하도록 리비아에 강제 또는 강요하려는 여하한 행동도 취하지 못하도록 할 것과, 리비아가 청구한 법적 절차에 관해 여하한 방식으로도 리비아의 권리를 해할 우려가 있는 어떠한 조치도 취해지지 않도록 보장할 것을 내용으로 하는 잠정조치를 ICJ에 요청하였다.

6. ICJ가 이에 대해 심사하는 도중, 안보리는 리비아에 제재를 부과하는 내용의 두 번째 결의 제748호를 채택했다. 이어 리비아에 대한 항공봉쇄를 골자로 한 결의 제883호를 채택했다. 이에 따라 안보리와 ICJ의 병행적 권한행사 문제가 대두되었다.

Ⅱ 법적쟁점 – 본안 전 항변

1. ICJ의 관할권 존부

리비아는 이 사건에 적용될 수 있는 유일한 법적 문서는 1971년 몬트리올협약이라는 전제에서 출발하였다. 즉 동 협약 제5조 내지 제8조 규정들을 근거로 문제의 두 리비아인들을 인도하지 않을, 그리고 이들에 대한 형사재판관할권을 행사할 권리가 자국에 있으므로, 따라서 영국과 미국이 이를 위반했으며 여전히 위반하고 있다고 주장하였다. 또한 영국과 미국이 협약 제11조(1)에 따라 사법공조의 의무를 다하지 않았다고 하였다. 그러나 영국과 미국은 리비아가 이 사건에 관하여 그들 간 법적 분쟁이 존재한다는 사실을 입증하지 못했으며, 설사 그러한 분쟁이 존재하더라도 그것은 리비아가 언급한 몬트리올협약의 해석 또는 적용에 관한 분쟁이 아니라고 주장하였다.

2. 본안 전 항변 – 소의 수리적격성

영국과 미국은 설사 이 사건에 대한 ICJ의 관할권이 확립되었다고 하더라도 안보리 결의 제731호, 제748호, 제883호가 채택된 이상 이 사건을 수리할 수 없다고 주장하였다. 즉, 이 사건은 이제 몬트리올 협약이 아니라 UN헌장 제7장에 따라 채택된 안보리 결의가 규율하며, 이 결의들은 헌장 제103조에 따라 여하한 협약에도 우선하므로 ICJ는 동 협약을 근거로 제기한 리비아의 청구를 수리할 수 없다고 선언해야 한다는 것이다. 더 나아가 양국은 안보리 결의로 인해 리비아의 청구에 대한 ICJ의 여하한 판결도 아무런 실익이 없을 것이라는 이른바 mootness의 법리를 원용하였다. 본안 판결의 실익이 없다는 영국과 미국의 항변에 대해 리비아는 이것이 전적으로 본안적 항변으로서의 성격을 지닌 것은 아니라고 주장함으로써, ICJ규칙 제79조(7)에 따라 본안 단계에서 이 항변을 다룰 수 있다는 점을 제시하였다.

Ⅲ 법원의 판단

1. ICJ의 관할권 존부

법원은 우선 이 사건이 몬트리올협약에 따라 규율되어야 하는지 여부가 다투어지고 있을 뿐 아니라 이 다툼은 협약의 해석 및 적용에 관한 문제에 해당하며, 또한 두 피의자들의 소추와 처벌 및 형사사법공조에 관한 양측의 태도에 비추어 동 협약 제7조 및 제11조의 해석 및 적용에 관한 분쟁 또한 존재한다고 판시하였다. 아울러 리비아가 자국에 대한 무력 위협을 구성한다고 주장한 영국과 미국의 조치에 대해서도, 그것이 몬트리올협약의 규정들과 저촉되는 한 그 조치의 합법성 여부는 ICJ 자신이 결정해야 한다고 밝혔다.

2. 소의 수리적격성

ICJ는 수리적격을 결정하기 위한 유일한 기준시점은 제소일자임을 지적하였다. 즉, 제소일자 이후의 사태는 이미 확립된 수리적격성에 영향을 미치지 않는다는 것이다. 이러한 견지에서 ICJ는 안보리결의 제748호와 제883호가 구속력 있는 결의라고 할지라도 제소일자 이후에 채택되었음을 지적하고, 이에 대한 영국과 미국의 항변을 배척하였다.

본안 판결의 실익이 없다는 항변에 대해서도, ICJ는 리비아의 주장을 인용함으로써 이 항변에 대한 판단을 본안 단계로 미루어 놓았다. 이에 덧붙여, 법원은 영국과 미국의 항변이 실제로는 본안의 주 계쟁사항인 다음의 두 가지 결정을 요청하고 있다고 하였다. 즉, 리비아가 주장하는 몬트리올협약상의 권리가 안보리 결의들에 따른 그 의무와 양립할 수 없다는 결정과, 그 의무가 헌장 제25조 및 제103조에 의하여 몬트리올협약상의 권리에 우선한다는 결정이다. 전자는 안보리 결의의 해석을, 후자는 ICJ에 의한 안보리결의의 합법성 심사라는 문제를 제기하는 것이다.

Ⅳ 평석

동 사건에서 ICJ는 관련 안보리결의들의 해석 및 그 법적 효과 문제를 본안 단계의 과제로 미루어놓았으나, 이 사건 당사국들은 법정 밖에서 두 피의자들을 제3국에서 재판하기로 하는 정치적 해결을 진척시켰고, 안보리도 그러한 해결을 승인하는 취지의 결의 제1192호를 채택함으로써 이 문제에 대한 ICJ의 판단이 나올 전망은 불투명해졌다. 그러나 헌장의 제정 경위와 후속 실행 및 판례에 비추어볼 때, 안보리결의의 합법성 문제가 ICJ의 관할권으로부터 원천적으로 배제되었다고 단정할 수는 없을 것이다. 다만 그러한 문제에 대한 ICJ의 판단은 그 관할권상의 제약이 있다는 점과, 그 판단이 직접 안보리를 구속하지도 않으며 또 UN 회원국 일반을 구속하는 것도 아니라는 한계를 지니고 있으므로, 두 기관의 결정이 저촉되는 경우에 발생할 실제적 곤란과 공신력 손상은 피하기 어려울 것이다.

Ⅰ 사실관계

이 사건은 미국적 유조선과 미 해군함정이 각각 이란의 미사일과 기뢰공격을 받은 데에 대한 보복으로 미국이 이란의 해상 원유시설을 공격한 것이 1955년 미 – 이란 우호경협영사조약(이하 1955년 조약) 위반이라고 이란이 제소한 사건이다.

1980년 이란 – 이라크 전쟁이 발발하자 양국은 교전상의 편의와 민간선박의 피해 예방을 위해 항해 금지 구역을 설정하였다. 1984년 이라크는 이란산 원유를 수송하는 민간 유조선을 공격하기 시작하였고 이란도 반격하자 1984년 ~ 1988년간 다수의 민간 선박과 중립국 해군 함정이 전투기, 미사일, 기뢰 등에 의해 피해를 보게 되었다. 다수의 국가는 페르시아만을 항해하는 자국 선박의 안전을 확보하기 위해 군함 파견 등 다양한 조치를 시행하였다. 쿠웨이트는 1986년말부터 자국 유조선을 영국, 미국에 등록하여 이들 국가 국기를 게양하고 항해하게 하였으며 미국은 실제 국적을 불문하고 자국기를 게양한 선박에 대해서 1987년 7월부터 군함으로 호위하기 시작하였다. 영국, 프랑스, 이탈리아 등도 유사한 조치를 시행하였다.

이러한 와중에 1987년 10월 16일 미국에 치적한 쿠웨이트 유조선 Sea Isle City호가 쿠웨이트 인근에서 미사일 공격을 당한 사건이 발생하였다. 미국은 이란의 소행으로 단정하였고 10월 19일 페르시아 공해상에 있는 이란의 원유 시추 및 정제시설 세 곳을 공격한 후 자위조치였다고 국제연합에 보고하였다. 1988년 4월 14일에는 민간선박 호위작전을 마치고 귀환 중이던 미 해군 USS Samuel Roberts호가 부유 기뢰에 의해 폭파되었다. 사망자는 없었다. 미국은 이란이 부설한 기뢰에 피폭당한 것이라고 주장하고 나흘 후인 4월 18일 해상 원유시설 두 곳을 공격하고 역시 자위권 행사라고 주장하였다. 이 작전은 원유시설 두 곳만을 공격한 것이 아니라 아예 사마귀 작전(Operation Praying Mantis)이라는 명칭하에 대규모 보복작전을 전개한 것으로 항공모함까지 동원하여 원유 시설 외에 다수의 이란 해군함정을 격침시켰다.

이란은 미국의 두 차례 공격행위가 1955년 조약에 위반된다고 주장하고 1992년 11월 2일 미국을 ICJ에 제소하였다. 미국은 군사적인 무력 사용은 이 조약 적용 대상이 아니라는 이유로 ICJ의 관할권을 부인하였으며 설사 인정된다 하더라도 동 조약상의 안보상 필요조치에 대한 면책조항에 의거하여 위법성이 조각된다는 반론을 제기하였다. 아울러 오히려 이란이 미국에 대해 각종 적대행위를 자행하였으며 이는 1955년 조약 위반에 해당한다는 반대 항변을 제기하기도 하였다.

Ⅱ 관할권

1. 미국의 주장

미국은 1955년 우호조약은 무력 사용에는 적용되지 않는다고 주장하고 ICJ의 관할권을 부인하였다. 미국은 1955년 조약은 타방 당사국 영토 내에서의 일방 당사국의 재산과 이권 보호, 교역 · 산업 · 재정상의 활동에 있어서 공평하고 비차별적인 대우 보장 등 주로 상무와 영사에 관한 것으로서 무력 사용과는 무관한 조약이라고 주장하였다.

---

224) 국제사법재판소, Iran v. USA, 2003.11.6. 판결.
225) 산업통상자원부 홈페이지(https://disputecase.kr) 게재 내용 요약 정리.

2. 재판부 판단

재판부는 1955년 조약은 체약국에게 다양한 의무를 부과하고 있으며 이 의무와 합치되지 않는 체약국의 행위는 불법이고 타방 체약국의 조약상의 권리를 무력으로 위반하는 것은 여타의 수단을 활용하여 위반하는 것과 마찬가지로 불법적이라고 언급한 후 무력사용과 관련된 문제는 그 자체로 1955년 조약의 관할 범주에서 제외되지 않는다고 판정하였다.

Ⅲ 자위권 문제

1. 미국의 자위권 주장

본안 심리가 개시되자 미국은 자신의 이란 원유시설 공격은 자신의 안전을 보장하기 위한 자위 조치였으므로 안보상의 이익 보호를 위한 조치를 시행할 수 있다고 규정한 1955년 조약 제20(1)조(d)에 의해 정당화된다고 주장하였다.

2. 자위권 발동 요건

재판부는 동일한 문안이 미국 – 니카라구아 우호조약에도 포함되어 있어 Militarty and Paramilitary Activities 사건에서 미국이 동일한 항변을 제기한 바 있음을 환기하고 동 사건 재판부가 해당 조치는 의도한 목적 달성에 필요해야 하며 필요성 여부는 당사국이 주관적으로 판단하는 것이 아니라 재판부가 평가하는 것이라고 판시한 점과, 해당 조치가 자위조치로 인정되기 위해서는 이에 관한 국제법상 필요성 외에 비례성도 충족해야 한다고 판시한 점을 확인하였다. 재판부는 같은 기준을 적용하여 미국의 공격행위의 적법성 여부를 자위조치에 관한 국제법의 견지에서 1955년 조약 제20조(1)(d)를 토대로 판단해야 한다고 보았다. 재판부는 자위조치가 성립하기 위해서는 우선 상대방의 무장공격이 선행되어야 하고 자위조치의 필요성과 최초의 무장공격에 대한 비례성이 충족되어야 한다고 보았다.

3. 이란의 선제공격 여부

1987년 10월 19일 4척의 미 해군 구축함은 이란의 Reshadat 해상 원유 복합 설비군의 R-3, R-4, R-7 3개 시추시설을 공격하였다. 당초 R-4는 공격 대상이 아니었으나 포격범위 내에 소재하는 점이 공격 중에 발견되어 공격하였다. 공격 당시 이들 시설은 이전의 이라크군의 공격으로 인해 복구 공사가 진행 중이어서 가동하고 있지는 않았다. 미국은 공격 후 UN 안보리에 1987년 10월 16일 미국 치적선 Sea Isle City호가 이란으로부터 Silkworm 지대함 미사일 공격을 받은 데 대응하여 UN헌장 제51조상의 자위권을 행사, Rashadat 시설을 공격했다고 보고하였다. 미국은 이 시설이 미군 함정의 기동상태를 레이더로 감시하였으며 비전투 선박을 공격하는 소형 선박의 기지였고 미군 헬기에 대해 발포하였다고 주장하였다. 재판부는 Rashadat 공격행위가 자위 조치로 정당화되기 위해서는 우선 Sea Isle City호에 대한 미사일 공격이 이란에 의해 수행되었다는 점이 입증되어야 한다고 설명하였다. 재판부는 여러 증거를 검토한 결과 이란에 의한 공격이 명확하게 입증되지 못하였다고 판시하였다.

4. 자위조치의 필요성 충족 여부

자위조치의 필요성과 비례성 심리에 앞서 재판부는 Military and Paramilitary Activities 사건에서 국제 관습법상 무장공격에 대한 대응조치의 적법성 여부는 자위조치로 채택된 수단의 필요성과 비례성 기준 준수 여부에 달려 있다고 판시되었으며 무장공격에 비례적이고 그에 대항하기 위해 필요한 조치에 한해서만 자위 조치가 인정된다는 것은 국제관습법상 확립된 원칙이라고도 확인한 바있다고 인용하였다. 재판부는 미국이 이란의 기뢰 설치에 대해서는 비교전국 선박의 항해 안전을 위협한다고 수차례 항의하였으나 원유 시설이 군사 활동을 하고 있다는 항의를 제기한 적은 한 번도 없었음을 주목하였다. 이는 해당 시설을 군사 작전의 목표로 삼은 행위가 필요했다는 점을 뒷받침하지 않으며 1987년 10월 19일 Rashadat의 R-4 시추시설은 원래 계획에도 없이 즉흥적으로 타격 목표로 선정된 점에서도 필요성이 입증되지 않는다고 판단하였다.

5. 자위조치의 비례성 충족 여부

재판부는 비례성의 경우 1987년 10월 19일 공격은 비례성을 인정할 수 있지만 1988년 4월 18일 공격은 인정할 수 없다고 언급하였다. 4월 18일 공격은 대규모 보복 작전의 일환으로 수행된 것으로서 비록 이란이 이 작전으로 격침된 이란 군함 등은 제외하고 원유 시설에 국한하여 시비하고 있으나 비례성 여부를 판단하기 위해서는 맥락상 전체 작전을 고려해야 한다고 보았다. 재판부는 기뢰 피격에 의해 함정 1척이 손상을 입기는 했으나 격침되지는 않았고 사망자도 발생하지 않은 사건에 대해 2척의 이란 군함을 격침시키고 다수의 해군시설과 공군기를 파괴한 전체 작전의 규모를 간과할 수 없다고 언급하였다. 재판부는 전체 작전은 물론 원유시설의 파괴도 이 사건의 상황상 자위조치로서의 비례적인 무력 사용이었다고 인정할 수 없다고 밝혔다.

Ⅳ 기타 쟁점

1. 교역 자유 침해 여부

이란은 미국의 공격은 양국 간 교역의 자유를 규정한 1955년 조약 제10(1)조 위반이라고 주장하였다. 원유의 생산·저장·수송시설 파괴행위는 수출 상품의 파괴 행위에 해당한다고 강조하였다. 미국은 공격당한 시설에서 추출한 원유는 그 상태로는 수출할 수 없고 별도의 시설에서 탈수 등 추가 공정을 거쳐야 비로소 수출 가능한 상품이 되는 것이므로 미국의 원유시설 공격은 원유 그 자체를 파괴한 것이 아니며 해당 시설은 수출상품 생산시설도 아니라고 주장하였다. 재판부는 1987년 10월 19일 Reshadat 시설 공격 시 동 시설이 가동 중이지 않았으므로 양국 간의 교역이 존재하지 않았으며 따라서 미국의 동 시설 공격행위는 조약 제10(1)조에 의해 보호되는 양국 간 교역의 자유를 침해하지 않았으며 1988년 4월 18일 Salman 및 Nasr 시설 공격 행위는 이미 당시 행정명령 12613호에 의해 양국 간 교역이 전면 금지된 상태였으므로 역시 제10(1)조상의 이란의 권리를 침해하였다고 볼 수 없다고 판시하였다.

2. 미국의 반대 청구

미국은 오히려 이란이 무력을 사용하여 페르시아만 내의 해상 교역에 위험과 피해를 초래하였다고 주장하고 1955년 조약 제10(1)조를 위반하였다고 항변하였다. 미국이 이란의 소행으로 제기한 무력행사는 네덜란드로 항해중인 유조선의 기뢰 피격, UAE 선박의 기뢰 피격, 미국인 소유 라이베리아 치적선(置籍船)에 대한 미사일 공격, 일본행 미국인 소유 라이베리아 치적 유조선에 대한 고속정 습격, 사우디발 미국행 미국인 소유 바하마 치적 유조선의 기뢰 피격, 일본행 미국인 소유 라이베리아 치적 유조선에 대한 함포 공격, 카타르행 미국인 소유 영국 치적 유조선에 대한 고속정 습격 등으로서 1987년 7월부터 1988년 6월간의 기간 동안 발생한 것이었다. 모두 행선지가 미국 외 제 3국이었다. 재판부는 공격 주체의 이란 여부를 떠나 피해 선박이 미국과 이란 간의 교역이나 항해에 종사하고 있지 않았다는 점이 명백하므로 제10(1)조의 위반에 해당하지 않는다고 결론 내렸다.

해커스공무원 학원·인강
gosi.Hackers.com

제2편
국제경제법

CASE 121. 일본 - 주세 사건

Ⅰ 사실관계

일본 주세법은 다양한 형태의 주류를 소주(소주A그룹: 증류주, 소주B그룹: 소주A그룹에 속하는 것 이외의 기타 소주), 맥주, 와인, 위스키, 브랜디 등을 포함하여 10개의 범주로 나누어 분류하여 조세를 부과하였다. 동 법에 따르면 조세는 과세범주 및 하위범주별로, 그리고 동일한 범주에 속하더라도 알코올 함유량에 따라 각각 다른 세율이 적용되었다. 일본 주세법에 대해 EC, 캐나다, 미국이 DSU 제4조 제1항에 따라 DSB에 제소하였다.

Ⅱ 법적쟁점

1994GATT 제3조 위반 여부가 쟁점이 되었다. 제소국들은 일본이 자국산 소주보다 수입주류에 대해 더 높은 세율을 적용하는 것은 GATT 제3조 제2항 제1문 또는 제2문에 위반된다고 주장하였다. 이에 대해 일본은 소주와 수입주류가 동종상품 또는 직접경쟁 및 대체가능상품이 아니므로 동 조항에 반하지 않는다고 반박하였다.

Ⅲ 패널 및 상소기구 평결

1. 1994GATT 제3조 제2항 제1문 위반 여부 – 적극

(1) 패널

패널에 따르면, 소주와 보드카는 '동종상품'이며 소주에 대한 세율보다 높은 세율로 보드카에 과세함으로써 일본은 제3조 제2항 제1문에 규정된 의무를 위반하였다. 패널은 제1문의 위반을 판단하기 위해서는 세 가지 요건이 필요하다고 보았다. 즉, 당해 상품 간 동종성이 있는지 여부, 다툼의 대상이 된 조치가 '내국세' 또는 '기타 내국 과징금인지' 여부(본 건에서는 다툼이 되지 않았다), 외국상품에 부과된 조세가 국내 동종상품에 부과된 조세를 초과하고 있는지 여부를 판단해야 하는 것이다. 첫째, 소주와 보드카는 동종상품이다. 동종성 결정에 있어서 1992년 "몰트 음료 사건(Malt Beverages Case)"에서 패널이 적용한 '목적–효과 분석'(aim and effect test)은 제3조의 문언상 근거가 없고, 제소국 측에 입증책임을 가중시키므로 적용하지 않는다. 소주와 보드카는 상당히 많은 물리적 특성을 공유하고 있으므로 동종상품이다. 둘째, 일본은 소주보다 보드카에 높은 과세율을 적용하였다. "국내 동종상품에 … 적용되는 것을 초과하지 않도록"이라는 의미는 과세에 있어서 최소한 동일한 또는 좀 더 나은 취급을 의미하는 것으로 해석해야 한다. 일본이 소주에 대해 부과된 세금을 초과하여 보드카에 세금을 부과한 것은 명백하다(보드카: 알코올 함량 1도당 9927엔, 소주: 6228엔).

(2) 상소기구: 패널 판정 지지

소주와 보드카가 동종상품이라는 패널의 판정을 지지하였다. 동종상품 여부는 각 사안에 따라(case-by-case) 상품의 특질, 성질 및 품질 뿐만 아니라 최종 소비자, 소비자의 기호 및 취향 등을 고려해야 하며 이러한 기호, 취향, 최종소비자 등은 나라마다 시장마다 달라질 수 있다는 점도 고려해야 한다.

2. 1994GATT 제3조 제2항 제2문 위반 여부 – 적극

(1) 패널

소주와 위스키, 브랜드, 진, genievre 및 리큐르는 '직접경쟁 및 대체가능상품'이며 이러한 주류들에 대해 유사하지 아니하게 과세하고 소주 생산을 보호하기 위한 방향으로 운용되었으므로 제2문에 반한다. 첫째, 소주와 위스키 등은 직접경쟁 및 대체가능상품이다. 당해 물품들 사이에 대체탄력성 등을 측정한 제소국 측 자료, 위스키와 소주가 동일한 시장에서 경쟁관계에 있다는 것을 입증한 1989년 일본의 세제 개혁 자료 등을 검토해 볼 때 소주와 위스키 등 간에 경쟁관계가 있음을 확인할 수 있다. 둘째, 일본의 과세상의 차이는 '미미한 수준'(de minimis level)을 상회한 것이다. 즉, 유사하지 아니하게 과세된 것이다. 물품에 대한 킬로리터당 과세와 관련하여 소주A는 155,700엔, 위스키는 982,300엔을 부과하였다. 알코올 함유량에 따른 과세에 대해서는 1도당 소주A 6,228엔, 위스키 24,558엔을 부과하였다. 이러한 수준은 미미한 수준이라고 볼 수 없다. 당해 상품들이 유사한 정도로 과세되고 있지 않으며 소주에 대한 과세가 문제가 된 그 밖의 상품에 대한 과세보다 더 낮고 소주를 보호하는 경향이 있다.

(2) 상소기구

상소기구는 패널의 법률해석 및 결론을 대체로 지지하였다. 다만, 패널은 제2문의 위반 여부를 판단하기 위해서는 수입품과 국산품이 직접적인 경쟁 및 대체관계인지 여부와 '국내생산 보호목적'을 입증하면 충분하다고 하였으나, 상소기구는 직접경쟁 및 대체가능한 수입품과 국산품이 '유사하지 아니하게 과세되었는지 여부'를 별도로 입증해야 한다고 하였다.

Ⅳ 평석

1. 제3조 제2항 제2문의 해석론(상소기구)

상소기구는 제3조 제2항 제2문 위반 여부를 판단하기 위해서는 세 가지 요건, 즉 수입품과 국산품이 "직접경쟁 또는 대체가능상품"인지 여부, "유사하지 아니하게 과세되었는지 여부", "차별적 과세가 국내생산을 보호할 목적으로 적용되었는지 여부"에 대해 각각 입증되어야 한다고 판단하였다. 첫째, 제2문에 규정된 "직접경쟁 및 대체가능상품"은 제1문의 "동종상품"보다 더 넓은 개념이다. 직접경쟁 또는 대체가능상품인지 여부는 해당 사안의 관련 사실들을 기초로 사안별로 이루어져야 한다. 결정에 있어서 물리적 특성, 일반적 최종 용도, 관세분류 및 시장 여건 등으로 고려할 수 있다. 시장 여건 분석에 있어서 교차가격탄력성을 조사할 수 있다. 둘째, 제1문의 "초과하여"라는 문구와 제2문의 "유사하게 과세되지 않은"은 다른 의미로 해석되어야 한다. "유사하게 과세되지 않은"이라는 문언은 수입품에 대한 차별과세라 할지라도 어느 정도 허용되는 수준이 존재함을 나타내 준다. 최소한의 과세 차별의 정도에 대해서는 사안별로 결정되어야 한다. 차별과세 수준이 허용되는 수준 이상일 때 유사하지 아니하게 과세되었다고 판단할 수 있다. 셋째, '국내생산 보호목적'이 있었는지 여부를 판단함에 있어서 특정 조치가 국내생산을 보호할 목적으로 수입품 또는 국산품에 적용된다면 동 조치를 부과한 입법자들이 보호주의적인 의도를 갖고 있었느냐는 문제되지 않는다. 문제의 조치가 실제로 국산품과 수입품에 어떻게 적용되었는가가 문제이다. 법규가 국내생산을 보호하기 위해 적용되었느냐는 입법형태, 구성, 드러난 구조 등으로부터 식별될 수 있으며 차별적 과세가 중대하다는 것은 국내생산 보호목적이 있었다는 증거가 될 수 있다. "국내생산을 보호할 목적으로"라는 요건을 입증함에 있어서 입법자의 입법목적이나 이유를 별도로 패널이 확인할 필요는 없으나 동 요건은 '주관적 기준'을 포함하는 요건이므로 당사자가 주장하거나 확인할 수 있는 범위 내에서는 입법목적도 고려되어야 한다.

2. 동종상품 여부 판정방식

종래 패널 판정례에 의하면 동종상품 여부 또는 제3조 위반 여부 판단에 있어서 2단계 분석법, 통합분석법, 목적효과 분석법 등이 존재하였다. 본 건에서도 EC는 2단계 분석법을, 미국은 통합분석법을, 일본은 목적효과 분석법을 주장하였으나 패널은 2단계 분석법을 지지한 것으로 볼 수 있다. 첫째, 2단계 분석법은 제품의 물리적 특성, 최종용도, 구성성분, 소비자의 기호 및 습관, 관세분류 등을 고려하여 동종성 여부를 결정한 다음, 수입품에 차별적인 불리한 조세가 부과되었는지를 결정하는 방식이다. 이를 BTA방식이라고도 한다. 둘째, 통합분석법(unitary approach)은 두 가지 상품이 동종상품인지를 결정함에 있어서 제품 간 차별이 제3조 제1항에 명시된 대로 "국내생산을 보호하기 위한 것인지"를 통합적으로 고려하는 방법이다. 셋째, 목적효과 분석법은 상이한 취급을 받는 두 가지 상품이 동종상품인지 여부를 결정함에 있어서 그러한 차별 취급을 하는 목적과 효과를 고려한다. 그런데 이 목적과 효과를 판단함에 있어서 이들이 국내 생산을 보호하기 위한 목적이나 효과가 있는지를 고려하므로 통합분석법과 근본적 차이는 없다. 본 건에서 패널은 목적효과 분석법은 제3조 제2항 제1문에 명시적 근거가 없고, 제소국의 입증책임을 가중시킨다는 이유를 들어 목적효과 분석법의 적용을 배척하였다.

Ⅰ 사실관계

피제소 당시 한국의 주세법은 위스키, 브랜디에 대해서는 총 130%, 증류식 소주는 55%, 희석식 소주는 38.5%, 럼·진·보드카 등 일반증류주는 104%의 주세를 각각 부과하고 있었다. 일본의 차별주세제도에 대해 제소하여 승소한 EC와 미국은 한국 주세법 체계가 WTO협정에 위반된다고 보고 제소하였다.

Ⅱ 법적쟁점

1. 선결적 문제

한국은 패널이 본안판단을 하기에 앞서 몇 가지 절차적 쟁점을 제기하였다. 한국은 패널설치 요청이 추상적이고 제소국이 성실하게 협의절차를 진행하지 않았으며 협의절차 내용의 기밀을 유지하지 않았다는 주장을 제기하였다. 또한 민간법률자문을 대표단의 일원으로 패널심리에 참가시키겠다고 요청하였다.

2. 1994GATT 제3조 위반 여부

제소국들은 한국의 주세체계가 내국민대우의무를 위반하였다고 주장하였다. EC와 미국은 동종상품인 소주와 보드카에 차별적 조세를 부과함으로써 1994GATT 제3조 제2항 제1문을 위반하였으며, 주세법이 한국산 주류에 적용되는 것과는 다른 방식으로 국내산업을 보호할 목적으로 수입증류주에 적용되어 동 조항 제2문을 위반하였다고 주장하였다. 이에 대해 한국은 관련 상품들이 동종상품 또는 직접경쟁 및 대체가능상품이 아니라고 반박하였다.

Ⅲ 패널 및 상소기구 평결

1. 선결적 문제

한국이 지적한 문제에 대해 패널은 이유 없다고 판정하였다. 한국은 패널설치 요청 시 쟁점이 되는 구체적인 수입양주를 적시하지 않고 수입양주를 일괄적으로 기재한 것을 지적하였으나 패널은 일본 – 주세사건에서 모든 수입양주가 차별대우를 받은 것으로 판결이 난 상황이었으므로 일괄적 기재로 한국 측에게 특별히 방어의 어려움이 있을 정도로 모호하지 않다고 결론지었다. 협의 성실성에 대해서 패널은 '성실성' 정도에 대해 WTO 협정에 규정이 없고 패널은 단지 협의를 이행하였는지를 검토할 권한만 존재한다고 하였다. 제소국들이 협의단계에서 습득한 정보를 패널단계에서 이용한 것은 DSU 제4조 제6항상 기밀유지의무를 위반한 것은 아니라고 하였다. 패널은 기밀유지의무의 상대방은 제3자이지 패널절차에서 이용할 수 없다는 것은 아니라고 하였다. 한편, 패널은 민간자문위원의 기밀유지의무 준수에 한국 측이 전적으로 책임을 진다는 것을 전제로 민간법률자문을 심리에 참가시키는 것을 허용하였다.

2. 1994GATT 제3조 위반 여부

(1) 패널 – 적극

패널은 소주, 위스키, 브랜디, 꼬냑, 럼, 진, 보드카, 데킬라, 리큐르와 혼합주가 직접경쟁 혹은 대체가능한 상품이고, 한국은 수입품을 국산품과 유사하지 않게 과세하였으며, 그 차이는 미미하지 않았고, 국내생산을 보호하려는 목적으로 적용되었으므로 1994GATT 제3조 제2항에 위반된다고 평결하였다. 첫째, 패널은 보드카와 소주가 '동종상품'이라는 제소국의 주장은 증거불충분을 이유로 기각하였다. 그러나 계쟁 대상이 된 상품이 직접경쟁 및 대체가능상품에는 해당한다고 판단하였다. 패널은 소주와 수입양주가 그 제조방법의 차이에도 불구하고 근본적인 물리적 유사성이 있으며, 소주와 양주 간에 직접경쟁 혹은 대체가능성을 지탱하는 데 충분할 정도로 양 제품의 최종 용도에 있어서 현재적·잠재적 중복이 있고, 소주와 양주의 판매·유통방식이 상당부분 중첩되며, 현재 소주와 양주 간에 상당한 가격차이가 있으나 그 차이가 경쟁관계를 부인할 만큼 결정적 요인이 아니고 가격변화 시 소비자 수요 패턴에 변동이 올 수 있으므로 수입양주와 소주 간에는 직접경쟁 또는 대체가능성이 있다고 판단하였다. 둘째, 희석식 소주에는 38.5%, 증류식 소주와 리큐르에는 55%, 보드카·진·럼·데킬라와 그 혼합주에는 104%, 위스키, 브랜디, 꼬냑에는 130%의 세금이 부과되어 있는데 희석식 소주에 비해 위스키에는 3배 이상의 세금이 부과되었다. 3배 이상의 세금 차이는 명백한 미미한 수준(de minimis level)을 넘는다. 셋째, 패널은 세액의 큰 차이와 함께 한국 주세관련법의 구조가 주류를 분류함에 있어서 소주를 비롯한 국산품을 한편으로 분류하고 이와 거의 유사한 수입주를 따로 분류해서 고율의 과세를 하는 것은 국내생산을 보호하려는 것이라고 판정하였다.

(2) 상소기구 – 패널 평결 지지

한국은 '직접경쟁 또는 대체가능상품'의 해석에 있어서 '직접'(directly)이라는 문언의 간과, '보호하려는 목적으로'의 해석상 오류 등에 대해 상소하였으나 상소기구는 한국의 주장을 모두 기각하고 패널 평결을 지지하였다. 한국은 패널이 '잠재적 경쟁관계'를 고려한 것은 1994GATT 제3조 제2항을 확대해석한 것이라고 주장하였으나 상소심 재판부는 패널이 직접적 경쟁관계가 없는 것을 극복하기 위해서 잠재적 경쟁의 개념을 이용한 것이 아니라 이미 충분히 입증된 현재의 경쟁관계에 대해 보충적으로 잠재적 경쟁관계를 원용하였으며 이는 '직접경쟁 또는 대체가능상품'의 범위가 '동종상품'보다 넓다는 점과 보호주의의 억제, 평등한 경쟁 조건 달성, 평등한 경쟁관계에 대한 기대의 보호라는 제3조의 목적에 비추어 적절한 것이라고 하였다.

Ⅳ 평석

패널의 판정은 1996년 7월 일본 – 주세사건 패널판정과 일관성을 유지하기 위한 것으로 평가된다. 실질적 내용에 있어서 뿐만 아니라 제3조 제2항의 적용방법에 있어서도 통합분석법을 배척하고 2단계 분석법[1]을 채택한 일본 – 주세사건의 견해를 재확인하였다. 다만 2단계 분석의 경우에 종래에는 동종상품인지 여부를 먼저 확인한 후에 직접경쟁 혹은 대체가능상품인지를 확인하였으나 이 사건에서는 직접경쟁 혹은 대체가능상품인지를 먼저 분석한 것이 이채로운 점이다.

---

1) 2단계 분석법은 수입품과 국산품의 경쟁관계(동종상품, DCSP)를 먼저 판단한 후에 2차적으로 수입품에 차별적인 과세가 있었는지를 결정하는 방법이고, 통합분석법은 경쟁관계를 결정함에 있어서 양 제품 간의 차별이 국내생산을 보호하기 위한 것인지를 함께 고려하는 것이다.

A국은 B국으로부터 수입되는 위스키에 대해서는 80%의 주세를 부과하고, 자국산 소주에는 30%의 주세를 부과하였다. 이에 B국은 A국을 WTO협정 위반으로 WTO DSB(분쟁해결기구)에 제소하였다. 이와 관련하여 다음 질문에 답하시오. (단, A국과 B국은 WTO 회원국이다) (총 40점) [2008외시]

(1) B국의 주장을 뒷받침할 수 있는 WTO협정상의 비차별원칙 관련 규정을 설명하시오. (15점)

(2) 한편 A국의 위스키 수입업자 X는 80% 주세부과조치는 WTO협정에 위반된다는 이유로 A국 법원에 동 부과조치의 취소소송을 제기하였다. A국이 한국일 경우, X의 주장을 대법원과 헌법재판소의 견해를 참고하여 검토하시오. (25점)

CASE 123. 캐나다 – 정기간행물 사건

Ⅰ 사실관계

특정 정기간행물의 수입을 금지하는 캐나다의 조치가 문제된 사안이다. 캐나다의 관세코드9958은 캐나다 내 시장을 주된 목표로 하는 광고를 포함하고, 원산지에서 발행된 것과 다른 특별판이며, 캐나다 시장을 목표로 하는 광고 내용이 전체 광고의 5%를 넘으면 수입을 금지하였다. 한편, 캐나다 국내 소비세법은 캐나다에서 배포되는 분리 발행 정기간행물(split-run periodical)의 광고가치의 80%에 해당하는 국내소비세를 발행부수에 따라 부과하였다. 캐나다 우편회사는 특정 캐나다 정기간행물에 대해 수입 정기간행물보다 유리한 우편 요율을 적용하였다.

Ⅱ 법적쟁점

1. 특정 정기간행물에 대한 수입금지조치가 1994GATT 제20조 제(d)호에 의해 정당화되는지 여부

2. 소비세법: GATT 혹은 GATS 적용 여부 및 제3조 제2항 위반 여부

3. 우편요율 차별: GATT 제3조 제4항 위반 여부, 제3조 제8항 제(b)호 해당 여부

Ⅲ 패널 및 상소기구 판단

1. 수입금지조치가 제20조 제(d)호에 의해 정당화되는가?

수입금지조치가 GATT 제11조 제1항 위반임에는 다툼이 없었다. 패널은 제20조 제d호 요건으로서 GATT에 위반되지 아니하는 법률 또는 규칙의 준수를 확보하기 위한 조치일 것, 그 법률 또는 규칙의 준수를 위해 필요한 조치일 것, 전문의 요건에 합치할 것을 제시하였다. 첫 번째 요건의 의미 및 캐나다 조치의 해당성이 쟁점이 되었다. '법률의 준수를 확보'한다는 의미에 대해 '법률의 목적을 달성하는 조치'라는 해석론(캐나다)과 '법률 하의 의무를 시행하기 위한 조치'라는 해석론(미국)이 대립하였다. 패널은 미국의 입장을 수용하였다. 패널은 캐나다의 수입금지조치가 캐나다 소득세법의 준수를 확보하기 위한 조치가 아니라고 판단하였다.

2. 캐나다 소비세법 관련 쟁점

(1) GATT 적용 가능성

정기간행물에 포함된 광고에 대한 조세부과에 대해 GATT가 적용되는지 GATS가 적용되는지가 문제되었다. 캐나다는 GATS가 배타적으로 적용되나, 캐나다가 광고서비스에 대해 어떠한 양허도 하지 아니하였으므로 패널이 이 사안을 다룰 수 없다고 주장하였다. 패널은 GATT와 GATS하의 의무는 서로 양립할 수 있으며 어느 하나가 다른 하나를 무효화하지 않고 GATT와 GATS가 중첩되는 부분에 있어서도 어느 일방의 적용이 배척되지 않는다고 판시하였다. 패널은 국내 소비세가 '발행부수별'로 부과되기 때문에 과세조치는 '광고'라는 서비스에 대한 조치가 아니라 '간행물'이라는 상품에 대한 조치라고 판시하였다.

(2) 동종상품에 대한 차별과세인가?

'수입 분리 발행 정기간행물'과 '국내 비분리 발행 정기간행물'이 동종상품인지 문제되었다. 패널과 상소기구는 양자가 동종상품인가에 있어서 견해를 달리하였다. 패널은 사용용도, 물리적 특성이 유사하므로 동종상품에 해당한다고 판시하였다. 그러나 상소기구는 이러한 판단을 파기하였다. 패널이 당사국이 제출한 증거에 기초하여 결정하지 않았기 때문이었다. 따라서 상소기구는 패널이 보고서에 기술한 증거가 불충분하므로 제3조 제2항 제1문 위반 여부에 대해서는 판단할 수 없다고 판시하였다.

(3) 제3조 제2항 제2문 위반 여부(상소기구)

우선, 제2문 위반 여부를 상소기구가 검토할 수 있는지 여부가 문제되었다. 캐나다는 이 부분에 대해 당사국이 항소하지 않았으므로 상소기구가 판단할 권한이 없다고 주장하였으나 상소기구는 DSU 제3조 제3항에 기술된 WTO 목적에 비추어 볼 때 상소기구는 패널 보고서에 충분한 근거가 있다면 상소기구는 이를 심사할 권한 내지 의무가 있다고 판시하였다. 상소기구는 비분리 발행 정기간행물과 수입 정기간행물 사이에 경쟁관계가 있으므로 DCSP에 해당한다고 판단하였다. 광고수입에 있어서 캐나다 출판업자들이 경쟁관계에 있게 된다고 본 것이다. 전체 광고가치의 80%에 해당하는 고율의 조세는 유사하게 과세되지 않은 것이고 국내 소비세법의 구조나 형태에 비추어 보았을 때 국내생산 보호목적이 있다고 판시하였다.

3. 우편요율 관련 쟁점

(1) 제3조 제4항 위반인가?

동종상품, 차별조치 여부에 대해서는 당사자 간 다툼이 없었다. 그러나 Canada Post가 '정부기관'인지 여부가 문제되었다. 패널은 캐나다 우편회사의 비상업적 활동에 대해 정부가 통제하고 있고 가격정책에 있어서도 대체로 정부정책에 따르고 있으므로 정부기관의 조치로 볼 수 있다고 판시하였다. 또한 국제우편요율이 국내우편요율보다 높은 것은 불리하지 아니한 대우를 규정한 제3조 제4항에 위반된다고 판정하였다.

(2) 제3조 제8항 제(b)호 해당 여부

캐나다 우편회사는 캐나다에서 발행되는 특정정기간행물에 대하여 캐나다 정부의 출판물 배포지원 프로그램에 의한 기금지원을 받아 '기금요율'(funded rates)이라는 감액된 우편요율을 적용하고 있었다. 미국은 동 기금이 캐나다 출판업자에게 '직접' 지급되는 것이 아니라 Canada Post에 전달되는 것이므로 허용보조금이 아니라고 주장하였다. 반면, 캐나다는 자금이 정부기관 간에 이동하고 있고, Canada Post는 어떠한 이득도 향유하지 않고 있으므로 출판업자에 한하여(exclusively) 지급되는 것이라고 반박하였다.

패널은 캐나다의 입장을 수용하여 캐나다 포스트가 어떠한 이득도 향유하지 않고 있는 것은 생산자에 한하여 보조금이 지급되고 있다는 것의 반증이라고 판단하고 예외에 해당한다고 판정하였다. 그러나 상소기구는 이러한 패널의 판정을 파기하고 예외에 해당하지 아니한다고 판정하였다. 상소기구는 제3조 제8항 제(b)호는 보조금의 지급이 조세감면 형태로 지급되는 경우는 제외하는 것으로 판단하였다. 즉, 조세감면의 형태가 아니라 직접 자금을 지원하는 형태의 보조금을 제3조의 예외로 허용하고 있다고 본 것이다. 그런데 요율을 감면하는 것은 조세감면과 달리 볼 이유가 없고, 이러한 감면을 통한 보조는 제8항에서 허용하지 아니한다. 따라서 캐나다의 제3조 제4항 위반조치는 제3조 제8항 제(b)호에 의해 정당화되지 아니한다고 판정하였다.

Ⅳ 평석 – 상소심이 패널의 판정 일부를 기각한 경우 상소심의 조치

상소심이 판정을 완성할 수 있을 정도로 충분한 사실관계가 패널보고서에 적시되어 있는 경우 상소심은 심리를 계속하여 판정을 완성한다. 그러나 사실관계가 충분하지 않을 경우 상소기구는 사실관계의 부족으로 인해 분석을 계속할 수 없다고 밝히고 동 사안에 대해 판정을 내리지 아니한다. US – DRAM CVD 사건은 한국이 미국 상무부의 Hynix 반도체에 대한 상계조치에 대해 제소한 사건이다. 패널은 한국의 입장을 지지하였으나, 상소기구는 이를 파기하였다. 그러나 미 상무부의 보조금 판정이 보조금협정상 보조금 정의에 합치하는지 여부는 사실관계가 부족하여 더 이상 분석할 수 없다고 보고 판단을 유보하였다.

CASE 124. 인도 – 자동차 사건[2]

Ⅰ 사실관계

1997년 인도 정부는 대외무역발전 및 규제법(Foreign Trade Development and Regulation Act)에 의거, 인도 자동차 업체에 일정 국산화율 달성과 자동차 수출입균형 의무를 부과하는 공고 60호를 공고하였다. 공고 60호는 구체적으로 외국 자동차를 부품형태로 수입(SKD: Semi Knock Down, CKD: Completely Knock Down)하려는 인도 승용차 제작사는 특정 기간 내 일정 국산화율을 달성하겠으며 수입차량 가액에 상응하는 액수의 차량을 수출하겠다는 내용의 양해각서를 인도 대외무역부와 체결하도록 하였으며 동 의무를 준수하지 못했거나 양해각서를 체결하지 않은 회사는 외국 차량수입권을 배정받지 못하도록 하였다. 미국과 EC는 공고 60호의 국산화율 의무와 수출입 균형 의무는 GATT 제3조 제4항 및 제4조 제1항에 위반된다고 주장 각각 패널설치를 요청하여 패널이 병합심리하였다.

---

2) 21 EC, US vs. India–Autos 사건[DS146/175, 2002.4.5. 패널(상소 진행 중 철회)]

Ⅱ 법적쟁점

1. 국산화율 달성 의무의 내국민대우 위반 여부(GATT 제3조 제4항3))

인도의 공고 60호상의 국산화율 의무가 GATT 제3조 제4항 내국민대우 의무 위반인지 여부

2. 수출입균형 의무의 수량제한금지(GATT 제11조 제1항4)), 내국민대우 위반 여부(GATT 제3조 제4항)

EC와 미국은 인도의 수출입균형의무에 따르면 수출액을 초과하는 수입을 제한하게 되므로 수출입균형 의무는 제11조 제1항의 수량제한금지의 위반이라고 주장하였다. 이에 인도는 수출입균형의무가 국경조치는 아니므로 국경 조치를 특정하여 규제하는 제11조 제1항의 적용대상이 아니라고 반박하였다. 또 EC와 미국은 인도의 수출입균형의무가 제3조 제4항의 내국민대우의무에 위반된다고 주장하였다.

3. 국제수지 균형상의 예외 해당 여부(GATT 제18조 제B항5))

인도는 문제가 된 조치가 제11조 제1항 위반에 해당한다 하더라도 GATT 제18조 제B항에 의거, 예외로 인정되며, India – QRs 사건 패널 및 US – Shirt and Blouse 사건 상소기구 보고서를 인용하여 동 조항 입증책임은 제소국에 있다고 주장하였다.

4. 대상 협정 합치권고 필요성(DSU 제19조 제1항6))

인도는 자국의 수입면허에 관한 전반적인 제도가 조만간(2001년 4월 1일부로) 폐지되며 공고 60호도 철폐될 것이고 공고 60호에 따른 양해 각서도 정부와 자동차 업체 간의 사적인 계약의 성격으로 바뀌므로 강행법규가 아닌 재량조치는 WTO의 심사대상이 아니라고 주장하였다. 따라서 만일 패널이 동 조치가 협정 위반에 해당한다고 판시하더라도 동 조치를 대상 협정에 합치시키도록 권고할 필요는 없다고 주장하였다.

---

3) GATT Ⅲ:4
   체약국 영역의 상품으로서 다른 체약국의 영역에 수입된 상품은 동 국내에서의 판매, 판매를 위한 제공, 구입, 수송, 분배 또는 사용에 관한(affecting) 모든 법률, 규칙 및 요건(regulations)에 관하여 국내 원산의 동종상품에 부여하고 있는 대우보다 불리하지 아니한 대우(less favorable treatment)를 부여하여야 한다. 본 항의 규정은 교통수단의 경제적 운영에 전적으로 입각하여 상품의 원산국을 기초로 하지 아니한 차별적 국내 운송요금의 적용을 방해하지 아니한다.
4) GATT Ⅺ:1
   체약국은 다른 체약국 영역의 상품의 수입에 대하여 또는 다른 체약국 영역으로 향하는 상품의 수출 또는 수출을 위한 판매에 대하여, 할당제나 수입허가 또는 수출허가 또는 기타 조치(other measures)에 의하거나를 불문하고 관세, 조세 또는 기타 과징금을 제외한 금지 또는 제한을 설정하거나 유지하여서는 안 된다.
5) GATT ⅩⅧ B
   (제8항) 체약국은 본조 제4항(a)의 범주에 속하는 체약국이 급속한 개발도상에 있을 때에는, 자국의 국내시장을 확대하기 위한 노력으로부터 그리고 교역의 불안정으로 인하여 주로 야기되는 국제수지상의 곤란에 당면하게 될 것임을 인정한다.
6) DSU 19.1
   패널 또는 상소기구는 조치가 대상 협정에 일치하지 않는다고 결론짓는 경우, 관련 회원국에게 동조치를 동 대상협정에 합치시키도록 권고한다. 자신의 권고에 추가하여 패널 또는 상소기구는 관련 회원국이 권고를 이행할 수 있는 방법을 제시할 수 있다.

Ⅲ 패널 평결

1. 국산화율 달성의무의 내국민대우 위반 여부

패널은 제3조 제4항 위반을 확인하기 위해서는 (1) 수입상품과 국내상품이 동종상품인지 여부, (2) 국산화율 의무 조치가 법률, 규정, 또는 요건에 해당하는지 여부, (3) 동 조치로 인해 국내판매, 판매를 위한 제공, 구매, 운송, 유통 또는 사용이 영향을 받았는지 여부, (4) 수입상품에 덜 유리한 대우가 부여되었는지가 검토되어야 한다고 정리하였다.

(1) 수입상품과 국내상품이 동종상품인지 여부

패널은 문제가 된 상품이 자동차부품이라는 점에서 같으며, 인도도 국내외 상품 간의 동종성에 대해 이의를 제기하지 않았고 국내외 상품 간의 다른 대우를 결정짓는 유일한 기준이 원산지이므로 국내외 상품이 동종상품인 것은 자명하다고 판단하였다.

(2) 국산화율 의무조치가 법률, 규정 또는 요건에 해당하는지 여부

공고 60호 양해각서가 법률이나 규정은 아니므로 요건(requirement)에 해당하는지가 초점이었다. 패널은 과거의 판례를 인용하여 요건이란 ① 특정회사가 법적으로 수행해야 하는 의무, ② 특정 회사가 정부로부터 특혜를 받기 위해 자발적으로 수임한 의무가 있을 경우에 '요건'의 구성요건을 충족한다고 보았다. 패널은 공고 60호와 양해각서는 부품형태의 차량수입권이라는 특혜를 조건으로 국산화율 의무를 부과한 것이므로 요건에 해당한다고 판정하였다.

(3) 국내판매 등에 영향을 미쳤는지 여부

패널은 이전 판례를 인용하여 '영향'이란 직접적인 것에 국한되는 것이 아니라 광범위하게 해석되는 것이며 국내상품과 수입상품간의 경쟁 조건을 부당하게 조정하는 조치를 포함한다고 설파하고 인도의 국산화율 달성의무는 국내 상품을 구매해야 하는 유인을 제공하므로 국내외 상품 간의 경쟁 관계에 영향을 미친 점이 분명하다고 판단하였다.

(4) 수입상품에 덜 유리한 대우(less favorable treatment)가 부여되었는지 여부

패널은 국산화율 달성 의무는 수입자동차 부품사용에 대해 자제하게 하여 수입상품이 국내상품과 동등한 처지에서 경쟁할 수 없게 하므로 수입상품이 덜 유리한 대우를 받는 것이 분명하다고 판단하였다.

패널은 이상의 분석을 토대로 공고 60호와 양해각서상의 국산화율 달성 의무는 제3조 제4항의 위반에 해당한다고 판시하였다.

2. 수출입균형 의무의 수량제한금지, 내국민대우 위반 여부

(1) 수출입균형 의무의 수량제한금지 위반 여부

① 인도의 수출입균형 의무가 제11조 제1항의 적용대상인지 여부: 패널은 한 조치의 여러 다른 측면으로 인해 수입상품의 경쟁기회가 다르게 영향받을 수 있다고 지적하면서, 국내 시장에서의 경쟁기회에 영향을 미쳐 제3조의 적용대상이 될 수도 있고 수입기회 자체, 즉 시장접근에 영향을 미쳐 제11조의 적용대상이 되거나 두 조항이 모두 적용되는 중첩적인 효과를 발생할 수 있다고 보았다. 즉, 특정 조치의 효과의 범위가 국내 시장에서의 국내외 상품 간의 경쟁관계뿐 아니라 수입조건 모두를 포함할 수도 있다고 지적하고 인도의 주장을 기각하였다.

② 공고 60호와 양해각서가 제11조 제1항상의 그밖의 조치(other measures)에 해당하는지 여부: 공고 60호가 제11조 제1항상의 'other measures'에 해당한다는 데 이견이 없었으나 양해각서가 이에 해당하는지에 대해서는 당사자 간에 다툼이 있었다.

패널은 other measures는 그 범위를 광범위하게 해석하여야 할 것이며 양해각서는 공고 60호상의 조건에 따라 정부와 체결하는 것이고 부품차량 수입권을 제공하는 조건으로 체결되는 강제적이고 집행가능한 계향기며 정부조치인 공고 60호로부터 직접적으로 발생하는 것임을 들어 양해각서가 조치에 해당하는 것은 분명하다고 밝혔다.

③ 양해각서가 제11조 제1항상의 '수입에 대한 제한'에 해당하는지 여부: 패널은 '수입에 관한 제한으로서의 조치의 본질'이 당해 조치가 제11조 제1항의 범위에 속하는지 여부를 판정하는 데 있어 핵심이라고 지적하고 수출에 관해 또는 수출에 직접 부과되는 어떠한 형태의 제한도 제11조 제1항상의 수입에 관한 제한을 구성한다고 밝혔다.

패널은 양해각서는 수입에 대해 수치상의 제한을 부과하지는 않는다 하더라도 수입에 조건을 부과하는 것이며 수입가액을 차량 수출액의 범위 내로 제한한다고 언급하고 이는 수량제한에 해당한다고 판단하였다.

패널은 이상을 토대로 공고 60호와 양해각서상의 수출입균형의무는 수입에 대한 제한이며 제11조 제1항에 위반된다고 판시하였다.

(2) 수출입균형 의무의 내국민대우 위반 여부

제소국인 미국과 EC는 수출입균형 의무로 인해 양해각서를 체결한 업체는 인도 국내시장에서 수입차량부품을 구매할 경우 그 가액만큼 수출 의무를 부담하게 될 것이므로 수입차량부품을 구매하지 않을 것이라고 설명하고 이는 수입상품에 대해 덜 유리한 대우를 부과하는 것으로 제3조 제4항 위반이라고 주장한 바 패널은 이를 인정, 수출입균형의무는 제3조 제4항 위반임을 확인하였다.

3. 국제수지 균형상의 예외 해당 여부

(1) 입증책임 원칙의 의의

패널은 입증책임 원칙이란 위반을 주장하는 측에서 자신의 주장(claim)을 입증(prove)해야 하고, 예외로 인정된다고 방어(affirmative defense)하는 측에서는 예외 주장을 원용할 수 있는 조건이 구비되었음을 입증해야 한다는 것이며 이는 인도가 인용한 두 사건에서도 적용되었다고 판단하였다.

(2) 인도의 주장에 대한 판단

India – QRs 사건의 경우 동 사건 패널은 미국은 자신의 위반을 주장한 제18조 제11항의 입증책임이 있으며 인도는 제18조 제B항 입증책임이 있다고 확인하였음을 언급하였다. 이번 사건의 경우 미국과 EC는 제18조 제B항에 대해 아무런 주장도 제기하지 않았으므로 인도가 동 조항을 원용하기 위해서는 원용 요건이 충족되었음을 인도가 입증해야 한다고 지적하였다.

패널은 입증책임이 인도에 있음을 확인한 후 인도가 이를 충족하였는가를 심리하였으나 인도가 자신의 국제수지 실정에 관한 자료를 제출치 못했고 제18조 제B항의 조건충족에 대한 실질적인 설명도 제시하지 못했다고 정리하고 따라서 인도는 동 조항에 대한 prima facie case를 성립하지 못했다고 판시, 인도의 주장을 기각하였다.

4. 대상 협정 합치 권고 필요성(DSU 제19조 제1항)

패널은 DSU 제19조 제1항 문언상 위반이 현존하는 경우에는 대상 협정 합치권고는 의무사항이라고 판단하였으며 문제가 된 조치가 이미 철회되었다면 합치권고 필요성이 없겠으나, 이번 사안의 경우 문제가 된 조치가 추가적으로 진전이 된 부분이 있으므로 권고 필요성 여부에 대해 검토할 필요성이 있다고 언급하였다.

패널은 국산화율 의무의 경우 2001년 4월 1일 이후에도 이전 체결된 양해각서의 준수 의무는 계속된다는 데 당사자 간 이견이 없고, 집행 여부가 자의적이 되었다 하여도 강제되는 의무가 존재하는 사실 자체는 변함이 없음을 지적하고 국산화율 의무는 2001년 4월 이후에도 존재하는 것이므로 GATT 관련 조항 위반이라고 판시하였다.

수출입 균형 의무에 대해서도 2001년 3월 31일 이전 수입분에 대해서는 수출입균형 의무가 계속되므로 GATT 관련 규정위반 상태가 계속되는 것이라고 판시하고 협정에 합치시키도록 권고하였다.

Ⅳ 평석

동 사건은 GATT 제3조 제4항의 적용을 공부하기에 유용한 사건이다. 즉, GATT 제3조 제4항 위반 여부를 판단하기 위해서는 ① 상품의 동종성, ② 법률, 규정, 요건의 해당성, ③ 덜 유리한 대우의 존재 여부를 검토하여야 한다. 한편 패널은 제3조 제4항의 요건(requirement)과 제11조 제1항 조치(measure)의 범위를 해석하였는바, 요건(requirement)에 해당하기 위한 구성요소로서 ① 법적인 수행 의무 존재 여부, ② 반대급부를 조건으로 자발적으로 수임한 의무 존재 여부를 제시하여 요건의 범위를 폭넓게 해석하였다. 또 제3조 제4항의 법률, 규정, 요건은 조치(measure)보다 더 특정적인 용어이므로 더 일반적인 용어인 '조치'를 제한적으로 해석할 수 없다고 보았다.

기출 및 예상문제

WTO 회원국인 A국은 자국 자동차 제작업자에 대해 국산화율 달성 의무 및 자동차 수출입균형 의무를 부과하는 국내법을 제정하였다. 동 법에 의하면 외국 자동차를 부품형태로 수입하려는 A국 승용차 제작사는 특정 기간 내에 일정 국산화율을 달성하며 수입차량 가액에 상응하는 액수의 차량을 수출하겠다는 내용의 양해각서를 A국 정부와 체결해야 하며 양해각서를 체결하지 않거나 의무를 준수하지 못한 경우 외국 차량수입권을 허가해주지 않았다. A국의 조치는 WTO협정에 합치되는가? (30점)

Ⅰ 사실관계

1. 한국은 수입쇠고기가 판매 면허를 받은 특정 판매점에서만 판매할 수 있도록 국내외산 쇠고기에 대해 구분 판매제를 실시하였다. 또 한국의 쇠고기 수입체계는 '축산물 유통사업단(livestock Products Marketing Organization: LPMO)'을 통한 수급 조절 중심의 유통체계와 '동시매매(Simultaneous Buy and Sell: SBS)' 입찰을 통한 수입 및 유통체계가 존재했다. 쇠고기 유통사업단은 수입물량, 최저 가격 수입 및 도매 시장에서 입찰 또는 판매에 관여하는 기구로서 전형적인 국영 무역기업의 형태를 지녔다. 또한 유통사업단 (LPMO)은 SBS 시스템에 의한 쇠고기 구매권을 일부 대규모 회사나 단체(축협중앙회, 한국냉장, 관광호텔 용품센터 등을 지칭하며, 수퍼그룹으로 통칭)에게만 부여하였다.

2. 호주와 미국은 한국의 쇠고기 수입 물량제한, 수입 쇠고기 전문 판매점 제도, 수입 쇠고기에 부과되는 수입 부과금, 축산업에 대한 국내 보조 등 쇠고기 수입 관련 조치가 GATT 제3조 제4항(내국민대우), 제11조 제1항[8] (수량제한의 일반적 금지), 제17조(국영무역) 등과 농업협정 제3조(양허 및 감축 약속), 제7조(국내 보조에 관한 일반 원칙) 및 수입허가절차협정의 제1조(일반원칙), 제3조(비자동 수입허가) 등에 위반된다고 보고 WTO에 제소하였다.

Ⅱ 법적쟁점

1. 수입쇠고기 구분 판매제도

(1) GATT 제3조 제4항[9] 위반 여부

제소국은 수입쇠고기 전문 판매점(약 5,000개)과 국산쇠고기 판매점(약 45,000개)의 수가 현격히 차이나는 것은 국내제품과 수입품의 공정한 경쟁을 방해하는 것이며, 따라서 수입육 구분 판매제도가 GATT 제3조 제4항의 내국민대우에 위반된다고 주장하였다. 한국은 구분판매제와 관련 국산쇠고기에 대해서도 동등한 규제를 시행하고 있으므로 내국민대우 위반에 해당되지 않는다고 반박하였다.

---

7) DS161/169, 2001.1.10. 상소기구
8) GATT 제11조 제1항
　체약국은 다른 체약국 영역의 상품의 수입에 대하여 또는 다른 체약국 영역으로 향하는 상품의 수출 또는 수출을 위한 판매에 대하여 할당제나 수입허가 또는 수출허가 또는 기타 조치에 의하거나를 불문하고 관세, 조세 또는 기타 과징금을 제외한 금지 또는 제한을 설정하거나 유지하여서는 안 된다.
9) GATT 제3조 제4항
　체약국 영역의 상품으로서 다른 체약국의 영역에 수입된 상품은 동 국내에서의 판매, 판매를 위한 제공, 구입, 수송, 분배 또는 사용에 관한 모든 법률, 규칙 및 요건에 관하여 국내 원산의 동종상품에 부여하고 있는 대우보다 불리하지 아니한 대우를 부여하여야 한다. 본 항의규정은 교통수단의 경제적 운영에 전적으로 입각하였으며 상품의 원산국을 기초로 하지 아니한 차별적 국내 운송요금의 적용을 방해하지 아니한다.

(2) GATT 제20조 제(d)항[10] 적용 여부

한국은 구분 판매제도가 설사 제3조 제4항에 위반된다 하더라도 이 제도는 수입쇠고기의 국산쇠고기로의 둔갑판매 방지를 목적으로 하는 불공정경쟁법상의 규제로서 GATT 제20조 제(d)항에 의거, 허용된다고 주장하였다. 이에 대해 제소국들은 구분판매제도는 수입육과 한우와의 현격한 가격 차이를 고착 또는 악화시킴으로써 둔갑판매의 가능성을 오히려 증가시키므로 그러한 속임수를 중지시키기에 적합한 조치가 아니며, 둔갑판매를 방지하기 위한 다른 대안이 있고 다른 상품 분야에서는 유사한 조치가 취해지지 않고 있으므로 '필요한 조치'가 아니라고 반박하였다.

2. 쇠고기 수입제도

(1) 유통사업단의 유통체계

제소국들은 ① 가공·포장되지 않은 수입 쇠고기의 도매시장에서의 판매 제한, ② 도매시장에서 수입 쇠고기 전문 판매점만의 유통 제한, ③ 현금결제 방식, ④ 기록유지 의무 등의 일련의 조치가 유통사업단에 의해 수입된 쇠고기에 대해서만 부여되고 있으며 이는 GATT 제3조 제4항 위반이라고 주장하였다.

(2) SBS 시스템

SBS 시스템과 관련하여 제소국들은 ① 수입할 수 있는 주체를 제한하고 있는 SBS 시스템의 존재 자체와 ② SBS 회원 자격 조항, ③ 수퍼그룹 간 거래 금지, ④ 최종사용자와 수퍼그룹, 최종사용자 간의 거래를 금지하는 것은 GATT 제3조 제4항에 위반된 조치라고 주장하였다.

(3) 유통사업단의 입찰 및 방출

유통사업단은 1997년~1998년 기간 중 특별한 경우 입찰을 실시하지 않아 결과적으로 외국산 쇠고기의 수입이 일정부분 제한되었다. 제소국은 이것이 수입제한으로서 GATT 제2조, 제11조, 농업협정 제4조 제2항 등에 위배된다고 주장하였고, 이에 대해 한국은 외환위기로 재고가 쌓이는 상황에서 입찰중단이 부득이 하였다고 항변했다.

(4) 목초사료로 사육된 소와 곡물사료로 사육된 소 구별

유통사업단이 곡물사료로 사육된 소와 목초사료로 사육된 소를 구분하여 쿼터를 할당하고 목초사료 소의 입찰을 제한한 것에 대해 호주는 이것이 GATT 제3조 제4항, 제11조, 제17조 위반이며 한국의 이러한 소에 대한 분류는 GATT 제2조(양허표)를 위반한 것이라 주장하였다.

3. 농업 보조금

미국과 호주는 한국의 쇠고기에 대한 보조금은 농업협정 제6조 제4항 등에서 허용된 최소허용 보조수치 10%를 초과한다고 주장하였다.

---

10) GATT 제20조

    본협정의 어떠한 규정도 체약국이 다음의 조치를 채택하거나 실시하는 것을 방해하는 것으로 해석되어서는 안 된다. 다만, 그러한 조치를 동일한 조건하에 있는 국가 간에 자의적이며 불공평한 차별의 수단 또는 국제무역에 있어서의 위장된 제한을 부과하는 방법으로 적용하지 아니할 것을 조건으로 한다.

    (d) 관세의 실시, 제2조 제4항 및 제17조에 따라 운영되는 독점의 실시, 특허권, 상표권 및 저작권의 보호 그리고 기만적 관행의 방지에 관한 법률과 규칙을 포함하여 본 협정의 규정에 반하지 아니하는 법률 또는 규칙의 준수를 확보하기 위하여 필요한 조치

Ⅲ 패널 및 상소기구 평결

1. 수입쇠고기 구분 판매제도

(1) GATT 제3조 제4항 위반 여부 – 적극

① 패널: 패널은 수입 쇠고기와 국산 쇠고기가 동종상품이라는 데에는 다툼이 없었으므로 GATT 제3조 제4항상의 "불리한 대우"(less favorable treatment)가 있었는지에 대해 집중 검토하였다.

패널은 동 조항은 보호주의를 차단하는 데에 그 목적이 있고 거래량에 대한 기대보다는 경쟁조건에 대한 기대를 보호하기 위한 원칙이므로 법령이나 규칙으로 인하여 내국시장의 수입 상품에 불리한 효과가 실제로 발생하였는지 여부는 중요하지 않다고 판단하였다. 패널은 구분판매 제도는 수입쇠고기에 불리한 방향으로 시장에서의 경쟁 조건을 변경하였다고 판정하였다. 그 이유는 첫째, 구분판매 제도로 인해 소비자가 수입육과 한우를 직접 한 장소에서 비교할 수 없으므로 수입육은 한우와의 직접경쟁기회를 상실한다. 둘째, 구분판매 제도하에서 수입육이 판매처를 확보하기 위해서는 소매업자가 한 품목의 수입육 대체로 한 품목의 한우만이 아니라 한우 품목 전체를 포기해야 하는데, 이는 시장점유율이 낮은 수입육의 경우 한층 더 불리하게 작용할 수 있다. 셋째, 쇠고기와 같이 일(日) 단위로 구매되는 일상적 상품의 경우 소비자들은 여기저기 돌아다니며 비교하는 구매행태를 보이지 않으므로 한우 취급점이 절대 다수인 현실에서 수입쇠고기를 배제하는 구분판매 제도는 수입쇠고기의 잠재적 판매기회를 제한한다. 넷째, 한우는 기존의 소매 판매망을 계속 이용할 수 있는 반면, 수입육은 새로운 판매점을 개설해야 하므로 구분판매 제도는 결과적으로 수입육에 더 과도한 비용을 부과한다. 다섯째, 구분판매 제도는 동종상품인 수입쇠고기와 한우가 다르다는 편견을 부추김으로써 상품 자체와 직접 관련되지 않은 척도로 한우가 수입육과의 경쟁에서 유리하게 해 준다. 여섯째, 구분판매제도는 수입육과 한우와의 가격차이를 유지할 수 있도록 해 한우에 유리하다.

② 상소기구: 상소기구도 패널의 판정을 지지하였으나 다만 판정 이유에 있어서는 패널과 약간의 차이를 보였다. 상소기구는 국적(nationality)이나 원산지(origin)에 근거한 구분정책, 즉 수입품과 국산품과의 분리 자체가 내국민대우 위반이라는 패널의 판단에 동의하지 않았다. 상소기구에 의하면 외형상의 분리 그 자체만으로 반드시 수입품이 불리하게 대우받는다는 결론에 이르지 못한다는 것이다. 대신, '불리한 대우'의 유무를 결정하기 위해서는 그러한 구분조치가 수입품에 불리한 방향으로 경쟁의 조건을 변경시켰는가를 조사해야 한다고 판단하였다. 이러한 전제에 기초하여 상소기구는 한국의 구분판매 제도를 검토하였는 바 한국이 종전의 단일판매 제도에서 구분판매 제도로 변경함으로써 수입쇠고기가 기존의 판매망으로부터 이탈되는 효과가 발생하여 수입육이 소비자에게 판매될 수 있는 상업적 기회가 극적으로 감소했다고 판단하였다. 즉, 수입육에 불리한 방향으로 경쟁 조건을 변경한 것으로 판단한 것이다. 한국은 소매판매업자들이 수입쇠고기와 한우 간의 선택을 자유로이 할 수 있으므로 경쟁 조건에 부정적 영향을 주지 않았다고 반박하였으나 상소기구는 그러한 선택을 강제한 것은 정부의 조치였으며 제한된 범위에서만 선택이 가능하였으므로 수입상품에 불리한 경쟁 조건을 형성하였다는 추정을 번복할 수 없다고 하였다.

(2) GATT 제20조 제(d)항 적용 여부 – 소극

① 패널 – 소극: 패널은 구분 판매제도가 다소 문제를 내포하고 있는 조치이기는 하나 불공정경쟁법상 둔갑 판매를 방지하기 위한 목적의 범위 내에서 적용되는 한 이는 GATT 규정에 부합하는 조치라고 보았다. 그러나 패널은 동 조치가 반드시 필요한(necessary) 조치라고는 보지 않았다. 패널은 이러한 판단에 있어서 기만행위가 발생하는 다른 경제 분야에서 구분 판매제도의 도입 사실이 없다는 점, 구분판매 제도 이외의 다른 조치는 기만행위를 방지할 수 없다는 한국의 주장에 대한 입증이 미흡하다는 점을 고려하였다. 패널은 조사, 회계기록 보존, 벌금 등 WTO협정에 합치되는 대안적 조치들도 둔갑판매를 억제할 수 있다고 보았고 구분판매 제도만이 기만행위 방지 목적을 효과적으로 달성할 수 있다는 한국의 주장은 근거가 부족하다고 판단하였다.

② 상소기구 – 패널 판정 지지: 상소기구는 GATT 제20조 제(d)항을 검토함에 있어서 우선 제20조 제(d)항에 의해 정당화되는 조치인지를 먼저 분석한 후 이에 해당한다면 제20조의 서문에 부합하는지를 검토하는 것이 적합한 접근 방법이라고 보았다. 제20조 제(d)항에 의해 정당화되기 위해서는 첫째, 해당 조치는 GATT규정에 부합하는 법이나 규정의 '준수를 확보하기 위해' 고안된 조치여야 하고, 둘째, 이 조치는 그러한 준수를 확보하기 위해 '필요한' 조치여야 한다고 보았다. 상소기구는 여기서 '필요한'의 의미는 단순히 관련된다는 의미부터 필수불가결하다는 의미까지 매우 광범위한 범위를 포함하는데 이번 사건에서는 '기여하는(making a contribution to)'이나 '관련되는(relating to)'이라는 단순한 의미보다는 '필수불가결한(indispensible)'의 의미로 파악해야 한다고 보았다. 상소기구는 구분판매 제도가 필수불가결한 것인지에 대해, 구분판매 제도가 다른 품목에서는 시행되고 있지 않으며, 다른 품목에서는 둔갑 판매를 규제하는 다른 제도가 시행되고 있고 한국이 다른 제도를 통해서는 둔갑판매 방지를 달성할 수 없다는 점을 충분히 입증하지 못하였다고 지적하고 패널의 판정을 지지하였다.

2. 쇠고기 수입제도

(1) 유통사업단의 유통체계

패널은 ① 판매제한은 2001년 1월 1일까지 허용되는 잔존수입제한[11]으로 패널의 검토대상이 아니라고 보았고, ② 구분판매는 제3조 제4항을 위반하고 있으며 제20조에 의해 정당화되지 않는 조치라고 판정하였다. ③ 현금결제 방식은 호주의 입증책임을 물어 패널이 검토하지 않았고, ④ 기록유지 의무는 제3조 제4항 위반으로 판시하였다.

(2) SBS 시스템

패널은 최종사용자 간의 거래금지 및 추가적인 표시 의무를 제외한 제소국의 나머지 주장은 잔존수입제한에 해당한다고 보았다. 최종사용자 간의 거래를 금지하는 것은 제품의 원산지에 따라 차별적으로 규제하는 효과를 유발하므로 제3조 제4항에 위반되며, 추가적인 표시의무 역시 원산지를 근거로 한 차별 대우를 유발하여 원산지 표시 이상의 의미를 내포하므로 제3조 제4항에 위반된다고 판시하였다.

---

11) 점진적인 수입자유화와 시장 개방을 위해 특정 시점까지 유지할 수 있도록 UR 협상에서 인정된 수입제한조치, 우리나라 UR 양허표에 기재되어 있다.

(3) 유통사업단의 입찰, 입찰 및 방출

① 유통사업단의 입찰중단 조치: 패널은 1998년 6월 1일~12월 31일 기간의 입찰중단에 대해서는 한국의 주장을 수용하여 정당한 조치로 보았으나, 1997년 10월 31일~1998년 5월 31일 기간 중의 조치는 당시 쇠고기 가격자료 및 수퍼그룹에 의한 지속적인 쇠고기 수입 사실에 비추어 한국의 주장을 수용할 수 없으며 쇠고기 수입을 제한하기 위한 조치라고 판정하였다.

② 국영무역기업: 패널은 수량제한에 관한 일반규정은 GATT 제11조를 비롯하여 제11조 제1항상 '제한'의 의미를 설명하고 있는 제12조(국제수지 옹호를 위한 제한), 제13조(수량제한의 무차별 적용), 제14조(무차별대우에 대한 예외), 제17조(국영무역기업), 제18조(경제개발에 대한 정부의 원조) 및 주석(ad article)은 국영무역기업에도 적용된다고 보았다. GATT 제17조는 국영무역기업의 수출입에 관계되는 구매 또는 판매에 있어 민간 무역업자의 수출입에 영향을 주는 정부조치에 대해 GATT협정에 규정된 차별금지의 일반원칙을 준수하는 방법으로 행동하게 할 것을 규정하고 있다. 패널은 유통사업단의 수입제한조치는 위 조항들에 위반되는 조치라고 판정하였고 동 조항의 위반 품목이 농산물일 경우에는 필연적으로 농업협정 제4조 제2항을 위반하게 된다고 판정하였다.

(4) 목초사료로 사육된 소와 곡물사료로 사육된 소 구별

패널은 동 구분이 국내 시장에서 거의 이용되지 않음을 주목하여 GATT 제11조에 위반되는 수량제한조치라고 판정하였고 또한 한국의 소 구분은 관세양허에 근거한 것이 아니며 목초사료 소에 불리한 대우를 의미하므로 GATT 제2조 제1항에 위반된다고 판정했다.

3. 농업 보조금

(1) 농업협정 제6조 제4항

동 조는 품목 특정적 국내 보조의 경우는 해당 연도의 특정 품목 총 생산액의 5%를 초과하지 않는 범위 내에서, 품목 불특정 국내 보조의 경우에는 농업 총 생산액의 5%를 초과하지 않는 범위 내에서 현행보조 총액측정치(Current Total AMS)의 계산 시 산입하지 않도록 허용하고 있으며 감축 약속에서도 제외시키도록 하고 있고 개도국에 대해서는 최소허용 보조비율을 10%로 두고 있다.

(2) 패널

패널은 한국이 국내보조금을 계산함에 있어 ① 산정기준 시기와 단계별 지급이 잘못 계산된 외부참조가격, 적정 생산 수준의 산정 오류, 총생산 물량의 산정 오류 등이 있음에도 이를 반영하여 시장가격보조금을 계산하였고, ② 다른 감축 대상 보조금을 제외하고 계산하는 오류를 범하였다고 결정하였다.

(3) 상소기구 – 패널 판정 파기

상소기구는 보조금 분야에서 패널의 판정을 번복하여 한국의 1997년~1998년 최소허용 보조금이 10%를 넘지 않는다고 판정하였고 또한 보조금액 계산법에 대한 패널 기록의 근거가 불충분하므로 이를 토대로 농업협정 제6조, 제7조 제2항 제(a)호, 제3조 제2항을 위반했다는 패널의 판정을 번복하였다.

Ⅳ 평석

1. 1994GATT 제20조 제(d)호 원용요건

패널 및 상소기구에 의하면 동 조항을 원용하기 위해서는 첫째, 문제의 조치가 GATT에 합치하는 국내법 규정을 집행하기 위한 조치여야 한다. 둘째, 문제의 조치가 GATT에 합치하는 국내 법 규정을 집행하기 위해 '필요한'조치여야 한다. 셋째, 문제의 조치가 자의적이거나 정당화될 수 없는 차별 또는 국제무역에 대한 위장된 제한을 가하는 방식으로 적용되지 않아야 한다. 패널은 '필요성 요건' 검토에 있어서 현재 둔갑판매를 방지하기 위해 WTO협정에 합치하면서 합리적으로 채택할 수 있는 다른 조치가 있는지의 여부를 결정적 기준으로 삼았다. 상소기구도 '필요성 요건' 심사에 있어서 합리적으로 이용 가능하고(reasonably available) WTO협정에 합치하는 다른 대안적 조치의 존부를 중심으로 검토하였다.

2. 원산지에 근거한 차별의 문제

GATT 제3조 제4항의 덜 유리한 대우 판별 기준에 대해 패널과 상소기구는 견해를 약간 달리하였다. 패널의 경우 상품의 원산지를 근거로 차등 대우하는 것 자체가 제3조 제4항 위반이라는 다소 형식논리적인 입장을 취한 반면, 상소기구는 국내외산 상품을 달리 취급하는 것이 반드시 제3조 제4항의 덜 유리한 대우에 이르는 것은 아니며 제3조 제4항의 위반은 형식적인 차등 대우 존재 자체에 근거하기 보다는 국내외산 상품 간의 경쟁 관계가 수입품에 대한 불리한 방향으로 조정되었는지에 대한 판단에 기초해야 할 것으로 보았다. 상소기구의 견해는 분리하되 동등한 대우(separate but equal treatment)가 있을 수 있으며 이는 제3조 제4항 위반이 될 수 없다는 것으로 보이나 패널은 국내외산을 분리(separate)하는 것 자체가 일단 제3조 제4항 위반 요건을 구성한다는 입장이다.

기출 및 예상문제

WTO 회원국인 A국에서는 국내산 소고기가 수입산 소고기보다 최소 세 배 이상 비쌌고 A국 일부 정육점에서는 수입산 소고기를 국내산으로 속여 팔았다. A국 정부는 수입산 소고기를 국내산으로 속여 파는 행위를 막기 위해 일정 규모 이하의 정육점에서는 국내산과 수입산 중 하나를 택해 판매하도록 하는 법령을 제정하였다. 그 후 정육점의 90% 이상이 '국내산' 소고기만을 판매하게 되었다. (총 30점) 2009외시

(1) A국 정부의 조치는 WTO협정 위반인가? (20점)

(2) 만약 법령 제정의 결과 정육점의 50% 이상이 '수입산' 소고기만을 판매하게 되었다면, A국 정부의 조치는 WTO협정 위반인가? (10점)

CASE 126. EC - 석면 사건

I 사실관계

1996년 12월 24일 프랑스 정부는 석면 및 석면함유제품의 생산, 수입 및 판매 금지 법안(Decree No.96-1133 of 24 December)을 채택하였으며, 1997년 1월 1일부로 이를 시행하였다. 동법에서는 노동자와 소비자들을 보호하기 위하여 석면 또는 석면류를 포함하는 상품 등의 제조, 판매, 수입, 수출, 유통 등을 포괄적으로 금지하였으며, 예외적으로 온석면의 경우 산업재해의 위험이 보다 적은 기술적으로 입증된 적절한 대체물이 없는 경우에 한시적으로 사용을 허용하였다. 이러한 예외는 프랑스 당국에 의해 규정되고 매년 검토된다.

II 법적쟁점

1. TBT협정 적용 여부 – 프랑스 국내법이 기술규정에 해당하는가?
2. GATT 제3조 제4항 위반 여부 – 온석면과 다른 석면은 동종상품인가?
3. GATT 제20조 제(b)호 적용 여부
4. 캐나다의 비위반제소의 인용 여부

III 패널 및 상소기구 평결

1. TBT협정 적용 여부

패널은 프랑스 국내법 중 '금지'에 관한 부분은 기술규정에 해당하지 않는다고 하였다. 단, '예외'에 관한 부분은 기술규정에 포함되나 캐나다는 '예외'부분이 TBT협정이 적용되는 것에 대해 주장하지 아니하였으므로 검토하지 아니한다고 하였다. 이에 대해 상소기구는 패널이 프랑스 국내법을 '전체적으로' 평가하지 않고 '부분적으로' 판단한 것은 패널의 오류라고 보고 이러한 해석을 파기하였다. 그러나 패널이 TBT협정 적용을 배제하였으므로 추가적인 검토를 진행할 근거를 가지지 못한다고 판시하였다.

2. GATT 제3조 제4항 위반 여부

패널은 온석면과 여타 석면은 최종 용도가 같고 물리적 특성이나 성질이 유사하여 동종상품이라고 판정하였다. 특히 '인체유해성' 여부는 동종상품 결정기준으로 채택할 수 없다고 하였다. 프랑스 국내법은 동종상품에 대해 차별적 조치를 취하고 있으므로 제3조 제4항을 위반하였다고 판정하였다. 그런 상소기구는 패널의 평결을 파기하였다. 상소기구는 온석면과 여타 석면은 동종상품이 아니라고 판단하였다. 상소기구는 상품에 내재된 건강에의 유해가능성(health risks)이 상품의 물리적 특성이나 소비자의 기호에 관련되어 있으므로 이를 동종상품 여부 판단 시 고려할 수 있다고 판시하였다. 이러한 판단에 기초하여 인체 유해성이 적은 온석면과 여타 석면은 같은 상품이라고 볼 수 없고 따라서 제3조 제4항에 위반되지 아니한다고 판단하였다.

3. GATT 제20조 제(b)호 원용가능성

패널은 원용요건으로 조치의 목적이 제20조에 명시된 목적에 부합할 것, 목적달성을 위해 필요한 조치일 것, 전문의 요건에 합치할 것을 제시하였다. 패널은 석면이 발암성을 가진다는 것은 입증된 사실이며, 인간 건강 보호를 위해서는 석면사용을 전면 금지하는 것 이외에는 달리 대안이 없음을 인정하였다. 또한, 프랑스 국내법이 원산지와 관련된 어떠한 차별도 규정하지 않았고, 캐나다가 차별적 적용의 증거를 제시하지 못했다고 판단하였다. 나아가 프랑스 국내법은 국제무역에 대한 위장된 제한, 즉 보호주의적 목적을 갖지 아니한다고 보고, 전문 및 본문의 요건을 모두 충족한다고 판정하였다. 상소기구 역시 패널 평결을 지지하였다. 단, 필요성 테스트에 있어서 대체수단이 '추구하는 목적 실현'에 얼마나 기여할 수 있는가를 판단해야 한다고 판시하였다.

4. 캐나다의 비위반제소 인용 여부

패널은 비위반제소의 인용요건으로 정부 조치의 적용, 합리적 이익의 존재, 이익의 무효화 또는 침해 및 인과관계를 요한다고 하였다. 그러나 석면 수출과 관련하여 형성된 캐나다의 기대가 '합리적'이었다고 보기 어렵다고 하였다. 캐나다는 프랑스가 석면 사용에 대해 보다 제한적인 기준을 채택할 것이라고 알 수 있었기 때문이었다. 결국 패널은 캐나다에 합리적 이익이 존재한다고 보기 어렵다고 보고 비위반제소를 기각하였다.

CASE 127. 태국 – 담배 사건[12]

Ⅰ 사실관계

1. 태국은 2006년 8월 필리핀으로부터 수입한 담배에 대하여 일정 재정조치를 취하였고, 이로 인해 태국이 주 수출시장인 PMPMI가 생산한 담배의 경쟁력이 약화되었다.

2. 태국은 부가가치세(VAT) 산정에 있어서 수입산 담배와 국산 담배에 대한 기준을 다르게 설정하고 있었고, 이에 따라 부가가치세액의 차이가 발생하였다.

3. 태국은 국산 담배 재판매에 있어서 부가가치세를 자동으로 면세한 반면, 수입산 담배 판매에 있어서는 일정한 조건을 갖춘 경우에 부가가치세를 면세하였다. 그러한 조건으로는 세금송장의 준비 및 송달, VAT 기록 보관, 세금감사 등이 있었다.

Ⅱ 법적쟁점 및 당사국 주장

1. 부가가치세액의 차이

(1) 1994GATT 제3조 제2항 제1문 위반 여부가 쟁점이다.

(2) 필리핀 – 태국이 수입담배에 대해 차별적 과세기준을 설정함으로써 동종의 국내담배에 적용되는 기준을 초과하여 수입담배에 VAT를 부과하고 있어 GATT 제3조 제2항 제1문 위반이라고 주장하였다.

---

12) Thailand–Customs and Fiscal Measures on Cigarettes from the Philippines, 2011, DS371

(3) 태국 – 제3조 제2항 위반 판단에 있어서 수입담배의 과세기준이 국내담배를 보호할 목적으로 설정·적용되었는지가 중요하며, 과세 기준 자체가 더 높은가의 문제가 아니라고 반박하였다.

2. 부가가치세 면제

(1) 부가가치세 면제 자체 – 1994GATT 제3조 제2항 제1문 위반 문제

(2) 수입담배에 대해 여러 행정조건을 요구한 것 – 1994GATT 제3조 제4항 위반 문제

(3) 필리핀 – 국내담배에 대한 VAT 면제는 제3조 제2항과 제3조 제4항 위반이다.

(4) 태국 – 수입담배 재판매업자가 부담하는 VAT가 납세의무 도래 전에 세금공제로 인해 자동적으로 상쇄되기 때문에 수입담배에 대한 초과과세는 없다고 반박하였다.

Ⅲ 패널판정

※ 상소심에서는 패널판정을 지지(uphold)하였다.

1. 부가가치세액의 차이 문제 – 제3조 제2항 제1문 위반 여부 – 적극

판정기준은 동종상품인가? 차별과세하였는가? 여부이다.

(1) 동종상품인가?

동종상품이다. 물리적 성질, 최종용도, 세 번상 동일하다.

(2) 초과과세하였는가?

초과과세하였다. 수입담배에 대한 MRSP(Maximum Retail Selling Price)와 국산담배에 대한 MRSP가 다르게 설정되어 있어 VAT상의 차이가 있으나, MRSP 자체가 다르게 설정되었다고 해서 반드시 차별과세는 아니다. 그러나 MRSP를 설정함에 있어서 Director General of Excise(DG Excise)가 일반적 방법에서 벗어나 수입담배를 차별하는 방식으로 마케팅 비용을 설정하였다고 판정하였다.

2. 부가가치세 면제의 문제(1) – 제3조 제2항 제1문 위반 여부 – 적극

(1) 태국은 MRSP에 7%의 세율을 적용하였고, 이는 각 판매 단계에서 동일하게 적용된다. 또한 재판매업자가 input tax의 형식으로 전 단계의 판매자에게 납부한 VAT와 다음 단계의 구매자로부터 output tax의 형식으로 받는 VAT금액은 동일하므로 결과적으로 부담해야 할 VAT가 '0'이 된다.

(2) 한편 태국은 국내법에 따라 국산담배 재판매업자들에게는 VAT를 면제하였으나, 수입산 담배 재판매업자들은 면제하지 않았다.

(3) 패널은 태국의 국산 담배 재판매업자에 대한 VAT 면제조치는 제3조 제2항 제1문 위반이라고 판정하였다. 수입담배에 대해서도 일정 조건을 갖춘 경우 VAT를 면제받을 수 있으나, 항상 그러한 것은 아니며, US – Tobacco 사건에서 제시된 바와 같이 수입제품에 대하여 초과 과세하지 않을 의무는 초과 과세의 잠재적 가능성까지 확대된다고 한다. 즉, 실제로 초과과세가 이뤄지지 않는다고 하더라도, 초과과세 가능성이 존재한다면 제3조 제2항 제1문 위반으로 판정된다고 본 것이다.

3. 부가가치세 면제의 문제(2) – 제3조 제4항 위반 여부 – 적극

위반판단요건은 동종상품인가? 판매 등에 관한 법률·규정·요건인가? 불리한 대우인가? 여부이다.

(1) 동종상품인가?

동종상품이다. 제3조 제4항의 동종상품의 범위는 제3조 제2항의 동종상품 범위보다 넓다. 따라서 제3조 제2항상의 동종상품이면 반드시 제3조 제4항의 동종상품이다.

(2) 판매 등에 관한 법률·규정·요건인가?

태국의 VAT 관련 행정 요건은 수입담배의 판매에 영향을 미치는 조치이다.

(3) 불리한 대우인가?

이와 관련하여 다음 두 가지를 검토한다. ① 태국 법령이 수입담배 재판매업자에게 추가적인 행정부담을 안겨주고 있는가. ② 이러한 부담이 태국 시장 내 수입담배의 경쟁상황에 부정적인 영향을 미치고 있는가. 첫째, 국내담배 재판매업자들은 VAT가 면제되므로 VAT 관련 행정요건으로부터 면제되나, 수입담배 판매업자들은 행정요건을 갖추도록 하고 있으므로 추가적인 행정부담을 안겨주고 있다. 둘째, 추가적 행정요건이 수입담배 판매업자에게만 적용되는데, 이러한 요건을 개별적으로 보면 그 자체로 수입담배의 경쟁상황에 부정적인 영향을 미치는 것은 아니나, 이러한 요건들이 누적되어 잠재적으로 경쟁상황에 부정적 영향을 미칠 수 있다.

Ⅳ 평석 및 조문 해석

1. 제3조 제2항

(1) US – Malt Beverages 사건

제3조 제2항 제1문상 차별적 세금의 금지는 무역효과 기준에 따른 조건부적인 것이 아니고 최소허용한도 기준의 제한도 받지 않는다.

(2) US – Tobacco

동종의 국내제품에 비해 수입제품에 더 높은 내국세를 부과하는 것은 그 차이가 미미하거나 또는 상업적 가치가 없다고 하더라도 허용되지 않는다.

2. 제3조 제4항

(1) WTO는 일반적으로 국내제품과 수입제품 간의 경쟁관계에 불리한 영향을 미칠만한 차별적인 대우가 있었는가를 그 결정기준으로 본다.

(2) Korea – Various Measures on Beef 사건

수입제품과 국내제품 간 형식적인 대우의 차이가 제3조 제4항 위반 입증에 반드시 필요한 것도 또는 충분한 것도 아니다. 수입제품이 불리한 대우를 받고 있는가의 여부는 관련 조치가 수입제품에게 불리한 방향으로 관련 시장 내에서의 경쟁상황을 변경시키는가에 달려 있다.

(3) Dominican Republic – Import and Sale of Cigarettes 사건

형식적으로 차이가 없는 동일한 대우라 하더라도 그것이 반드시 수입제품에 대한 불리하지 않은 대우가 되는 것은 아니다. 동 사건에서 인지부착요건은 수입담배와 국산담배에 동일하게 적용되나 국산담배의 경우 제조과정에서 인지가 첨부되지만 수입담배의 경우 추가적인 절차를 거쳐야 하고 추가비용을 수반하므로 수입담배에 불리한 대우를 한다고 판정한다.

(4) US – Section 337 of the Tariff Act 사건

일정 수입제품에 대한 특정 면에서의 덜 우호적인 대우가 일정 수입제품에 대하여 다른 면에서의 더 우호적인 대우를 한다는 사실로 인해 상쇄될 수 없다. US-Gasoline 사건도 동일한 취지의 판정이다.

(5) Canada – Wheat Exports and Grain Imports 사건

제3조 제4항에 있어서 최소허용 수준은 없다. 즉, 상업적 및 실질적 의미로는 그다지 부담스러운 행위가 아니라 하더라도 수입제품을 경쟁적으로 불리하게 만들 가능성이 있다면 불리한 대우에 해당하고 제3조 제4항 위반이다.

3. 제3조 제2항과 제3조 제4항의 관계

(1) VAT 면제를 받기 위해 각종 행정요건을 충족하게 한 태국의 조치에 대해 패널과 상소기구는 제3조 제4항과 제3조 제2항을 동시에 적용하여 위반판정하였다.

(2) 이에 대해 태국은 행정요건과 관련해서는 제3조 제4항만 적용된다고 항의하였다.

(3) Argentina – Hides and Leather 사건

세금징수를 위한 방법으로 쓰인 행정조치가 제3조 제2항의 적용을 받는 세금조치에 해당되고, 만약 세무행정 관련 조치가 동 조항으로부터 배제된다면 이로 인한 남용 가능성과 제3조 제2항상의 의무회피를 통제할 수 없을 것이다.

(4) 본 사건 상소기구

문제의 조치가 오로지 행정요건으로만 구성되었다고 하더라도 그러한 행정 요건이 수입제품과 동종의 국내제품에 적용되는 개별적 세금 부담에 영향을 미칠 수 있고, 따라서 제3조 제2항의 적용을 받을 가능성을 배제하지 않는다.

CASE 128. 미국 – 새우 사건

I 사실관계

미국은 새우 어획과정 중 우연히 포획(incidental capture)되어 죽는 바다거북을 보호하기 위하여 1973년부터 멸종생물법(Endangered Species Act of 1973)을 제정하여 '거북제외장치(Turtle Excluder Devices: TEDs)'를 자국 내 모든 바다에서 의무적으로 사용하도록 하였다. 또한 미국은 1989년 Section609 등 국내법을 제정하여 TEDs를 사용하지 않고 어획한 새우 또는 미국으로부터 수입승인을 받지 못한 국가로부터 수입되는 새우의 수입을 금지하였다. 이에 대해 인도, 말레이시아, 파키스탄, 태국 등이 제소하였다.

Ⅱ 법적쟁점

1. Amicus Curiae Briefs

환경 NGO들은 패널에 의견서를 제출하고 당사국에게도 이를 통보하였다. 제소국들은 패널이 이를 고려하지 말 것을 요청한 반면, 미국은 DSU 제13조에 기초하여 NGO가 제출한 정보를 고려해 줄 것을 요청하였다.

2. 수량제한금지원칙 위반 여부(GATT 제11조 제1항)

제소국들은 Section609조에 의한 수입금지는 수량제한의 일반적 폐지를 규정한 GATT 제11조 제1항에 위반 된다고 주장하였다. 미국 역시 동 법이 GATT 제11조 제1항을 위반하고 있음을 인정하였다. 따라서 사안의 핵 심쟁점은 GATT 제20조 해당 여부였다.

3. GATT 제13조 제1항 및 제1조 제1항 위반 여부

제소국들은 성질(nature)이 동일한 새우를 단지 어획방법과 어획국의 보존정책 차이로 수입을 금지하여 차별 하는 조치, 미승인된 국가로부터는 TEDs에 의해 어획한 새우에 대해서도 수입을 금지하는 조치, 수출국들의 자국 제도 조정기간을 국가 간 차별하는 조치 등은 GATT 제1조 제1항에 위반된다고 주장하였다. 동일한 이유 로 수량제한의 무차별 적용을 규정한 GATT 제13조 제1항에 위반된다고 하였다. 이에 대해 미국은 GATT 제 11조 위반 판정을 내린 경우에는 GATT 제1조 및 제13조는 추가적으로 검토할 필요가 없다고 반박하였다.

4. GATT 제20조 제(b)호 또는 제(g)호

미국은 자국의 조치가 GATT 제11조 제1항에 위반된다고 하더라도 GATT 제20조 제(b)호 또는 제(g)호에 의 해 정당화 된다고 주장하였다. 제20조의 검토방식, 제(b)호 및 제(g)호의 검토순서 등이 쟁점이 되었다. 제소 국들은 미국의 조치는 GATT 제20조 전문에 명시된 자의적이고 부당한 차별이며 국제무역을 제한하기 위한 수단이라고 주장하였다.

Ⅲ 패널 및 상소기구 평결

1. Amicus Curiae Briefs

(1) 패널

패널은 DSU 제13조에 기초하여 패널이 요청하지 않은 정보에 대해서는 당사국과 제3자 참여국만이 제공 할 수 있다고 판단하고 NGO는 패널이 요청한 경우 이외에는 정보를 제공할 수 없다고 판정하였다.

(2) 상소기구 – 패널 법률해석 파기

상소기구는 DSU 제13조 규정을 불필요하게 형식적이고 기술적으로(unnecessarily formal and technical in nature) 좁게 해석하여 패널이 먼저 요청(first seek)을 해야만 검토할 수 있다는 패널의 결정은 재량권 을 부여한 동 조항을 너무 좁게 해석한 것으로 오류라고 판정하였다.

2. 수량제한금지원칙 위반 여부(GATT 제11조 제1항) - 적극

패널은 이 문제의 입증책임과 관련하여 GATT 제11조를 위반하였다고 주장하는 제소국측에 입증책임이 있다고 하였다. 그러나 본 건에서는 미국이 스스로 Section609는 GATT 제11조 제1항에서 금지한 수량제한에 해당한다고 인정하였으므로 이로써 수량제한의 일반적 금지 위반이라고 판단하기에 충분하다고 판정하였다.

3. GATT 제13조 제1항 및 제1조 제1항 위반 여부 - 검토 불요

패널은 미국의 조치가 GATT 제11조 제1항에 위반된다는 결론을 이미 내린 상황에서는 GATT 제1조 및 제13조에 기초한 주장을 검토할 필요 없이 제20조에 의한 미국의 항변을 검토하는 것이 필요하다고 하였다.

4. GATT 제20조 제(b)호 또는 제(g)호

(1) 전문 및 본문의 검토 순서

패널은 종전 입장과 달리 전문부터 검토하는 것이 가능하다고 하였다. 패널은 전문이 내용뿐 아니라 조치의 적용방법에 대해 규정하고 있는 것은 예외조항의 남용을 방지하기 위한 것이므로 전문을 먼저 분석하는 것도 가능하다고 하였다. 그러나 상소기구는 이러한 법률해석을 파기하고 우선 Section609가 GATT 제20조 제(b)호·제(g)호에 의해 정당화되는지부터 검토해야 한다고 판시하였다.

(2) 입증책임 - 피제소국

패널은 GATT 제20조와 같은 적극적 항변(Affirmative Defense)은 이를 주장하는 측에 입증책임이 있다고 보고 미국 측에 입증책임이 있다고 판결하였다.

(3) 제(b)호 및 제(g)호의 검토 순서

상소기구는 미국이 GATT 제20조 제(g)호 및 제(b)호를 정당한 근거로 주장하였으나 제(g)호를 검토한 후에 이에 해당하지 않으면 차선책으로 제(b)호를 검토할 수 있다고 판단하였다.

(4) 제(g)호 요건 충족 여부 - 적극

패널은 전문부터 적용하여 전문의 요건을 충족하지 않는다고 보고 본문은 검토할 필요가 없다고 보았다. 그러나 상소기구는 본문부터 검토해야 한다고 보고 제(g)호의 요건을 충족하는지 검토하였다. 상소기구는 미국의 조치가 '본문'의 요건은 충족한다고 판단하였다. 첫째, 바다거북은 '유한천연자원'이다. 천연자원에는 비생물자원뿐 아니라 생물자원이 포함된다. 바다거북은 CITES 부속서 1에 포함되어 있으므로 유한한(exhaustible)자원이다. 바다거북이 대부분은 미국의 관할권 내에 있으므로 미국이 GATT 제20조를 바다거북에 적용하기에 충분한 연계(nexus)가 있다. 둘째, 미국의 조치는 '보존에 관한'(relating to the conservation) 조치이다. 즉, Section609의 일반체계 및 구조(general structure and design of the measure)와 그것이 추구하는 정책목적(policy goal), 즉 바다거북 보호와 밀접하게 연관되어 있다. 셋째, 미국의 조치는 미국 내 생산 또는 소비에 대한 제한과 관련하여 실시되었다. 상소기구는 이 문언을 "수입상품과 국내상품에 대한 동등성"(even-handedness)을 요구한다고 보고 미국이 국내적으로 TEDs 사용을 의무화하고 위반 시 처벌을 하고 있으므로 동 문언상의 요건을 충족한다고 판정하였다.

(5) 전문의 요건 충족 여부

① 패널 – 소극: 패널은 다음과 같은 이유로 미국의 조치는 전문의 요건을 충족하지 못한다고 판단하였다. 첫째, 미국의 조치가 미승인국에게는 미국의 조치와 상응하는 수준의 TEDs 사용에 관한 포괄 요건을 충족하거나 바다거북이 없는 어장에서만 전적으로 새우 어획을 한다는 조건하에서만 수입이 허용되고 그 이외에는 수입이 금지되므로 동일한 조건하에 있는 국가 간(between the countries where the same conditions prevail)에 부당한 차별(unjustifiable discrimination)에 해당한다. 둘째, 시장접근에 대한 조건으로 타국에 정책변경을 요구하는 것은 회원국의 자주권(autonomy)을 침해하고 다자무역체제를 위협하는 것으로서 인정될 수 없다. 셋째, 바다거북은 전 세계 공통자원으로서 미국이 조치를 취할 이해관계를 가진다고 하더라도 일방적 조치보다는 국제협정을 통해 해결해야 한다. 넷째, 미국과 제소국들이 공동으로 가입한 CITES조약이 바다거북의 보호와 TEDs 사용 및 수입제한에 대해 규정하고 있으나, 미국의 조치는 바다거북이 아니라 '새우' 수입금지에 관한 것이므로 동 조약을 근거로 새우 수입금지조치를 정당화할 수 없다. 요컨대, 미국의 조치는 부당한 차별조치로서 GATT 제20조 전문의 요건을 충족하지 못하였다.

② 상소기구 – 소극: 상소기구는 미국의 조치는 자의적이고 부당한 차별이라고 판시하였다. 첫째, 미국의 조치는 '부당한'(unjustifiable) 차별에 해당한다. 미국이 미승인 국가에 대해서는 TEDs를 사용하여 어획하더라도 수입을 금지한 점, 미국이 진지한 다자간 협상노력을 기울이지 아니한 점, 적응기간을 카리브해 연안국에게는 3년을 부여하면서도 제소국들에 대해서는 4개월만을 부여한 점 등이 부당한 차별의 증거라고 판단하였다. 둘째, 미국의 조치는 '자의적'(arbitrary) 차별이다. 미국이 상대국의 상황을 고려하지 않고 유일의 경직적이고 비탄력적인 요건(single, rigid and unbending requirement)을 부과하는 제도를 운영한 점, 승인받기 위한 절차가 투명하지 않고 예측가능하지 아니한 점, 일방적인(ex parte) 질문과 심리, 반론기회를 제공하지 아니한 점, 개별적 서면통보절차의 미비, 재심과 상소의 부정 등이 자의적 차별의 증거라고 판단하였다.

Ⅳ 평석

1. 무역가치와 환경가치

상소기구는 미국의 조치가 유한천연자원 보존과 관련된 조치라는 점은 인정함으로써 WTO체제가 환경보호를 위해 진일보하였음을 보여주었으나, 그 적용방식에 있어서 자의적이고 차별적이라고 판시함으로써 여전히 자유무역가치를 옹호하는 입장을 보여준 사례로 볼 수 있다.

2. 1994GATT 제20조 해석론

상소기구는 제20조 적용에 있어서 본문의 요건에 합치하는지를 먼저 검토하고 전문의 요건 충족 여부를 검토해야 한다고 판시하였다. 상소기구의 판정으로 GATT 제20조 적용 순서에 대한 관행은 확립된 것으로 평가할 수 있다. 또한, 패널은 입증책임에 있어서 제20조를 원용하는 국가에게 책임이 있다고 판시하였다.

1. 멸종위기에 처한 바다거북은 국제협약에 의해 보호된다. Y국은 바다거북을 보호하기 위해 바다거북에 대한 적절한 보호어구(Turtle Excluder Devices)를 사용하지 않고 잡은 새우 및 새우제품의 수입을 금지하였다. 새우 수출국인 X국은 Y국에 대한 새우 및 새우제품의 수출을 제한받게 되었다. X국은 Y국을 상대로 WTO 분쟁해결기구에 제소하였다. X국과 Y국 모두 WTO 회원국이다. WTO설립협정전문과 GATT 제20조를 근거로 Y국의 입장을 뒷받침하라. (30점) [2006외시]

2. A국은 B국으로부터 甲을 수입하고 있다. 甲은 A국 내에서도 생산이 되고 있다. A국 내의 환경단체들은 B국이 甲을 생산하는 과정에서 오염물질 배출을 감축시키는 조치를 취하고 있지 아니한다는 이유로 甲에 대해 환경과징금을 부과할 것을 요구하였고 A국은 이들의 주장을 받아들여 B국으로부터 수입되는 甲에 대해 가격의 10%에 달하는 과징금을 부과하는 법을 만들었으며 동 법은 발효되었다. 이와 관련하여 다음 물음에 답하시오. (단, A국과 B국은 WTO 회원국이다) (총 50점)

   (1) B국은 자국산 甲에 대해 10% 과징금을 부과하는 것은 WTO협정에 위반된다고 주장하며 A국에 협의를 요청하였으나 A국이 응하지 아니하자 분쟁해결기구(DSB)에 패널설치를 요청하였다. B국이 사안과 관련하여 원용할 수 있는 WTO 규범에 대해 설명하시오. (단, 동 법은 모든 수입산 甲에 대해 동일하게 적용된다고 가정하시오) (15점)

   (2) B국은 예비적 청구로서 A국의 조치가 WTO협정에 위반되지 아니한다고 하더라도 WTO협정상 정당화되지 아니함을 제기하였다. B국이 자신의 주장을 정당화하기 위해 입증해야 할 책임의 범위에 대해 설명하시오. (10점)

   (3) 패널절차가 진행되는 과정에서 국제환경단체 C는 甲을 생산하는 과정에서 오염물질을 감축하는 조치를 취하지 아니한 경우 국제환경에 미치는 위해를 조사한 보고서를 당해 패널에 제시하였다. 패널은 이를 검토할 수 있는 권한이 있는가? (10점)

   (4) 패널절차에서 A국이 패소한 경우 A국은 상설항소기구에 항소할 수 있다. 항소심의 관할범위를 설명하고, 항소심의 관할범위에 관련하여 제기되는 문제점 및 입법론에 대해 설명하시오. (15점)

3. WTO 회원국인 A국은 환경관련 국내 NGO의 청원을 받아들여 유한천연자원으로 지정되어 있는 바다거북을 보호하기 위해 새우 등을 어획하는 과정에서 거북제외장치(Turtle Excluder Devices: TED)를 사용할 것을 의무화하는 법을 제정하였다. 동 법은 수입산 새우 및 새우사용제품에 대해서도 적용되어 TED를 장착하지 않고 어획한 국가를 원산지로 하는 새우 및 새우사용상품에 대해서는 수입을 금지하였다. A국은 TED를 장착하고 어획한 새우인지에 대해 자국 정부의 승인을 받도록 하였고 TED를 장착했더라도 이것이 자국 정부에 의해 승인되지 않은 경우에도 역시 수입을 금지하였다. B국산 새우의 수입이 금지되자 B국은 A국의 조치가 WTO협정에 위반된다고 하였다. 나아가 A국과 B국은 FTA를 체결하고 있으므로 B국에 대해서는 수입제한조치를 취할 수 없다고 항변하였다. 이와 관련하여 다음 물음에 답하시오. (단, A국과 B국은 WTO 회원국이며 또한 FTA를 체결한 국가들이다) (총 40점)

   (1) A국의 조치는 WTO협정에 위반되는가? (15점)
   (2) 만약 A국의 조치가 WTO협정에 위반되는 경우 A국이 이를 정당화할 수 있는 법적 근거가 있는가? (15점)
   (3) A국은 FTA 당사국인 B국에 대해서는 수입제한조치를 취하는 것이 허용되지 아니한가? (10점)

CASE 129. 미국 - 휘발유 사건[13]

Ⅰ 사실관계

1. 본 건은 1990년 수정된 미 대기청정법(Clean Air ACT: CAA)과 미 환경보호국이 제정한 Gasoline 규정에 관한 것이다. 미국은 오존 오염이 악화되는 것을 방지하기 위하여 오염이 심한 지역에 대해서는 '개질휘발유'(Reformulated Gasoline)만 판매하도록 하고 상대적으로 오염이 덜 심한 지역에서는 '재래식 휘발유'(Conventional Gasoline)도 같이 판매하도록 하였다.

2. 미 환경보호국의 Gasoline 규정은 휘발유의 품질을 평가하는 다양한 방식을 규정하고 있었으나 국내 정유업체 및 수입업체가 휘발유 품질을 평가할 때 적용할 수 있는 평가방식 및 기준을 다르게 적용하도록 하였다. 국내 정유업체의 경우 세 가지 평가방식을 사용하여 휘발유 품질을 평가할 수 있었고, 1990년도 자료가 존재하는 경우 '법정기준'을 사용하지 못하도록 하였다. 그러나 수입업체의 경우 개별적 평가방식 적용에 있어서 추가적인 제한이 있었고, 개별적 평가방식 적용이 곤란한 경우 반드시 '법정기준'에 따라 평가하도록 하였다.

3. 수입업자가 개별적 평가방식을 적용할 수 있기 위해서는 1990년도에 그 외국에 소재한 정유소에서 생산된 휘발유 중 적어도 75% 이상을 미국으로 수입해야 한다는 요건을 충족해야 했다(75% rule).

Ⅱ 법적쟁점

1. 1994GATT 제1조 위반 여부

제소국들은 외국 정유업자인 수입업자가 그 외국에 소재한 정유소에서 생산된 휘발유의 75% 이상을 수출하였을 경우 개별적인 기준을 수립할 수 있도록 허용하는 '휘발유규칙'은 사실상 특정의 제3의 국가산 휘발유에 대해 편의를 제공하는 것이기 때문에 제1조에 위반된다고 주장하였다. 반면, 미국은 휘발유의 원산지에 상관없이 객관적 기준만 구비하면 75% 규칙이 적용되므로 특정 국가군에 특혜를 제공하는 것은 아니라고 반박하였다.

2. 1994GATT 제3조 제4항 위반 여부

제소국들은 '휘발유규칙'은 미국산 휘발유가 미국의 정유업자의 '개별기준'에만 합치되면 되도록 규정되어 있는 반면, 수입휘발유에 대해서는 보다 엄격한 '법정기준'에 합치될 것을 요구하여 미국산 휘발유는 보다 완화된 요건을 충족하면 제한없이 판매될 수 있는 반면, 수입산 휘발유는 보다 엄격한 요건을 충족해야 하므로 미국 시장에서 판매되는 데 제한이 있고 이는 수입 휘발유의 경쟁 조건에 부정적 영향을 주기 때문에 제3조 제4항 위반이라고 주장하였다. 이에 대해 미국은 휘발유규칙이 전체적으로 볼 때는 수입품을 국산품과 차별하는 것은 아니며, 또한 수입업자의 휘발유는 유사한 상황에 처해 있는 국내 관계자들의 휘발유와 유사한 취급을 받고 있는 것이라고 반박하였다.

---

13) DS2. 제소국: 베네수엘라, 브라질, 피제소국: 미국. 패널보고서 채택: 1995년 1월 18일, 상소기구보고서 채택: 1996년 5월 20일.

3. 1994GATT 제20조 적용 여부

미국은 자신의 조치는 GATT 제20조 제(b)호·제(d)호·제(g)호에 의해 정당화된다고 주장하였다. 즉, 자신의 조치는 인간 및 동·식물의 생명이나 건강 보호를 위해 필요한 조치이며, 휘발유규칙의 기준설정 시스템은 대기의 질 악화를 예방하기 위한 규정을 시행하는 데 필수적이라고 주장하였다. 또한 '청정한 공기'는 유한 천연자원이므로 자신의 조치는 이를 보존하기 위한 조치라고 항변하였다.

Ⅲ 패널 및 상소기구 평결

1. 1994GATT 제1조 위반 여부 – 심리 배제

패널은 제1조 위반 여부에 대해 심리하지 않았다. 패널은 '패널의 위임범위가 확정된 시점에서 유효하지도 않았으며 유효하게 될 것 같지 않은 조치에 관하여 GATT의 패널이 평결하는 것은 흔히 있는 관행이 아님'을 고려하였다. 패널의 위임범위가 결정된 시점에서 75% rule은 효력이 정지되었고 동 규칙이 다시 유효하게 될 여지도 없으므로 제1조 위반 여부를 검토하는 것은 불필요하다고 보았다.

2. 1994GATT 제3조 제4항 위반 여부 – 적극

패널은 미국이 제3조 제4항을 위반하였다고 평결하였다. 첫째, 화학적으로 동일한(chemically identical) 수입휘발유와 국산 휘발유는 정확히 같은 물리적 특성, 최종 용도, 관세분류상의 지위를 가지고 있고, 완전히 대체가능한 것으로서 제3조 제4항의 의미의 동종제품에 해당한다. 둘째, 휘발유 규칙이 수입품의 수입국 내에서의 판매, 판매를 위한 제의, 구입, 운송, 분배 또는 사용에 영향을 주는 법률, 규칙이나 기타 요건에 해당하는지 여부에 대해서는 당사국 간 이견이 없다. 셋째, '보다 불리하지 않은 대우'는 '수입품에 대한 실질적인 기회의 균등'을 의미한다. 그러나 기준수립방법에 있어서 수입휘발유는 국산휘발유보다 불리한 대우를 받고 있다. 수입업자는 개별기준을 이용할 수 없으나 판매자는 개별기준을 이용할 수 있으므로 국내정유업자가 혜택을 누리고 있다. 개별기준으로 평가할 경우 개질휘발유로 평가받을 수 있는 수입휘발유가 보다 엄격한 '법정기준'을 충족하지 못하는 경우 이 휘발유는 보다 낮은 가격으로 수입되게 될 것이므로 수입휘발유은 경쟁관계에서 불리한 대우를 받고 있다.

3. 1994GATT 제20조 적용 여부

(1) 제(b)호

패널은 미국이 제(b)호의 요건을 입증하지 못하였다고 평결하였다. 패널은 휘발유의 소비로부터 야기되는 대기오염을 감축하는 것이 인간과 동식물의 생명·건강 보호를 위한 정책임은 인정하였으나 휘발유규칙이 '필요한' 조치라는 점은 인정하지 않았다. 패널은 'GATT에 위배되지 않는 대체적인 조치가 존재할 경우에는 어떤 특정한 조치는 필요한 조치로 정당화될 수 없다'고 판단하였다. 이에 기초하여 패널은 '제품의 생산자와 연결된 개별기준에 의하여 국산휘발유에 부여되고 있는 것과 같은 정도의 호의적 판매조건을 수입휘발유로 하여금 향유하지 못하게 하는 방법이 휘발유규칙에서 정한 목표를 달성하는 데 필수적인 것은 아니다'라고 평결하였다.

(2) 제(d)호

패널은 기준설정방법이 GATT에 반하지 않는 법률 또는 규칙의 준수를 보장하기 위해 필요한 것인지를 검토하였다. 패널은 기준수립방법에 있어서 제3조 제4항에 반하여 수입휘발유와 국산휘발유 간에 차별을 유지하는 것이 기준이라는 제도에의 준수를 보장하는 것이 아니라고 평결하였다.

(3) 제(g)호

① **패널 – 소극**: 첫째, 패널은 '깨끗한 공기'는 대기오염에 의해 고갈될 수 있는 유한천연자원이다. 재생가능한 지(renewable) 여부는 문제되지 않는다. 둘째, 관련 조치가 보전에 관한(related to conservation)것으로 인정되기 위해서는 그러한 조치가 유한천연자원의 보전에 필요하거나(necessary) 필수적일(essential) 필요는 없으나 유한천연자원의 보전을 주된 목적으로(primarily aimed at) 해야 한다. 그러나 "국내산 휘발유와 화학적으로 동일한 수입휘발유에 대한 불리한 대우"와 "미국의 대기의 질을 개선하려는 목적" 간에 직접적인 관련이 없다. 따라서 이러한 차별은 고갈 가능한 천연자원 보존을 주된 목적으로 하는 것이라고 볼 수 없다.

② **상소기구 – 소극(패널 판정 일부 파기)**: 상소기구는 미국의 기준치 설정방식이 유한천연자원의 보전에 관한 조치가 아니라는 패널의 법률해석을 파기하고 제(g)호상의 여타 요건 및 전문의 요건을 심사하였다. 첫째, 미국의 기준치 설정방식은 청정대기 보존을 주된 목적으로 한다. 기준치 설정방식은 전체적으로 볼 때 정유업자 등의 대기오염 방지 의무 준수 여부를 관찰하고 검사하기 위해 고안된 것으로서 이러한 기준치 없이는 동 검사가 불가능하고 결국 대기 오염을 방지하려는 휘발유 규정 전체의 목적이 심각하게 손상된다. 둘째, 미국의 조치는 '국내 생산 또는 소비에 대한 제한과 결부되어 유효하게 되는 경우(such measures are made effective in conjunction with restrictions on domestic production or consumption)'에 해당한다. 동 요건은 해당 자원의 국내 소비와 생산을 제한하는 조치와 함께 운영되어야 한다는 것이며 국내외 자원이 공평하게 제한받아야 하는 '공평성'(even-handedness) 요건이다. 휘발유 기준치 설정규칙은 국내외 휘발유에 다 같이 적용되고 있으므로 공평성 요건에 부합한다. 셋째, 그러나 미국의 기준치 설정규칙은 부당한 차별과 국제무역에 대한 위장된 제한에 해당하므로 제20조에 의해 정당화될 수 없다. 미국의 휘발유 규정과 모법인 대기청정법 등을 검토해 보면 미국이 국내외 휘발유에 동등한 법정기준을 적용하거나 외국 정유업자에게도 개별 기준을 적용할 수 있었다.

Ⅳ 평석 – 1994GATT 제20조 검토와 관련하여

1. 검토대상

패널은 어떤 조치의 '차별적 측면'을 대상으로 하여 그러한 차별적 조치가 GATT 제20조에 의해 정당화 될 수 있는지를 심리하였으나 상소기구는 이를 파기하고 해당 조치 '전체'를 검토해야 한다고 판정하였다.

2. '보존에 관한'의 의미

'보존에 관한'의 정도는 '밀접한 관련성'(substantial relationship)을 요하며 'primarily aimed at'으로 해석해야 한다.

3. '차별'(discrimination)

GATT 제3조 제4항과 제20조 전문에는 '차별'(discrimination) 요건을 언급하고 있으나 다르게 해석되어야 한다. 만약 같은 의미로 해석한다면 제3조 제4항에 반하는 조치는 반드시 제20조 전문에도 반하여 제20조를 원용할 수 없기 때문이다. 이러한 문제점을 고려하여 상소기구는 제20조 전문에 규정된 차별의 정도가 제3조 제4항에 비해 차별 정도가 훨씬 심각한 경우로 해석해야 한다고 본다.

CASE 130. Japan, EC vs. Canada - Autos 사건[14]

Ⅰ 사실관계

1. 캐나다는 1998년 제정된 Motor Vehicle Tariff Order(MVTO)를 통해 일정 조건[15]을 충족하는 자동차 제작사에게 자동차를 무관세로 수입할 수 있는 수입관세 면제 혜택 부여하였다.

2. 캐나다는 SRO(Special Remission Order) 규정을 통해서도 자동차 제작사에게 수입 관세 면제 혜택을 부여하였다. SRO 역시 회사별로 생산 대 판매 비율과 CVA 요건을 설정하였다. 자동차 제작사들은 CVA 요건을 충족하겠다는 서약서(Letter of Undertaking)를 제출하였다.

3. MVTO, SRO에 의거하여 수입관세 면제 대상이 되는 기업은 1989년 이후 추가되지 않았다.

Ⅱ 법적쟁점

1. 수입관세면제조치

(1) 1994GATT 제1조(MFN) 위반 여부

(2) 1994GATT 제24조에 의한 정당화 여부

(3) 보조금협정 위반 여부

(4) GATS 제2조 위반 여부

(5) GATS 제5조에 의한 정당화 여부

(6) GATS 제17조(NT) 위반 여부

2. CVA 요건

(1) 1994GATT 제3조 제4항 위반 여부

(2) 수입대체보조금 여부

(3) GATS 제17조(NT) 위반 여부

---

14) DS139/142, 2000.6.19. 상소기구
15) 세 가지 조건을 충족해야 한다. 첫째, 기준년도 중 수입자동차와 동급의 차량을 캐나다 국내에서 생산한 실적이 있어야 한다. 둘째, 캐나다 내에서 생산된 자동차의 판매총액과 캐나다 내에서 판매된 동급차량 판매총액 간의 비율이 기준년도의 그것보다 같거나 높아야 한다. 셋째, 캐나다 내 자동차 제작에 투여된 캐나다의 부가가치가 기준년도의 그것보다 같거나 높아야 한다(Canadian Value Added requirement: CVA). 둘째 조건이 기준년도보다 낮을 수도 있으나 최소한 75:100은 초과해야 한다. 셋째 요건과 관련하여 CVA 요건 충족비율이 각 자동차 회사별로 지정되었다. 이 비율은 캐나다 국내상품 사용, 국내 노동자 고용, 캐나다 내 수송비용 및 캐나다 내에 발생한 경상비 등을 통해 달성할 수 있다.

III 패널 및 상소기구 판정

1. 수입관세면제조치

(1) 1994GATT 제1조(MFN) 위반 여부

① 제소국(일본, EC) 주장: 수입관세 면제 대상 자격을 일부 생산자로 제한한 것은 사실상의 차별로서 MFN의무 위반이다. 또한 수입관세 면제를 수입품 자체와 무관한 기준 충족을 조건부로 하는 것은 무조건부 MFN 의무에 반한다.

② 패널 – 적극: 혜택부여에 있어서 특정 조건을 요구하는 것 자체가 MFN 의무에 반하는 것은 아니다. 특정 혜택을 모든 동종상품에 무조건부로 부여하지 않았을 때 동 의무를 위반하는 것이다. 캐나다는 수입관세 혜택을 일부 기업에 국한함으로써 특정 국가 자동차(대부분 미국 자동차)에 혜택을 부여하였고 이러한 혜택이 모든 회원국의 동종상품에 즉각, 무조건부로 부여되지 않았으므로 GATT 제1조 제1항을 위반하였다.

③ 상소기구 – 적극: GATT 제1조 제1항은 'any advantage, any product, all other member' 등을 대상으로 한다. 그러나 캐나다가 해당조치를 실제 운용한 양태는 'an advantage를 some member로부터 some product'에 공여한 것이므로 모든 회원국의 동종상품에 대해 즉시 그리고 무조건부로 같은 혜택을 부여해야 한다는 제1조 제1항의 의무를 준수하지 않은 것이다. 즉, 캐나다는 사실상 미국에 비해 EC나 일본산 동종자동차를 차별한 것이다(de facto discrimination).

(2) 1994GATT 제24조에 의한 정당화 여부

① 당사국 주장(캐나다): 수입관세 면제 혜택을 받는 자동차의 대부분은 캐나다와 함께 NAFTA를 구성하고 있는 미국과 멕시코산으로서 이들 국가의 자동차에 대한 무관세는 1994GATT 제24조에 의해 정당화된다.

② 패널: 이 사건에서 문제가 된 무관세 대우는 미국과 멕시코 이외의 나라에도 무조건적으로 제공되었는지 여부로서 제24조는 WTO와 합치되지 않는 무관세대우를 지역 협정 체약국이 아닌 제3국산에 부여하는 조치를 정당화할 수 없다.

(3) 보조금협정 위반 여부 – 수출보조금 해당 여부

① 일본과 EC의 주장: 캐나다의 수입관세 면제조치는 보조금협정상 보조금이고, 또한 수출보조금이다. 관세징수의 포기는 SCM협정 제1조 제1항 가호 1(나)에 규정된 재정적 기여에 해당하고, 해당 기업은 납부해야 할 관세를 납부하지 않은 것이므로 면제된 금액만큼 혜택을 본 것이다. 또한 Ratio requirement를 충족하기 위해서는 무관세로 수입하는 자동차 판매액에 해당하는 만큼 캐나다 내 생산 자동차를 수출할 수밖에 없으므로 이는 수출실적에 따라 지급되는 수출보조금이다.

② 패널 – 적극: 수입관세 면제조치는 보조금에 해당한다. 또한 수출보조금에 해당한다. 자동차를 무관세로 수입하기 위해서는 캐나다 내 생산 자동차를 수출해야 하므로 법률상 수출실적에 연계된 수출보조금이다.

③ 상소기구 – 적극: 보조금이고 수출보조금이다. 법률상의 수출조건성은 당해 조치의 근거규정, 법령상에 기재된 명문 표현을 근거로 입증되어야 하나 그 조건은 명시적 또는 묵시적으로 표현될 수 있다. 즉 비록 수입관세 면제조치 규정이 수출실적을 조건으로 한다고 규정하고 있지 않다고 하더라도 동 규정이 요구하는 비율 충족 요건은 수출을 조건으로 하는 것으로 보아야 한다.

(4) GATS 제2조 위반 여부

① 당사국 주장: 일본과 EC는 캐나다의 수입관세 면제 조치는 EC나 일본 자동차 공급자보다 미국 자동차 공급자에게 더 유리한 대우를 부여하는 것이므로 GATS 제2조 위반이라고 주장하였다. 양국은 비록 수입 관세 면제 조치 대상 자격에 국적 요건이 명시되어 있지는 않지만 동 대상으로 선정된 기업은 모두 미국계 회사이므로 동 조치는 사실상의 차별조치이며 수입관세 면제 혜택을 보는 자동차 도매업자와 그렇지 못한 도매업자 간의 경쟁 조건을 변경 시키므로 GATS 제2조 제1항의 MFN 의무 위반에 해당한다고 주장하였다. 반면, 캐나다는 수입관세면제조치는 서비스공급에 영향을 미치는 조치가 아니므로 GATS 적용대상이 아니라고 반박하였다.

② 패널 – 적극: GATS 적용 여부는 사전적으로(a priori) 결정할 수 없고 관련 조치가 GATS의 중요 의무를 위반하였는지를 먼저 판정해야 한다. 수입관세면제조치는 서비스 교역에 영향을 미치는 조치이므로 GATS가 적용된다. 또한 사실상 수입관세 면제 대상 기업이 모두 미국계 회사이며, 캐나다 내 생산시설이 없는 자동차 도매 서비스 공급자는 수입관세 면제 대상에서 배제되므로 캐나다의 조치는 GATS 제2조 제1항에 규정된 MFN 의무에 반한다.

③ 상소기구 – 파기: GATS 적용 여부는 의무 위반 판단에 '앞서' 행해져야 한다. 그런데 패널은 수입관세 면제조치가 GATS 적용대상인지 여부를 사전적으로 조사하지 아니하여 해석상의 오류를 범했다. 이 사건에서 문제가 되는 서비스 무역은 '캐나다 내에 상업적으로 주재하고 있는 특정 국가의 서비스 공급자에 의해 제공되는 자동차 도매 서비스'이다. 그러나 패널은 캐나다의 조치가 자동차 도매서비스에 영향을 주는 조치인지 여부에 대해 검토하지 않았으므로 상소기구가 추가적인 검토를 진행할 수 없다. GATS 제2조 제1항 위반 여부에 있어서도 패널은 관련 사실을 제대로 조사하지 못했고 GATS 제2조 제1항을 적절히 해석하지도 못했다. 즉, 수입관세혜택을 받는 기업은 자동차 제작사이고 GATS 제2조 제1항 적용을 받는 것은 자동차 도매업자인데 패널이 확인한 수입관세 면제 대상인 기업과 자동차 도매업자가 어떻게 연결되는지 양자 간의 적절한 관계를 수립하는 데 실패하였다.

(5) GATS 제5조에 의한 정당화 여부 – 소극

캐나다는 미국과 캐나다가 NAFTA 회원국이므로 GATS 제5조 제1항에 의거하여 수입관세 면제조치는 GATS 제2조 제1항 의무에서 이탈할 수 있다고 주장하였다. 그러나 패널은 MVTO 1998과 SRO가 NAFTA의 서비스 교역 자유화 조항의 일부분이라고 볼 수 없으며 설사 동 조항의 일부라고 인정한다고 하여도 수입관세 면제 혜택이 미국과 멕시코의 모든 자동차 기업 또는 도매업자에게 부여되는 것이 아니므로 서비스 교역 자유화라고 볼 수 없다고 판정하였다.

(6) GATS 제17조(NT) 위반 여부 – 소극

일본은 수입관세 면허조치는 자동차 무관세 수입권을 갖게 된 캐나다 서비스 공급자를 그러한 권리를 갖지 못한 일본 서비스 공급자에 비해 유리하게 대우하는 것이므로 GATS 제17조에 반한다고 주장하였다. 그러나 패널은 수입관세 면제 혜택을 보는 캐나다 자동차 제작업체가 자동차 도매 서비스 공급자라는 점을 일본이 입증하지 못했다고 보고 일본의 주장을 기각했다.

2. CVA 요건

(1) 1994GATT 제3조 제4항 위반 여부

① 일본과 EC: MVTO1998과 SRO에 포함된 CVA 요건이 캐나다산 자동차 부품 등을 사용하는 것은 CVA 요건 충족으로 인정하나 외국산 부품 등은 인정하지 않으므로 외국산 부품을 불리하게 대우하는 것이다. Letter of Undertaking에 포함된 CVA 요건 역시 제3조 제4항 위반이다.

② 패널 – 적극: 수입품과 국산품 간 경쟁 조건을 수입품에 불리하게 변경하는 것이므로 수입품에 대해 덜 유리한 대우를 부여한 것이다. Letter of Undertaking은 캐나다 정부의 개입 정도, 서약의 구속력 및 이행 강제 여부, 캐나다 정부의 감시 여부 등을 종합적으로 검토하면 제3조 제4항의 대상인 '요건' (requirement)에 해당하며, 서약서에 기재된 내용이 수입상품의 경쟁관계에 불리한 영향을 미치는 것으로 판단할 수 있다. 따라서 제3조 제4항에 위반된다.

(2) 수입대체보조금 여부

① 일본과 EC: CVA 요건은 수입상품에 비해 국내 상품의 사용을 유인하므로 보조금협정 제3조 제1항 나호에 규정된 수입대체보조금에 해당한다.

② 패널 – 소극: CVA 요건은 법적으로 국내상품 사용을 조건으로 하고 있지 않으며 국내상품을 전혀 사용하지 않고도 달성될 수 있으므로 수입관세면제조치는 법적으로 국내상품 사용을 조건으로 지급되는 보조금이 아니다. SCM협정 제3조 제1항 나호는 '사실상의' 수입대체보조금에 대해서는 적용되지 아니하므로 이 부분에 대해서는 검토하지 않는다.

③ 상소기구 – 파기: 패널이 국내상품을 사용하지 않고도 CVA 요건을 달성할 수 있다고 판단한 것은 '이론적'이므로 실제 그것이 가능한지에 대해 실증적 분석을 했어야 한다. 그러나 패널이 이러한 실증적 분석을 하지 않았으므로 법률상의 수출 부수성 여부를 판단하는 데 충분한 근거를 갖추지 못하였다. 그러나 상소기구의 이러한 판단이 캐나다의 조치가 수입대체보조금인지 여부에 대한 판단을 의미하는 것은 아니다. 사실적인 자료나 증거 부족으로 심사를 중단한다.

(3) GATS 제17조(NT) 위반 여부 – 적극

일본과 EC는 CVA 요건은 수입관세면제 혜택 기업으로 하여금 외국에서 제공되는 서비스보다 캐나다 국내 서비스를 사용하게 하는 유인을 제공하므로 GATS 제17조에 반한다고 주장하였다. 패널은 CVA 요건 상 수입관세 면제 대상 기업은 캐나다 내에서 공급되는 서비스를 외국에서 공급되는 것보다 선호하여 사용하게 되고 이는 양자의 경쟁관계를 캐나다 내에서 공급되는 서비스에 유리하게 변경하는 것이므로 외국에서 공급되는 서비스에 덜 유리한 대우를 부여하는 것이라고 판정하였다.

Ⅳ 평석

1. 수출부수성(export contingency)의 해석

수출부수성은 수출조건성(conditionality), 즉 수출실적을 조건으로 보조금이 제공되는 것으로 이해된다. 다만 '어느 정도'의 조건성을 요구하는지는 명확하지 않다. Canada-Auto사건 패널은 'but for' 기준을 사용함으로써 수출을 보조금을 받기 위한 필요조건으로 이해한 것으로 보인다. 즉, 수출이 없었다면(but for) 보조금을 아예 지급받을 수 없을 것이나 수출했다고 해서 당연히 보조금을 받는 것은 아니고 수출 외에 다른 조건이 있을 수도 있다. 그러나 보조금을 지급받으려면 우선 수출이 있어야 한다는 정도의 조건성이 있어야 할 것으로 이해한 것이다.

2. GATS 적용범위

동 사건과 같은 '자동차 수입관세 면제조치'나 EC – Banana 사건과 같이 '수입허가절차'가 GATS의 적용대상인가? EC – Banana 사건에서 EC는 수입허가절차는 상품무역에 관계된 제도이고 GATT와 GATS는 상호배타적이므로 GATS가 적용되지 않는다고 주장하였으나 상소기구에서 기각되었다. 패널이나 상소기구는 GATS의 적용범위를 '서비스 무역에 영향을 주는 모든 조치'라는 GATS 제1조의 해석상 상당히 넓게 보고 있다. EC – Banana 사건에서 패널은 GATT와 GATS가 중복될 수 없다는 EC의 주장은 두 협정 어디에도 근거가 없으며 GATS의 규정은 직접적이든 간접적이든 서비스 교역에 영향을 미치는 모든 조치에 적용된다고 판단하였다. 또한 EC의 수입허가제도를 GATS의 적용 대상에서 처음부터(a priori) 배제하는 아무런 법적 근거가 없다고 하였다.

CASE 131. US vs. Mexico - Soft Drinks 사건[16]

I 사실관계

1. 멕시코는 사탕수수당(cane sugar)을 가당제[17]로 사용하지 않은 음료와 청량음료(soft drinks)의 수입에 대해 가액의 20%에 해당하는 음료세(soft drinks tax)를 부과하였다.

2. 동 음료의 유통과 관련된 각종 서비스(commission, mediation, brokerage 등)에 대해서도 20%의 유통세(distribution tax)를 부과하였다.

3. 관련 조세 납부 의무자는 각종 장부를 유지하여야 했다(bookkeeping requirements).

II 법적쟁점

1. 1994GATT 제3조 제2항 제1문 위반 여부

2. 1994GATT 제3조 제2항 제2문 위반 여부

3. 1994GATT 제3조 제4항 위반 여부

4. 1994GATT 제20조 제(d)호에 의한 정당화 여부

III 패널 및 상소기구 판정

1. 1994GATT 제3조 제2항 제1문 위반 여부

(1) 미국

음료세 등은 수입 음료 및 수입음료에 첨가된 가당제에 '간접적으로' 부과되는 조세이다. 멕시코는 동종상품인 사탕수수당과 사탕무당에 각각 다른 조세를 부과하였으므로 제3조 제2항 첫 번째 문장을 위반하였다. 또한 사탕무당을 사용한 음료에 대해서만 음료세와 유통세를 부과하였으므로 이 역시 제3조 제2항 첫 번째 문장에 위반된다.

(2) 패널 – 적극

사탕수수당과 사탕무당은 외형, 화학적 성분, 최종용도 등을 종합적으로 검토할 때 동종상품이다. 음료세가 가당제에 직접 부과되는 것은 아니나 비사탕수수당 가당제의 함유가 음료세 부과를 촉발하고 조세부담은 일정 부분 가당제에 부과되는 것이므로 비사탕수수 가당제는 간접적으로 음료세의 대상이 되었다. 또한 동종상품인 사탕수수당에는 조세가 부과되지 않는 반면, 사탕무당에는 조세가 부과되므로 제3조 제2항 제1문에 위반된다. 음료에 대한 조세 차별 역시 제3조 제2항 제1문에 위반된다.

---

16) DS308, 2006.3.24. 상소기구

17) 음료에 첨가되는 가당제에는 사탕수수당, 사탕무당(beet sugar), HFCS(high fructose corn syrup) 등이 있다. 멕시코가 수입하는 음료는 대부분 사탕무당이나 HFCS를 가당제로 사용한 반면, 멕시코 국내산 음료는 대부분 사탕수수당을 사용한다.

2. 1994GATT 제3조 제2항 제2문 위반 여부 – 적극

미국은 HFCS와 사탕수수당은 직접경쟁 또는 대체가능상품으로서 멕시코의 조치는 제3조 제2항 제2문에 위반된다고 주장하였다. 패널은 미국의 주장을 인용하였다. 양자는 직접경쟁 또는 대체가능상품이며 20% 과세 차이는 최소허용 수준을 넘어서서 유사하지 아니하게 과세된 것으로 판정하였다. 또한 음료세와 유통세는 대부분 수입가당제에만 영향을 미치고 그 조세 차이가 크며 국내 생산보호를 위해 의도된 조치라는 점이 멕시코 정부 자료에 시사되어 있으므로 국내생산보호 의도가 있다고 판단하였다.

3. 1994GATT 제3조 제4항 위반 여부 – 적극

미국은 음료세, 유통세, 부기요건 등은 수입상품의 국내판매, 사용 등에 영향을 미치는 조치로서 멕시코 국내 동종상품보다 덜 유리한 대우를 부여하므로 제3조 제4항에 위반된다고 하였다. 패널은 미국의 주장을 인용하였다. 사탕수수당과 사탕무당 등은 동종상품이며 음료세, 유통세, 부기요건 등은 수입상품의 국내사용, 판매, 구매, 운송 등에 영향을 준다고 하였다. 또한 음료세, 유통세, 부기 요건은 멕시코에서 음료 생산 시 사탕수수당을 가당제로 사용하게 하는 경제적 유인을 제공하며 사탕수수당, 사탕무당, HFCS 간 경쟁 조건을 심각하게 변경하고 결과적으로 사탕무당과 HFCS에 덜 유리한 대우를 부여하는 것이라고 판단하였다.

4. 1994GATT 제20조 제(d)호에 의한 정당화 여부

(1) 멕시코

음료세와 유통세는 미국이 멕시코산 사탕수수당의 시장 접근에 관한 NAFTA상의 일부 의무를 이행하지 않고 있으므로 동 의무의 준수를 확보하기 위한 조치이며 NAFTA는 GATT에 반하지 아니하는 법령 또는 규칙에 해당한다. 따라서 GATT 제20조 제(d)호에 의해 정당화된다.

(2) 패널 – 소극

정당화되지 않는다. 첫째, 준수를 '확보'한다는 의미는 준수를 강제한다(enforce)는 의미이다. 그런데 멕시코의 조치가 미국의 NAFTA 의무 준수에 기여할 것인지 멕시코가 충분하게 입증하지 못했다. 둘째, 멕시코의 조치는 국내생산보호를 목적으로 취해진 조치다. 미국의 NAFTA 의무 준수를 확보할 목적으로 취해진 것으로 볼 수 없다. 셋째, 제20조 제(d)호에 언급된 법령 및 규정(laws and regulations)은 국내규정을 의미하는 것이지 국제조약을 포함하는 것은 아니다.

(3) 상소기구 – 소극

법령과 규정이 통상적으로 국내법규를 지칭하는 것이고 국제조약을 포함되지 아니한다는 패널의 판단은 타당하다. 그러나 '준수를 확보한다'(to secure compliance)는 의미가 반드시 확실성이나 강제성을 의미하는 것은 아니며 준수를 확보하는 데 '기여'할 수 있는 정도면 충분하다.

CASE 132. China - raw materials 사건[18][19]

Ⅰ 사실관계

중국은 원자재 수출에 네 가지 형태의 수출제한조치를 취하였고, 이는 수출과세, 수출쿼터, 최소수출가격요건, 수출허가요건이다. 수출제한 관련 원자재는 보크사이트, 코크스, 마그네슘, 망간, 탄화규소 등이었다. 이에 2009년 6월 미국이 중국에 협의를 요청하였으며, 이후 패널이 설치되어 2011년 패널보고서가 제출되었고, 중국과 미국이 상소하여 2012년 1월 30일 상소보고서와 패널보고서가 채택되었다.

Ⅱ 당사국 주장

1. 제소국

미국은 중국의 수출제한은 희소성을 야기하여 국제시장에서 원자재의 가격 상승을 조장하는 반면 중국 국내산업에는 충분히 공급해주는 방식으로 저가의 원자재를 안정적인 가격으로 제공해 준다고 하였다. 중국은 WTO가입의정서에 따라 부속서에 명시된 상품을 제외하고 모든 수출세(export duties)를 제거해야 하며 일부 원자재에 대해서는 수출쿼터를 적용해서는 안 된다고 주장하였다.

2. 피제소국(중국)

수출세를 부과하고 수출쿼터를 적용한 것은 원자재를 위하여 고갈할 수 있는 천연자원의 보존과 관련된 조치이므로 정당하다고 항변하였다.

Ⅲ 법적쟁점

1. 중국의 수출제한조치의 WTO협정 합치성(특히 1994GATT 제11조 제1항 위반 여부)
2. 중국의 수출제한조치의 중국의 WTO가입의정서 합치 여부
3. 중국의 수출제한조치가 1994GATT 제20조 제(g)호에 의해 정당화될 수 있는지 여부

---

18) 유예리(2012), 중국 – 원자재 사건(China – Raw Materials)과 희토류 수출제한 분쟁과의 연관성에 관한 연구, 국제법학회논총, 제57권 제2호.
19) China – Measures Related to the Exportation of Various Materials, DS394

Ⅳ 패널 및 상소기구 판정

1. 패널 판정

중국의 수출세 부과는 중국의 가입의정서와 불일치한다. 또한, 중국의 조치는 1994GATT 제11조 제2항 제(a)호에 의해 정당화되지 아니한다. 즉, 보크사이트에 대한 수출쿼터는 상품의 '중대한 부족(critical shortage)'을 방지 또는 줄이기 위하여 '일시적으로 적용된(temporarily applied)' 조치였다는 것을 중국이 보여주지 못하였다. 중국의 WTO가입의정서 문언상 중국이 WTO와 불일치하는 수출세를 정당화하기 위하여 1994GATT 제20조를 원용할 수 없다. 설령 중국이 제20조를 원용할 수 있다고 해도 제20조 제(g)호의 요건을 충족하지 못했다. 중국은 원자재를 보존하기 위하여 원자재의 국내생산 또는 소비에 대한 제한과 결부되어 수출세, 수출쿼터와 같은 제한조치를 채택하였다는 것을 보여줄 수 없었기 때문이다. 중국이 WTO규칙 하에서 수출쿼터를 정당화하기 위한 체계를 구성(framework)하는 데에 맞는 방향으로 진입한 듯하지만, 그 프레임웍이 국내생산에도 유효하게 되어야 하기 때문에 WTO에 합치하지 않는다.

2. 상소기구 판정

가입의정서에 따라 1994GATT 제20조 제(g)호를 원용할 수 없다는 패널 판정을 지지한다. 1994GATT 제11조 제2항 제(a)호에 의해 정당화될 수 없다는 패널 판정을 지지한다. 동 조항에서의 일시적으로 적용된 수출금지 또는 제한은 잠정적으로 적용되는 조치로서 일시적인 필요(passing need)를 극복하게 하기 위한 특별한 상황(extraordinary conditions)에서 구제를 제공하기 위한 것이어야 한다. 또한, 그러한 제한은 기한이 제한되어야 하고, 확정적이어야 한다. 중대한 부족이라는 용어는 양적 부족함을 의미하며 그러한 양적 부족이 중대하고 결정적으로 중요해야 하며 또는 치명적으로 중요하거나 결정적인 단계에 도달해야 한다. 1994GATT 제20조 제(g)호의 해석과 관련하여 패널의 판정을 수정(modify)한다. 즉, "made effective in conjunction with"의 해석에 있어서 패널은 당해 조치가 국내 생산과 소비에 대한 제한의 효율성을 반드시 확보해야 한다고 판정하였다. 그러나 무역 제한이 반드시 국내 제한의 효율성을 확보해야 한다는 목적이 있어야 하는 것은 아니다. 즉, 수출제한조치가 국내 소비 또는 생산에도 효율적으로 결부되는 경우이면 충분한 것이지 여기에 더하여 그 조치가 국내 제한의 효율성을 확보해야 하는 목적까지 있어야 하는 것은 아니다.

CASE 133. Russia-Measures concerning Traffic in Transit[20)]

1. 사안의 개요

구 소비에트연방의 일원인 우크라이나는 독립 후 독립국가연합 국가들 및 러시아와 친밀한 관계를 유지하였으나 2014년을 전후하여 유럽연합(EU)을 비롯한 서방에 가까워지고 러시아와는 소원한 관계가 되었다. 우크라이나는 EU 및 회원국과 자유무역지대(Deep and Comprehensive Free Trade Area: DCFTA)의 형성을 포함하는 정치·경제적 협력협정(EU-Ukraine Association Agreement)을 채택한 반면 러시아를 중심으로 한 유라시아경제동맹(Eurasian Economic Union: EaEU)에는 가입하지 않았다. 우크라이나에서 친러, 친서방 세력 간의 갈등이 격화되자 이 정치적 소요를 틈타 러시아는 크림반도를 합병하였으며 이는 UN의 비난성명과 우크라이나와 서방의 경제제재로 이어졌다. 러시아는 우크라이나와 몇몇 서방 산품에 대한 수입금지와 러시아를 통과하는 운송에 대한 제한으로 대응하였다. 러시아와 긴 국경을 맞대면서 카자흐스탄 등 그 건너편 국가와의 수출입을 위해서는 러시아 영토를 통과해야 하는 상황에 있는 우크라이나의 무역업자에게는 큰 제약이 아닐 수 없었다.

문제된 러시아의 조치는 다음과 같다. 2016.1.1.부터 우크라이나에서 카자흐스탄으로 물품을 운송하기 위해 러시아를 지나가는 도로, 철도 교통은 자유롭게 노선을 택할 수 있는 것이 아니라 벨라루스-러시아 국경을 경유하도록 노선이 한정되었고 출입국에 특정 검문소의 확인을 받아야 했다. 2016.7.1.부터는 특정 범주의 물품에 대해서는 우크라이나에서 카자흐스탄과 키르기공화국으로 향하는 러시아 영토로의 통과운송이 전면 금지되었다. 유라시아경제동맹상 유관세 대상인 물품과 러시아에 경제제재를 부과하는 국가를 원산지로 하는 물품이 이에 속하였다. 동 조치는 이어서 몽고, 타지키스탄, 투르크메니스탄, 우즈베키스탄으로 향하는 상품에도 확대 적용되었다. 동·식물성 상품에 대해서는 러시아 검역당국과 수입국 검역당국의 승인이 있어야만 했으며 특정 검문소를 이용한 통과만이 허용되었다. 우크라이나는 러시아의 이러한 조치가 GATT 제5조 및 가입의정서의 그와 관련된 약속 위반이며, 이런 조치를 적절히 공표하지 않은 것은 GATT 제10조 및 가입의정서의 관련 약속 위반이라고 주장하였다. 러시아는 우크라이나의 패널 설치 요청이 분쟁해결양해(DSU) 제6.2조의 요건을 갖추지 못하였으며 거론된 문제조치 중 하나의 존재를 입증하지 못하였다고도 주장하였지만 중심적으로는 문제의 조치가 GATT 제21조 제(b)항 제(iii)호상 러시아의 중대한 안보이익을 보호하기 위한 필요에서 취한 조치이므로 패널은 러시아가 동 조항을 원용했다는 사실을 적시하는 선에서 판단을 그치고 우크라이나의 실체적 주장에 대한 심리에 들어가지 말아야 한다고 주장하였다.

2. GATT 제21조에 관련된 패널의 심리

패널은 먼저 관할에 관한 러시아의 항변을 살핀 연후에 우크라이나의 본안에 관한 주장을 살피는 순서로 사안을 분석한다.

(1) 패널의 관할권 및 사법심사 가능성

① 관련국의 주장: 러시아는 GATT 제21조 제(b)항이 필수적 안보이익(essential security interests)의 존재와 그 보호의 필요성 및 수단에 대해 판단할 권한을 당해 회원에게 부여하고 있다고 주장한다. 나아가 이는 원용하는 회원이 주관적으로 판단할 사항이며 다른 회원 또는 패널에 의한 심사의 대상이 되지 않는다고 부연한다.

---

20) WT/DS512/R, 2019.4.5.

우크라이나는 우선 GATT 제21조는 패널 관할에 대한 예외가 아니라 의무 위반에 대한 예외적 허용규정이라고 해석하고, 러시아가 동 조항 요건의 충족을 입증하여야 하고 이는 패널의 객관적 심사의 대상이 된다고 주장하였다. 객관적 심사를 함에 있어서는 제20조 제(a)항의 필요성 심사기준이 고려될 수 있으며 제20조 두문의 '신의성실한 적용' 기준도 참작될 수 있다고 첨언하였다. 제3참가자인 호주, 브라질, EU는 제21조 제(b)항은 원용국이 요건의 충족을 입증해야 하는 객관적 방어수단(affirmative defence)이며 "which it considers"라는 문언상 목적적합성이나, 보호의 정도에 관한 결정은 조치국의 결정을 존중해야 하겠으나 이 또한 전적인 의존은 아니며, 필요성 심사의 나머지 기준, 즉 상황이 각호 중 하나에 해당하는지 여부, 조치와 목적 간의 상당한 관련성이나 비례성을 충족하는지에 관한 객관적 심사는 오로지 패널의 몫이라고 피력하였다. 캐나다는 구조적으로나 문언적으로나 제21조는 제20조와는 상이하므로 제20조의 법리를 그대로 가져오는 것에 우려를 표하며 사법심사 가능성은 인정하지만 패널은 주관적 기준에 대한 원용국의 결정에 높은 수준의 존중을 부여해야 한다고 진술했다. 중국, EU는 제21조와 제20조의 문언상 차이를 인정하면서도 비엔나조약법협약상 신의성실한 해석과 적용 의무를 강조하였다. 몰도바는 '필수적' 안보 이익은 '비필수적' 안보 이익과 구별되며 보다 높은 수준의 기준을 충족해야 한다고 진술했다. 반면에 미국은 문언상 원용국의 자기판단(self-judging)사항이므로 사법심사를 할 수 없다고 의견을 표했다.

② **패널의 판단**: 이 사건 패널은 다른 국제사법기관과 마찬가지로 WTO 패널은 사법기능 행사를 위한 내재적 권한(inherent jurisdiction)을 가지며 이 중 하나는 본안에 대해 관할을 행사하는 데에 관련된 모든 문제를 결정하기 위한 권한을 갖는 것임을 상기시켰다.

패널은 또한 분쟁해결양해 제1.1조는 동 양해의 규칙과 절차가 부속서 1에 언급된 대상협정의 분쟁해결 조항에 따라 제기된 분쟁에 적용된다고 규정하며, 이 대상협정에는 GATT, 특히 제22조와 제23조가 포함되고, 분쟁해결양해 제1.2조는 부속서 2에 제시된 대상협정상의 특별한 또는 추가적 분쟁해결규칙이 적용될 수 있음을 인정하지만 GATT 제21조를 원용한 분쟁에 적용되는 특별한 또는 추가적 절차규칙으로 기술된 것은 없음에 주목하고, 분쟁해결양해 제7.2조는 패널이 분쟁당사자가 원용하는 대상협정의 모든 규정을 다룰 것을 요구하는 바 러시아가 원용하는 제21조 제(b)항 제(iii)호도 패널의 심리범위에 들어온다고 판단했다.

러시아는 제21조 제(b)항 제(iii)호가 자기판단적이기에 회원이 이를 원용하면 당해 조치를 패널의 심리범위에서 배제한다고 주장하는데, 패널은 이와 같은 주장의 타당성을 평가하기 위해서는 패널이 먼저 제21조 제(b)항 제(iii)호를 해석하여 동조가 이를 원용하는 회원국에 동조의 요건충족 여부를 결정할 배타적 권한을 부여하였는지, 아니면 패널이 그 결정을 심사할 권한을 유지하는지를 판단하여야 한다고 본 것이다.

㉠ **제21조의 주관적 요소와 객관적 요소**: 제21조 제(b)항 두문의 "which it considers"가 "necessary" 만을 수식하느냐, "essential security interest"도 수식하느냐, 아니면 나아가 제21조 제(b)항의 3개 호의 해당성을 결정하는 것에도 영향을 주느냐에 대하여 다른 해석의 여지가 있다. 먼저 세 번째 가장 넓은 해석과 관련하여 패널은 이는 문법적으로는 가능할지라도 논리구조상 제(i)호에서 제(iii)호는 두문이 회원국에 부여하는 재량행사의 상황을 이 세 가지로 한정하는 기능을 한다고 보아야 하며, 그렇다면 각 호의 요건 충족의 결정을 원용 국가의 재량에 맡기는 것은 각 호의 유효성을 해하는 비합리적 해석이라고 판단했다.

이어서 패널은 각 호를 구성하는 요소를 살펴보며 제(i)호·제(ii)호를 시작하는 "relating to"는 목적과 수단 간의 긴밀하고 진정한 관련성이라는 객관적 사실에 대한 객관적 판단을 요하고 제(iii)호를 시작하는 "taken in time" 또한 당해 행위가 전쟁, 기타 위급한 국제관계 중(during)에 취해졌다는 객관적 사실에 대한 객관적 판단을 요하는 것이 분명하며 나아가 각 호를 구성하는 "핵분열성 물질", "무기", "전쟁" 등이 모두 객관적 요소임을 고려한다면 "위급한 국제관계"(emergency in international relations) 또한 객관적으로 판단함이 합당하다고 설시했다. 패널은 "위급한 국제관계"를 일반적으로 현재적이거나 잠재적인 무력충돌 상황, 고도의 긴장이나 위기상황, 또는 국가 전체적 불안정 상황을 의미하는데 이런 상황은 관련 국가에 군사안보와 법·공공질서의 유지 차원에서 특별한 이해관계를 불러온다고 판단했다. 이러한 군사안보적 갈등과 법·공공질서 유지의 이익이 아닌 일상적인 정치·경제적 갈등을 제(iii)호의 "위급한 국제관계"라고 보기는 어렵고, 국제무역체제의 안전성 및 예측 가능성이란 GATT와 WTO협정의 목적도 제21조 제(b)항 제(iii)호의 객관적 심사를 지지한다고 보았다. 또한, 과거 이 조항을 원용함에 있어서 군사안보적 갈등과 경제무역적 갈등을 구분하여 전자에 한정하여 이를 원용하는 자제력을 보인 국가관행도 이와 같은 구분의 근거로 인정되었다. 패널은 이와 같이 제21조 제(b)항 제(iii)호의 맥락과 협정의 목적에 입각한 일반적 의미에 따를 때 두문의 "which it considers"라는 형용구는 각 호의 해당성 결정에 영향을 주지 않으며 각 호의 요건충족 여부는 객관적으로 판단되어야 한다고 설시하였다.

㉠ GATT 제21조의 입법 연혁: GATT의 모체인 국제무역기구(International Trade Organization: ITO) 헌장 제정회의에서 처음에는 현재의 GATT 제20조와 제21조를 통합한 형태의 단일 예외조항이 논의되었다. 그러다가 제3차 회기에서 미국은 관세통상 챕터에의 예외와 안보예외를 분리하여 안보예외는 헌장 전체에 대한 예외로 제안하였다. 당시 미국협상팀 내부도 안보예외를 순전히 체약국의 재량적 결정으로 할지 ITO의 심사 가능성을 열어 둘지를 놓고 의견이 갈렸다고 한다. 타협안은 안보조치의 필요성에 대한 판단만 조치국의 일방적 결정에 맡기고 다른 요소에는 미치지 않는다는 것이었다. 미국 대표는 "위급한 국제관계"는 제2차 세계대전 참전 직전의 미국 상황을 염두에 둔 것이며, 불가피하게 인정해야 될 안보조치에 있어서 국가재량과 위장된 국제무역에의 제한을 방지해야 할 필요간의 균형의 산물로 제안한 규정을 설명했다. 안보예외 규정의 위치에 따라 분쟁해결 규정이 적용되지 않을 수도 있는 것이 아니냐는 호주 대표의 우려에 대해서 미국 대표는 그 위치에 무관하게 분쟁해결 규정이 적용된다고 설명하였다. 이와 같은 입법 연혁으로부터 패널은 GATT 제20조와 제21조는 성질을 달리하며, 후자는 회원국이 필수적 안보이익과 이를 보호하기 위한 조치의 필요성에 대한 판단에 있어 어느 정도 재량을 갖는 반면에 이 예외의 남용위험을 예외의 적용범위를 각 호의 상황에 한정하는 방식으로 균형을 이루었으며, 이런 균형에 비추어 안보예외도 분쟁해결 규정의 적용대상이 되는 것으로 당시 협상자들이 이해했다고 인정했다.

㉠ 소결: 패널은 제21조 제(b)항이 이를 원용하는 회원에 전적인 재량을 허용하지는 않고 각 호의 요건충족 여부를 패널이 객관적으로 심사하도록 규정한 것으로 해석되므로 이 규정은 러시아나 미국이 주장하는 바와 같이 전적으로 자기판단에 의존하지는 않는다고 설시하고 러시아의 관할의 항변을 기각했다. 즉, 러시아의 제21조 제(b)항 제(iii)호 원용은 GATT 제23조 패널 부의사항에 속하며 패널은 원용된 규정의 적용요건 충족을 심사할 권한을 가진다.

③ 심리의 순서: 일반적으로 패널은 WTO협정상 의무규정 위반 여부에 대한 심사를 하여 그러한 위반이 인정되는 경우에 예외규정, 예컨대 제20조의 요건을 충족하는지를 심사한다. 그런데 이 사건 패널은 제21조 제(b)항 제(iii)호는 전시 또는 위급한 국제관계라는 특별한 상황으로 해당 조치의 WTO 합치성을 판단하기 위한 사실관계(factual matrix)가 급변한다는 이유로 제(iii)호에의 해당 여부, 제(b)항 두문 요건충족 여부를 먼저 살피고 의무규정 위반 여부를 살피는 것이 적절한 것으로 보고 그런 순서로 심리를 진행하였다.

(2) "위급한 국제관계에 취해진" 조치였는지

러시아는 국가기밀과 관련된다는 이유로 2014년 이후의 상황을 구체적으로 설명하기보다는 가설적 질문 (hypothetical question) 형태로 다음 상황이 제(iii)호의 위급한 국제관계에 해당하는지 문의하였다.

> • 국경을 맞대고 있는 이웃 국가에서의 소요
> • 당해 이웃 국가의 국경통제력 상실
> • 당해 이웃 국가로부터의 난민 유입
> • 당해 이웃 국가 또는 제3국가가 UN의 승인 없이 취하는 일방적 조치와 제재(우크라이나가 러시아에 취하는 것과 유사한)

이 가설적 상황이 현실상황과 얼마나 근접한지에 대하여 러시아 대표는 2016년 우크라이나 무역정책검토 보고서에서 '크리미아 자치공화국의 병합과 동부에서의 무력충돌'이 2014, 2015년 우크라이나의 경제에 악영향을 끼쳤다고 한 진술을 언급하였다. 무역정책검토제도(TPRM)에 관한 WTO협정 부속서 3 가(1)이 무역정책검토제도가 WTO협정에 따른 특정한 의무의 집행 또는 분쟁해결절차의 기초로 사용되려는 의도 가 아님을 밝히고 있는 것과 관련하여 패널은 러시아가 관련 무역정책검토보고서를 이 절차에서 증거로 제출한 것이 아니므로 무역정책검토제도 협정 가(1)에 저촉되지 않으며 그러므로 패널은 이를 고려할 수 있다고 설시했다. 그리고 이를 포함한 공지의 사실에서 러시아가 위급한 국제관계라고 주장하는 상황이 무엇인지 확인하는 데에 충분하다고 판단했다. 이와 같이 확인된 상황이 제21조 제(b)항 제(iii)호에 해당 하는지 여부를 판단함에 있어 패널은 당해 상황의 초래에 대해 누가 국제적 책임을 져야 하는지, 일반국제 법적으로 양국 간의 상황에 대해 어떻게 성격을 규정해야 하는지는 이 판단과 관련이 없다고 설시했다. 패 널은 최소한 2014년 3월부터 2016년 말까지 기간에 우크라이나와 러시아 간의 국제사회가 우려할 정도의 관계악화가 있었으며 2016년 12월 UN총회는 양국 간의 관계를 무력충돌을 수반하는 것으로 인정하기에 이르고 2014년 이후 이 상황과 관련하여 몇몇 국가가 러시아에 제재를 가하고 있다는 등의 사실관계를 인 정한다. 결과적으로 패널은 2014년 이후 양국 간 상황은 제21조 제(b)항 제(iii)호의 위급한 국제관계에 해 당하고 러시아의 이 사건 일련의 조치는 위급한 국제관계 중에 취해진 것임을 인정했다.

(3) GATT 제21조 제(b)항 두문의 요건 충족 여부

패널은 두문의 "필수적 안보이익"은 외침으로부터 영토와 국민의 보호, 내부적인 법과 공공질서의 유지와 같이 국가의 본질적 기능과 관련된 이익으로 파악하고 이는 당해 국가의 구체적인 상황과 인식에 따라 다 를 것이기 때문에 일반적으로 각 회원국이 스스로 무엇을 필수적 안보이익으로 생각하는지 정의할 수 있 다고 전제했으나, 이는 회원국이 모든 우려를 자유롭게 필수적 안보이익으로 격상시킬 수 있다는 것은 아 님을 분명히 했다. 신의성실하게 조약의 규정을 해석 · 적용할 비엔나조약법협약 제26조와 제31조에 명시 된 국제관습법상 의무에 의하여 회원국의 재량은 제한된다. 패널은 따라서 원용국가는 자신의 진실성을 입증하기에 충분할 정도로 당해 위급한 국제관계에서의 필수적 안보이익을 설명할 의무가 있으며, 무력충 돌이나 법과 공공질서 붕괴의 상황 같은 전형적인 위급한 국제관계에서 멀어질수록 국방상 이익이나 법과 공공질서 유지 이익도 불명확해지므로 그런 경우에는 원용국은 더 구체적으로 자신의 필수적 안보이익을 설명해야 한다고 설시했다.

패널은 이 사건의 배경인 2014년의 위급상황은 UN총회에서 무력충돌이 발생한 것으로 인정될 정도로 전 형적인 위급한 국제관계이므로 비록 러시아의 설명이 간접적이기는 하지만 최소한의 요건은 충족한다고 할 것이며, 러시아가 동 조항을 단순히 GATT 의무를 회피하기 위한 수단으로 원용하고 있음을 시사하는 아무런 단서도 없다고 판단했다.

패널은 신의성실 의무가 원용국이 필수적 안보이익을 정의하는 데에 적용될 뿐만 아니라 그 안보이익과 취해진 조치 간의 관계에도 적용됨을 확인하고, 따라서 취해진 조치가 최소한 당해 이익을 보호하는 데에 기여할 가능성이 없는 조치는 아니어야 한다는 최소한의 개연성(a minimum requirement of plausibility) 기준을 제시했다. 이어서 패널은 이 사건 러시아가 취한 일련의 조치를 2014년 위급상황과 관련이 없다거나 그와 관련한 러시아의 필수적 국가이익 보호를 위해 당해 조치를 취했다는 것이 터무니없다고(implausible)는 말할 수 없으며, 그렇다면 자신의 필수적 안보이익을 보호하기 위한 이 사건 조치의 필요성 여부를 결정하는 것은 러시아의 몫이라고 할 것이고 이는 또한 제21조 제(b)항 두문의 "which it considers"라는 문언의 논리적 귀결이라고 판단했다. 이와 같은 이유로 패널은 러시아가 제21조 제(b)항 두문의 요건을 충족했다고 판시했다.

(4) 소결

이와 같은 이유로 패널은 러시아가 취한 조치들이 GATT 제21조 제(b)항 제(iii)호의 요건을 갖추었다고 결론지었다.

3. 다른 쟁점들에 대한 패널의 분석

(1) 이 사건 조치들이 WTO협정상 의무 위반인지 여부

앞에서 이미 패널이 이 사건 조치들이 GATT 제21조 제(b)항 제(iii)호에 속하며 동조 제(b)항의 다른 조건들도 충족한다고 판단하였으므로 이 사건 조치들이 GATT 제5조(통과의 자유), 제10조(무역규칙의 공표 및 시행) 등 WTO협정의 실체적 의무 위반이라는 우크라이나 주장에 대해 패널이 반드시 판단해야 할 의무는 없다. 러시아 또한 이 부분에 대해 적극적인 방어를 하지 않았다. 하지만 패널은 GATT 제21조에 대한 위의 판단이 만약에 상소기구에 의하여 파기되는 경우 상소기구가 분석을 완료하는 데에 기여하기 위하여 이 부분에 대한 분석을 행하였다. 그 결과 패널은 러시아의 이 사건 조치들이 위급한 국제관계 등 제21조 제(b)항의 조건을 충족하지 못하였다면 제5조 제2항을 위반했다는 데에 대한 우크라이나의 일응의 입증이 있음을 인정하였다. 제5조의 다른 항과 제10조 위반에 대하여 패널은 분석을 생략하였다.

(2) 러시아의 가입의정서상 의무에 GATT 제21조 적용 가능성

지금까지 이 논점에 관한 직접적인 선례는 없으나 GATT 제20조의 중국 가입의정서에의 적용 가능성에 관한 상소기구와 패널의 설시가 있었으며 이는 본 사건의 해결에도 유의미한 시사점을 제공하는 것으로 인정되었다. 중국 – 희토류 사건에서 상소기구는 가입의정서 규정과 GATT규정 간의 관계의 확정은 그에 관한 규정상의 구체적인 언급과 함께 권리의무의 통일체로서 WTO체제의 전체 구조를 고려한 맥락과 조약의 목적에 부합해야 한다고 설시했다.

이런 견지에서 이 사건 패널은 GATT규정과 러시아 가입의정서가 긴밀히 연결되어서 WTO체제하에서 러시아의 권리의무 단일패키지를 구성하는지를 살펴볼 필요가 있음을 지적하고 이를 위해 ① 의정서가 GATT를 언급하는 지를 포함한 구체적 문언, ② 의정서와 작업반보고서가 제공하는 맥락, ③ 규정의 내용과 GATT 의무와의 관계, ④ 권리의무의 단일패키지로서 WTO체제의 전체적 구조, ⑤ 이 분쟁의 구체적 정황과 같은 요소를 분석하였다. 특히, 패널은 러시아 가입작업반 보고서의 GATT 제5조, 제10조 의무에 대응하는 구절이 "기타 WTO협정의 관련 규정"(other relevant provisions of the WTO Agreement), "WTO협정의 해당 요건"(applicable requirements of the WTO Agreement), "긴급상황을 제외하고"(except in cases of emergency), "WTO협정의 해당 규정이 정하는 바와 같이"(as provided for in the applicable provisions of the WTO Agreement) 라는 표현을 갖고 있음에 주목하고 해당 표현이 GATT 제21조를 포함하거나 이에 대응하는 것으로 판단하였다. 그 결과 가입의정서상 의무 위반과 예외에 대해서도 GATT 의무 위반과 예외에 관한 앞서 기술한 논리가 그대로 적용되었다.

제2장 | 반덤핑협정

CASE 134. 미국 - Offset Act 사건(Byrd 수정법 사건)[21]

Ⅰ 사실관계

2000년 10월 미국은 "2000년 지속적 덤핑 및 보조금 상계법"을 제정하였다. 동 법의 핵심 내용은 반덤핑관세 또는 상계관세 부과를 통해 징수된 관세수입을 덤핑 및 보조금 지급으로 피해를 입은 국내생산자들에게 매년 분배하도록 한 규정한 것이다. 우리나라를 비롯한 호주, 브라질, 일본 등이 WTO에 제소하였다.

Ⅱ 법적쟁점

1. AD 협정 및 SCM협정에 규정된 '제소자격'을 왜곡하는가?

2. 징수된 관세 배분은 GATT, AD협정, SCM협정에서 인정되지 아니하는 조치인가?

---

21) DS217/234, 2003.1.27. 상소기구

Ⅲ 패널 및 상소기구 평결

1. 제소자격을 왜곡하는가?

제소국들은 동 법은 조사신청에 찬성한 국내생산자들에게 재정적 인센티브를 부여함으로써 찬성의 수준을 객관적이고 성실한 방법으로 조사하지 못하도록 방해한다고 주장하였다. 패널은 재정적 인센티브 부여가 국내생산자들에게 조사신청을 지지하도록 '사실상 강제'하고 있으므로 AD협정 제5조 제4항과 SCM협정 제11조 제4항에 위반된다고 판정하였다. 그러나 상소기구는 이러한 패널 판정을 파기하였다. 상소기구는 Byrd 수정법이 국내생산자들로 하여금 조사 신청을 지지하도록 법적으로 강제하고 있다고 볼 수 없다고 판정하였다. 즉, 인센티브를 부여하는 것 자체가 특정한 행동을 강제하거나 요구하는 것은 아니라고 판단한 것이다.

2. 징수된 관세배분조치의 위법성

AD협정 제18조 제1항의 의미에 대해 패널은 GATT규정에서 인정된 반덤핑조치 이외의 조치는 덤핑수출에 대해 취해질 수 없음을 의미하는 것으로 해석하였다. 또한 GATT규정에서 인정된 반덤핑조치는 '덤핑관세부과', '잠정관세부과', '가격인상약속'을 의미하는 것으로 해석하였다. 패널은 어떤 조치가 AD협정 제18조 제1항을 위반하기 위한 조건은 동 조치가 덤핑에 대한 조치(specific measure against dumping)이어야 하고, 그 조치가 앞서 언급한 세 가지 조치에 포함되지 않아야 한다고 판시하였다. 동 조치가 덤핑과 '부정적 관계'(adverse bearing)에 있어야 덤핑에 대한 조치로 인정된다고 하였다. 패널은 상계지급 조치는 덤핑에 대응하는 조치이나 GATT에서 인정된 조치가 아니므로 AD협정 제18조 제1항을 위반하였다고 판정하였다. 덤핑 피해를 입은 국내생산자들에게 상계지급되는 경우 수입품 간 경쟁관계에 있어서 국내생산자들에게 유리하게 작용하므로 부정적 관계가 있다고 본 것이다. 상소기구 역시 패널 평결을 지지하였다.

기출 및 예상문제

WTO 회원국인 A국은 자국 시장에 수출하는 타방 회원국의 상품에 부과된 반덤핑관세 및 상계관세를 일반 국고로 환수하지 않고 해당 상품과 경쟁관계에 있는 자국 업체에 분배하는 정책을 채택하였다. 이러한 분배에 참여할 수 있는 업체는 관련 반덤핑조사 및 상계관세 조사 청원서(petition)에 찬성 의사를 표시한 업체에 국한된다. 현 WTO체제하에서 이러한 정책이 초래하는 법적인 문제점을 논하시오. (40점)

Ⅰ 사실관계

1996년 3월 EC 면화섬유업회(EC cotton)는 이집트, 파키스탄 및 인도산 침대보(cotton type bed linen)에 대해 덤핑조사를 신청하였으며 EC는 1996년 9월 조사 개시를 통보하였다. EC는 인도 수출업자에 대한 표본 조사를 토대로 덤핑여부를 조사하였으며 5개 표본 조사 기업 중 Bombay Dyeing사만이 인도 국내 시장에 침대 보를 판매하는 것으로 밝혀졌으나 정상적인 거래가 아니라는 이유로 EC는 인도 수출업자의 정상 가격을 구성 가격을 토대로 산정하였다. 정상적인 거래가 아니라 하더라도 Bombay Dyeing사만이 국내판매를 하고 있으므 로 EC는 모든 표본 기업의 관리, 판매, 일반 비용(administrative, selling and general costs; SG&A)과 이윤을 Bombay Dyeing사의 것을 기준으로 계산하였다. 피해 산정은 EC 내 35개 국내기업 중 17개사를 표본 으로 선정하여 분석하였다. EC는 1997년 6월에 잠정조치를 발동하고 1997년 11월 반덤핑관세 부과조치를 최종 확정 발표하였다.

Ⅱ 법적쟁점

1. 관리, 판매, 일반 비용(administrative, selling and general costs; SG&A) 및 이윤 결정 방식의 적법성(반덤핑협정 제2조 제2항 제2호[23])

동 조항의 해석과 관련해서는 세 가지 쟁점이 제기되었다. 첫째, 동 조항에 규정된 세 가지 계산법을 '순차적'으로 적용해야 하는지 여부이다. 인도는 순차적이라고 주장하고 (1)호의 계산법이 적용가능함에도 불구하고 EC가 (2)호의 계산법을 적용하였으므로 동 조항에 반한다고 주장하였다. 반면, EC는 순차적이라는 주장을 배척하였다. 둘째, (2)호의 계산방법 적용에 있어서 인도는 동 조항의 문언이 '다른 수출자, 생산자(other exporters, producers)'로 규정하여 '복수형'을 사용하고 있음에도 불구하고 EC는 Bombay Dyeing사만의 자료를 이용하였으므로 부당하다고 주장하였다. 셋째, (2)호에 기초한 계산에 있어서 '원가 이하의 거래'를 포함해야 하는지가 쟁점이 되었다. EC는 원가 이하 거래를 배제하였으나 인도는 (2)호의 계산에 있어서는 원가 이하 거래도 고려 해야 한다고 주장하였다.

---

22) DS141, 2001.3.12, 상소기구
23) 반덤핑협정 2.2.2
　　제2항의 목적상 관리, 판매 및 일반비용 그리고 이윤의 금액은 조사대상 수출자 또는 생산자에 의한 동종상품의 정상적인 거래 에서의 생산 및 판매에 관한 실제자료에 기초한다. 이러한 금액이 이에 기초하여 결정될 수 없을 경우에는 아래에 기초하여 결정될 수 있다.
　　(1) 당해 수출자 또는 생산자에 의하여 원산지국의 국내시장에서 동일한 일반적인 부류의 상품의 생산 및 판매와 관련하여 발 생되고, 실현된 실제 금액.
　　(2) 조사대상인 다른 수출자 또는 생산자에 의하여 원산지국의 국내시장에서 동종 상품의 생산 및 판매와 관련하여 발생되고, 실현된 실제 금액의 가중평균
　　(3) 그 밖의 합리적인 방법. 단, 이러한 방법으로 확정된 이윤액은 원산지국의 국내시장에서 다른 수출자 또는 생산자에 의하여 동일한 일반적인 부류의 상품의 판매에 대하여 정상적으로 실현된 이윤을 초과하여서는 아니 된다.

2. 반덤핑협정 제2조 제2항[24])의 합리성(reasonability) 검토 의무 여부

인도는 반덤핑협정 제2조 제2항에 '합리적인 금액의 관리비'가 언급되어 있으므로 EC가 제2조 제2항 제2호(2)에 의거하여 계산한 액수가 과연 합리적인지 다시 검토해야 하며 제2조 제2항 제2호(3)의 내용이 합리성 검토의 기준이 될 수 있다고 주장하였다. 즉, EC가 계산한 이윤율 18%는 인도 내 타 생산자 평균 이윤율 7%에 비해 터무니없이 높은 것이므로 합리적이지 않다고 주장하였다.

3. zeroing 관행의 적법성 여부

EC는 조사 대상인 cotton-type bed linen을 특정 품목 model별로 구분하고 각각의 품목별로 가중 평균 정상가격과 가중 평균 수출가격을 계산하여 품목별 덤핑마진을 산정하고 이를 합산하여 bed linen 전체의 덤핑마진을 도출하였다. 이 과정에서 마이너스 덤핑마진이 발생한 품목들은 마이너스 수치를 그대로 반영하지 않고 0으로 처리하여 전체 덤핑마진을 산정하였다. 인도는 이러한 zeroing 관행은 덤핑률을 과다 계산하게 되며 가중 평균 정상가격과 모든 비교 가능한 수출 거래가격의 가중 평균을 비교하여 덤핑마진을 산정하라는 반덤핑협정 제2조 제4항[25])에 위배된다고 주장하였다.

4. 피해요소 고려 범위(반덤핑협정 제3조 제4항[26]))

인도는 EC가 제3조 제4항에 규정된 피해요소를 모두 검토하지 않았다고 주장하였다. 동 조항에서는 덤핑수입품이 국내산업에 미치는 영향의 검토에 있어서 판매, 이윤, 생산량, 시장점유율, 생산성, 투자수익률, 또는 설비 가동률에서의 실제적이고 잠재적인 감소, 국내가격에 영향을 미치는 요소, 덤핑마진의 크기, 자금 순환, 재고, 고용, 임금, 성장, 자본 또는 투자 조달 능력에 대한 실제적이며 잠재적인 부정적 영향 등 산업의 상태에 영향을 미치는 제반 관련 경제적 요소 및 지표를 평가할 것을 규정하고 있다. 본 사안에서는 이러한 요소들이 필수적으로 검토해야 할 의무사항인지, EC가 검토를 수행하였는지가 쟁점이 되었다.

5. 국내산업 범위

EC는 피해를 산정함에 있어 국내산업자를 35개 기업으로 한정하고 이 가운데 17개 기업을 표본으로 선정하였다. 인도는 EC가 피해 분석을 이들 17개 기업에 국한하여 일관성 있게 적용하지 않고 표본기업 외의 기업이나 국내산업자로 지정된 기업 외의 기업으로부터 입수한 자료도 이용하였다고 주장하였다.

---

24) 수출국의 국내시장 내에 통상적인 거래에 의한 동종상품의 판매가 존재하지 아니하는 경우, 또는 수출국 국내시장의 특별한 시장상황 또는 소규모의 판매 때문에 적절한 비교를 할 수 없는 경우, 덤핑마진은 동종상품의 적절한 제3국 수출 시 비교 가능한 가격으로서 대표적인 경우 동 가격 또는 원산지국에서의 생산비용에 합리적인 금액의 관리비, 판매비, 일반비용과 이윤을 합산한 가격과의 비교에 의하여 결정된다.

25) 수출가격과 정상가격 간의 공정한 비교를 한다.
2.4.2 제4항의 공정비교를 규율하는 규정에 따라 일반적으로 조사기간 동안의 덤핑마진의 존재를 가중평균 정상가격과 모든 비교가능한 수출거래가격의 가중평균과의 비료에 기초하거나 또는 각각의 거래에 기초한 정상가격과 수출가격의 비교에 의하여 입증된다. 당국이 상이한 구매자, 지역, 또는 기간별로 현저히 다른 수출가격의 양태를 발견하고, 가중평균의 비교 또는 거래별 비교 사용으로 이러한 차이점이 적절히 고려될 수 없는 이유에 대한 설명이 제시되는 경우에는 가중평균에 기초하여 결정된 정상가격의 개별 수출거래가격에 비교될 수 있다.

26) 덤핑 수입품이 관련 국내 산업에 미치는 영향의 검토는 판매, 이윤, 생산량, 시장 점유율, 생산성, 투자수익률, 또는 설비 가동률에서의 실제적이고 잠재적인 감소, 국내 가격에 영향을 미치는 요소, 덤핑마진의 크기, 자금 순환, 재고, 고용, 임금, 성장, 자본 또는 투자 조달능력에 대한 실제적이며 잠재적인 부정적 영향 등 산업의 상태에 영향을 미치는 제반 관련 경제적 요소 및 지표에 대한 평가를 포함한다. 위에 열거된 요소는 총 망라적이 아니며, 이러한 요소 중 하나 또는 여러 개가 반드시 결정적인 지침이 될 수는 없다.

6. 개도국에 대한 특별 고려(반덤핑협정 제15조[27])

인도는 EC가 협정 제15조상의 개도국에 대한 건설적인 구제를 고려하기는커녕 개도국 지위를 언급도 하지 아니하였고 인도가 제시한 가격인상 약속을 충분한 고려 없이 기각하였다고 주장하였다.

Ⅲ 패널 및 상소기구 판정

1. 관리, 판매, 일반 비용(administrative, selling and general costs: SG&A)및 이윤 결정 방식의 적법성(반덤핑협정 제2조 제2항 제2호) - 일부 인용/일부 기각

첫째, 협정 제2조 제2항 제2호(1)ㆍ(2)ㆍ(3)의 적용순위가 있는지 여부에 대해 패널은 동 기준 상호 간에는 우선순위가 있다고 볼 수 없다고 결정하였다. 조항에 순차적으로 번호가 부여된 것은 조문을 나열하기 위한 방법일 뿐이지 이것이 순서를 부여하는 것은 아니라고 판단하였다. 따라서 유럽연합이 (1)호 대신 (2)호에 따라 계산한 것이 동 조항에 위반되지 아니한다고 판단하였다.

둘째, 협정 제2조 제2항 제2호(2)의 other exporters, producers의 단수개념 포함여부에 대해 패널은 복수는 당연히 단수를 포함한다고 판단, 인도의 주장을 기각하였다. 즉, 복수로 표현되어 있다고 할지라도 하나의 기업을 대상으로 비용이나 이윤 등을 계산하더라도 동 조항에 반하지 아니한다고 판단한 것이다. 그러나 상소기구는 패널의 판단을 번복하였다. 상소기구는 other exporters, producers는 단수형을 포함한다고 보지 않았으며 가중평균이라는 개념 자체가 복수의 생산자 혹은 수출자가 존재하는 경우에만 성립할 수 있는 것이므로 SG&A 및 이익률의 평균 금액이라는 개념은 생산자 혹은 수출자가 하나일 경우에는 적용할 수 없다고 판시하였다. 따라서 EC가 Bombay Dyeing사만의 자료를 이용하여 계산한 것은 동 조항에 반한다고 판정하였다.

셋째, 협정 제2조 제2항 제2호(2) 적용 시 원가 이하 판매의 배제 허용여부에 대해 패널은 제2조 전체 문맥으로 볼 때 원가 이하의 판매를 배제하는 것은 허용된다고 밝히고 제2조 제2항 제2호(2)가 원가 이하 판매분의 배제를 허용하고 있는 것으로 보아야 한다고 판시했다. 그러나 상소기구는 제2조 제2항 제2호(2)에 규정된 다른 수출자 혹은 생산자로부터 실제로 발생하였고 실현되었다는 정의에는 어떠한 예외나 한정도 존재하지 않으므로 가중 평균의 계산은 금액이 정상적인 거래에서 발생하였는지의 여부에 관계없이 모두 포함해야 한다고 판시, 패널의 판정을 번복하였다. 따라서 EC가 비용 등의 계산에 있어서 원가 이하의 판매를 배제한 것은 동 조항에 반한다고 판정하였다.

2. 반덤핑협정 제2조 제2항의 합리성(reasonability) 검토 의무 여부 - 소극

패널은 제2조 제2항 제2호에 제시된 3대 항목은 제2조 제2항이 말하는 합리적인 비용 산정의 대체수단으로 제시된 것이므로 그 자체로 합리적인 것이며 이를 토대로 계산된 액수가 합리적인지 다시 검토해야 하는 것은 아니라고 판시하였다.

---

27) 이 협정에 따라 조치의 적용을 고려할 때 개발도상회원국의 특별한 상황에 대해서 선진국 회원국의 특별한 고려가 있어야 한다는 것이 인정된다. 반덤핑관세의 적용이 개발도상회원국의 본질적 이익에 영향을 미치게 될 경우, 반덤핑관세를 적용하기 전에 이 협정에 규정된 건설적인 구제의 가능성이 강구된다.

3. zeroing 관행의 적법성 여부 – 위법

(1) 패널

패널은 인도의 주장을 인정하였다. 패널은 반덤핑협정 제2조 제1항의 덤핑 정의를 볼 때 덤핑마진이란 조사 대상이 된 '제품'(the product)에 대하여 산출하는 것이지 제품의 개개 품목, 모델별로 계산하는 것이 아니라고 봄으로써 품목별 덤핑마진을 산정한 후 이를 합산하는 EC의 덤핑마진 산정방식이 옳지 않다고 판단하였다. 반덤핑협정 제2.4.2조에는 덤핑마진 계산 시 2단계의 방법을 써서 결과를 산출하거나, 유럽연합이 주장하는 바와 같이 모델이나 품목별로 덤핑마진을 산출하도록 규정하고 있지 않다. 어떤 방식을 사용하던지 간에 덤핑마진은 반드시 조사대상 제품 전체에 대해서 산출되어야만 한다고 하였다. 제2조 제4항 제2호는 덤핑마진을 계산하는 2가지 방법을 규정하고 있는데 이 사건에서 문제가 된 것은 첫 번째, 즉 모든 비교 가능한(all comparable) 수출 거래에 대하여 가중 평균 정상 가격과 가중 평균 수출가격을 비교하는 방식이다. 패널은 마이너스 덤핑마진을 0으로 계산한 것은 모든 거래 가격을 비교하지 않은 것이므로 협정 제2조 제4항 제2호의 위반이라고 판시하였다. 즉, 유럽연합은 모든 모델 및 품목을 포함하는 모든 거래에 대하여 가중평균 수출가격과 가중평균 정상가격을 비교해서 덤핑마진의 존재 여부를 파악해야 하는 규정을 제대로 따르지 않았다고 판단한 것이다.

(2) 상소기구

상소기구도 패널의 판정을 지지하였으며 이에 더해 zeroing은 공정한 비교 의무를 규정한 협정 제2조 제4항에도 위반되는 것이라고 확인하였다.

4. 피해요소 고려 범위(반덤핑협정 제3조 제4항) – 위법

패널은 shall로 표현된 동 조항의 나열된 요소는 모두 평가하여야 하는 의무규정이라고 판단하였으며 EC가 동 조항에 나열된 요소를 모두 검토하기는커녕 수집하지도 못했으므로 협정을 위반한 것이라고 판단하였다.

5. 국내산업 범위 – 적법

패널은 피해판정이란 국내산업을 기준으로 하는 것이므로 17개 표본 기업 외의 지정된 35개사로부터 자료를 입수하는 것은 협정 위반이 아니나, 지정된 35개사 외의 기업으로부터 입수한 정보에 의존하는 것은 협정 제3조 제4항 위반이라고 판시하였다.

6. 개도국에 대한 특별 고려(반덤핑협정 제15조) – 위법

패널은 반덤핑협정 전체로 볼 때 산정된 덤핑마진 이하의 반덤핑관세 부과나 가격인상이 적어도 제15조에서 말하는 건설적인 구제에 해당된다고 보았으며, 건설적 구제 강구의 시기는 반덤핑관세 확정 부과 이전이라고 보았다. 강구한다(explore)는 것은 반덤핑조치 부과 이전에 이러한 구제 조치 가능성을 개방된 자세로 적극적으로 고려하는 것이라 결론지었다. 이러한 전제에서 패널은 EC의 조치를 검토하였다. 패널은 인도의 가격인상제안 서한이 마감일에 EC 측에 전달되었으나 EC가 제안시기가 너무 늦었다고 간단히 회신하여 거절한 것은 EC가 제15조의 규정대로 개도국인 인도를 특별히 고려하였다고 볼 수 없다고 판시하였다.

Ⅳ 평석

이번 사건은 특히 zeroing의 불법성을 확인한 점에서 의미를 가진다. zeroing의 불법성은 US–Lumber final AD 사건에서도 확인되었다. EC는 이 사건 이후 덤핑마진 산정방식을 변경하여 zeroing을 하지 않고 있으나 미국은 반덤핑관세 납부액을 확정하는 정산 절차(연례재심) 등 각종 재심(review)에서는 여전히 zeroing을 사용하고 있다. 2006년 5월 US – Zeroing(EC) 사건 상소기구는 드디어 관세정산 재심에서 zeroing을 적용한 사례(as applied)는 반덤핑협정 제9조 제3항, GATT 제6조 제2항에 위반된다고 판시하였다.

기출 및 예상문제

A국은 B국으로부터 수입되는 상품 'X'에 대해 덤핑혐의가 있어 조사가 필요하다는 A국내 동종상품 생산자들로부터 청원을 수리하여 덤핑조사를 개시하였다. A국은 덤핑조사에 있어서 'X'를 모델별로 분류하여 각각 국내가격과 수출가격을 조사하였으며 덤핑마진 산정에 있어서 '음(-)'의 덤핑마진이 산출되는 경우 이를 '0'으로 하였다. A국의 이러한 관행은 관세정산재심에 있어서도 적용되었다. A국의 조치와 관련하여 다음 물음에 답하시오. (단, A국은 WTO 회원국이다) (총 40점)

(1) A국이 덤핑의 존재를 인정하기 위한 요건에 대해 설명하시오. (10점)

(2) A국의 덤핑마진 산정 방식은 WTO협정에 합치되는가? (10점)

(3) A국은 확정조치를 취하기 이전에 잠정조치를 취할 수 있는가? 가능한 경우 그 요건은? (10점)

(4) A국이 덤핑규제조치를 부과·유지하는 경우 준수해야 할 의무는? (10점)

CASE 136. US – OCTG Review 사건[28]

Ⅰ 사실관계

1. 이 사건은 미국이 아르헨티나산 유정용 강관(Oil Country Tubular Goods: OCTG[29])에 반덤핑관세를 계속 부과하기로 결정한 일몰 재심에 대해 아르헨티나가 제소하고 우리나라를 비롯하여 대만, EC, 일본, 멕시코가 제3자로 참여한 사건이다. 아르헨티나는 US – Corrosion Resistant Steel Sunset Review 사건과 마찬가지로 미국의 일몰 재심 관련 법규 자체(as such)와 이번 사건에 적용된 예(as applied)에 대해 시비하였다.

2. 1995년 미국은 아르헨티나 Sidreca社의 OCTG에 대해 반덤핑관세를 부과하였으며 연례 재심에서 Sidreca 社는 OCTG를 더 이상 미국에 수출하고 있지 않음을 설명하였고, 미국 상무부도 이를 인정하였다. 2000년 7월 미 상무부는 일몰 재심 절차를 개시, 동년 11월 반덤핑관세를 철회하면 덤핑이 지속되거나 재발할 가능성이 있다고 판단하였고 미 무역위도 2001년 6월 실질적 피해 지속이나 재발 가능성이 있다고 결정하였다.

---

28) DS268, 2004.12.17, 상소기구
29) 유정용 강관이란 석유채굴에 사용되는 이음새 없는 강관(seamless pipe)으로서 지면에 대하여 수직방향으로 사용하고 고압을 견뎌내야 하므로 상당한 강도와 최고급의 seamless를 필요로 한다.

Ⅱ 법적쟁점

1. 명시적·묵시적 포기 간주의 적법성(반덤핑협정 제11조 제3항[30]), 제6조 제1항[31]), 제2항[32]))

일몰 재심에 관한 미국의 관세법 규정에 따르면 이해당사자가 일몰 재심 전과정 참가에 대한 포기 신청서를 제출할 수 있고(명시적 포기), 또 일몰 재심 공고 시 이해당사자가 제출하는 응답서에 기재된 요소를 모두 포함하지 않을 경우(또는 응답서 미제출 시) 참가를 포기(waiver)하는 것으로 본다(묵시적 포기)고 규정하고 있다. 아르헨티나는 이러한 waiver 조항은 정당한 검토 없이 덤핑의 지속이나 재발 가능성이 있다는 결정을 할 수 있게 하므로 반덤핑협정 제11조 제3항 위반이며, 또 묵시적 포기조항은 수출자에게 부여된 증거 제출과 이익 방어를 위한 충분한 기회를 향유할 권리를 제한하는 것이므로 반덤핑협정 제6조 제1항·제2항 위반이라고 주장하였다.

2. 판정의 의미(반덤핑협정 제11조 제3항)

아르헨티나는 일몰 재심에 관한 미 관세법 관련규정과 일몰 재심 정책요강은 일정한 상황(덤핑 지속, 수입 중단, 덤핑 제거)을 설정하고 일몰 재심의 상황이 여기에 해당하면 덤핑과 피해가 지속 또는 재발될 가능성이 있다고 간주하게 하고 있어 이는 제11조 제3항 위반이라고 주장하였다.

3. 일몰 재심의 시간요소 존재 여부(반덤핑협정 제3조 제7항[33])·제8항[34]), 제11조 제3항)

미 관세법은 반덤핑관세를 철회할 경우 피해의 지속과 재발이 일어날 수 있는 시간 범위에 대해 '합리적으로 예측가능한 기간(within a resonable foreseeable time)'이라고 규정하고 있는데, 아르헨티나는 이것이 지나치게 막연한 기간을 부여한 것이므로 피해상황의 급박성을 규정한 반덤핑협정 제3조 제7항·제8항, 제11조 제3항에 부합되지 않는다고 주장하였다.

4. 덤핑 지속가능성 판정의 적정성 여부(반덤핑협정 제11조 제3항)

아르헨티나는 미국이 일몰 재심 기간 동안 새로운 사실을 수집하지 않고 신속절차를 이유로 5년 전의 반덤핑관세를 기초로 한 것은 제11조 제3항에 규정된 '검토(review)'를 실시하지 않은 것이므로 동 조항 위반이라고 주장하였다. 또 미 당국이 자료를 제출하지 않은 묵시적 포기 업체에 대해서는 자동적으로 덤핑이 지속될 가능성이 있다고 판정하라는 일몰 재심 규정에 따른바 아르헨티나는 이 역시 제11조 제3항 위반이라고 주장하였다.

---

30) 제1항 및 제2항의 규정에도 불구하고 모든 확정 반덤핑관세는 부과일(또는 제2항에 따른 검토가 덤핑과 피해를 동시에 고려하였다면 제2항에 의한 가장 최근의 검토일 또는 이 항에 따른 가장 최근의 검토일)로부터 5년 이내에 종결된다. 다만, 당국이 동 일자 이전에 자체적으로 검토 또는 동 일자 이전 합리적인 기간 내에 국내산업에 의하거나 이를 대신하여 지속 또는 재발을 초래할 것으로 당국이 판정하는 경우는 그러하지 아니한다. 이러한 검토 결과가 나오기 전까지 관세는 유효할 수 있다. 반덤핑관세액이 소급적으로 사정되었을 경우 제9조 제3항 제1호에 따라 가장 최근의 산정과정에서 관세가 부과되어서는 아니된다는 조사 결과 그 자체가 당국에 대해 확정 반덤핑관세의 종료를 요구하지 아니한다.

31) 반덤핑조사와 관련한 모든 이해당사자는 당국이 요구하는 정보에 대하여 통보받으며 당해 조사와 관련이 있다고 그들이 간주하는 모든 증거를 서면으로 제출할 수 있는 충분한 기회가 주어진다.

32) 반덤핑조사의 전과정을 통하여 모든 이해당사자는 자신의 이익을 방어하기 위한 충분한 기회를 가진다. 이를 위하여 당국은 요청에 따라 모든 이해당사자가 상반된 이해를 갖는 당사자와 회합하는 기회를 제공하여 반대의견이 제시되고 반박 주장이 개진될 수 있도록 한다. 이러한 기회의 제공 시 비밀보호의 필요 및 당사자의 편의를 고려하여야 한다. 어떤 당사자도 이러한 회합에 참석할 의무는 없으며, 회합 불참이 그 당사자를 불리하게 하지 아니한다. 이해당사자는 또한 정당한 경우 구두로 정보를 제시하는 권리를 가진다.

33) 실질적인 피해의 우려에 대한 판정은 사실에 기초하여 단순히 주장이나 추측 또는 막연한 가능성에 기초하여서는 아니 된다. 덤핑이 피해를 초래하는 상황을 발생시키는 상황의 변화는 명백히 예측되어야 하며 급박한 것이어야 한다. 실질적 피해 우려의 존재에 대한 판정을 내리는 데 있어서 당국은 특히 다음과 같은 요소를 고려해야 한다.

34) 덤핑 수입품으로 인한 피해가 우려되는 경우에 있어서, 반덤핑조치의 적용은 특별히 주의하여 검토되고 결정된다.

5. 신속 절차의 증거 제출 및 이익 방어 기회 제한 여부(반덤핑협정 제6조 제1항·제2항)

아르헨티나는 Siderca사에 대한 신속 절차 적용과 묵시적 포기 업체에 대한 자동적인 덤핑 지속 가능성 판정은 Siderca사의 증거 제출 기회를 박탈하고 이익 방어를 위한 기회를 부여하지 않은 것이므로 반덤핑협정 제6조 제1항과 제2항에 반한다고 주장하였다.

6. 피해판정의 적정성 여부

아르헨티나는 미 국내법원 NAFTA 패널에서의 미 당국자의 진술을 근거로 들면서 미 무역위는 덤핑 수입증가, 가격 영향, 국내산업 영향의 가능성(likeliness)에 대해 판정했어야 하나, 실제로는 정도가 약한 개연성(possibility) 여부를 검토하였다고 주장하였으며 제11조 제3항에서 말하는 가능성(likeliness)이란 발생확률이 매우 높은 예상성(probablity)을 의미하는 것이라고 강조하였다. 아울러 아르헨티나는 미 무역위의 피해가능성 판정은 증거에 기초한 객관적인 검토를 수반하지 않은 것이라고 주장하고 이는 제3조 제1항·제2항에 위배된다고 주장하였다.

Ⅲ 패널 및 상소기구 평결

1. 명시적·묵시적 포기 간주의 적법성(반덤핑협정 제11조 제3항, 제6조 제1항·제2항)

(1) 패널 – 위법

패널은 제11조 제3항에서 당국이 덤핑과 피해의 지속 또는 재발을 초래할 것으로 '판정'(determine)한다는 의미는 이에 관한 긍정적인 증거를 토대로 논리적인 판단(reasoned finding)을 하라는 것으로서, 조사 당국은 성실하게 행동하여 신중한 고려와 검토를 통해 논리적이고 타당한 결정(reasoned and adequate conclusion)에 도달해야 한다고 해석하였다.

이러한 해석을 근거로 '묵시적 포기' 조항에 관하여 패널은 이해당사자가 불완전한 답변서를 제출하거나, 아예 답변서를 제출하지 않았다 하더라도 조사 당국은 제출된 자료 또는 입수 가능한 사실, 부차적인 정보를 토대로 합리적이고 타당한 결정을 해야 할 의무가 있으며 자료 부실 또는 미제출만을 근거로 덤핑/피해가 지속된다는 기계적인 판단을 내려서는 안된다고 보았다. '명시적 포기'에 대해서도 패널은 합리적이고 타당한 결론을 토대로 판정해야 하는 의무는 소멸되지 않으며 추가적인 조사 없이 덤핑과 피해가 지속 또는 재발 된다고 간단히 추정해서는 안된다고 판단하였다. 따라서 미국의 관련 조항은 반덤핑협정 제11조 제3항에 위배된다고 판시하였다. 또 수출자가 불완전한 답변서를 제출하거나 아예 제출하지 않았다는 것이 제6조 제1항과 제2항에 보장된 절차적 권리를 수출자로부터 박탈하는 것을 정당화할 수는 없다고 지적하고 미국의 묵시적 포기조항은 동 조항에 위배된다고 판시하였다.

(2) 상소기구 – 패널 판정 일부 지지/일부 파기

상소기구는 문제의 포기 조항이 그 자체로 제11조 제3항에 불합치한다는 패널의 판정을 지지하였다. 다만 묵시적 포기의 두 가지 경우 중 불완전한 답변서 제출을 포기로 간주하는 것은 제6조 제1항·제2항 위반이라는 판정을 지지하지만, 답변서를 아예 제출하지 않은 경우에 대해서는 이해당사자가 자신의 이익을 방어하기 위해 부여된 충분한 기회를 이용하기 위해 필요한 최초의 절차를 수행하지 않았다면 그 잘못은 이해당사자에게 있는 것이지 문제된 포기조항에 있다고 할 수 없다고 보아 제6조 제1항·제2항 위반이라는 패널의 판정을 번복하였다.

2. 판정의 의미(반덤핑협정 제11조 제3항)

(1) 패널 – 위반

패널은 제11조 제3항의 가능성 판정은 충분한 사실에 기초해야 하며 합리적인 결정을 요하는 것이므로 '특정 요소나 상황'에 무엇을 '결정하는 가치(determinative/conclusive value)'를 부여하는 규정은 '판정'을 무의미하게 하므로 이 조항에 합치되지 않는다고 해석하였다. 패널은 덤핑 지속, 수입 중단, 덤핑 제거의 3가지 상황에서는 통상 덤핑이 지속될 가능성이 있다고 판정하도록 한 문제의 미 관세법 규정이 적용된 사례 통계를 볼 때 미국이 상기 3개의 상황에 해당하는 사안에 대해서는 기계적으로 덤핑 가능성이 있다고 간주하여 왔음을 보여주고 있다고 단정, 제11조 제3항에 위배된다고 판정하였다. 패널 판정의 요지는 문제의 일몰 재심 정책요강의 3개 상황이 재론의 여지없이 덤핑이 지속·재발될 것이라고 결정해야 하는 결정적인(determinative) 것이라면 이는 제11조 제3항에 합치되지 않으나, 반면 단순히 예시적인 것이라면 제11조 제3항에 합치된다는 것이며, 문제의 정책요강 내용만으로는 결정적인 것이라고 단정할 수 없으나 동 정책요강이 집행된 사례·통계를 검토하여 볼 때 제11조 제3항 위반이라는 것이다.

(2) 상소기구 – 패널 판정 파기

미국은 패널의 이러한 분석이 사실을 객관적으로 평가해야 한다는 DSU 제11조[35] 위반이라고 상소하였다. 패널의 판단은 단지 과거 통계에 근거하였을 뿐이고 이러한 통계는 비구속적 규범을 구속적 규범이라고 탈바꿈시키기에는 부족한 근거라고 주장하였다. 상소기구는 상기 3개의 상황이 결정적인 것이면 위반이고 예시적인 것이면 합치된다는 패널의 기준자체는 타당하다고 보았다. 그러나 상소기구는 패널이 미국의 판정사례에 대한 단순한 통계검토만 했을 뿐 질적 분석을 실시하지 않았음을 확인하고 이는 사실에 대한 객관적인 평가를 다했다고 볼 수 없다고 판단, 패널의 판정을 번복하였다. 그러나 미국의 정책요강이 제11조 제3항에 합치된다는 것을 확인하는 것은 아니라고 부연하였다.

3. 일몰 재심의 시간요소 존재 여부(반덤핑협정 제3조 제7항·제8항, 제11조 제3항) – 적법

패널은 제3조 제7항·제8항은 일몰 재심에는 적용되지 않으므로 동 조항 위반 여부는 살필 필요가 없으며 제11조 제3항은 조사 당국에게 일몰 재심상의 기간요소에 대해서는 아무런 언급도 하지 않고 있으므로 미국의 관련 조항이 제11조 제3항에 위배된다고 볼 수 없다고 결론내렸다. 상소기구 역시 within a resonable foreseeable time이라는 기준 자체 및 그 적용방식 모두 제11조 제3항에 불합치되지 않는다고 판단하였다.

4. 덤핑 지속가능성 판정의 적정성 여부(반덤핑협정 제11조 제3항)

미국이 덤핑 지속가능성 판정을 함에 있어서 별도의 다른 조사를 시행하지 않고 Siderca사에 부과된 최초의 반덤핑관세만을 기초한 것과 관련하여 패널은 미국의 덤핑 지속가능성 판정이 '충분한 사실(sufficient factual basis)'에 기반하였는지 여부가 쟁점이라고 정리하였다. 패널은 예컨대 반덤핑협정 제9조상의 반덤핑관세 산정 절차나 제11조 제2항상의 검토는 이러한 사실적 기초가 될 수 있겠으나 최초의 덤핑 판정 그 자체가 사실적 기초를 구성한다고는 볼 수 없다고 판단하고, 미국의 덤핑 지속가능성 판정은 제11조 제3항에 합치되지 않는다고 판단하였다. 또 묵시적 포기 업체에 대해 묵시적 판정 자체가 제11조 제3항 위반이며, 자료 미제출 업체에 덤핑 지속가능성 판정을 한 것 역시 충분한 사실에 기초한 것이 아니므로 제11조 제3항에 위배된다고 판시하였다.

---

35) 패널의 기능은 분쟁해결기구가 이 양해 및 대상 협정에 따른 책임을 수행하는 것을 지원하는 것이다. 따라서 패널은 분쟁의 사실 부분에 대한 객관적인 평가, 관련 대상 협정의 적용 가능성 및 그 협정과의 합치성을 포함하여 자신에게 회부된 사안에 대하여 객관적인 평가를 내려야 하며, 분쟁해결기구가 대상 협정에 규정되어 있는 권고를 행하거나 판정을 내리는 데 도움이 되는 그 밖의 조사 결과를 작성한다. 패널은 분쟁당사자와 정기적으로 협의하고 분쟁당사자에게 상호 만족할 만한 해결책을 찾기 위한 적절한 기회를 제공하여야 한다.

5. 신속 절차의 증거 제출 및 이익 방어 기회 제한 여부(반덤핑협정 제6조 제1항·제2항)

패널은 미국이 Siderca社에 신속 절차를 적용하여 청문회 개최 요청 기회 등을 부여하지 않은 것은 이해당사자에게 이익 방어를 위한 충분한 기회를 부여하지 않은 것이므로 제6조 제2항에 불합치한다고 판시했다(제6조 제1항은 해당사항 없다고 판정).

6. 피해판정의 적정성 여부(반덤핑협정 제11조 제3항, 제2조 제2항·제3항)

(1) 패널 – 적법

피해에 대한 긍정적 판정에 있어서 수입량 증가가능성, 가격에 미칠 수 있는 영향, 국내 산업에 대한 영향 등의 판정에 있어서 미국이 적정하게 판정했는지 여부가 문제되었다. 패널은 제3조 제1항 및 제2항은 실제로 발생한 피해의 판정에 관한 것이고 제11조 제3항은 피해가 앞으로 지속 또는 재발할 것인지에 대한 것이므로 그 규율 대상이 다르고 제11조 제3항에도 적용할 수 있다는 문언상 근거가 없으므로 제3조 제1항·제2항이 제11조 제3항 일몰 재심에도 당연히 적용될 수는 없다고 판단하고 미국의 조치가 제3조에 반한다는 아르헨티나의 주장을 기각하였다. 또 패널은 타 법정에서 미국 관리의 진술이 가능성 검토 여부의 적합성 판단 근거가 될 수 없다고 판시하였다. 또한 제11조 제3항의 가능성(likeliness)이 예상성(probability)이라는 아르헨티나의 주장도 배척하였다. 결론적으로 패널은 수입량 증가가능성, 가격 영향, 국내 산업에 대한 영향 등에 대한 미국의 평가는 제11조 제3항에 위반되지 않는다고 판정하였다.

(2) 상소기구

상소기구는 패널 판정을 지지하였다. 즉, 제3조는 피해판정에 관한 조항이고 제11조 제3항은 피해가능성 판정에 관한 것이므로 조사 당국이 일몰 재심 시 반드시 제3조를 따라야 할 의무는 없다고 확인하였다. 그러나 제3조에 명시된 물량, 가격효과, 덤핑 수입의 국내산업에 대한 영향 등의 요소는 피해가능성 판정 시 어느 정도 관련이 있을 수 있다는 점은 인정하였다.

Ⅳ 평석

1. 미국의 일몰 재심 정책요강은 US-CRS Sunset Review 사건에 이어 이번 사건에서 다시 쟁점으로 등장하였다. 두 사건 모두에서 문제의 조항은 제11조 제3항에 위배되는 것으로 판시되었으나, 전자의 경우 덤핑/피해의 지속이나 재발 가능성의 요건을 적극적으로 규정하지 않고 수동적인 'not likely' 기준을 채택하고 있는 점이 문제가 된 반면 이번 사건의 경우에는 제11조 제3항에서 말하는 '판정'의 의미와의 부합 여부가 문제되었다.

2. 이번 사건 패널은 '판정'이란 '충분한 사실에 기초하여 객관적 검토를 수반하는 분석'이라고 보았으며 따라서 특정한 증거나 상황이 충족되면 판정의 과정을 거칠 것도 없이 어떠한 가치판단을 하도록 하는 것은 제11조 제3항의 판정에 해당하지 않는다고 보았다.

3. 이 사건은 US-CRS Sunset Review 사건과 마찬가지로 일몰 재심 정책요강이 분쟁해결 절차의 심리대상이 될 수 있는지도 쟁점이 되었다. 동 사건 패널은 미국의 정책요강은 강행법규가 아니므로 패널의 심리대상인 '조치(measure)'가 될 수 없다고 판정하였으나 상소기구는 이를 번복한 바 있다. 미국은 이번 사건에서 상기 사건 상소기구가 일몰 재심 정책요강이 심리대상에 해당하는 조치라고 단정한 것은 아니라고 항변하였으나, 이번 사건 상소기구는 미국의 주장을 기각하였다.

Ⅰ 사실관계

1. 이 사건은 마이너스 덤핑마진, 즉 수출가격이 정상가격보다 높을 경우 그 차액을 덤핑마진 산정 시 0으로 처리하는 미국의 덤핑마진 산정방식에 대해 EC가 WTO에 제소한 사건이다. 미국은 반덤핑조사를 통해 최초 덤핑마진을 산정할 때 덤핑상품을 일정 모델별로 분류하고 각 모델 내 개별상품의 정상가격과 수출가격의 가중 평균을 계산한 후 수출가격이 정상가격보다 높을 경우 그 차액을 0으로 처리하였다. 수출가격이 정상가격보다 낮을 경우에는 그 차액을 덤핑마진으로 보았다. 덤핑상품의 최종 덤핑마진은 이러한 모델별 덤핑마진을 합산하여 산출하였고 이를 model zeroing이라고 한다.

2. 미국은 덤핑관세를 정산하는 연례재심 시에는 덤핑상품의 정상가격 가중 평균을 실제 거래가격과 비교하여 실제거래가격이 정상가격보다 높을 경우에는 그 차액을 0으로 처리하고 낮을 경우에는 그 차액을 덤핑마진으로 계산하였으며 최종 덤핑마진은 이러한 거래별 덤핑마진 계산 결과를 합산하여 산출하였다. 이를 simple zeroing이라고 한다.

3. EC는 미국의 이러한 zeroing 관행에 대해 그 적용 사례(as applied) 및 관계법령 그 자체(as such)가 반덤핑협정 제1조, 제2조 제4항, 제3조, 제5조, 제9조 및 제11조, GATT 제6조, WTO설립협정 제16조 제4항 위반이라고 제소하였다.

Ⅱ 법적쟁점

1. model zeroing 적용례(as applied) 적법 여부(반덤핑협정 제2조 제4항 제2호[37])

EC는 미국이 model zeroing 방식을 사용하여 덤핑마진을 산정한 15개 반덤핑조사는 그 덤핑마진 산정방식이 반덤핑협정 제2조 제4항 제2호에 합치되지 않으며 이미 EC – Bed Linen 사건과 US – Lumber AD Final 사건 패널과 상소기구가 위반이라고 판시한 바 있다고 주장하였다. 미국은 제2조 제4항의 1문의 공정 비교(fair comparison)의무는 거래단계, 시점, 수량, 조세 차이 등을 적절하게 감안하라는 2문 및 3문과 함께 이해해야 하며 UR 협상 반덤핑협정 제정 협상 시 이런 점을 고려하여 2문을 작성한 것이라고 반박하였고, 제2조 제4항 제2호의 1문이 제4항의 규정에 따를 것을 주문하고 있으므로 1문뿐 아니라 그 뒤 문장도 고려해서 제2조 제4항 제2호를 해석하여야 하며 그 경우 model zeroing은 조사 당국의 재량범위 내에 있는 것이라고 주장하였다.

---

36) DS294, 2006.5.9. 상소기구

37) 제4항의 공정비교를 규율하는 규정에 따라 일반적으로 조사기간 동안의 덤핑마진의 존재를 가중평균 정상가격과 모든 비교가 능한 수출거래가격의 가중평균과의 비교에 기초하거나 또는 각각의 거래에 기초한 정상가격과 수출가격의 비교에 의하여 입증된다. 당국이 상이한 구매자, 지역 또는 기간별로 현저히 다른 수출가격의 양태를 발견하고, 가중평균의 비교 또는 거래별 비교 사용으로 이러한 차이점이 적절히 고려될 수 없는 이유에 대한 설명이 제시되는 경우에는 가중평균에 기초하여 결정된 정상가격이 개별 수출거래가격에 비교될 수 있다.

2. 1930년 관세법 (as such) 반덤핑협정 합치 여부

EC는 미국 관세법이 zeroing을 용인하고 있으므로 그 자체가 반덤핑협정 제1조, 제2조 제4항, 제2조 제4항 제2호, 제5조 제8항, 제9조 제3항, 제18조 제4항, GATT 제6조 제1항, WTO설립협정 제18조 제4항 등에 위반된다고 주장하였다. 이들 조항이 정상 가격이 수출가격을 초과하는 경우만 기재하고 있고 양수를 의미하는 것으로 볼 수 있는 amount라는 용어를 쓰고 있으며 margins of dumping이라는 복수를 사용하고 있으므로 제2조 제4항 제2호 등에 부합되지 않는다는 것을 근거로 내세웠다.

3. zeroing 관행 및 standard zeroing procedure (as such) 적법성 여부

EC는 미 상무부의 zeroing 관행 자체(as such) 및 standard zeroing procedure 자체에 대해서도 반덤핑협정 제2조 제4항 제2호 위반이라고 주장하였다. standard zeroing procedure란 미 상무부가 덤핑마진 계산에 사용하는 컴퓨터 프로그램에 포함된 특별한 code를 말하는데 이 code로 인해 (−)덤핑마진은 자동적으로 zeroing되어 덤핑마진이 산정된다.

4. simple zeroing 적용사례(as applied)의 반덤핑협정 합치 여부

EC는 미국이 연례 재심 시 적용하는 simple zeroing 역시 반덤핑협정 제2조 제4항 제2호 위반이며 동 방식이 적용된 16개의 연례 재심사례가 부당하다고 주장하였다. 미국은 동 조항이 최초 반덤핑조사단계에만 배타적으로 적용되는 것이라고 반박하였다. 또한 EC는 미국이 연례 재심 시 정상가격은 가중 평균하고 거래가격은 개별 실제가격을 구하여 양자를 비대칭적으로 비교한 것과, 거래가격(수출가격)이 정상가격 가중 평균을 초과한 부분을 0으로 처리한 것은 반덤핑협정 제2조 제4항[38]의 공정비교 의무 위반이라고 주장하였다.

Ⅲ 패널 및 상소기구 평결

1. model zeroing 적용례(as applied) 적법 여부(반덤핑협정 제2조 제4항 제2호) – 위법

패널은 이 사건에서 문제가 된 미국의 zeroing 방식은 이미 EC – Bed Linen 사건과 US – Lumber AD Final 사건에서 문제가 된 방식과 동일한 것임을 확인하였고 동 방식에 대해서는 이미 동 사건 패널과 상소기구가 제2조 제4항 제2호에 위반된다고 판시한 바 있음을 환기하였다. 패널은 비록 상소기구의 판결이 구속력 있는 선례가 된다고 명기되어 있지는 않으나 상소기구가 이미 판결한 사안에 대해 패널이 상소기구의 판정을 따를 것이라는 분명한 기대가 있는 것은 당연하며 이 사건의 경우 상소기구의 판정으로부터 일탈하는 것이 적절하다고는 보지 않는다고 하였다. 미국의 반론에 대해서도 이미 US–Lumber Ad Final 사건에서도 제기되었으나 상소기구가 이유 없다고 가납하지 않은 주장임을 환기하였다. 이상을 토대로 패널은 미국이 문제된 15개 반덤핑조사에서 model zeroing 방식을 이용한 것은 반덤핑협정 제2조 제4항 제2호에 합치되지 않게 행동한 것이라고 판시하였다.

---

38) 수출가격과 정상가격 간의 공정한 비교를 한다. 이러한 비교는 동일한 거래단계, 일반적으로는 공장도단계에서 그리고 가능한 한 같은 시기에 이루어진 판매에 대하여 행하여진다. 제반 판매조건, 과세, 거래단계, 수량, 물리적 특성의 차이와 가격비교에 영향을 미친다고 증명된 그 밖의 차이점들을 포함하여 가격비교에 영향을 미치는 차이점들에 대해서 각각의 경우에 그 내용에 따라 적절히 고려한다.

2. 1930년 관세법 (as such) 반덤핑협정 합치 여부 – 합치

패널은 회원국의 법규 자체(as such)의 위반은 이미 수차례의 이전 판례에서 확인된 대로 강행법규/재량법규의 기준에 따라 심리하는 것이 타당하다고 보았다. 즉, WTO 위반 행위를 강제하는 것만 그 자체가 위반이라고 판시할 수 있으며 단지 행정부에게 WTO 위반 행위를 시행할 수 있는 재량권을 부여했다고 해서 해당 법규가 WTO규정에 위반된다고 볼 수는 없다고 판단하였다. 패널은 문제가 된 관세법 조항은 그 문안(text)상 특별히 zeroing에 대해 다룬 것이 아님이 분명하며 더구나 미국 관세법에 대한 최종 해석권을 가지고 있는 미 연방순회법원 역시 동 조항들은 zeroing에 관한 것이 아니고 미 관세법은 zeroing 실시를 요구하거나 배제하지 않는다고 판시한 바도 있음을 환기하였다. 패널은 EC가 시비하는 미국 관세법 조항은 강제적(mandatory)이라고 볼 수 없으므로 반덤핑협정과 GATT 등에 불합치되지 않는다고 판시하였다.

3. zeroing 관행 및 standard zeroing procedure (as such) 적법성 여부

(1) zeroing 관행 자체의 적법성

① 패널 – 위법: 패널은 특정한 형태의 공식 문서로 적시된 것은 아니나 여러 증거로 볼 때 존재하는 것이 확실한 특정 규범(norm)은 분쟁대상이 될 수 있는 조치로서 시비할 수 있다고 보았다. 패널은 제출된 증거로 볼 때 미 상무부의 zeroing 관행이 존재하는 것은 분명하며 model zeroing은 반덤핑협정 제2조 제4항 제2호에 합치되지 않는다고 이미 판시하였음을 환기하고 따라서 반덤핑 원 조사 시 미국의 zeroing 관행은 그 자체가 제2조 제4항 제2호에 합치되지 않는 규범이라고 판시하였다.

② 상소기구 – 법: 상소기구는 성문(成文)이 아닌 rule이나 norm의 존재가 시비되었을 경우 존재 자체가 불확실한 것이므로 패널은 매우 엄격한 기준을 적용하여 결론을 내려야 한다고 지적하고 제소국 역시 문제가 된 rule과 norm이 피제소국에 귀속(attributable)되는 것인지 여부, 정확한 내용, 보편적이고 계속적인 적용(general and prospective application) 여부에 대해 논증과 증거를 제시하여야 할 것이라고 언급하였다. 이러한 기준에 비추어 볼 때 패널은 as such claim을 제기할 수 있는 요건을 구체화하지 않았고 不文조치의 존재를 확인하는 문제와 동 조치가 특정 협정과 합치되는지 여부를 검토하는 문제를 분명하게 구분하지 못했다고 지적하였다. 그러나 상소기구는 패널에 제출된 증거와 자료로 볼 때, zeroing methodology의 정확한 내용, 미국에게 귀속되는 조치, 보편적이고 계속적으로 적용된다는 점이 충분히 입증된다고 판단하였다. 따라서 상소기구는 원 조사에서 가중평균 대 가중평균 방식으로 사용된 zeroing methodology는 WTO 분쟁해결 절차에서 그 자체(as such)로 시비할 수 있는 조치에 해당한다고 판시하였다. 한편, zeroing 관행의 '위법성'에 있어서 상소기구는 강행법규/재량법규 구분은 사건에 따라 달라지는 것이며(同旨, US-Corrosion Resistant Steel 사건) 기계적으로 적용할 것은 아니라는 점을 환기하고, 패널이 제출된 증거와 자료를 객관적으로 검토하여 그러한 관행 자체가 반덤핑협정에 반한다고 판정하였다고 하여 패널 판정을 지지하였다.

(2) standard zeroing procedure의 적법성

패널은 어떤 조치가 legal instrument가 아니거나 행정 당국을 구속하지 않는다 해도 일반적으로 적용되는 규칙(rule)이나 규범(norm)을 발동하는 것이면 시비할 수 있다고 설명하였다. 그러나 standard zeroing procedure란 컴퓨터 프로그램에 포함되어야만 적용되는 것이고 그 자체(per se)가 규칙이나 규범을 발동하는 것은 아니고 다른 무엇을 반영하는 것일 뿐이므로 반덤핑협정 제18조 제4항의 행정절차에도 해당되지 않는다고 판단, as such로 시비될 수 있는 조치가 될 수 없다고 판단하였다. 상소기구도 패널 판정을 확인하였다.

4. simple zeroing 적용 사례(as applied)의 반덤핑협정 합치 여부

(1) 반덤핑 제2조 제4항 제2호 위반 여부

① 패널 – 소극: 패널은 문제의 핵심이 제2조 제4항 제2호가 관세 정산 절차인 제9조 제3항에 적용될 수 있는지 여부라고 보았다. 패널은 제2조 제4항 제2호의 해석에 의할 때 미국의 주장대로 반덤핑협정 제5조의 원 조사에만 적용된다고 판단하였다. 그 근거로서 'investigation phase'라는 표현, 'the existence of margins of dumping during the investigation phase'라는 표현과 반덤핑협정 제5조 제1항 'an investigation to determine the existence of … dumping' 표현 간의 유사성, 반덤핑협정 중 'investigation(s)'이란 용어는 반덤핑조치가 부과된 이후의 절차(proceedings)와 연계하여 사용한 예는 없다는 점, 반덤핑협정은 원 조사 관련 조항을 다른 절차에 적용할 때에는 반드시 근거(cross-reference)를 명시한 점, 반덤핑협정 제18조 제3항은 조사(investigation)와 검토(review)를 구분하고 있는 점 등을 들었다. 따라서 패널은 제2조 제4항 제2호는 원 조사에만 적용되는 것이라고 해석하였고 연례 재심에 simple zeroing 방식을 적용한 미국이 제2조 제4항 제2호에 합치되지 않게 행동하지는 않았다고 판시하였다. 또 미국이 제9조 제3항에 위반되게 행동한 것도 없다고 판정하였다.

② 상소기구 – 적극(패널판정 파기): 상소기구는 패널의 판정을 번복하였다. 상소기구는 반덤핑협정 제2조 제1항의 '이 협정의 목적상'이란 구절상 덤핑의 정의는 반덤핑협정 전체에 적용되는 것이고 margin of dumping은 덤핑의 크기로서 덤핑과 같은 의미라고 보았다. 즉, 조사당국은 덤핑마진을 산정하기 위한 중간 단계에서 복수 비교나 복수 평균을 산정할 수는 있으나 이러한 중간단계의 계산치는 반드시 합산해서 최종 덤핑마진을 산정해야 한다고 확인하였다. 상소기구는 반덤핑관세액은 덤핑마진을 초과할 수 없다는 제9조 제3항[39]은 해당 상품 전체의 덤핑마진을 초과할 수 없다는 것이므로 중간 단계의 계산치 중 일부만 취하고 일부는 버려서는 안 되며 모두 합산해야 한다는 원칙을 재확인하였다. 따라서 제9조 제3항과 GATT 제6조 제2항[40]이 요구하는 것은 특정 수출자에 부과된 반덤핑관세액은 동 수출자에 대해 결정된 덤핑마진을 초과해서는 안된다는 것이다. 그런데 미국 방식으로 확정된 반덤핑관세액은 해당 수출자의 실제 덤핑마진을 초과하는 것이 명백하다고 하였다. 이에 따라 미국이 관세 정산 재심에서 적용한 zeroing 방식은 반덤핑협정 제9조 제3항 및 GATT 제6조 제2항과 합치되지 않는다고 판단하였다.

(2) 제2조 제4항 공정비교(fair comparison) 의무 위반 여부

① 패널 – 소극: 본 사안에서 쟁점이 된 것은 미국이 연례재심에 있어서 가중평균정상가격과 개별수출가격을 비교하면서 (−) 덤핑에 대해서는 zeroing을 적용한 것이 반덤핑협정에 위반되는지 여부였다. 이와 관련한 적용법규에 있어서는 제2조 제4항에 규정된 '공정비교'의 개념과 그 적용범위에 관한 것이었다. 패널은 '공정비교' 요건이 하나의 독자적 요건임은 인정하였으나, 가중평균과 개별수출가격 비교방식(W-T 방식)이나 zeroing 방식이 동 요건에 의해 반드시 금지되는 것은 아니라고 판단하였다. 따라서 미국이 연례재심에 있어서 W-T 방식을 적용하고 덤핑마진 산정시 zeroing을 한 것이 협정 제2조 제4항 상 '공정비교' 요건에 반하지 아니한다고 판정하였다.

---

39) 반덤핑관세의 금액은 제2조에 따라 정해진 덤핑마진을 초과해서는 안 된다.
40) 체약국은, 덤핑을 상쇄 또는 방지하기 위하여, 덤핑된 상품에 대하여 동 상품에 관한 덤핑의 폭을 초과하지 아니하는 금액의 반덤핑관세를 부과할 수 있다. 본 조의 적용상 덤핑마진이라 함은 제1항의 규정에 따라 결정되는 가격차를 말한다.

② 상소기구 – 사실상 패널 판정 파기: 상소기구는 simple zeroing이 제9조 제3항과 GATT 제6조 제2항에 위반된다고 판시하였으므로 제2조 제4항의 공정비교 원칙에 위반되는지 판단이 불필요하다고 판단하였다. 그러나 상소기구는 제2조 제4항 공정비교에 관한 패널 판정은 제2조 제4항 제2호와 제9조 제3항에 대한 패널 판정에 근거하고 있는 것인데 이미 제9조 제3항에 대판 패널 판정을 상소기구가 번복하였으므로 공정비교에 관한 패널 판정은 무효(moot)이며 법적인 효력이 없다고 판시하여 사실상 패널 판정을 번복하였다.

Ⅳ 평석

1. 이 사건은 zeroing이 원 조사 단계뿐 아니라 관세 정산 절차(연례 재심)에서도 위반된다고 확인함으로써 zeroing의 불법성을 명확히 하였다는 점에서 큰 의의가 있다. 상소기구의 판결은 zeroing이 그 자체로 시비할 수 있는 조치라고 확인함으로써 zeroing이 원칙적으로 금지될 수 있는 길을 열어 놓았으며 비록 as applied의 경우이기는 하지만 zeroing을 연례재심에서 적용하는 것은 관련 협정에 불합치하는 것이라고 확인함으로써 여타 재심에서 zeroing을 적용하는 것이 금지될 가능성이 매우 높아졌다.

2. 이 사건의 쟁점은 크게 3가지 ① 원 조사 단계에서 model zeroing(W-W 비교)을 적용한 15개 사례 as applied가 합법인지 여부, ② 원 조사 단계에서 model zeroing 관행 자체(as such)가 WTO규정과 합치되는지 여부, ③ 연례 재심에서 적용된 16개 simple zeroing 사례 as applied(가중평균 정상가격 대 개별수출 가격 비교)가 합법인지 여부였다. ①의 경우 패널은 이전 사건 판례를 인용하여 zeroing이 허용되지 않는다고 판정하였고 이는 상소되지 않았다. ②의 경우 패널은 不文의 zeroing 관행도 그 자체로 WTO 분쟁해결 절차 대상이 될 수 있는 규범(norm)에 해당되며 원 조사 단계에서 적용하는 것은 반덤핑협정 제2조 제4항 제2호 위반이라고 판시하였다. 상소기구는 불문의 조치의 존재 판정을 위한 기준(threshold)을 패널보다는 훨씬 높게 책정하기는 하였으나 패널 판정의 결론 자체는 지지하였다. 이로써 원 조사 단계에서 zeroing을 적용하는 것은 이제 매우 어렵게 되었다. ③의 경우가 이번 사건의 최대 쟁점이었다. 패널은 문리 해석에 치중하여 제2조 제4항 제2호는 원 조사 단계에 적용되는 것이라고 해석, 연례 재심에서 simple zeroing (W-T비교)을 적용하는 것은 제2조 제4항 제2호에 위반되지 않으며 결과적으로 제9조 제3항에도 합치된다고 판단하였으나, 상소기구는 제9조 제3항과 GATT 제6조 제2항에 표명된 원칙에 입각하여 zeroing이 동 조항에 합치되지 않는다고 판시하였다.

CASE 138. US - Zeroing(Japan) 사건[41]

Ⅰ 사실관계

이 사건은 미국 조사 당국이 원조사단계와 관세 정산 절차, 일몰 재심, 신규 수출자 재심 등 각종 재심 절차에서 model zeroing, simple zeroing을 적용하는 것은 zeroing 방식 자체(as such)와 그 적용 사례(as applied) 모두 반덤핑협정 제2조 제4항 제2호, 제2조 제4항, 제9조 제3항, GATT 제6조 제1항·제2항 등에 위반된다고 일본이 주장하며 제소한 사건이다.

Ⅱ 법적쟁점

1. zeroing 방식 자체(as such)의 분쟁 대상 조치 해당 여부

일본은 덤핑마진 계산 프로그램 중 마이너스 덤핑마진을 자동적으로 zeroing하는 computer code와 zeroing 방식 자체 두 가지 모두를 분쟁의 대상이 되는 조치라고 하였다.

2. model zeroing 그 자체(as such) 및 적용례(as applied)의 제2조 제4항 제2호 위반 여부

일본은 model zeroing이 반덤핑협정 및 GATT 위반이며 그 근거로서 덤핑마진은 문제가 된 상품전체(product as a whole)에 대해 구하는 것이지 상품의 하위 분류별로 구하는 것이 아니라는 점을 내세웠다. 미국은 덤핑마진을 상품 전체에 대해 구해야 한다는 명문의 규정이 없다고 반박하였다. 또한, 일본은 미국이 특정사례에 model zeroing을 적용한 것은 반덤핑협정 위반이라고 주장하였다.

3. simple zeroing 적용의 제2조 제4항 제2호 위반 여부

일본은 simple zeroing 역시 상품 전체에 대해 덤핑마진을 산정한 것이 아니므로 반덤핑협정 위반이라고 주장하였다. 일본은 반덤핑협정 제2조 제1항과 GATT 제6조의 product, products라는 표현을 근거로 simple zeroing처럼 T-T 비교는 상품 전체가 아니라 특정 거래의 덤핑마진을 구하는 것이므로 관련 협정에 합치되지 않는다고 주장하였으며 반덤핑협정 제6조 제10항[42]을 근거로 덤핑마진은 상품 전체에 대해 산정해야 한다고 주장하였다. zeroing이 W-W 비교(model zeroing)에서는 금지되나 T-T 비교(simple zeroing)에서는 허용된다고 해석하면 반덤핑협정 제2조 제4항 제2호를 일관되게 해석할 수 없다고 주장하였고 따라서 simple zeroing 역시 금지된다고 주장하였다.

4. zeroing의 제2조 제4항 공정비교 원칙 위반 여부

일본은 model zeroing과 simple zeroing이 반덤핑협정 제2조 제4항의 공정비교 원칙에도 부합되지 않는다고 주장하였다.

---

41) DS322, 2007.1.23. 상소기구
42) 당국은 일반적으로 조사대상 상품의 알려진 관련 수출자 또는 생산자 각각에 대해 개별적인 덤핑마진을 산정한다.

5. 재심 과정에서의 simple zeroing 합법 여부

일본은 미국이 정기 재심이나 신규 수출자 재심에서 simple zeroing을 적용하는 것은 상품 전체(product as a whole)에 대한 덤핑 판정과 덤핑마진 자료를 구비하지 못한 것이므로 반덤핑협정 제2조 제1항[43], 제2조 제4항 제2호, 제9조 제1항 내지 제3항 및 제5항, GATT 제6조 제1항 및 제2항 등에 위반된다고 주장하였다.

6. 상황변경 재심, 일몰 재심 시 원 덤핑마진 이용 문제

일본은 미국이 상황변경 재심이나 일몰 재심 시 원래의 덤핑마진을 기초로 재심 판정을 하는 것은 원래의 마진이 zeroing 방식으로 부당하게 산정된 것이므로 덤핑을 상쇄하기 위해 필요한 범위 및 기간 동안만 반덤핑관세를 부과하라는 협정 제11조 제2항[44] 및 제3항[45] 등에 위배된다고 주장하였다. 미국은 상기 재심 시 원 덤핑마진에 기초해 재심 판정을 내렸다는 점을 일본이 입증하지 못했다고 주장하였다. 일본은 simple zeroing이 적용된 2건의 일몰 재심 사례에 대해서도 as applied 시비를 제기한바, 2건의 일몰 재심에서 미국 무역위원회는 원 덤핑마진을 기초로 피해 지속 판정을 내렸다는 것이다.

Ⅲ 패널 및 상소기구 평결

1. zeroing 방식 자체(as such)의 분쟁 대상 조치 해당 여부 – 적극

패널은 US – Zeroing(EC) 사건 상소기구의 판정을 그대로 답습하여 zeroing 방식 자체는 분쟁의 대상이 될 수 있는 조치가 될 수 있겠으나 computer code는 그 자체로 시비할 수 없다고 판정하였다. zeroing은 미 상무부가 상당한 기간 동안 실시해온 관행인 점이 분명하고 이는 의도적인 정책임을 반영하는 것이며 보편적이고 계속적으로 적용(general and prospective application)되는 규칙(rule)과 규범(norm)에 해당한다는 것이다. 상소기구 역시 zeroing은 그 자체로 시비할 수 있는 조치(measure)라는 패널의 판정을 지지하였다.

2. model zeroing의 제2조 제4항 제2호 위반 여부 – 적극

패널은 평균 비교 방식으로 덤핑마진을 산정할 경우 비교 가능한 모든 거래에 기초해야 한다는 반덤핑협정 제2조 제4항 제2호 전단의 규정상 model zeroing이 동 조항에 합치되지 않는 점은 명백하다고 판정하였다. 또한 패널은 이미 model zeroing은 반덤핑협정 위반이라고 판시하였으므로 동 사례에서 미국이 model zeroing을 적용한 것은 협정 위반이라고 확인하였다.

---

43) 이 협정의 목적상, 한 국가로부터 다른 국가로 수출된 상품의 수출가격이 수출국 내에서 소비되는 동종상품에 대한 정상적 거래에서 비교 가능한 가격보다 낮을 경우 동 상품은 덤핑된 것, 즉 정상 가격보다 낮은 가격으로 다른 나라의 상거래에 도입된 것으로 간주된다.

44) 당국은 정당한 경우 자체적으로 또는 확정 반덤핑관세의 부과 이후 합리적인 기간이 경과하고 검토가 필요하다는 명확한 정보를 제시하는 이해당사자의 요청에 따라 반덤핑관세의 계속적인 부과의 필요성에 대해 검토한다. 이해당사자는 당국에 대해 덤핑을 상쇄하기 위해 지속적인 관세의 부과가 필요한지 여부, 관세가 철회 또는 변경되었을 경우 피해가 계속되거나 재발할 것인지 여부 또는 이러한 두 가지에 대해 조사를 요청하는 권리를 가진다.

45) 제1항 및 제2항의 규정에도 불구하고 모든 확정 반덤핑관세는 부과일로부터 5년 이내에 종결된다. 다만 당국이 동 일자이전에 자체적으로 개시한 검토 또는 동 일자 이전 합리적인 기간 내에 국내산업에 의하거나 이를 대신하여 이루어진 정당한 근거에 입각한 요청에 의하여 개시된 검토에서 관세의 종료가 덤핑 및 피해의 지속 또는 재발을 초래할 것으로 당국이 판정하는 경우는 그러하지 아니한다.

3. simple zeroing 적용의 제2조 제4항 제2호 위반 여부

(1) 패널 – 소극

패널은 simple zeroing은 금지된다고 볼 수 없다고 판정하였다. 우선, 반덤핑협정 제2조 제1항과 GATT 제6조에 기재된 product(s)의 통상적 의미로 볼 때 이 단어가 덤핑마진은 반드시 모든 거래 비교 결과를 합산하여 산정해야 하며 거래별로 산정할 수 없다는 것으로 해석할 수 없다고 판단하였다. 또한 반덤핑협정 제6조 제10항의 '조사대상상품'의 '상품'이 덤핑 개념을 개별 거래에 적용할 수 있는 가능성을 배제한다고 볼 근거가 없고 개별적인 덤핑마진이란 특정한 수출자나 생산자에 관한 자료를 검사한 결과를 토대로 산출된 하나의 덤핑마진이란 의미이지 zeroing과 같이 덤핑마진을 결정하는 방법에 관해 특별한 의미를 부여하는 것은 아니라고 하였다. 나아가 패널은 협정의 일관된 해석상 T-T 비교에서는 zeroing이 허용된다고 해석할 수밖에 없다고 보았다. 패널은 제2조 제4항 제2호의 문언상 zeroing이 모든 경우에 금지된다고 해석할 수 없다고 이해하였고 동 조항은 분명히 덤핑마진은 개별 거래를 비교(T-T 비교)하여 수립할 수 있다고 명기하고 있으며 개별 거래의 수출가격과 정상가격의 비교 결과를 어떻게 처리하여 덤핑마진을 산정해야 하는지에 대해서는 아무런 언급이 없다는 점을 지적하였다. 패널은 이상의 분석을 토대로 GATT 제6조나 반덤핑협정 조문은 덤핑마진이 반드시 상품 전체에 대해 산정해야 한다는 보편적인 요건은 없는 것으로 해석될 수 있으며 반덤핑협정 제17조 제6항 제2호상 반덤핑협정의 규정에 대해 하나 이상의 해석이 가능하고 당국의 조치가 그러한 해석에 근거하는 경우 당국의 조치는 반덤핑협정에 일치하는 것으로 판정해야 할 것이므로 미국의 simple zeroing 방식은 합당하다고 판정하였다.

(2) 상소기구 – 적극

① 덤핑과 덤핑마진의 의미: 상소기구는 GATT 제6조 제1항상 덤핑은 어느 '상품'이 국내판매가격보다 저렴하게 수입되는 것이며 반덤핑협정 제2조 제1항 '이 협정의 목적상'이라는 구절에 의거, '덤핑', '덤핑수입'은 반덤핑협정의 모든 조항과 반덤핑 절차의 모든 형태(원심, 재심, 신규수출자 재심 등)에 공히 적용되는 것이라고 확인하였다. 상소기구는 '덤핑마진'이란 '덤핑의 크기'이며 GATT 제6조 제2항상 덤핑마진은 역시 '상품'에 대해 결정되는 것이라고 보았다.

② 덤핑마진의 산정 및 반덤핑관세 부과의 범위: 상소기구는 반덤핑협정의 도안과 구조로 볼 때 ① '덤핑'과 '덤핑마진' 개념은 '상품' 전체와 생산자 또는 수출자 별로 산정되는 것이며 ② 덤핑 수입이 국내 산업에 피해를 초래했을 경우에만 반덤핑관세를 징수하는 것이고, ③ 반덤핑관세는 덤핑마진을 초과할 수 없다는 점을 기본 원칙으로 환기하였다.

③ T-T 비교시 zeroing (simple zeroing) 허용 여부: 상소기구는 T-T 비교에 있어서 zeroing이 허용된다는 패널의 평결을 파기하였다. 상소기구는 US-Final Lumber AD Determination 21.5 사건에서와 마찬가지로, 각 거래별 비교결과는 전체 덤핑마진을 구하기 위한 복수계산 단계의 중간과정이며 중간 값을 합산하여 전체 덤핑마진을 계산함에 있어 중간 값을 모두 합산하여야지 그 중 일부를 배척하는 것은 용인될 수 없다고 다시 확인하였다. 덤핑마진은 상품에 대해 구하는 것이므로 각 거래별 비교 결과는 그 자체가 덤핑마진이 될 수 없고 따라서 T-T 비교 시 zeroing은 용인될 수 없다고 판정하였다. 상소기구는 제2조 제4항 제2호의 T-T 비교방식이 언급된 부분에 '모든 비교 가능한 거래'를 비교하라는 구문이 생략되어 있는 점이 T-T 비교 시 zeroing을 허용하는 근거로 볼 수 없다고 하였고, 각 거래별로 덤핑마진을 따로 구한다면 덤핑마진을 알려진 수출자·생산자별로 산정해야 한다는 원칙에도 부합되지 않는다고 지적하였다. 이상의 분석을 토대로 상소기구는 패널 판정을 번복, T-T 비교 시 zeroing 방식을 적용한 미국은 반덤핑협정 제2조 제4항 제2호를 위반한 것이라고 판정하였다.

4. zeroing의 제2조 제4항 공정비교 원칙 위반 여부

(1) 패널 – 소극

패널은 model zeroing은 이미 금지된다고 판정하였으므로 simple zeroing의 공정 비교원칙 위반성에 대해서만 심리하였다. 패널은 만일 zeroing이 모든 경우 금지된다고 보면 제2조 제4항 제2호의 W-T 비교를 T-T 비교와 동일한 것으로 만들어 버림으로써 W-T 비교의 효과를 박탈해 버리게 되며 관세 정산시 개별 거래별로 덤핑마진을 산정할 수 있도록 규정한 반덤핑협정 제9조의 효과도 훼손하게 된다고 지적하였다. 패널은 공정 비교 조항을 보다 특정적인 조항을 완전히 작동하지 못하도록 해석할 수는 없으며 이는 협정 유효 해석원칙과도 부합되지 않는다고 판단. 이에 따라 패널은 simpel zeroing은 반덤핑협정 제2조 제4항에 불합치되지 않는다고 판시하였다.

(2) 상소기구 – 패널 판정 파기

상소기구는 패널의 판정을 번복하였다. 상소기구는 제2조 제4항 제2호는 lex specialis(특별법)가 아니며 제4항의 공정비교를 규율하는 규정에 따른다는 제2조 제4항 제2호의 전단의 표현상 오히려 제2조 제4항이 제2조 제4항 제2호에 적용되어야 한다고 지적하였다. 따라서 T-T 비교 시 zeroing은 덤핑마진을 확대시키며 조사당국은 모든 비교 결과를 모두 고려해야 한다는 점을 다시 환기한 후 패널의 판정을 번복, 미국의 제2조 제4항 위반을 인정하였다.

5. 재심 과정에서의 simple zeroing 합법 여부

미국이 정기 재심이나 신규 수출자 재심(new shipper review)에서 simple zeroing을 적용한 것에 대해 패널은 관련 조항에 반하지 아니한다고 하였으나 상소기구는 이러한 패널의 평결을 파기하고 미국의 조치가 관련 조항을 위반하였다고 판정하였다. 패널은 반덤핑협정은 zeroing을 포괄적으로 금지하지는 않는다고 판단하였으며 반덤핑협정 제9조 제3항의 규정상 관세정산 과정에서는 zeroing이 허용된다고 하였다. 또한 패널은 협정 제2조 제4항 제2호는 원심에서 W-W 비교방식을 사용하는 경우에만 zeroing을 금지하는 규정이라고 보고 원 조사 단계 이외의 과정에서는 적용되지 않는다고 하였다. 결국 패널은 반덤핑협정이 zeroing을 포괄적으로 금지하고 있지 아니하며 원조사 단계 이외에는 zeroing을 명시적으로 금지하고 있지 아니하므로 미국이 재심과정에서 zeroing을 한 것이 협정에 반하지 아니한다고 판정한 것이다.

그러나 상소기구는 이와 같은 패널 판정을 파기하였다. 상소기구는 zeroing은 제2조 제4항에 규정된 공정비교원칙에 반한다고 하였다. 즉, 반덤핑관세는 덤핑마진을 초과해서는 안되므로 실제 덤핑마진을 초과하는 반덤핑관세 산정방식은 공정하다고 볼 수 없다고 판시하였다. 따라서 관세정산 재심이나 신규 수출자 재심에서 zeroing을 하는 것은 반덤핑협정에 위반된다고 볼 수 없다고 한 패널의 판정을 파기하였다.

6. 상황변경 재심, 일몰 재심 시 원 덤핑마진 이용 문제

(1) 패널

미국이 상황변경 재심이나 일몰 재심 시 원래의 덤핑마진을 기초로 하여 판정을 한 것이 협정 제11조에 위반하는지의 문제와 관련해서는 실제로 미국이 재심에 있어서 원조사 단계에서 산출한 덤핑마진에 기초하였는지가 문제되었다. 본 사안에서 일본은 '재심 판정 자체'(as such)와 '적용사례'(as applied)에 대해 시비하였다. '재심 판정 자체'에 관련해서 패널은 사안의 핵심이 재심 판정 시 원 덤핑마진에 기초할 것을 강제하는 계속적으로 적용되는 규칙이나 규범의 존부라고 판단하였다. 패널은 그러한 규범의 존부에 대해 일본이 충분히 입증하지 못했다고 보고 일본의 주장을 기각하였다. 또한 '적용사례'에 관한 제소에 대해서도 패널은 미 무역위원회가 원 덤핑마진을 기초로 피해 지속 판정을 내렸다는 일본의 주장은 근거가 충분하지 못하다고 판단하고 일본의 주장을 기각하였다.

(2) 상소기구

상소기구는 패널의 판정을 파기하였다. 상소기구는 재심에 있어서 zeroing은 반덤핑협정 제2조 제4항 및 제9조 제3항에 위반된다고 전제하였다. 그런데 미국은 본 일몰 재심 건에 있어서 이전의 정기 재심 시 산정된 덤핑마진을 사용한 것이 확실하고 또한 이 덤핑마진은 zeroing을 적용한 것이므로 제2조 제4항 위반이라고 판단하였다. 요컨대 상소기구는 패널의 판정을 기각하고 미국은 제2조 제4항에 부합되지 않는 덤핑마진을 일몰 재심에 사용하였으므로 이는 반덤핑협정 제11조 제3항에 위반된다고 판정하였다.

Ⅳ 평석

1. 이 사건 상소기구는 zeroing이 분쟁 대상이 되는 특정 조치라는 것 외에는 패널의 판정을 모두 기각하였다. 상소기구의 판정을 정리하면 ① 원 조사 시 T-T 방식으로 덤핑마진을 산정할 때 zeroing을 하는 것은 반덤핑협정 제2조 제4항, 제2조 제4항 제2호 위반이며 ② 정기 재심(관세정산 재심) 시 zeroing을 하는 것 역시 제2조 제4항, 제9조 제3항 위반이고, ③ 신규 수출자 재심 시 zeroing을 하는 것도 옳지 않다는 것이다.

2. 이미 이전 사건에서 W-W 비교 시 zeroing을 하는 것은 반덤핑협정 위반이라고 누차 판정되었으므로 이번 사건 판정 결과를 종합하여 보면 이제 zeroing을 어떠한 비교 방식에서 사용하든, 원 조사 단계이든 재심 단계이든 일체 금지되게 되었다.

3. 이 사건 패널 판정의 핵심은 원 조사단계와 재심 과정 시 simple zeroing을 적용하는 것은 반덤핑협정과 GATT에 합치된다는 것이나 이는 상소기구의 판정과 정면으로 배치되는 것이다. 특히 재심 과정에 simple zeroing을 적용할 수 있다는 패널 판정은 US-Zeroing(EC) 사건 상소기구의 판정에 정면으로 도전한 것이다. US-Zeroing(EC) 사건 상소기구는 그 사건 패널의 판정을 번복하여 관세 정산시 simple zeroing을 적용하는 것은 반덤핑협정 제9조 제3항과 GATT 제6조 제2항에 위반이라고 판시하였다. 그러나 이번 사건 패널은 이러한 상소기구의 판정에 동의하지 않고 제2조 제4항 제2호는 원 조사 단계에서만 적용되는 것이며 따라서 재심 과정에서 zeroing을 적용하는 것은 반덤핑협정과 합치된다고 판시하였다.

4. simple zeroing이 재심과정 뿐 아니라 원 조사단계에서도 허용된다는 패널의 판정은 US-Lumber AD final Determination Article 21.5 사건 상소기구의 판정과 대립된다. 동 사건 상소기구는 T-T 비교 시 zeroing을 적용하는 것, 즉 simple zeroing을 제2조 제4항 제2호 위반이라고 판시하였다.

CASE 139. 미국 - DRAMs 사건[46]

Ⅰ 사실관계

1. 1992년 미국무역위원회(ITC: International Trade Commission)와 상무부는 LG 반도체와 현대의 D램에 대해 덤핑행위와 국내산업에 대한 피해가 있다고 판정하였고 1993년 5월 10일 반덤핑관세를 부과하였다.

2. 이후 미상무부는 1993년 5월 1일~1995년 4월 30일 사이에 발생한 거래에 대해 두 차례에 걸쳐 행정재심 (administrative review, 연례재심)을 실시하였고 상무부는 이 기간 동안 한국 업체가 덤핑행위를 하지 않았음을 확인했다. 1996년 6월 25일 미 상무부는 1995년 5월 1일부터 1996년 4월 30일까지 기간에 대해 세 번째 행정재심을 실시했다. 이 재심과 관련하여 미 상무부는 두 업체로부터 반덤핑조치 취하 요구를 검토하였다.

3. 미국관세법(Tariff Act)은 상무부가 재심 후 반덤핑조치를 중단할 수 있도록 규정하고 있다. 이를 이행하기 위한 상무부 규정에 따르면 ① 최소 3년간 덤핑이 없을 것, ② 반덤핑조치 중단을 요청하는 기업이 반덤핑조치 철회 후 다시 덤핑할 가능성이 없을 것(not likely), ③ 해당 기업이 반덤핑조치 철회 후 다시 덤핑할 경우 즉시 반덤핑조치를 재개하는 데 대해 서면으로 동의할 것을 조건으로 하여 반덤핑조치를 철회할 수 있도록 규정하고 있다.

4. 미 상무부는 1997년 7월 24일 반덤핑조치를 철회하지 않기로 결정하였는데 위의 규정 중 ①, ③ 조건은 충족하였으나, 반덤핑조치가 철회될 경우 두 기업들이 덤핑을 할 가능성이 없다는 점에서 만족할 수 없다는 이유로 조치 철회를 거부한바, 1단계 협의과정에서 상호만족스러운 결론에 도달하지 못한 한국 정부는 패널설치를 요청하였다.

Ⅱ 법적쟁점

1. 덤핑 부재와 반덤핑조치의 계속 문제

한국은 일단 과거 3년 반 동안 덤핑이 없었다는 것이 확인된 이상 반덤핑협정상 반덤핑조치를 계속하는 것은 허용되지 않는다고 주장하였다. 즉, 한국은 반덤핑협정 제11조 제2항[47]하에서 현재의 덤핑이 없을 경우 반덤핑조치의 계속은 선험적으로(a priori)금지되며, 따라서 수출자가 덤핑을 중단했다는 것이 확인되면 곧바로 반덤핑조치는 철회되어야 한다고 주장하였다. 이에 대해 미국은 단순히 과거 3년 반 동안의 덤핑행위가 없다는 사실 때문에 정부당국이 반덤핑조치를 철회해야 하는 것은 아니며 미국의 예측적인(prospective) 접근방식은 WTO 협정하에서 반덤핑조치를 계속해야 하는지를 검토하는 데 있어 적절한 방식이라고 주장하였다.

---

46) DS99, 1999.3.19, 패널

47) 당국은 정당한 경우 자체적으로, 또는 확정 반덤핑관세의 부과 이후 합리적인 기간이 경과하고 검토가 필요하다는 명확한 정보를 제시하는 이해당사자의 요청에 따라 반덤핑관세의 계속적인 부과의 필요성에 대해 검토한다. 이해당사자는 당국에 대해 덤핑을 상쇄하기 위해 지속적인 관세의 부과가 필요한지 여부, 관세가 철회 또는 변경되었을 경우 피해가 계속되거나 재발할 것인지 여부 또는 이러한 두 가지에 대해 조사를 요청하는 권리를 가진다. 이 항에 따른 검토 결과 반덤핑관세가 더 이상 정당화되지 아니한다고 당국이 결정하는 경우 반덤핑관세의 부과는 즉시 종결된다.

2. "불가능성" 요건의 제11조 제2항 합치 여부

미국은 상무부 규정에 의거해 해당 회사가 앞으로도 덤핑행위를 할 것 같지 않으면(not likely) 반덤핑관세를 철회할 수 있다고 되어있는데 한국의 해당 회사가 덤핑행위를 할 것 같지 않은 근거가 없으므로 반덤핑조치를 철회할 수 없다는 규정을 적용하였다. 이에 대해 한국은 불가능성을 요건으로 하여 내린 미 상무부 결정이 WTO 제11.2조에 위반한다고 주장하였다.

Ⅲ 패널 판정

1. 덤핑부재와 반덤핑조치의 계속문제

패널은 한국의 주장을 기각하고 현재의 덤핑이 없어도 반덤핑조치의 필요성이 있다고 판단하였다. 그 이유는 다음과 같다. ① 협정 제11.2조 두 번째 문장에서 조사당국이 덤핑을 상쇄하기 위해 지속적인 관세의 부과(continued imposition)가 필요한지를 검토하도록 하고 있음에 주목하였는데, 패널은 "continued"라는 단어는 결국 시간에 있어서 미래와 과거의 관계를 포함하므로 만약 반덤핑관세가 오직 현재의 덤핑만을 상쇄하기 위해 필요하다면 "continued"라는 말은 무의미해진다는 것이다. ② 제11.2조는 반덤핑관세가 철회되거나 변경되었을 경우 피해가 계속되거나 재발할지 여부에 대해 검토할 것을 규정하고 있다. 패널은 만약 반덤핑관세 철회 후 계속되는 피해가 없다면, 조사당국은 덤핑에 의해 미래의 피해가 발생할지 여부에 대하여 반드시 검토해야 하며 이를 위해서는 우선 덤핑의 향후 발생가능성에 관해 검토해야 한다는 논리를 펼쳤다. ③ 반덤핑협정의 기본적인 운영방식도 고려하였는바, 반덤핑협정상 덤핑마진을 초과하지 않는 관세평가 메커니즘을 마련한다면 국가는 최근 조사기간 중의 덤핑행위 조사에 근거하여 예측적(prospective)인 효과를 가진 반덤핑관세를 부과할 수 있다. 패널은 그 근거로, 협정 제11.2조 조문에 명시적으로 회원국이 제11.2조 재심과 관련하여 현재의 검토만 하도록 하고 예측적인 검토를 배제하도록 규정하고 있지 않다고 지적하였으며, 소위 일몰조항이라 불리는 제 11.3조[48]도 명시적으로 덤핑의 가능성도 검토하도록 하고 있다는 점도 언급하였다.

2. "불가능성" 요건의 제11.2조 합치 여부

패널은 미국의 불가능성 기준, 즉 미국 상무부가 덤핑이 다시 발생하지 않을 것이라는 점에 만족하지 못할 경우 반덤핑조치를 계속 부과할 필요성이 있다고 판정하는 것이 협정 제11.2조에 합치하는지 여부를 검토하였다. 미국의 불가능성 기준이 만약 조치가 철회된다면 발생할 것을 입증하는 것(소위 가능성 기준)과 동등한지를 검토하였는데, 패널은 어떠한 것에 대해 긍정적인 입증을 하는 것과 어떤 것에 대한 부정적인 입증에 실패한 것과는 개념적인 차이가 있다고 지적하였다. 즉 전자는 당연히 후자를 포함하지만 역은 성립하지 않는다는 것이다. 이에 따라 패널은 미국의 "불가능성" 기준은 "가능성" 기준과 동등하지 않으며 외국 수출업자에게 더 부담을 준다고 결론을 내렸다.

---

48) 제1항 및 제2항의 규정에도 불구하고 모든 확정 반덤핑관세는 부과일로부터 5년 이내에 종결된다. 다만, 당국이 동 일자 이전에 자체적으로 개시한 검토 또는 동 일자 이전 합리적인 기간 내에 국내산업에 의하거나 이를 대신하여 이루어진 정당한 근거에 입각한 요청에 의하여 개시된 검토에서 관세의 종료가 덤핑 및 피해의 지속 또는 재발을 초래할 것으로 당국이 판정하는 경우는 그러하지 아니한다. 이러한 검토 결과가 나오기 전까지 관세는 유효할 수 있다.

Ⅳ 평석

1. 가능성 요건의 사실상 인정

패널은 미국의 "불가능성" 기준이 "가능성" 기준에도 미치지 못함으로서 이미 제11.2조에 합치되지 않는다는 점이 입증되었기 때문에 "가능성" 요건이 제11.2조 재심에서 인정되는지 여부에 대해서는 고려할 필요가 없다고 판정했다. 그러나 패널은 "가능성" 기준을 사실상 인정한 것으로 평가된다. 왜냐하면 패널이 현재 덤핑 부재 시 조치의 지속이 허용되는가를 검토하는 과정에서 "가능성" 기준을 상당히 수용하는 입장을 보이고 있으며, 반덤핑협정의 기본운영방식으로 '예측적' 접근방식을 언급하고 있기 때문이다. 또한 패널은 "가능성" 기준을 거부하는 것은 사실상 재심당국으로 하여금 조치의 철회가 덤핑의 발생을 가져올 것으로 예상되는 상황에서 조치 철회를 강제하는 것이라고 언급하였다.

2. 가능성 요건의 WTO 합치성에 대한 비판적 검토

(1) 제11.1조[49] 검토

제11.1조는 제11조 전체에 걸쳐 이행되어야 할 일반적인 원칙이라는 데 양측 모두 동의하였다. 따라서 아직 피해를 초래할지 입증되지 않은 아직 존재하지도 않는 미래의 덤핑이 상쇄의 대상이 된다고 보기는 어렵다. 또한 예측할 수 있다고 해도 그 의도나 가능성이 WTO체제하에서 처벌받을 수 있는 대상인 것은 아니다. 반덤핑에 관한 GATT나 WTO의 일반적인 태도를 보면 덤핑자체에 대한 규제가 아니라 덤핑으로 인한 피해 또는 어떠한 불공정한 효과를 상쇄하기 위한 것으로, 스웨덴 - 스테인레스 철판 사건에서 패널이 언급한 바와 같이 반덤핑조치는 기본적으로 자유무역을 지향하는 WTO 기본원칙의 예외인 것이다 .

(2) 제11.2조 검토

'상쇄하기 위해'라는 문구는 공정한 경쟁관계를 만들기 위해 수출업자가 저가 판매를 통한 이점을 상쇄한다는 의미이지, 아직 발생하지도 않아서, 불공정성을 예측할 수도 없는 "가능성" 기준을 허용한 것으로 볼 수 없다. 즉, 덤핑을 상쇄하는 필요성과 덤핑의 재발을 예방하는 필요성은 구별되어야 하는 것이다.
'피해가 계속되거나 재발할 것인지'라는 문구, 즉 피해에 대해 가능성 기준을 인정한 문구를 살펴보면, 먼저 덤핑과 덤핑으로 인한 피해 사이의 시차를 고려해야 한다. 즉, 덤핑자체는 중단되었다 하더라도 피해가 계속되거나 다시 발생할 수 있다. 이러한 점을 고려한다면 제11.2조 재심규정이 덤핑이 중단되자마자 반덤핑조치의 철회는 요구하는 것이 아니라는 결론이 나온다고 해서 이것이 반드시 덤핑의 가능성 기준을 인정하는 것은 아니라는 점이 명확해 진다.

(3) 제11.3조 검토

제11.2조의 가능성기준을 지지하기 위해 제11.3조가 자주 언급되는데, 제11.3조는 제11조에서 명시적으로 반덤핑조치 철회를 거부할 수 있는 사유로 덤핑 발생의 가능성을 규정하고 있는 유일한 조항이다. 그런데, 가능성 기준이 인정되느냐의 문제는 현재의 덤핑 없이 반덤핑조치가 인정될 수 있느냐의 문제와 구별되는 것이다. 패널에서는 제11.2조에서 가능성 기준이 인정되지 않는다면 이는 가능성을 인정한 제11.3조를 무의미하게 만든다고 말하고 있다. 그러나 제11조에서 가능성 기준을 부정하는 것이 제11.3조의 가능성을 배제하지 않는다. 왜냐하면 과거의 덤핑으로 인한 피해나 피해의 위협이 있다면 반덤핑조치는 현재의 덤핑 없이도 유지될 수 있기 때문이다.

---

49) 반덤핑관세는 피해를 초래하는 덤핑을 상쇄하는 데 필요한 기간 및 정도 내에서 그 효력이 지속된다.

3. 가능성 기준의 정책적 함의

패널의 '가능성' 기준의 사실상의 묵인은 국제자유무역에 상당한 부정적 영향을 가질 수 있다. 가능성 기준의 적용은 결국 불확실하고 모호한 성격이 있기 때문에 만일 조사당국이 보호주의적 목적을 가지고 있다면 언제든지 덤핑이 재발할 것이라고 결정할 수 있는 포괄적인 기준을 마련할 수 있다. 이 사건에서 한국은 상소하지 않았고 결과적으로 패널의 '가능성' 기준 묵인은 도전받지 않았지만 다른 패널이나 상소기구에 의해서 명확화되어야 할 필요가 있다.

CASE 140. US - Hot-Rolled Steel from Japan 사건[50]

I 사실관계

1998년 9월 일본, 브라질, 러시아산 열간 압연강(hot-rolled steel)에 대한 덤핑조사 신청에 따라 미국 당국은 조사를 개시하였으며(무역위원회는 산업피해 여부, 상무부는 덤핑 여부) 상무부는 일본 수출자가 많아 KSC, NSC, NKK 3사를 표본조사하였다. 무역위원회와 상무부는 1998년 11월 덤핑으로 인한 산업피해가 있으며 일본산 제품의 덤핑은 심각한 상황(critical circumstances)[51]에 있다고 각각 잠정 결정하였고, 상무부는 1999년 2월 덤핑마진 잠정 판정을 거쳐 1999년 5월 각 社별 덤핑마진을 최종 확정하였다. 상무부는 NSC와 NKK에 대해서는 심각한 상황 여부에 대해 부정 판정을 내렸으나 KSC와 기타 업체에 대해서는 긍정 판정을 견지하였다. 1999년 6월 무역위원회는 일본산 열간 압연강 덤핑으로 인해 국내산업이 실질적 피해를 보고 있다고 확정하였으나 심각한 상황 여부에 대해서는 부정적으로 판정하였다. 1999년 6월 상무부는 최종 확정된 덤핑마진대로 반덤핑관세를 징수하도록 결정하였으나 심각한 상황에 대한 무역위원회의 부정 판정에 따라 기징수된 현금 예치분은 환불하였다.

일본은 미국의 반덤핑관세 부과조치가 반덤핑협정 제2조, 제3조, 제5조, 제9조 및 부속서 2를 광범위하게 위반하고 있으며, 미국의 반덤핑법·규정·행정절차 자체(as such)도 이 조항에 위배된다고 주장하였다. 일본은 또한 상무부와 무역위원회가 조사과정 중에 취한 조치가 GATT 제10조 제3항 제(a)호에 위반된다고 주장하였다.

---

50) DS184, 2001.8.23, 상소기구

51) 덤핑조사 신청자가 심각한 상황이라고 주장할 경우 미 당국은 해당 상품의 덤핑과 실질적 피해 전력의 존재, 실질적 피해 가능성에 대한 수입자의 인지, 단기간에 걸친 대규모 수입 등을 의심하거나 믿을만한 합리적인 근거가 있는지 시급히 결정하여야 한다.

Ⅱ 법적쟁점

1. 입수가능한 사실의 이용요건(반덤핑협정 제6조 제8항, 부속서 2)

(1) NKK와 NSK

미 당국은 NKK사와 NSK사가 중량환산 기준과 관련한 자료를 마감일 이후에 제출한 것에 대해, 동 제출 자료를 인정하지 않고 입수가능한 사실에 기초하여 중량을 환산하였다. 일본은 이 같은 행위가 입수가능 사실 이용요건에 관한 반덤핑협정 제6조 및 부속서 2에 위반된다고 주장하였고, 미국은 마감일 이후의 자료 제출은 제6조 제8항상의 합리적인 기간내에 필요한 정보를 제공하지 않은 경우라고 반박하였다.

(2) KSC

KSC는 미국 판매분 상당량을 미국 내 현지법인에게 판매하였고, 이에 대해 미 당국은 현지 KSC에게 현지 법인의 재판매 가격과 생산가를 제출하라고 요구하였다. 그러나 KSC는 동 현지법인이 덤핑 조사 신청자 중 하나이며 KSC가 (주주이기는 하나) 통제력은 가지고 있지 않으므로 그러한 자료의 제출이 불가능한바, 동 자료 제출의무를 면제하여 줄 것을 요청하였다. 그러나 미 당국은 이를 거절하였고, 이는 KSC가 부속서 2 제5조상의 '최선'을 다하지 못한 것이라고 보고 KSC사가 일반 구매업체에 판매한 가격 중 두 번째로 마진이 높았던 가격을 입수 가능한 자료로서 사용하였다.

일본은 미국의 이 같은 행위는 협정 제6조 제8항과 부속서 2의 위반이며 미국이 제6조 제13항상의 지원제공 의무를 다하지 못한 것이고 일반 구매업체 판매가를 대신 사용한 것은 덤핑마진을 과장한 것이므로 제2조 제3항[52], 제9조 제3항 위반이라고 주장하였다.

2. 비표본대상 업체의 반덤핑관세(반덤핑협정 제9조 제4항)

반덤핑협정 제9조 제4항은 표본 조사에 포함되지 아니한 수출자 또는 생산자로부터의 수입품에 적용되는 반덤핑관세를 산정함에 있어 조사 당국은 ① 영(zero)의 마진 및 최소 허용 마진과, ② 입수가능한 사실에 기초하여 정해진 덤핑마진을 무시하도록 규정하고 있다. 그러나 미 관세법은 입수가능한 사실에 '전적으로' 기초하여 산정된 마진만 무시하도록 규정한바, '부분적으로' 입수가능한 사실에 기초한 마진은 무시하지 않을 수 있게 된다. 또 이번 사건에서 미 당국은 비표본업체의 덤핑마진을 표본 3개사 덤핑마진의 가중 평균으로 계산하였는데, 이 표본 3개사의 덤핑마진은 모두 입수가능한 사실에 기초하여 산출된 것이었다.

일본은 미 관세법 해당 규정 그 자체(as such)와 이를 적용한(as applied) 미국의 조치가 반덤핑협정 제9조 제4항 위반이라고 주장하였다.

---

52) 수출가격이 존재하지 아니하거나 수출가격이 수출자 및 수입자 또는 제3자 간의 제휴나 보상약정으로 인하여 믿을 수 없다고 관계 당국에 보여지는 경우, 수출가격은 수입품이 독립구매자에게 최초로 재판매되는 가격을 기초로 구성될 수 있으며, 또는 독립구매자에게 재판매되지 않거나 수입된 상태로 재판매되지 아니하는 경우에도 당국이 결정할 수 있는 합리적인 기초에 의하여 구성될 수 있다.

3. 정상적 거래 여부 결정방식의 타당성(반덤핑협정 제2조 제1항[53]·제2항[54])

미 당국은 덤핑마진 산정 시 조사대상기업이 국내 자회사에 판매한 평균가격이 비자회사 판매 평균가격보다 0.5% 이상 저렴할 경우 이를 통상적인 거래로 인정하지 않고 이 판매분을 무시하거나 자회사가 재판매한 가격으로 대체하여 덤핑마진을 계산하였다(arm's length test). 일본은 이 같은 ① 미국의 계산방식(arm's length test)이 제2조 제2항의 정상적인 거래 판단방식으로는 비합리적인 것이고, ② 동 조항이 자회사 판매가격을 재판매 가격으로 대체하는 것을 허락하지 않으며, ③ 제2조 제4항 공정한 비교 의무에도 위반된다고 주장하였다.

4. 자체소요생산(captive production)[55] 조항의 적법성(반덤핑협정 제3조, 제4조)

미국 관세법에 따르면 국내 생산되는 제품 A의 상당량이 상품 A'의 제작 재료로 주로 전용되고 A의 국내생산량이 A' 제작 재료의 압도적인 공급원이며 시장에서 일반 판매되는 A는 통상 A' 제작 재료로 사용되지 않을 경우에는 덤핑 판정에 필요한 시장점유율 등을 분석할 때 A 제품이 일반 판매되는 상업시장(merchant market)을 중점 분석(focus primarily)하라고 규정하고 있다.

일본은 이러한 자체소요생산조항이 국내 산업 전체가 아니라 일부(여기서는 상업시장)만을 중심으로 분석하므로 피해 및 피해마진이 과장될 우려가 있다는 등의 이유로 반덤핑협정 제3조, 제4조에 위반된다고 주장하였으며 이 조항에 의해 수행된 피해판정도 협정과 합치되지 않는다고 주장하였다.

5. 인과관계 구성의 적법성(반덤핑협정 제3조 제5항)

일본은 미국의 국내산업피해 요소로는 덤핑 수입 외에도 소규모 제철소의 제강 용량 확충, 미국 철강 공급능력 확대, GM사 파업으로 인한 철강수요 감소, 제관업계의 열간 압연강 수요 감소, 비덤핑 수입제품의 가격 등 다른 요소가 있었는데에도 미 당국이 이를 충분히 검토하지 않았으며 이들 요소에 의해 발생하는 피해가 덤핑 수입품에 의한 것으로 귀속(attribute)되지 않도록 보장하지 못하였으므로 제3조 제5항을 위반한 것이라고 주장하였다. 일본은 제3조 제5항의 non-attribution 요건은 다른 피해 가능 요소를 반드시 식별 가능하게 (distinguished) 분리하고(separate) 국내 산업에 미치는 영향을 검토하라는 의미라고 주장하였다.

---

53) 이 협정의 목적상, 한 국가로부터 다른 국가로 수출된 상품의 수출가격이 수출국 내에서 소비되는 동종 상품에 대한 정상적 거래에서 비교가능한 가격보다 낮을 경우 동 상품은 덤핑된 것, 즉 정상가격보다 낮은 가격으로 다른 나라의 상거래에 도입된 것으로 간주된다.

54) 수출국의 국내 시장 내에 통상적인 거래에 의한 동종 상품의 판매가 존재하지 아니하는 경우, 또는 수출국 국내 시장의 특별한 시장 상황 또는 소규모의 판매 때문에 적절한 비교를 할 수 없는 경우, 덤핑마진은 동종 상품의 적절한 제3국 수출시 비교 가능한 가격으로서 대표적인 경우 동 가격 또는 원산지국에서의 생산 비교에 합리적인 금액의 관리비, 판매비, 일반비용과 이윤을 합산한 가격과의 비교에 의하여 결정된다.

55) captive production이란 원자재나 중간재를 생산자 자신의 소요를 위해 생산하는 것을 말한다. 예를 들어 조선소가 선박제작에 사용하기 위해 철판을 생산할 경우 이에 해당한다.

Ⅲ 패널 및 상소기구 평결

1. 입수가능한 사실의 이용 요건(반덤핑협정 제6조 제8항, 부속서 2)

(1) NSC, NKK의 경우

① 패널: 패널은 마감일을 준수하지 못했다는 사실이 필요한 정보가 합리적인 기간 내에 제공되지 않을 경우 입수 가능한 사실을 적용할 수 있다는 규정을 이용할 수 있는 충분한 근거가 되는 것은 아니라고 언급하고 미국의 주장을 배척하였다. 또 부속서 2의 제3조를 인용하면서 NSC와 NKK가 제출한 자료는 검증가능하며 이용할 수 있는 것이 분명해 보이는 데에도 배척되었다고 보았으며 이들 자료는 고도의 검증이 필요한 가격, 비용 등에 관한 새로운 정보가 아니라는 점도 주시하였다. 이에 따라 패널은 객관적이고 공평한 조사당국이라면 NKK와 NSC가 합리적인 기간 내에 필요한 정보를 제공하지 못했다고 결론 내리지는 않았을 것이라고 판시하고 미국은 제6조 제8항을 위반하였다고 판시하였다.

② 상소기구: 상소기구는 패널의 판단은 지지하였으나 도출 논리는 다르게 전개하였다. 상소기구는 반덤핑협정 제6조 제1항 제1호에서 볼 수 있듯이 조사 응답 기간은 절대적인 것이 아니라 적절한 사유가 있을 경우에는 연장할 수 있는 것이며 협정 제6조 제8항은 만일 어떤 정보가 합리적인 기간 내에 제출되었다면 조사 당국은 입수 가능한 사실을 이용할 수 없고 제출된 정보를 반드시 이용해야 한다고 해석해야 한다고 정리하였다. 또 부속서 2의 제3조는 조사 당국이 반드시 이용해야 하는 정보의 요건으로 ⊙ 어려움 없이 조사에 이용가능할 것, ⓒ 적시에(in timely fashion) 제공될 것을 규정하고 있는바, '적시'란 합리적인 기간을 의미하는 것이며 NSC와 NKK의 사정에 비추어볼 때 비록 마감기간은 넘겼지만 합리적인 기간 내에 제출한 것이며 따라서 미 당국이 두 회사가 제공한 정보 대신 입수가능한 사실을 이용한 것은 협정 제6조 제8항 위반이라고 판시하였다.

(패널이 제17조 제6항 제1호 standard of review 규정을 원용하여 공평하고 객관적인 조사 당국이었다면 미 당국과 같이 판단하지는 않았을 것이라고 우회적으로 판시한 것과 달리 상소기구는 미국 당국의 조치 자체가 제6조 제8항에 합치되지 않는다고 직접적으로 판시한 것이다)

(2) KSC

패널은 일본의 주장을 수용하였다. KSC가 요구 자료를 제출하지 못한 것에 대해 최선을 다하지 않았다고 미 당국이 판단하고 입수 가능한 사실을 불리하게 적용한 것은 협정 제6조 제8항과 부속서 2의 제7조를 위반한 것이라고 판시하였고, 상소기구도 이를 확인하였다.

2. 비표본대상 업체의 반덤핑관세(반덤핑협정 제9조 제4항)

패널은 제9조 제4항은 강행 규정이며 어떠한 예외도 인정하고 있지 않다고 보았다. 제9조 제4항에서 말하는 무시되어야 할 마진에는 일부 요소가 입수 가능한 사실(제6조 제8항)에 기초하고 있는 덤핑 계산도 당연히 포함된다고 보았다. 따라서 미국의 관련 규정은 입수 가능한 사실에 일부 기초한 덤핑마진을 인정하고 있으므로 그 자체가 제9조 제4항에 부합되지 않으며 이 규정에 따른 미 당국의 비표본업체 덤핑마진 산정도 제9조 제4항 위반이라고 판시하였다. 나아가 패널은 미국이 WTO협정 발효 이전에 자국 법규를 반덤핑협정에 합치하도록 규정한 반덤핑협정 제18조 제4항과 WTO 설립을 위한 마라케쉬협정 제16조 제4항을 위반한 것이라고 결정하였다. 상소기구도 패널 판단을 확인하였다.

3. 정상적 거래 여부 결정방식의 타당성(반덤핑협정 제2조 제1항·제2항)

(1) arm's length test

패널은 미국의 arm's length test가 평균 가격보다 저렴한 국내판매가격을 정상가격 산정 과정에서 의도적으로 제외시키려는 것이라고 보았다. 그 결과 덤핑마진이 높게 책정될 것이므로 이는 제2조 제1항을 위반한 것이라고 판단하였다. 덧붙여, 미국의 해석은 제17조 제6항(2)에서 말하는 하나 이상의 가능한 해석이 될 수 없다고 본 것이다. 상소기구도 확인하였다.

(2) 자회사의 재판매가격의 사용

① 패널: 패널은 자회사의 재판매 가격은 협정 제2조 제1항의 정상가격의 정의, '수출국 내에서 소비되는 동종상품에 대한 정상적 거래에서 비교 가능한 가격'에 부합되지 않아 동 규정 위반이라고 보았다. 또 협정 제6조 제10항상 조사 당국은 조사 대상 상품의 알려진 관련 수출자 또는 생산자 각각에 대해 개별적인 덤핑마진을 결정할 의무가 있으므로 제2조 제1항상 '비교가능한 가격'은 반드시 알려진 수출자 또는 생산자로부터 나와야지 대체된 가격에서 나와서는 안되며 이러한 대체가격은 조사 대상 기업의 정상적인 거래라고 볼 수 없다고 판단하였다

② 상소기구: 그러나 패널의 결정은 상소기구에서 번복되었다. 상소기구는 제2조 제1항상 정상가격이란, ㉠ 수출국 내에서 소비되는, ㉡ 동종상품에 대한, ㉢ 정상적 거래에서, ㉣ 비교가능한 가격으로 정의되며 반드시 수출자에 의해 판매될 것을 요구하지 않는다는 점을 지적하였고, 재판매 가격이 위의 4가지 요건을 충족한다는 점에 당사국 간 이의가 없음을 주목하였다. 또 제2조 제4항은 조사당국이 수출자 또는 생산자가 아니라 다른 주체에 의해 이루어진 판매를 고려하는 것이 용인될 수 있는 조건을 규정하고 있다고 보았다. 조사 당국은 거래단계를 포함하여 가격 비교에 영향을 미치는 차이점을 적절히 고려하여야 하며 따라서 재판매 가격을 정상가격 산정기준으로 사용하는 것은 조사 당국에게 공정한 비교를 보장하기 위한 추가적인 주의와 노력을 부과하는 것이지 재판매 가격 자체의 사용이 금지되는 것은 아니라고 판단하였다.

4. 자체소요생산(captive production) 조항의 적법성(반덤핑협정 제3조, 제4조)

(1) 패널

패널은 focus primarily의 의미는 상업시장을 주로 집중해서 검토하라는 것이지, 전반적인 피해분석을 국내 산업 전체를 대상으로 하지 말라는 의미는 아니라고 보았다. 즉, 자체소요생산 조항은 국내산업 전반에 대한 피해분석을 하는 과정 중 일부 특정한 상황에서 반드시 거쳐야 하는 분석단계를 의미하는 것이고 주로 집중해야 하는 분야를 적시하는 것으로 반덤핑협정 제3조, 제4조에 위반되지 않는다고 판시하였다. 적용례 역시 국내시장 전체에 대한 자료를 포함하고 있으므로 협정 위반이라고 볼 수 없다고 판시하였다.

(2) 상소기구

상소기구는 문제의 관세법 조항의 적법성에 대해서는 패널의 판정을 지지하였으나, 이번 사건에 적용한 것에 대해서는 의견을 달리하였다. 상소기구는 제3조 제1항의 해석상 피해분석은 반드시 국내시장 전체를 대상으로 하여야 하며 제3조 제4항의 객관적인 조사 의무에 비추어 볼 때 일부 시장을 따로 분석하였다면 동등하고 비교가능한 방법으로 다른 일부시장도 상응하게 검토하거나 그것이 어려울 경우 납득할 만한 설명이 있어야 한다고 지적하였다.

그런데 미 무역위의 피해조사보고서는 상업시장 관련 data와 전체시장 관련 data만 있을 뿐 captive market에 대한 조사분석자료가 없고 이에 대한 아무 설명도 없으므로, captive market에 대한 별도의 동등한 분석이 있다고 할 수 없어 제3조 제1항과 제4항 위반이라고 판시하였다.

5. 인과관계 구성의 적법성(반덤핑협정 제3조 제5항)

(1) 패널

패널은 미국이 제출한 자료를 검토한 결과, 미 무역위가 ① 소규모제철소 증가, GM 파업 등은 충분히 고려했다고 보았으며 ② 제관업계의 열간 압연강 수요 감소는 따로 검토하지 않았으나, 전체 압연강 수요 변동의 일부분에 불과하므로 문제될 것이 없다고 보았다. ③ 비덤핑수입품의 가격과 관련, 패널은 제3조 제5항이 비덤핑 수입품의 양과 가격의 효과에 대해 분석하라고 명시적으로 요구하지는 않고 있으며 단지 수입과 같은 시점에 국내 산업에 피해를 줄 것으로 알려진 다른 요소에 대해 검토하라는 것인데 이번 사건의 경우 비덤핑수입품의 가격이 피해요소로 알려졌는지 여부에 대해 일본이 입증하지 못했으므로 prima facie case가 성립되지 않는다고 판시하였다.

제3조 제5항의 귀속금지요건에 대해 패널은 이 요건은 조사 당국으로 하여금 덤핑수입과 실질적 피해 간의 인과관계가 알려진 다른 요소에 의해 부정되지 않는지를 확인하라는 의미라고 해석하고 덤핑수입만이 실질적 피해를 초래한 점을 입증하라는 것은 아니라고 보았으며 미 무역위는 덤핑수입과 국내산업이 입은 실질적 피해 간의 인과관계를 적절히 입증하였다고 결론지었다.

(2) 상소기구

상소기구는 패널의 제3조 제5항 해석에 동의하지 않았다. 상소기구는 제3조 제5항의 non-attribution 요건은 덤핑수입과 알려진 다른 요소가 동시에 국내산업에 피해를 초래한 상황에만 적용할 수 있는 것이라고 전제하고 non-attribution 요건을 보장하기 위해서는 조사 당국이 다른 요소에 의한 피해 효과를 적절히 측정하여야 하며 이를 위해서는 각 요소의 피해 효과를 덤핑수입의 피해 효과로부터 분리하고 식별 가능하게 하는 과정이 필수적이라고 판단하였다. 그러므로 다른 요소 각각에 대해 이러한 측정을 실시하지 않은 미 무역위원회의 피해산정은 제3조 제5항에 부합되지 않는다고 판시하였다.

CASE 141. Japan vs. US - Corrosion Resistant Steel Sunset Review 사건[56]

Ⅰ 사실관계

1993년 8월 미국 상무부는 일본산 부식 저항성 탄소강판(Corrosion Resistant Carbon Steel Flat)에 36.41%의 반덤핑관세를 부과하였다. 1999년 9월 미국은 일몰 재심(sunset review)을 통해 반덤핑관세 부과의 철회는 덤핑과 국내 피해의 지속 또는 재발을 초래할 가능성이 있다고 판단하고 반덤핑관세 부과조치를 지속하기로 결정하였다.

---

56) DS244, 2004.1.9. 상소기구

Ⅱ 법적쟁점

1. 일몰 재심 절차 개시에 있어서 협정 제5조 제6항이 적용되는가?

2. 미소마진 규정(제5조 제8항)이 일몰 재심에서도 준용되는가?

3. 미국의 일몰 재심 정책요강(Sunset Policy Bulletin)

(1) 정책요강 자체의 적법성

(2) 정책요강 적용의 적법성

4. 수출자별 덤핑마진 산정 규정(제6조 제10항)이 일몰 재심에 준용되는가?

5. 덤핑 지속판정 기준의 적법성

(1) 일몰 재심 규정 자체의 적법성

(2) 일몰 재심 규정 적용의 적법성

Ⅲ 패널 및 상소기구 판정

1. 일몰 재심 절차 개시에 있어서 협정 제5조 제6항이 적용되는가?

(1) 일본

일몰 재심의 효과는 반덤핑조사 및 부과와 사실상 동일하므로 제5조 제6항을 준용하여 충분한 증거가 있어야만 관계 당국이 자체적으로 조사를 개시할 수 있다.

(2) 패널

일본의 주장을 기각한다. 일몰 재심에 관한 협정 제11조 제3항은 일몰 재심 자동개시 시 적용해야 할 증거 요건을 언급하고 있지 않다.

2. 미소마진 규정(제5조 제8항)이 일몰 재심에서도 준용되는가?

일본은 일몰 재심에서도 제5조 제8항상의 미소마진 규정(2% 미만)이 준용되어야 한다고 전제하고, 미국이 0.5% 이하의 덤핑마진만을 미소(de minimis)마진으로 규정한 것은 협정에 위반된다고 주장하였다. 그러나 패널은 일몰 재심 관련 규정인 제11조 제3항에 제5조 제8항의 준용에 대한 규정이 없음을 이유로 일본의 주장을 기각했다.

3. 미국의 일몰 재심 정책요강(Sunset Policy Bulletin)

(1) 정책요강 자체의 적법성

① 일본: 미국의 일몰 재심 정책요강은 강행법규(mandatory legal instrument)로서 협정에 위반되는 조치의 시행을 강제하므로 정책요강 자체는 협정에 위반된다. 동 정책요강은 내용상 zeroing 관행을 용인하고, 원래 덤핑마진을 조정하지 않고 일몰 재심 시 사용하도록 지시하고 있으며, 원래의 덤핑마진을 반덤핑관세 철회 시 예상되는 덤핑마진으로 간주하도록 하고 있다.

② 패널: 정책요강은 독립적인 '법규'(instrument)가 아니므로 일본의 주장을 기각한다. 정책요강 전문에 일몰 재심은 관세법과 일몰 재심 규정에 따라 수행됨을 명시하고 있으므로 정책요강 자체가 일정한 조치를 위임하고 있는 독립적인 법규가 아니므로 그 자체가 WTO 분쟁해결절차의 대상이 될 수 없다.

③ **상소기구**: 패널이 일본 주장을 세심하게 따져보지 않고 '법규'가 아니라는 이유만으로 정책요강 자체가 판정 대상이 아니라고 본 것은 타당하지 않다. DSU 제3조 제3항이나 반덤핑협정 제17조 제3항에 의하면 분쟁해결대상이 될 수 있는 조치가 반드시 '법규'만을 대상으로 하는 것은 아니다. 패널이 시비 대상이 된 조치의 강행성을 따져서 처음부터 심리 대상에서 제외한 것은 옳지 않으며 강행성이 문제가 된다고 하더라도 그 조치의 협정 위반 여부를 심리하는 전체 과정의 부분으로서 살펴보아야 할 사항이다. 한편 정책요강이 심리 대상이 될 수 없다는 패널의 판정이 정책요강 그 자체로는 반덤핑협정상의 미국의 의무사항 위반을 구성하지 않는다는 의미라고 하더라도 패널의 판정은 중대한 흠결이 있다. 패널은 정책요강의 전문의 표현만을 토대로 특정한 조치의 시행을 위임한 법령이 아니라고 성급하게 판단하였고, 정 요강의 문제가 되는 조항을 검토하거나 모법(母法)과 비교하지 않았으며, 정책요강 특정 조항의 규범성이 어느 정도인지 분석하지도 않았다. 따라서 정책요강은 특정한 행위 수행의 의무를 부과하는 강행법규가 아니며 따라서 그 자체로 WTO협정 위반이 될 수 없고 WTO협정상 시비대상이 될 수 있는 (challengeable) 조치가 아니라는 패널의 판정을 파기한다.

(2) 정책요강 적용의 적법성

① **일본**: 정책요강에 따라 일몰 재심에 있어서 zeroing 방식으로 덤핑마진을 산정한 것은 협정 제2조 제4항에 반한다. 또한 연례 재심 시의 덤핑마진을 국내 피해 지속이나 재발 가능성 판정의 기초로 사용한 것도 협정에 위반된다.

② **패널**: 협정 제11조 제3항은 덤핑의 지속이나 재발 가능성 여부의 결정방식이나 방법론적 요건에 대해서는 침묵하고 있고, 제2조에 규정된 덤핑 판정을 요구하고 있지 않으므로 덤핑 판정 시의 덤핑마진 산정 원칙이 제11조 제3항의 덤핑 지속 및 재발 가능성 판정에 적용된다고 볼 수 없다. 따라서 미국의 조치가 협정에 위반되지 아니한다. 또한 미국이 연례 재심 시의 덤핑마진을 피해의 지속이나 재발 가능성 판정의 기초로 사용한 것 역시 협정에 반하지 않는다. 제11조 제3항이 규정하는 것은 덤핑의 판정이 아니라 덤핑의 지속 또는 재발 가능성에 대한 판정이므로 원래의 덤핑 판정과 관련된 증거가 제11조 제3항의 가능성 판정 시 고려할 만한 적절한 사실이 될 수 있으며 전면적인 덤핑 판정만이 유일한 증거가 될 수 있는 것이 아니라 합리적인 견지에서 덤핑의 존재와 관련되어 있다고 판단되는 증거이면 충분하다.

③ **상소기구**: 제11조 제3항상 조사 당국이 덤핑마진을 새로 산정하거나 이전의 덤핑마진을 사용하지 못할 의무는 없으므로 조사 당국이 재량으로 이용할 덤핑마진을 선택할 수는 있다. 그러나 협정 제2조는 협정 전체에 대해 적용되는 것이므로 조사 당국이 이용한 덤핑마진의 산정방식이 제2조 제4항에 합치되지 않는다면 이를 기초로 한 덤핑 지속 및 재발 가능성에 대한 판단도 제2조 제4항에 합치되지 않는다. 따라서 이 부분에 관한 패널의 판정을 파기한다. 또한, 제2조 제4항에 합치되지 않는 방식으로 산정된 덤핑마진을 제11조 제3항 덤핑 지속의 판단 근거로 사용하였다면 덤핑 지속 판단 자체도 훼손된 것이므로 이를 토대로 반덤핑관세 부과 계속을 결정하는 것 역시 협정에 위반된다. 따라서 이 부분에 대한 패널 판정도 파기한다.

4. 수출자별 덤핑마진 산정 규정(제6조 제10항)이 일몰 재심에 준용되는가?

일본은 제6조 제10항에 규정된 수출자별 덤핑마진 산정 의무가 재심에도 준용된다고 주장하고 미국이 개별 수출자별 검토가 아니라 반덤핑관세 부과조치 전반에 대해 덤핑 가능성 여부를 검토하도록 한 것은 동 조항에 위반된다고 주장하였다. 그러나 패널은 덤핑마진 산정에 관한 제6조 제10항은 덤핑의 지속 또는 재발가능성에 대해 규정한 제11조 제3항에 적용되지 않는다고 판정하였다. 따라서 미국이 개별 수출자별로 덤핑 지속 또는 재발가능성을 조사할 의무는 없다고 하였다. 상소기구 역시 패널 판정을 지지하였다.

5. 덤핑 지속판정 기준의 적법성

(1) 일몰 재심 규정 자체의 적법성

① 일본: 미국의 일몰 재심규정(Sunset Review Regulations)은 협정 제11조 제3항이 'likely standard'를 규정한 것과 달리 'not likely standard'를 규정하고 있으므로 재심규정 자체가 협정 위반이다. 일몰 재심정책요강 역시 'not likely standard'를 규정하고 있으므로 그 자체가 협정 위반이다.

② 패널: 일몰 재심 규정은 1930년 관세법의 하위법으로서 상위법인 관세법이 'likely standard'에 기초하고 있고 일몰 재심 규정은 관세법의 이행을 위한 법률이므로 일몰 재심규정이 'not likely standard'를 설정하고 있는 것으로 볼 수 없다. 일몰 재심 정책요강의 경우 '강행법규'가 아니므로 그 자체의 위법성은 심리할 필요가 없다.

③ 상소기구: 패널이 일몰 재심 정책요강 자체가 강행법규가 아니라는 이유만으로 내용 자체를 검토하지 않은 것은 적절하지 않다. 그러나 패널 보고서의 내용만으로는 추가적인 분석을 진행하기 어렵기 때문에 일몰 재심 정책요강 자체가 협정에 위반되는지 여부는 결론을 내릴 수 없다.

(2) 일몰 재심 규정 적용의 적법성

① 일본: 첫째, 일본기업인 신일본제철(NSC)이 미국이 설정한 시한인 30일을 넘겨 제출한 자료를 미국이 일몰 재심에서 검토하지 않은 것은 이해당사자의 이익 방어 기회를 부정한 것이다. 둘째, 일몰 재심 정책요강상 특정 3개 상황에 해당될 경우 반덤핑관세의 철회가 덤핑의 지속이나 재발로 이어질 것이라고 결정하도록 하고 있으며 이러한 추론(presumption)에 입각한 판정은 덤핑 지속가능성 여부를 정확한 근거에 입각하여 전향적(progressively)으로 판정해야 하는 협정 제11조 제3항에 위반된다.

② 패널: 첫째, 마감시한은 조사 당국이 일몰 재심을 수행하고 적시에 종료하는 데 필요하고 정당한 수단이며 30일의 시한이 NSC의 증거제출에 관한 충분한 기회를 침해하였다고 볼 수 없다. 둘째, 미국 당국의 최종 판정문에 기재된 사실이나 논리상 미 상무부가 충분한 자료와 사실관계 없이 덤핑 가능성을 판정했다고 볼 하등의 이유가 없다.

Ⅳ 평석

1. '법 자체'가 분쟁해결 대상이 되기 위한 요건

패널은 법 자체가 WTO협정에 위반되는지를 판단하기 위해서는 우선 당해 법규 자체가 '강행성'을 가져야 한다고 전제하였다. 이는 GATT 이래 관행과 이전 판례(US – 1916 Act 사건)와 맥을 같이 하는 것이다. 그러나 상소기구는 이러한 관행을 부인하였다. 상소기구는 어떠한 양태의 법규이건 그 상세한 내용의 WTO 관련 협정 합치성 여부를 심리해야 한다고 하였다. 그러나 상소기구의 판정이 후속 패널에서 준수되고 있는 것은 아니다. 예컨대, EC – Commercial Vessels 사건에서 패널은 강행법규·재량법규 기준을 적용하여 법 자체의 위법성 여부를 검토하였다.

2. 국가 '관행'(practice)이 WTO 분쟁 대상이 될 수 있는가?

이번 사건 패널은 이전 판례(US – India Steel Plate 사건, US – Export Restraint 사건)를 좇아 회원국의 관행은 WTO 분쟁 대상이 될 수 없다고 하였다. 그러나 이번 사건 상소기구는 패널의 판정을 파기함으로써 비법규적 성질을 가진 국가관행도 분쟁해결 대상이 될 수 있음을 시사하였다. US – CVDs on EC Products 사건 상소기구는 미국의 행정관행(administrative practice)이 보조금협정에 위반된다고 보고 시정을 권고하기도 하였다.

3. 일몰 재심 개시 조건

이번 사건 상소기구의 판정은 일몰 재심 개시 조건을 명확히 하였다. 상소기구는 일몰 재심을 개시하기 위해서는 첫째, 원조치 부과 후 5년 시한이 종료되기 전에 재심이 개시되어야 하며, 둘째, 반덤핑관세를 폐지할 경우 덤핑이 재발되거나 지속될 가능성이 있다고 '판정(determine)'해야 하고, 셋째, 피해가 재발되거나 지속될 가능성이 있다고 판정해야 한다고 하였다. 이는 누적적 조건으로서 어느 하나라도 충족하지 못할 경우 반덤핑관세는 폐지되어야 한다고 밝혔다.

4. 일몰 재심 시행 시 조사 당국의 역할

상소기구는 일몰 재심에 관한 제11조 제3항은 조사 당국으로 하여금 수동적인 판단자로 행동하지 말고 증거를 수집하고 조사하는 적극적인 역할을 수행할 것을 요구하고 있다고 해석하였다. 즉, 상소기구는 동 조항이 재심(review)과 판정(determine)을 적시하고 있으므로 이들을 수행하기 위해서는 조사 당국이 일정한 수준의 근면성을 갖고 행동해야 하며 재조사와 검사의 과정을 통해 수집한 정보를 바탕으로 합리적인 결론에 도달해야 한다고 밝혔다.

CASE 142. Canada vs. US – Final Lumber AD 사건[57]

I 사실관계

미국 상무부는 2001년 4월 캐나다산 목재에 대한 반덤핑조사 신청을 접수하고 조사에 착수하였다. 2010년 10월 잠정판정을 거쳐 2002년 4월 6개 수출업자에 대해 2.18% ~ 12.44%의 반덤핑관세를 확정 부과하였다.

II 법적쟁점

1. 조사 개시

(1) 반덤핑조사 신청서 요건 충족 여부(제5조 제2항)

(2) 조사 개시에 충분한 증거의 존부(제5조 제3항)

(3) 증거 불충분 시 조사 종결 의무(제5조 제8항)

2. 동종상품 정의방식의 적법성(제2조 제6항)

3. zeroing의 적법성(제2조 제4항 제2호)

---

57) DS264, 2004.8.31. 상소기구

Ⅲ 패널 및 상소기구 판정

1. 조사 개시

(1) 반덤핑조사 신청서 요건 충족 여부(제5조 제2항)

동 조항은 조사 신청서에 덤핑, 피해, 인과관계에 관한 정보와 신청자가 합리적으로 입수 가능한 내수 판매 가격 및 수출 가격 등에 관한 정보를 포함해야 한다고 규정되어 있다. 캐나다는 제소 신청자들이 캐나다 목재의 실제 거래가격을 알 수 있었음에도 불구하고 이를 조사 신청서에 기재하지 않은 것은 동 조항에 위반된다고 주장하였다. 패널은 캐나다의 주장을 기각했다. 패널은 제5조 제2항은 신청자로 하여금 동 조항에 적시된 사항에 관한 '일체의' 정보를 합리적으로 입수가능한 수준으로 제출할 것을 요구하는 것은 아니라고 하였다. 즉, 가격에 관한 정보가 조사 신청서에 포함되어 있으면 동 조건을 충족한다고 판단한 것이다. 이러한 전제에서 조사 신청서에 가격에 관한 정보가 포함되어 있으므로 미국은 제5조 제2항을 위반하지 않았다고 판정하였다.

(2) 조사 개시에 충분한 증거의 존부(제5조 제3항)

캐나다는 Welwood사의 실제 판매 및 수출가격이 반덤핑조사 신청서에 포함되어 있지 않음에도 불구하고 미 당국이 조사 개시를 결정한 것은 신청서에 제시된 증거의 정확성과 적정성에 대해 적절하게 검토하지 않은 것이며 조사 개시를 정당화할 수 있을 만큼 충분한 증거가 있는지도 결정하지 않은 것이므로 동 조항을 위반하였다고 주장하였다. 패널은 캐나다의 주장을 기각했다. 패널은 반덤핑조사 신청서에 비용 정보와 공신력 있는 간행물에서 수집한 가격자료가 포함되어 있으므로 조사 개시에 충분한 증거가 있다고 판정하였다.

(3) 증거 불충분 시 조사 종결 의무(제5조 제8항)

동 조항에 의하면 조사 당국이 사안의 진행을 정당화시킬 수 없을 만큼 덤핑 또는 피해에 대한 충분한 증거가 존재하지 않는다고 납득하는 즉시 신청을 기각하고 조사를 신속히 종결해야 한다고 규정하고 있다. 캐나다는 캐나다 업체가 신청서상에 Welwood사 가격 정보가 누락되어 있음을 미 상무부에 통지하였을 때 응당 진행 중인 조사를 중단하였어야 하나 미국이 조사를 계속 진행하였으므로 동 조항 위반이라고 주장하였다. 패널은 이를 기각했다. 패널은 동 조항의 의미를 덤핑에 관한 충분한 증거가 없다고 판단될 경우 즉시 조사를 중단해야 한다는 것으로 해석하였다. 또한 동 조항은 조사가 개시된 이후에도 조사 개시의 근거가 된 정보의 충분성에 대해 계속 검토해야 하며 충분성을 부인하는 다른 정보가 입수되면 조사를 중단하라는 의미는 아니라고 해석하였다.

2. 동종상품 정의방식의 적법성(제2조 제6항)

캐나다는 동 조항은 조사 당국에 특정 의무를 부과한 조항으로서 조사 당국이 고려 중에 있는 상품의 특성을 밝히고, 동종상품에 해당된다고 주장되는 상품 개개의 특성도 밝혀야 하며, 양자의 특성이 동일한지 또는 매우 유사한지 살펴야 한다고 주장하였다. 또한 미국이 동종상품으로 분류한 상품군에 속하는 상품들 개개는 고려 중에 있는 상품에 해당하는 개개 상품들과 매우 유사한 특징이 없다고 주장하였다. 패널은 캐나다의 주장을 기각했다. 우선, 패널은 동 조항은 단순 정의조항으로서 회원국에게 특별한 의무를 부과하는 것은 아니라고 하였다. 또한, 고려 중에 있는 상품을 어떻게 획정해야 하는지에 대해서 반덤핑은 명시적인 지침을 제공하지 않는다고 하였다. 미국은 고려 중인 상품을 정의한 후 동일한 정의를 이용하여 동종상품을 획정하였으며 이러한 정의방식은 제2조 제6항에 부합한다고 판정하였다.

3. zeroing의 적법성(제2조 제4항 제2호)

(1) 미국의 덤핑마진 산정방식

미국은 침엽목재를 타입별로 나누고 각 type 내 거래의 가중평균 수출가격과 가중평균 정상가격을 산정한 후(1단계), 양자 간의 차이를 계산하였다(2단계). 미국은 침엽목재 전체의 덤핑마진율을 계산하기 위해 type별 덤핑마진의 평균을 계산함에 있어서 마이너스 덤핑마진은 0으로 처리하였다(zeroing).

(2) 당사국 주장

캐나다는 미국의 zeroing 방식은 모든 비교 가능한 수출 거래 가격을 고려한 것이 아니므로 제2조 제4항 제2호에 위반된다고 주장하였다. 반면, 미국은 동 조항은 type별 덤핑마진을 구하는 단계에만 적용되는 것이라고 주장하고 미국은 1단계에서는 모든 거래를 고려하였다고 반박하였다.

(3) 패널

미국이 사용한 중복평균방식(multiple averaging)은 제2조 제4항 제2호에 합치된다. 그러나 zeroing 방식은 마이너스 덤핑이 나온 수출 거래는 제2단계에서 고려되지 않은 것이므로 동 조항을 위반한 것이다. 동 조항은 가중평균 정상가격을 모든 비교가능한 수출 거래가격의 가중평균과 비교하라고 명백하게 규정하고 있기 때문이다. 다수 의견과 달리 소수 의견은 미국의 zeroing은 협정에 합치된다고 주장하였다. 제2조 제4항 제2호는 type별 덤핑마진을 합산하는 방법에 대해서는 어떠한 언급도 하고 있지 않고 있으므로 zeroing이 허용되는 것으로 해석한 미국의 입장은 인정될 수 있다고 하였다. 반덤핑협정 제17조 제6항(2)는 당국의 조치가 허용되는 해석 중 하나에 근거하는 경우 패널은 당국의 해당 조치가 협정에 일치하는 것으로 판단하라고 요구하고 있으므로 미국의 조치가 제2조 제4항 제2호에 합치된다고 하였다.

(4) 상소기구

패널 다수 판정을 지지한다. sub group별 가중평균 수출가격과 가중평균 정상가격 차이는 제2조 제4항 제2호에서 말하는 margins of dumping이 아니라 조사 대상 상품 전체로서의 덤핑마진을 산정하기 위한 중간 계산 결과에 불과하다. 조사 당국이 모든 sub group별 가중평균 수출가격과 가중평균 정상가격 차이를 모두 합산하지 않고 문제가 되는 상품의 덤핑마진을 산정할 수는 없다. 반덤핑협정 제2조 제4항 제2호에도 일부만 합산하고 일부는 제외할 수 있다는 문언상의 근거(textual basis)가 없다. 따라서 미국의 zeroing은 동 조항 위반에 해당한다.

I 사실관계

한국 무역위원회(이하 '무역위')는 인도네시아산 정보용지와 백상지에 대해 반덤핑조사를 개시하고 2004년 잠정판정을 통해 인도네시아 제지회사 Pindo Deli, Tjiwi Kimia, Indah Kiat에 대해 각각 11.56%, 51.61%, −0.52% 덤핑마진을 산정하였고 덤핑으로 인한 실질적 피해 우려가 있다고 판정하였다. 2003년 9월 무역위는 최종판정을 통해 상기 3사는 사실상 Sinar Mas Group이라는 동일 모회사의 부분이며 동일한 수출자를 구성한다고 판단하고 8.22% 반덤핑관세를 공히 부과하였다.

II 법적쟁점

1. 덤핑

(1) 구성 정상가격 산정의 적절성

(2) 정상가격과 수출가격의 공정한 비교(제2조 제4항)

2. 피해

(1) 동종상품 판정의 적절성(제2조 제6항)

(2) 덤핑 수입의 가격 효과 분석의 적절성(제3조 제1항 · 제2항)

(3) 피해 요소의 적정 분석 여부(제3조 제4항)

3. 입수 가능한 사실 이용의 적법성(제6조 제8항)

4. 별도 법인의 동일 수출자 취급의 정당성(제6조 제10항)

III 패널 판정

1. 덤핑

(1) 구성 정상가격 산정의 적절성(제2조 제2항)

인도네시아는 정상가격의 구성은 동종상품 부존재, 적절한 비교의 불능 등에 대한 판단을 내린 후에야 할 수 있는 것인데, 한국이 이러한 사전 판단을 생략하고 정상가격을 구성하였으므로 제2조 제2항에 반한다고 주장하였다. 그러나 패널은 이를 기각하고 한국의 주장을 받아들여 관련 기업이 제출한 자료가 신뢰할 수 없는 경우 사전판단을 수행할 수 없으므로 한국이 동 조항을 위반하지 아니하였다고 판정하였다.

---

58) DS312, 2005.

(2) 정상가격과 수출가격의 공정한 비교(제2조 제4항)

인도네시아는 국내판매가 Cakrawala Mega Indah(CMI)를 통해 이루어지고 있고 인도네시아 국내 판매 가격에는 CMI사가 제공하는 부가적인 판매 서비스가 포함된 것이므로 한국이 수출가격과 비교할 때 이러한 차이를 고려했어야 하나 이를 시행하지 않았으므로 공정한 비교를 하지 않았다고 주장하였다. 그러나 패널은 이를 기각했다. 패널은 제2조 제4항에 관한 prima facie case를 성립시키기 위해서는 가격 비교에 영향을 미치는 차이가 있었고 그 차이가 실제로 가격 비교에 영향을 미친다는 점을 주장하는 측이 입증해야 할 것이나 인도네시아는 이에 대해 입증하지 못했다고 판단하였다.

2. 피해

(1) 동종상품 판정의 적절성(제2조 제6항)

① 인도네시아: 한국이 덤핑 결정 시에는 고려 중인 상품(product under consideration)을 정보용지와 백상지로 구분하여 조사하였으나 피해판정 시에는 이들 상품을 동종상품으로 보고 총괄적인 피해판정을 내렸다. 정보용지와 백상지는 다른 상품이므로 한국 정보용지와 백상지에 미친 영향을 각각 분리하여 피해판정을 했어야 한다.

② 패널: 인도네시아의 주장을 기각한다. 동종상품은 고려 중인 상품을 기초로 결정된다. 한국은 고려 중인 상품을 정보용지와 백상지로 결정했으므로 동종상품 여부는 이를 기초로 결정될 수 있다. 고려 중인 상품을 선정하는 방식은 조치국의 재량의 범위에 속한다. 한국이 덤핑마진 산정에 있어서 정보용지와 백상지를 구분해서 각각 선정했으나 최종 덤핑마진 공표 시에는 두 상품에 공히 적용되는 동일 마진을 산출하였으므로 협정에 위반되지 않는다.

(2) 덤핑 수입의 가격 효과 분석의 적절성(제3조 제1항·제2항)

인도네시아는 일정 기간 동안 인도네시아 수출가격이 한국 내 가격과 동일하거나 상회하였음에도 불구하고 한국 상품 가격이 수입품 가격에 의해 영향 받았다고 판정한 것은 부당하며 한국은 제3조 제2항에 규정된 것과 달리 덤핑 수입품의 가격효과가 '상당한' 것인지를 판정하지 않았다고 주장하였다. 패널은 인도네시아 주장을 기각하였다. 패널은 제3조 제1항은 피해판정은 덤핑 수입 물량, 덤핑 수입이 동종 상품의 국내 시장 가격에 미치는 영향, 국내생산자에 미치는 결과적인 영향에 대해 명확한 증거를 토대로 객관적으로 검토할 것을 요구한다고 정리하고 이러한 요건을 충족하는 한 조사 기간 중 일정 기간 동안 수출상품의 가격이 국내 가격을 상회했다고 해서 부정적인 가격효과가 있었다고 판단하지 못하는 것은 아니라고 하였다. 패널은 한국이 덤핑 수입에 의한 가격 인하, 가격 하락, 가격 인상 억제의 존부 등에 대해 객관적으로 검토하였다고 판단하였다. 또한 '상당한'이란 단어가 최종 판정문에 반드시 기재되어야 하는 것은 아니며 덤핑 수입품의 가격으로 인해 3개 가격 효과 중 어느 것이라도 초래되었는지가 정당하게 고려되었음이 입증되면 충족된다고 하였다.

(3) 피해 요소의 적정 분석 여부(제3조 제4항)

인도네시아는 한국이 제3조 제4항에 규정된 피해요소를 빠짐없이 수집하기는 하였으나 피해 요소가 피해를 초래하였는지에 대해 타당하게 평가하지는 않았다고 주장하였다. 패널은 인도네시아의 주장을 인용하였다. 패널은 제3조 제4항의 피해 요소는 취합하는 것으로 충분한 것이 아니라 조사 당국은 서로 연관하여 평가해야 한다고 확인하였다. 패널은 제3조 제4항은 적극적인 증거를 토대로 객관적으로 검토해야 한다는 제3조 제1항과 연계하여 해석해야 하며 따라서 제3조 제4항의 분석은 각 피해 요소의 연관성 여부 확인에 그치는 것이 아니라 이러한 요소의 평가가 피해판정에 이르게 되었는지, 피해와 관련이 없어 보이는 요소가 있더라도 전체 피해판정이 훼손되지 않는지에 대해 충분한 설명이 있어야 한다고 하였다. 패널은 한국의 잠정, 최종 판정문에는 이러한 분석이 결여되어 있으므로 한국이 제3조 제4항에 합치되지 않게 행동하였다고 판정하였다.

3. 입수 가능한 사실 이용의 적법성(제6조 제8항)

인도네시아는 한국이 제6조 제8항에 규정된 대로 수출자의 조사 방해나 합리적 기간 내의 자료 불제공 여부에 대해 판단하지 않았고, Pindo Deli, Indah Kiat이 제출한 국내 판매 자료를 고려하지 않았으며, 이들 회사에게 동사의 판매 자료 대신 입수가능한 사실을 이용하겠다는 것을 정당하게 통지하지 않았다고 주장하였다. 패널은 이를 기각했다. 당해 기업들은 한국이 요구한 자료를 기한 내에 제출하지 않았고, 또한 기한을 넘겨 제출한 자료도 한국이 요구한 재무제표 등은 포함되어 있지 않았으므로 한국이 입수가능한 사실을 이용한 것은 적법한 조치라고 하였다. 패널은 US-Hot Rolled Steel 사건 상소기구의 입장에 따라 조사 기한을 넘긴 자료 제출이라도 합리적 기간 내에 제출된 것인지를 검토하였으나 마감 시한 이후 상당한 기일이 지났으므로 합리적 기간 내에 제출된 것으로 인정할 수 없다고 하였다.

4. 별도 법인의 동일 수출자 취급의 정당성(제6조 제10항)

(1) 인도네시아

한국이 별개의 회사를 사실상 동일한 회사라고 판단하여 세 회사에 대해 동일하게 8.22%의 덤핑마진을 산정한 것은 수출자 각각에 대해 개별적인 덤핑마진 산정을 규정한 제6조 제10항에 위반된다. 또한 Indah Kiat사의 덤핑마진은 −0.52%였으나 8.22% 반덤핑관세를 부과하였으므로 관세가 덤핑마진을 초과하지 않을 것을 규정한 제9조 제3항에도 위반된다.

(2) 패널

제6조 제10항은 별개의 법인을 반드시 독립된 수출자나 생산자로 취급해야 하는지에 대해 특별한 지침을 제공하지는 않으나 신규 수출자 재심에 관한 제9조 제5항의 해석상 법적으로 별개인 회사라 할지라도 '상호 관련성이 있다면' 반드시 개별 마진을 산정해야 하는 것은 아니다. 문제가 되는 회사 간의 조직과 상업적 관계가 동일 수출자·생산자라고 생각되기에 충분할 정도로 밀접한 경우 별개 회사를 동일한 수출자로 취급할 수 있다. Pindo Deli 등 3개사는 동일 모회사(SMG)의 자회사이며 모회사는 이들 3개사의 운영에 대해 확실한 통제권을 행사하고 있고 3개사 제품이 같은 계열사인 CMI를 통해 판매되고 있으며 3개사의 경영진이 상당 부분 중첩되고 있으므로 3개사를 하나의 단일회사로 취급될 수 있다. 따라서 한국이 공동 반덤핑관세를 부과한 것은 협정에 위반되지 아니한다.

CASE 144. US - Definitive Anti-Dumping and Countervailing Duties on Certain Products from China(DS379, 2011)

Ⅰ 사실관계

미국은 중국산 원형탄소강관, 직각형관, 코팅포대, 건설차량용 공압 타이어에 대해 2007년 반덤핑조사와 상계조사를 개시하고, 2008년 비시장경제방식으로 계산한 반덤핑관세와 상계관세를 부과하였다. 중국은 미국의 조치가 보조금의 효과를 이중으로 상쇄한 것으로서 WTO협정 위반이라고 주장하며 미국을 제소하였다.

Ⅱ 당사국 주장

1. 중국

미국의 상계관세 부과와 반덤핑관세 부과는 이중구제에 해당하며 위법이다. 미국 상무부가 보조금을 받지 않은 시장경제에서의 생산비용을 기초로 책정한 구성정상가격과 보조금을 받아 가격이 감소된 수출가격을 비교하여 덤핑마진을 산정함으로써 보조금으로 인한 무역왜곡적 효과를 모두 상쇄하면서, 이에 더하여 다시 상계관세를 부과하는 것은 이중구제에 해당한다.

2. 미국

비시장경제방식으로 계산함으로써 높아지는 정상가격의 인상폭이 보조금의 액수와 같거나 그보다 크다고 간주할 수 없다. 보조금은 그 효과가 실제 상품의 가격에 이전되었는지 여부가 문제이다. 보조금이 생산비용을 낮추는 경우에도 그러한 효과가 상품의 가격으로 이전되지 않을 수도 있다. 비용측면에만 초점을 맞추는 중국의 논리에는 오류가 있다.

Ⅲ 법적쟁점

1. 보조금협정(SCM) 제19조 제4항

동 조항에 의하면 상계관세는 존재하는 것으로 판정된, 보조금을 지급받고 수출된 상품의 단위당 보조금 지급기준으로 계산된 보조금 액수를 초과하여 수입품에 징수(levy)되지 아니한다. 비시장경제 방식으로 계산된 반덤핑관세를 부과함으로써 이미 보조금의 효과가 상쇄되었음에도 불구하고 다시 상계관세를 부과한 미국의 조치는 존재하는 것으로 판정된 보조금의 액수를 초과하여 상계관세를 부과한 것인가?

2. SCM 제19조 제3항

동조항에 의하면 특정 상품에 대하여 상계관세가 부과되는 때에는 사안별로 적절한금액으로 부과한다. 비시장경제 방식으로 계산한 반덤핑관세의 부과는 상계관세액의 적절성를 판단하기 위해 고려해야 되는 요건 중 하나임에도 불구하고 이를 고려하지 않은 미국의 조치는 동 조항에 위반되는가?

3. SCM 제10조 및 GATT 제6조 제3항

중국은 반덤핑관세를 부과하는 방식에 의해 동시에 상쇄된 보조금의 효과를 다시 상쇄하기 위해 보조금을 부과하지 않는다는 것을 보장하고, 이러한 일이 발생하지 않도록 필요한 모든 조치를 취하고, 반덤핑관세를 계산한 방식이 보조금을 상쇄하는 효과가 있었음을 고려하여 상계조사 대상이 된 상품에 부과된 정확한 보조금 액수를 조사하고 결정하여야 할 적극적인 법적 의무가 미국에게 있음에도 불구하고 이를 이행하지 않았다고 주장하였다.

4. SCM 제32조 제1항

동 조항에 의하면 이 협정에 의하여 해석된 바에 따라, 1994년도 GATT의 규정에 따르지 아니하고는 다른 회원국의 보조금에 대하여 구체적인 조치를 취할 수 없다. 중국은 위의 조항들 위반으로 결과적으로 SCM 제32조 제1항에도 위반이라고 주장하였다.

Ⅳ 패널 판정

1. 제19조 제4항 위반 여부 – 소극

동 조항은 이중구제의 위법성 판단에 적용되지 아니한다. 동 조항은 수입국 조사당국이 징수할 수 있는 보조금 액수를 '존재하는 것으로 판정된 보조금 액수'로 제한하는 규정이다. GATT 제6조 제5항은 수출보조금의 경우에만 이중구제를 제한하도록 하는 명시적 규정을 두고 있다. 중국의 WTO가입의정서가 비시장경제국가인 중국의 상품에 상계조치를 취할 수 있도록 규정하면서 이중규제에 대해서는 별도의 규정을 두지 않았다.

2. 제19조 제3항 위반 여부 – 소극

동 조항 역시 이중구제의 위법성 판단과는 무관한 조항이다. 어떠한 방식으로 반덤핑관세를 계산하였는지 여부가 동시에 진행된 상계조사를 통해 판정한 보조금의 존부에 아무런 영향을 미치지 않고, 따라서 비시장경제 방식으로 계산한 반덤핑관세를 부과한 것도 보조금의 존재에 아무런 영향을 미치지 않는다.

3. SCM 제10조 및 GATT 제6조 제3항 – 소극

중국이 동 조항의 위반에 대해 충분히 입증하지 못하였다. GATT 제6조 제3항은 조사당국이 수출국이 부과한 것으로 결정한 보조금 액수를 초과하지 않도록 상계관세를 부과해야 한다는 의미이다. SCM 제10조와 관련하여 패널은 미국 상무부가 반덤핑조사에서 사용된 비시장경제 방식이 보조금을 상쇄하는 효과가 있는지 여부를 조사할 의무가 없다고 판정하였다.

4. SCM 제32조 제1항 – 소극

위 조항들을 위반한 것으로 판정하지 않았기 때문에 동 조항에 위반된다고 볼 수 없다.

Ⅴ 상소기구 판정

1. SCM 제19조 제3항 – 패널판정 파기

동 조항은 이중구제의 위법성 판단에 적용된다. 상계관세가 보조금 전액을 상쇄하고 반덤핑관세가 동일한 보조금을 일부라도 상쇄한다면 동 상계관세 금액을 제19조 제3항상의 '적절한 금액'으로 볼 수 없으며 따라서 비시장경제방식으로 계산한 반덤핑관세와 상계관세를 동시에 부과하여 동일한 보조금을 이중으로 상쇄하는 이중구제조치는 동 조항에 위반된다. GATT 제6조 제5항이 명시적으로 수출보조금에 대해 이중구제를 금지하고 있으나, 그렇다고 해서 국내보조의 경우에는 동 조항이 적용되지 않는다고 기계적으로 반대해석할 수는 없다. 수출보조금은 수출가격을 낮추고 국내시장가격에는 아무런 영향을 미치지 않아 덤핑마진을 확대하기 때문에 보조금과 덤핑이 '동일한 상황'이 되어 이중구제 문제가 발생하는 반면, 국내보조금의 경우 보조금의 존재가 국내시장가격과 수출가격을 모두 낮추기 때문에 덤핑마진에 영향을 미치지 않고, 이 경우 상계관세를 통하여서만 보조금의 효과를 상쇄할 수 있으므로 반덤핑관세와 상계관세의 동시 부과가 '동일한 상황'에 해당하지 않는다. 그러나 덤핑마진 산정 시 실제 국내시장가격이 아닌 구성정상가격을 수출가격과 비교하거나, 비시장경제 방식을 사용하면 국내보조금인 경우에도 예외적으로 이중구제의 문제가 발생할 수 있다. 국내산업에 피해를 주는 보조금을 상쇄하기 위해 상계관세를 부과하도록 하는 보조금 협정의 대상과 목적이 국내보조금의 경우 발생하는 이중구제에 대한 보조금 협정 작성자들의 취지를 선명하게 보이지는 않지만, 보조금 총액을 초과한 액수의 반덤핑관세와 상계관세를 동시에 부과하는 조치는 동 목적에 비추어 제19조 제3항상의 적절성의 요건을 충족하지 못한다.

2. SCM 제19조 제4항 및 GATT 제6조 제3항

패널 판정을 파기하였다. 제19조 제4항이 상계관세와 반덤핑관세의 동시 부과와 무관하다는 패널의 해석을 파기한 것이다.

3. SCM 제19조 제3항, 제10조 및 제32조 제1항

미국의 조치는 위 세 조항에 위반된다. 상소기구는 중국이 SCM 제19조 제3항, 제10조 및 제32조 제1항 위반에 대해 충분히 입증하지 못했다는 패널의 판정을 파기하고 동 조항 위반 여부에 대해 검토하였다. 비시장경제 방식으로 계산한 반덤핑관세와 상계관세를 동시에 부과하는 경우 반드시 이중구제가 발생하는 것은 아니다. 따라서 국내보조금에 의해 수출가격이 어느 정도 감소되었는지 여부와 조사당국이 실제 상황을 감안하여 계산방식을 조정하기 위해 필요한 시정 조치를 취했는지가 중요하다. 조사당국이 정확한 보조금 액수를 결정할 의무를 부과하는 GATT 제6조 제3항과 존재하는 것으로 판정된 보조금을 초과하지 않는 사안별로 정확한 금액의 상계관세를 부과할 의무를 부과하는 보조금협정 제19조 제3항과 제4항을 고려하면, 조사당국이 정확한 보조금 액수를 결정할 적극적 의무를 부담한다. 또한 조사당국이 관련 사실을 충분히 성실하게 조사할 의무가 있다. 적절한 상계관세를 계산하기 위해 조사당국이 고려하여야 하는 요소에는 반덤핑관세가 동시 부과되는 경우 동일한 보조금이 이중으로 상쇄되었는지 여부와 어느 정도 상쇄되었는지 여부 그리고 반덤핑관세가 비시장경제 방식으로 계산되는 경우 이중구제 발생할 가능성이 있다는 점이다. 그러나 미국 상무부는 동일한 수입품에 대한 반덤핑관세와 상계관세의 동시 부과로 인해 동일한 보조금이 이중으로 상쇄되는지 여부, 어느 정도 상쇄되는지 여부에 대해 입증하려고 시도하지 않았다. 따라서 미국의 조치가 협정에 위반된다.

Ⅵ 평석

1. 이중구제의 문제

수입상품에 대해 반덤핑관세와 상계관세의 동시 부과는 금지되는 것은 아니다. 다만, 덤핑과 수출보조로 인하여 발생하는 동일한 결과에 대해 반덤핑관세와 상계관세를 병과하여 동일한 사태를 이중으로 보상하는 것이 금지된다. 이중구제의 예를 들어보자. 수출보조금 – 30원. 국내판매 – 130원. 해외판매 – 80원. 상계관세 – 30원. 반덤핑관세 – 50원. 이 경우 반덤핑관세는 20원만 부과되어야 하나, 30원이 초과과세되는 것이다. 이는 보조금의 효과를 상계관세를 통해 일차적으로 구제한 다음, 반덤핑관세를 통해 '이중구제'하는 것이다. 미국의 경우 이중과세를 회피하기 위해 반덤핑관세액을 조정하였다. 단, 비시장경제 국가로부터의 수입품에 반덤핑관세와 상계관세를 동시 부과하는 경우 이러한 조정을 거치지 않으므로 이중구제의 문제가 발생할 수 있다.

2. 비시장경제 국가 상품에 대한 반덤핑관세 및 상계관세 동시 부과의 문제

GATT 1947 부속서 제6조 제2항은 국가가 무역을 실질적으로 독점하고 가격을 통제하는 경우 동 국가의 국내가격과 수출가격을 비교하는 것이 적절하지 않을 수도 있다고 규정하고, 반덤핑조치와 관련하여 비시장경제 국가를 여타 국가들과 다르게 취급할 수 있음을 명시적으로 인정한다. 중국의 WTO가입의정서 제15조는 다른 WTO 회원국 조사 당국이 중국산 수입품에 대하여 반덤핑조사와 상계조사를 할 때 비시장경제 방식을 사용할 수 있도록 규정하고 있다. 미국 관세법상 비시장경제 국가의 정의는 시장원칙에 의해 가격이 결정되지 않아서 상품의 매출이 동 상품의 타당한 가치를 반영하지 않는 국가를 말한다. 자국 행정 당국이 적절한 기준에 따라 비시장경제 국가를 규정하며, 현재 알바니아, 중국, 베트남 등이 미국법상 비시장경제국가이다. 미국 상무부는 비시장경제국가로부터의 수입품에 대해 반덤핑조사를 할 경우, 비 시장경제국가의 조사대상 생산자가 실제로 부담한 가격과 비용 대신 시장경제 국가에서의 비용을 기초 하여 구성한 정상가격을 책정하고, 동 구성가격을 수출가격과 비교하여 덤핑마진을 산정한다. 따라서 이러한 방식으로 산정된 구성 정상가격에는 보조금이 반영되지 않아 덤핑마진 산정 시 이중구제 문제가 발생할 수 있고, 이번 사례에서 분쟁이 대상이 된 것이다.

제3장 │ 보조금 및 상계조치협정

CASE 145. EC - Commercial Vessels 사건[59]

Ⅰ 사실관계

1. EC는 2003년 6월 한국을 WTO에 제소하였고(Korea – Commercial Vessels 사건), 이에 앞서 2002년 WTO 패널 결정이 나올 동안 EC 조선업계를 보호한다는 구실 아래 한국과 경쟁하는 선종에 대해서는 한국 조선사와 수주 경합이 붙은 EC 조선사에게 수주가의 최대 6%에 해당하는 보조금을 제공한다는 규정을 채택하였고 독일, 덴마크, 프랑스 등 회원국은 국내이행규정을 마련하였다.

2. 한국은 EC의 임시보호규정(Temporary Defense Mechanism: TDM)과 회원국의 이행 규정은 WTO 분쟁해결제도를 무시하는 자력구제로서 DSU 제23조 제1항·제2항에 위배되며 보조금협정 제32조 제1항, GATT 제3조, 제1조 위반에 해당된다고 주장하였다.

---

59) DS301, 2005.6.20. 패널. 제소국: 한국, 피제소국: EC

Ⅱ 법적쟁점

1. 내국민대우 위반 여부(GATT 제3조 제4항[60])

한국은 EC의 TDM규정이 ① EC의 입법 절차를 거쳐 채택된 규정이고 ② 수입선박의 판매, 제공, 구입 등에 영향을 미치며, ③ 동일선종이라는 동종상품에 적용되는 것이고, ④ 수입품과 국내상품 간의 실효적인 동등성을 보장하지 못하므로 불리한 대우를 부여하는 것으로서 GATT 제3조 제4항 위반이라고 주장하였다. 이에 대해 EC는 TDM규정이 GATT 제3조 제8항(b)[61] 규정의 국내생산자에 대한 보조금 지급일뿐이며 내국민대우원칙이라 하여 외국생산자에게까지 보조금을 지급해야 하는 것은 아니므로 GATT 제3조 제4항이 적용되지 않는다고 주장하였다.

2. 최혜국대우 위반 여부(GATT 제1조 제1항[62])

한국은 TDM규정이 ① GATT 제1조 제1항상의 '제3조 제2항과 제4항에 언급된 모든 사항'에 해당하고, ② 특정 입찰 계약에서 '한국과 경쟁하게 된 EC 조선사'로 지급 요건이 제한되어 있어 한국을 제외한 WTO 회원국에게 제1조 제1항상의 편의, 호의, 특권, 면제를 부여하는 것이고, ③ 이러한 특권 등이 한국에게는 즉시 그리고 무조건적으로 부여되지 않았으므로 최혜국대우 위반이라고 주장하였다. EC는 제3조 제8항(b)에 따라 TDM규정은 제3조 제4항의 적용대상에서 면제되므로 '제3조 제2항과 제4항에 언급된 모든 사항'에 포함되지 않는다고 반박하였다.

3. '보조금에 대한 구체적인 조치' 여부(보조금협정 제32조 제1항[63])

한국은 TDM규정이 한국의 보조금에 '대하여' 취해진 '구체적인 조치'이므로 보조금협정 제32조 제1항에 위반된다고 주장하였다. 즉, 한국은 TDM규정이 보조금 구성요소와 불가분하게 연결되어 있고 강한 상관관계를 가지고 있으므로 '구체적인 조치'라고 주장하였다. 또한, 한국은 TDM규정의 구조나 고안이 한국의 보조금 지급 관행에 대항하고(opposed to) 그러한 관행을 중단시키려는 유인을 창출하기 위한 것이므로 보조금에 '대응하는(against)' 조치라고 주장하였다.

---

60) 체약국 영역의 상품으로서 다른 체약국의 영역에 수입된 상품은 동 국내에서의 판매, 판매를 위한 제공, 구입, 수송, 분배 또는 사용에 관한 모든 법률, 규칙 및 요건에 관하여 국내 원산의 동종상품에 부여하고 있는 대우보다 불리하지 아니한 대우를 부여하여야 한다. 본 항의 규정은 교통수단의 경제적 운영에 전적으로 입각하였으며 상품의 원산국을 기초로 하지 아니한 차별적 국내 운송요금의 적용을 방해하지 아니한다.

61) 본 조의 규정은 본 조의 규정에 합치하여 부과하는 내국세 또는 내국과징금에 의한 수입과 국내상품의 정부구매에 의하여 생기는 보조를 포함하여 국내 생산업자에 한하여 보조금을 지불함을 방해하지 아니한다.

62) 수입 또는 수출에 대하여 그리고 수입 또는 수출과 관련하여 부과되거나 또는 수입 또는 수출에 대한 지불의 국제적 이전에 대하여 부과되는 관세 및 모든 종류의 과징금에 관하여, 그리고 이러한 관세 및 과징금의 부과방법에 관하여 그리고 수입과 수출에 관련한 모든 규칙 및 절차에 관하여, 그리고 제3조 제2항과 제4항에 기재된 모든 사항에 관하여, 체약국이 타국의 원산품 또는 타국에 적송되는 상품에 대하여 허여하는 이익, 특전, 특권 또는 면제는 모든 다른 체약국 영역의 동종 원산품 또는 이러한 영역에 적송되는 동종상품에 대하여 즉시 그리고 무조건 부여되어야 한다.

63) 이 협정에 의하여 해석된 바에 따라 1994년도 GATT의 규정에 따르지 아니하고는 다른 회원국의 보조금에 대하여 구체적인 조치를 취할 수 없다. 이 항은 적절한 경우, 1994년도 GATT의 다른 관련 규정에 따른 조치를 배제하려고 하는 것이 아니다.

4. DSU 제23조 제1항[64] 위반 여부

한국은 DSU 제23조 제1항이 회원국의 자력구제(일방주의)를 포괄적으로 금지하는 조항이라고 언급하면서, TDM규정과 국내이행규정이 한국의 보조금협정 의무위반을 시정하기 위한 것이나 DSU 절차에 호소하고 이를 준수한 것이 아니므로 동 조항 위반이라고 주장하였다. EC는 동 조항은 DSU 절차를 준수하라는 절차 규정이고 제23조 제2항에 나열된 문제에 대해 적용될 뿐이며 따라서 WTO협정과 양허의 중단 문제에 대해서는 WTO가 배타적인 관할권을 보유한다는 것을 선언한 것에 불과하다고 반박하였다.

Ⅲ 패널 평결

1. 내국민대우 위반 여부(GATT 제3조 제4항)

패널은 'GATT 제3조가 제3조 제8항(b)의 조건을 충족한 보조금의 지급을 금지하여서는 안된다'는 것은 제3조 제8항(b)에 부합하는 조치는 제3조의 모든 조항에도 불합치되지 않는다는 의미라고 설명하였다. 그리고 제3조 제8항에 의해 금지되지 않는 보조금은 특정 상품의 국내생산자에게 배타적으로 제공되는 보조금이라는 점을 주목하였다. TDM규정은 EC 회원국이 자국 조선업자에게 보조금을 제공하는 것을 승인하는 법적인 근거가 되고 회원국의 보조금은 국내 조선업자에게만 제공되는 것이 명백하므로 제3조 제8항(b)의 요건을 충족하는 것이며 따라서 제3조 제4항과도 합치된다고 판정하였다. 패널은 TDM 보조금이 EC 선박과 한국 선박 간의 경쟁 조건을 한국 선박에게 부정적으로 영향을 미친다는 점을 인정하였으나 그 문제는 제3조 제8항(b)의 요건 충족 여부와는 무관한 것이라고 언급하였다.

2. 최혜국대우 위반 여부(GATT 제1조 제1항)

패널은 EC의 주장을 받아들였다. 제3조 제8항(b)에 합치되는 보조금은 제3조 제4항의 적용대상이 아니며 따라서 '제3조 제2항과 제4항에 언급된 사항'도 아니라고 결론내리고 TDM규정과 회원국의 이행규정은 GATT 제1조 제1항에 불합치되지 않는다고 판정하였다.

3. '보조금에 대한 구체적인 조치' 여부(보조금협정 32.1)

(1) 구체적인 조치(specific action) 여부

어떤 조치가 반덤핑/보조금에 대한 '구체적인 조치'인지 여부는 반덤핑/보조금의 구성요소와 불가분하게 연결되어 있고 강한 상관관계를 갖고 있는지를 판단해야 한다는 점이 이미 US – 1916 Act 사건과 US – Byrd Amendment 사건 상소기구 판정에서 확인되었으므로 패널은 TDM규정이 보조금의 구성 요소와 이러한 관계에 있는지 여부를 판정하는 것이 관건이라고 보았다. 패널은 TDM규정이 채택된 상황을 볼 때 한국이 제공하고 있다는 보조금에 대응하기 위하여 채택된 것임이 명백하다고 전제하고 한국 조선사가 EC 조선사보다 낮은 가격으로 응찰했을 경우에 보조금이 지급되는 점, 보조금 지급 대상 선종이 한국이 경쟁력 있는 선종으로 제한된 점, TDM규정 종료 또는 중단시점이 한국 보조금에 대한 WTO 분쟁 종결 또는 한국과 EC 간 체결된 조선합의의사록이 제대로 이행될 경우로 연계되어 있다는 점을 볼 때 TDM규정과 보조금(보조금 구성요소) 간의 관계가 불가분하게 연결되어 있고 강한 상관관계를 가진다고 판단, '구체적인 조치'에 해당한다고 판단하였다.

---

64) 회원국은 대상 협정상의 의무 위반, 이익의 무효화 또는 침해, 또는 대상협정의 목적 달성에 대한 장애의 시정을 추구하는 경우 이 양해의 규칙 및 절차에 호소하고 또한 이를 준수한다.

(2) 보조금에 대한(against subsidy) 여부

패널은 어떤 조치가 다른 회원국의 보조금에 "대응하는(against)" 조치인지 여부를 평가하기 위해서는 두 가지 분석이 필요하다고 보았다. 첫째, 당해 조치의 디자인 및 구조가 보조금 지급 관행을 자제토록 하거나 또는 당해 관행을 종료하도록 하는 인센티브를 창출하는지 여부를 분석해야 한다. 둘째, 당해 조치의 "디자인 및 구조"가 주로 외국생산업자 또는 수출업자와 이들과 경쟁관계에 있는 국내경쟁자들 간에 "재정적 재원의 이전"(transfer of financial resources)을 가져오는지 여부를 조사해야 한다. 다른 회원국의 보조금에 대응하는 보조금, 즉 '대응보조금'(counter-subsidy)은 단순히 이것이 경쟁 조건에 영향을 미친다고 해서 보조금에 "대응하는" 특정행위를 구성하지는 않는다. 오히려 당해 조치의 디자인과 구조에 내재하는(inherent) 보조금 지급관행을 자제하도록 하거나 종료하도록 권장하는 다른 추가적 요인이 존재해야 한다. 이러한 추가적 요인의 하나로 대응보조금이 외국생산업자 또는 수출업자와 국내경쟁업자 간에 재정적 재원의 이전을 통해 조달되는 것으로 예로 들 수 있다. 이러한 전제에서 패널은 한국의 주장이 양 조선소 간의 경쟁관계에 관한 것이고 counter-subsidy가 경쟁관계에 어느 정도 영향을 미치거나, 나아가 겨냥하는 보조금 지급 행위를 일정부분 단념 또는 중단케 할 수도 있겠으나, 이것만으로는 '대항성' 요건을 충족한다고 단정할 수 없고 한국은 입증에 필요한 추가적인 요소를 적출(identify)하지 못했다고 판단하였다. 이상을 토대로 패널은 TDM규정과 회원국들의 이행규정은 '보조금에 대한 구체적인 조치'에 해당되지 않는다고 판정하였다.

4. DSU 제23조 제1항 위반 여부

패널은 회원국이 추구하는 위반시정행위는 제23조 제2항에 열거된 양허나 의무정지 외에 여러 가지가 있을 수 있으므로 제23조 제1항은 제2항에 적시된 문제에 국한하여 적용되는 것은 아니며 DSU상의 구제조치를 통해 얻을 수 있는 결과를 DSU 외의 다른 수단을 통해 일방적으로 추구하는 회원국의 모든 행위에 대해 적용되는 것이고, WTO 문제를 다른 국제법정에 회부할 경우에만 제23조 제1항 위반이 성립하는 것이 아니라고 해석하였다. 단, 한 회원국이 다른 회원국의 WTO에 불합치되는 행위로 인해 자국 내에 초래된 피해를 보충하거나 완화하기 위해 취한 조치가 부당 행위를 한 회원국의 행위에 영향을 미치려고 고안된 것이 아니라면 그러한 조치까지 포함하는 것은 아니라고 부연하였다. 타국의 부당한 조치로 영향 받은 국내산업 구조조정 지원조치가 그 예가 된다. 패널은 TDM규정이 한국을 겨냥하고 있는 점이 명백하며 EC 조선소가 TDM 보조금을 수령할 수 있는 기간은 한국의 보조금에 대한 WTO 분쟁절차기간과 동일하므로 TDM이 한국의 보조금협정 위반 행위를 시정하기 위한 것이라는 점도 분명하다고 보았다. 패널은 TDM규정이 한국의 보조금협정 위반행위에 대응하여 EC가 취한 조치이며 한국으로 하여금 WTO협정에 합치되지 않는 보조금을 제거하도록 유인하려는 것이 확실하며, WTO협정에 합치되지 않는 보조금을 제거하여 이전의 권리의무관계의 균형을 회복하려면 반드시 DSU 절차를 이용해야 하는 것이므로 EC는 제23조 제1항에 합치되지 않게 행동한 것이라고 판정하였다. 제23조 제1항 위반이라고 판정하였으므로 제2항 위반 여부는 사법경제를 적용·심리하지 않았다.

Ⅳ 평석

1. 'against'에 대한 WTO의 법리

지금까지의 WTO 법리로는 보조금협정 제32조 제1항의 'against'에 대해 상당히 엄격한 기준을 부여한다. 단지 다른 나라의 덤핑이나 보조금에 대응하여(in response to, opposed to) 취해진 조치만으로는 'against'을 충족하지 못하며, 조치의 고안이나 구조 자체에 상대방 국가로 하여금 문제가 되었던 조치를 단념·중단하도록 하는 수준의 의도와 기능이 내재되어 있어야 한다는 것이다. Byrd 수정법의 경우 징수된 반덤핑관세를 덤핑으로 피해 본 해당 국내 기업에 분배하여 줌으로써 이러한 조치의 '단념과 중단' 요건이 쉽게 인정되었다. 그러나 이번 사건에서 패널은 TDM규정이 한국을 특정하여 겨냥한 점은 인정되나 그렇다고 한국이 자국 조선소에 제공하는 보조금을 단념시키거나 중단시키려는 유인을 내재적으로(inherently) 그 고안과 구조상에 내포하고 있지는 않다고 보고 따라서 'against' 요건을 충족하지 못한다고 보았다.

2. DSU 제23조(다자간체제의 강화) 해석론

DSU 제23조 해석에 있어서 한국은 WTO 양허 또는 의무의 중지 조치 이외에도 그 형태를 불문하고 일방적으로 취하는 구제조치 전체에 대해서 이를 금지한다고 주장한 반면, EC는 제23조 제2항에 규정된 'WTO 양허 또는 의무의 중지조치'에 대해서만 일방적 조치를 금지한다고 주장하였다. 패널은 한국 측 주장을 인용하였다. 패널은 DSU 제23조 제1항에서 말하는 "구제책"(redress)은 보상 또는 양허 또는 기타 의무의 중지 이 외에도 다른 가능한 "구제조치"(remedies)를 포함한다고 판정하였다. 패널은 만약 회원국들이 위반의 구제책과 관련하여 DSB를 통해 달성될 수 있는 것을 DSB로의 의뢰없이 일방적으로 추구하는 것이 자유롭다고 할 경우, 분쟁해결을 DSB로 의뢰할 의무가 "다자체의 강화"에 기여하기는 어려울 것이므로 DSB로 "의뢰할"(to have recourse) 의무는 배타적 성격(exclusive character)을 가진 것이라고 평결하였다. 요컨대 회원국이 "위반에 대한 구제책 모색 시" DSB로 "의뢰할" 의무는 다른 회원국이 WTO협정상의 의무를 위반하였다고 간주하고 이에 대한 대응으로 구제책을 모색하는 회원국이 ① WTO에 합치되지 않는 조치의 제거를 모색함으로써, ② 당해 회원국으로부터 보상을 모색함으로써, ③ 당해 회원국과 관련하여 WTO협정에 의한 양허 또는 의무를 중지함으로써 일방적으로 WTO에서의 권리와 의무의 균형을 회복시키려는 행위를 그 적용대상으로 한다고 하였다.

Ⅰ 사실관계

1. 이 사건은 EC, 일본, 미국이 인도네시아가 자국 자동차 산업 육성을 위해 시행한 일련의 조치가 최혜국대우, 내국민대우 원칙 위반이며 보조금협정 등과도 부합되지 않는다고 시비한 사건이다.

2. 인도네시아는 소위 1993년 program을 통해 인도네시아산 부품을 일정 비율이상 사용하는 자동차 제작에 사용되는 수입부품에 대해서는 그 자동차의 국산화율(local content)에 비례하여 수입관세를 경감하거나 지정된 local content 비율을 초과하는 자동차에 대해서는 사치세(luxury tax)를 경감하여 주었다.

3. 또한 1996년 National Car Program을 통해, ① 인도네시아 자동차 회사가 인도네시아 기업이 소유하는 생산시설에서 자동차를 국내 생산하고 인도네시아 국민이 소유한 브랜드를 부착할 경우 그 자동차 회사에 국민차 회사라는 지위를 부여하고 동 자동차 제작에 소요되는 외국산 부품에 대해서는 수입관세를, 자동차에 대해서는 사치세를 면제하여 주었다. 국민차 회사지위를 유지하기 위해서는 3개년간에 걸쳐 국산화율을 증가시켜 나가야 했다. ② 1996년 program은 또한 인도네시아국민이 외국에서 제작하였고 국산화율을 충족한 차량은 국내에서 제작된 것과 동일하게 취급하였다. 단 해외생산자가 동 자동차 가격의 25%에 해당하는 인도네시아산 부품을 구매할 경우 20%의 국산화율을 충족하는 것으로 간주하였다.

4. 인도네시아 정부는 아울러 국민차 회사 지정요건을 충족하는 유일한 인도네시아 자동차 회사 PT Timor Putra National사(TPN)에게 6.9억 불의 여신을 제공하여 주었다.

Ⅱ 법적쟁점

1. TRIMs협정 제2조 제1항 위반 여부 및 GATT 제3조 제4항 위반 여부

제소국들은 1993년 Program과 1996년 Program이 TRIMs 제2조 제1항[66]과 GATT 제3조 제4항 위반이라고 주장하였다.

2. GATT 제3조 제2항[67] 위반 여부

제소국은 사치세 면제가 GATT 제3조 제2항 위반이라고 주장하였다. 이에 대해 인도네시아는 제3조 제2항과 보조금협정이 상충되고 보조금협정이 적용되므로 제3조의 위반 문제는 없다고 반박하였다. 또한 인도네시아는 설령 제3조 제2항을 위반하였다고 하더라도 자국 조치에 의한 조세 또는 관세 혜택은 GATT 제3조 제8항 (b)에 의거, 용인되는 것이라고 주장하였다.

---

65) DS54/55/59/64, 1998.7.23. - 패널
66) 회원국은 1994년도 GATT에 따른 그 밖의 권리와 의무를 저해함이 없이, 1994년도 GATT 제3조 또는 제11조의 규정에 합치하지 아니하는 무역관련 투자조치를 적용하지 아니한다.
67) 다른 체약국의 영역내에 수입된 체약국 영역의 상품에 대하여 동종의 국내상품에 직접 또는 간접적으로 부과되는 내국세 또는 기타 모든 종류의 내국과징금을 초과하는 내국세 또는 기타 모든 종류의 내국과징금을 직접 또는 간접으로 부과하여서는 아니된다. 또한, 체약국은 본 조 제1항에 규정된 원칙에 위반되는 방법으로 내국세 또는 기타 내국과징금을 수입상품 또는 국내상품에 부과하여서는 아니된다.

3. GATT 제1조 제1항 위반 여부

제소국은 1996년 Program상의 사치세 및 관세 면제는 GATT 제1조 제1항의 최혜국대우 의무 위반이라고 주장하였다.

4. 보조금협정 위반 여부

제소국들은 1996년 National Car Program상의 사치세 및 관세 면제는 특정성 있는 보조금이며 보조금협정 제5조[68] 다호상의 심각한 손상을 초래하였다고 주장하였다. 이에 대해 인도네시아는 보조금협정 제27조 제9항[69]에 의해 개도국인 인도네시아에 대해서는 심각한 손상을 주장할 수 없다고 반박하였다.

Ⅲ 패널 평결

1. TRIMs협정 제2조 제1항 위반 여부: 적극

패널은 TRIMs협정 제2조 제1항을 적용하기 위해서는 무역과 관련된 특정 투자조치가 있어야 하고, 그 조치가 GATT 제3조 또는 제11조에 위반되어야 한다고 전제하고, 인도네시아의 조치는 동 조항에 반한다고 판단하였다. 첫째, 패널은 투자조치란 반드시 외국인 투자에 국한된 것이 아니라 국내투자도 포함하는 것이며 문제된 조치의 목적은 인도네시아 완성차 및 부품산업 발전을 촉진하기 위한 것이므로 이들 조치는 관련 산업투자에 상당한 영향을 미칠 수밖에 없으므로 투자조치에 해당한다고 판단하였다. 또 국산화율 요건은 수입상품에 대해 국내 상품의 사용을 요구하는 것이므로 당연히 무역에 관련된 것이라고 단정하였다. 둘째, 패널은 인도네시아의 조치가 TRIMs협정 부속서 제1조에 해당하는지를 검토한 결과 인도네시아의 조치 상 조세 및 관세혜택을 얻기 위해서는 국산화율을 충족한 완성차나 국내부품을 사용할 수밖에 없으며 조세 및 관세혜택은 부속서 제1항에 규정된 특혜(advantage)에 해당한다고 보았다.

2. GATT 제3조 제4항 위반 여부

패널은 TRIMs 위반이 확인된 만큼 GATT 제3조 제4항 위반 여부에 대해 더 심리할 실익이 없다고 보고 사법경제(judicial economy)를 적용·심리하지 않았다. 즉, TRIMs협정상의 의무의 위반과 관련된 구제조치는 반드시 GATT 제3조 제4항에 대한 위배도 치유할 것이므로 GATT 제3조 제4항 위배 여부는 판단할 필요가 없기 때문이라고 하였다.

---

68) 어떤 회원국도 제1조 제1항 및 제2항에 언급된 보조금의 사용을 통하여 다른 회원국의 이익에 아래와 같은 부정적 효과를 초래해서는 아니된다. a. 다른 회원국의 국내산업에 대한 피해, b. 1994년도 GATT에 따라 다른 회원국이 직접적 또는 간접적으로 향유하는 혜택, 특히 동 협정 제2조에 따른 양허 혜택의 무효화 또는 침해, c. 다른 회원국의 이익에 대한 심각한 손상

69) 제6조 제1항에 언급된 보조금 외에 개발도상국회원국이 지급 또는 유지하는 조치가능보조금과 관련, 이러한 보조금의 결과로서 1994년 GATT에 의한 관세 양허나 다른 의무의 무효화 또는 침해가 보조금을 지급하는 개발도상국회원국의 시장에서 다른 회원국의 동종상품의 수입을 배제 또는 저해하는 방법으로 존재하는 것으로 판정되거나 수입회원국의 시장에서 국내산업에 대한 피해가 발생하지 아니하는 한, 제7조에 따른 조치가 승인되거나 취해질 수 없다.

3. GATT 제3조 제2항 위반 여부 – 적극

(1) 제3조 제2항 위반 여부 – 적극

패널은 인도네시아의 조세차별조치는 GATT 제3조 제2항의 제1문과 제2문에 모두 위반된다고 판단하였다. 수입차 중 몇 종은 문제가 된 인도네시아의 자동차와 동종상품이나 국산 자동차에 대해서만 사치세가 면제되었으므로 제1문에 반한다고 판정하였다. 또한 수입산 자동차와 인도네시아산 자동차는 직접경쟁 또는 대체가능관계에 있고 인도네시아 국민차나 국산화율 충족차량과 유사하게 과세되지 아니하였으며 큰 세금 편차를 고려해 보면 국내생산을 보호할 목적이 있는 것으로 판단할 수 있다.

(2) 제3조 제8항에 의해 정당화되는지 여부 – 소극

패널은 인도네시아의 조세 또는 관세 감면 조치가 보조금에 해당할 수 있으나, 제3조 제8항 제(b)호는 생산자에게 직접 제공되는 보조금 지급조치에 대해서만 원용될 수 있다고 판정하였다. 즉 간접적으로 생산자에게 이익이 되는 재정적인 특혜는 제3조 제8항 제(b)호에 포섭되지 않는다는 것이다.

(4) GATT 제1조 제1항 위반 – 적극

패널은 동 조항 위반을 구성하기 위해서는 ① 특혜가 있어야 하고, ② 동종상품에 대해, ③ 무조건적으로 부여되지 않았어야 한다고 보았다. 패널은 조세 및 관세 면제는 특혜에 해당하는 것이 분명하고 다른 WTO 회원국이 생산한 자동차와 부품은 특혜 대우를 받는 한국 기아자동차 부품과 동종상품이라고 판정하였다. 또한 그러한 특혜를 부여함에 있어서 인도네시아산 부품을 사용할 것을 조건으로 하고 있으므로 그러한 특혜는 '조건적으로' 부여되고 있다. 따라서 인도네시아의 조치는 최혜국대우 의무를 위반한 것으로 결론을 지을 수 있다.

4. 보조금협정 위반 여부 – 적극

(1) '심각한 손상' 주장의 제기 가능성 – 적극

인도네시아가 사치세 및 관세를 면제한 조치가 조치가능 보조금에 해당하는지 여부가 문제되었다. 당사자 간 동 조치가 보조금의 요건을 충족하고 특정성이 있는 보조금이라는 점에 대해서는 다툼이 없었으나 인도네시아가 개도국으로서 보조금및상계조치협정 제27조 제9항에 의해 제소국들이 '심각한 손상' 주장을 제기할 수 없는지가 문제되었다. 패널은 SCM협정 제27조 제9항의 해석상 제6조 제1항[70)]에 언급된 보조금의 경우 제27조 제9항으로부터 배제되고 제27조 제8항에 따라 제소국 측이 적극적으로 입증함으로써 심각한 손상 주장을 제기할 수 있다고 판정하였다.

---

70) 아래와 같은 경우 제5조 제c항의 의미의 심각한 손상이 있는 것으로 간주된다. a. 상품에 대한 종가기준 총 보조금 지급이 5%를 초과하는 경우. b. 특정산업이 입은 영업손실을 보전하기 위한 보조금. c. 특정 기업이 입은 영업손실을 보전하기 위한 보조금. 다만 비반복적이며 당해 기업에 대해 되풀이 될 수 없으며, 단기 장기적인 해결책 강구를 위한 시간을 제공하고 심각한 사회적 문제를 피하기 위하여 부여되는 일회적인 조치는 제외된다.

(2) '심각한 손상' 주장의 인용 여부 – 적극

패널은 인도네시아의 조세 면제에 의해 추정되는 보조금이 종가 기준 5%를 초과하고 이러한 보조금의 지급으로 동종의 외국자동차의 가격이 현저하게 인하되었으므로 심각한 손상이 존재한다고 판정하였다. 패널은 동종상품 여부에 대해 보조금협정 각주46상의 정의를 토대로 판단하였다. TPN사의 중형자동차 Timor가 제소국 자동차와 동일(identical)하다는 주장은 제기되지 않았으므로 밀접하게 유사한(closely resemble)지를 살폈다. 자동차산업계의 시장 분할 보고서를 참작하고 차량들의 외관 및 물리적 특성을 비교해 볼 때 동종상품에 해당한다고 보았다. 또한, 패널은 유럽산 자동차의 시장 점유율이 감소하기는 하였으나 판매량은 변동이 없었음에 비추어 심각한 손상이 있었다고 보기는 어렵다고 판단하였다. 그러나 패널은 EC가 제출한 여러 자료를 종합 분석한 결과 현저한 가격인하가 인정된다고 하였다.

Ⅳ 평석 – 관련 협정 상호 간 관계

1. 1994GATT와 SCM협정 상호관계

인도네시아는 SCM협정이 GATT 제16조(보조금규정)를 구체화하고 있는 GATT에 대한 특별법이므로 본 사안에 있어서는 SCM협정만 적용되어야 하며 GATT 제3조를 고려하여서는 아니된다고 주장하였으나 패널은 이를 기각하였다. 그 이유는 첫째, GATT 제3조와 GATT 제16조는 GATT 체계의 시초부터 병존해 왔는데 이는 양 규정이 상호보완적이라는 것을 의미한다. 즉, GATT 제16조가 생산자에 대한 보조금에 대한 규제를 다루고 있는 반면, GATT 제3조는 국내상품과 수입상품의 차별에 관하여 다루고 있다. 정부가 기업에 보조금을 지급하였다고 하여(SCM협정 위반), 보조금 자체가 반드시 수입상품과 국내상품을 차별하는 결과(GATT 제3조 위반)가 되는 것은 아니다. 둘째, GATT 제3조와 SCM협정이 특정조치에 중첩되어 있는 것 같지만 두 규정은 다른 목적과 다른 적용범위를 가지고 있다. 또한 다른 구제수단, 다른 분쟁해결시한, 다른 이행요건을 제공한다. 따라서 특정조치에 대해 GATT 제3조와 SCM협정이 동시에 적용될 수 있다.

2. SCM협정과 TRIMs협정과의 관계

인도네시아는 GATT 제3조가 SCM협정과의 충돌로 인해 적용되지 않기 때문에 TRIMs협정 또한 적용되지 않는다고 주장하였으나 패널은 GATT 제3조가 이 분쟁에 일반적으로 적용된다고 평결하였으므로 GATT 제3조가 적용되지 않는다는 것을 전제로 TRIMs협정 또한 적용되지 않는다는 인도네시아의 주장을 기각하였다. 패널은 SCM협정과 TRIMs협정 사이에는 일반적인 충돌이 없으므로 인도네시아의 조치가 무역관련 투자조치이면서 동시에 보조금에 해당한다면 두 협정은 모두 적용된다고 평결하였다.

기출 및 예상문제

WTO 회원인 A국이 자국의 자동차 산업을 육성하기 위하여 시행한 다음의 조치들이 WTO협정에 위반되는지 여부를 논하시오. (50점)

(1) 자국산 자동차를 구매하는 국내소비자에 대하여 자동차 구매자금을 장기 저리로 융자해 주는 조치

(2) 자국의 민간은행으로 하여금 국내자동차 생산기업에 대하여 시중금리보다 현저히 낮은 금리로 장기융자를 제공하도록 하는 조치

(3) 국내자동차 회사가 수입부품을 사용하여 생산한 자동차를 수출하는 경우, 이 부품의 수입에 부과·징수한 관세를 환급해 주는 조치

(4) A국산 부품을 20% 이상 사용한 자동차를 수입하는 경우, 사용된 자국산 부품의 비율을 기준으로 관세를 감면하는 조치

CASE 147. Korea - Commercial Vessels 사건[71]

I 사실관계

1. EC는 한국 조선사의 저가수주, 설비확장 등이 정부의 보조금 지급에 의한 것이라는 의혹을 1990년대 중반부터 제기하여 왔다. 특히 IMF 외환위기 이후 도산 위기에 몰린 조선사들을 퇴출시키지 않고 채권 은행단의 구조조정조치(부채탕감, 출자 전환)를 통해 회생시킨 것은 명백한 보조금 지급에 해당한다고 문제를 제기하였다. 양 측은 수차례 협의 끝에 2000년 6월 보조금 불지급, 상업적 가격 관행 등을 약속하는 한-EC 조선 합의록을 체결하였다.

2. EC는 합의록 체결에도 불구하고 한국 조선사의 저가수주가 계속되는 것은 한국 정부의 부당한 지원 탓이라고 단정하고 2001년 10월 무역장벽 조사 절차를 발동, 한국의 조선업계와 EC업계의 피해 등에 관해 조사한 결과, 한국 정부의 부당한 지원으로 EC 조선업계가 피해를 보고 있다고 결론 짓고 한국을 WTO에 제소하는 한편, EC 조선업계에 대해 한국과 경쟁하는 선종의 경우 수주가의 최대 6%에 해당하는 보조금을 제공하기로 하였다.

II 법적쟁점

1. 수출보조금

EC는 수출입은행 관련 법규 자체, 선수급환급보증(APRG) 및 인도전제작금융(PSL) 제도 자체, 조선사에 개별적으로 제공된 선수급환급보증거래 또는 인도전 제작금융거래가 수출보조금에 해당한다고 주장하였다. 즉, 이들은 보조금 요건에 해당하고 수출조건성도 충족하고 있으므로 수출보조금이라고 하였다. 이에 대해 한국은 한국수출입은행(KEXIM)이 개별기업에 제공한 APRG거래와 PSL거래가 수출보조금에 해당한다 하더라도 수출보조금 예시목록에 근거하여 수출보조금에서 면제된다고 반박하였다.

2. 조치가능보조금

EC는 대우중공업이나 대우해양조선 등 도산위기에 직면한 조선소들의 구조조정을 위한 출자전환, 부채탕감, 채무상환 유예조치 등 여러 가지 개별적 조치를 포함하는 워크아웃 계획은 SCM협정상 조치가능보조금에 해당한다고 주장하였다. 이에 대해 한국은 워크아웃 조치는 채권은행단이 시장원리에 입각하여 자발적으로 추진한 것으로서 한국 정부가 지시한 것이 아니며, 정부 소유 은행도 상업적 원리에 기초하여 참여한 것이므로 SCM협정상 보조금이 아니라고 반박하였다.

---

71) DS273, 2005.4.11. 패널

3. 심각한 손상

심각한 손상은 보조금협정 제5조에서 '부정적 효과'의 하나로 규정되어 있으며 제6조 제3항 (다)호에 의하면 보조금으로 인하여 동일 시장에서 다른 회원국의 동종 상품의 가격에 비해 보조금 혜택을 받은 상품의 현저한 가격 인하, 또는 동일 시장에서의 현저한 가격 인상 억제, 가격 하락 또는 판매 감소를 초래하는 효과가 발생하는 경우에 심각한 손상이 발생할 수 있다. EC는 세계 조선 시장은 단일 시장이며 한국이 압도적인 수주 점유율을 차지하고 있으므로 한국의 저가 수주로 인해 세계 조선가가 인상이 억제되거나 하락되었으며 타국의 조선업계는 하락된 조선가를 수용할 수 밖에 없다고 주장하였다. EC는 이러한 가격하락 또는 가격 인상 억제로 한국과 경쟁관계에 있는 콘테이너선, 화물·화학물질 운반선, LNG선 등 3개 선종이 심각한 손상을 입었다고 하였다. 이에 대해 한국은 세계 조선시장이 반드시 단일 시장은 아니며 3개 선종 내에서도 선박 크기 등에 따라 경쟁관계가 다르므로 보조금으로 피해를 본 동종상품을 구체적으로 제시해야 하고 수주량과 국제 조선가가 반대흐름을 보였다는 EC 주장도 다른 기준으로 측정할 경우 성립되지 않는다고 지적하였다.

Ⅲ 패널 평결

1. 평결 요약

패널은, 첫째, 수출보조금 분야의 경우 수출입은행법, 선수금 환급 보증, 제작 금융 자체는 보조금협정에 위반되지 않으나, 수출입은행이 각 조선사에 지급한 개개의 선수금 환급 보증 및 제작 금융 중 일부는 수출 보조금이라고 판정했고 이에 따라 수출 보조금으로 판정된 개개의 선수금 환급 보증 및 제작 금융을 90일 이내에 철회할 것을 권고하였다. 둘째, 조치가능 보조금의 경우 한국 조선 3사에 대한 구조조정 지원 조치에 대해 정부의 지시나 위임 및 혜택부여가 입증되지 못했으므로 보조금이 아니라고 판정하였다. 셋째, 부정적 효과에 대해 패널은 선수금 환급 보증 및 제작 금융이 수주에 영향을 미쳤다는 점은 인정되나 보조금을 받은 거래수가 미미하며 보조금 수준이 낮아 전체적인 시장 가격의 하락 또는 가격 인상 억제를 유발했다고 볼 수 없다고 판시하였다.

2. 수출보조금

(1) 수출입은행 관련 법규 자체 – 소극

패널은 수출입은행 관련 법규 자체가 수출보조금에 해당하기 위해서는 ① 보조금일 것, ② 수출보조금일 것(수출부수성), ③ 관련 법규가 강행법규일 것 등 세 가지 요건을 요한다고 판단하였다. 패널은 보조금에는 해당한다고 인정하였으나 '강행법규'가 아니므로 법 자체가 보조금협정에 반하지 않는다고 판시하였다. 또한 강행법규가 아닌 이상 '수출조건성'에 대해서는 검토할 실익이 없다고 보고 검토하지 않았다. 첫째, 수출입은행법규에서 규정하고 있는 대출이나 채무보증은 보조금협정상 보조금 요건을 충족한다. 수출입은행은 '공공기관'이며 대출이나 채무보증은 '재정적 기여'에 해당한다. 대출이나 채무보증에 있어서 시장에서 얻을 수 있는 조건보다 유리한 조건을 획득할 수 있으므로 혜택이 존재한다. 둘째, 수출입은행 법규 자체가 보조금지급을 '강제'하지 않는다. 패널은 수출입은행 법규의 WTO협정 위반 여부에 대해 강행법규 및 재량법규 기준에 따라 심리하였으며 결과적으로 EC는 수출입은행 법규가 그 자체로 보조금 지급을 강제(mandate)하고 있음을 증명하지 못했다고 판정하였다.

(2) 선수금 환급 보증(APRG)[72] 및 제작금융(PSL)[73] 제도 자체 – 소극

APRG나 PSL제도 자체가 보조금협정을 위반하기 위해서는 보조금일 것, 수출보조금일 것, 관련 법규가 강행법규일 것을 요한다. 패널은 양 제도가 보조금에 해당한다는 점은 인정하였으나 강행법규라는 점을 EC가 입증하지 못하였다고 판단하였다. 수출부수성은 소송경제의 원칙을 적용하여 심리하지 않았다. 패널은 EC가 강행성의 근거로 제시한 수출입은행 관련 법규들이 강행성을 뒷받침하지 못한다고 하였다. 또한 수출입은행 관련 자료에 PSL의 목적이 수출을 부양하기 위한 것이라고 명시되었다는 것이 곧 관련제도가 WTO 협정 위반을 강제하는 것으로 판단할 수 없다고 하였다(Brazil-Aircraft Article 21.5 사건 인용).

(3) 개별적인 선수금 환급 보증 거래의 수출 보조금 해당 여부 – 부분적 적극

수출입은행이 개별 조선소에 제공한 APRG가 수출보조금에 해당하기 위해서는 보조금일 것, 수출부수성이 있을 것을 요한다. 패널은 대우중공업 등 몇 개 기업에 제공된 APRG는 수출보조금에 해당한다고 판정하였다. 또한, 한국이 수출보조금 예시목록 (j)호에 기초하여 제기한 예외(safe haven) 주장도 배척하였다. 첫째, 개별적인 APRG는 보조금에 해당한다. 수출입은행은 공공기관이며, APRG는 '자금의 잠재적 직접이전'으로서 재정적 기여에 해당하고, 시장에서 보다 더 낮은 보증 수수료를 납부하므로 '혜택'도 존재한다. 패널은 대우중공업과 대우조선해양, STX/대동조선, 삼성중공업에 수출입은행이 제공한 선수금환급보증은 EC의 주장대로 보조금에 해당하고, 삼호/한라중공업, 한진중공업에 수출입은행이 제공한 선수금환급보증에 대해서는 비교기준과 관련하여 EC의 주장을 기각한바, 보조금에 해당한다고 볼 수 없다고 판시하였다. 둘째, APRG는 수출부수성(export contingency)이 있다. 패널은 EC의 주장을 수용하여 수출입은행이 제공한 선수금 환급보증 및 제작금융은 동 제도의 정의상 수출 거래에 제공된 것이며 따라서 수출에 따르는 것임이 명백하다고 판시하였다. 셋째, 패널은 보조금협정 부속서 1 (j)호[74]는 반대해석이 허용되지 아니하며 설사 허용된다고 하더라도 APRG는 수출신용보증이나 수출품의 비용증가에 대비한 보험에 해당하지 아니한다고 판정하였다. 패널은 우선 (j)호를 반대 해석할 수 있는지부터 검토하였다. 패널은 동 부속서 (i)호를 반대 해석할 수 없다고 판시한 Brazil-Aircraft Article 21.5사건 패널의 논지에 의거하여 (j)호 역시 반대 해석 할 수 없다고 보았다. 패널은 동 사건패널 판시대로 보조금협정 각주5의 규정상 보조금협정 대상에서 제외되기 위해서는 수출보조금에 해당되지 않는다고 부속서 1에 명시되어야 할 것이나 (j)호에는 그러한 언급이 없으므로 각주5의 범주에 속하지 않는다고 확인하였다. 패널은 (j)호를 반대 해석할 수 없으며 설사 반대 해석할 수 있다고 하여도 선수금환급보증은 (j)호에 규정된 수출신용보증이나 수출품의 비용증가에 대비한 보증에 해당되지 않는다고 판시하였다.

---

72) 선수금 환급 보증(Advance Payment Refund Guarantee Bond)
    수입자가 수출목적물 인도전에 지급하는 선급금(수출자의 입장에서는 선수금)에 대하여 수출자 귀책사유로 인하여 계약조건대로 수출목적물은 인도하지 못하는 경우에 그 선수금을 반환할 것을 보증하는 것
73) 선박 제작 금융(preshipment loan)
    일반적으로 제작금융이란 금융기관이 수출대상물 제작에 필요한 경비의 전부 또는 일부를 수출자에게 대출하여 주는 것. 선박 건조에는 막대한 비용이 소요되므로 조선사는 수주시 제작금융을 받는 경우가 대부분이며 그 금리는 조선사의 신용상태에 따라 달리 적용된다.
74) (j) 정부(또는 정부가 통제하는 특수기관)가 수출신용보증 또는 보험계획, 수출품의 비용 증가에 대비한 보험 또는 보험계획, 환리스크 보증계획을 이러한 계획의 장기적인 운영비용 또는 손실을 보전하기에 부적절한 우대 금리로 제공하는 것

(4) 개별적인 제작 금융의 수출 보조금 해당 여부 – 부분적 적극

수출입은행이 제공한 제작금융이 특혜였는지를 가리기 위해서는 제작금융의 금리가 시장조건을 반영한 비교 기준보다 낮았는지 여부가 핵심이었다. 패널은 수출입은행이 각 조선사에 제공한 제작 금융 이자율이 EC가 회사채 이자율을 기초로 구성한 시장 기준보다 낮게 책정되었음을 확인하고 동 이자율 차액만큼 혜택을 부여한 것이므로 보조금에 해당하며 수출상품에 제공한 것이므로 수출 부수성도 인정, 수출보조금이라고 판시하였다. 한국은 이에 대해 보조금협정 부속서 (l)호의 예외(수출신용)에 해당한다고 주장하였으나, 패널은 (j)호를 반대 해석할 수 없듯이 (l)호 역시 반대 해석할 수 없으며, 설사 반대 해석할 수 있다 하더라도 (l)호의 수출신용은 수출자 또는 수출 거래은행이 구매자에게 제공하는 여신이므로 조선사(수출자)에 제공되는 수출입은행의 제작금융은 수출신용에 해당되지 않는다고 판시하였다.

3. 조치가능 보조금 – 소극

조치가능보조금에 해당하기 위해서는 우선 보조금협정 제1조[75]상의 보조금 요건을 충족해야 한다. 패널은 지급주체 및 재정적 기여에 대해서는 요건을 충족한다고 보았으나, 혜택의 존재에 대해서는 EC 측이 충분하게 입증하지 못했다고 판단하였다. 보조금이 아니라고 판단하였기 때문에 '특정성'이 있는지 여부에 대해서는 별도로 판단하지 않았다.

첫째, 보조금 공여 주체와 관련하여 패널은 구조조정에 참가한 자산관리공사, 산업은행, 기업은행, 수출입은행은 지분과 경영진 임면권을 정부가 소유하고 있는 점 등에 비추어 공공기관이라고 판단하였고 한국도 반론을 제기 하지 않았다. 그러나 민간은행의 경우 패널은 EC가 제시한 증거가 정부의 지시나 위임을 입증할 정도의 증거력을 갖고 있는지 각각에 대해 증거 수준을 검토한 후 모두 증거능력을 인정할 수 없다고 기각하였다. 관련 국무총리훈령 어디에도 구조조정에 금융기관을 강제적으로 참가하게 하는 구절이 없으며 또 민간은행 지분의 태반을 정부나 공공기관이 소유하고 있다고 해서 특정 구조조정 사안에 참가하도록 지시나 위임하였다고 볼 수는 없다고 보았다.

둘째, 패널은 구조조정조치들이 재정적 기여에 해당한다고 판정하였다. 한국은 주채권은행의 채무 면제, 이자율 인하, 출자전환 등의 조치는 금적적인 이익을 이전한 것이 아니므로 재정적 기여가 아니라고 주장하였다. 동 조치는 추후에 변제받게 될 채무를 보전하고 증가시키기 위한 채권 은행의 자구조치이지 해당 기업에 금전적인 이익을 제공하는 것은 아니라는 것이다. 패널은 한국의 주장을 기각하였다. 보조금협정 제1조 제1항 제a호(1)에 나열된 무상지원, 대출 및 지분 참여는 자금의 직접이전 형태의 일부로 예시된 것뿐이며 이자·채무면제는 무상지원, 이자율 인하·만기연장은 신규 여신, 출자전환은 지분참여에 해당한다고 단정하였다.

셋째, 패널은 수혜자에 대한 혜택에 대해서는 EC 측이 충분하게 입증하지 못했다고 판단하였다. 패널은 채권 은행의 조선사 구조조정 참가가 조선사에 혜택을 부여하였는지 여부를 가리기 위해 그 행위의 상업적 합리성 여부를 기준으로 사용하였다. 패널은 입증책임을 안고 있는 EC가 제시하는 근거가 정상적인 금융 기관이라면 구조조정에 참가하지 않았을 것임을 인정할 만큼 타당한지 여부를 중점 점검하였다. 그 결과 패널은 EC가 충분한 증명을 하지 못했다고 판단, EC의 주장을 기각하였다.

---

[75] 이 협정의 목적상 아래의 경우 보조금이 존재하는 것으로 간주된다.

(a) 회원국의 영토 내에서 정부 또는 공공기관의 재정적인 기여가 있는 경우. 즉 (i) 정부의 관행이 자금의 직접 이전(예를 들어, 무상지원, 대출 및 지분참여), 잠재적인 자금 또는 채무부담의 직접이전(예를 들어, 대출보증)을 수반하는 경우, (ii) 정부가 받아야할 세입을 포기하거나 징수하지 아니하는 경우(예를 들어, 세액공제와 같은 재정적 유인), (iii) 정부가 일반적인 사회간접자본 이외의 상품 또는 서비스를 제공하거나 또는 상품을 구매한 경우, (iv) 정부가 자금공여기관에 대하여 지불하거나 일반적으로 정부에 귀속되는 위의 (i) 내지 (iii)에 예시된 기능의 유형 중 하나 또는 둘 이상을 민간기관으로 하여금 행하도록 위임하거나 지시하며, 이러한 관행이 일반적으로 정부가 행하는 관행과 실질적으로 상이하지 아니한 경우

(b) 이로 인해 혜택이 부여되는 경우

4. 심각한 손상 – 소극

패널은 구조조정 조치는 보조금이 아니라고 이미 판시하였으므로 선수금환급보증과 제작금융을 받고 건조된 3개 선종이 해당 선종의 국제시세에 영향을 미쳤는지를 검토하였다. 패널은 제출받은 거래내역을 토대로 선수금환급보증과 제작금융이 당해 지원 선박 가격에 미친 영향도 산출하였다. 패널은 보조금을 지원받은 건조 선박 수가 전체 선박 수에 비해 미미하고 산출된 가격효과 역시 세계선가에 영향을 미칠 정도가 아니라고 판단하였다. 따라서 당해 지원 국제선가의 인상을 억제하거나 하락시켰다고 볼 수 없으며 결국 EC의 이익에 심각한 손상을 초래하지도 않았다고 결론짓고 EC의 주장을 배척하였다.

Ⅳ 평석

1. 법 자체 위반 요건

제소국이 피제소국의 '국내법 자체' 또는 '특정 조치 자체'가 WTO협정에 위반된다고 주장하는 경우 제소국은 그러한 법이 대상 협정에 위반된다는 점과 그러한 법이 '강행법규'(mandatory norm)라는 점을 입증해야 할 책임이 있다.

2. 어떤 기관이 '공공기관'으로 판정되는 기준

보조금 공여기관의 문제에 있어서 '공공기관'(public body)으로 판정하는 기준은 무엇인가? 본 사안에서는 특히 '수출입은행'이 공공기관에 해당하는지가 문제되었다. 한국은 공공기관이란 공적인 자격으로 행동하거나 정부의 기능을 수행하는 기관이라고 주장하고 수출입은행은 일반 은행과 같은 영업행위를 공정한 경쟁관계에서 수행하므로 공공기관이 아니라고 항변하였다. 한국은 공공정책 목적을 추구한다는 것이 공공기관 자격을 부여하는 것은 아니라고 주장하기도 하였다. 그러나 패널은 상업적으로 행동하는 기관은 공공기관이 아니라는 한국의 주장을 받아들이지 않았다. 패널은 어떤 실체(entity)가 정부에 의해 통제되고, 당해 실체의 행위를 정부에 귀속시킬 수 있으면 이는 보조금협정 제1조에서 말하는 공공기관의 범위에 속한다고 보고 한국수출입은행은 이러한 기준에 비추어 볼 때 정부에 의해 통제되는 공공기관에 해당한다고 판단하였다. 왜냐하면 한국수출입은행의 주식은 한국 정부 또는 기타 공공기관이 소유하고 있으며, 동 은행의 업무를 총괄하는 은행장을 한국정부가 임명 또는 해임할 수 있는 권한을 가지고 있기 때문이다. 또한 은행장을 보좌하는 전무이사 또는 이사는 은행장의 제청에 의해 재정경제부장관이 임명 또는 해임할 수 있다. 그리고 동 은행의 매 사업년도에 대한 업무계획은 재정경제부장관의 승인을 통해 이루어진다. 이러한 점을 종합적으로 고려해 보면 한국수출입은행은 정부의 통제를 받는 공공기관에 해당한다.

A국은 경제위기로 어려움을 겪고 있던 조선산업을 보호하고 육성하기 위해 조선사들에 대해 해외수주 시 발주업체로부터 받은 계약금에 대한 환급보증(선수금환급보증) 및 선박 제작을 위한 제작금융(인도전제작금융)을 제공하였다. 이러한 조치는 'X법률'에 기초하여 취해졌다. 또한 유동성 위기를 겪고 있던 관련 기업들에게 부채탕감, 채무재조정, 만기연장 등의 구조조정 지원조치를 시행하였다. 선수금환급보증 및 인도전제작금융은 A국 재무부가 주식의 90%를 보유하며 이사진 및 경영진을 임명하는 은행(Y은행)을 통해 제공되었다. 구조조정 지원조치에는 X은행과 함께 민간은행(Z은행)이 함께 참여하였다. 이에 대해 A국과 경쟁관계에 있는 조선사의 국적국인 B국은 A국의 조치가 WTO협정에 위반된다고 주장하며 A국을 제소하였다. 이와 관련하여 다음 물음에 답하시오. 단, A국과 B국은 모두 WTO 회원국이다. (총 50점)

(1) B국은 A국이 제정한 X법률 자체가 WTO협정에 위반된다고 주장한다. B국 주장의 타당성을 위한 입증책임의 범위에 대해 논의하시오. (15점)

(2) A국의 조치는 특정성이 있는가? (10점)

(3) A국 조선산업에 대한 구조조정 지원조치의 법적 성격에 대해 보조금 및 상계 조치협정에 기초하여 논의하시오. (10점)

(4) B국은 패널 보고서가 DSB에 배포되기 전에 A국의 보조금 지급조치를 상쇄하기 위해 A국과 수주경쟁을 하고 있는 자국기업에 대해 예상되는 선박가격의 30%에 해당하는 보조금을 지급하기로 하였다. B국의 조치는 WTO협정에 합치되는가? (15점)

CASE 148. Korea vs. US - DRAMs CVD 사건[76]

I 사실관계

2000년~2001년에 걸쳐 Hynix 채권 은행단은 회사를 회생시켜 채권 확보를 극대화하려는 구조조정 조치의 일환으로 수차례에 걸쳐 각종 금융지원을 제공하였다. 구조조정지원 조치에는 6개 국책은행을 포함하여 총 10개 국내은행이 참가하였다. 구체적인 조치로는 산업은행에 의한 회사채 신속인수제도, 부채에 대한 상환 기일 연장, 전환사채의 매입, 신규융자, 출자전환, 대출금리 인하 등이 시행되었다. 미국과 EC는 채권단의 조치가 한국 정부의 지시와 위임에 의해 행해진 것이라고 주장하고 Hynix 반도체에 고율의 상계관세를 부과하였다. 한국 정부는 미국의 상계조치가 보조금협정에 위반된다고 주장하며 2003년 11월 19일 WTO에 패널 설치를 요청하였다.

---

76) DS296, 2005.7.20. 상소기구

Ⅱ 법적쟁점

1. 간접보조금 해당성

미국은 10개 은행을 공공기관(Group A), 한국 정부가 단일 주주이거나 최대 주주인 금융기관(Group B), 한국 정부의 지분율이 미미한 금융기관(Group C)으로 분류하고 Group B, C의 경우 한국 정부의 지시와 위임에 의해 금융지원조치를 단행하였다고 주장하였다.

2. 혜택

혜택 측정을 위한 시장기준(market benchmark) 설정에 있어서 Group B, C에 속하는 은행의 금융조건을 시장기준으로 설정할 수 있는지가 문제되었다. 미국은 이들 은행이 한국 정부의 지시와 위임에 의해 구조조정에 참가하였으므로 이들 은행의 금융조건을 시장기준으로 사용할 수 없다고 보고 Hynix사를 신용가치, 자산가치가 없는 회사로 취급하여 보조금 혜택을 산정하였다.

3. 특정성

Hynix에 대해서 특정적으로 보조금이 지급되었는지가 문제되었다.

4. 피해

피해판정에 있어서 수입량의 증가, 가격효과, 다른 피해요소의 적정한 검토 여부, 인과관계 판단의 적정성, 비귀속의무 준수 여부, 국내산업 정의의 적정성 여부 등이 다투어졌다.

Ⅲ 패널 및 상소기구 판정

1. 간접보조금 해당성

(1) 명시적이고 단정적인 정부의 행위 여부

① 패널: 패널은 정부의 지시와 위임은 통상적 의미에서 볼 때 US – Exports Restraints 사건 패널 견해대로 '위양(委讓, delegation)'의 의미와 '명령(command)'의 의미를 포함하는 것이라고 밝혔다. 또한 지시나 위임은 반드시 명시적이거나 공식적이어야 하는 것은 아니고 암묵적이거나 비공식적일 수도 있다고 하였다. 패널은 결론적으로 보조금협정 제1조 제1항 가호(1)(라)가 조사당국으로 하여금 특정 기관에 대해 특정 과제나 의무(task or duty)를 지시하거나 위임하는 당해 정부의 명시적인 행동이 있었음을 증명할 것을 요구하지는 않는다고 보았다.

② 상소기구: 상소기구는 패널의 법률해석을 수정하였다. 상소기구는 지시는 정부가 민간기관에 대해 권한을 행사할 수 있는 상황에서, 위임이란 정부가 민간기관에 책임을 부여할 때 발생할 수 있는 것이므로 지시와 위임을 각각 명령과 위양의 의미로 해석하는 것은 의미를 지나치게 협소하게 해석하는 것이라고 지적하였다.

(2) 증거의 충분성

① 패널 – 소극: 패널은 미국이 제시한 다양한 증거들을 검토한 결과 미국은 한국정부의 채권은행단에 대한 지시나 위임이 있었음을 충분하게 입증하지 못했다고 판단하였다. 패널은 미국이 검토한 증거 대부분이 정황증거이기는 하나 정황증거라고 하여 지시나 위임의 증거가 될 수 없는 것은 아니며 단지 그 증거가 지시나 위임에 의해 민간 기관이 Hynix의 구조조정에 참가하였음을 입증하기에 충분한 정도로 증거력이 있고 강력한 것(probative and compelling)인지를 살펴야 한다고 보았다. 이러한 전제에서 패널은 미국이 제시한 증거들[77]을 검토하였으나 패널은 한국 정부가 Group B, C 은행으로 하여금 Hynix사 구조조정에 참가하도록 단정적인 행위를 통해 명령 또는 위양했다는 점을 충분한 증거로 입증하지 못했으며 따라서 이들 은행에 대해 한국 정부가 지시나 위임을 행사하였다는 미 상무부의 판정은 보조금협정 제1조 제1항 가호(1)(라)와 합치되지 않는다고 판정하였다.

② 상소기구 – 패널 판정 파기: 상소기구는 패널의 판정을 파기하였다. 우선, 상소기구는 패널이 총론에서는 미 상무부의 증거 검토방식인 'evidence in its totality'가 타당하다고 인정하였음에도 각론에서는 증거 하나 하나를 개별적으로 검토하였다고 보았다. 미 당국은 증거검토를 통해 3개의 단계를 추론해 내고 이를 토대로 정부의 지시와 위임에 대해 긍정적 판정을 한 것인데 패널은 증거가 그것도 증거 모두를 함께 보았을 때가 아니라 하나 하나를 독립적으로 지시와 위임을 입증할 정도로 충분한지를 살핀 것이라고 지적하였다. 상소기구는 패널의 이 같은 분석은 개개 증거를 새로이(de novo) 조사한 것으로 제출된 사실에 의해 판단해야 한다는 DSU 제11조 패널의 심리기준을 벗어나는 것이라고 보았다. 상소기구는 정부의 지시와 위임에 관한 증거는 속성상 대부분 정황 증거인 경우가 많은데 정황 증거 전체에서 합리적으로 추론할 수 있는 결론을 인정하지 않고 증거 개개에 대해 지시와 위임에 대한 증거력을 요구할 경우 사실상 지시/위임을 입증하기가 어렵다는 점도 강조하였다. 상소기구는 패널이 범한 이상의 오류에 비추어 볼 때 지시와 위임에 대한 미 상무부의 긍정 판정을 뒷받침하는 증거가 충분하지 않다는 패널의 결론은 성립할 수 없으며 패널의 이러한 결론이 Group B, C 은행에 대한 한국 정부의 지시와 위임이 있었다는 미 상무부의 판정은 보조금협정 제1조 제1항 가호(1)(라)에 합치되지 않는다는 패널 판정의 유일한 근거이므로 동 판정을 파기한다고 판시하였다. 그러나 이러한 패널 판정 파기가 곧 미 상무부의 보조금 판정이 보조금협정에 합치되는 것을 의미하는 것은 아니고 새로운 심리를 해야 할 것이나 사실관계가 부족하여 심리를 계속할 수 없다고 밝혔다.

2. 혜택 – 패널 소극, 상소기구 패널 판정 파기

패널은 Group B, C 은행이 정부의 지시와 위임에 따라 행동했다는 미국의 주장을 기각하였으므로 미국이 이들 은행을 시장 기준으로 이용하지 않고 보조금혜택을 산정한 것은 보조금협정 제1조 제1항 나호에 합치되지 않는다고 판시하였다. 그러나 상소기구는 이들 은행의 조치가 정부의 지시와 위임에 따른 것이 아니라는 패널 판정을 파기하였으므로 혜택이 존재하지 않는다는 판정 역시 파기하였다.

---

77) 미국은 다양한 증거들을 제시하였다. 예컨대, 한국 정부가 Group B 은행의 지분 전체 또는 태반을 소유하고 있는 점, 국무총리 훈령 제408호, 공적자금관리특별법 제17조, 기업구조조정촉진법, 수출보험공사로 하여금 Hynix에 대한 수출보험을 재개하라는 정부기관의 지시, 채권은행 간 회합에 정부관리를 참가시킨 사실 등을 제시하였다.

3. 특정성

패널은 공공기관으로 간주된 4개 금융기관의 하이닉스 반도체 구조조정 지원조치는 특정성이 있다고 보았으나 나머지 금융기관의 경우 정부의 지시나 위임이 부정되었으므로 정부의 지시나 위임에 기초해서 특정성이 있다고 판정한 미 상무부의 결정은 보조금협정 제2조에 합치되지 않는다고 판정하였다. 그러나 이러한 판정은 상소기구에서 파기되었다.

4. 피해

(1) 수입량

한국은 미국 내 소비 대비 증가 판정에 대해 조사 기간 말미에 하이닉스 반도체 수입량이 감소한 점, 보조금 수혜를 받지 않는 상품의 수입량이 증가한 점, 하이닉스 반도체의 시장 점유율 증가는 보조금 수혜 이전에 일어난 점을 들어 미국이 명확한 증거에 기초한 객관적인 검토를 통해 피해판정을 하지 않았다고 주장하였다. 그러나 패널은 한국의 주장을 기각했다.

(2) 가격

한국은 보조금을 수혜받지 않는 상품이 가격 인하 또는 가격 인상 억제에 미친 영향도 있으나 이를 제대로 검토하지 않았다고 항변하였으나 패널은 이를 기각했다. 한국도 인정했듯이 피해 요소는 여러 가지가 있을 수 있으므로 보조금을 수혜받지 않은 상품 수입도 부정적 가격효과를 초래할 수 있다고 해서 보조금 수혜 상품이 부정적 가격효과를 초래하지 못하는 것은 아니라고 하였다.

(3) 다른 피해요소

한국은 다른 피해요소, 특히 DRAM 산업의 경기 순환 주기, 자본투자, 연구개발, 시장점유율 등에 있어서 미 업계의 긍정적인 상황을 고려하지 않았다고 항변하였으나 패널은 미국이 이러한 요소들을 적절하게 고려하였다고 보고 한국 주장을 기각했다.

(4) 인과관계

한국은 하이닉스 반도체의 미국 내 시장점유율이 1998년 이후 감소 추세에 있고 경쟁사의 시장점유율은 증가하고 있는 점을 근거로 미국이 보조금 수입과 국내산업 피해 간에 인과관계가 있다고 판정한 것은 부당하다고 항변했다. 그러나 패널은 한국이 수입량 증가와 국내산업 피해 간의 인과관계가 존재하지 않는다는 점을 입증하지 못했다고 보고 한국의 주장을 받아들이지 않았다.

(5) 비귀속의무

한국은 미국이 비조사 대상 상품이 초래한 피해, 하이닉스와 여타 공급자의 생산 능력 증가가 초래한 피해, 미국 내 반도체 수요 감소로 인한 피해, 마이크론사의 경영상 잘못된 판단에 의한 피해 등을 제대로 고려하지 않았다고 주장하였다. 패널은 미국이 다른 요소는 적절하게 고려하였으나 반도체 수요 감소가 미친 효과에 대해서는 적절하게 고려하지 못했다고 보고 한국의 주장을 받아들여 미국이 보조금협정 제15조 제5항을 위반하였다고 판정하였다.

Ⅳ 평석

1. 정부의 지시(direct) 또는 위임(entrust)에 대한 해석론

첫째, US – Export Restraints 사건 패널은 지시와 위임을 어느 정도의 위양(delegation)의 의미와 명령 (command)의 의미를 포함한다고 하였다. 동 패널은 또한 지시와 위임의 요건으로 ① 명령에 관한 명시적이고 단정적인(explicit and affirmative) 행위가, ② 특정 민간 기관에 대해, ③ 특정 과제나 의무를 수행할 것을 요구하는 것이라고 하였다. 둘째, 그러나 Korea – Commercial Vessels 사건 패널은 동 행위가 반드시 명시적일 필요는 없다고 수정하였으며 이 사건 패널과 상소기구 역시 이를 확인하였다. 셋째, 상소기구는 나아가 지시와 위임이 반드시 명령과 위양에 국한된 것이라고 협소하게 해석해서도 안 된다고 하였다. 상소기구는 지시는 정부가 민간 기관에 대해 권한을 행사할 수 있는 상황에서, 위임이란 정부가 민간 기관에 책임을 부여할 때 발생할 수 있는 것이므로 지시와 위임을 각각 명령과 위양의 의미로 해석하는 것은 의미를 지나치게 협소하게 해석하는 것이라고 지적하였다.

2. 패널의 심리 수준(standard of review)의 문제

상소기구가 패널의 판정을 파기한 것은 패널이 심리수준에 관한 DSU 제11조를 준수하지 못했다고 판단했기 때문이다. DSU상 패널은 자체적인 조사 권능이 없다. 패널의 임무는 다만 자신에게 회부된 사안에 대해 객관적 검토를 하는 것이며 객관적 검토란 조사 당국이 사용한 증거가 자신들의 판정을 어떻게 뒷받침했는지에 대해 조사 당국이 합리적인 설명을 했는지를 살피는 것이다(상소기구). 그런데 상소기구는 패널이 이러한 심리의 기준을 벗어나서 각 증거에 대해 새롭게 조사를 했다고 판단하였다. 미국은 특정 사실(지시나 위임)에 대한 상당한 근거가 될 수 있는 증거를 상호 연관하여 종합적으로 검토하여 동 특정 사실에 대한 증거로 사용하였음에도 불구하고 패널은 개별 증거의 증거력을 각각 독립적으로 검토했기 때문이다. 패널은 종합적인 증거해석 방식 자체는 인정하면서도 증거가 증거력이 있고 강력한 것인지를 살펴보아야 한다는 판단하에 개개 증거를 일일이 검토하였는데 상소기구는 패널이 증거 각각을 검토하는 방식이 사실상 각 증거가 독립적으로 지시와 위임을 입증하기에 충분한가를 살핀 것이며 이는 미 상무부가 실시하지 않은 방식이고 패널이 각 증거를 새롭게 조사한 것이라고 판단한 것이다.

I 사실관계

1. 미국은 조세법상 FSC에 관한 특별규정을 통해 FSC에 대해 조세혜택을 부여하였다. 이에 따라 마이크로소 프트사, GM, 보잉사 등 상당수 미국 기업들은 사실상 자회사인 해외 판매 법인을 외국의 조세 피난처에 paper company로 설치하여 이들을 통해 자사 제품을 수출함으로써 조세를 절감하였다.

2. 미국의 조세법은 소득 발생지가 미국 내외인지를 불문하고 자국민 또는 자국 거주자의 소득에 대해 조세권 을 행사한다. 또한 미국 내의 외국 기업의 소득에 대해서는 과세하고 타국에 소재하고 있는 외국 기업의 해외 원천 소득에 대해서는 과세하지 않는다. 그러나 해외 원천소득이 미국 내에서의 경영행위와 실효적으 로 연계되어 있으면 과세한다. 이러한 일반원칙과 달리 미국 조세법은 농산품 수출기업들을 포함한 해외 판매 법인에게는 해외 무역 소득의 일정 부분에 대하여 세금면제 혜택을 부여하였다.

3. 이 사건은 EC가 미 조세법의 FSC제도는 당연히 징수해야 할 조세를 면제하는 형태의 보조금이며 수출을 조건으로 하는 것이므로 수출보조금에 해당한다고 주장하여 WTO에 제소한 사건이다.

II 법적쟁점[80]

1. 보조금 해당 여부

미국의 조세감면조치가 보조금협정 제1조 제1항 가호(1)(나)에 해당하는 보조금인지 여부, FSC에 대한 조세 공제 조치가 1981년 GATT 양해에 의해 정당화되는지 여부, 수출보조금 예시목록 각주 제59의 적용 여부 등 이 쟁점이 되었다.

2. 수출보조금 해당 여부

FSC에 대한 조세감면조치가 수출실적(export performance)과 사실상 또는 법률상 연계되어 있는 수출보조 금인지 여부가 쟁점이 되었다.

---

78) FSC(foreign sales corporation)란 해외 수출을 위해 미국에서 생산되는 제품의 해외 판매 및 대여 활동을 담당하는 회사를 말 한다.
79) DS108, 2000.3.20. 상소기구
80) 농업협정 위반 여부도 다투어졌으나 여기서는 생략한다.

1. 보조금 해당 여부: 패널 및 상소기구 – 적극

패널은 미국의 조치가 보조금협정 제1조 제1항 가호(1)(나)에 규정된 재정적 기여에 해당하는지를 검토하였다. 패널은 'government revenue that is otherwise due'에 해당하는지를 판단하기 위해서는 회원국의 국내법에 비추어 볼 때 특정 상황하에서 취해진 회원국의 세입 관련 조치와 다른 일반 상황하에서 취해야 했을 세입 관련 조치 간의 비교가 수반되어야 한다고 하였다. 다른 상황하에서 징수 가능했을 세입과 회원국이 실제 징수한 세입을 비교하여 실제 징수한 세입이 이에 미치지 못하는 경우에는 'otherwise due'의 의미에 해당한다고 판단하였다. 패널은 'otherwise due'란 용어는 문제된 조치가 '없었더라면(but for)' 적용될 상황을 언급하는 것이라고도 하였다. 패널은 'but for' 기준을 적용하여 FSC 조치는 일부 기업이 조세 대상 소득에 대한 보고를 유예하여 소득에 대한 세금을 납부하지 않게 하는 결과를 초래하므로 FSC 조치가 없었더라면 위 소득에 대해 조세가 부과되었을 것이 명백하다고 판단하였다. 패널은 FSC의 조세면제조치는 보조금협정 제1조의 재정적 기여에 해당하며, FSC와 모기업이 otherwise due에 해당하는 조세를 납부하지 않은 것은 '혜택'에 해당한다고 판시하였다. 상소기구도 패널의 평결을 지지하였다.

2. 수출보조금 해당 여부 – 적극

패널은 보조금의 존재 및 규모는 미국 물품의 수출로부터 발생하는 소득 및 미국 물품의 수출과 관련되는 서비스로부터 발생하는 소득에 따라 결정되므로 FSC 조세공제는 수출을 조건으로 한다고 판단하였다. 미국 조세법상 FSC 조세공제조치의 대상이 되는 해외 무역 소득이 수출 물품에서 유래하는 소득이라고 규정하고 있기 때문이다. 패널은 또한 FSC 조세공제조치는 부속서상 수출보조금 목록 마호에 해당한다고 판정하였다. 마호는 "산업적 또는 상업적 기업이 지불한 또는 지불해야 할 직접세 또는 사회보장 부과금을 명시적으로 수출과 관련하여 완전 또는 부분적으로 면제 · 경감 또는 유예하는 것"을 수출보조금으로 예시하고 있다.

3. 보조금의 철폐 권고

패널은 미국의 조치가 수출 보조금에 해당하므로 보조금협정 제4조 제7항에 따라 FSC 보조금을 지체 없이 철폐할 것을 권고하였다.

Ⅳ 평석 – 조세감면의 재정적 기여 여부 판단

패널과 상소기구는 협정 제1조상 '그렇지 않으면 지불받아야 할 정부 세입의 포기'의 의미는 정부가 징수할 조세가 있음을 전제로 하며 특정 상황하에서 취해진 회원국의 조세 관련 조치와 다른 상황하에서는 취해진 조세 관련 조치를 비교함으로써 실제 징수액이 차이가 나는 경우 'otherwise due'에 해당한다고 보았다. 이러한 해석 기준은 인도네시아 – 자동차 사건이나 캐나다 – 자동차 사건에서도 재확인되었다.

A국 세법은 속인주의에 입각하여 자국 기업의 해외소득에 대해서도 법인세를 부과해 왔다. 그런데 최근 A국은 자국의 수출기업들이 해외에서 경쟁력을 확보할 수 있도록, 해외에 설립된 자국 기업이 A국에서 생산된 상품의 해외수출판매 활동에 종사하는 경우 법인세를 면제하는 조치를 취하였다. 아울러 A국 정부는 해외로 수출되는 농산물에 대한 유통비용의 50%를 지원하는 프로그램을 함께 도입하였다. B국은 A국의 법인세 면제와 수출을 위한 유통비용 지원행위가 WTO 보조금 및 상계조치에 관한 협정 및 농업협정에서 금지하는 금지보조금이라고 항의하고 있다. 이에 대해 A국은 과세권은 회원국의 고유한 권리로서 과세 여부는 전적으로 회원국의 재량에 속하는 문제이며, 유통비용 지원과 같은 간접적 지원은 금지보조금이 아니라고 항변하고 있다. A국 항변의 타당성에 대해 WTO협정에 기초하여 검토하시오. 2009행시

CASE 150. EC vs. US - German Steel CVDs 사건[81]

Ⅰ 사실관계

미국 상무부는 독일산 탄소 강판의 상계 관세 일몰 재심에서 관세 철회는 상계 가능한 보조금의 지속이나 재발로 이어질 가능성이 있다고 판단하였다. 또한 무역위원회도 상계관세 철회 시 국내산업에 대한 실질적인 피해의 재발과 지속을 초래할 가능성이 있다고 판단하였다. 이에 기초하여 미국은 독일산 탄소 강판에 대한 상계관세를 철회하지 않았다.

Ⅱ 법적쟁점

1. 직권 일몰 재심 개시에 있어서 보조금 직권 조사에 관한 조항(제11조 제6항)이 준용되는가?

2. 최소허용 수준에 관한 조항(제11조 제9항)이 일몰 재심에 적용되는가?

3. 협정 제21조 제3항은 조사당국에게 적극적 검토 의무를 부과하는가?

Ⅲ 패널 및 상소기구 판정

1. 직권 일몰 재심 개시에 있어서 보조금 직권 조사에 관한 조항(제11조 제6항)이 준용되는가?

(1) EC

당국이 일몰 재심을 자체적으로 개시하기 위해서는 제11조 제6항에 규정된 것과 같이 관계당국이 조사 개시 신청을 접수하지 않고 조사 개시를 결정하는 경우와 동일한 수준의 충분한 증거를 확보해야 한다.

---

81) DS213, 2002.12.19. 상소기구

(2) 패널 및 상소기구

일반보조금 조사에 관한 제11조 제6항이 일몰 재심 개시에 관한 제21조 제3항에 적용된다고 볼 수 없다. 첫째, 제21조 제3항에 충분한 증거 확보 의무를 규정하지 않고 있다. 둘째, 제11조 제6항과 제21조 제3항의 입법에 차이를 둔 입법자의 의사를 존중해야 한다. 일반 보조금 조사의 자체적 개시에 있어서 충분한 증거를 확보할 것을 요구한 이유는 근거 없는 보조금 조사 남발로 수출이 부당하게 영향(chilling effect) 받지 않도록 하기 위한 것이다. 그러나 일몰 재심의 경우 이미 부과중인 보조금의 지속 여부를 검토하기 위한 조사가 개시된다고 해도 추가적인 위축효과가 발생하는 것은 아니다. 따라서 반드시 충분한 증거를 확보할 것을 요구할 이유가 없는 것이다. 따라서 미국의 일몰 재심 법규에 제11조 제6항과 같은 증거 요건이 없다고 해도 협정을 위반했다고 볼 수 없다.

2. 최소허용 수준에 관한 조항(제11조 제9항)이 일몰 재심에 적용되는가?

(1) EC

협정 제11조 제9항에 규정된 최소허용 수준(보조금액 1% 미만)은 일몰 재심에도 적용된다. 그러나 미국의 관련법규에는 일몰 재심에 있어서 최소허용 수준을 0.5%로 규정하고 있으므로 보조금협정 제21조 제1항과 제3항에 위반된다.

(2) 패널

EC 주장을 인용한다. 비록 제21조 제1항과 제11조 제9항에 1% 최소허용수준이 일몰 재심에도 적용됨이 명기되어 있지 않지만 해석상 일몰 재심에도 적용되는 것으로 보아야 한다. 최소허용 수준을 둔 것은 최소허용 수준 이하의 보조금에 대한 조사로 인해 수출업자가 불편을 겪는 것을 방지하려는 것이며, 또한 최소허용 수준 내의 보조금은 피해가 없는 것으로 간주하고자 하는 것이다. 동일한 최소허용 수준이 일반 보조금 조사 시에는 피해를 초래하지 않는 것으로 간주되고 일몰 재심에서는 피해를 초래한다고 보아야 할 합리적인 이유가 없다. 따라서 최소허용 수준 규정은 일몰 재심에도 적용된다. 그런데 미국의 일몰 재심 관련 법규는 0.5%를 최소허용 수준이라고 규정하고 있으므로 협정 제21조 제3항, 제32조 제5항, WTO설립협정 제16조 제4항에 위반된다.

(3) 상소기구

패널의 판정을 파기한다. 패널의 법률해석은 여러 측면에서 오류를 범하고 있다. 첫째, 제21조 제3항에 최소허용 수준에 대해 아무런 언급이 없는 것은 일견 그러한 요건이 없는 것으로 해석해야 한다. 둘째, 제11조는 조사 개시와 후속조치라는 제목이 보여 주듯이 보조금 조사의 진행과 절차에 관해 주로 기술하고 있으며 제11조 제9항의 어느 구절도 최소허용 수준이 보조금 조사의 범위를 벗어나서 적용된다고 제시하지 않고 있다. 셋째, 제11조 각 항은 타 조항을 교차 기준으로 언급할 때 이를 명시적으로 밝히고 있으나, 제9항의 최소허용 수준에 관해서는 명시적인 교차 기준을 언급하지 않고 있으며, 이는 특정한 이유가 있는 것으로 보아야 한다. 넷째, 최소허용 수준을 1% 미만으로 규정한 이유가 그러한 정도의 보조금은 피해를 유발하지 않기 때문인 것으로 단정할 수 없다. 협정상 피해에 관한 조항은 '보조금의 규모'와 피해의 상관 관계를 언급하지 않고 있다. 보조금 규모가 적은 경우 피해 가능성이 없을 것 같으나 보조금 협정은 그러한 가능성을 배제하고 있는 것은 아니다. 다섯째, 일반 보조금 조사와 일몰 재심에 상이한 최소허용 수준이 적용되면 비합리적이라고 단정할 수 없다. 보조금 조사 시 1% 이상의 보조율을 가졌던 보조금이 나중에 1% 수준 이하로 인하될 수 있으며 그럼에도 불구하고 상계관세를 철회하면 여전히 피해의 지속이나 재발 가능성을 초래할 수 있는 상황이 있을 수 있으며 이를 비합리적이라 단정할 수 없다. 요컨대, 최소허용 수준 1% 미만 규정이 일몰 재심에도 적용된다는 패널의 판정을 파기하며, 따라서 미국의 관련 국내법이 협정에 위반된다는 패널의 판정도 파기한다.

3. 협정 제21조 제3항은 조사당국에게 적극적 검토 의무를 부과하는가?

(1) 미국의 일몰 재심 법규 자체의 적법성

① EC: 보조금협정 제21조 제3항상 보조금 지급과 피해의 지속 또는 재발을 초래할 가능성이 있는지 판정한다는 의미는 조사 당국으로 하여금 보조금이 계속 존재하는지 검토하는 적극적인 의무를 부과한 것이며 일반 보조금 조사 과정에서 사용되는 것과 동일한 요소 – 보조금 협정 제11조, 제12조, 제15조 – 가 일몰 재심 과정에서도 분석되어야 한다. 그러나 미국의 일몰 재심 관련 법규는 미 당국으로 하여금 이러한 적극적인 판단 의무를 부과하고 있지 않으므로 그 자체가 보조금협정 제21조 제3항, 제32조 제5항, WTO협정 제16조 제4항에 위배된다.

② 패널: 제21조 제3항의 판정은 반드시 충분한 사실적인 근거에 입각해야 하며 관련되는 사실관계를 수집하고 이를 토대로 보조금 지속 가능성을 판단해야 한다. 이러한 사실관계에는 최초 보조금 수준, 최초 보조금 계획의 변경 여부, 정부정책 변경상황 등을 포함한다. 그러나 미국의 관련 법규가 WTO협정에 위배되도록 행동할 것을 '강제'하는 성질의 법규는 아니므로 관련 법규 자체가 보조금협정 제21조 제3항에 위반된다고 판단할 수 없다.

(2) 일몰 재심 법규 적용의 적법성

① EC: 미국의 일몰 재심 법규가 적용된 이번 사례에서 미국의 조치는 협정 제21조 제3항을 위반하였다. 미국은 상계관세가 철회될 경우 독일산 탄소 강판에 0.54%의 보조가 계속될 것이라고 사정하였으나 이 수치는 상계관세 부과 후 폐지된 2건의 보조금 제도의 보조율을 최초 보조율에서 단순 차감한 것에 불과하다. 또한 최초 보조금 조사 시의 계산서류를 일몰 재심 시 고려해 달라는 독일 수출업체의 요청을 받고도 계산 서류가 당초 조사 시 마감 시한을 초과하여 접수된 것이라는 이유로 수용하지 않았다. 따라서 미국이 보조금 지속 가능성을 온당하게 '판정'했다고 볼 수 없으며 상계관세를 계속 부과하기로 한 조치는 협정 제21조 제3항에 위반된다.

② 패널: EC의 주장은 타당하다. '판정'이란 적극적으로 수집한 사실관계에 근거하여야 할 것이나 미국의 가능성 판단은 단순한 수치 계산에 불과하고 충분한 사실관계를 결여하고 있는 것이며 독일 수출업체의 요청을 거절한 것은 새로운 사실관계를 수집하기는커녕 기왕에 미 당국이 소지하고 있는 정보조차 적절한 검토하지 못한 것이다. 따라서 미국의 조치는 협정 제23조 제1항에 위반된다.

Ⅳ 평석 – 강행법규 여부에 대한 입증책임

상소기구는 미국의 일몰 재심 관련 법규가 WTO에 위반되는 것으로 판명되기 전까지는 합치되는 것으로 추정해야 한다고 밝혔다. 따라서 WTO협정 위반에 대한 입증책임은 이를 주장하는 상대국에 있다고 하였다. 그러나 이러한 입장은 이전 상소기구 판정과는 배치된다. US–1916 Act 사건 패널과 상소기구는 관련 미국 국내 법규가 강행법규 또는 재량법규인지의 입증책임은 피제소국인 미국에 있다고 판정하였다.

CASE 151. Canada vs. US - Lumber CVDs Prelim 사건[82]

Ⅰ 사실관계

1. 미 상무부는 미국 목재 업계의 제소에 따라 2001년 4월 30일 캐나다산 침엽목재에 대한 보조금 조사를 개시하여 2001년 5월 미국 무역위원회는 캐나다산 침엽 목재 수입으로 미국산업이 실질적 피해 위협에 직면하고 있다고 볼 합리적인 이유가 있다는 잠정 판정을 내렸다. 이에 기초하여 미국은 캐나다산 침엽목재에 대해 19.31%의 상계관세를 부과하였다.

2. 캐나다는 stumpage 프로그램(벌채권제도)을 운영하고 있었다. 캐나다의 대부분의 수림은 국유지로서 원목(standing timber)을 벌채하고자 하는 경우 해당 지방정부와 계약을 맺어야 하는데 일반적으로 벌채의 대가로 계약자는 도로 건설 및 유지, 화재 예방 등 해당 토지에 대한 서비스 및 유지 보수 의무를 지며 재수목 등 수목 보호 및 유지를 해야 하고 '벌채세'(Stumpage Charge)를 부담해야 한다.

3. 미국의 잠정상계조치에 대해 캐나다는 미국의 관련 조치 및 상계관세법 자체가 보조금협정에 위반된다고 주장하며 2001년 10월 WTO에 패널 설치를 요청하였다.

Ⅱ 법적쟁점

1. 캐나다의 벌채권 제도가 보조금협정상 보조금에 해당하는가?

재정적 기여, 혜택의 존부, 혜택의 이전 여부 등이 문제되었다. 재정적 기여에 관해서는 벌채권 제도가 보조금협정 제1조 제1항 가호(1)(다)에 규정된 '사회간접 자본 이외의 상품이나 서비스'의 제공에 해당하는지가 문제되었다. 혜택의 존부 판단에 있어서는 비교대상 선정이 쟁점이 되었으며, 입목 벌채자에게 제공된 혜택이 침엽 목재에 이전되는지도 문제되었다.

2. 잠정조치의 적용의 문제

잠정조치와 관련해서는 미 상무부의 잠정조치 소급적용의 적법성, 잠정조치 발효 시점 및 기간의 합법성 여부가 다투어졌다.

3. 미국의 상계관세 관련 법규 자체의 위법성

캐나다는 미국의 1930년 관세법 상계 관세 관련 조항 자체가 보조금협정 제19조 제3항과 합치되지 않는다고 주장하였다. 미국 국내법은 '수출국 기업 전체에 단일 보조금 비율(country-wide single subsidy rate)'을 산출할 수 있도록 규정하고 있으나 개별 회사의 신속한 검토권에 대한 규정을 두지 않았기 때문이다.

---

82) 캐나다와 미국 간 캐나다산 목재 수입과 관련된 분쟁은 크게 미국이 취한 잠정조치에 관한 분쟁(DS236, 2002.11.1)과 미국의 최종조치에 관한 분쟁(DS257, 2004.2.17.) 및 최종조치 관련 이행분쟁(DS257, 2005.12.20.) 등이 있다.

Ⅲ 패널 평결

1. 캐나다의 벌채권 제도가 보조금협정상 보조금에 해당하는가?

(1) 재정적 기여의 존부 – 적극

패널은 캐나다 정부의 벌채권 부여는 보조금협정 제1조 제1항 가호(1)(다)에서 규정한 '사회간접자본 이외의 상품이나 서비스의 제공'에 해당하는 재정적 기여라고 판정하였다. 패널은 정부가 벌목회사와 협정을 체결하여 벌목을 허용하는 것은 사실상 해당 업자에게 '입목'을 공급하는 것이라고 보았다. 캐나다는 벌목권의 부여는 상품의 '제공'이 아니라고 항변하였으나 패널은 벌목권의 제공이 입목회사들에게 입목을 제공하는 유일한 방법이므로 벌목권제도는 점유권자들에게 입목을 '제공'하는 것이라고 판단하였다. 또한 캐나다는 '입목'(standing timber) 자체는 상품(good)이 아니라고 항변하였으나 패널은 동 조항의 해석상 상품이란 일반적으로 '화폐를 제외한 유형 자산 또는 동산(tangible or movable personal property, other than money)'으로 넓게 보아야 한다고 판단하고 캐나다의 주장을 받아들이지 않았다.

(2) 혜택의 존부 – 소극

패널은 미국이 혜택(benefit)의 수준을 산정함에 있어서 캐나다 국내가격을 사용하지 않고 동종상품의 미국내 가격을 사용한 것은 보조금협정 제14조에 위반된다고 판정하였다. 미국은 캐나다 입목가격이 정부에 의해 왜곡되어 있어 이를 기준으로 혜택을 산정할 수 없다고 항변하였으나 패널은 보조금협정 제14조 (라)호의 해석상 반드시 왜곡되지 아니한 시장여건을 요구하는 것이 아니라 '있는 그대로'(as they exist)의 시장여건을 의미한다고 반박하였다. 요컨대, 패널은 미국이 공여국인 '캐나다'의 시장여건에 따라 혜택의 규모를 산정하지 않았으므로 보조금협정에 위반된다고 판정한 것이다.

(3) 보조금 혜택의 이전 여부

이 사건에서 문제가 되는 상품은 입목을 가공하여 만든 침엽목재인 반면 벌목권제도는 입목 벌채자에게 부여되는 것이었으므로 벌채자에 대한 혜택이 목재업자에게 이전(pass through)되었음이 증명되어야 했으나 미국이 이를 실시하지 않아 문제가 되었다. 패널은 원자재업자와 파생상품 생산업자가 동일인이 아닌 이상 원자재업자에 대한 보조금의 혜택이 파생상품 생산자에게 이전된다고 간주할 수 없다고 판정하였다. 패널은 원목과 목재가 정상가격으로 거래되는 경우도 있으므로 벌목업자에 대한 보조금의 효과가 어느 정도로 목재업자에게 이전되었는지를 분석했어야 한다고 판단하였다. 패널은 이상을 토대로 미 상무부가 미국 stumpage 가격을 사용한 것은 보조금협정 제14조에 합치되지 않는다고 판단하였다.

2. 잠정조치의 적용의 문제

(1) 잠정조치의 소급적용의 위법성 – 적극

미국은 위기상황(critical circumstances)에 대한 잠정판정에 기초하여 잠정조치를 소급적용하였다. 보조금협정 제20조 제6항에 의하면 위기상황에서는 잠정조치 적용일 전 90일 이내에 소비용으로 반입된 수입상품에 대해 소급적으로 확정 상계관세를 부과할 수 있다. 미국은 '잠정조치' 결정 및 적용 이전 90일에 반입된 상품에 대해서도 '잠정조치'를 취한 것이 문제가 된 것이다. 패널은 제20조 제6항의 예외는 '확정조치'를 취하는 경우에만 적용되는 것으로 보고 미국의 조치가 협정 제20조 제6항에 합치되지 아니한다고 판정하였다.

(2) 잠정조치의 발효 시점과 기간의 위법성 – 적극

보조금협정 제17조는 잠정조치는 조사 개시일로부터 60일 이내에는 적용되지 아니할 것(제3항)과 기한은 4개월을 초과하지 아니할 것(제4항)을 규정하고 있다. 그러나 미국은 2001년 4월 23일 조사 시작, 2001년 5월 19일 잠정조치 소급적용, 2001년 8월 17일 잠정 판정, 2001년 12월 14일까지 잠정조치 부과 등의 조치를 취했다. 패널은 이에 대해 미국의 조치는 제17조 제3항 및 제4항에 반한다고 판단하였다.

3. 미국의 상계관세 관련 법규 자체의 위법성 – 소극

캐나다는 미국이 수출국 기업 전체에 단일 보조금 비율(country-wide single subsidy rate)을 산정하면서 각 기업이 자사의 상계관세율을 따로 산정해 줄 것을 요청할 수 있는지에 대해서는 언급하지 않은 것은 개별 회사의 신속한 검토권을 인정하지 않은 것이므로 보조금협정 제19조 제3항을 위반한 것이라고 주장하였다. 이에 대해 패널은 미국의 관련 법 자체가 협정에 위반되지 아니한다고 판정하였다. 패널은 관련 규정이 존재하지 않는다고 해서 관련 행위를 금지한다고 해석할 수 없다고 보았다. 또한 법규 자체의 WTO협정 위반 여부 판정에 있어서 도입하는 강행법규 및 재량법규 기준에 비추어 볼 때 관련 법규 자체가 존재하지 않아 강행법규 여부를 판단할 수 없다고 판단하였다. 나아가 미국이 신속한 검토에 대한 요청이 있을 경우 이를 받아들이겠다고 언급한 점도 확인하였다.

CASE 152. US - Lumber CVDs Final 사건[83]

I 사실관계

미국은 2002년 5월 캐나다산 목재에 대해 18.79%의 최종 상계관세를 부과하였다. 캐나다는 미국의 최종 조치 역시 보조금협정에 위반된다고 주장하고 2002년 8월 패널설치를 요청하였다.

II 법적쟁점

1. 보조금인가?

재정적 기여에 관해서는 입목이 '상품'에 해당하는지 여부, '벌목권의 부여'를 '상품의 제공'으로 볼 수 있는지 여부 등에 대한 다툼이 재현되었다. 혜택과 관련해서는 반드시 보조금 공여국 내에서의 시장조건을 기준으로 판단해야 하는지가 쟁점이 되었다. 또한 보조금의 이전을 인정할 수 있는지도 문제되었다.

---

83) DS257, 2004.2.17. 상소기구

2. 특정성이 있는가?

특정성에 관해서는 협정 제2조 제1항 다호에 규정된 '제한된 숫자의 특정 기업에 의해 사용되면 사실상 특정성이 있다'는 규정의 의미에 대해 다툼이 있었다. 캐나다는 이 규정의 의미를 동종상품 생산에 종사하는 기업 중 제한된 숫자의 특정 기업에게만 보조금에 대한 접근권을 의도적으로 제한하여 부여하는 경우를 말하는 것이라고 주장하였다.

Ⅲ 패널 및 상소기구 평결

1. 보조금인가?

(1) 재정적 기여가 인정되는가? 적극

패널 및 상소기구는 재정적 기여가 있음을 인정하였다. 즉, 캐나다의 벌목권제도는 벌목권 또는 입목을 제공하는 것이며 입목 역시 상품에 해당한다고 판단하였다. 따라서 stumpage 프로그램은 협정 제1조 제1항 가호(1)(다)에 규정된 재정적 기여에 해당한다고 보았다.

(2) 혜택의 존부

① 패널 – 소극: 미국은 stumpage 프로그램의 혜택의 규모를 산정하기 위해 캐나다 벌목업자가 지불한 가격을 미국 내 사인(私人)간 stumpage 거래가격과 비교하였다. 이에 대해 패널은 잠정조치 관련 패널의 입장을 따라 혜택의 규모 산정은 상품이 제공되는 국가의 지배적인 시장조건에 따라 결정되어야 하며 시장이 반드시 정부에 의해 왜곡되지 않은 순수 시장일 것을 요구하는 것은 아니라고 판단하였다. 이에 기초하여 미국의 산정방식은 보조금협정에 위반된다고 판정하였다.

② 상소기구 – 패널의 법률해석 파기 + 판정 유보: 미국은 제14조에 규정된 '시장'이란 '왜곡되지 않은 시장'을 의미하며 가격이 정부에 의해 왜곡되어 있음에도 불구하고 수혜기업이 있는 국가 내부의 당해 가격을 기준으로 혜택의 수준을 평가할 것을 요구한 것은 패널의 오류라고 지적하며 상소하였다. 상소기구는 14조 라항에 규정된 시장이 정부에 의해 왜곡되지 않은 시장을 의미한다는 미국의 주장은 인용하지 않았다. 그러나 반드시 상품이 제공되는 시장에서의 가격을 기준으로 혜택 여부를 판단해야 하는 것은 아니라고 보고 패널의 판정을 파기하였다. 우선 제14조 및 제14조 라호를 해석함에 있어서 패널이 'in relation to'를 'in comparison with'로 해석한 것은 지나치게 제한적이며 문맥을 고려하지 않은 것이라고 보고 'as regards to' 또는 'with respect to'의 의미로 보아야 한다고 지적하였다. 따라서 조사당국이 선택한 비교 기준이 상품이 제공된 시장의 지배적인 조건에 연계되어 있고(with respect to) 특히 그 시장의 가격, 품질, 입수가능성, 시장성 등의 조건을 반영한다면 제14조 라항을 충족하는 것이므로 반드시 상품이 제공된 시장가격을 비교기준으로 사용해야 하는 것은 아니라고 하였다. 그러나 상소기구는 상품이 제공되는 시장에서의 가격 외에 무엇이 대체적인 비교기준이 될 수 있는지에 대해서는 뚜렷한 입장을 밝히지 않았으며 미국이 대체 사용한 기준인 캐나다와 접경한 미국 북부주 내 stumpage 가격의 적정성 여부에 대해서도 판단을 유보하였다.

③ 보조금의 이전

　㉠ 패널: 패널은 미국이 보조금 이전(pass through) 효과를 분석해야 한다고 전제하였다. 미국이 상계조치를 취한 대상은 '목재(lumber)'이나 캐나다가 보조금을 지급했다고 볼 수 있는 것은 '입목'(timber)이기 때문이다. 패널은 원목(log)과 목재(lumber)를 분리해서 분석하였다. 패널은 원목의 경우 stumpage 보조금이 모두 목재에 귀속되는 것은 아니며 원목에도 귀속되는 것이고 원목에 귀속된 보조금은 동 원목을 정상가격으로 구매한 일반 제재업자에게 이전되었다고 볼 수 없으며 보조금은 원목에 대한 것이지 목재에 혜택을 준 것은 아니므로 목재 보조금 계산에 포함되어서는 안된다고 보았다. 따라서 패널은 미국이 보조금협정 제10조와 GATT 제6조 제3항을 위반했다고 판정하였다. 목재의 경우 역시 패널은 미국이 이전 효과 분석을 실시하지 않은 것은 잘못이라고 하였다.

　㉠ 상소기구: 상소기구는 '원목' 판매에 대해서는 패널과 마찬가지로 미국이 이전효과를 분석했어야 한다고 판단하였다. 그러나 벌목 및 제재겸업자가 '목재'를 생산하여 재가공업자에게 정상 가격으로 판매한 경우에 대해서 상소기구는 패널의 판단에 오류가 있다고 보았다. 상소기구는 벌목 및 제재겸업자나 이들로부터 목재를 구매한 재가공업자가 모두 이번 사건의 대상이 되는 목재를 생산하고 있고 특정 업체가 아니라 캐나다산 목재 전체에 대해 보조율을 정한 것임을 주목하였다. 즉, 미국이 이른바 '통합조사'(aggregate investigation)를 실시한 것이며 이는 보조금협정 제19조에서 허용되고 있는 조사 방법이라고 확인하였다. 상소기구는 미국이 '목재'에 대해서 이전효과를 분석하지 않은 것은 보조금협정에 위반되지 않는다고 판단하였다. 상소기구는 보조금이 지급된 원자재를 사용한 상품이 상계관세의 대상이 되었을 경우 보조금이 이전되었다고 패널이 이미 판단한 이상 조사대상 상품간에 보조금이 어떻게 배분되었는지에 대한 추가적인 이전분석을 실시할 필요는 없다고 판정하였다. 통합조사를 통해 조사대상 전체에 대한 보조율이 정해졌는데 조사대상 상품 간에 보조금이 이전되었는지 여부를 분석할 실익이 없다는 것이다.

2. 특정성이 있는가? 적극

패널은 특정성이 있다고 판단하였다. 패널은 협정 제2조 제1항은 일반적으로 입수가능하지 않은 보조금으로 인해 야기된 왜곡상황에 대한 것이므로 이미 어떤 기업군이나 산업에 한정하여 보조금이 지급되었으면 특정성의 요건이 충족되었다고 보아야 할 것이지 그 기업군이나 산업의 특정 그룹으로 보조금 접근권이 의도적으로 제한되어야 한다고 볼 근거가 없다고 하였다. 따라서 미국은 목재 관련 산업 전체 중 일부, 즉 펄프, 종이 제작소, 제재소, 목재재가공업자만이 stumpage 제도를 이용하였음을 확인하였으며 동 보조금이 특정 산업이나 산업군에 제한된 것이라고 판단한 것은 타당하다고 보았다.

Ⅳ 평석

1. 상품이나 서비스의 구매 또는 제공의 재정적 기여 인정 문제

상소기구는 제14조 라항에 규정된 시장이 정부에 의해 왜곡되지 않은 시장을 의미한다는 미국의 주장은 인용하지 않았다. 그러나 반드시 상품이 제공되는 시장에서의 가격을 기준으로 혜택여부를 판단해야 하는 것은 아니라고 보고 패널의 판정을 파기하였다. 우선 제14조 및 제14조 라항을 해석함에 있어서 패널이 'in relation to'를 'in comparison with'로 해석한 것은 지나치게 제한적이며 문맥을 고려하지 않은 것이라고 보고 'as regards to' 또는 'with respect to'의 의미로 보아야 한다고 지적하였다. 따라서 조사당국이 선택한 비교 기준이 상품이 제공된 시장의 지배적인 조건에 연계되어 있고(with respect to) 특히 그 시장의 가격, 품질, 입수가능성, 시장성 등의 조건을 반영한다면 제14조 라항을 충족하는 것이므로 반드시 상품이 제공된 시장 가격을 비교 기준으로 사용해야 하는 것은 아니라고 하였다.

2. 보조금효과의 이전 문제

원보조금을 수혜 받은 주체의 소유권이 변경되는 경우 또는 이번 사건과 같이 보조금이 원자재에 대해 지급된 경우 보조금 효과의 이전 문제가 발생한다. 이번 사건에서는 상계조치의 대상이 된 '목재'에 대해 보조금 이전 효과를 분석해야 하는지에 대해 패널과 상소기구의 입장이 달랐다. 패널은 목재에 대해서도 이전효과를 분석해야 한다고 판정하였으나 상소기구는 실익이 없다고 판단하였다. 이는 미국이 보조금액을 산정함에 있어서 '통합조사'를 실시했기 때문이다. 상소기구는 조사 대상 상품인 목재를 stumpage 소유자가 생산한 목재와 재가공업자가 생산한 목재를 나누어 각각 보조금이 어느 정도 귀속되는가를 가릴 실익이 없다고 본 것이다.

제4장 │ 세이프가드협정

CASE 153. EC vs. Korea - Dairy Safeguard 사건[84]

Ⅰ 사실관계

우리나라 무역위원회(KTC)는 1993년 3천 200톤이었던 혼합 분유 수입량이 1995년 2만 8천 톤으로 급증함에 따라 산업피해 여부를 조사했다. KTC의 조사에 의거, 농림부는 1997년 3월 7일부터 혼합분유에 대한 긴급수입제한조치를 시행, 2001년 2월 28일까지 수량 규제를 통한 국내시장 안정을 꾀하기로 했다. EC는 이 조치가 WTO협정상의 긴급수입제한조치 발동 요건에 충족되지 못한다고 주장, WTO에 제소했다.

Ⅱ 법적쟁점

1. 예측하지 못한 사태 발전의 기준 해당 여부(GATT 제19조 제1항(a)[85])

EC는 한국이 혼합분유의 수입급증이 예측하지 못한 사태의 결과인지 여부에 대해 검토했었어야 하나 이를 실시하지 않았다고 주장하고 이는 GATT 제19조 제1항(a) 위반이라고 주장하였다.

---

84) DS98, 2000.1.12. 상소기구
85) 체약국은, 예측하지 못한 현상과 관세양허를 포함하여 이 협정에 따라 체약국이 부담하는 의무의 효과의 결과로서, 어떤 상품이 동종상품 또는 직접경쟁상품의 국내생산자에 대하여 심각한 손해를 주거나 심각한 손해를 위협할 정도로 증가된 수량 및 조건으로 자국 영역 내로 수입되고 있는 경우에, 체약국은, 그 상품에 대해, 그러한 손해를 방지 또는 구제하는 데 필요한 한도 및 기간 동안 그 의무의 전부 또는 일부를 정지하거나 또는 양허를 철회 또는 수정할 수 있다.

2. under such conditions의 의미(긴급수입제한조치협정 제2조 제1항[86])

EC는 긴급수입제한조치협정 제2조 제1항상 한국은 국내산업에 심각한 피해를 초래하거나 초래할 우려가 있을 정도의 상황(under such conditions)에 대해 분석했어야 하며, 특히 수입가격에 대해 충분히 검토했어야 하나 이를 실시하지 않았으므로 'under such condition' 기준을 충족하지 못했다고 주장하였다.

3. 피해 요소의 적정 평가 여부(긴급수입제한조치협정 제4조 제2항[87])

긴급수입제한조치협정 제4조 제2항은 수입급증으로 인한 피해판정 시 관련된 산업의 상황에 영향을 미치는 객관적이고 계량가능한 성격의 모든 관련 요소를 평가할 것을 요구하고 있으며 수입증가율, 점유율, 생산성 등 고려요소를 제시하고 있는바, EC는 한국이 동 피해 요소를 적절히 평가하지 못했다고 주장하였다.

4. 긴급수입제한조치의 적정성(긴급수입제한조치협정 제5조 제1항[88])

긴급수입제한조치협정 제5조 제1항은 심각한 피해를 방지하거나 조정을 촉진하는 데 필요한 범위 내에서만 실시할 의무를 부과하고 있으며 수입량도 전 3년 평균 수입량 이하로 제한해서는 안 된다고 규정하고 있는바, EC는 한국이 ① 조정 촉진방안에 대해서는 아무 고려도 하지 않은 채 긴급수입제한조치를 취하였고, ② 수입제한 외에 달리 가장 적합한 조치가 있는지도 살피지 않았으며, ③ 제한된 쿼터가 피해방지 및 구제에 꼭 필요한 수준이라는 것도 제시하지 못하였을 뿐 아니라 ④ 다른 수준이 심각한 방지 또는 구제하는 데 필요하다는 명백한 정당성을 제시하지 않고 대표적 3년 기간을 설정하였으므로 이는 긴급수입제한조치협정 제5조 제1항에 위반된다고 주장하였다.

5. 통보 및 협의 의무 충족 여부(긴급수입제한조치협정 제12조[89])

EC는 한국이 긴급수입제한조치의 통보 의무를 다하지 못했다고 주장하였다.

---

86) 회원국은 아래에 명시된 규정에 따라 특정 상품이 동종 또는 직접경쟁적인 상품을 생산하는 국내산업에 심각한 피해를 초래하거나 초래할 우려가 있을 정도로 국내생산에 비해 절대적 또는 상대적으로 증가된 물량과 조건하에 자기 나라의 영토내로 수입되고 있다고 판정한 경우에만, 그 상품에 대하여 긴급수입제한조치를 취할 수 있다.

87) 증가된 수입품이 이 협정의 조건에 따라 국내산업에 심각한 피해를 초래하였거나 심각한 피해를 초래할 우려가 있는지의 여부를 판정하기 위한 조사에 있어서 주무당국은 동 산업의 상황에 영향을 미치는 객관적이고 계량가능한 성격의 모든 관련 요소를 평가하며, 특히 관련 상품의 절대적 및 상대적인 수입증가율 및 증가량, 증가된 수입품이 국내에서 차지하는 점유율, 판매, 생산, 생산성, 가동율, 이윤 및 손실, 그리고 고용의 수준에 있어서의 변화를 평가한다(제a호).

88) 회원국은 심각한 피해를 방지하거나 구제하고 조정을 촉진하는 데 필요한 범위 내에서만 긴급수입제한조치를 적용한다. 수량제한이 사용되는 경우 이러한 조치는, 다른 수준이 심각한 피해를 방지 또는 구제하는 데 필요하다는 명백한 정당성이 제시되지 아니하는 한 통계가 입수가능한 과거 대표적인 3년간의 평균수입량인 최근 기간의 수준 이하로 수입량을 감소하여서는 아니된다. 회원국은 이러한 목적달성에 가장 적합한 조치를 선택하여야 한다.

89) 1. 회원국은 즉시 다음 사항에 관하여 긴급수입제한조치위원회에 통보한다.
　(a) 심각한 피해 또는 심각한 피해의 우려와 관련한 조사과정의 개시 및 그 사유
　(b) 증가된 수입품으로 인한 심각한 피해 또는 심각한 피해의 우려에 관한 판정
　(c) 긴급수입제한조치의 적용 또는 연장에 관한 결정
2. 제1항 제b호 및 제c호에 언급된 통보를 행함에 있어서 긴급수입제한조치를 적용하거나 연장할 것을 제안하는 회원국은 긴급수입제한조치위원회에 모든 관련된 정보를 제공하며(…)
3. 긴급수입제한조치를 적용하거나 연장할 것을 제안하는 회원국은 관련 상품의 수출국으로서 실질적인 이해를 가지고 있는 회원국에 대하여 특히 제2항에 따라 제공된 정보를 검토하고 동 조치에 관한 의견을 교환하고 제8조 제1항에 규정된 목적을 달성하기 위한 방법에 대한 양해에 도달하기 위하여, 사전 협의를 위한 적절한 기회를 제공한다.
4. 회원국은 제6조에 언급된 잠정 긴급수입제한조치를 취하기 이전에 긴급수입제한조치위원회에 통보한다. 협의는 조치가 취해진 후 즉시 개시된다.

Ⅲ 패널 및 상소기구 평결

1. 예측하지 못한 사태 발전의 기준 해당 여부(GATT 제19조 제1항(a))

(1) 패널

패널은 GATT 제19조 제1항(a)의 '예측하지 못한 사태의 발전'은 긴급수입제한조치 발동 조건을 추가한 것이라기보다는 긴급수입제한조치가 필요한 이유를 설명한 것이며 회원국에 대해 추가적인 부담을 지우는 것이 아니라고 보았다. 패널은 긴급수입제한조치협정 제2조 제1항은 GATT 제19조의 원칙을 보다 구체화한 것임에도 '예측하지 못한 사태의 발전'에 대해서는 언급하고 있지 않음을 지적하고 EC의 주장을 기각하였다.

(2) 상소기구

상소기구는 패널의 판정을 수용하지 않았다. 상소기구는 "unforeseen development"란 반드시 의미를 가져야 하며 unforeseen의 통상적 의미에 비추어 볼 때 as a result of unforeseen development란 당해 상품의 수입 급증으로 귀결된 상황의 발전과 심각한 피해(우려)를 초래한 조건은 반드시 예측할 수 없었던 (unexpected) 것임을 요구하는 것이라고 판단하였다. 상소기구는 이 구절이 그 자체로 긴급수입제한조치 적용 조건을 구성하지는 않는다 하여도 긴급수입제한조치가 적용되기 위해서는 하나의 사실로서 증명되어야 하는 특정의 상황(circumstances)을 나타내는 것이라고 결론지었다. 이러한 판단으로 상소기구는 패널의 판정을 기각하였으나 사실 관계가 충분하지 않다는 이유로 한국이 GATT 제19조 제1항(a) 요건을 충족하였는지 여부에 대해서는 검토하지 않았다.

2. under such conditions의 의미(긴급수입제한조치협정 제2조 제1항)

패널은 동 조항이 수입국으로 하여금 가격분석을 시행하도록 하는 명백한 요구(explicit requirement)를 부과한다고 볼 수는 없다고 판단하였다. 패널은 'under such conditions'이란 긴급수입제한조치 부과 전에 시행하여야할 추가적인 기준이나 분석상의 요건을 요구하는 것이라기보다는 수입급증의 영향(impact)과 시장 상황에 대해 적절한 평가(adequate assessment)를 실시하라는 의무를 언급한 것이라 보아야 한다고 밝혔다.

3. 피해 요소의 적정 평가 여부(긴급수입제한조치협정 제4조 제2항)

패널은 한국 무역위원회의 조사 결과 보고서에 제4조 제2항상의 피해 요소 중 일부가 검토되지 않았음을 확인하였다. 패널은 일부 피해 요소에 대한 한국의 논증이 충분하지 못하고 심각한 피해를 초래하였음을 설명하지 못하는바, 한국의 심각한 피해판정은 긴급수입제한협정 제4조 제2항의 요건을 충족하지 못한다고 판정하였다.

4. 긴급수입제한조치의 적정성(긴급수입제한조치협정 제5조 제1항)

(1) 패널

패널은 제5조 제1항 제1문을 긴급수입제한조치는 그 전체가(in its totality) 피해방지, 구제, 조정을 촉진하는 데 필요한 수준 이상으로 제한적이어서는 안 된다는 의미로 해석하였다. 아울러 제5조 제1항 제2문에 비추어 조치 시행국은 당해조치가 제5조 제1항 요건을 모두 충족하고 결론에 어떻게 도달하였는지 합리적인 설명을 제시하여야 하며, 패널 스스로가 당해 조치의 필요성 기준 충족 여부를 판단할 것은 없다고 보았다. 패널은 한국의 혼합분유 긴급수입제한조치가 왜 다른 조치보다 선호되어야 하는지 합리적인 설명이 결여되어 있어 제5조 제1항 제1문의 요건을 충족하지 못했다고 판시했다.

(2) 상소기구

상소기구는 제5조 제1항 제1문에 대한 패널의 해석은 지지하였다. 반면 제2문의 '명백한 정당성'에 기초한 패널의 두 번째 해석은 받아들이지 않았다. 상소기구는 '명백한 정당성'이란 수량제한에만 적용되는 것이라고 한정하였다. 한국의 제5조 제2항 제2문 위반 여부를 결정하기 위해서는 한국이 통계가 입수 가능한 과거 대표적인 3년간 평균 수입량 이하로 수량제한을 하였는지를 판단하여야 하나 패널이 이에 관한 사실관계 판단을 하지 않아, 패널의 분석을 종료할 수 없다고 하였다.

5. 통보 및 협의 의무 충족 여부(긴급수입제한조치협정 제12조)

(1) 통보 의무의 대상 및 제12조 제2항 '모든 관련정보'의 범위

① 패널: 패널은 긴급수입제한조치협정 제12조상 회원국은 긴급수입제한조치 조사과정 중 5번의 통보 의무가 있다고 보았다. ① 제12조 제1항상의 조사 개시, ② 피해판정, ③ 조치 적용(연장) 시 SG위원회에 통보, ④ 제12조 제2항 및 제3항 추론상, 조치의 내용과 조치의 제안 시 통보, ⑤ 제12조 제4항상 잠정조치 채택 전 통보 의무가 있다. 통보의 내용에 관해 패널은 제12조 제2항의 모든 관련된 정보란 EC가 주장하는 대로 제3조 및 제4조에 의거, 국내적으로 공표된 모든 사항을 요약해서 통보하라는 것은 아니며 실질적 이해관계를 갖고 있는 회원국이 이용하기에 충분한 정도의 정보를 말한다고 판단하였다.

② 상소기구: 상소기구는 패널의 판정을 번복하였다. 상소기구는 모든 관련된 정보의 내용은 최소한 동 구절 이하에 기재된 사항을 포함해야 하는 것이며 무엇이 심각한 피해의 증거를 구성하는지는 패널의 판단과는 달리 조치발동국이 결정할 수 있는 것이 아니라고 결정하였다. 상소기구는 그 근거로 긴수입제한조치협정 제4조 제2항 제(a)호에 심각한 피해판정 요소가 명시되어 있음을 환기하였다.
상소기구는 한국의 긴급수입제한조치 통보문에 판매, 생산, 생산성, 고용 등에 관한 분석이나 인과관계에 대한 명시적인 설명이 없으므로 한국은 심각한 피해 요소 평가의무를 다하지 못했으며 이는 제12조 제2항 위반에 해당한다고 판시하였다.

(2) 통보시점

패널—통보시점에 관해 패널은 제12조 제1항의 '즉시(immediately)'란 어느 정도의 긴급성(urgency)을 나타내는 것이며 심각한 피해판정에 관한 통보는 제12조 제3항상의 협의 전에 이루어져야 할 것이라고 판단하였다. EC의 주장대로 조사 개시 통보가 긴급수입제한조치의 모든 법적 요건을 포함해야 하는 것은 아니라고 보았다. 패널은 ① 한국이 조사 개시 14일 후 통보한 것, ② 심각한 피해판정 국내 공고 40일 후 통보한 것, ③ 조치 적용 결정 6주 후 통보한 것은 제12조 제1항의 '즉시 통보 의무'를 다하지 못한 것이라고 판정하였다.

Ⅳ 평석

1. 'unforeseen development'

이번 사건에서 특히 중요했던 것은 GATT 제19조 제1항(a)에는 명시되어 있으나 긴급수입제한조치협정 제2조 제1항에는 기재되어 있지 않은 '예측하지 못한 사태의 발전(unforeseen development)'이 법적으로 어떤 의미를 갖느냐는 문제였다. 패널은 이 구절이 조사 당국에게 특별한 의무를 부과하는 것은 아니라고 보았다. 수입 급증이 예측하지 못한 사태의 발전으로 인해 야기된 것임을 조사 당국이 조사할 의무는 없고 긴급수입제한조치가 반드시 예측하지 못한 사태의 발전으로 초래된 수입 급증에 대해서만 발동되어야 하는 것도 아니라는 입장이었다. 비슷한 시기에 있었던 Argentina-Footwear Safeguard 사건 패널도 이와 유사한 입장을 밝혔다. 반면 이 사건과 Argentina-Footwear Safeguard 사건 상소기구는 모두 GATT 제19조 제1항(a)의 예측하지 못한 사태의 발전은 그 자체가 독립적인 법적 효과가 있다고 판단하였다. 조사 당국은 예측하지 못한 사태의 발전에 대해 조사를 진행하고 심각한 피해가 그러한 사태의 결과임을 시현해야 한다는 것이다. 상소기구의 이러한 판단은 US-Lamb Safeguard 사건 상소기구에서 재확인되었다. 동 사건 상소기구 역시 조사 당국은 unforeseen development에 대해 별도의 사실관계를 파악하여야 하며 이러한 상황의 존재는 조사 당국의 보고서에 명시되어야 한다고 결론지었다. 상소기구의 일관된 판단에 따라 지금은 긴급수입제한조치를 발동하기 위해 조사 당국은 반드시 심각한 피해가 예측하지 못한 사태의 발전으로 초래된 것임을 제시해야 한다는 것이 분명하여졌다. 상소기구는 '예측하지 못한 사태의 발전'을 긴급 수입제한조치의 발동 요건으로 사실상 추가함으로써 이를 인정하지 않은 패널에 비해 긴급수입제한조치의 발동을 더욱 까다롭게 하였다.

2. 통보 시 '모든 관련정보'의 범위

긴급수입제한조치에 대한 패널과 상소기구의 인식 차이는 제12조 제2항의 '모든 관련된 정보(all pertinent information)'의 범위 해석에서도 나타난다. 상소기구는 '모든 관련된 정보'란 제12조 제2항에 나열된 요소뿐 아니라 제4조 제2항의 피해 요소까지 포함하는 것이라고 판단, 긴급수입제한조치의 내용을 상세하게 통보해야 하는 의무를 조치부과국에 지움으로써 긴급수입제한조치를 가급적 제한하려는 의도를 내비치고 있다. 그러나 패널은 '모든 관련정보'의 범위를 좁게 해석하여 조치부과국의 통보 의무를 경감하고자 하였다.

CASE 154. Korea vs. US - Line Pipe Safeguards 사건[90]

Ⅰ 사실관계

1. 1999년 8월 미 무역위원회는 한국, 중국 등으로부터 수입되는 line pipe에 대해 피해조사를 개시하여 그해 10월 동 제품의 수입 급증이 국내산업에 심각한 피해 및 피해 우려를 초래하고 있다고 판정하였다. 이에 따라 미국 정부는 2000년 2월 세이프가드 조치를 발동하였다.

---

90) DS202, 2002.3.8. 상소기구

2. 이 조치는 어느 국가로부터의 수입물량이 9,000톤에 달할 때까지는 정상적인 관세를 부여하고 9,000톤을 초과하는 물량에 대해서는 1차년도 19%, 2차년도 15%, 3차년도에 11%의 관세를 추가로 부과하는 방식이다.

3. NAFTA 회원국인 캐나다, 멕시코는 적용 대상에서 제외되었다.

Ⅱ 법적쟁점

1. Tariff quota 여부 및 GATT 제13조(수량제한의 무차별 적용) 적용 가능 여부

한국은 미국의 긴급수입제한(SG)조치가 tariff quota(관세할당)인데, 동 조치는 GATT 제13조 제2항 제1문, 제2항(a), 제3항(b)상의 의무를 위반하였다고 주장하였다. 반면 미국은 동 조치가 tariff quota가 아닌 tariff surcharge(관세부과)이며 따라서 GATT 제13조가 적용되지 않는다고 주장하였다.

2. '수량제한' 해당 여부(SG협정 제5조 제1항, 제5조 제2항(a))

한국은 미국의 조치가 SG협정 제5조 제1항상의 '수량제한'이고, 제5조 제2항(a)상의 quota에 해당하며, 동 조항상의 의무인 과거 3년간 평균수입량 이하로 수입량 감소 금지 의무를 충족하지 못했다고 주장하였다.

3. '필요한 범위' 충족 여부(SG협정 제5조 제1항)

한국은 미국의 Line Pipe 긴급수입제한조치가 SG협정 제5조 제1항상 '필요한'것임을 입증하지 못했으며 '필요한 범위'도 초과하였다고 주장하고, 그 근거로 미 무역위원회의 권고보다 더 제한적이라는 점을 제시하였다.

4. GATT 제24조 적용 여부

한국은 캐나다와 멕시코에 SG조치 적용을 제외한 것은 GATT 제1조, 제13조 제1항, 제19조, SG협정 제2조 제2항 위반이라고 주장하였으나, 미국은 이들이 NAFTA 회원국이므로 GATT 제24조에 의해 SG조치 적용에서 면제된다고 반박하였다.

5. 병행주의(parallelism) 준수 여부

한국은 미국이 캐나다산과 멕시코산 수입을 피해 분석 시에는 고려하였으나 SG조치 적용대상에서 제외한 것은 SG협정 제2조 및 제4조 위반이라고 주장하였다.

6. 개도국 제외 여부(SG협정 제9조)

협정 제9조에 의하면 개도국이 원산지인 상품이 수입회원국의 동 상품 수입에서 차지하는 점유율이 3%를 초과하지 않거나, 3% 미만 수입 점유율을 가진 개도국 회원국의 점유율의 총합이 해당 상품 총 수입의 9%를 넘지 않을 경우 긴급 수입제한조치를 면제하도록 규정하고 있다. 한국은 미국의 조치는 이러한 내용을 명기하지 않고 있으므로 동 규정 위반이라고 주장하였다.

7. '증가된 수입' 판정의 적정 여부(GATT 제19조 제1항(a), SG협정 제2조 제1항)

한국은 미국이 수입의 증가를 판단함에 있어서 가장 최근의 자료를 기준으로 하지 않고 1994년부터 1999년까지의 통계자료에 근거하였고, 비교대상 기간을 선정하는 데에도 오류가 있었으므로, GATT 제19조 제1항(a)와 SG협정 제2.1조 위배된다고 주장하였다. 이에 대해 미국은 최근에, 갑작스럽게, 급격하게 현저한 수입의 증가가 있었으므로 ITC의 판정은 정당하다고 주장하였다.

8. 인과관계와 비귀속성(제4조 제2항 나호)

미국은 수입 증가 이외에 미국 line pipe 산업에 피해를 초래한 다른 요소를 밝혀냈지만 어느 요소도 수입 증가보다 더 중요한 피해 원인은 아니었다고 분석하였다. 한국은 미국의 이러한 분석은 수입 증가 이외의 다른 요소로 인한 피해를 수입 증가의 탓으로 귀속시키지 말라는 협정 제4조 제2항 나호에 위반된다고 주장하였다.

9. 예견하지 못한 사태의 발전(GATT 제19조 제1항(a))

한국은 미국이 예측하지 못한 사태의 발전을 입증하지 못했으므로 GATT 제19조 제1항(a)를 위반한 것이라고 주장하였다.

10. 적절한 사전협의 기회 부여(SG협정 제12조 제3항)

한국은 2000년 1월 개최된 양자 협의 시 미국은 line pipe 긴급수입제한조치 내용에 대해서 밝히지 않았으며 한국은 다음 달 미국 정부의 보도자료를 보고 그 내용을 알 수 있었다고 주장하고 미국은 적절한 사전 협의 기회를 부여해야하는 협정 제12조 제3항을 위반하였다고 주장하였다.

Ⅲ 패널 및 상소기구 판정

1. Tariff quota 여부 및 GATT 제13조 위반 여부

(1) Tariff quota 적용 여부

패널은 GATT 제13조 제5항상 GATT 제13조 제2항(a)가 tariff quota에 적용되는 것이 분명하다고 보았고, 동 규정상 tariff quota는 저율 관세를 받을 수 있는 수량이 규정되어 있는 한 그 수량제한이 overall 하건, overall 하되 수출국별로 할당되는지, overall limit 없이 수출국별로 운영되는지는 무관하다고 판단, 미국의 조치는 tariff quota에 해당한다고 판정하였다.

(2) GATT 제13조 위반 여부

한국은 수량제한에 관한 제13조의 요건을 미국이 충족하지 못했다고 주장하였다. 즉, 수량제한조치를 취하는 경우 수출국에 대한 무역량의 분배조치를 취하지 않았고, 수입허가품의 총량을 표시하는 할당량을 규정하지 않았으며, 할당량을 공고하지도 않았다고 하였다. 패널은 한국의 주장을 인용했다. 패널은 미국의 긴급수입제한조치가 과거의 교역동향에 기초하였다거나, 기대할 수 있는 교역량에 근접하도록 교역물량을 배분하려고 의도한 점을 찾을 수 없으므로 제13조 제2항 두문을 위반하였다고 보았다. 또한, GATT 제13조 제2항(a)는 수입총량을 규정(fix)할 것을 요구하고 있는 바, 규정(fix)은 '결정'(decide) 또는 특정(specify)의 의미이나 미국은 그러한 결정을 한 바 없다. 수입총량이 공고된 바도 없으므로 제13조를 위반하였다고 판단하였다.

2. '수량제한' 해당 여부(SG협정 제5조 제1항 · 제2항(a))

패널은 SG협정 제5조 제1항의 수량제한이란 수입량을 일정 수준 이하로 감소시키는 것인데, tariff quota는 수입 총량 제한(수량제한)이 아니며, 또한 SG협정 제5조 제2항(a)상의 quota도 아니라고 설명하였다.

3. '필요한 범위' 충족 여부(SG협정 제5조 제1항)

(1) 패널

패널은 긴급수입제한조치가 필요한 것임을 입증해야 한다는 한국의 주장을 수용하지 않았다. 제5조 제1항은 조치부과국으로 하여금 조치의 필요성을 입증할 것을 요구하지는 않는다고 판시했다. Korea – Dairy Safeguard 사건 패널 판정대로 동 조항은 단지 국내산업이 겪고 있는 심각한 피해를 방지 또는 구제하거나 국내 산업의 조정을 촉진시키려는 목적에 상응한(commensurate with) 조치를 취하라는 의무를 부과하는 것이지 제5조 제1항 준수를 입증하는 절차적 의무를 부과하는 것이 아니라고 설명하였다. 필요한 범위를 초과했다는 한국의 두 번째 주장에 대해서도 패널은 미국의 조치가 미 무역위원회의 권고보다 더 제한적이라 하더라도 제5조 제1항에서 허용된 최대 수준 이하일 수 있다는 점을 언급하였고 또한 더 제한적이라는 점을 한국이 입증하지도 못했다고 지적하였다.

(2) 상소기구

상소기구는 패널의 첫 번째 판정은 지지하였으나, 두 번째 판정을 파기하였다. 협정 제4조 제2항(b) 제2문에 비추어 이 조항은 전체 피해 중 적절한 부분만을 수입증가에 귀속시켜야 한다는 기준으로 볼 수 있으며 제5조 제1항에 언급된 심각한 피해는 수입의 증가에 의해 초래된 심각한 피해만을 의미하는 것이며 SG조치는 수입증가에 의해 초래된 피해를 해소하는 범위에서만 적용할 수 있는 것으로 해석해야 한다고 결론지었다. 따라서 미국이 수입증가 이외의 요소의 피해를 수입 증가에 귀속시키지 말아야 한다는 제4조 제2항(b)호를 위반한 점이 패널에 의해 확인되었으므로 미국의 조치는 수입증가에 의해 초래된 심각한 피해를 방지하거나 구제하고 조정을 촉진하는 데 필요한 범위를 일탈한 것이라고 판시하였다.

4. GATT 제24조 적용 여부

(1) 패널

패널은 미국의 조치는 tariff quota이므로 GATT 제24조 제8항(b)에 의거, 일정 조건이 충족될 경우 FTA회원국에는 면제될 수 있다고 보았다. 그 조건은 GATT 제24조 제5항(b), (c) 충족 여부 및 관세와 기타의 제한적 통상 규칙이 실질적으로 모든 NAFTA 교역에서 철폐되어야 한다는 것인데 미국이 이를 충분히 입증하였다고 판단, GATT 제24조를 원용할 수 있다고 판시하였다.

(2) 상소기구

상소기구는 패널의 판정이 무의미하며 법적인 효력이 없다고 결정하였다. 상소기구는 병행주의가 성립될 때에만 GATT 제24조가 SG협정 제2조 제2항의 예외로 이용될 수 있다고 하였다. 즉, 첫째, SG조치로부터 면제된 수입이 심각한 피해판정 시 고려되지 않았거나, 둘째, SG조치로부터 면제된 수입이 심각한 피해판정 시 고려되었지만 조사 당국이 합리적이고 적절한 설명을 통해 자유무역지대 외의 수입만으로도 SG조치 적용조건이 충족된다는 것을 명백히 밝힌 경우 병행주의 요건을 충족한다. 그런데 이번 사건의 경우 멕시코와 캐나다산 line pipe는 심각한 피해판정 시 고려된 점이 분명하나 조치의 적용대상에서 배제한 것에 대해 미국이 합리적이고 적절한 설명을 제시한 바 없으므로 GATT 제24조가 SG협정 제2조 제2항의 예외로 원용될 수 있는지 검토할 필요가 없다고 판단하였다.

5. 병행주의(parallelism)[91] 준수 여부

패널은 한국이 미국이 제2조, 제4조를 위반했다는 prima facie case를 구성하지 못했다고 판시했다. 그러나 상소기구는 피해판정 대상 수입과 조치 적용 수입은 서로 같아야 하며, 한국은 이 차이를 입증한 것만으로도 prima facie case를 성립시켰다고 판단하였다. 그리고 미국이 캐나다와 멕시코의 수입을 피해조사 시에는 포함시켰으면서 비NAFTA국가의 수입만으로 심각한 피해가 초래되었다는 사실을 합리적이고 적절한 설명으로 명백히 수립하지 않은 채 SG조치 대상에서 제외하였으므로 SG협정 제2조 및 제4조 위반에 해당한다고 판시하였다.

6. 개도국 제외 여부(SG협정 제9조)

패널과 상소기구는 모두 미국이 SG협정 제9조 제1항상의 개도국 예외 내용을 명기하고 있지 않다는 한국의 주장을 수용, 미국이 동 조항을 위반하였다고 판시하였다.

7. '증가된 수입' 판정의 적정 여부(GATT 제19조 제1항(a), SG협정 제2조 제1항)

증가된 수입 판정을 위한 조사기간이 특히 문제되었다. 패널은 WTO협정이 조사 기간의 길이에 대해 특별히 규정하고 있지 않으며 조사기간의 분할 등도 전적으로 조사 당국의 재량에 따른 것이라고 확인하였다. 상소기구 역시 최근 과거의 수입증가가 반드시 조사 당국의 판정 직전의 과거를 의미하는 것도 아니며 제2조 제1항이 increasing이 아니라 increased imports라고 규정하고 있으므로 수입이 반드시 현재 증가 중에 있어야 하는 것도 아니므로 미국의 수입증가 판정이 타당하다고 보았다.

8. 인과관계와 비귀속성

패널은 미국이 다른 요소에 의해 초래된 피해의 성격과 범위(nature and extent of the injury)를 규명하지 않았고 이들이 초래한 피해와 수입 증가가 초래한 피해를 분리하지 않았으므로 협정 제4조 제2항 나호에 위반된다고 판정하였다. 상소기구 역시 패널 판정을 지지하였다. 상소기구는 수입증가의 피해 효과와 다른 요소의 피해 효과는 분리되고 구별되어야(separate and distinguish) 한다고 언급하고 패널의 판정을 지지하였으며 나아가 조사 당국은 합리적이고 적절한 설명을 통해 다른 요소의 피해가 수입 증가의 탓으로 귀속되지 않았음을 명백히 밝혀야 하며 이러한 설명은 명시적이고 분명해야 한다고 판시하였다.

9. 예견하지 못한 사태의 발전

패널은 ITC 조사당국이 예견하지 못한 사태의 존재를 조치 발동 이전에 ITC 보고서를 통하여 입증하여야 하나, ITC 보고서에 동 내용이 포함되어있지 않았으므로, 미국의 조치는 제19조(a)의 예견하지 못한 사태 발생의 요건에 합치하지 않는다고 결론지었다.

---

91) 병행주의(parallelism)는 Argentina–Footwear Safeguards 사건과 US–Wheat Gluten Safeguards 사건의 평결을 통해 발전되어 온 개념이다. 세이프가드협정 제2.1조 및 제2.2조에 'product being imported'라는 문구가 병행적으로(parallel) 사용되었으므로, 이에 의하면 수입물품 중 세이프가드 조사대상의 범위와 세이프가드 조치 적용 대상의 범위가 일치하여야 한다는 의미로서 병행주의 요건이 적용되고 있다.

10. SG협정상의 충분한 협의 기회 부여(SG협정 제12조 제3항)

패널은 미국이 백악관 보도자료를 통하여 SG조치를 발표한 것에 대하여 패널은 수출국에게 조치내용에 관한 정보를 제공하는 방법으로 보도자료는 충분하지 않다고 판단, 미국이 SG협정 제12조 제3항을 위반하였다고 평결하였다. 상소기구는 패널의 판정을 지지하면서도 다른 논거를 들고 있다. 상소기구는 정보제공방법이 문제가 아니라, 미국이 한국에게 의견 교환을 위하여 충분한 시간을 부여하였는지 여부를 판단해야 한다고 보았다. 그러나 수출국에게 충분한 시간이 어느 정도인지는 사안별로 결정되어야 할 것이라고 하면서, 동 사안에서 한국은 18일보다 좀 더 시간이 필요했다고 결론지었다.

Ⅳ 평석

1. GATT와 SG협정의 관계

패널은 GATT 제13조가 SG조치에도 적용된다고 판정하였다. 이 조항은 SG조치 발동요건을 규정한 SG협정 제5조의 규정보다 준수해야 할 요건이 많으며 특히 제5조의 적용 여부가 불분명한 tariff quota도 제13조에 의거, SG조치로 이용되기 위해서는 동 조항이 요구하는 요건을 충족해야 한다. 이것은 Korea – Dairy 사건에서 논란이 된 unforeseen development의 처리 여부와 맥을 같이 한다. GATT 제19조 제1항(a)에 명기되어 있으나 SG협정에는 언급이 없는 'unforeseen development'의 법적 효과에 대해 동 사건 상소기구는 SG조치 발동 요건으로 보아야 한다고 판시한 바 있다.

2. GATT 제24조와 SG협정 제2조 제2항

GATT 제24조가 SG협정 제2조 제2항의 예외로 인용될 수 있는지에 대해 상소기구는 이것은 두 가지 경우에만 검토할 실익이 있다고 하였다. 그 두 가지 경우란 Argentina – Footwear 사건, US – Wheat Gluten 사건에서 다루어진 소위 병행주의 요건이 충족되는 상황이다. 즉, 조사대상 수입과 조치대상 수입은 동등해야 하므로 병행주의 요건이 충족되기 위해서는 ① 조치 적용에서 배제된 수입은 심각한 피해판정 과정에서도 제외되어야 하던지, ② 만일 포함이 된다면 그에 대한 합당한 설명이 있어야 한다. 상소기구는 병행주의 요건이 충족되지 못한 상황이라면 굳이 GATT 제24조 예외 여부를 검토할 필요가 없다고 보았다.

CASE 155. Korea, EC, etc. vs. US - Steel Safeguards 사건

I 사실관계

1. 미국 철강업은 1968년 이래 정부의 보호무역정책을 요청하였는데 1997년 아시아, 중남미 등의 금융 위기 이후 세계 철강 경기가 침체되면서 수입철강에 대한 대책방안이 논의되기 시작하였다.

2. 미국 부시 대통령은 2001년 6월 철강제품의 수입급증으로 국내 철강산업에 중대한 산업피해 발생 여부를 조사할 것을 발표했고 국제무역위원회(International Trade Commission: 이하 ITC)에 조사를 의뢰한 후, 최종적으로 10개 제품에 대해 8~30%에 달하는 추가관세를 3년간 부과하는 긴급수입제한조치(이하 SG조치)를 시행하였다.

3. 자유무역 협정이 체결된 캐나다, 멕시코, 이스라엘, 요르단은 조치 부과 대상에서 제외되었다.

II 법적쟁점

1. 수입의 증가(GATT 제19조 제1항(a)[92], SG협정 제2조 제1항[93])

제소국은 Argentina-Footwear 사건 상소기구의 판정을 인용하면서 수입은 양과 질 두 측면에서 모두 국내 산업에 심각한 피해 또는 그 우려를 초래하기에 충분할 정도로 최근이고(recent), 갑작스러우며(sudden), 급격하고(sharp), 심각해야(significant) 한다고 주장한 반면, 미국은 수입의 근래성(recentness) 및 갑작성(suddenness) 등은 협정에 제시된 기준이 아니므로 수입증가 판정의 구성요소가 아니며 조사당국의 재량이라고 주장하였다.

2. 예측하지 못한 사태(Unforeseen Developments)(GATT 제19조 제1항(a), SG협정 제3조 제1항)

제소국은 미국이 예측하지 못한 사태의 발전을 입증하지 못했거나 그러한 사태의 발전이 수입증가로 귀결되었음을 입증하지 못했다는 점을 주장하였다. 미국은 아시아, 러시아, 중남미 경제위기 및 달러화 강세로 인한 수입급증이 예측하지 못한 사태에 해당한다고 주장하였다. 또한, 특별히 예측하지 못한 사태로 인한 수입급증이라는 판단논거를 상세히 밝힐 필요가 없이 SG협정 제3.1조가 요구하는 대로 논리적 판정(reasoned conclusion)이 있다면 협정의 요구를 충족한다고 주장하였다.

---

92) 예견하지 못한 사태의 발전과 관세양허를 포함하여 이 협정하에서 체약당사자가 지는 의무의 효과의 결과로 상품이 그 영토에서 동종 또는 직접적으로 경쟁적인 상품의 그 영토 내에서의 국내생산자에게 심각한 피해를 야기하거나 그 우려가 있을 정도로 증가된 물량과 조건하에서 체약당사자의 영토 내로 수입되고 있는 경우 동 체약당사자는 동 상품에 관하여, 그리고 이러한 피해를 방지하거나 구제하기 위하며 필요한 정도로 그리고 그 기간동안 동 의무를 전부 또는 일부 정지하거나 양허를 철회하거나 수정할 자유가 있다.

93) 회원국은 아래에 명시된 규정에 따라 특정 상품이 동종 또는 직접경쟁적인 상품을 생산하는 국내산업에 심각한 피해를 초래하거나 초래할 우려가 있을 정도로 국내 생산에 비해 절대적 또는 상대적으로 증가된 물량과 조건하에 자기 나라의 영토내로 수입되고 있다고 판정한 경우에만. 그 상품에 대하여 긴급수입제한조치를 취할 수 있다.

3. 병행주의(Parallelism)(SG협정 제2조, 제4조)

제소국은 미국이 NAFTA 회원국인 캐나다, 멕시코 및 별도의 자유 무역협정을 체결한 요르단, 이스라엘으로부터의 수입물량을 조사단계에는 포함시켰으나 긴급수입제한조치를 적용하지 않은 것은 병행주의 원칙에 위반된다고 주장하였다.

4. 인과관계 및 비귀속성(Causation and Non-attribution)(SG협정 제2조 제1항, 제4조 제2항[94])

제소국은 해당 철강상품 개개에 부과한 SG조치 각각에 대해 미국 당국이 증가된 수입과 심각한 피해 간의 인과 관계를 입증하지 못했으며 수입 이외의 요소로 초래된 피해를 전가하지 말아야 한다는 의무도 준수하지 못했다고 주장하였다.

Ⅲ 판례요지

1. 수입의 증가(GATT 제19조 제1항(a), SG협정 제2조 제1항)

(1) 패널

패널은 제2조 제1항상의 수입 증가 판정은 근래성, 돌연성, 급격성, 심각성에 대한 어느 정도의 증거가 있어야 한다고 언급하였다. 패널은 수입 증가는 불가피하게 어느 두 시점 간의 비교를 수반하나 긴급수입제한조치협정은 비교대상 시점이나 조사 기간의 길이에 대해 언급하고 있지 않으므로 수입 증가의 근래성 여부는 각 사안에 따라 결정될 것으로 보았다. 패널은 그러나 조사 당국은 반드시 조사 기간 전체에 걸친 수입 동향에 대해 양적이고 질적인 분석을 해야 하며 수입이 최근에 증가하였는지에 대해 평가(assess)해야 한다고 하였다. 패널은 근래성 여부는 반드시 가장 최근의 자료, 기간에 중점을 두어야 하나 그 이전의 자료와 분리해서 검토할 것은 아니고 최근의 수입 감소, 수입 증가율 감소 등의 수입 동향상의 변화 역시 전체적인 동향상에서 보아야 한다고 하였다. 이러한 전제에서 패널은 미국이 일부 품목에 대한 최근의 수입 증가에 대해 합리적인 설명을 제시하지 못했으며, 또 일부 품목에 대해서는 조사 기간 종료 무렵에 수입이 상당히 감소하였는데 이에 대한 합당한 이유도 제시되지 않았다고 판단하였다. 요컨대, 미국은 수입 증가의 판단에 관한 협정상의 의무를 위반한 것으로 판정하였다.

(2) 상소기구

상소기구는 긴급수입제한조치를 부과하기 위해서는 동 수입이 근래적이고 돌연하며 급격하고 심각해야 한다는 'Argentina-Footwear 사건' 상소기구 판정을 재확인하여 패널 판정을 지지하였다. 상소기구는 end-point-to-end-point analysis만으로는 수입량 동향을 정확히 분석할 수 없다는 Argentina-Footwear 사건 상소기구의 판정을 다시 환기 시켰다.

---

94) (a) 증가된 수입품이 이 협정의 조건에 따라 국내산업에 심각한 피해를 초래하였거나 심각한 피해를 초래할 우려가 있는지의 여부를 판정하기 위한 조사에 있어서 주무당국은 동 산업의 상황에 영향을 미치는 객관적이고 계량가능한 성격의 모든 관련요소를 평가하며 특히 관련 상품의 절대적 및 상대적인 수입증가율 및 증가량 증가된 수입품이 국내시장에서 차지하는 점유율, 판매생산, 생산성, 가동율, 이윤 및 손실, 그리고 고용의 수준에 있어서의 변화를 평가한다.
(b) 조사가 객관적인 증거에 기초하여 관련 상품의 수입증가와 심각한 피해 또는 피해의 우려 간의 인과관계의 존재를 증명하는 경우 이외에는 (a)호에 언급된 판정이 내려지지 아니한다. 증가된 수입품 이외의 요소가 국내산업에 동시에 피해를 초래하는 경우에는 이러한 피해가 증가된 수입품의 탓으로 돌려지지 아니한다.

2. 예측하지 못한 사태(Unforeseen Developments)(GATT 제19조 제1항(a), SG협정 제3조 제1항)

패널은 문언과 관련하여 예측하지 못한 사태에 발전은 하나의 사실로서 입증되어야 하며 조사 당국의 보고서에 그 입증이 포함되어야 한다고 하였다. 또한 동 요건은 SG조치가 취해진 개별 상품 별로 입증되어야 한다고 하였다. 그리고 예측하지 못한 사태의 발전과 수입 증가 사이의 인과관계에 대해서도 합리적이고 적절한 설명이 있어야 한다고 하였다. 패널은 미국이 예측하지 못한 사태에 대해 조사하고 보고서에 기술하기는 하였으나 미 무역위원회의 보고서를 면밀히 분석한 결과 예측하지 못한 사태의 발전과 심각한 피해를 초래한 수입의 증가의 관계에 대해 충분한 설명이 제시되지 못했다고 판단하였다. 따라서 미국은 GATT 제19조 제1항(a) 및 SG협정 제3조 제1항을 위반하였다고 판정하였다. 상소기구 역시 패널 판정을 지지하였다.

3. 병행주의(Parallelism)(SG협정 제2조, 제4조)

패널은 이전 판례와 협정 제2조 규정에 비추어 미국은 조치를 취함에 있어서 병행주의 요건을 충족해야 한다고 판정하였다. 즉, 조사 대상과 조치 적용대상이 같아야 한다. 다만, 조사 대상국이 조치 적용 대상국에서 배제되었다고 하더라도 조치 적용 대상 수입만으로 SG 발동 요건을 충족한다는 점에 대해 조사당국이 입증한 경우 병행주의를 충족한 것으로 본다고 하였다. 미국은 조사 대상에는 캐나다, 멕시코, 이스라엘, 요르단 등을 포함시켰으면서도 이들을 적용 대상에서 배제하였으며, 그에 대한 합당한 이유를 제시하지도 않았으므로 병행주의를 위반한 것으로 판정하였다. 상소기구도 패널 판정을 지지하였다.

4. 인과관계 및 비귀속성(Causation and Non-attribution)(SG협정 제2조 제1항, 제4조 제2항)

패널은 인과관계를 원인과 효과 간의 진정하고 실질적인 관계가 있어야 한다는 의미로 해석한 US-Wheat Gluten 사건 상소기구의 판정을 재확인하면서 미국이 10개 상품 중 9개 상품이 인과관계에 대한 합리적이고 적절한 설명을 제시하지 못했다고 판단하여 미국이 협정을 위반하였다고 판단하였다. 일부 품목의 경우 패널은 미 무역위원회 위원들이 상품범위를 다르게 인식하여 판단한 것을 인과관계에 관한 합리적이고 적절한 설명을 제시하지 못했다고 판단한 근거로 제시하였다. 이 문제에 대해 상소기구는 패널 판정을 파기하였다. 상소기구는 미국 ITC가 하나의 단일한 견해를 제시하였기 때문에 무역위원회 위원들 상호 간 이견을 이유로 합리적이고 적절한 설명을 제시하지 못했다고 판단하는 것은 타당하지 않다고 하였다. 상소기구는 다만 이러한 입장이 미국이 합리적이고 적절한 설명을 제시했다고 판정하는 것은 아니며 이에 대한 추가적인 검토는 불필요하다고 하였다. 이미 미국의 조치가 GATT 제19조 제1항(a), SG협정 제2조 제1항, 제3조 제1항 등에 위배된다고 판시했기 때문이다.

> **기출 및 예상문제**
>
> WTO 회원국인 A국은 2002년 3월 판재류 등 14개 수입 철강제품에 대해 향후 3년 동안 8%-30%의 추가관세를 부과하는 내용의 세이프가드조치를 시행하면서 자국과 FTA를 체결하고 있는 B국 및 C국을 원산지로 하는 수입 철강에 대해서는 당해 조치의 적용을 배제하였다. 이에 대해 철강제품을 수출하고 있는 D국은 A국의 세이프가드조치가 WTO협정에 위반된다고 보고 WTO에 제소하였다. 이와 관련하여 다음 물음에 답하시오. (단, A, B, C, D국은 모두 WTO 회원국이다) (총 50점)
>
> (1) A국이 세이프가드조치를 취하기 위한 실체적 요건을 반덤핑조치의 실체적 요건과 비교하여 설명하시오. (15점)
>
> (2) A국이 세이프가드조치를 적용함에 있어서 취할 수 있는 조치의 범위 및 준수해야 하는 원칙에 대해 설명하시오. (15점)
>
> (3) A국이 세이프가드조치를 적용함에 있어서 자국과 FTA를 체결하고 있는 B국 및 C국산 철강제품을 배제한 행위는 WTO협정에 합치되는가? (10점)
>
> (4) D국은 A국에 대해 보상을 위한 협상을 제안하였으나 A국이 이를 거절한 경우 D국이 취할 수 있는 조치 및 그 요건에 대해 설명하시오. (10점)

I 사실관계

1. 1998년 10월 미국 무역위원회는 수입 양고기(생육, 냉장, 냉동육)에 대해 긴급수입제한조치 조사 개시를 공고하고 1999년 2월 심각한 피해 우려가 있다고 판정하였다. 1999년 7월 캐나다, 멕시코, 이스라엘 등 일부 국가를 제외한 나머지 국가로부터 수입되는 양고기에 대해 3년 시효의 관세율할당(tariff rate quota) 방식의 긴급수입제한조치가 부과되었다.

2. 이에 대해 호주와 뉴질랜드는 1999년 10월 각각 패널 설치를 요청하였고 11월 공동패널이 설치되었다.

II 법적쟁점

1. 예측하지 못한 사태의 발전 – 1994GATT 제19조 제1항 제a호

호주와 뉴질랜드는 미국의 양고기 수입 증가는 미국의 Wool Act의 보조금이 중단됨에 따라 미국 국내 생산이 감소한 결과 초래된 것이므로 충분히 예상할 수 있었던 것이므로 1994GATT 제19조 제1항 제a호를 위반하였다고 주장하였다.

2. 국내산업의 정의 – 협정 제4조 제1항 다호

호주와 뉴질랜드는 미국이 국내 양고기 산업에 양고기 생산업자(packers and breakers)뿐만 아니라 양사육업자(growers and feeders)도 포함한 것은 협정 제2조 제1항 및 제4조 제1항 다호를 위반했다고 주장하였다. 미국은 양과 양고기 생산 간에는 지속관계(continuous line of product)가 있고 두 업자의 경제적 이해 간에는 중대한 상관관계(coincidence)가 있기 때문에 양사육업자도 양고기 산업에 포함된다고 하였다.

3. 심각한 피해의 우려 – 협정 제4조 제1항 나호

호주와 뉴질랜드는 미국이 협정 제4조 제2항 가호상의 피해 요소 모두에 대해 고려하지 않았고, 미래 동향에 대한 분석(prospective analysis)을 실시하지 않았으며, 자료수집은 전(前) 5년을 대상으로 한 반면 피해 우려 분석은 조사 기간 말기 자료에 중점을 두었고, ITC가 이용한 자료(data)가 해당 산업의 전체를 충분히 대표하지 못한다고 주장하였다.

4. 인과관계 – 협정 제4조 제2항 나호

호주와 뉴질랜드는 미국의 'substantial cause' 및 'not less important than any other cause' 기준은 다른 원인이 수입증가보다 더 중요하지 않는 한 수입 증가가 심각한 피해(우려)를 초래한 다수의 원인 중의 하나이기만 해도 충족되는 것이므로 협정 제4조 제2항 나호에 부합되지 않는다고 주장하였다. 미국법상 'substantial cause' 기준에 의하면 미 ITC는 문제가 되는 상품이 심각한 피해나 피해 우려의 중요한 원인(substantial cause)이고, 다른 원인보다 덜 하지 않은 원인이 될 정도로 증가된 양으로 수입되고 있는지를 결정하도록 되어 있다.

95) DS177/178, 2001.5.16. 상소기구

Ⅲ 패널 및 상소기구 평결

1. 예측하지 못한 사태의 발전 – 1994GATT 제19조 제1항 제a호

패널 및 상소기구는 미국이 예측하지 못한 사태의 발전을 사실로서 입증하지 못했다고 판단했다. 패널은 미무역위원회 조사보고서에 양고기 상품구성(product mix)이 생육에서 냉장·냉동육으로 변한 사실과 수입 양고기의 절단크기의 변화를 기술하고 있으나 이러한 변동이 예측할 수 없었던 것이라는 추론된(reasoned) 결론이 없으므로 동 요건을 입증하지 못했다고 판정한 것이다.

2. 국내산업의 정의 – 협정 제4조 제1항 다호

패널과 상소기구는 미국이 산업의 범위에 양고기 생산업자뿐 아니라 양사육자도 포함한 것은 협정에 위반된다고 판정하였다. 양사육업자는 양을 생산하는 것이지 이번 사건에서 문제가 되는 양고기를 생산하는 것은 아니므로 미국이 양 사육업자를 국내산업의 범위에 포함한 것은 부당하다고 하였다. 미국은 상소심에서 생산라인 지속성, 이해관계의 상관성을 이유로 적법성을 주장하였으나 상소기구는 미국이 주장하는 기준이 협정에 언급되어 있지 않고 미국이 주장하는 기준을 고려하기 위해서는 먼저 투입상품[양(羊)]이 문제가 되는 수입상품과 동종 또는 직접경쟁관계에 있다고 확인된 후에야 고려할 수 있다고 반박했다.

3. 심각한 피해의 우려 – 협정 제4조 제1항 나호

(1) 패널

패널은 심각한 피해 우려 분석을 하려면 첫째, 우려 판정은 지근(至近) 과거의 객관적이고 검증가능한 data 분석에 기초해야 하고, 둘째, 국내 산업에 중대하고 전반적인 손상이 임박하였음을 확인하기 위해 산업 동향에 대한 사실에 근거한 예측이 있어야 하고, 셋째, 긴급수입제한조치가 채택되지 않으면 심각한 정도의 피해가 실제로 조만간 발생할 것인지 분석해야 한다고 추론하였다. 제소국의 주장과 관련하여 패널은 호주와 뉴질랜드가 지적한 쟁점 가운데 피해 요소 전체에 대한 분석이 없었다는 주장은 받아들이지 않았다. 패널은 일부 요소에 대한 검토가 엉성하기는 하나 협정 제4조 제2항 가호의 피해 요소는 모두 검토한 것으로 볼 수 있다고 하였다. 또한 자료수집기간과 주분석 대상기간이 상이하나 피해 우려 분석은 긴급성을 내포하므로 지근 자료에 중점을 두어야 하므로 미국의 우려 판정에 위법성이 없다고 하였다. 패널은 미국이 국내산업의 어려움(하강추세)을 나타내는 각종 피해지표에 근거를 두고 지근(至近) 과거 자료를 바탕으로 산업동향의 전체적 상황을 예견한 점도 인정하였다. 그러나 패널은 미국이 사용한 data의 산업 대표성이 미흡하다는 제소국의 주장을 인용하였다. 즉, 패널은 미국의 근거 자료는 협정 제4조 제1항 다호가 요구하는 상당한 비율에 미치지 못한다고 판정하였다. 패널은 이상의 판단을 종합하여 미국의 심각한 피해 우려 판정은 협정 제4조 제1항 다호에 합치되지 않으며 따라서 협정 제2조 제1항과도 부합하지 않는다고 판시하였다.

(2) 상소기구

상소기구는 몇 가지 패널 판정을 파기하였다. 첫째, 피해 우려 분석방법에 대한 패널의 해석을 번복하였다. 상소기구는 패널의 해석은 지근(至近) 과거의 특정 자료를 지나치게 강조했고 다른 자료, 특히 더 가까운 과거의 자료는 무시한 점이 인정되며 지근 과거의 자료를 전체 기간 자료와 대비하여 분석하지 않았다고 지적하고 협정 제4조 제2항 가호에 대한 패널의 해석(지근 과거 자료에 대한 특별한 중요성)을 번복하였다. 둘째, 상소기구는 패널이 미 ITC의 심각한 피해 우려 판정에 대한 사실관계를 검토함에 있어서 'standard of review'를 올바르게 적용하지 못했다고 판정하였다. 상소기구는 패널이 미 ITC가 협정 제4조 제2항 가호의 피해 요소를 모두 검토했다고 판정한 것에 대해서는 동의하였으나 미 ITC가 사실 관계가 자신의 결정을 어떻게 지지하는지에 대해 합리적이고 적절한 설명을 제공하였는지 여부에 대해 패널은 실질적인 검토를 하지 못했다고 판단했다. 셋째, 상소기구는 Data의 산업 대표성에 관한 패널 판정을 지지하였으나 위반 조항에 대해서는 의견을 달리하였다. 상소기구는 협정 제4조 제2항 가호에 따라 검토 자료는 반드시 국내산업을 대표해야 한다고 강조하였다. 그러나 상소기구는 미국이 협정 제4조 제1항 다호를 위반했다고 본 패널의 입장과 달리 협정 제4조 제2항 가호를 위반한 것이라고 판정하였다.

4. 인과관계 – 협정 제4조 제2항 나호

(1) 패널

패널은 호주와 뉴질랜드의 주장을 받아들여 미국의 'substantial cause' 기준은 협정 제4조 제2항 가호에 반한다고 하였다. 패널은 협정 제4조 제2항 가호는 수입과 피해 간의 연관 관계를 요구하고 있으며 이는 수입이 심각한 피해를 초래하는 데 필요할 뿐만 아니라 충분할 것을 의미하는 것이라고 보았다. 이러한 기준을 염두에 두고 패널은 미 ITC의 조사보고서를 검토한 결과, 수입 증가가 그 자체로 심각한 피해(우려)를 초래하는 데 필요하고 충분하였다는 점이 증명되지 못했으며 수입 이외의 다른 요소가 초래한 심각한 피해(우려)가 수입에 귀속되지 않는다는 점도 보장하지 못했다고 판정하였다.

(2) 상소기구

상소기구는 미국의 조치가 인과관계에 관한 협정 제4조 제2항 나호 및 협정 제2조 제1항에 합치되지 아니한다는 패널의 결론은 지지하였으나 협정 제4조 제2항 나호에 대한 해석론은 파기하였다. 상소기구는 협정에 수입증가가 심각한 피해를 초래하는데 충분해야 한다거나 수입증가 그 자체만으로 심각한 피해를 초래해야 한다는 요건은 없다고 지적하였다. 상소기구는 관련 자료에 대해 자체적으로 검토한 결과 미국의 방식은 피해를 초래하는 요소 각각의 피해 효과를 구분하지 못했으며 수입 이외의 다른 요소의 피해 효과가 수입으로 인한 피해를 산정하는 데 포함되지 않았음을 보장하지 못한다고 판정하였다.

Ⅳ 평석 – standard of review

'standard of review'란 패널이 자신에게 회부된 사안을 심리함에 있어서 준수해야 하는 기준을 의미한다. DSU 제11조에 의하면 패널의 임무는 관련 사실의 확인, 관련 법조문의 해석, 사실관계에 대한 법률의 적용이다. 무역 구제조치 관련 분쟁에 있어서 패널의 역할은 준사법기관이라고 할 수 있는 회원국의 주무당국의 판정을 심리하는 것이다. 따라서 패널이 하급심에 해당한다고 볼 수 있는 회원국 준사법기관의 판정을 어느 정도 존중해야 하는가가 문제된다. 가장 낮은 단계는 상급심이 하급심의 결정을 무시하고 사실관계를 새로이(de novo) 조사하는 것이라면 가장 높은 단계의 존중은 하급심의 결정이 객관적이었는지를 살펴보는데 그치고 상급심이 독자적으로 사실관계를 재조사하지 않는 것이다. 이와 관련하여 이 사건 상소기구는 패널의 심리기준과 관련하여 ① 패널은 주무당국이 모든 관련 요소를 평가하였는지를 검토해야 하며, ② 패널은 주무당국이 사실관계가 자신의 판정을 어떻게 뒷받침하고 있는가에 대해 합리적이고 적절한 설명을 제공했는지를 검토해야 한다고 하였다. 또한 ③ 패널은 주무당국의 설명이 자료의 성질과 복잡성을 충분하게 다루었는지를 검토해야 한다고 보았다. 이를 level of deference(하급심의 판정을 어느 정도 존중해야 하는가의 관점) 측면에서 보면 패널은 무역구제조치 관련 사건의 경우 관련 법조문의 해석에 있어서는 회원국 주무당국의 결론을 새로 검토할 수 있다. 즉, 주무당국의 결론를 하등 존중하지 않아도 된다. 그러나 사실 확인과 사실관계에 대한 법률 적용의 경우 패널은 주무당국이 사실관계를 조사하지 않았거나 판정과 사실관계에 대한 합리적이고 적절한 설명을 제공하지 않았을 경우를 제외하고는 국내 주무당국의 판정을 존중해야 한다.

CASE 157. EC vs. US - Wheat Gluten[96](밀 글루텐) 사건[97]

I 사실관계

1. 1997년 10월 미 무역위원회는 밀 글루텐에 대해 피해조사를 개시하여 1998년 6월 밀 글루텐의 수입 물량을 3년간 제한하는 긴급수입제한조치를 확정 부과하였다. 최초 연도 수량제한은 1993년 6월부터 9월까지의 곡물 평균 수입을 감안하여 57,521,000kg으로 책정하고 동 기간을 기준으로 수출국별 quota를 배정하였다.

2. 미국은 캐나다와 특정 개도국은 긴급수입제한조치 적용 대상에서 배제하였고 이 국가들의 quota는 긴급수입제한조치 적용을 받는 국가에 추가로 할당해 주었다.

3. EC는 1996년 6월 패널 설치를 요청하였다.

II 법적쟁점

1. 수입물량증가 – 협정 제2조 제1항 및 GATT 제19조

미국은 조사기간을 1993년 6월부터 1996년 6월로 설정하였는바 이 기간 수입물량은 감소 추세를 보이다가 조사 기간 후반에 상당히 증가하는 양상을 나타냈다. EC는 미국이 초반의 수입량 감소 추세를 고려하지 않고 조사 개시 시점과 종료 시점만의 자료 비교(end-to-end comparison)에 초점을 맞추었으므로 협정 제2조 제1항 및 GATT 제19조에 위반된다고 주장하였다.

2. 심각한 피해 – 협정 제4조 제2항

EC는 심각한 피해판정에 있어서 미국이 협정 제4조 제2항에 규정된 의무적 평가요소에 대해 충분하게 평가하지 않았다고 주장하였다. 또한 신규진입자가 국내산업에 미치는 영향을 적절하게 고려하지 않았고 평가요소들이 조사기간 말미에 개선되는 추세에 있었으나 미국이 이를 피해판정에 반영하지 않았다고 주장하였다.

3. 인과관계 – 협정 제4조 제2항

EC는 인과관계 입증요소인 동시성, 수입품과 국내상품 경쟁 조건이 증가된 수입품과 피해 간의 인과관계를 증명하는지 여부, 수입증가 외에 달리 가능한 피해요소의 검토 여부 등에 대해 이의를 제기하였다.

---

96) 보리, 밀 등의 곡류에 존재하는 불용성 단백질로 몇가지 단백질이 혼합되어 존재한다. 몇 가지 단백질이 혼합하여 존재하며, 이 밖에 당 및 지질도 함유하고 있다. 밀가루에 소량의 물을 가해서 반죽하여 덩어리를 만든 다음, 이것을 다량의 물 속에서 주무르면 녹말이 물 속에 현탁(懸濁)하여 제거되고, 점착성이 있는 덩어리로 남은 것이 글루텐이다. 글루텐을 50~70%의 에틸알코올과 섞으면 녹는 성분과 녹지 않는 성분이 있는데, 전자를 글리아딘, 후자를 글루테닌이라 한다. 글루텐의 양은 밀가루의 종류에 따라 다른데, 주로 빵 제조에 쓰이는 강력분은 13% 이상이고, 다목적으로 쓰이는 중력분은 10~13%, 과자 제조에 쓰이는 박력분은 10% 이하가 포함되어 있다. 글루텐의 끈기는 가스를 보유하는 힘이 있으며, 빵이 부푸는 것은 바로 이 때문이다. 또, 밀가루가 다른 곡분에 비해 물을 균등하게 흡수하는 것과, 면이 잘 늘어나는 것은 모두 글루텐이 존재하기 때문이며, 밀가루를 가공 조리하는 데 기본이 되는 성분이다.

97) DS166, 2001.1.19. 상소기구

4. 동등대우(parallelism)

EC는 미국이 캐나다산 상품에 대해 긴급수입제한조치 적용 대상에서 제외한 것은 협정에 위반된다고 주장하였다.

5. 통보

미국은 피해조사 개시 사실은 동 조사가 개시된 지 16일 후에, 심각한 피해판정 사실은 판정이 난지 26일 후에 긴급수입제한조치위원회에 통보하였다. EC는 이것이 협정 제12조 제1항의 즉시통보 의무에 위반된다고 하였다.

6. 협의

EC는 미국과 제12조 제1항 다호에 관한 협의를 개최하지 못했으며, 미국은 실질적으로 동등한 양허 수준을 유지하기 위한 진지한 노력을 기울이지 않았으므로 협정 제12조 제1항·제3항 및 제8조 제1항을 위반했다고 주장하였다.

Ⅲ 패널 및 상소기구 평결

1. 수입물량증가 – 협정 제2조 제1항 및 GATT 제19조

패널은 EC의 주장을 기각했다. 패널은 Argentina – Footwear 사건 상소기구의 해석대로 수입증가는 국내산업에 심각한 피해(우려)를 초래하기에 충분할 정도로 최근에 갑자기 급격하고 상당하게 이루어진 것이어야 한다고 보았다. 조사기간 초기에 수입량이 감소하기는 하였으나 조사기간 말미에 수입량이 급격하고 상당하게 증가하였으므로 미국이 이를 토대로 수입증가가 있었다고 판단한 것은 타당하다고 판정하였다.

2. 심각한 피해 – 협정 제4조 제2항

패널은 EC의 주장을 기각했다.
첫째, EC는 미국이 노동자 생산성만 평가했을 뿐 전체적인 생산성에 대한 평가는 하지 않았다고 주장했으나 패널은 노동자 생산성만 평가했다고 해서 제4조 제2항 가호 위반이라고 판단할 수 없다고 판정했다.
둘째, 패널은 협정 제4조 제2항 가호는 조사 당국으로 하여금 이해당사자가 관련된 요소라고 분명하게 제기한 요소를 평가하도록 요구하는 것이라고 해석하였다. 이러한 전제에서 이해당사자가 제기한 요소들에 대해 미국이 적절하게 고려했다고 판단하고 EC의 주장을 기각했다. 그러나 상소기구는 이해당사자가 제기한 피해판정 요소만 검토하면 된다는 패널의 법률해석을 파기하였다. 상소기구는 협정 제4조 제2항 가호는 평가임무를 이해당사자가 아니라 당국에게 부과한 것임을 지적하고 조사 당국은 다른 관련된 요소(all relevant factors)를 충분히 조사해야 한다고 판단하였다. 다만 조사 당국이 모든 사실을 조사해야 하는 무제한적 의무를 지는 것은 아니라고 하였다. 상소기구는 패널의 법률해석을 파기하였으나 패널보고서에 적시된 정보들을 검토한 결과 미국이 피해판정에 있어서 협정을 위반하지는 않았다고 판정하였다.
셋째, 패널은 미국이 평가한 피해 요소 대부분이 조사기간 말미에 상승 또는 개선 추세에 있다고 할지라도 피해 요소 전체적으로 볼 때 전반적인 상황은 중대하고 전반적인 손상을 입증한다고 보고 미국의 피해판정에 오류가 없다고 판정하였다.

3. 인과관계 – 협정 제4조 제2항

(1) 패널

패널은 수입과 피해 간에 인과관계가 있다고 판정하기 위해서는 세 가지 요소에 대한 심리가 필요하다고 보았다. 수입 증가 추세와 피해 요소 악화 추세 간의 동시성 여부(동시성이 없다면 그럼에도 불구하고 피해와 인과관계가 있다는 합당한 설명), 수입품과 국내상품 경쟁 조건이 증가된 수입품과 피해 간의 인과관계를 증명하는지 여부, 다른 관련된 요소의 분석 여부 및 증가된 수입품 이외의 요소로 인한 피해가 증가된 수입품 탓으로 돌려졌는지 여부이다. 패널은 동시성이 있으며, 수입증가에 앞서 가격 인하가 있는 점을 미국이 적절하게 고려하지 않았더라도 피해가 있음을 판정할 수 있다고 하였다. 그러나 미국의 조사방식은 수입증가 이외의 요소가 초래한 피해를 수입증가에 귀속시키지 말아야 한다는 조건을 보장하지 못한다고 판정하였다.

(2) 상소기구

패널의 결론은 지지하였으나 법률해석은 파기하였다. 상소기구는 협정 제4조 제2항 나호의 첫문장은 증가된 수입만이 심각한 피해의 유일한 원인이 되어야 할 것임을 어떠한 방식으로도 제시하지 않으며 오히려 동 조항 전체는 다른 요소가 역시 심각한 피해에 기여한다 해도 인과관계가 존재할 수 있음을 제시하는 것이라고 보았다. 상소기구는 동 조항의 마지막 문장은 수입 증가와 다른 요소가 함께 국내 산업에 피해를 동시에 초래하고 있을 때에 조사 당국에게 다른 요소에 의해 초래된 피해를 수입 증가의 탓으로 돌리지 말아야 할 것임을 보장케하는 것일 뿐이라고 하였다.

4. 동등대우(parallelism)

패널과 상소기구는 미국이 동등대우 의무를 위반했다고 판정하였다. 패널은 협정 제4조 제2항 가호 및 나호는 심각한 피해판정과 긴급수입제한조치 적용 간에 분석상의 대칭(analytical symmetry)을 요구하므로 조사 대상이 된 수입상품의 범위와 긴급수입제한조치 적용 대상이 되는 수입상품의 범위는 반드시 동일해야 한다고 판단하였다. 협정 제2조 제2항 역시 동등대우를 요구한다고 하였다. 따라서 미국이 캐나다 수입품은 조사는 하고 조치 적용 대상에서 제외한 것은 협정 제2조 제1항과 제4조 제2항을 위반한다고 결론지었다. 상소기구 역시 협정 제2조 제1항과 제2항이 모두 'product…being imported'라는 동일한 구절을 사용하고 있으므로 조사대상범위상품과 조치 적용대상상품은 일치해야 한다고 하였다.

5. 통보

패널은 미국이 조사 개시 이후 16일, 심각한 피해판정 후 26일이 지나서 위원회에 통보한 것은 협정 제12조 제1항의 즉시 통보 의무를 위반한 것이라고 판정하였다. 또한 조치 적용 결정 사실도 5일이 지나서야 통보했는데 이것도 조치 적용 개시 '전에' 통보할 것으로 해석되는 협정 제12조 제1항 다호 위반이라고 판단하였다. 상소기구는 조사 개시 및 심각한 피해판정 통보의 경우 패널의 입장을 지지했으나 조치 통보의 경우 파기했다. 상소기구는 통보시한은 제12조 제1항에만 규정되고 제2항은 통보내용에 관한 것이므로 최종조치 통보에 대해서도 제12조 제1항만이 적용된다고 해석하였다. 따라서 최종조치 결정이 난 다음 통보되더라도 '즉시' 통보된 것이면 위법하지 않다고 판단하였다. 미국이 조치 개시 5일 후에 통보한 것은 즉시 통보 요건에 부합하는 것이라고 판시하였다.

6. 협의

패널은 미국이 조치 적용 개시 이후에 최종조치를 적용하겠다는 통보를 하였으므로 최종조치에 관한 협의가 제대로 이뤄지지 않아 협정 제12조 제3항을 위반하였다고 판정하였다. 이에 대해 상소기구는 최종조치에 대한 통보는 조치를 시행한 이후에도 가능하므로 패널의 판정을 파기하였다. 그러나 상소기구는 수출국이 제12조 제3항의 사전협의를 위한 적절한 기회를 보장받기 위해서는 제안된 조치의 내용을 사전에 제공받아야 할 것이나 미국이 행한 제12조 제1항 나호 통보 내용을 볼 때 최종조치에 대한 충분한 정도의 정보를 제공했다고 볼 수 없으므로 미국이 제12조 제3항상의 적절한 협의 기회 제공 의무를 다했다고 볼 수 없으며 따라서 제8조 제1항의 양허수준을 유지하기 위한 노력을 다하지 못했다고 판시하였다.

Ⅳ 평석

1. 비귀속문제

상소기구는 제4조 제2항 나호는 수입이 그 자체로 독립적으로 심각한 피해를 초래해야 한다는 것을 요구하지 않는다는 점을 확실히 하였으며 이 조항은 수입 이외의 다른 요소가 초래한 피해를 수입의 탓으로 귀속시키지 말아야 할 것임을 요구하는 조항이라고 하였다. 상소기구는 비귀속의무 이행을 위한 3단계를 제시하였다. 주무당국은 첫째, 다른 요소의 피해 효과와 증가된 수입의 피해 효과를 각각 구분해야 한다. 둘째, 국내산업에 초래된 피해를 증가된 수입과 다른 요소에 올바르게 귀속시킨다. 셋째, 증가된 수입과 심각한 피해 또는 우려 간에 인과관계(causal link)가 있는지 판정한다. 상소기구는 인과관계란 원인과 효과 간의 진정하고 실질적인 관계라고 정의하였고 첫째와 둘째는 인과관계 판정을 위한 전단계라고 보았다.

2. 동등대우문제

미국은 캐나다 수입에 대해 별도의 분석을 실시하였음을 강조하였으나 상소기구는 캐나다산을 제외한 수입이 심각한 피해를 초래하는지 여부에 대해 별도의 분석을 실시하였다면 타당한 주장이 될 수 있으나 캐나다산 수입이 독자적으로 심각한 피해를 초래하지는 않았다는 분석을 이유로 조치 적용 대상에서 제외한 것은 부당하다고 보았다.

CASE 158. EC vs. Argentina - Footwear Safeguards 사건[98]

Ⅰ 사실관계

1. 1997년 2월 아르헨티나는 신발류 수입 급증에 대한 긴급수입제한조치 조사를 개시하였고 관세부과 형식의 잠정조치를 취하였다. 이후 1997년 9월 12일 특정 관세부과 형식의 확정 긴급수입제한조치를 발동하였다.

2. EC는 아르헨티나의 세이프가드조치가 1994GATT 제19조 제1항 제(a)호 및 세이프가드협정에 위반된다고 주장하며 1998년 6월 패널 설치를 요청하였다.

---

98) DS121, 2000.1.12. 상소기구

Ⅱ 법적쟁점

1. '예측하지 못한 사태 발전'의 법적 성격 – 1994GATT 제19조 제1항 제(a)호

EC는 문제가 되는 상품의 수입 급증이 1994GATT 제19조 제1항 제(a)호에 명시된 예측하지 못한 사태 발전(unforeseen developments)의 결과인지 여부를 검토하지 않았다고 주장하였다. 이와 관련하여 예측하지 못한 사태의 발전이 세이프가드조치를 취하기 위한 요건의 하나인지가 문제되었다.

2. 관세동맹 회원국의 동등 대우 – 협정 제2조

아르헨티나는 신발류의 수입 동향, 피해, 인과관계 조사 시에는 그 자신이 가입해 있는 MERCOSUR 회원국으로부터의 수입을 포함한 반면 긴급수입제한조치는 MERCOSUR 회원국을 제외한 타 수출국에만 부과하였다. EC는 아르헨티나의 조치는 부당하며 MERCOSUR 회원국을 긴급수입제한조치 부과대상에서 배제하려면 조사 단계에서부터 MERCOSUR 회원국의 수입량을 배제했어야 한다고 주장하였다.

3. 실체적 요건 충족 여부 – 협정 제2조 및 제4조

실체요건과 관련해서는 아르헨티나가 조사는 5개 상품군으로 분할하여 시행하면서 피해 및 인과관계 분석은 신발산업 전체를 대상으로 실시한 것의 문제, 아르헨티나의 end-point-to-end-point 비교의 문제, 심각한 피해판정에 있어서 협정 제4조 제2항에 규정된 피해판정 요소 중 일부를 고려하지 않은 문제, 수입증가와 피해간 인과관계 입증의 충분성 문제, 심각한 피해 우려의 입증문제 등이 다투어졌다.

4. 통보의 적정성 여부 – 협정 제12조

통보의 적정성과 관련해서는 통보의 범위가 문제되었다. EC는 협정 제12조 제2항에 의거하여 통보해야 하는 모든 관련된 정보란 모든 사실, 조사된 자료, 수입증가·심각한 피해·인과관계 수립에 사용된 평가 일체를 포함하는 것이며 협정 제2조 및 제4조 요건 충족 여부를 검증할 수 있는 기초가 되어야 한다고 주장하고 아르헨티나는 모든 관련된 정보를 통보하지 못했다고 하였다.

Ⅲ 패널 및 상소기구 평결

1. '예측하지 못한 사태 발전'의 법적 성격 – 1994GATT 제19조 제1항 제(a)호

(1) 패널

패널은 '예측하지 못한 사태 발전'은 독자적인 법적 효력을 가지지 않는다고 확인하였다. 협정 제11조 제1항 제(a)호에 의하면 협정은 현존하는 긴급수입제한조치에 관한 회원국의 권리와 의무 전체를 명확하게 하고 명료하게 하며 일정 정도 수정하는 것으로 이해해야 한다고 밝혔다. 아울러 협정의 대상과 목적은 GATT 규범을 명료하게 하고 강화하는 것이며 'unforeseen developments'가 협정 제2조 제1항에서 명시적으로 삭제된 것은 GATT 제19조를 명료하게 하려는 시도의 하나라고 보았다. 패널은 협정의 요건을 충족하는 조치는 GATT 제19조의 요건도 충족한다고 하였다.

(2) 상소기구

패널의 법률해석을 파기하였다. 상소기구는 WTO설립협정 제2조 제2항에도 규정되었듯이 GATT와 긴급수입제한조치협정은 동일한 조약의 불가분의 일부(integral part)를 구성하며 모든 WTO 회원국에게 동등하게 적용되고 동등한 구속력을 받는다고 보았다. 따라서 긴급수입제한조치는 협정과 1994GATT 제19조의 요건을 모두 충족해야 한다고 결론지었다. 그러므로 'unforeseen developments'는 법적 효력을 갖는 것이며 통상적 의미상 'as a result of unforeseen developments'란 수입 급증과 심각한 피해 상황이 반드시 예상할 수 없었음을 요구한다고 판정하였다.

2. 관세동맹 회원국의 동등 대우 – 협정 제2조

(1) 패널

패널은 아르헨티나가 조사대상에는 '남미공동시장' 회원국을 포함시켰음에도 불구하고 조치의 적용대상에서 배제한 것은 협정을 위반한 것으로 판정하였다. 패널은 협정 제2조 제2항이 긴급수입제한조치는 출처에 관계없이 적용된다고 규정하고 있음에 비추어 이 조항의 통상적 의미는 관세동맹의 어느 회원국의 긴급수입제한조치는 관세 동맹 내외에 관계없이 모든 공급원으로부터 수입된 상품에 대해 무차별적으로 적용되어야 한다는 의미라고 결론지었다. 패널은 각주1은 긴급수입제한조치 조사범위와 적용범위 간 '동등대응(parallelism)'을 암시하고 있으며 상기와 같은 해석이 동등대응 원칙에 부합한다고 밝혔다. 패널은 아르헨티나의 조치는 GATT 제24조에 의해 정당화되지 못한다는 점도 덧붙였다. GATT 제19조는 GATT 제24조 제8항의 예외로 명기되지 않은 점, 긴급수입제한조치의 역내 적용에 대해 관세 동맹마다 확립된 관행이 부재한 점 등을 이유로 들었다.

(2) 상소기구

상소기구는 패널의 결론과 '동등대응'에 대해서는 동의하였다. 그러나 각주1은 동등대응의 논거로 사용할 수 없다고 보고 패널의 법적 추론(reason)을 부인하였다. 각주1은 관세동맹이 전체 또는 회원국을 대표하여 긴급수입제한조치를 발동할 때 적용되는 것이므로 이번 사건과 같이 회원국이 개별적으로 발동하는 경우에는 적용될 수 없다고 하였다.

3. 실체적 요건 충족 여부 – 협정 제2조 및 제4조

(1) 상품분할(product segment) – 적법

패널은 아르헨티나가 자료수집은 5개 상품군으로 분할하여 시행하고 피해 분석은 신발산업 전체를 대상으로 한 것이 협정에 반하지 않는다고 판정하였다. 애초에 아르헨티나가 동종상품 또는 직접경쟁상품의 범위로 설정한 것이 신발류 전체였고 이에 대해 EC도 문제삼지 않았음에 주목하였다. 신발류에 대한 피해를 조사함에 있어서 상품을 분류하여 시행하든 통합하여 시행하든 아르헨티나의 재량이라고 판단하였다.

(2) 수입증가

① 패널: 아르헨티나가 조사기간을 5년(1991년~1996년)으로 설정한 점, end-point-to-end-point 비교가 문제되었다. 패널은 협정상 조사기간에 대해 침묵하고 있으므로 적정성에 대한 우려를 표명하면서도 협정에 합치되지 않는 것은 아니라고 판정하였다. 그러나 end-point-to-end-point 비교는 협정에 위반된다고 하였다. 아르헨티나는 1996년이 1991년에 비해 수입이 증가하였으므로 수입증가가 있다고 결론지었으나 패널은 추세 또는 최근의 수입동향을 고려해야 한다고 하였다.

패널은 5년간의 수입동향 통계는 수입감소가 일시적인 것이 아님을 보여주고 있으며 따라서 아르헨티나는 협정 제2조 제1항과 제4조 제2항 가호가 요구하는 수입량의 절대적 또는 상대적 증가(in such quantities in absolute or relative terms)를 입증하지 못했다고 판정하였다.

② 상소기구: 패널의 결론은 지지하였으나 법률해석은 수정하였다. 상소기구는 조사기간을 5년으로 설정한 것은 'in being imported'라는 문언에 비춰 합리적이지 못하다고 하였다. 또한 상소기구는 수입은 그 양과 질 두 측면에서 모두 국내 산업에 심각한 피해 또는 피해의 우려를 초래하기에 충분할 정도로 근래적(recent)이고, 돌연하며(sudden), 급격하고(sharp), 심각해야(significant) 한다고 밝혔다.

③ 인과관계: 패널은 인과관계 분석에 있어서 여러 차원에서 아르헨티나의 위법성을 지적하였다. 첫째, 인과관계를 판정하기 위해서는 수입증가동향과 피해 요소의 변화간에 동시성(coincidence)이 있어야 하나 국내 신발 산업 수익 감소와 함께 수입은 오히려 감소경향이 있으므로 동시성이 없다고 하였다. 둘째, 아르헨티나는 수입 증가와 피해라는 두 현상을 단순히 병치(竝置)(juxtaposition)시켜 놓았을 뿐 납득할 만한 설명이 없다고 하였다. 셋째, 아르헨티나는 저가(低價) 수입으로 인해 국내 상품 가격 인하가 초래되었다고 하였으나 수입은 오히려 고가품 위주로 전환되고 수입가격은 전반적으로 상승하고 있으므로 아르헨티나의 주장이 증거에 의해 뒷받침되지 못한다고 지적하였다. 상소기구는 패널 판정을 지지하였다.

4. 통보의 적정성 여부 – 협정 제12조

패널은 EC의 주장을 기각하였다. 패널은 제12조의 통보는 WTO 긴급수입제한조치 위원회의 검토를 포함한 투명성 확보 조치의 첫 단계에 불과할 뿐이며 제2조 또는 제4조 요건의 검증 토대는 아니라고 보았다. 패널은 아르헨티나의 통보문에는 심각한 피해판정 공고문 전문(全文)이 포함되어 있으므로 모든 관련된 정보를 통보한 것이라고 볼 수 있다고 판단하였다.

Ⅳ 평석

1. 'unforeseen developments'

패널은 이것이 세이프가드조치의 요건이 아니라고 판단했으나 상소기구는 이를 번복했다. 상소기구는 'unforeseen developments'란 조사 당국이 긴급수입제한조치를 부과하기 전에 반드시 충족해야 하는 조건(condition)이라고는 하지 않았으나 조사 당국의 보고서에 반드시 증명되어야 하는 상황(circumstance)이라고 보았다. 그러나 양자간 차이가 구체적으로 무엇인지에 대해서는 자세히 밝히지 않았다.

2. Parallelism

이 사건을 통해 관세 동맹회원국으로부터의 수입이 긴급수입제한조치 대상에 포함되었으면 적용 대상에서도 배제될 수 없다는 동등대우(parallelism)가 확립되었다. 동등대우원칙은 US-Wheat Gluten 사건 및 US-Line Pipe 사건에서도 확인되었다. US-Line Pipe 사건 상소기구는 관세 동맹회원국이 긴급수입제한조치 대상에서 면제된 경우 조사 당국은 동 회원국이 외국으로부터의 수입이 심각한 피해를 초래하였는지에 대해 명백한 설명을 제공해야 한다고 판정하였다.

제5장 | SPS협정 및 TBT협정

CASE 159. EC - Hormones 사건[99]

I 사실관계

EC는 일련의 이사회지침(Council Directives)을 통해 성장호르몬을 투여하여 육성한 육류 및 육류제품의 판매와 수입을 금지하여 왔다. EC의 이러한 지침은 1981년부터 시행되기 시작하였으며 1988년과 1996년에 이를 보완하여 금지범위를 확장하였다. 미국과 캐나다는 EC의 이러한 조치는 SPS협정 제2조, 제3조, 제5조, TBT협정 제2조, GATT 제1조, 제3조, 제11조에 위반된다고 주장하였다.

II 법적쟁점

1. SPS협정 제3조 제1항[100] 위반 여부

2. SPS협정 제3조 제3항[101] 위반 여부

---

99) DS26/48, 1998.2.13. 상소기구
100) 위생 및 식물위생조치를 가능한 한 광범위하게 조화시키기 위하여, 이 협정에 달리 규정된 경우, 특히 제3항에 규정된 경우를 제외하고, 회원국은 자기 나라의 위생 또는 식물위생조치를 국제표준, 지침 또는 권고가 있는 경우 이에 기초하도록 한다.
101) 회원국은 과학적 정당성이 있거나, 회원국이 특정 보호의 수준의 결과 제5조 제1항부터 8항까지의 관련 규정에 따라 적절하다고 결정하는 경우 회원국은 관련 국제표준, 지침 또는 권고에 기초한 조치에 의하여 달성되는 위생 또는 식물위생보호 수준보다 높은 보호를 초래하는 위생 또는 식물위생조치를 도입 또는 유지할 수 있다. 상기에 불구하고, 국제표준, 지침 또는 권고에 기초한 조치에 의하여 달성되는 위생 또는 식물위생보호 수준과 상이한 보호 수준을 초래하는 모든 조치는 이 협정의 그 밖의 규정과 불일치하지 아니한다.

3. SPS협정 제5조 위반 여부

4. GATT, TBT협정 위반 여부

Ⅲ 패널 및 상소기구 평결

1. SPS협정 제3조 제1항 위반 여부

(1) 패널

① SPS협정 제3조 제1항의 요건: 패널은 동 조항은 2개의 요건, 즉 ㉠ 국제표준, 지침, 권고가 있어야 하고 (exist), ㉡ SPS 조치가 이러한 기준 등에 기초해야 한다는(based on) 요건을 포함하고 있다고 보았다. 그리고 SPS협정 부속서 1의 제3조(a)는 식품 안전의 경우 국제표준은 국제식품규격위원회(Codex)에 의해 수립된 표준 등이라고 명기하고 있음에 주목하였다.

② SPS협정 제3조 제1항 위반 여부: 패널은 문제가 된 6개 호르몬 중 MGA를 제외한 5개 호르몬에 대해서는 Codex가 정한 표준이 존재하고 있음을 확인하고 5개 호르몬에 대해서는 ①의 요건이 충족된다고 판단하였다. 위생조치가 국제표준에 기초하기 위해서는 당해 조치가 국제표준과 같은 정도의 보호 수준은 반영해야 한다고 판단, 국제표준에 기초(based on)한다는 것은 국제표준에 부합(conform to)하는 것이라고 보았다. 그런데 EC의 조치는 Codex 표준과 상이한 보호 수준을 부과하는 것으로서 국제표준에 기초하지 않고 있다고 판시하였다.

(2) 상소기구

상소기구는 패널이 국제 표준에 '기초'한 것과 '부합'되는 것을 동일시 한 것은 잘못이라며 패널의 판정을 번복하였다. 국제표준에 기초한 조치와 부합되는 조치가 반드시 같은 것은 아니며 국제표준의 요소를 부분적으로 채택하는 경우에도 국제표준에 기초한 것이라고 할 수 있다고 설명하였다.

2. SPS협정 제3조 제3항 위반 여부

(1) 제3조 제3항의 요건(패널)

패널은 Dodex 표준과 합치되지 않는 5개 호르몬에 관한 EC 조치가 제3조 제3항 요건에 합치되면 설사 제3조 제1항에 위반되더라도 정당화될 수 있으므로 제3조 제3항에 해당되는지 여부를 살펴보았다. SPS협정 제3조 제3항은 과학적인 정당성이 있거나 SPS 제5조 제1항부터 제8항까지의 규정에 합치된다면 회원국은 국제표준보다 엄격한 SPS 조치를 유지할 수 있다고 규정하고 있으며 그러한 엄격한 조치는 SPS협정의 그 밖의 규정과 합치해야 한다는 단서를 달고 있다. 패널은 EC의 조치가 SPS협정 제5조에 합치되지 않으면 제3조 제3항에 의해 정당화될 수 없고 설사 제5조에 합치된다 하더라도 제3조와 제5조 외의 다른 SPS협정 조항과도 합치되어야 제3조 제3항에 의한 정당성이 인정됨을 확인하였다.

(2) 제3조 제3항의 입증책임

① 패널: 패널은 제3조 제3항의 입증책임은 피제소국에 있다고 판단하였다. 제3조 제3항은 제3조 제1항의 예외에 해당하므로 원칙에 대한 예외를 주장하기 위해서는 이를 인용하는 피제소국에 입증책임이 부여된다는 것이다. 아울러 제3조 제2항은 국제표준에 합치되는 SPS 조치는 SPS협정에 합치되는 것으로 추정된다고 규정하고 있는바, 제소국이 제3조 제1항에 대해 prima facie case를 성립시키면 제3조 제3항에 의해 예외적으로 정당화된다는 입증책임은 피제소국이 부담해야 한다고 결론지었다.

② 상소기구: 입증책임에 대해 상소기구는 견해를 달리하였다. 상소기구는 SPS협정 관련조항(제3조 제1항·제3항, 제5조 제1항·제5항102)) 등에 합치되지 않음을 제소국이 입증하여야 하며 입증하였다는 패널의 판정이 있은 후에 비로소 제소국의 주장을 배척하는 주장과 근거를 제시할 책임이 피제소국으로 이전된다고 판단하였다.

3. SPS협정 제5조 위반 여부

(1) 위해성 평가(risk assessment)와 위해성 관리(risk management)의 구분

① 패널: 패널은 SPS협정 제5조는 SPS조치 시행 및 유지에 관한 회원국의 결정이 내포하고 있는 서로 다른 2개의 측면, 즉 위해성 평가와 위해성 관리를 다루고 있다고 보았다. 위해성 평가(risk assessment)란 해당 조치가 막아내고자 하는 위험의 정도에 관한 측정을 의미하며 이는 과학적인 조사작업의 문제이며, 제5조 제1항103)·제2항·제3항이 위해성 평가에 관한 규정이라고 보았다. 위해성 관리(risk management)란 위생보호의 적절한 수준을 결정하고 시행하는 것으로서 위해성 평가와 달리 사회적 가치에 대한 판단을 포함하는 정책상의 문제라고 보았다. 제5조 제4항·제5항·제6항이 관련 조항이라고 이해했다.

② 상소기구: 상소기구는 위해성 관리에 대해 협정에 문언적인 근거가 없어, 패널이 위해성 평가와 위해성 관리를 구분한 것은 온당하지 못하다고 비판하였다.

(2) 위해성 평가

① 패널: 패널은 위해성 평가가 2단계로 구성되는바, 첫째, 부정적 효과를 밝혀내고(identify the adverse effect), 둘째, 부정적 효과가 발생할 수 있는 잠재적 가능성에 대해 평가(evaluate the potential of adverse effect)해야 한다고 보았다. EC 조치가 이러한 요건을 충족하였는지를 판단하기 위해 패널은 ① 위해성 평가 기술과 요소(factor)를 고려하여야 하고, ② EC가 위해성 평가를 시행하였음을 입증해야 하고, ③ EC 조치가 위해성 평가 결과에 기초한 것임을 입증했는지 살펴보아야 한다고 설명하였다. 패널은 EC의 조치가 ① 요건과 ② 요건은 충족하나, ③ 요건은 충족하지 못했다고 평가했다. ③ 요건은 절차적 요건과 실체적 요건으로 나뉘는바, 절차적으로는 EC가 위해성 평가 증거로 인용한 과학보고서가 해당 조치 입법과 유지 과정 중 실제로 EC 당국에 의해 고려되었다는 증거를 제시하지 못했으며, 실체적으로도, 잘 사용되면 안전하다는 과학 조사보고서상의 결론(다만 패널은 향후 과학이 더 발전되면 이 같은 결론이 변경될 수 있다는 가능성을 배제하지는 않았다)과 달리 성장호르몬의 잔류치를 조금도 허용하지 않는 EC 조치는 잘 사용해도 유해하다는 의미를 내포하는 것이라고 보아, 양자가 상호 합치하지 않으므로 EC 조치는 제5조 제1항의 위해성 평가에 기초한 것이 아니라고 판단하였다. 패널은 EC의 조치가 위해성 평가에 기초한 것이 아니므로 제5조 제1항에 위반되고 국제표준에도 기초하지 않았으므로 제3조 제1항에도 합치되지 않으며 이러한 불합치는 제3조 제3항이 제5조 제1항 준수를 요건으로 하고 있으므로 제3조 제3항에 의해 정당화되지 않으며 결국 제3조 제1항에도 위반된다고 판시하였다.

---

102) 인간, 동물 또는 식물의 생명 또는 건강에 대한 위험으로부터의 위생 또는 식물위생보호의 적정 수준이라는 개념의 적용에 있어서 일관성을 달성할 목적으로, 각 회원국은 상이한 상황에서 적절한 것으로 판단하는 수준에서의 구별이 국제무역에 대한 차별적 또는 위장된 제한을 초래하는 경우에는 자의적 또는 부당한 구별을 회피한다.
103) 회원국은 관련 국제기구에 의해 개발된 위험평가 기술을 고려하여, 자기 나라의 위생 또는 식물위생조치가 여건에 따라 적절하게 인간, 동물 또는 식물의 생명 또는 건강에 대한 위험평가에 기초하도록 보장한다.

② 상소기구: 상소기구는 패널의 결론은 지지하였으나 법적인 논리는 달리하였다.

상소기구는 위해성 평가가 위의 2단계로 구성된다는 패널의 견해에 동의하지 않았으며 특히 둘째 단계의 potential을 패널이 발생확률이 매우 높은 것을 의미하는 probability로 이해한 것은 부당하며 possible의 의미라고 해석하였다. 즉, adverse effect가 발생할 단순한 가능성이 있으면 충분한 과학적 정당성이 존재한다고 본 것이다.

또 상소기구는 제5조 제1항의 '기초해야 한다'의 의미도 위해성 평가가 고려되어야 한다는 절차적 요건을 의미하는 것이 아니라 위해성 평가와 SPS 조치 간의 객관적인 관계가 존재해야 한다는 의미라고 해석, SPS 조치 시행 국가가 반드시 위해성 평가를 실시해야 하는 것은 아니라고 보았다. 그러나 여전히 EC가 제시한 과학적 보고서는 EC의 수입금지를 합리적으로 설명하지 못한다고 지적하고 패널의 판정을 지지하였다.

또 입증책임에 대한 패널의 견해를 번복하였어도 미국은 EC의 조치가 위해성 평가에 근거하지 않는다는 것에 대해 prima facie case를 성립시켰으며 EC가 이를 번복하지 못했다고 판단하였다.

(3) 위해성 관리

① 패널: 패널은 위해성 관리 관련 조항인 제5조 제5항 위반을 구성하기 위해서는 ① 상이한 상황(비교가능한 상황)에서 적절한 것으로 판단되는 보호 수준에 대해 구별해야 하고, ② 이러한 구별이 자의적이거나 부당해야 하며, ③ 이러한 구별이 국제무역에 대한 차별적 또는 위장된 제한을 초래해야 한다는 3가지 요소를 충족해야 한다고 보았다.

EC 조치가 규제하는 성장호르몬 6개는 자연에 존재하는 천연호르몬 3종과 인공적 합성호르몬 3종으로 구분된다. 패널은 이들이 사용되는 3가지 상황에 대해 각각 따로 위의 3가지 요건을 검토하였다.

첫번째 상황은 천연호르몬이 성장촉진제로 사용되는 것과 개체 내에서 저절로 발생한 경우의 취급 차이였다. 이 경우 동일한 물질을 다루므로 비교가능한 상황이고 성장촉진제로 사용된 경우 잔류치를 일체 허용하지 않는 반면 저절로 발생한 경우에는 아무런 제한이 없으므로 보호 수준에 대한 구별이라는 ① 요건이 충족되었다고 보았다. ② 요건의 경우 EC가 이러한 구별의 불가피성에 대한 과학적 근거를 제시하지 못했으므로 ② 요건도 충족되었다고 보았다. ③에 대해 패널은 두 경우에 대한 보호 수준의 차이가 심각하나 EC가 이러한 차이에 대한 정당한 타당성을 제시하지 못했으며 이러한 보호 수준의 차이가 수입금지로 귀결되었으므로 국제무역에 위장된 제한 및 차별이 존재한다고 판단, 첫번째 상황에서 EC의 조치는 제5조 제5항에 합치되지 않는다고 판시하였다.

두번째 상황은 성장촉진제로 사용된 3개 합성호르몬과 저절로 발생한 3개 천연호르몬의 취급 차이였다. 패널은 EC가 두 호르몬 모두 인간 건강에 유해한 효과를 초래한다고 주장하므로 양자는 비교 가능한 상황이며 나머지 요건도 첫번째 상황과 유사하게 ①, ②, ③ 요건을 모두 충족, 두번째 상황도 제5조 제5항에 합치되지 않는다고 판시하였다.

세번째 상황은 성장호르몬 전체와 항균성 성장촉진제의 취급 차이였다. EC가 금지한 성장호르몬 외에도 carbodox라고 하는 항균성 성장촉진제 역시 동일한 목적으로 많이 사용되었고 성장호르몬과 마찬가지로 인체에 발암효과를 야기한다는 우려가 많았다. 그러나 EC의 조치는 항균성 성장촉진제에 대해서는 별다른 규제를 하지 않았다. 이에 대해 패널은 ①, ②, ③ 요건이 모두 충족된다고 파악, 세번째 상황도 제5조 제5항에 합치되지 않는다고 판시하였다.

② 상소기구: 상소기구는 패널의 판정을 번복하였다. 상소기구는 세번째 상황에 대해서는 자의적이고 부당한 차별에 해당한다고 보았으나, 첫번째와 두번째 상황은 비교가 된 상이한 보호 수준의 내용, 취급현황, 행정관리상세 등을 면밀히 분석한 결과, 자의적이거나 부당한 구별이라고 볼 정도는 아니라고 판단하였다. 따라서 EC의 조치가 제5조 제5항에 합치되지 않는다는 패널 판정을 번복하였다.

(4) 국제표준이 존재하지 않는 MGA에 대한 위해성 관리(패널)

MGA에 대해서는 국제표준이 정해진 것이 없었으므로 SPS협정 제3조 제1항은 해당이 없었으나 제소국들은 SPS 제2조 및 제5조에 위반된다고 주장한 바, 패널은 제5조가 보다 특정적인 조항이라고 보고 제5조 위반 여부를 검토하였다. 패널은 협정 제5조 제5항의 세가지 요건에서 MGA에 대한 위생조치는 정당화되지 않는다고 보았다. 즉, 첫째, 육류 및 기타 식품에서 내생적으로 발생하는 천연호르몬과 비교된 성장촉진용 MGA, 둘째, 돼지 축산에서 식품 첨가제로 사용되는 항균성 성장촉진제인 carbodox와 비교된 MGA 등 2가지 상황 모두에서 EC의 위생조치가 ① 상이한 보호 수준이 존재하고 ② 보호 수준의 차이가 자의적이고 부당하며, ③ 국제 무역에 대한 차별 또는 위장된 제한을 초래하였다고 판시하였다.

(5) 사전주의 원칙

패널 심리에서 EC는 문제가 된 조치는 사전주의 원칙(precautionary principle)으로 시행된 것이므로 정당성이 인정된다는 주장을 제기하기도 하였으나 패널과 상소기구는 모두 이를 인정하지 않았다. 사전주의 원칙이란 과학적 불확실성이 존재하는 경우 사전에 규제조치를 마련하는 것을 정당화하는 원칙이다. 이 원칙은 심각하거나 회복할 수 없는 피해의 우려가 있는 경우 과학적인 확실성이 없다고 하여 환경피해 방지조치를 취하지 못하게 하는 것은 안된다는 것을 의미한다. 이러한 사전주의 원칙이 국제관습법상 확립된 원칙인지 여부에 대해서는 학자들 간에 논란이 있다. EC는 이 원칙을 원용하여 설사 EC의 위생조치가 과학적 근거에 입각하지 않았다하더라도 사전주의 원칙상 성장호르몬 사용을 금지할 수 있다고 주장하였다. 그러나 패널과 상소기구는 모두 사전주의 원칙은 SPS협정 제5조 제1항·제2항의 명문상의 규정에 우선적으로 적용될 수 없다고 판단하였다. SPS협정은 이미 제5조 제7항[104]에 관련 과학적 증거가 불충분할 경우 회원국은 입수 가능한 적절한 정보에 입각하여 SPS 조치를 잠정적으로 취할 수 있다는 것을 규정하고 있어 사전주의 원칙을 이미 반영하고 있으나 EC가 이 조항을 사용하지도 않았다고 지적하고 EC의 주장을 기각하였다.

4. GATT, TBT협정 위반 여부

패널은 EC의 조치가 GATT 제1조, 제3조, 제11조 위반이라는 제소국들의 주장에 대해 이미 SPS협정 위반이 확인된 만큼 제20조 제(b)항에 근거한 정당화 주장은 성립될 수 없으므로 굳이 GATT 위반 여부를 검토할 실익이 없다고 판단하였다. 또 TBT협정 제2조 위반 주장에 대해 패널은 TBT협정 제1조 제5항[105]을 들어 TBT협정은 이 사건에는 적용되지 않는다고 판시하였다.

> **기출 및 예상문제**
>
> 식품첨가물 X는 인체에 유해하다는 의심을 받고 있다. WTO 회원국인 A는 자국민의 건강을 보호하기 위하여 X를 함유하고 있는 식품의 생산, 판매, 수입을 전면적으로 금지하는 조치를 시행하고 있다. (총 40점) 2007외시
>
> (1) A국의 조치가 WTO협정에 합치하기 위한 요건을 설명하시오. (20점)
>
> (2) 식품첨가물 X의 유해성에 관한 과학적 증거가 불충분한 경우, A국은 사전주의 원칙(precautionary principle)에 입각하여 규제조치를 채택할 수 있는지를 설명하시오. (10점)
>
> (3) 만일 A국이 X를 함유하고 있는 식품의 생산, 판매, 수입을 허용하면서 소비자의 알권리를 위하여 X의 첨가비율을 표시하는 라벨의 부착(labelling)을 강제하는 경우, A국의 조치가 WTO협정에 합치하는지를 설명하시오. (10점)

---

104) 관련 과학적 증거가 불충분한 경우, 회원국은 관련 국제기구로부터의 정보 및 다른 회원국이 적용하는 위생 또는 식물위생조치에 관한 정보를 포함, 입수가능한 적절한 정보에 근거하여 잠정적으로 위생 또는 식물 위해서 조치를 채택할 수 있다. 이러한 상황에서, 회원국은 더욱 객관적인 위험평가를 위하여 필요한 추가정보를 수집하도록 노력하며, 이에 따라 합리적인 기간내에 위생 또는 식물위생조치를 재검토한다.

105) 이 협정의 규정은 위생 및 식물위생조치의 적용에 관한 협정의 부속서 1에 정의되어 있는 위생 및 식물위생조치에는 적용되지 아니한다.

CASE 160. Australia - Salmon 사건106)

Ⅰ 사실관계

호주는 1995년 10월 캐나다산 열처리되지 않은 생·냉장·냉동 연어 수입을 금지하였다. 호주는 열처리되지 않은 연어에서 발생할 수 있는 24종의 병원체를 규명하고 자국이 행한 연어 수입품 위험 분석에 관한 보고서(1996년 최종 보고서)에 근거하여 캐나다산 연어 수입을 금지하는 위생 조치를 취한 것이다.
이에 대해 캐나다는 SPS협정 제2, 3, 5조 및 GATT 제11조, 제13조 위반이라고 주장하였다.

Ⅱ 법적쟁점

1. SPS협정 제5조 제1항107)·제2항108) 위반 여부

(1) 분쟁 대상상품

호주의 비열처리 연어 수입금지 조치의 근거가 된 1996년 최종보고서는 태평양산 활연어를 대상으로 조사한 것인데 이를 바탕으로 모든 비열처리 연어의 수입을 금지한 것은 부당하다고 캐나다가 주장하였고, 이에 호주는 제5조 제1항은 상황에 따라 적절한 위해성 평가를 할 수 있도록 규정하고 있고 동 보고서를 토대로 모든 연어의 수입을 금지할 수밖에 없었던 사정이 있었다고 반박하였다.

(2) 1996년 최종보고서의 위해성 평가 해당 여부

캐나다는 1996년 최종보고서가 SPS협정 제5조 제1항상의 '적절한' 위해성 평가가 아니라고 주장하였다.

2. 위생보호의 적절한 수준의 결정 및 SPS협정 제5조 제5항109) 위반 여부

캐나다는 호주가 연어의 수입에 관한 '위생보호의 적절한 수준'을 결정하지 않았고, 따라서 SPS협정 제5조 제5항에 일치하지 않았다고 주장하였으며, 호주는 적절하다고 간주되는 위생보호 수준의 결정은 주권적 결정이라고 반박하였다.

---

106) DS18, 1998.11.6. 상소기구
107) 회원국은 관련 국제기구에 의해 개발된 위험평가 기술을 고려하여, 자기 나라의 위생 또는 식물위생조치가 여건에 따라 적절하게 인간, 동물 또는 식물의 생명 또는 건강에 대한 위험평가에 기초하도록 보장한다.
108) 위험 평가에 있어서 회원국은 이용 가능한 과학적 증거, 관련 가공 및 생산 방법, 관련 검사, 표본추출 및 시험방법, 특정 병해충의 발생률, 병해충 안정지역의 존재, 관련 생태학적 및 환경조건, 그리고 검역 또는 다른 처리를 고려한다.
109) 인간, 동물 또는 식물의 생명 또는 건강에 대한 위험으로부터의 위생 또는 식물위생보호의 적정 수준이라는 개념의 적용에 있어서 일관성을 달성할 목적으로, 각 회원국은 상이한 상황에서 적절한 것으로 판단하는 수준에서의 구별이 국제무역에 대한 차별적 또는 위장된 제한을 초래하는 경우에는 자의적 또는 부당한 구별을 회피한다.

3. SPS협정 제5조 제6항[110])의 위반 여부

캐나다는 호주가 연어제품에 무역 제한적인 조치를 유지하기 위한 타당한 이유가 있는 경우라 하더라도 현행의 수입금지는 호주가 이용할 수 있는 가장 무역 제한적인 조치라는 점에서 호주가 제5조 제6항을 위반하였다고 주장하였다.

Ⅲ 패널 및 상소기구 평결

1. SPS협정 제5조 제1항·제2항 위반 여부

(1) 분쟁 대상상품

패널은 위생조치를 '상황에 따라 적절한' 평가에 근거하도록 규정한 제5조 제1항의 언급은 위험성 평가의 수행 방법과 관련된 것이지 위생조치를 위해성 평가에 기초하여야 한다는 실체적 의무를 소멸시키거나 폐기할 수는 없다고 분명히 하였다. 이 사건의 경우 1996년 최종보고서 대상상품 이외의 기타 연어제품도 문제가 된 위생조치의 대상에 포함되었으므로 패널은 호주의 위생조치는 제5조 제1항에 합치되지 않았다고 판시하였다.

(2) 1996년 최종보고서의 위해성 평가 해당 여부

① 패널: 패널은 위해성 평가의 정의에 다음의 세 가지 요소가 포함된다고 하였다. ⊙ 위생조치를 부과하는 회원국은 자국 영역 내에서 '유입, 정착, 전파'가 예방되기를 원하는 질병을 규명하여야 하고, ⓒ 이들 집병의 유입, 정착 또는 전파 및 연관된 잠재적인 생물학적 경제적 결과의 '가능성 평가'가 요구되며, ⓒ 이러한 가능성의 평가가 '적용될 수 있는 위생 조치에 따라' 수행되어야 한다.

패널은 1996년 최종보고서가 호주가 예방하기를 원하는 24가지 질병을 규명하고 유입, 정착, 전파와 연관된 잠재적인 생물학적 및 경제적 결과를 규명하고 있어 ⊙ 요건을 충족한다고 판시했다. 또 유입되는 질병 및 연관된 잠재적인 생물학적 경제적 결과의 가능성(likelihood) 또는 발생가능성(probability)의 요소를 평가하였으므로 ⓒ 요건을 충족하였다고 추정하였다. 끝으로 ⓒ 요건 역시 충족한다고 추정, 패널은 동 보고서가 SPS협정 제5조 제1항과 제5조 제2항에 규정된 위해성 평가의 요건을 충족하였다고 추정한다는 결론을 내렸다.

하지만 동 보고서가 위해성 평가 요건을 충족했다 해서 호주의 위생조치가 바로 정당화되는 것은 아니다. 제5조 제1항상 호주의 위생조치는 위해성 평가에 기초해야 한다는 요건을 충족해야 했다. 패널은 EC-Hormones 사건 상소기구가 SPS 조치가 위해성 평가에 '기초한다'는 요건은 곧 SPS 조치에 내재하는 과학적 결론과 위해성 평가 간에 합리적인 관계(rational relationship)가 존재한다는 것을 의미한다고 판정하였음을 환기하였다. 패널은 1996년 최종보고서가 분쟁 대상 조치에 의하여 부과된 열처리 요건과 관련된 위험 또는 위험 감소에 대해 실체적 평가를 하지 않았고, 동 보고서에는 호주의 위생조치를 지지하는 데 필요한 합리적인 기초가 존재하지 않는다고 보았다. 따라서 호주의 조치는 제5조 제1항에 따른 위해성 평가에 '기초'하지 않았다고 판시하였다.

---

110) 제3조 제2항을 저해함이 없이, 위생 또는 식물위생보호 적정 수준을 달성하기 위하여 위생 또는 식물위생조치를 수립 또는 유지하는 때에는, 회원국은 기술적 및 경제적인 타당성을 고려하여, 동 조치가 위생 또는 식물위생보호의 적정 수준을 달성하는 데 필요한 정도 이상의 무역 제한적인 조치가 되지 않도록 보장한다(각주3: 제5조 제6항의 목적상 기술적 및 경제적인 타당성을 고려하여 합리적으로 이용 가능하고 위생 또는 식물위생보호의 적정 수준을 달성하면서 무역에 대한 제한이 현저히 적은 다른 조치가 없는 경우, 동 조치는 필요한 정도 이상의 무역제한조치가 아니다).

② 상소기구: 상소기구는 패널과 동일한 결론에 도달하기는 하였으나 그 논리와 심사대상이 매우 달랐다. 우선 패널이 수입금지 요건이 아니라 열처리 요건에 대해 검토한 것은 조치 적용 대상을 잘못 이해한 것이라고 판단, 이에 관한 패널의 판정을 번복하였다.

상소기구는 수입금지에 초점을 두어 호주의 조치가 제5조 제1항에 합치하는지 여부를 심리하였다. 상소기구는 부속서 1의 제4조[111]에 규정되 위해성은 '다소의(some)' 가능성이 아닌 '가능성의 평가'를 요구하므로 위해성 평가는 다소의 가능성(likelihood) 또는 발생가능성(probability)의 평가만을 요구한다는 패널의 견해에 동의하지 않았다.

결국 상소기구는 1996년 최종보고서가 위해성 평가의 요건 중 ⓛ 요건과 ⓒ 요건을 충족하지 못했다고 판단, 동 보고서는 적절한 위해성 평가가 될 수 없고, 분쟁 대상이 된 조치 역시 SPS협정 제5조 제1항에 의하여 요구되는 위해성 평가에 기초하지 않은 것이라고 판시하였다.

2. 위생보호의 적절한 수준의 결정 및 SPS협정 제5조 제5항 위반 여부

(1) 패널

패널은 분쟁 대상 조치가 호주가 달성하고자 하는 '위생 보호의 적절한 수준'을 반영한다고 고려하고 제5조 제5항의 위반을 구성하는 요소 3가지 ① 상이한 상황에 대한 보호 수준의 구별, ② 자의적이거나 정당화될 수 없는 차별, ③ 국제무역제한을 검토하였다.

패널은 제출된 자료를 분석한 결과 호주는 여러 '상이한 차이'에 있어서 적절한 보호 수준을 부여했다고 볼 수 있어 ① 요건을 충족했다고 판단했다. ② 요건에서 패널은 태평양산 연어와 비교 가능한 상품으로 선정된 냉동 청어, 장식용 생선 등에 관한 호주 정부의 위생 보호 수준이 매우 상이함을 주목하고 이는 자의적이거나 정당화 될 수 없는 것이라고 판단하였다. 또 태평양산 연어 제품과 냉동 청어, 장식용 생선의 위해성은 ①, ② 요건이 비슷한 데에도 전자는 수입을 금지한 반면, 후자는 수입을 허용하고 있으므로 ③ 여건도 충족한다고 판단하였다. 이에 따라 패널은 호주의 위생 조치는 SPS협정 제5조 제5항에 합치되지 않는다고 판시하였다.

(2) 상소기구

상소기구 역시 패널의 판정을 지지하였다.

3. SPS협정 제5조 제6항의 위반 여부

(1) 패널

패널은 제5조 제6항과 동 각주에 따라 패널은 ① '기술적 및 경제적 타당성을 고려하여 합리적으로 이용가능한' 대체조치, ② '호주의 위생보호의 적절한 수준을 달성한' 대체조치, ③ 문제가 된 위생조치보다 '무역에 대하여 현저하게 덜 제한적인' 대체조치가 존재한다면 분쟁 대상이 된 조치는 '요구되는 것보다 더 무역제한적'인 것으로 보아야 한다고 판단하고 각각의 존재 여부를 검토하였다.

패널은 1996년 최종보고서상에 선택가능한 조치로 4가지가 제시되어 있으므로 이들이 ①의 합리적으로 이용가능한 대체조치라고 추정할 수 있고, ②의 경우 '위생보호의 적절한 수준을 달성할' 다른 이용 가능한 조치가 존재한다는 것을 캐나다가 제시하였다고 보았으며, 이러한 여타의 조치는 수입금지에 비해 ③ 무역에 현저하게 덜 제한적이라고 볼 수 있다고 판단하였다. 따라서 패널은 제5조 제6항 위반이 인정된다고 판시하였다.

---

111) 위험 평가 – 적용될 수 있는 위생 또는 식물위생조치에 따라 수입회원국의 영토 내에서 해충 또는 질병의 도입, 정착 또는 전파 가능성과 이와 연관된 잠재적인 생물학적 및 경제적 결과의 평가, 또는 식품, 음료 및 사료 내의 첨가제, 오염물질, 독소 또는 질병 원인체의 존재로 인하여 발생하는 인간 또는 동물의 건강에 미치는 악영향의 잠재적 가능성에 대한 평가이다.

(2) 상소기구

상소기구는 위에서 분쟁 대상 SPS 조치는 열처리 요건이 아니라 생·냉장·냉동 연어에 관한 수입금지라는 결론을 내렸음을 상기하고 패널은 열처리 요건이 '요구된 것보다 더 무역 제한적인지만'을 검토하였으므로, 호주의 조치가 제5조 제6항에 일치하지 않았다는 패널의 판정을 번복하였다.

상소기구는 자국의 위생보호의 적절한 수준의 결정은 당해 회원국의 특권이며, SPS협정이 적절한 보호수준을 결정할 묵시적 의무를 포함할 뿐 이는 명시적 의무가 아니라고 인정하였다. 따라서 상소기구는 호주가 SPS협정 제5조 제6항에 일치하지 않았다는 패널의 판결을 파기하였으나, 호주가 제5조 제6항을 위반하였는지에 대해서는 관련 자료가 부족하여 분석을 계속할 수가 없다고 판단을 유보하였다.

CASE 161. US vs. Japan – Agricultural Products 사건[112]

Ⅰ 사실관계

1. 일본은 1950년 식물보호법과 식물보호법 시행령을 제정하여 일본에서 존재가 확인되지 않은 해충 또는 일본에 존재하나 공식적으로 통제 받는 해충을 검역해충으로 정의하고, 수입된 식물 및 식물상품에 대한 검사기제를 수립하였다. 동 법에 의하면 일본 농림수산성은 해충이 만연한 국가로부터 숙주 식물의 수입을 금지할 권한이 있었다.

2. 농림수산성은 식물보호법에 따라 코들링 나방의 잠재적 숙주가 된다는 이유로 사과, 버찌, 복숭아, 호두, 살구, 배, 자두, 모과 등 8종의 미국산 농산품의 수입을 금지하였으며, 수출국이 수입금지에 상응하는 보호 수준을 달성하는 대체적 검역처리를 제안하는 경우에만 수입금지를 해제하였다.

3. 1987년 농림수산성은 대체 검역처리의 효능을 확정하기 위한 모델 시험 절차로서 '수입금지 해제를 위한 실험지침'과 '곤충 박멸에 대한 품종 비교시험을 위한 실험지침'을 채택하였다.

4. 미국은 동 실험지침상 '품종시험 요건'의 SPS협정 합치성에 대해 시비하고 패널설치를 요청하였다.

Ⅱ 법적쟁점

1. 품종시험요건은 충분한 과학적 증거에 기초하고 있는가? (SPS협정 제2조 제2항)

2. 품종시험요건은 잠정조치로서 정당화되는가? (SPS협정 제5조 제7항)

3. 품종시험요건은 필요 이상의 무역제한조치인가? (SPS협정 제5조 제6항)

4. 품종시험요건은 위험평가에 기초한 것인가? (SPS협정 제5조 제1항)

5. 입증책임의 분배 문제 – 협정 제5조 제6항 관련 입증책임

---

112) DS76, 1999.3.19. 상소기구

Ⅲ 패널 및 상소기구 판정

1. 품종시험요건은 충분한 과학적 증거에 기초하고 있는가? (SPS협정 제2조 제2항)

(1) 미국

일본의 '품종시험요건'이 협정 제2조 제2항에 위반하여 '충분한 과학적 증거' 없이 유지되었으며, 협정 제5조 제1항과 제2항에 위반하여 위해성 평가에 기초하지 않았다. 일본이 각각의 농산품 품종에 대한 시험의 필요성을 설명할 수 없었고, 사과, 복숭아, 호두, 체리를 다른 농산품과 구별하는 품종의 차이가 검역처리의 효능에 관련될 것이라는 과학적 증거가 없다.

(2) 패널 및 상소기구 – 소극

미국은 일본의 '품종시험요건'이 충분한 과학적 증거 없이 유지되었다는 추정을 제공하였고, 동 추정은 일본에 의하여 충분히 반박하지 못하였다. 따라서 일본은 SPS협정 제2조 제2항상 '충분한 과학적 증거 없이' 품종시험요건을 유지하였다.

2. 품종시험요건은 잠정조치로서 정당화되는가? (SPS협정 제5조 제7항) – 소극

패널은 일본의 품종시험요건은 잠정조치로서 정당화될 수 없다고 하였다. 일본이 보다 객관적인 위험평가를 위하여 필요한 추가적 정보 획득을 위해 노력하지 않았으며, 합리적 기간 내에 식물 위행 조치를 검토했다는 충분한 증거를 제시하지 못했기 때문이다.

3. 품종시험요건은 필요 이상의 무역제한조치인가? (SPS협정 제5조 제6항) – 적극

패널은 제5조 제6항 각주에 따라 기술적 및 경제적 타당성을 고려하여 합리적으로 이용 가능한 대체조치의 존부, 식물 위생 보호의 적절한 수준을 달성하는 대체조치의 존부, '품종시험요건'보다 무역에 대하여 현저히 덜 제한적인 대체조치의 존부에 대해 판단하였다. 미국은 '상품별 시험'이 그러한 요건을 충족시키는 대체조치라고 주장하였으나 패널은 상품별시험이 '적정보호 수준'을 달성할 수 있는 대체조치는 아니라고 판단하였다. 다만 패널은 자문단의 견해에 따라 '수착'(收着)(sorption)상의 가능한 차이의 시험에 근거하는 또 다른 대체조치가 존재한다고 보고 일본의 품종시험요건은 필요 이상의 무역제한조치라고 판단하였다. 패널은 이러한 결론은 사과, 버찌, 복숭아, 호두에만 해당한다고 판시하였다.

4. 품종시험요건은 위험평가에 기초한 것인가? (SPS협정 제5조 제1항)

미국은 패널이 품종시험요건의 SPS협정 제5조 제1항 합치성 여부에 대해서는 판단하지 않자 동 조항 합치성 여부에 대해 상소하였다. 특히 살구, 배, 자두, 모과에 대한 품종시험요건이 동 조항에 합치되는지 여부에 대해 판단해 줄 것을 요청하였다. 상소기구는 살구, 배, 자두 및 모과에 적용되는 '품종시험요건'은 적절한 위해성 평가에 입각하지 않았으므로 SPS협정 제5조 제1항에 위반된다고 판시하였다.

5. 입증책임의 분배 문제 – 협정 제5조 제6항 관련 입증책임

협정 제5조 제6항과 관련하여 대체조치로 제시된 '수착 수준의 결정'은 제소국인 미국이 아니라 패널에 의해 제안된 것이었다. 이에 대해 일본이 상소하였다. 상소기구는 제5조 제6항의 요건을 충족하는 대체조치가 있음은 제소국인 미국이 입증해야 할 책임이라고 판단하였다. 따라서 미국이 주장하지 아니한 사실을 패널이 스스로 제안하고 인정하는 것은 오류라고 하고 패널의 판정을 파기하였다.

Ⅳ 평석

1. 패널의 심리범위

상소기구에 의하면 패널의 사실 확인은 최소한 당사국 일방의 주장 및 논의에 근거해야 한다. 즉, 제소국에 의해 'prima facie case'가 확립되지 못한 경우 패널은 전적으로 자신의 증거나 법적 추론에만 입각하여 사실 확인을 할 수는 없다는 것이다. 다만 제소국이 'prima facie case'를 확립한 경우에는 패널이 자신의 법적 추론을 자유롭게 전개할 수 있다.

2. SPS협정 제2조 제2항의 독자성

패널과 상소기구는 이전 판례와 달리 협정 제5조 제1항을 검토하지 않고 제2조 제2항을 독자적으로 적용하여 일본의 조치가 SPS협정 위반이라고 판정하였다. 즉, 일본의 조치는 협정 제2조 제2항에 규정된 '충분한 과학적 근거'가 없이 취해진 것이므로 SPS협정에 위반된다고 본 것이다. '충분한 과학적 증거'란 'SPS 조치와 과학적 증거 간의 합리적이거나 객관적인 관련성'을 의미한다고 하였다. 합리적 관련성은 사례별로 판정되며, 문제가 된 조치의 성격과 과학적 증거의 양 및 질을 포함한 당해 사건의 특정 상황에 좌우된다.

CASE 162. US vs. Japan - Apples 사건[113]

Ⅰ 사실관계

1. 일본은 화상병(火傷病, fire blight) 유입 방지를 위해 사과나무 등 숙주식물 15종과 과일의 수입을 특정 조건을 충족하는 경우만을 제외하고 원칙적으로 금지하고 있었다.

2. 일본은 미국산 사과에 대해서 화상병균이 없는 과수원에서 재배될 것을 조건으로 수입을 건별로 허락하였다. 또한 화상병균이 없는 과수원이 충족해야 할 조건에 대해 제시하였다.

Ⅱ 법적쟁점

1. 일본의 조치에 대한 충분한 과학적 증거가 있는가? (SPS협정 제2조 제2항)

2. 일본의 조치는 잠정조치로서 정당화되는가? (SPS협정 제5조 제7항)

3. 일본의 조치는 위험평가에 기초한 것인가? (SPS협정 제5조 제1항)

4. 일본은 통보의무를 준수하였는가? (SPS협정 제7조, 부속서 2)

---

113) DS245, 2003.12.10, 상소기구

Ⅲ 패널 및 상소기구 판정

1. 일본의 조치에 대한 충분한 과학적 증거가 있는가? (SPS협정 제2조 제2항)

(1) 미국

일본의 조치, 특히 화상병 증상이 없는 숙성 사과의 수입을 일본이 금지한 것은 과학적 증거가 충분하지 않다.

(2) 패널 – 소극

제2조 제2항 위반 여부를 판단하기 위해서는 과학적 근거 존재 여부를 위해 입증되어야 할 대상과 이를 입증하는 방법에 대해 검토해야 한다. 입증대상과 관련해서 사과가 화상병균의 전달경로가 될 수 있는지가 문제된다. 입증방법에 있어서는 과학적 증거, 즉 과학적인 방법을 통해 수집된 증거가 존재해야 하고 문제가 된 위생조치와 과학적 근거 간의 합리적인 관계가 있다는 점을 입증해야 한다. 사과가 화상병균의 전염경로가 될 수 있다는 과학적인 증거가 불충분하다. 따라서 일본의 조치는 충분한 과학적 증거 없이 유지되는 것이므로 SPS협정 제2조 제2항에 반한다.

(3) 상소기구

상소기구에서는 패널 절차에서 문제되지 않았던 화상병 증상이 없는 숙성 사과 외의 사과가 문제되었다. 일본은 화상병에 감염된 사과도 전염을 초래하지 않는다는 사실에 대해 미국이 패널 절차에서 입증하지 아니하였으므로 패널이 일본의 주장을 호의적으로 고려했어야 한다고 주장하였다. 그러나 상소기구는 특정 조치가 특정 협정, 의무에 합치되지 않는다는 것을 입증할 책임은 이를 주장하는 제소국 측에 있으나 제소국 시비에 대응하여 피제소국이 제기한 사실의 입증책임은 피제소국에 있다고 하였다. 즉, 감염된 사과가 수입되어 이로 인해 화상병균이 유입될 가능성이 있다는 점은 일본이 입증해야 한다고 판단한 것이다. 미국이 감염사과에 대해 반박 증거를 제시하지는 않았으나 패널은 심리과정 중 제출된 모든 자료를 종합적으로 판단하여 감염사과에 의해 화상병균이 전이될 가능성에 대해 부정적으로 판단하였는바, 상소기구는 패널의 판단이 DSU 제11조에 규정된 패널의 조사 권한의 범위를 넘은 것은 아니라고 판단하였다. 요컨대, 상소기구는 패널이 일본의 조치가 충분한 과학적 증거 없이 유지되고 있다고 판단한 것을 지지한 것이다.

2. 일본의 조치는 잠정조치로서 정당화되는가? (SPS협정 제5조 제7항)

(1) 패널

잠정조치 요건에 대한 입증책임은 일본에 있다. 그러나 일본은 과학적 증거가 불충분하다는 점에 대해 입증하지 못하였다. 따라서 잠정조치로서 정당화될 수 없다.

(2) 상소기구

일본은 화상병 자체에 관한 과학적 증거가 충분하다고 하더라도 사과를 매개로 한 전염 여부에 대해서는 명백한 결론이 내려지지 않았으므로 잠정조치를 취할 수 있다고 주장하였다. 그러나 상소기구는 제5조 제7항의 규정상 동 조항 적용 여부는 과학적 불확실성에 의해서가 아니라 과학적 증거의 부재나 부족에 의해 촉발되는 것이라고 반박하고 일본의 주장을 기각하였다. 즉, 어느 정도 증거가 있는 경우에는 잠정조치를 취할 수 없다고 판단한 것이다.

3. 일본의 조치는 위험평가에 기초한 것인가? (SPS협정 제5조 제1항)

패널 및 상소기구 – 소극

위험평가는 반드시 대상 질병을 확인(identify)하고 그 도입, 정착 또는 전파 가능성에 대해 평가해야 하며 적용될 수 있는 SPS조치에 입각한 그 질병의 도입, 정착, 또는 전파 가능성을 평가하는 것이다. 그런데 일본의 위험성 평가 보고서(1999년 Pest Risk Assessment)는 여러 경로를 통해 화상병균이 도입될 가능성에 대해 분석한 것이지 숙성 사과를 별도로 구분하여 분석한 것은 아니므로 이 사건에서 분쟁대상이 된 상품, 즉 숙성 사과와 관련된 위험성에 대해 평가한 것은 아니다. 또한 '적용될 수 있는 조치에 따라' 위험성을 평가하라는 것은 시행되고 있는 문제의 조치 외에 다른 대안이 없는지 검토해야 함을 의미하나, 일본이 이를 시행하지 않았다. 결국, 일본의 조치는 위험 평가 요건을 충족하지 못하였으므로 위험평가에 기초한 것이라고 볼 수 없다. 상소기구 역시 일본이 사과를 통한 감염에 관하여 위험평가를 실시하지 않았고 또한 대체적 조치에 대해 고려하지 않았으므로 위험평가에 기초했다고 볼 수 없다고 하였다.

4. 일본은 통보의무를 준수하였는가? (SPS협정 제7조, 부속서 2)

미국은 일본이 1997년 농림수산성 고시를 통해 화상병 방제를 위한 수입 금지 조치의 일부를 변경하였으나 이를 WTO에 통보하지 않은 것은 SPS협정 제7조 위반이라고 주장하였다. 그러나 패널은 통보대상 조치는 '다른 회원국의 무역에 심각한 영향을 미치는 조치'이나 미국은 어떤 측면에서 일본의 조치가 무역에 영향을 미쳤다는 것인지 특정하지 못했으므로 prima facie case를 성립시키지 못했다고 판단하였다.

CASE 163. EC-Biotech Products(GMO) 사건

I 사실관계

EC는 GMO상품의 판매승인 절차 등을 규율하는 지침 또는 규정을 운영하였다. EC는 GMO상품 판매승인을 일정 기간 사실상 중단시켰으며 또한 판매승인이 된 상품에 대해서도 판매를 금지시켰다. 이에 대해 미국·캐나다·아르헨티나가 SPS협정에 위반된다고 주장하였다.

II 법적쟁점

1. 수입된 GMO상품의 판매승인을 '사실상 중단'한 것 자체의 위반 여부

2. 개별 상품에 대한 판매승인 중단조치의 위반 여부

3. 판매승인된 제품의 판매를 중단시킨 조치의 위법성

Ⅲ 패널 평결

1. 판매승인의 '사실상 중단'(de facto Moratorium) 자체의 위법성

패널은 판단요건으로 de facto Moratorium의 존부, 동 조치의 분쟁해결대상성, 동 조치의 SPS협정 합치성을 제시하였다. 첫째, de facto Moratorium이 존재한다고 판단하였다. 패널은 EC에게 중단조치를 취할 권한이 있었고, 중단의사가 있었음을 이유로 '사실상 중단'조치가 존재하였다고 판단하였다. 또한 분쟁해결대상성도 인정하였다. 모라토리움은 EC 회원국과 집행위원회의 결정에 의한 것이고 이들은 모두 EC의 기관이므로 중단조치는 EC에 귀속되고 분쟁해결대상이 될 수 있다고 판단하였다. 그러나 패널은 SPS협정에 위반되는 것은 아니라고 판정하였다. 중단조치가 'SPS 조치'에 해당하는지가 문제되었다. 패널은 중단조치는 SPS 조치가 아니라고 판단하였다. 중단조치가 SPS 조치의 '목적'을 위한 것으로 볼 수 있으나, 이를 위한 '법률·법령·규정·요건·절차'에는 해당하지 아니한다고 판단하였기 때문이다.

2. 특정 상품에 대한 '개별적 승인 중단조치'의 위법성

'사실상의 중단조치' 자체의 위반 여부 검토 결과와 유사하게 위법성을 부인하였다. 즉, 승인 중단조치가 'SPS 조치'에 해당하지 아니한다고 본 것이다.

3. 시판승인된 GMO 제품의 판매 및 사용의 제한 및 금지의 위법성

(1) 대상 조치

EC 관련 법규에 의하면 시판승인된 GMO상품이라 하더라도 동 상품이 인간의 건강·환경에 유해하다고 믿을 만한 근거가 있는 경우 동 상품의 회원국 내에서의 판매·사용을 잠정적으로 제한하거나 금지할 수 있다고 규정하였다.

(2) SPS협정 적용 가능성

SPS협정이 적용되기 위해서는 'SPS 조치일 것', '국제무역에 직·간접적 영향을 줄 것'을 요건으로 한다. 패널은 EC의 관련 조치는 SPS 조치에 해당한다고 판단하였다. 즉, 판매제한조치는 SPS 조치로서의 '목적', '형태', '본질'을 모두 가진다고 하였다. 다시 말하자면 당해 조치는 인간·동식물의 생명이나 건강을 보호하기 위한 조치이고(목적), 법적 구속력이 있으며(형태), GMO상품의 회원국 영토 내 판매를 금지하는 것이므로 '본질' 요건도 충족한다고 하였다. 또한, 당해 조치는 GMO상품의 수입을 금지하므로 국제무역에 영향을 미친다고 하였다.

(3) SPS협정 제5조 제1항 위반 여부

동 조항은 회원국이 위험평가에 기초할 것으로 의무화한 조항이며, 동 조항은 제소국에 의해 입증되어야 한다. 동 조항에 합치되기 위해서는 위험평가가 존재하고, 그 위험평가에 기초해야 한다. 패널은 위험평가가 존재하지 않았으며, 위험평가에 기초하지도 않았다고 판단하고 EC의 조치는 동 조항에 위반된다고 판정하였다. 패널은 위험평가를 반드시 조치를 취하는 국가가 해야 하는 것은 아니라고 하였다. 위험평가 존부와 관련하여 패널은 EC 회원국이 EC 집행위원회에 제출한 문서를 검토하였으나 동 문서는 '위험평가 절차'에 관한 내용만 있고 '위험 여부'에 대해서는 언급되어 있지 아니하므로 위험평가가 존재한다고 볼 수 없다고 판단하였다. 또한 위험평가에 기초하지도 않았다고 판정하였다. '기초'의 의미에 대해 패널은 위험평가와 문제가 된 조치 간의 합리적인 관계가 존재한다는 것이며 위험평가가 당해 SPS 조치를 충분히 보장하거나 논리적으로 지지한다는 것을 의미한다고 하였다. 패널은 EC 회원국의 조치가 위험평가에 의해 보장되거나 지지되지 않았다고 판정하였다.

(4) SPS협정 제5조 제7항 위반 여부

EC는 동 조항에 대해 '권리'로 주장하고 제소국은 제5조 제1항의 '예외'로 주장하였다. 패널은 '조건부 권리' (qualified right)로 판단하고 '제소국'에 의해 입증되어야 한다고 판단하였다. 따라서 제5조 제7항의 요건을 모두 충족해야만 잠정조치로서 정당화될 수 있다고 하였다. 패널은 EC가 잠정조치의 요건을 충족하지 못했다고 판정하였다. 잠정조치의 요건 중 '과학적 증거의 불충분성'이 문제되었다. 패널은 과학적 증거가 불충분하지 아니하였다고 판단하였다. 패널은 EC가 판매중단조치를 채택하면서 대상 GMO상품의 위험평가를 실시하였다고 주장한 점에 주목하여 만일 과학적 증거가 충분하지 않다면 위험평가 자체를 실시할 수 없었을 것이라고 판단하고 과학적 증거가 불충분하지 않았다고 최종 결론을 내렸다.

기출 및 예상문제

A국은 B국과 C국으로부터 甲을 수입하고 있다. B국은 오랫동안 지속해 왔던 유전자 재조합 방식을 통한 甲의 생산에 성공을 하게 되어 유전자 변형 기법을 적용해서 생산한 甲(이하 乙이라 함)을 A국에 수출하기 시작하였다. 현재 乙이 인체에 유해하다는 주장은 있으나 과학적으로 명확하게 밝혀진 바는 없다. 그러나 A국은 장기적으로 초래될 수 있는 위험으로부터 자국민의 건강과 생명을 보호하고 소비자들에게 정보를 제공할 목적으로 국내법을 제정하여 乙이 유전자 변형을 통해 생산된 제품임을 표시하도록 하는 '표시의무제'를 도입하였다. 이 사안과 관련하여 다음 물음에 답하시오. (단, A·B·C국은 모두 WTO 회원국이다) (총 50점)

(1) B국은 乙에 대해서만 표시의무제를 적용하는 것은 WTO협정에 위반된다고 주장하고 있다. B국 주장의 타당성을 검토하시오. (10점)

(2) A국의 조치와 관련하여 적용될 수 있는 WTO협정을 예시하고 적용법규 상호 간 관계에 대해 WTO 관련 협정 및 패널 및 상소기구 판정례에 기초하여 설명하시오. (10점)

(3) A국의 조치에 대해 '기술무역장벽협정'이 적용된다고 전제할 때 동 협정상 A국의 조치가 정당화되기 위한 실체적·절차적 요건에 대해 설명하시오. (15점)

(4) A국의 조치에 대해 '위생 및 검역조치에 관한 협정'이 적용된다고 전제할 때 동 협정상 A국의 조치가 정당화되기 위한 실체적·절차적 요건에 대해 설명하시오. (15점)

CASE 164. 한국 – 일본 농수산물 수입규제 사건[114][115]

I 사건배경 및 한국의 조치

1. 사건배경

2011년 3월 11일, 일본 지진 관측사상 최대 규모인 진도 9.0의 강진이 동일본 지역을 강타했다. 최대 20m에 달하는 쓰나미가 후쿠시마현을 휩쓸었고, 이 사고로 후쿠시마 원자력발전소 1~4기가 폭발하고, 방사능이 유출되는 참사가 발생했다. 한국은 우리 국민의 안전을 보호하기 위한 일련의 수입규제조치를 채택했다. 일본 정부가 출하를 제한한 후쿠시마 인근 13개 현 농산물 등 일반식품 26개 품목, 8개 현 수산물 50여 종을 수입 금지하고, 기타 지역의 일본산 농산물 및 가공식품에서 세슘이 미량이라도 검출될 경우 추가 핵종에 대한 검사증명서를 요구하였다. 한국 외에도 전 세계 51개 국가들이 일본산 식품의 방사능으로부터 식품안전을 담보하기 위한 조치를 속속 채택했다. 2013년 8월, 도쿄전력은 후쿠시마 원전에서 방사능 오염수가 유출되고 있다는 사실을 발표했다. 이에 따라 한국은 한층 강화된 임시특별조치를 채택했다. 일본은 임시특별조치 시행 직후부터 한국의 수입규제조치가 SPS협정에 위배된다며 조치 철폐를 강력히 요구했다. 평행선을 달리던 2년 여의 협상 끝에 2015년 5월, 일본은 한국을 WTO에 제소하게 된다.

2. 한국의 임시 특별조치

(1) 국내 외 모든 식품에 대한 세슘 기준을 강화(370Bq/kg → 100Bq/kg)하는 것이다.

(2) 후쿠시마 인근 8개 현의 수산물 수입을 전면 금지(기존 50개 품목에서 확대)하는 것이다.

(3) 일본산 모든 식품에서 세슘이 미량이라도 검출될 경우 17개의 추가핵종에 대한 검사증명서를 요구하는 것(이하 '추가핵종검사')이다.

일본은 이 중 (2)와 (3) 조치가 SPS협정에 위배된다는 이유로 WTO에 제소하였다. 그 중에서도 특히 문제가 된 것은 추가핵종검사였다. 세슘을 제외한 다른 핵종의 경우 검사에 시간과 비용이 많이 소요되어, 세슘 검출로 인해 추가핵종검사 대상이 된 식품은 수출성이 떨어지는 문제가 있었다. 때문에 일본은 추가핵종검사가 사실상의 완전금수조치라는 입장이었다.

II SPS협정 제2조 제3항 위반 여부

1. 일본

일본은 한국의 조치가 유사한 조건하에 있는 회원국들을 자의적이고 부당하게 차별하지 않도록 해야 한다는 SPS협정 제2조 제3항에 위반된다고 주장하였다.

---

114) Korea – Import Bans, and Testing and Certification Requirements for Radionuclides. WTO 상소기구, 2019.7.
115) 산업통상자원부 홈페이지(https://disputecase.kr) 게재 내용 요약 정리.

2. 패널

패널은 일본과 여타 국가가 SPS협정 제2조 제3항상 "유사한 조건"에 있는지 여부를 판단하면서, "조건"의 범위는 제소대상 조치의 목적에 따라 결정된다는 입장을 취했다. 그러면서 동 조항상 "조건"이 수입제한조치의 목적에 따라 각국의 생태적 또는 환경적 상황을 포함할 수 있지만, 이에 한정되지는 않는다고 보았다. 특히, 전염병이나 질병의 확산을 막기 위한 조치에 관련 분쟁에서는 "유사한 조건"인지 여부를 해석할 때 해당 영역의 환경적 상황에 초점을 맞출 것이지만, 식품 첨가제, 독소, 오염원 또는 식품 내 질병유발 유기물 등에서 비롯된 위험성을 규제하는 조치에 관한 분쟁에서는 환경적 상황이 덜 부각된다고 보았다. 패널은 이번 사건에서 한국의 수입제한조치의 목적은 결국 식품의 위해성으로부터 국민의 건강을 보호하려는 것이라고 보고, SPS 제2조 제3항의 문언과 그 맥락에 비추어 볼 때 식품에 현존하는 위해성만을 관련 조건으로 해석하는 것이 배제되지 않는다는 결론을 내렸다. 따라서 동 분쟁에서 "유사한 조건"인지 여부는 ① 일본과 다른 나라의 식품이 방사능 물질에 오염되었을 가능성이 유사한지 여부와 ② 그 오염수치가 한국의 허용치(세슘 100Bq/kg) 이하인지 여부로 판단되어야 한다고 보았다. 그런데 식품에 현존하는 위해성을 보기 위해 일본산 식품에 대한 샘플링 검사를 실시하고 과학 전문가들의 자문을 받은 결과, 패널은 일본산 식품의 방사능 오염도가 다른 나라 식품과 유사하게 세슘 100Bq/kg 이하일 가능성이 높다고 보았다. 이에 따라 일본과 다른 나라가 유사한 조건 하에 있음에도 일본 식품에 대해서만 강화된 규제를 적용한 한국의 조치는 부당한 차별에 해당한다고 판시하였다.

3. 상소기구

상소기구는 일본과 다른 나라가 유사한 조건하에 있으며, 이에 따라 한국의 조치는 부당한 차별에 해당한다는 패널의 판정을 번복하였다. 상소기구는 패널이 제2조 제3항상 "유사한 조건"인지 여부를 판단하면서 모든 관련 요소를 검토하겠다고 하였으나, 실제로는 잠재적으로 오염에 영향을 미칠 수 있는 다양한 요소를 제대로 분석하지 않았다고 지적하였다. 특히 상소기구는 패널이 방사능 오염 수준이 특정 정량적 기준(세슘 100Bq/kg) 이내일 경우 오염잠재성도 유사하다고 볼 수 있는지 여부에 대해서 설명하거나, 식품의 현존 오염도 측정이 오염환경의 차이로 인한 오염잠재성까지 완전히 포착(fully capture)할 수 있는지 여부에 대해서도 설명하지 않았다고 보았다. 즉, 상소기구는 패널이 SPS협정 제2조 제3항을 해석하고 적용하면서 실제 식품에 현존하는 오염 수치에만 의존하고, 식품의 잠재적 위해성에 영향을 미치는 여타 환경적인 요인을 검토하지 않았다고 보았다. 이와 관련하여, 상소기구는 SPS협정 제2조 제3항에 따른 분석에는 식품에 현존하는 조건에 대한 분석이 포함될 수 있지만 영토적 조건과 같은 다른 조건들도 식품에 영향을 미칠 잠재성이 있는 이상(to the extent they have the potential to affect the products at issue) 분석에 포함되어야 한다고 판시하였다. 상소기구는 패널이 판정의 여러 부분에서 방사능 오염환경이 식품에 미칠 수 있는 잠재적 위해성을 인정하고 있음을 지적한 뒤, 그럼에도 불구하고 오염환경으로 인한 잠재적 위해성에 대한 분석을 배제하고 식품에 현존하는 위해성만 검토함으로써 SPS협정 제2조 제3항을 잘못 적용하였다고 판단하였다. 이에 상소기구는 패널의 잘못된 제2조 제3항 해석 및 적용에 근거한 판정을 파기하였다.

Ⅲ SPS협정 제5조 제6항 위반 여부

1. 일본

일본은 세슘 검사만으로 우리나라의 적정보호 수준(ALOP; Appropriate Level of Protection)을 달성할 수 있는데도 한국이 일본 8개 현 수산물에 대해 수입을 전면금지하고, 여타 식품에 대해 미량의 세슘 검출 시 추가핵종검사 증명서를 요구한 것은 필요한 정도 이상의 무역 제한적인 조치로, SPS협정 제5조 제6항 제2호에 위반된다고 주장하였다.

2. 패널

(1) 패널은 일본이 제안한 대안조치(세슘 검사)로 우리나라의 적정보호 수준을 달성할 수 있는지 검토하기 위해 우선 우리나라의 적정보호 수준을 확인하고, 일본의 대안조치로 달성될 수 있는 보호 수준을 확인한 후, 우리나라의 적정보호 수준과 일본의 대안조치로 달성되는 보호 수준을 비교하였다. 패널은 한국의 보호 수준이 연간 1mSv(밀리시버트)를 노출 제한량으로 설정하되, '(원전)사고 이전 수준'과 '가능한 낮은 방사능 노출(ALARA; As Low as Reasonably Achievable)'이라는 목표를 추구함을 인정하였다.

(2) 그러면서 '사고 이전 수준'의 의미는 불명확하지만, 전문가 의견에 따라 '자연상태에서의 방사능 노출량'이 이에 해당한다고 볼 때, 자연상태에서의 방사능 노출량(전 세계 평균 연간 3mSv)에 연간 1mSv만큼 추가로 노출되는 것은 미미한 정도의 추가 노출(Minor Addition)이라고 보았다. 아울러 자신의 보호수준이 정량적 수치로 고정되지 않는다는 한국과 달리 국제방사선방호위원회(ICRP), 국제식품규격위원회(Codex) 등 국제기구는 '가능한 낮은 방사능 노출'이라는 원칙을 통해 연간 1mSv 이하라는 방사능 노출 한도를 정하였다고 언급하며, SPS협정이 반드시 정량적 보호 수준을 채택할 것을 요구하지는 않지만 그럼에도 보호 수준이 결코 모호하거나 불명확해서는 안 된다고 지적하였다.

(3) 결국 패널은 회원국이 명시적으로 오염 수준의 정량적 한계를 설정하였다면, 그 수치 이하의 오염 수준을 포함하는 상품은 그 보호 수준을 충족하는 것으로 볼 수 있다고 보면서, 일본의 대안조치로 연간 1mSv 이하의 방사능 노출이라는 보호 수준을 달성할 수 있다면 한국의 조치가 필요한 정도 이상의 무역 제한적인 조치라는 것이 입증된다고 결론 내렸다. 그리고 과학적 검토 결과 일본의 대안조치로 한국 소비자들이 연간 1mSv보다 현저히 낮은 수준의 방사능에 노출되는 것이 보장되므로, 한국의 수입제한조치는 필요 이상의 무역 제한적인 조치라고 판시하였다.

3. 상소기구

상소기구는 패널이 한국의 보호 수준이 정성 및 정량의 동등한 3개 기준으로 구성되어 있다고 인정하면서도 실제로는 연간 1mSv 이하의 방사능 노출이라는 정량적 기준만을 근거로 판정을 내렸다고 지적하면서, 한국의 조치가 제5조 제6항에 위반된다는 패널의 판정을 번복하였다. 상소기구는 패널이 한국의 보호 수준의 정성적 기준과 관련하여 일부 검토를 수행하였지만, 그 결과 일본의 대안조치가 한국의 정성적 보호 수준을 어떻게 달성할 수 있는지에 대한 해답을 제시하지 못하였다고 지적하였다.

Ⅳ SPS협정 제5조 제7항 위반 여부(잠정조치로서 정당화 여부)

1. 패널

패널은 한국이 자신의 조치가 SPS협정 제5조 제7항에 근거하여 취해진 잠정조치라고 주장하는데, 이는 일본이 제기한 여타 조항상의 위반 여부를 검토하는 데 영향을 주기 때문에 일본이 한국의 조치가 제5조 제7항에 위반된다고 주장하지 않았더라도 우선적으로 한국의 조치가 제5조 제7항의 범위에 속하는지 검토되어야 한다고 보았다. 아울러 Japan-Agricultural Products II, Japan-Apples 사건에서 제5조 제7항을 원용한 피소국이 입증책임을 부담하였다는 점을 언급하며, 동 사건에서는 한국이 제5조 제7항을 원용하는 국가로서 입증책임을 진다고 판시하였다. 잠정조치로 인정되기 위한 조건은 총 네 개인데 패널은 한국의 조치가 대부분 이 조건을 충족하지 못한다고 판시하였다.

(1) 패널은 2013년 한국이 조치를 취할 당시 위해성 평가를 실시하기 위한 관련된 과학적 정보가 불충분하지 않았다고 판단하였다.

(2) 한국의 조치는 입수 가능한 적절한 정보에 근거하지 않았다고 하였다.

(3) 한국의 추가적인 정보 수집 노력이 있었는지에 대해 패널은 한국이 수입제한조치를 채택한 이후 일본측에 여러 차례 추가적인 정보를 요청한 바, 동 요건은 충족한다고 보았다.

(4) 패널은 한국이 합리적인 기간 내 수입제한조치를 재검토를 하지 않았다고 판단하였다.

결론적으로, 패널은 한국의 8개 현 수입금지조치와 추가핵종검사 요구가 상기 4가지 요건을 모두 충족시키지 못하므로, 한국의 조치가 제5조 제7항에 합치하지 않는다고 하였다.

2. 상소기구

상소기구는 동 사건에서 제소국인 일본이 패널 설치요청서에서 한국의 조치의 제5조 제7항 위반 여부를 제기하지 않았다는 점을 언급하면서, 패널이 제5조 제7항 위반 여부를 판단하는 것이 적법하였는지 검토하였다. 상소기구는 분쟁해결 규칙 및 절차에 관한 양해(이하 'DSU') 제7조 제1항·제2항 및 제11조4에 따라 패널이 자신에 회부된 사안과 분쟁당사자가 인용하는 모든 대상협정의 관련 규정을 검토할 의무가 있지만, 어떤 조항이 단순히 해석적인 맥락에서 언급된 경우 패널이 동 조항의 위반 여부까지 판단할 수 있는 것은 아니라고 보았다. 그리고 동 사건에서 한국은 제5조 제7항을 근거로 일본이 제기한 SPS협정 제2조 제3항, 제5조 제6항, 제7조 및 제8조상 의무 위반을 정당화하거나, 이러한 의무에서 면제된다고 주장하지 않았고, 단지 제5조 제7항을 여타 규정을 해석하기 위한 관련된 문맥으로 제시한 것으로 판단하였다. 이에 따라 상소기구는 패널이 한국의 조치가 제5조 제7항을 위반하였는지에 대해 판정한 것은 패널에 부여된 위임사항을 벗어난 것으로 DSU 제7조 제1항 및 제11조 위반이며, 이에 따라 제5조 제7항과 관련된 패널 판정이 무효이며 법적 효과가 없다고 판정하였다.

Ⅴ SPS협정 제7조 위반 여부

1. 일본의 주장

일본은 한국의 수입금지조치와 추가핵종검사 요구조치가 이해당사국이 인지할 수 있도록 공표되지 않았고, 한국의 문의처가 일본의 합리적인 질문에 대해 적절한 문서와 답변을 제공하지 않아 한국이 SPS협정 제7조 및 부속서 2 제1항·제3항(가)·제3항(나)5를 위반하였다고 주장하였다.

2. 패널 및 상소기구

이에 대해 패널은 일본의 입장을 지지하였다. 그러나 상소기구는 공표 의무(제7조 및 부속서 2 제1항) 위반과 관련된 패널 판정은 인용하였으나, 문의처와 관련된 패널 판정은 파기하였다. 상소기구는 부속서 2 제3항 위반을 검토하기 위해서는 해당 문의처에 접수된 총 문의 건수, 문의 건수에 대한 답변 비율, 요청된 정보의 성질 및 범위, 해당 문의처가 지속적으로 답변하지 않았는지 여부 등 관련 요소를 모두 검토하여야 한다고 판시하였다. 따라 패널이 해당 문의처가 단지 1회 답변하지 않은 사실로 동 조항 위반을 판단한 것은 잘못이라고 판정하였다.

CASE 165. Peru vs. EC – Sardines 사건[116]

I 사실관계

1. 1989년 6월 EC는 Council Regulation 2135/89호(이하 CR 2135/89)를 채택하여 EC 시장에서 통조림 정어리로 상표가 부착되어 판매되기 위해서는 반드시 Sardina pilchardus 정어리만 사용해야 한다고 규제하였다. 이에 따라 페루가 주로 어획하는 Sardinops sagax는 통조림 정어리로 EC 시장에서 판매할 수가 없게 되었다.[117]

2. 페루는 EC의 조치에 대해 2001년 6월 WTO에 패널 설치를 요청했다.

II 법적쟁점

1. TBT협정 부속서 1의 제1조 기술규정 해당 여부

EC는 CR 2135/89는 기술규정에 해당하지 아니한다고 항변하였다. 그 논거로는 첫째, CR 215/89는 sardina pilchardus만이 통조림 정어리라는 이름으로 판매될 수 있다는 것이므로 상품의 naming에 관한 것이지 labelling에 관한 것은 아니며 따라서 기술규정이 아니라는 것이다. 둘째, CR 2135/89는 sardina pilchardus라는 상품에 대해서만 상표부착 요건을 규정한 것이지 sardinops sagax에 대해서는 동 요건을 부과한 것이 아니라고 주장하였다.

2. TBT협정 제2조 제4항 위반 여부

페루는 정어리와 관련된 국제 표준으로는 Codex Stan 94가 있으며 EC는 동 표준이 존재함에도 불구하고 이를 CR 2135/89의 기초로 사용하지 않았으므로 TBT협정 제2조 제4항 위반이라고 주장하였고 EC는 Codex Stan 94는 EC가 추구하는 정당한 목적을 달성하는 데 비효과적이고 부적절하다고 반박하였다.

---

116) DS231, 2002.10.23. 상소기구
117) 정어리에는 sardina pilchardus라 불리는 유럽산과 sardinops sagax라 불리는 남미산이 있다.

Ⅲ 패널 및 상소기구 판정

1. TBT협정 부속서 1의 제1조 기술규정 해당 여부

(1) 패널

패널은 CR 2135/89는 기술규정에 해당하여 TBT협정이 적용된다고 판정하였다. 패널은 특정 조치가 기술규정에 해당하기 위해서는 상품특성을 규정하여야 하고 그 준수가 강제적이어야 한다고 하였다. CR 2135/89는 통조림 정어리의 상품특성을 sardina pilchardus 종(種)으로 만든 것이라고 규정하고 있고 크기, 색상, 향취 등 통조림 정어리의 외양과 품질을 객관적으로 정의하고 있으므로 상품특성에 해당하며, CR 2135/89는 EC 모든 회원국에 적용된다고 규정하고 있으므로 그 준수 역시 강제적이므로 기술규정에 해당한다고 판정하였다. 패널은 CR 2135/89가 설사 상표부착 요건(labelling requirement)을 포함하고 있지 않다 하더라도 여러 가지 상품 특성을 규정하고 있으므로 기술규정인 점은 분명하며 기명(naming) 요건이나 상표부착 요건이나 모두 상품을 '식별(identify)'하는 수단이므로 양자의 요건을 구별할 필요가 없다고 하였다. 또한 협정 부속서 제1조1의 기술규정은 상품특성을 긍정적 방식뿐 아니라 부정적 방식으로 규정(lay down)할 수 있다고 하였다. 즉, EC가 통조림 정어리 상품특성을 sardina pilchardus를 사용한 것이라고 적시함으로써 sardinops sagax는 통조림 정어리의 상품특성이 될 수 없다고 규정한 것, 즉 sardinops sagax의 상품특성을 부정적인 방식으로 규정한 것이라고 본 것이다.

(2) 상소기구

상소심은 패널 판정을 지지하였다. EC는 CR 2135/89는 상품 기명규정(rule)이지 상표부착 요건이 아니므로 부속서상 '상품특성'(product characteristics)을 '규정'한 것이 아니라고 항변하였으나 상소기구는 EC-Asbestos 사건 상소기구가 상품특성에는 상품인식 수단(mean of identification)도 포함된다고 판단하였음을 환기하면서 naming과 labelling을 구별하는 것이 불필요하다고 보았다. 이 사건의 경우 CR 2135/89는 통조림 정어리로 판매되기 위해서는 반드시 sardina pilchardus로만 만들어야 한다고 적시하고 있으므로 이 요건은 통조림 정어리가 본래 갖추어야 하는 상품특성이라는 것이고 상품인식 수단은 상품특성 중의 하나이며 상품명칭(name)은 명백히 그 상품을 인식하는 것이라고 단정하였다.

2. TBT협정 제2조 제4항 위반 여부

(1) 패널

패널은 EC의 CR 2135/89는 관련있는 국제표준인 Codex Stan 94가 존재함에도 불구하고 이에 기초하지 않았으며 Codex Stan 94를 사용하는 것이 정당한 목적을 달성하는 데 비효과적이거나 부적절하지 않다고 판정하였다. 첫째, 패널은 Codex Stan 94는 CR 2135/89와 관련이 있는(relevant) 국제표준이라고 보았다. 양자는 모두 통조림 정어리라는 동일 상품에 관한 것이기 때문이다. 둘째, Codex Stan 94는 sardina pilchardus이외의 정어리에 대해서도 국명, 지역명, 어종명 등의 수식어와 함께 사용하여 정어리라는 상품명을 사용할 수 있도록 규정하고 있으나 CR 2135/89는 이러한 '정어리'라는 명칭을 이러한 수식어귀와 결합하여 사용하는 것도 금지하고 있으므로 Codex Stan94를 기초로 사용한 것이라고 볼 수 없다고 판단하였다. 셋째, EC는 EC 회원국 소비자는 대부분 정어리를 sardina pilchardus를 지칭하는 것으로 인식해 왔으므로 Codex Stan 94는 소비자 보호, 시장 투명성 제고, 공정 경쟁 함양이라는 정당한 목적을 달성하는데 비효과적이고 부적절하다고 주장하였으나 패널은 이를 인정하지 않았다. 페루와 EC가 제출한 자료를 검토한 결과 소비자가 정어리를 배타적으로 sardina pilchardus로 인식하고 있다는 점을 수긍할 수 없다고 판단했기 때문이다.

(2) 상소기구

상소기구 역시 패널 판정을 지지하였다. 즉, Codex Stan 94는 CR 2135/89에 관련이 있는 국제표준이며 CR 2135/89는 Codex Stan 94와 상충하므로 CR 2135/89는 Codex Stan94를 기초로 사용하지 않은 것이라고 판단하였다. 다만 상소기구는 패널의 판정 중 Codex Stan94가 비효과적이거나 부적절하다는 입증책임은 EC가 부담해야 한다는 패널의 판단을 번복하여 제소국, 즉 페루가 비효과적이거나 부적절하지 않다는 점을 입증해야 한다고 판정하였다.

Ⅳ 평석

1. TBT협정 부속서상 기술규정의 요건

패널은 특정 조치가 기술규정에 해당하기 위해서는 ① 상품특성을 규정하여야 하고, ② 그 준수가 강제적이어야 한다고 하였다. 또한 TBT협정 부속서 제1조1의 기술규정은 상품특성을 긍정적 방식뿐 아니라 부정적 방식으로 규정(lay down)할 수 있다고 하였다.

2. '상품의 특성'의 규정

EC-석면 사건 상소기구는 상품의 특성과 관련하여 객관적으로 구분할 수 있는(definable) 형상(features), 성질(qualities), 속성(attributes) 또는 기타 다른 것과 구별되는 표시(distinguishing marks – 구성, 크기, 모양, 색상, 재질, 경도, 인화성, 밀도 등)를 포함한다고 판시하였다. 또한 EC – 석면 사건 상소기구는 기술규정은 하나 또는 그 이상의 상품특성을 강제해야 한다고 보았으며 이러한 강제는 특정 특성을 갖추라는 적극적(positive) 형태와 특정 특성을 가져서는 안 된다는 부정적(negative) 양식으로 행사될 수 있다고 설명하였다.

3. TBT협정 제2조 제4항상 '비효과적 부적절'에 대한 입증책임

상소기구는 패널과 달리 이에 대한 입증책임은 제소국에 있다고 보았다. TBT협정 제2조 제4항에 따르면 회원국은 국제표준이 정당한 목적을 달성하는 데 비효과적이거나 부적절하다면 회원국은 국제표준을 자기 나라 기술규정의 기초로 사용하지 않을 권리가 있고 따라서 제소국이 문제가 된 국제표준이 비효과적이거나 부적절하지 않다는 점에 대해 먼저 prima facie case를 성립시켜야 한다고 보았다.

4. 국제표준을 기술 규정의 '기초로서 사용한다'의 의미

이번 사건에서 패널은 기초로서 사용해야 한다는 것의 의미를 '국제표준을 기술규정의 중요 요소나 근본 원칙으로 채용 또는 적용하는 것'이라고 보았다. 상소기구는 이러한 입장에 동의하는 한편 '양자 간 상충하는가'의 견지에서 판단하였다. 즉, 기술규정이 국제표준과 상충한다면 기술규정이 국제표준에 기초하지 않은 것이라고 판단한 것이다. 한편 EC-Hormones 사건에서 상소기구는 패널의 판정과 달리 국제표준에 기초한다는 것의 의미와 국제표준에 부합한다(conform to)는 것의 의미는 다르다고 판단하였다. 동 사건 상소기구는 A가 B에 기초한다(be based on)는 의미는 A가 B에 위치하고 있거나(stands on), 기초하고 있거나(founded on), 수립되어 있거나(built on) 또는 B에 의해 지탱되고 있는(be supported by)의 의미이고 무엇에 부합한다는 것은 그것에 복종하고 준수한다(comply with, yield or show compliance with)는 의미이므로 기초한 것과 부합되는 것을 동일시할 수 없다고 판시하였다.

> **조문 | TBT협정 제2조 제1항 및 제2항**
>
> 제2조 제1항: 회원국은 기술규정과 관련하여 어떤 회원국의 영토로부터 수입되는 상품에 자기 나라의 원산의 동종 상품 및 그 밖의 국가를 원산지로 하는 동종 상품보다 불리한 대우가 부여되지 않도록 보장한다.
>
> 제2조 제2항: 회원국은 국제 무역에 불필요한 장애를 초래할 목적으로 또는 그러한 효과를 갖도록 기술규정을 준비, 채택 또는 적용하지 아니할 것을 보장한다. 이러한 목적을 위하여 기술규정은 비준수에 의해 야기될 위험을 고려하여, 정당한 목적을 수행하는데 필요한 이상으로 무역을 제한하지 아니하여야 한다. 이러한 정당한 목적은 특히 국가안보상 요건, 기만적 관행의 방지, 인간의 건강 또는 안전, 동물 또는 식물의 생명 또는 건강 또는 환경의 보호이다.

I 사실관계

1. 검토 대상은 육류상품에 대한 미국의 원산지 라벨링 요건(Country of Origin Labelling, COOL)으로서 미국의 농산물유통법(1946), 최종규칙(2009)에 규정되어 있다.

2. COOL조치

(1) 원산지 정보의 제공

COOL조치는 육류상품을 소비자에게 판매하는 소매업자에게 판매시점에 상품의 원산지를 알릴 의무를 부과한다. 또한 소매업자에게 육류상품을 공급하는 사업에 종사하는 모든 자에게도 상품의 원산에 관한 정보를 소매업자에게 제공할 의무를 진다. 단, 가공식품의 재료인 공기는 COOL조치의 대상에서 제외되며, 식당, 카페테리아 등 외식시설도 COOL조치에 따른 의무에서 면제된다.

(2) 원산지 지정

카테고리	요건	원산지 지정
A	미국 내에서 출생, 사육 및 도축된 동물로부터 얻은 고기	미국
B	출생, 사육, 도축 중 일부과정이 미국에서 이루어진 경우 + 즉각적인 도축을 위해 미국으로 수입된 것이 아닌 경우	출생, 사육, 도축된 모든 국가를 원산지로 지정할 수 있음
C	출생, 사육, 도축 중 일부과정이 미국에서 이루어진 경우 + 즉각적인 도축을 위해 미국으로 수입된 경우	동물 수출 국가와 미국을 함께 원산지로 지정
D	출생, 사육 및 도축이 모두 미국 밖에서 이루어진 경우	미국이 아닌 다른 국가를 원산지로 지정

---

118) US – Certain Country of Origin Labelling(COOL) Requirements.
119) 고민영(2012), 육류 상품에 대한 미국의 원산지 라벨링 조치를 둘러싼 국제통상법적 쟁점. 국제경제법연구 제10권 제2호.

3. 원산지 라벨링 요건

라벨	해당 육류
미국	육류의 100%를 모두 카테고리 A동물로부터 얻은 경우
미국, X국	육류의 100%를 모두 카테고리 B 동물로부터 얻은 경우 카테고리 A 및 B 육류가 단일생산일에 혼합된 경우 카테고리 A 및 C 육류가 단일생산일에 혼합된 경우 카테고리 B 및 C 육류가 단일생산일에 혼합된 경우 카테고리 A, B 및 C 육류가 단일생산일에 혼합된 경우
X국, 미국	육류의 100%를 모두 카테고리 B 동물로부터 얻은 경우 육류의 100%를 모두 카테고리 C 동물로부터 얻은 경우 카테고리 A 및 B 육류가 단일생산일에 혼합된 경우 카테고리 A 및 C 육류가 단일생산일에 혼합된 경우. 등
X국	육류의 100%를 모두 외국에서 수입한 경우

Ⅱ 법적쟁점

1. TBT협정 제2조 제1항 위반 여부(내국민대우 위반 여부)

2. TBT협정 제2조 제2항 위반 여부(국제무역에 불필요한 장애를 초래하는지 여부)

Ⅲ 패널 판정

1. TBT협정 제2조 제1항 위반 여부(내국민대우 위반 여부)

(1) COOL조치가 기술규정인지 여부 – 적극

기술규정 해당성 판단을 위해서는 첫째, 어떤 조치가 식별 가능한 상품 또는 상품군에 적용되고, 둘째, 상품의 하나 또는 그 이상의 특성을 규정하며, 셋째, 그 준수가 강제적이어야 한다. COOL조치는 식별 가능한 상품 또는 상품군, 즉 우육 및 돈육은 물론 소와 돼지에 적용되고, 원산지 라벨링 요건을 부과함으로써 상품의 특성을 규정하며, 준수가 강제적이므로 기술규정에 해당한다.

(2) 동종성 – 적극

캐나다산 소와 미국 소, 멕시코산 소와 미국 소, 그리고 캐나다산 돼지와 미국산 돼지는 동종상품이다. GATT 제3조 제4항상의 동종성 판단기준을 적용할 수 있다.

(3) 불리한 대우 – 적극

TBT협정 제2.1조는 GATT 제3.4조와 마찬가지로 수입상품에 대해 법률상 불리한 대우를 부여하는 것뿐만 아니라 사실상 불리한 대우를 부여하는 것 또한 금지한다. COOL조치가 수입가축을 사실상 불리하게 취급하고 수입가축에 유해한 방향으로 미국 시장에서의 경쟁 조건을 사실상 변경하였는지를 검토해야 한다. 육류상품의 소매업자 및 상품 공급자가 COOL조치가 부과하는 원산지 기록, 관리 표시 의무를 준수하기 위해서는 원산지에 따라 육류와 가축을 분리할 수밖에 없다. 그런데, 가축의 원산지가 다양할수록, 즉 육류에 부착되는 라벨에 표기되어야 할 원산지의 수가 많아질수록 가축과 육류상품의 공급 및 유통 경로 전반에 걸쳐 분리의 필요성이 높아지게 되며, 이는 결국 COOL조치를 준수하기 위해 소요되는 비용의 증가로 이어지게 된다. 이러한 비용의 차이는 육류상품의 가공에 수입가축보다는 국내가축이 이용되도록 하는 유인요소로 작용한다. 결국 COOL조치는 국내 소나 돼지에 비해 캐나다산 소·돼지 및 멕시코산 소에 불리한 대우를 부여함으로써 TBT협정 제2.1조를 위반하였다.

2. TBT협정 제2조 제2항 위반 여부(COOL조치가 정당한 목적을 수행하는 데 필요한 이상으로 무역제한적인지 여부)

(1) COOL조치가 무역제한조치인가? 적극

어떤 조치가 무역제한적인지 여부를 판단하기 위해서는 조치의 실질적 무역 효과를 입증할 필요는 없으며, 수입 상품에 주어진 유효한 경쟁기회를 검토하면 된다. COOL조치는 수입가축에 보다 높은 준수 비용을 부과함으로써 수입가축의 미국시장에서의 경쟁 조건에 부정적인 영향을 미친다. 따라서 COOL조치는 무역제한적인 조치이다.

(2) 미국이 COOL조치를 통해 추구하는 목적이 정당한가? 적극

COOL조치의 목적은 원산지 정보를 소비자에게 제공하는 데 있다. 목적의 '정당성'은 관련된 공공정책이나 기타 사회적 규범에 의해 정당화되고 지지되는 목적의 진정한 성격(genuine nature)에서 확인할 수 있다. 미국의 목적은 정당하다. 소비자에게 상품의 원산지 정보를 제공하는 것은 상당수의 WTO 회원국들의 사회규범과 합치하기 때문이다.

(3) 목적이 정당하다면 COOL조치는 목적수행에 필요한 이상으로 무역제한적인가? 적극

COOL조치는 소비자에게 정보를 제공한다는 목적을 수행하는 조치라고 볼 수 없으며, 따라서 TBT협정 제2.1조 위반이다. 목적수행을 위한 조치가 아니므로, 필요 이상으로 무역제한적인지 여부는 검토할 필요가 없다. COOL조치에 다른 라벨링 제도는 육류 상품의 원산지를 정확·명확하게 소비자에게 전달하지 못하며 COOL조치가 도입되기 이전의 라벨링 제도와 비교하였을 때 보다 많은 정보를 제공하는 것일 뿐 소비자에게 유의미한 원산지 정보를 제공하지 못한다.

Ⅳ 상소기구 판정

1. TBT협정 제2조 제1항 위반 여부: 내국민대우 위반 여부 – 수정(modify)

(1) COOL조치가 수입상품에 유해한 방향으로 경쟁 조건을 변경하는가? 적극

불리한 대우 여부를 판단한다는 것은 문제된 기술규정이 국내상품에 비해 수입상품에 유해한 방향으로 시장에서의 경쟁 조건을 변경하는지 여부이다. 불리한 대우 여부를 판단하기 위해서는 기술규정의 양태(design) 및 구조(structure)가 경쟁 조건에 대해 미치는 영향, 그 조치의 작용이 영향을 미치는 시장의 외양을 포함한 제반 사항을 고려해야 한다. COOL조치가 그 자체로 가축 및 육류상품의 공급 및 유통에 종사하는 자에게 국내상품만을 가공할 것을 강제하지는 않지만 그 양태(design)와 그 작용(operation)에 있어서 수입 가축과 국내 가축의 가공에 상이한 비용을 야기하고 이것이 경쟁기회를 감소하게 하였다. 회원국이 도입한 특정 기술규정이 수입상품을 동종의 국내상품보다 불리하게 대우하는 경우, 수입상품에 미치는 부정적인 효과는 그 기술규정에 귀속되므로, COOL조치와 수입상품에 대한 유해한 영향(detriment impact) 사이의 관련성이 있다.

(2) 수입상품에 유해한 영향이 TBT협정 제2.1조상 차별을 구성하는가? 적극

① **법률 해석**: 차별에 해당하는가를 판단하기 위해서는 기술규정이 수입상품에 유해한 방향으로 경쟁 조건을 변경하는지 여부와 함께 조치의 유해한 효과가 정당한 규제적 구분으로부터 초래된 것인지 여부를 판단해야 한다. 즉, 기술규정이 수입품에 유해한 효과를 미치더라도 기술규정에 따른 규제 구분이 정당하다면 차별이라고 볼 수 없다. 그러나 규제적 구분이 공정(even-handed)하지 않은 경우, 즉 자의적이고 정당화할 수 없는 차별을 구성하는 방식으로 고안 또는 적용되는 경우, 그 구분은 정당한 것으로 인정될 수 없으며, 차별에 해당한다. 규제적 구분의 공정성을 평가하기 위해서는 문제된 기술 규정의 양태(design), 설계(architecture), 외형상 구조(revealing structure), 작용(operation) 및 적용(application)을 면밀히 살펴야 한다.

② **적용**: 본 사건에서 검토대상이 되는 규제적 구분(regulatory distinction)은 출생, 사육 및 도축에 걸친 생산과정의 세 단계 구분과 절단된 형태로 판매되는 우육 및 돈육상품에 부착되는 네 종류의 라벨 사이의 구분이다. COOL조치는 그 적용에 있어서 해당 조치의 원산지 정보 제공 및 기록 요건을 준수하기 위하여 유통경로에서 상위구성원인 생산자와 가공업자가 추적·입수하여 전달하여야 하는 정보의 양은 매우 방대한 반면, 소비자에게 실제로 제공되는 상품의 원산지 관련 정보는 이에 상응하게 자세하지 않고 불확실하다. 또한 COOL조치의 적용이 면제되는 상품의 경우에도 생산자와 가공업자는 모든 가축과 육류상품의 원산지를 확인·추적하여 전달해야 한다. 결국 COOL조치의 준수를 위해 유통경로의 상위구성원이 부담하는 의무가 상품에 부착된 원산지 라벨을 통해 소매 단계에서 소비자에게 전달되는 정보의 수준과 비례하지 않으므로 COOL조치에 따른 규제적 구분은 공정하게 적용되지 않으며 따라서 자의적이고 정당화할 수 없는 차별을 구성한다.

요컨대, COOL조치에 의해 수입상품에 미치는 유해한 영향은 정당한 규제적 구분으로부터 초래된 것이 아니며 TBT협정 제2.1조가 금지하는 차별을 구성하므로 COOL조치가 해당 조항을 위반한 것이다.

2. TBT협정 제2조 제2항 위반 여부(COOL조치가 정당한 목적을 수행하는 데 필요한 이상으로 무역제한적인지 여부) – 패널 판정 일부 파기

(1) COOL조치의 목적 확인하는 방법

회원국이 기술규정을 통해 달성하고자 하는 목적은 그 기술규정의 내용을 담은 문언(text), 채택과정(legislative history), 구조(structure) 및 작용(operation)을 모두 검토하여 확인하여야 하며, 문제된 기술규정을 도입한 회원국이 제시한 해당 조치의 목적은 고려 대상의 하나일 뿐이다. 패널은 이러한 관점에서 COOL조치의 목적을 검토하였으므로 패널 판정에 오류가 없다.

(2) COOL조치의 목적이 정당한가? 적극

제2.2조에 예시되지 아니한 목적의 경우 정당한 목적에 해당하는지에 대한 검토가 필요하다. 제2.2조에 예시된 목적과 관련된 목적 역시 정당한 것으로 판단될 수 있다. 목적의 정당성 검토에 있어서 TBT협정의 전문에 열거된 목적과 다른 WTO협정에 규정된 목적이 지침이 될 수 있다. 소비자에 대한 원산지 정보 제공은 TBT협정 제2.2조 및 GATT 제20조(d)에 명시된 정당한 목적인 '기만적 관행의 방지'와 관련이 있다. 따라서 COOL조치의 목적은 정당하다. COOL조치의 목적의 정당성을 인정한 패널의 판정에는 오류가 없다.

(3) COOL조치가 정당한 목적을 수행하는 데 필요한 이상으로 무역제한적인지 여부: 소극 – 패널 판정 파기

① 미국 주장: 패널은 COOL조치가 목적을 충분히 달성하지 못한다는 이유로 제2.2조 위반이라고 판정하였으나 판정에 오류가 있다. 또한, 제소국이 덜 무역제한적인 대안조치를 제시해야 필요 이상으로 무역제한적이라는 판단을 할 수 있을 것이나, 패널은 이러한 입증 책임을 묻지 않았다.

② 법률해석: TBT협정 제2.2조 합치성 여부를 판단하기 위해서는 기술규정이 정당한 목적에 기여하는 정도, 그 기술규정이 무역제한적인지 여부, 기술규정이 수행되지 않는 경우의 위험 및 결과의 심각성, 문제된 기술규정과 이를 대체할 수 있는 이용 가능한 대안 조치의 비교를 수행해야 한다.

③ 적용: 문제된 조치가 어떠한 목적을 수행하는지 여부에 대한 판단에 있어서 특정 조치가 목적달성에 기여하는지를 판단하는 것으로 충분하며, 해당 목적을 완전하게 수행하는지, 또는 목적 수행에 요구되는 최소한의 수준으로 기여하는지 여부를 판단할 필요는 없다. 그러나 패널은 COOL조치가 원산지 정보 제공이라는 목적을 100% 완벽하게 수행하는지 또는 필요한 최소한의 수준 이상으로 목적을 수행하는지 여부를 판단하였다. 따라서 패널 판정에 오류가 있어 파기한다.

또한, 패널은 COOL조치와 캐나다와 멕시코가 제시한 대안 조치를 비교하지 않은 상태로 COOL조치가 TBT협정 제2.2조를 위반하였다고 판단함으로써 오류를 범하였다. 문제된 조치와 대안조치를 비교하는 경우 조치가 추구하는 목적이 수행되지 않는 때 야기되는 위험을 고려하여 제시된 제안조치가 덜 무역제한적인지 여부, 정당한 목적에 문제된 조치와 동일한 수준으로 기여하는지 여부, 대안조치가 합리적으로 이용 가능한지 여부를 판단해야 한다. 패널이 이러한 부분에 대해 판단하지 않은 것은 오류이며, 패널이 판단하지 않아 이 문제에 대한 사실관계 판정이 부재하므로 COOL조치가 정당한 목적을 수행하는데 필요한 이상으로 무역제한적인지 여부를 판단할 수 없다.

Ⅴ 평석 – GATT 제3.4조와 TBT협정 제2.1조의 차이

GATT 제3.4조와 TBT협정 제2.1조는 내국민대우를 규정하고 있다. 동종상품에 대한 불리한 대우를 금지하는 것이다. '불리한 대우'의 판단에 있어서 GATT 제3.4조는 '경쟁조건에 대한 유해한 영향'을 판단한다. 이번 사건에서 패널은 이와 같은 해석론을 TBT협정 제2.1조에도 적용하여 미국의 조치가 수입상품과 국산품의 경쟁조건에 있어서 수입상품에 해로운 영향을 미친다고 보아 TBT협정 제2.1조 위반이라고 판정하였다.

그러나 상소기구는 이러한 해석론을 파기하고, 기술규정이 수입상품에 불리하게 경쟁 조건을 변경하는지 여부뿐만 아니라 그 기술규정이 가지는 수입상품의 경쟁기회를 감소시키는 효과가 정당한 규제적 구분(legitimate regulatory distinction)으로부터 초래된 것인지 여부 또한 검토하였다. 상소기구의 이러한 접근은 US–Cigarettes 및 US–Tuna Ⅱ에서 채택되고, 이번 US–COOL 사건에서 재확인된 것이다.

상소기구는 GATT 제3.4조와 TBT협정 제2.1조의 문언상 유사성을 확인하면서 GATT 제3.4조에 대한 과거 패널 및 상소기구의 해석이 TBT협정 제2.1조의 해석에 지침이 될 수 있다고 인정하는 한편, TBT협정 제2.1조상의 내국민대우 원칙은 TBT협정만의 특수한 문맥, 즉 제2.1조가 기술규정이라는 특정조치에 적용된다는 사실과, 회원국은 정당한 목적을 위해서라면 자의적이거나 부당한 차별의 수단이나 국제무역에 위장된 제한을 구성하는 방법으로 적용하지 않는 한 필요한 조치를 취할 수 있다고 한 TBT협정의 전문의 내용을 고려하여 해석되어야 한다고 하였다.

상소기구에 따르면 기술규정은 그 자체가 상품의 특성이나 특정 공정 및 생산방법에 기초하여 상품을 구별하는 조치이므로 TBT협정 제2.1조가 상품을 구별하는 것 자체를 금지하는 것으로 해석되는 것에는 문제가 있으며, 따라서 어떠한 기술규정이 수입상품에 불리하게 경쟁 조건을 변경하고 있다고 하더라도 이러한 결과가 오로지 정당한 규제적 부분에 의해 비롯된 것이라면 그 기술규정은 수입상품에 동종의 국내상품보다 불리한 대우를 부여하는 것으로 볼 수 없다는 것이다. 이는 즉 경쟁 조건에 대한 조치의 유해성이 조치를 채택한 국가의 정당한 규제적 필요에 의해 조각되는 것이다.

I 사실관계

1. 2009년 유럽연합은 바다표범 제품의 판매와 관련하여 일정한 요건을 부과하였다. 이뉴잇(inuit)족 또는 토착민(indigenous communities)이 생존을 위해 사냥한 바다표범으로 만든 제품(IC condition)이나 해양자원관리(marine resource management) 차원에서 사냥한 바다표범으로 만든 제품(MRM condition)이 아닌 경우, EU 시장 내에서 판매를 금지하는 조치를 단행하였다.

2. 상업적 용도로 바다표범을 사냥하는 캐나다와 노르웨이의 경우, 이러한 요건을 충족하기가 어려웠으며 따라서 EU 시장 내 진입이 불가능하였다.

3. 이에 캐나다와 노르웨이는 2009년 EU를 상대로 협의를 진행하였으나 실패하여 2012년 10월 패널이 설치되었으며 2013년 11월 25일 패널보고서가 채택되었다.

II 법적쟁점

1. TBT협정 제2.1조 위반 여부 – 내국민대우 위반 여부

2. GATT 제1.1조 위반 여부 – 최혜국 대우 위반 여부

3. GATT 제3.4조 위반 여부 – 내국민대우 위반 여부

4. GATT 제20조(a), (b)에 의한 정당화 여부

5. TBT협정 제2.2조 위반 여부

III 패널 평결

1. TBT협정 제2.1조 위반 여부 – 내국민대우 위반 여부

(1) 기술규정인가? 적극

기술규정에 해당하기 위해서는 식별가능한(identifiable) 상품에 적용되어야 하고, 상품의 특성을 규정하고 있어야 하며, 준수가 강제적이어야 한다. EU의 조치는 식별가능한 상품에 의무적으로 적용되는 조치이다. 또한, EU의 조치의 일반적 금지규정과 그 예외규정 모두 상품의 특성을 규정하고 있다. 따라서 기술규정에 해당한다.

(2) 대상 상품은 동종상품인가? 적극

동종상품 판정은 이전 판례 및 GATT 제3.4조를 고려하고, 문제된 상품 간 경쟁관계의 본질과 범위, 그리고 국경세조정에 관한 보고서에 명시된 관세분류, 상품의 물리적 특성, 최종용도, 소비자의 기호 및 습관에 대해 검토한다. 이 사건의 경우 소비자들이 사냥의 종류나 목적에 따라 바다표범 제품을 구별하지 않는다는 점을 주목하면서, EU 규제조치에 부합하거나 부합하지 않는 모든 바다표범 제품은 동종상품에 해당한다.

---

120) EC – Measures Prohibiting the Importation and Marketing of Seal Products(2013, 패널)

(3) 수입상품을 불리하게 대우하였는가? 적극

US-Clove Cigarettes 사건과 마찬가지로 불리한 대우를 했는지 여부를 판단하기 위해서는 첫째, 수입상품과 동종의 국내상품 및 다른 원산지 간 경쟁기회에 '유해한 효과'를 야기하였는지를 검토해야 하고, 둘째, 그러한 유해한 효과가 '정당한 규제적 구분(legitimate regulatory distinction)'으로부터 기인한 것인지를 검토해야 한다.

① 경쟁기회에 유해한 효과를 야기하는가? 적극: 경쟁기회에 대한 유해한 효과를 야기한다. 이뉴잇족 또는 토착민이 생존을 위해 사냥한 바다표범으로 만든 제품에 대해서 판매를 허용하는 'IC 예외'의 경우 캐나다산 바다표범 제품의 95%가 이에 해당하지 않아 EU 시장 내에 판매될 수 없다. 또한, 해양자원관리 차원에서 사냥한 바다표범으로 만든 제품에 대해서 판매를 허용하는 'MRM 예외'의 경우 '비영리 요건'을 충족해야 판매가 허용되나, 캐나다에서는 바다표범 사냥이 상업적으로 이루어지기 때문에 예외를 인정받기가 어렵고 따라서 캐나다산 바다표범 제품의 시장 진입이 사실상 불가능하다. 반면, EU산 바다표범 제품은 EU시장 내에 진입이 가능하다. 이러한 EU의 바다표범 규제조치의 형태, 구조, 운용에 대해 검토한 결과 동 조치는 캐나다산 바다표범 제품에 대하여 동종의 국내상품 및 다른 원산지의 상품과의 경쟁기회에 '유해한 효과'를 야기한다.

② 상업용 사냥과 'IC 사냥' 사이의 규제구분의 정당성 – 소극: 규제구분의 정당성을 판단하기 위해서는 첫째, 그러한 구분이 합리적으로 EU의 바다표범 규제조치의 목적과 '연관(connection)'이 있는지, 둘째, 만약 그러한 연관성이 부재하더라도 '다른 원인이나 근거에 의하여' 그 구분이 정당화될 수 있는지, 셋째, 그 구분이 공평하지 않게 자의적 혹은 부당한 차별을 구성하는 방법으로 운용되고 적용되었는지 검토해야 한다.

첫째 요건과 관련하여 상업용 사냥과 IC 사냥 사이의 규제구분이 EU의 바다표범 규제조치의 목적과 연관이 없다. 이러한 규제조치의 목적은 바다표범의 보호에 대한 'EU 공공의 도덕적 관심을 표명'하기 위한 것으로 '바다표범의 비인도적 살해'와 이러한 방법으로 사냥한 바다표범으로 만들어진 제품을 EU 국민들이 소비한다는 두 가지 관점에서 우려를 나타내기 위한 것이다. 그러나 IC 사냥의 경우 '덫치기(trapping)'와 '어망치기(netting)' 방법으로 사냥하여 바다표범에게 고통을 주기 때문에 EU의 규제조치가 표방하고 있는 바다표범의 보호목적과 합리적 관련성이 없다.

둘째 요건과 관련하여 EU의 규제구분은 '다른 원인이나 근거에 의하여' 정당화될 수도 없다. IC 사냥과 상업적 사냥을 구분하는 목적이 이뉴잇족 보호에 있다면, 규제 구분은 이뉴잇족 보호라는 목적에 의해 정당화될 수도 있다. IC 사냥과 상업적 사냥의 구분이 이뉴잇족 보호라는 목적을 가진다고 볼 수도 있으나, EU는 이뉴잇족 보호를 바다표범 보호보다 더 높은 도덕적 가치를 부여하고 있다고 볼 수 없으므로 '다른 원인이나 근거에 의하여' EU 규제적 구분이 정당화될 수는 없다.

셋째 요건과 관련하여 EU의 규제적 구분은 공평하지 않게 자의적 혹은 부당한 차별을 구성한다. IC 예외 규정은 '그린란드 이뉴잇족'에게만 혜택이 부여되도록 운영되고 있다. 또한 그린란드 이뉴잇족이 사냥한 바다표범 절반 이상이 가죽생산을 위해 판매되고 있고, 규모면에서 캐나다산 상업용 바다표범과 비슷하다. 그런데 IC 예외 규정에 따라 그린란드 이뉴잇족의 바다표범 사냥이 다른 나라 이뉴잇족보다 상업적 특성이 강함에도 불구하고 그린란드 이뉴잇족에게만 혜택이 부여되도록 운용되는 것은 공평하지 않은 것이다.

요컨대, EU가 캐나다산 바다표범 제품에 대한 '유해한 효과'가 '정당한 규제적 구분'으로부터 온전히 기인한다는 점을 증명하지 못했기 때문에 IC 예외는 TBT협정 제2.1조에 위반된다.

③ '상업용 사냥'과 'MRM 사냥' 사이의 규제적 구분의 정당성 – 소극: 규제구분의 정당성을 판단하기 위해서는 첫째, 그러한 구분이 합리적으로 EU의 바다표범 규제조치의 목적과 '연관(connection)'이 있는지, 둘째, 만약 그러한 연관성이 부재하더라도 '다른 원인이나 근거에 의하여' 그 구분이 정당화될 수 있는지, 셋째, 그 구분이 공평하지 않게 자의적 혹은 부당한 차별을 구성하는 방법으로 운용되고 적용되었는지 검토해야 한다.

첫째, 상업용 사냥과 MRM 사냥의 구분이 합리적으로 EU 바다표범 규제조치의 목적과 연관이 있는가? 그러한 연관은 존재하지 않는다. MRM 사냥의 경우 상업적 사냥과 달리 '병충해 방지(nuisance seals)'와 '생태계 유지(seal culling)' 차원에서 소규모로 이루어진다. 그러나 MRM 사냥이 상업적 사냥과 유사한 방법으로 이루어짐에도 불구하고 EU 회원국인 스웨덴과 핀란드의 경우 인도적 사냥의 '3단 방법(stunning-checking-bleeding)'과 같은 엄격한 동물보호 요건을 요구하지 않는다. 따라서 MRM사냥이 바다표범 보호라는 EU 공공의 관심을 표명하는 목적과 일치하는 방식으로 이루어졌다고 볼 수 없다. 따라서 MRM 사냥은 EU의 바다표범 규제조치의 목적과 합리적 연관성이 없다.

둘째, '다른 원인이나 근거에 의하여' 규제 구분의 정당성이 인정될 수 있는가? 인정될 수 없다. MRM 사냥과 상업용 사냥의 목적이 본질적으로 다르다고 보기는 어렵다. EU의 바다표범 규제조치의 목적과 합리적인 연관성이 부재한 상황에서 MRM 사냥의 목적에 기초한 EU의 규제적 구분은 정당화될 수 없다.

셋째, MRM 예외 규정은 공평한 방법으로 운용되지 않았다. 캐나다와 노르웨이산 바다표범 제품의 경우 MRM 예외규정에 합치될 수 없는 반면, 스웨덴과 핀란드 및 영국과 같은 EU 회원국의 경우 비조직적·비영리적으로 사냥을 하여 동 규정에 합치될 수 있도록 설계되었기 때문에 MRM 예외규정이 공평한 방법으로 운용되지 않은 것이다.

요컨대, EU의 바다표범 규제조치상 MRM 예외규정은 TBT협정 제2.1조에 위반된다. EU가 캐나다산 바다표범 제품에 대한 '유해한 효과'가 '정당한 규제구분'으로부터 온전히 기인한다는 것을 증명하지 못했기 때문이다.

2. GATT 제1.1조 위반 여부: 최혜국 대우 위반 여부 – 적극

그린란드산 바다표범 제품에 제공된 편의가 노르웨이와 캐나다산 바다표범 제품에도 즉시 그리고 무조건적으로 부여되었는가 문제된다. 그러나 사실상 모든 그린란드산 바다표범 제품이 'IC 예외'규정에 따라 EU시장 내에서 판매될 수 있는 반면, 대다수 캐나다와 노르웨이산 바다표범 제품은 동 규정의 요건에 부합하지 않아 판매될 수 없다는 점에서 동등한 시장접근의 편의가 제공되지 않았다. 따라서 EU의 바다표범 규제조치의 운용 및 구조적인 측면에서 캐나다와 노르웨이산 바다표범 제품에 대하여 동종의 그린란드산 제품과의 경쟁기회에 '유해한 효과'를 야기하였다.

3. GATT 제3.4조 위반 여부: 내국민대우 위반 여부 – 적극

EU의 바다표범 규제조치는 경쟁기회의 변경에 따른 '유해한 효과'를 야기하며, 캐나다와 노르웨이산 바다표범 제품에 비해 동종의 EU산 제품보다 불리한 대우를 부여하고 있다.

4. GATT 제20조(a), (b)에 의한 정당화 여부

(1) GATT 제20조(a) 본문

공중도덕 보호를 위해 필요한 조치에 해당하는지 판단하기 위해서는 첫째, 조치의 목적달성에 대한 기여정도, 둘째, 무역제한성을 검토해야 한다. 조치가 목적달성에 대해 기여한다고 해도 덜 무역제한적(less trade restrictive)이면서 목적달성에 동등한 기여를 할 수 있는 '가능한 대안(possible alternatives)'이 존재한다면 '필요한' 조치로 볼 수 없다.

EU의 바다표범 규제조치의 목적이 바다표범의 보호에 대한 EU 공공의 도덕적 관심을 표명하기 위한 것이므로 공중도덕을 보호하기 위한 조치라고 볼 수 있다. 한편, 필요한 조치로도 볼 수 있다. 제소국이 제시한 동물보호 여건에 부합하는지 확인하는 인증제도 등의 대안조치는 실질적인 이행의 어려움 등 EU에게 합리적으로 이용가능하지 않으므로 대안조치로 보기는 어렵다. 따라서 EU의 바다표범 규제조치는 '공중도덕을 보호하기 위해 필요한 조치'라고 볼 수 있다.

(2) GATT 제20조(b) 본문

EU의 바다표범 규제조치는 바다표범의 '건강' 보호를 위해 필요한 조치라기보다는 바다표범의 보호에 대한 'EU 공공의 도덕적 관심을 표명'하기 위한 것이므로 바다표범의 생명이나 건강을 보호하기 위한 조치로 볼 수 없다.

(3) GATT 제20조 전문

전문요건 충족 여부 판단에 있어서 문제된 조치가 동일한 여건이 지배적인 국가 간에 자의적이거나 부당한 차별의 수단을 구성하는지를 중점 검토한다. 조치의 자의적 또는 부당한 차별 해당성 검토에 있어서는 TBT협정 제2.1조의 '불리한 대우' 요건 해석상 검토하였던 'IC 예외'와 'MRM 예외'규정에 따른 규제적 구분의 정당성 분석이 적용된다. IC 예외규정의 경우 사냥의 목적에 기초한 상업용 사냥과 IC 사냥 사이의 구분이 이뉴잇족의 이익 보호 측면에서 정당화될 수 있으나 공평한 방법으로 운용되거나 적용되지 않았다. MRM 예외의 경우 EU의 바다표범 규제조치의 목적과 합리적인 연관성이 존재하지 않고, 다른 근거에 의하여 정당화되지도 않으며, 공평한 방법으로 운용되지 않았다. 따라서 전문의 요건을 충족하지 못한다. 결국, EU의 바다표범 규제조치상 IC 예외와 MRM 예외는 GATT 제20조(a) 또는 (b)에 의해 정당화될 수 없다.

5. TBT협정 제2.2조 위반 여부

회원국은 국제무역에 불필요한 장애를 초래할 목적으로 또는 그러한 효과를 갖도록 기술규정을 준비, 채택 또는 적용하지 아니할 것을 보장해야 한다. 이러한 목적을 위하여 기술규정은 비준수에 의해 야기될 위험을 고려하여, 정당한 목적수행에 필요한 이상으로 무역을 제한하지 아니하여야 한다.

EU의 바다표범 규제조치가 정당한 목적을 달성하는지, 목적을 달성하는 데 있어서 필요 이상으로 무역제한적인지를 검토해야 한다.

조치의 목적은 바다표범의 보호에 대한 EU 공공의 도덕적 관심을 표명하기 위한 것으로 바다표범의 비인도적 살해와 이러한 방법으로 사냥한 바다표범으로 만들어진 제품을 EU 국민들이 소비한다는 두 가지 관점에서 우려를 나타내기 위한 것이라는 점이 확인된다. 또한 제소국인 캐나다와 노르웨이가 바다표범의 보호와 관련하여 EU 공공의 도덕적 관심을 표명하는 것이 정당하다는 것에 대해 이의를 제기하지 않았다. 따라서 규제조치가 정당한 목적을 달성한다고 볼 수 있다.

EU의 바다표범 규제조치는 캐나다와 노르웨이산 바다표범 제품의 EU시장 진입을 금지하고 있기 때문에 무역제한적 효과가 발생한다. 그러나 이러한 조치가 필요 이상으로 무역을 제한하고 있다고 보기 어렵다. 목적을 달성하지 못할 위험을 고려하여 덜 무역제한적인 합리적 대안이 가능하다면 필요 이상으로 무역제한적이라고 볼 수 있다. 그러나 캐나다와 노르웨이가 대안으로 제시한 '인증제도'와 '라벨링제도'는 덜 무역제한적이기는 하나, 구체화되어 있지 않고 이행에 있어서 실질적인 어려움이 있기 때문에 EU에게 합리적으로 이용가능하지 않다.

요컨대, EU의 바다표범 규제조치가 어느 정도 바다표범의 보호에 관한 EU 공공의 도덕적 관심을 표명하고 있으며, 규제목적을 달성하기 위한 동등한 기여를 할 수 있는 대안이 존재하지 않으므로 TBT협정 제2.2조를 위반하지 않았다.

Ⅳ 평석

1. '다른 원인이나 근거에 의한' 규제적 구분의 정당성

TBT협정 제2.1조 위반 검토에 있어서 '불리한 대우'에 해당하기 위해서는 조치가 수입상품에 '유해한 효과'를 초래하고, 또한 '규제 구분의 정당성이 없어야' 한다. 즉, 규제구분의 정당성이 있다면 유해한 효과를 초래한다고 하더라도 불리한 대우라고 볼 수는 없다. 규제 구분의 정당성 판단을 위해서는 규제구분이 규제의 목적과 '연관(connection)'이 있는지, 그리고 '공평하게(even-handed)' 적용되었는지 검토한다.

이 사례에서 패널은 규제구분이 규제의 목적과 연관성이 없다고 하더라도 '다른 원인이나 근거에 의하여' 그 구분이 정당화될 수 있는지를 검토함으로써 이전 판정례와 차이를 보인다. 패널은 IC사냥과 상업적 사냥이 그 비인도성 측면에서 차이가 없으므로 바다표범 보호라는 규제조치의 목적과 규제 구분이 연관성을 갖는 것은 아니나, 이뉴잇족의 생존 보호라는 다른 원인이나 근거에 의해 정당화될 수 있다고 판정하였다.

2. TBT법제와 GATT법제와의 관계 – 무역자유화와 국내적 규제의 자치권 사이의 균형의 문제

TBT협정 제2.1조 위반 시 규제구분의 정당성을 GATT 제3.4조에 비해 추가적으로 요구하는 것은 무역자유화와 국내적 규제 자치권 사이의 균형을 유지하려는 취지로 볼 수 있다. 이러한 점에서 TBT법제와 GATT법제는 일치한다고 볼 수 있다. 문제의 조치가 수입상품에 대한 '유해한 효과'를 발생시킨다고 하더라도 GATT협정 제20조의 '일반적 예외'에 해당하는 경우와 TBT협정 제2.1조의 해석에 따라 조치의 규제적 구분이 정당한 경우에는 비호주의적 무역조치로서 양 협정상 허용될 수 있기 때문이다. WTO DSB는 내국민대우 의무를 위반하는 방법으로 공공정책을 시행하지 않는 한, 회원국의 국내적 규제의 자치권을 존중하겠다는 점을 명백히 하고 있는 것이다.

제6장 | GATS 및 TRIPs

CASE 168. Antigua and Barbuda vs. US - Gambling 사건[121]

I 사실관계

1. 미국은 인터넷을 매개로 한 도박에 대하여 사이트접속 자체를 차단함으로써 규제조치를 단행하였다.

2. 미국의 관련 양허표

sector or sub-sector	limitations on market access	limitations on national treatment
D. other recreational services (except sporting)	1) none 2) none 3) the number of concessions available for commercial operations in federal, state and local facilities is limited 4) unbounded, except as indicated in the horizontal section	1) none 2) none 3) none 4) none

3. 이에 대해 안티구아(Antigua)와 바부다(Barbuda)가 WTO에 제소하였다.

II 법적쟁점

1. '도박서비스'에 대해 미국이 양허하였는가?

2. 미국은 시장접근에 대해 위법적 제한조치를 취했는가?

3. 미국의 제한조치는 GATS 제14조(일반적 예외)에 의해 정당화되는가?

---

121) DS285, 2005.4.20. 상소기구

Ⅲ 패널 및 상소기구 평결

1. '도박서비스'에 대해 미국이 양허하였는가?

(1) 쟁점

'도박서비스'가 미국이 양허한 '기타 레크레이션 서비스'에 해당하는지 아니면 양허에서 제외되는 '스포팅 서비스'에 해당하는지가 문제되었다.

(2) 패널 – 적극

패널은 'UN국제생산물분류(Central Product Classificastion: CPC)'를 원용하여 CPC 분류체계에서 'other recreational service'에 도박 및 내기서비스가 포함되므로 미국이 양허한 범위에 도박 및 내기서비스가 포함된다고 판단하였다. 패널은 미국이 도박서비스에 대한 약속을 의도하지 않았다는 점에 대해 동의하면서도 특정 약속의 범위는 협상의 시점에서 회원국이 의도하였는지 의도하지 않았는지는 상관이 없다고 하였다.

(3) 상소기구 – 적극

미국은 도박 및 내기서비스가 자국 양허범위에 해당한다는 패널의 판정에 대해 상소하였다. 그러나 상소기구는 조약법에 관한 비엔나협약 제31조 및 제32조에 기초하여 미국의 양허표를 해석한 결과 도박 및 내기 서비스는 'sporting'의 범위에서 배제되는 것이 명백하고 또한 'other recreational service'에는 포함된다고 보고 패널의 판정을 지지하였다.

2. 미국은 시장접근에 대해 위법적 제한조치를 취했는가?

(1) 쟁점

미국은 '기타 여가 선용 서비스'에 대한 시장접근 제한조치에 대해 'none'이라고 규정하였음에도 불구하고 서비스의 국경 간 공급을 완전 차단하였으므로 GATS 제16조를 위반하였는지가 문제되었다.

(2) 패널 – 적극

패널은 미국의 연방법 및 주법이 서비스 공급자 수를 '0'으로 제한함으로써 GATS 제16조 제2항을 위반하였다고 판단하였다. 우선 패널은 3개 연방법(전신법, 여행법, 불법도박영업법)이 국경 간 공급을 포함한 하나 또는 그 이상의 공급수단을 금지하였으며, 이는 하나 이상의 공급 수단에 대해 '0 쿼터'를 형성하고 있다고 평결하였다. 또한 패널은 루이지애나, 매사추세츠 주 등의 법률이 국경 간 공급에서 공급수단을 금지하고 있으므로 이는 '0 쿼터'를 형성하고 있어서 GATS 제16조를 위반한다고 판단하였다.

(3) 상소기구 – 적극

상소기구는 패널의 판정을 지지하였다. 우선 GATS 제16조 제2항 가호와 관련하여 상소기구는 '0 쿼터'를 위한 제한은 수량제한이며 이는 GATS 제16조 제2항 가호의 범주에 포함된다고 하였다. 또한 동 조치가 Model 1에 포함된 하나 이상의 모든 국경 간 전달수단의 서비스 공급자에 의한 이용을 전적으로 금지하고 있기 때문에 이러한 금지는 '수량적 쿼터의 형태로 서비스 공급자의 수에 대한 제한'이라는 패널의 평결을 지지하였다. 또한 GATS 제16조 제2항 다호와 관련하여 문제가 된 조치는 서비스 산출에 있어서 '0 쿼터'에 달하게 하였으므로 다호의 범주에도 포함된다고 하였다. 요컨대 미국의 조치는 서비스 공급자 수 또는 서비스 산출량에 대한 제한에 해당하나 이에 대해 미국이 양허표에 기재하지 아니하였으므로 GATS 제16조에 위반된다고 판단한 패널의 평결을 지지하였다.

3. 미국의 제한조치는 GATS 제14조(일반적 예외)에 의해 정당화되는가?

(1) 공중도덕의 보호 또는 공공질서의 유지를 위해 필요한 조치인가?

① 쟁점: 미국은 '원격도박'(remote gambling)은 도박이 금지된 미성년자가 이용할 수도 있고 조직범죄에 이용될 수 있으므로 제한이 불가피하다고 하며 GATS 제14조 가호에 의해 정당화 된다고 주장하였다.

② 패널 – 소극: 패널은 미국의 조치가 공중도덕을 보호하거나 공공질서를 유지하기 위한 조치라는 점은 인정하였으나 그것이 '필요한 조치'라는 미국의 주장은 기각하였다. 즉, 패널은 미국의 관련법규의 입법의도는 돈세탁, 조직범죄, 사기, 미성년자 도박 및 병적인 도박에 포함되는 문제들에 대하여 채택된 것이라는 점은 인정하였다. 그러나 패널은 미국의 관련 법규 및 조치는 '필요성' 요건을 충족하지 못한다고 판단하였다. 패널은 필요성 테스트에서 중요한 점은 미국이 WTO와 합치하는 합리적으로 가능한 대체적인 조치를 조사하고 열거하였는지 여부라고 보았다. 이와 관련하여 패널은 미국이 안티구아바부다가 미국의 도박과 내기 서비스의 원격 공급과 제한에 대해 양자협의할 것을 제안하였으나 이를 거절한 것은 미국이 WTO와 합치하는 대체적인 조치를 찾을 가능성을 성실하게 추구하지 않은 것이라고 하였다.

③ 상소기구 – 적극: 상소기구는 미국이 '필요성' 요건을 충족하지 못하였다는 패널의 판정을 파기하고 이를 충족하여 미국의 조치는 GATS 제14조 가호에 의해 정당화된다고 판시하였다. 우선 상소기구는 양국 간 '협의'는 문제가 되고 있는 조치와 비교될 수 있는 합리적으로 이용 가능한 대안의 자격이 되지 못한다고 보고 패널이 비교될 수 있는 조치로 판단한 부분을 파기하였다. 그리고 미국이 '필요성'에 대해 prima facie case를 수립하였으나 안티구아바부다는 합리적으로 이용 가능한 대안조치를 확인하는 데 실패하였으므로 미국이 자국의 연방법률이 필요하다는 것을 입증했다고 판단하였다.

(2) 법률의 준수를 확보하기 위해 필요한 조치인가?

① 패널 – 소극: 패널은 GATS 제14조 다호를 통한 정당화를 위해서는 당해 조치가 다른 법 또는 규정의 준수를 확보할 것, 그러한 다른 법이 WTO협정과 합치할 것, 당해 조치가 법 또는 규정의 준수를 확보하기 위해 '필요한' 조치일 것을 요한다고 보고 이에 기초하여 판단하였다. 패널은 미국의 조직범죄 관련법은 'RICO법[122]'(Racketeer Influenced and Corrupt Organization Statute)의 준수를 확보하기 위한 조치라고 보았다. 그러나 '필요한 조치'라는 점은 인정하지 않았다. 패널은 필요성 요건과 관련하여 'weighing and balancing' 테스트가 요구된다고 보고 법이 보호하고자 하는 이익이나 가치의 중요성, 시행 조치가 법의 준수를 확보하는 데 공헌하는 정도, 시행조치의 무역효과를 평가해야 한다고 보았다. 패널은 RICO법에 의해 보호되는 이익이 매우 중대하고 중요한 사회적 이익이라는 점, 분쟁 대상 조치는 RICO법의 준수 확보에 '중대한 공헌'을 한다는 점은 인정하였다. 그러나 분쟁 대상 조치에 비해 무역에 부정적 효과를 덜 초래하는 합리적인 대체조치에 대해 미국이 충분하고 성실하게 조사하지 않았다고 판단하였다. GATS 제14조 가호 검토에서와 마찬가지로 안티구아바부다의 양자협상 제안을 거부한 것을 주요 논거로 삼았다. 요컨대, 패널은 분쟁대상이 된 미국의 조치는 WTO에 합치되는 법률의 준수를 확보하기 위한 조치에 해당하나 필요한 조치는 아니라고 판단하였다.

② 상소기구 – 적극: 상소기구는 가호에 대한 패널 평결에 대한 파기와 유사한 논리로 다호에 대한 패널 평결 역시 파기하였다. 즉, 미국의 조치는 필요성 테스트 역시 통과한다고 본 것이다.

---

122) 조직범죄 단속을 위해 1970년 제정된 미 연방법으로서 도박, 살인, 방화 등 특정 범죄에 대한 가중처벌을 골자로 하고 있다.

(3) GATS 제14조 전문의 요건 충족 여부

① **패널 – 소극:** 패널은 미국의 조치가 본문의 요건을 충족하지 못하였다고 판시하였음에도 불구하고 전문의 요건을 검토하였다. 패널은 전문의 합치성 검토에 있어서 '일관성'의 관점에서 접근하였다. 즉, 미국이 도박 및 내기 서비스의 원격공급에 관한 조치에 있어서 일관성이 부재라면 전문의 요건을 위반한 것이라고 본 것이다. 이러한 해석에 기초하여 패널은 미국의 관련 조치들을 검토한 결과 일관성이 없다고 판단하였다. 즉, 미국은 자국 내에서 인터넷을 통한 내기서비스 제공에 대해 별다른 제한 조치를 취하지 아니하였으므로 자의적이거나 정당화될 수 없는 차별 또는 국제무역에 대한 위장된 제한에 해당한다고 평결하였다.

② **상소기구 – 소극:** 상소기구는 패널의 법률해석 및 적용을 부분적으로 파기하였으나 패널의 결론은 지지하였다. 즉, 미국의 관련 조치가 GATS 제14조 전문에 합치된다는 점을 미국이 적절하게 입증하지 못하였으므로 전문의 요건은 충족하지 못하였다고 판정하였다.

Ⅳ 평석

1. 일반적 평가

동 사건은 WTO 분쟁해결기구에서 다루어진 최초의 전자상거래 사건이고, 기술발전에 따라 WTO 회원국의 양허와 구체적 약속이 명확하지 않은 서비스공급 유형에 대한 해석 기준을 제공한 점, GATS 제16조의 시장접근에 대한 해석 기준과 GATS 제14조의 예외로서 공중도덕의 보호와 공공질서의 유지에 필요한 조치의 개념을 넓게 해석한 점 등에서 유사사례의 선례로서 중요한 의미를 가진다.

2. GATS 제14조 가호의 '필요성' 요건

패널에 의하면 GATS 제14조 가호의 문맥에서 당해 조치가 공중도덕을 보호하거나 공공질서를 유지하기에 필요한 조치인지를 결정할 때, 분쟁 대상 조치가 ① 보호하려고 의도하는 이익이나 가치의 중요성, ② 그러한 조치에 의하여 추구되는 목적달성에 공헌하는 정도, ③ 분쟁이 제기된 조치의 무역효과를 평가해야 한다. 이와 함께 필요성 테스트에서 중요한 요소는 분쟁 대상이 된 조치에 대해 합리적으로 가능한 대체적인 조치를 성실하게 조사해야 한다는 점이다.

CASE 169. EC – Geographic Indication 사건[123]

I 사실관계

이 사건은 EC의 농산품 및 식료품의 지리적 표시(geographic indication) 및 원산지 보호에 관한 이사회규정 2081/92[124] 및 동 규정과 관련된 이행 및 집행 조치에 대하여 미국과 호주 각자가 WTO에 제소한 분쟁이다. EC의 농산품 및 식료품에 대한 지리적 표시 보호에 관한 이사회 규정에 따르면, 제3국의 GI가 EC 내 보호를 획득하기 위해서는 그 제3국이 EC의 GI 보호와 동등한 수준의 보호(동등성: equivalence)를 제공하여야 하고, EC산 농산품 및 식료품에 대해서도 그에 상응하는 대우(상호성: reciprocity)를 부여하여야 한다는 조건을 명시하고 있다. 미국과 호주는 이러한 동등성 및 상호성의 조건이 GI 보호에 있어 다른 WTO 회원국을 차별하고 있다고 주장, WTO에 제소하였다.

---

123) DS174/290, 2005.4.20. 패널

124) 1) 지리적 표시 보호의 이용가능성: EC 이사회규정에는 지리적 표시 보호에 적용되는 두가지 절차가 있는데 하나는 EC 회원 국내의 지명을 지리적 표시로 보호할 경우에 적용되는 것이고 다른 하나는 EC 회원국이 아닌 다른 나라의 지명을 지리적 표시로 보호하려는 경우에 적용되는 것이다. 동규정 제12조 제1항은 EC의 지리적 표시제도와 상응한 보호제도를 구비하고 있는 다른 나라의 농산물 및 식료품에도 동 규정이 적용될 수 있다고 규정하고 있다.

2) 신청절차: EC규정 2081/92는 GI 소재지에 따라 적용되는 등록 신청 절차를 다르게 규정하고 있었다. GI가 EC회원국에 소재한 경우 신청서는 문제의 지역이 소재한 EC 회원국에게 송부되고, 그 회원국은 그 신청서가 정당한지를 검토하여야 하며, GI가 제3국에 소재한 경우에는 신청서를 지역이 위치한 국가의 당국에 송부해야 하고 만약 그 국가의 당국이 2081/92 규정의 요건이 충족되었다고 일차 판정하면 동 신청서를 EC에 전달하여야 했다.

3) 이의제기 절차: 이사회규정 2081/92는 이의제기 절차와 관련하여 지역의 소재 및 이의 제기자의 소재에 따른 별도의 이의제기 절차를 두고 있다. EC 국민들은 EC나 자국 정부에 직접 이의를 제기할 수 있으나 비EC 국민들은 자신이 거주하거나 사업장이 설립된 제3국의 당국에 이의 신청을 해야 했다. 제3국 정부는 이러한 이의가 제기되면 이를 검증하고 결과를 EC에 송부해야 했으나 법적인 의무가 있는 것은 아니다.

4) 규제위원회: 이사회규정은 EC가 GI에 보호에 관한 일련의 행정적인 결정을 내림에 있어 EC 회원국 대표로 구성된 '규제위원회(Regulatory Committee)'의 도움을 받아야 한다고 규정하고 있다.

5) 검증기구: 2081/92 규정 제10조는 개별적인 GI 등록을 위한 절차에 따라 '검증기구(inspection structure)'를 설치한다고 규정하고 있다. 제10조 제1항은 검증 기구의 기능은 보호되는 명칭을 갖는 농산품 및 식료품이 '상품규격서'(specification)에 제시된 요건을 충족하도록 보장하기 위한 것이라고 규정하고 있고 제10조 제2항은 검증 기구는 한 개 이상의 지정된 검증 기관 및/또는 EC 회원국에 의해 그러한 목적으로 승인된 민간기관을 포함하여야 한다고 밝히고 있다. 제10조 제3항은 검증 기구 및/또는 민간기관의 특성 및 의무에 관한 규정을 두고 있지만 상품규격서(specification)에 나타난 상품의 특정 요건을 규정하고 있지는 않다. 즉, EC 회원국은 제10조에 따라 검증기구를 운영할 의무를 가지며, 그러한 요건은 제3국에게도 동일하다. 그러나 제3국이 EC규정 2081/92에 의거하여 자국에 동일한 검증기구를 설립, 운영할 의무는 없다.

6) 라벨 부착요건: 이사회규정 제12조 제2항은 만약 제3국에서 보호되는 명칭이 EC에서 보호되는 명칭과 동일하다면 상호 혼동될 우려가 있으므로 상품의 원산지국을 분명하고 가시적으로 라벨에 표시할 경우에만 허용될 수 있다고 규정하고 있다.

7) GI와 기존 등록 상표와의 관계: EC 규정 2081/92 제14조 제1항은 새로이 등록하려는 신규 상표가 이미 등록된 지리적 표시의 권리를 침해하는 경우 동 상표의 등록신청을 거절 할 수 있다고 규정하고 있다. 이것은 사실상 먼저 등록된 GI가 후의 상표에 우선하는 것을 보장하는 것이다. 그러나 제14조 제2항은 동 규정에 의거하여 부여되는 등록된 지리적 표시의 권리가 이미 등록된 상표(prior trademark)의 존재로 인해 일정 부분 침해된다 하더라도 동 기등록 상표는 지속적으로 사용할 수 있다고 규정하고 있다. TRIPs협정 제16조 제1항은 등록 상표의 소유자에 대해서는 동일하거나 유사한 표지(sign)의 사용을 금지할 수 있는 배타적인 권리를 부여한다. 따라서 이미 등록된 상표가 있다면 이와 유사하거나 동일한 표지를 갖는 지리적 표시의 등록을 제한하여야 할 것이다. 그런데 EC규정 2081/92의 제14조 제2항은 오히려 이미 등록된 상표가 있을 경우라도 지리적 표시의 등록을 허락하는 것으로서 이는 TRIPs 제16조 제1항에 의거한 등록 상표 소유자의 배타적 권리가 2081/92에 의거하여 등록된 지리적 표시에는 완전히 적용되지 않는다는 것을 의미한다.

Ⅱ 법적쟁점

1. 내국민대우

(1) 지리적 표시 보호의 이용가능성(TRIPs협정 제3조 제1항, Paris협약 제2조 제2항, GATT 제3조 제4항[125]))

호주와 미국은 EC 규정이 다른 회원국들의 GI에 대하여 EC의 지리적 표시 보호제도를 이용할 수 있는 전제조건으로서 상호성 및 동등성의 조건을 부과하므로 조건 없는 내국민대우 의무를 규정한 TRIPs협정 제3조 제1항 등에 합치되지 않는다고 주장하였다.

(2) 신청 절차(TRIPs협정 제3조 제1항, GATT 제3조 제4항, GATT 제20조(d)[126]))

(3) 이의제기 절차(TRIPs협정 제3조 제1항, GATT 제3조 제4항)

(4) 규제위원회(TRIPs협정 제3조 제1항, Paris협약 제2조 제1항, GATT 제3조 제4항)

호주는 EC 국민은 규제위원회에 자국 대표를 갖는 반면 비EC 국민은 동 규제위원회에서 자신의 이해관계를 대변할 대표를 갖지 못하므로 내국민대우 위반이라고 주장하였다.

(5) 검증기구(TRIPs협정 제3조 제1항, GATT 제3조 제4항 및 제20조(d), TBT협정 제2조 제2항 / 부속서 1 제1조)

① TRIPs협정 제3조 제1항, GATT 제3조 제4항 및 제20조(d)

② TBT협정 제2조 제2항 / 부속서 1 제1조: 호주는 이사회규정의 검증기구는 필요한 수준보다 더 무역제한적이므로 TBT협정 제2조 제2항과 일치하지 않는다고 주장하였다. 호주는 EC규정이 GI를 사용하는 상품이 GI 등록의 상품규격서(specification)를 준수하고 있는지를 검증할 것을 요구하고 있으므로 TBT협정 부속서 1의 제1조에 정의된 '기술규정'이라고 주장하였다. 호주는 상품규격서가 '상품의 특성'을 포함할 것을 요구하고 규격서의 준수 여부를 검증하는 절차가 정규적인 일련의 공정, 즉 '상품의 특성 또는 관련 공정'에 해당된다고 주장하였다.

(6) 라벨 부착 요건(TRIPs협정 제3조 제1항, TBT협정 제2조 제1항)

① TRIPs협정 제3조 제1항: 호주와 미국은 이사회규정 제12조 제2항상의 라벨부착 요건이 EC 내에 있는 지명을 지리적 표시로 사용하는 제3국산 상품에만 원산지를 명시하는 의무를 부여하고 있어 less favorable treatment를 부여하고 있다고 주장하였다.

---

125) 체약국 영역의 상품으로서 다른 체약국의 영역에 수입된 상품은 동 국내에서의 판매, 판매를 위한 제공, 구입, 수송, 분배 또는 사용에 관한 모든 법률, 규칙 및 요건에 관하여 국내 원산의 동종상품에 부여하고 있는 대우보다 불리하지 아니한 대우를 부여하여야 한다. 본 항의 규정은 교통수단의 경제적 운영에 전적으로 입각하였으며 상품의 원산국을 기초로 하지 아니한 차별적 국내 운송요금의 적용을 방해하지 아니한다.

126) 본협정의 어떠한 규정도 체약국이 다음의 조치를 채택하거나 실시하는 것을 방해하는 것으로 해석되어서는 안된다. 다만, 그러한 조치를 동일한 조건하에 있는 국가 간에 자의적이며 불공평한 차별의 수단 또는 국제무역에 있어서의 위장된 제한을 부과하는 방법으로 적용하지 아니할 것을 조건으로 한다. (d) 관세의 실시, 제2조 제4항 및 제17조에 따라 운영되는 독점의 실시, 특허권, 상표권 및 저작권의 보호 그리고 기만적 관행의 방지에 관한 법률과 규칙을 포함하여 본 협정의 규정에 반하지 아니하는 법률 또는 규칙의 준수를 확보하기 위하여 필요한 조치

② TBT협정 제2조 제1항: 호주는 라벨 부착 요건이 TBT협정 부속서 1의 제1조 기술규정의 정의에 해당하고 동 규정은 수입상품에 대하여 불리한 대우를 부여하므로 TBT협정 제2조 제1항에 일치하지 않는다고 주장하였다. 2081/92의 제12조 제2항은 기등록된 EC GI와 동일한 제3국의 GI에 대해서는 상표에 원산지를 명기할 것을 요구하는 반면 EC 국내상품에 적용되는 제6조 제6항은 상응한 의무를 부과하지 않으므로 수입상품에 대해 불리한 대우를 부여한다는 것이다.

2. 지리적 표시(GI)와 기존 등록상표(prior trademark)와의 관계

(1) TRIPs협정 제24조 제5항

EC는 동 조항상 일정 등록상표 소유자의 권리를 제한할 수 있는 것이라고 주장하였다.

(2) TRIPs협정 제24조 제3항

EC는 동 조항이 지리적 표시(GI)와 기 등록된 상표 간의 공존을 유지하라는 것이며 WTO협정 발효 시점에 존재하던 GI 보호의 수준을 회원국이 감소시켜서는 안 된다는 현 상황 유지의무(standstill obligation)라고 주장하였다.

(3) TRIPs협정 제17조에 의한 정당화 여부

EC는 GI와 기등록 상표의 공존은 TRIPs협정 제17조에 의해 정당화된다고 주장하였는데, 이사회규정 제14조 제2항이 규격서를 준수하는 상품에 대하여 지역에 설립된 생산자들에 의해서만 사용을 허용하므로 '제한된 예외'라고 주장하였다. 더욱이 이사회규정 제14조 제3항은 혼동의 정도가 심한 경우를 금지하는 것이고 라벨 부착에 관한 법률, 소비자를 오도하는 광고 및 불공정경쟁 행위 금지 등은 계속 적용되고 있으므로 상표권자와 제3자의 '정당한 이익'도 고려된 것이라고 주장하였다.

Ⅲ 패널 평결

1. 패널 평결 요약

이 사건의 쟁점은 크게 두가지 즉, ① 내국민대우, ② 상표와 지리적 표시의 공존 및 충돌 문제였다.
① 내국민대우 위반 주장과 관련하여, 이사회규정 2081/92에 따라 WTO 회원국의 지리적 표시가 EC에서 보호받는 데 있어서의 지리적 표시 보호의 이용가능성, 신청 절차, 이의제기 절차, 규제위원회, 검증기구, 라벨 부착 요건에 관한 문제가 제기되었다. 패널은 이 중에서 지리적 표시의 보호의 이용 가능성과 신청 절차가 TRIPs협정 제3조 제1항(내국민대우)와 GATT 제3조 제4항(내국민 대우)에 위반한다고 판결하였으며, 검증기구와 관련하여 검증 기구의 검증 및 송부 요건이 TRIPs협정 제3조 제1항을 위반하고 정부참여 측면이 TRIPs협정 제3조 제1항과 GATT 제3조 제4항에 각각 위반된다고 판정하였다. ② 기등록 상표와 지리적 표시와의 공존이 상표 소유자의 배타적 권리를 규정한 TRIPs협정 제16조 위반이라는 제소국의 주장과 관련하여, 패널은 먼저 상표와 지리적 표시와의 공존은 원칙적으로 TRIPs협정 제16조 제1항 위반이지만, TRIPs협정 제17조에 따라 정당화 될 수 있다고 판결하여 상표와 지리적 표시의 공존을 규정한 이사회규정은 TRIPs협정에 일치한다고 판결하였다.

2. 내국민대우

(1) 지리적 표시 보호의 이용가능성(TRIPs협정 제3조 제1항, Paris협약 제2조 제2항, GATT 제3조 제4항)

패널은 첫째, 규정 2081/92의 제12조 제3항에 따라 EC가 인정하지 않은 제3국에 소재한 지역에 대해서는 EC의 GI 보호제도를 이용할 수 없으며, 둘째 EC 회원국이 아닌 다른 나라에 소재한 지명을 EC의 GI제도로 보호하기 위해서는 동등성과 상호성이라는 제12조(1)의 조건을 충족시켜야 하는바, 이는 분명히 '추가적인 장벽'에 해당하므로 이는 TRIPs협정 제3조 제1항의 less favorable treatment에 해당한다고 판단하였다. 패널은 TRIPs협정의 대상과 목적은 제1조 제3항에 규정된 대로 동 협정에 규정된 대우를 다른 회원국의 국민에게 제공하는 것인데 만일 국적과 매우 밀접한 대체 기준, 즉 이 사건의 경우 상품 생산지, 사업장 소재지와 같은 기준에 근거한 대우를 자국국민에게 부여함으로써 동 요건을 충족하기 어려운 타국 국민에게는 동등한 대우를 제공하지 않는다면 TRIPs협정의 대상과 목적이 크게 훼손될 것이라고 지적하였다. 이러한 점에 기초하여 패널은 GI 보호의 이용 가능성과 적용 가능한 동등성 및 상호성 조건과 관련하여, 이사회 규정은 TRIPs협정 제3조 제1항 및 GATT 제3조 제4항에 일치하지 않게 EC 자국민에 대해 부여하는 대우보다 불리한 대우를 WTO 회원국에게 부여하고 있다고 판결하였다.

다만 패널은 2081/92가 명시적인 거주 요건을 부과한 것은 아니므로 거주 요건을 금지하는 파리협약에 위반되지는 않는다고 판정하였다.

(2) 신청 절차(TRIPs협정 제3조 제1항, GATT 제3조 제4항, GATT 제20조(d))

① TRIPs 제3조 제1항 위반 여부: 패널은 EC 회원국 당국은 EC법상 사실상의 기관(de facto organ)이라는 EC의 설명에 따라 EC 회원국 내에 소재한 지역과 관련된 모든 신청은 EC에 직접적으로 제출되는 것이라고 보았다. 패널은 제3국에 소재한 지역과 관련한 신청은 EC 기관에 직접 제출될 수 없고, 외국 정부에 제출되어야 하므로 대우에 있어 일단 형식적인 차이가 있다고 보았다. 더욱이 동 규정 제5조에 따르면 EC 회원국은 신청의 검토의무, 정당 여부 결정의무 및 EC 당국에 제출의무를 가지나, 제3국은 그렇지 않으므로 제3국에서 신청서를 제출하는 사람은 EC 국민과 동등한 권리를 갖지 못하고 추가적인 장벽에 직면한다고 보았다.

② GATT 제3조 제4항 위반 및 제20조(d) 해당 여부: 패널은 제3국 정부가 신청서를 송부하지 않으면 GI가 등록되지 못하고 이것은 제3국산 상품이 2081/92의 제13조에 명시된 등록의 혜택을 획득하지 못하도록 하므로, 신청절차와 관련한 동규정이 GATT 제3조 제4항에 일치하지 않게 국내상품보다 불리한 대우를 수입품에 부과한다고 결론내렸다. 또 GATT 제20조(d)에 의해 정당화된다는 EC의 주장에 대해 패널은 2081/92 자체가 GATT와 일치하지 않는다고 이미 판정하였으므로 동 규정은 제20조(d)가 의미하는 '법 또는 규정'에 해당되지 않으며 '필요성' 요건도 충족하지 못했다고 판시하였다.

(3) 이의제기 절차(TRIPs협정 제3조 제1항, GATT 제3조 제4항)

패널은 EC 회원국의 개인으로부터의 이의 제기는 EC의 사실상의 기관인 회원국 정부에 직접 제출되는 반면, 제3국의 개인으로부터의 이의 제기는 EC 당국에 직접 제출될 수 없으며 외국정부에 제출되어야 하는데, 그 결과 제3국 거주/설립 개인은 EC에 있는 개인에게 제공되는 이의 제기 절차상의 권리를 갖지 못하게 되므로 이는 TRIPs협정 제3조 제1항에 일치하지 않게 EC 자국민에게 부여하는 대우보다 불리한 대우를 WTO 회원국에게 부여한다고 판정하였다.

반면 동 규정이 비EC 상품에 대한 불리한 대우를 부여하므로 GATT 제3조 제4항 위반이라는 미국의 주장에 대해 패널은 미국이 prima facie case를 확립하지 못했다고 판단했다.

(4) 규제위원회(TRIPs협정 제3조 제1항, Paris협약 제2조 제1항, GATT 제3조 제4항)

패널은 위원회 위원이 개별적인 신청자 또는 이의 제기자를 대표하여 행동하는 것이 아님이 명백하고 2081/92 규정이 그 자체로 다른 GI에 대하여 어떠한 차별대우를 강제하고 있지 않다고 파악, TRIPs협정 제3조 제1항 및 파리협약 제2조 제1항 위반에 대한 prima facie case를 확립하지 못하였다고 판단하였다. 또 패널은 규제위원회가 내외국산 상품 간의 경쟁관계를 변화시켜 GATT 제3조 제4항 위반이라는 호주의 주장도 prima facie case를 확립시키지 못했다고 판단했다.

(5) 검증기구(TRIPs협정 제3조 제1항, GATT 제3조 제4항, GATT 제20조(d), TBT협정 제2조 제2항 / 부속서 1 제1조)

① TRIPs협정 제3조 제1항, GATT 제3조 제4항, GATT 제20조(d): 패널은 검증기구에 관한 요건 자체가 EC 내 소재 지리적 표시와 EC외 지리적 표시에 동일한 요건이 부과됨을 확인하였다. 그러나 EC 규정이 EC 회원국에게 검증기구의 존재를 보장해야 할 의무를 부여하는 반면 제3국 정부에 대해서는 그러한 의무를 부여하지 않는다는 점에서 제3국 신청자는 EC 회원국 신청자가 직면하지 않는 추가적인 장벽에 직면한다고 밝혔다. 따라서 패널은 정부의 참여 정도 측면에서 볼 때 동 규정은 TRIP협정 제3조 제1항에 일치하지 않는다고 판단하였다.

GATT 제3조 제4항 위반 주장에 대해서도 마찬가지로 패널은 법적인 요건 측면에서는 위반됨이 입증되지 않았고 정부개입 측면에서는 내국민대우 위반이 인정되며 제20조(d)에 의해 정당화되지 않는다고 결론지었다.

② TBT협정 제2조 제2항 / 부속서 1 제1조: 패널은 '공정'의 통상적 의미는 '계속적인 일련의 작용, 사건 또는 변경 또는 작용의 과정, 절차들'이라고 보고 검증기구 요건이 공정의 통상적 의미에 해당하지 않는다고 판단하였다. 검증기구 요건은 단순히 검증기관 및 민간기관의 설치를 요구하고 있을 뿐 검증을 시행하는 과정에 대해서는 언급하고 있지 않다고 확인하였다. 따라서 패널은 검증기구 요건이 TBT협정 부속서 제1조의 기술규정에 해당하지 않으며, 따라서 TBT협정 제2조 제2항이 적용되지 않는다고 판정하였다.

(6) 라벨 부착 요건(TRIPs협정 제3조 제1항, TBT협정 제2조 제1항)

① TRIPs협정 제3조 제1항: 패널은 이사회규정 제6조 제6항이 기존에 등록된 GI와 동일한 EC 내 GI를 등록하고자 할 경우에 적용되는 조항으로 제12조 제2항과 마찬가지로 기 등록된 GI와 동일한 GI에는 그 원산지를 상표에 분명하고 가시적으로 기재할 것을 규정하고 있다고 확인하였다. 따라서 기등록 GI와 동일한 GI 등록의 절차나 요건이 EC외 GI와 EC 내 GI에 대해 상응하게 시행하는 것을 금지하는 것이 아니라고 판단, 미국의 주장을 기각하였다.

② TBT협정 제2조 제1항: 패널은 EC규정 제12조 제2항은 상품의 특성, 관련공정, 생산방법을 제시하고 있고, 그 준수가 강제적이므로 TBT협정 부속서 1의 제1조상의 '기술규정'에 해당되고 따라서 TBT협정 제2조 제1항이 적용된다고 판단하였다. 그러나 제12조 제2항과 제6조 제6항은 사실상 동일한 내용으로써 호주가 자신의 주장에 관한 prima facie case를 성립시키는 데 실패했다고 판정하였다.

3. 지리적 표시(GI)와 기존 등록상표(prior trademark)와의 관계

(1) TRIPs협정 제24조 제5항

패널은 TRIPs협정 제24조 제5항은 GI 조치가 상표 등록의 적격성, 유효성, 또는 상표를 사용할 권리를 훼손하여서는 안된다는 것이지 혼동을 초래할 수 있는 상표 사용을 금지하거나 그러한 사용을 금지할 권리를 제한하는 것으로 해석하는 것은 적절하지 않다고 결론내렸다.

(2) TRIPs협정 제24조 제3항

패널은 제24조 제3항은 Section 3(지리적 표시) 외의 규정을 이행하기 위해 채택된 조치에는 적용되지 않으며 상표권자의 권리는 Section 2(상표)에 규정되어 있으므로 제24조 제3항이 적용 가능하지 않다고 하였다. 또 EC규정에 의해 WTO 발효일 직전에 등록된 상표가 없었으므로 제24조 제3항은 적용되지 않는다고 판정하였다.

(3) TRIPs협정 제17조에 의한 정당화 여부

① 제한적 예외 여부: 패널은 제17조가 회원국이 상표에 의해 부여된 권리를 제한하는 것을 허용하고 있으며 그러한 권리는 TRIPs협정 제16조 제1항에 규정된 권리를 포함한다고 보았다. '제한된 예외'의 의미와 관련하여 패널은 Canada – Pharmaceutical Patents 사건 패널의 견해에 따라 '예외'란 광범위한 것이 아니며, 모규범 전체를 훼손시키지 않을 정도의 제한된 일탈로서 그 범위가 좁아야 하며, 권리의 매우 작은 감소만을 허용할 뿐이라고 언급하였다.

패널은 EC규정 2081/92은 상표가 등록된 상품과 동일 또는 유사한 모든 상품이 아닌 일부 상품에 대해 상표 소유자의 권리를 감소시키는 것이고, 일부 당사자에 대한 상표 소유자의 권리를 감소시켰고, 상표로서 보호되는 표지와 동일하거나 유사한 모든 표지가 아닌 소비자를 오도할 수 있는 일부 표지에 대하여 상표 소유자의 권리를 감소시킨 것이므로 '제한된 예외'에 해당한다고 보았다.

② 상표권자와 제3자의 '정당한 이익' 고려 여부: 패널은 '정당한 이익'이란 Canada–Pharmaceutical Patents 사건 패널의 견해와 마찬가지로 그에 관계되는 공공정책 또는 기타 사회규범에 의해 정당화될 수 있는 것이라고 보았다. 패널은 문제가 된 상표권자의 이익은 여기에 해당하고 모든 상표권자는 자신의 상표가 제대로 기능을 할 수 있도록 그 상표의 구별성(distinctiveness)이나 구별할 수 있는 능력을 보존하려는 정당한 이익을 갖고 있으며 2081/92 규정은 상표권자의 이러한 이익을 '고려'하였다고 보았다. 제3자의 이익에 관해 패널은 여기서 관계가 있는 제3자란 소비자를 포함하는데 소비자의 이익은 제14조 제3항이 소비자를 오도 할 수 있는 경우에 적용되므로 적절히 고려하였다고 보았다. 또 GI사용자도 제3자에 해당하며 2081/92는 이들의 이익도 고려한 것으로 판단하였다.

이상을 토대로 패널은 TRIPs협정 제16조 제1항에 규정된 상표권자의 배타적 권리가 EC규정 2081/92에 의해 일부 제한된 것은 사실이나 이는 TRIPs협정 제17조에 의해 정당화되는 예외에 해당한다고 판정하였고 TRIPs협정 제24조 제3항과 제5항은 이 문제에 적용될 수 없다고 결론지었다.

Ⅳ 평석 – TRIPs협정상 지리적 표시(제22조 내지 제24조)

지리적 표시는 TRIPs협정 제22조부터 제24조까지 규정되고 있다. 우선 제22조에서는 지리적 표시의 개념을 '상품의 명성, 품질과 기타 특징이 본질적으로 지리적 근원에 기초하는 경우, 회원국 또는 회원국의 한 지역, 지방에서 생산된 상품임을 알리는 표시'로 정의하고 있다. 그리고 지리적 표시와 관련하여 금지되는 행위는 ① 진정한 원산지 이외의 곳에서 생산된 문제의 상품에 대하여 상품의 지리적 근원을 일반대중이 오인하도록 유발하는 방법으로 명명, 표시하는 모든 수단의 사용과, ② 파리협약의 제10조의2(부정경쟁행위의 방지)가 의미하는 부정경쟁행위를 구성하는 모든 사용이다. 또한 진정한 지리적 명칭을 표시한 경우라도 일반인이 동 상품이 타 지역에서 생산된 것으로 오인할 우려가 있는 경우에는 그 지리적 표시의 사용이 금지된다.

특히 제23조는 포도주와 주류에 대한 허위의 지리적 표시사용을 금지할 수 있는 법적 수단의 마련을 규정하고 있으며, kind, type, style, imitation 등의 표현을 병기하는 경우에도 사용을 금지하고 있다. 그리고 포도주의 지리적 표시에 동음이의어가 있는 경우에도 보호가 되지만, 각 회원국은 생산자에 대한 동등한 보호와 소비자의 오인을 막기 위하여 문제의 지리적 표시를 서로 구분할 수 있는 실제적인 방법을 정하여야한다.

다만, 회원국은 본 협정 서명일에 앞서 최고 10년 동안 선의로 그 회원국 영역에서 동일 또는 관련된 상품과 서비스에 대하여 계속적 의사로서 지리적 표시를 사용해 온 국민이나 거주자에 의하여, 상품 및 서비스와 연계하여 포도주, 주류를 나타내는 그 지리적 표시가 계속적으로 사용된 경우에는 사용이 금지 되지 않음을 정할 수 있다.

그리고 지리적 표시에 관하여 TRIPs협정 논의 당시 유럽의 국가들과 신대륙의 국가 및 개도국들간에 의견의 대립이 많았기 때문에 제24조에서는 TRIPs 이사회에서 계속적으로 이 문제를 검토할 것을 규정하고 있다. 마지막으로 TRIPs협정은 선등록상표, 관용 명칭화된 지리적 표시, 성명의 사용의 경우에 있어서 적용 제한을 인정하고 있다.

CASE 170. US, EC vs. India - Patents(US) 사건[127]

Ⅰ 사실관계

1. 이 사건은 인도가 TRIPs협정 제70조 제8항 및 제9항에 규정된 'mail box 출원제도'에 관한 규정 위반 여부에 관한 것이다. 동 조항에 의하면 회원국은 자국에 의약이나 농약분야의 물질특허를 인정하는 제도가 없더라도 일단 출원을 받아주고 추후에 특허가 인정되는 경우 우선권을 보장해 주어야 한다.

2. 인도는 WTO 가입 당시 농화학 물질에 대해 '제법(製法)특허'(method or process of manufacture patents)는 허용하면서도 '물질특허'(product patents)는 허용하지 아니하고 있었다. 인도는 TRIPs협정과 국내법을 합치시키기 위해 대통령이 임시 입법을 통해 물질특허를 허용하였으나 인도 의회에서 정식 의결되지 않아 효력이 상실되었다.

3. 제소 당시 인도는 법규정이 아닌 '행정관행'(administrative practice)을 통해 의약품 및 농화학 물질에 대한 특허 출원과 처리를 집행하고 있었다. 1995년 1월 1일부터 1997년 2월 15일 사이에 총 1339건의 의약품 및 농화학 물질에 대한 특허출원이 받아들여졌다.

4. 미국은 인도가 TRIPs협정이 규정한 경과기간 중 의약품 및 농화학 물질의 보호를 위한 제도를 수립하도록 한 제70조 제8항, 제63조의 투명성원칙, 제70조 제9항에 의한 독점적 판매권 부여 제도의 수립의무를 위반하였다고 주장하고 1996년 11월 WTO에 제소하였다.

Ⅱ 법적쟁점

1. 인도의 입법부작위는 TRIPs협정 제70조 제8항에 위반되는가?

이와 관련하여 동 조항이 회원국들의 '정당한 기대'(legitimate expectation)를 보호하는 것인지 여부, 인도의 행정관행은 동 조항을 이행하기 위한 제도로 볼 수 있는지 여부 등이 문제되었다.

2. TRIPs협정 제70조 제9항상 배타적 판매권 위반 여부

이와 관련하여 배타적 판매권에 관한 제도가 확립되어 있어야 하는 시기가 문제되었다. 즉, 그러한 제도가 WTO협정 발효일 당시에 존재해야 하는지가 쟁점이 되었다.

3. TRIPs협정 제63조(투명성) 위반 여부

이와 관련하여 투명성 원칙에도 협정 제65조상의 경과기간 규정이 적용되는지가 문제되었다. 인도는 경과규정이 적용되어 인도는 2000년 1월 1일까지는 투명성 의무를 이행하지 않을 수 있다고 주장하였다.

---

127) DS50, 1998.1.16. 상소기구

Ⅲ 패널 및 상소기구 판정

1. 인도의 입법부작위는 TRIPs협정 제70조 제8항에 위반되는가? 적극

(1) 제70조 제8항상 회원국의 의무

패널은 동 조항은 협정에서 비롯되는 '정당한 기대'(legitimate expectation)를 보호하는 것이라고 해석하고 인도가 타 회원국들의 정당한 기대를 보호하였는지 여부에 초점을 두고 심리하였다. 그러나 이러한 해석은 상소기구에 의해 파기되었다. 상소기구는 이러한 패널의 해석은 GATT 제23조 제1항 나호 및 다호에 적시된 '비위반제소'와 관련되나 TRIPs협정 제64조 제2항에 의해 이러한 비위반제소는 WTO협정 발효일로부터 5년간 분쟁해결에 적용되지 않기 때문에 위반제소만이 청구원인이 된다고 판단하였다.

(2) 제70조 제8항 의무 위반 여부

① 패널 – 적극: 패널은 인도는 동 조항상의 의무를 위반하였다고 판단하였다. 패널은 해석상 동 조항은 개도국들에게 mail box 출원과 우선권을 부여하기 위한 제도를 구비하는 것과 함께 출원권과 그에 대한 특허권이 배제되거나 무효화될 가능성도 배제하여 회원국의 정당한 기대를 충분히 보호할 것을 요구하고 있다고 보았다. 패널은 이러한 해석에 기초하여 인도가 관련법을 제정·개정하지 아니하고 행정관행만을 통해 동 조항을 이행하고 있는 것은 '법적 불안정'을 내포하고 있어서 회원국의 정당한 기대를 충분히 보호하지 못한다고 평결하였다. 패널은 또한 인도가 특허 출원 제도를 공표하지 않은 것도 법적 안정성이나 예측 가능성에 하자를 초래하는 것이므로 협정 제70조 제8항을 위반한 것이라고 판단하였다.

② 상소기구 – 적극: 상소기구 역시 메일 박스 출원 접수를 위한 인도의 행정관행은 협정 제70조 제8항 가호에 합치하지 않는다고 판정하였다. 상소기구는 동 조항에 규정된 '수단(means)'이란 제70조 제8항 나·다호의 적용에 필수적인 '출원일 또는 우선일 현재의 신규성과 우선권을 보존할 수 있는 확실한 법적 근거'를 제공하는 것으로 해석하였다. 이러한 관점에서 인도의 관련 특허법 및 관련 행정관행을 검토하였다. 우선 상소기구는 인도의 특허법은 식품 또는 약품으로 사용되거나 사용될 수 있는 물질은 특허를 받을 수 없으므로 특허법은 제70조 제8항을 이행하기 위한 '수단'에 해당하지 않는다고 판단하였다. 그리고 물질특허 출원을 허용하고 있는 인도의 행정관행 역시 신규성과 우선권을 보존할 수 있는 확실한 법적 근거를 제공하지 아니한다고 판단하였다. 특허법의 관계규정은 강행규정이나 이에 배치되는 행정관행을 통해 물질특허의 출원을 허용하고 있으므로 법적 불안정성이 존재한다고 판단했기 때문이다. 즉, 인도의 행정관행은 특허법의 강행규정에 비추어 유효한 규범으로 존재한다고 보기 어렵다는 것이다.

2. TRIPs협정 제70조 제9항상 배타적 판매권 위반 여부 – 적극

동 조항은 제8항에 따라 특허가 출원된 경우 일정기간 동안 배타적 판매권 보장에 대한 규정이다. 패널은 동 조항은 경과기간에 적용되는 조항으로서 WTO협정 발효일인 1995년 1월 1일에 이에 관한 제도가 국내법상 존재해야 한다고 해석하였다. 그런데 제소일 현재까지 배타적 판매권에 관한 법적 제도를 인도가 확립하지 않았으므로 동 조항을 위반한 것으로 판정하였다. 상소기구 역시 이러한 패널의 해석과 판정을 지지하였다.

3. TRIPs협정 제63조(투명성) 위반 여부

(1) 패널 - 적극

패널은 인도가 동 조항을 위반하였다고 판단하였다. 인도는 제63조상의 투명성 의무(관련 제도의 공표 및 통보 의무)는 제65조의 경과규정이 적용되어 개도국인 인도는 2000년 1월 1일까지 이 의무를 이행하지 않을 수 있다고 주장하였으나 패널은 이를 배척했다. 패널은 투명성 원칙이 규정된 협정 제5부에 같이 규정된 분쟁해결절차에 대해 동일하게 해석되어야 한다고 전제하고 만약 투명성 원칙에 경과규정이 적용된다면 분쟁해결절차에 대해서도 경과규정이 적용되는 것으로 해석해야 하는데 이는 부당한 것이라고 판단하였다. 따라서 투명성 원칙은 경과규정의 적용을 받지 않는다고 판단하였다.

(2) 상소기구 - 소극

상소기구는 인도가 협정 제63조를 위반하였는지 여부에 대해 패널이 심사할 수 없다는 인도의 상소를 받아들여 패널의 판정을 파기하였다. 미국은 패널 설치 요청서 및 제1차 서면입장서(submission)에는 제63조 위반 여부를 언급하지 않았으나 최초 실질심리(substantive meeting)에서 구두 진술로써 비로소 제63조 문제를 제기하였다. 이에 대해 상소기구는 패널의 심리범위에 관한 DSU 제6조 제2항을 패널이 위반하였다는 인도의 주장을 수용하였다.

Ⅳ 평석

1. 결론의 요약

첫째, TRIPs협정 제70조 제8항과 관련하여 경과기간 중 의약품 관련 물질의 특허 출원을 보장하기 위한 수단을 확립하지 아니하여 인도는 동 조항을 위반하였다. 둘째, 동조 제9항과 관련하여 인도는 우선판매권에 관한 제도를 갖추지 아니하여 동 조항을 위반하였다. 셋째, 제63조에 관한 제소는 패널에 위임된 범위에 포함되지 아니하였음에도 불구하고 패널이 이를 심리하였으므로 패널의 평결을 파기한다.

2. DSU 제6조 제2항의 해석

상소기구는 동 조항의 해석을 매우 엄격하게 하였다. 즉, 제소국은 패널 요청서에 위반이라고 주장하는 해당 법조문을 명시해야 한다고 본 것이다. 미국은 패널 설치 요청서에서 "… 그러나 반드시 이에 국한되는 것은 아닌(including but not necessarily limited to) …"이라고 기재하여 동 협정상 다른 조항 위반 여부를 다툴 의사를 표현했다고 볼 수 있으나 상소기구는 이러한 불확정적인 표현으로는 DSU 제6조 제2항에 합치되지 아니한다고 판단한 것이다. 패널 관행에 의하면 해당 '조문'을 적시하였으나 동 조문 내의 세부조항은 명기하지 않은 경우라 할지라도 적법하게 제소된 것으로 인정한다.

3. 협정 위반 판단에 있어서 '정당한 기대'의 준용문제

패널은 TRIPs협정 제70조 제8항 위반 여부를 판단하는 기준으로서 '정당한 기대' 보호 여부를 적용하였으나 상소기구는 이를 파기하였다. 상소기구는 일관되게 '정당한 기대'의 문제는 '상품무역'과 관련된 기준이므로 타 협정 해석 및 적용에 있어서 준용할 수 없다고 본다. 기대를 보호한다는 것은 국내외 '상품 간' 경쟁에 관한 것이고 합리적 기대 역시 '상품의 시장접근'에 관한 문제라고 판단하기 때문이다.

CASE 171. EC vs. Canada - Pharmaceuticals 사건[128]

Ⅰ 사실관계

1. 캐나다 특허법 제55조 제2항(1): Regulatory Review 조항. 어떤 사람이 캐나다 정부가 요구하는 정보를 개발하거나 제출하기 위하여 특허로 보호되는 발명을 제조·구성·사용·판매하는 것은 특허권 침해가 아니라고 규정하였다. 동 조항은 특허 generic 의약품[129] 생산자를 위한 조항으로서 신약 특허에 비해 임상실험 및 등록절차를 단축시켜 이들에게 매우 유리한 조항이다.

2. 캐나다 특허법 제55조 제2항(2): Stock Piling 조항. 캐나다특허법 제55조 제2항(1)에 언급된 사람이 generic 의약품을 원 특허 보호 상품(즉 신약)의 특허 기간이 종료된 이후 판매할 목적으로 대량생산 및 보관하는 것 역시 특허권 침해가 아니라고 규정하고 있다. 이 조항에 따라 generic 의약품 생산자는 오리지널 의약품의 특허기간이 종료되는 즉시 시판에 들어갈 수 있다.

3. 이러한 캐나다 특허법에 대해 EC가 제소한 사건이다.

Ⅱ 법적쟁점

1. stock-piling 조항이 TRIPs협정 제28조 제1항에 위반되는가? 제30조에 의해 정당화되는가?

협정 제28조 제1항은 특허권자에 배타적 권리를 부여하고 있는 바 stock-piling 조항이 동 조항에 위반되는지 문제되었다. 위반되는 경우 협정 제30조에 따라 특허권 보호의 예외로서 정당화되는지도 쟁점이 되었다.

2. regulatory review 조항의 협정 제28조 제1항[130] 위반 여부 및 제30조[131]에 의한 정당화 가능성

특허로 보호되는 약품에 대해 generic 약품의 제조·판매 등을 승인하는 것이 협정 제28조 제1항에 규정된 특허권자의 배타적 권리를 침해한 것인지가 문제되었으며, 위반되더라도 협정 제30조에 의해 정당화되는지가 쟁점이 되었다.

---

128) DS114. 2000.4.17. 패널
129) generic 의약품은 오리지널 신약 가운데 특허 만료된 의약품을 다시 연구개발한 의약품을 말한다.
130) 특허는 특허권자에게 다음과 같은 배타적 권리를 부여한다.
　　가. 특허대상이 물질인 경우, 제3자가 특허권자의 동의없이 동 물질을 제조, 사용, 판매를 위한 제공, 판매 또는 이러한 목적을 위하여 수입하는 행위의 금지. 이 권리는 상품의 사용, 판매, 수입 또는 기타 유통에 관하여 이 협정에 따라 부여되는 모든 다른 권리와 같이 이 제6조의 규정에 따른다.
　　나. 특허대상이 제법인 경우, 제3자가 특허권자의 동의없이 제법사용행위 및 최소한 그 제법에 의해 직접적으로 획득되는 상품의 사용, 판매를 위한 제공, 판매 또는 이러한 목적을 위한 수입행위의 금지
131) 회원국은 특허에 의하여 허여된 배타적 권리에 대해 제한된 예외를 규정할 수 있다. 단, 이와 같은 예외는 제3자의 정당한 이익을 고려하여, 특허권의 정상적인 이용에 불합리하게 저촉되지 아니하고 특허권자의 정당한 이익을 불합리하게 저해하지 아니하여야 한다.

3. regulatory review 조항의 협정 제27조 제1항[132] 위반 여부

협정 제27조 제1항은 특허획득이 모든 기술분야에서 차별 없이 가능하도록 규정하고 있다. EC는 캐나다가 특허 의약품에 대해서만 regulatory review 제도를 규정한 것은 무차별 적용을 규정한 협정 제27조 제1항에 위반된다고 주장하였다.

Ⅲ 패널 판정

1. stock-piling 조항: 제28조 위반, 제30조에 의해 정당화되지 아니함

제28조 위반 여부에 대해 당사국 간 이견이 없었고 따라서 30조에 의해 정당화되는지가 문제되었다. 패널은 30조에 의한 정당화 요건으로 ① 예외가 제한적일 것, ② 특허권을 정상적으로 이용하는 데 불합리하게 저촉되지 아니할 것, ③ 특허권자의 정당한 이익을 불합리하게 저해하지 않을 것 등을 제시하였고 이는 누적적(cumulative)이라고 하였다. 패널은 캐나다 특허법상 stock-piling 조항은 첫 번째 요건을 충족하지 못한다고 판단하였다. 패널은 stock-piling 할 수 있는 상품의 생산량에 대해 제한이 없다는 점과 특허권은 특허권이 종료된 이후라도 어느 정도 시점까지는 시장에서의 독점적인 지위를 가질 수밖에 없다는 점을 고려하였다. 누적적 요건이므로 ②, ③ 요건은 검토하지 않았다.

2. regulatory review 조항: 제28조 제1항 위반, 제30조에 의해 정당화됨

제28조 위반 여부에 대해서는 다툼이 없었다. 패널은 regulatory review 조항은 TRIPs협정 제30조에 의해 정당화된다고 판단하였다. 첫째, 캐나다 특허법 제55조 제2항(1)은 regulatory review에만 적용되기 때문에 예외가 제한적이라고 판단하였다. 둘째, 패널은 캐나다의 관련규정은 제30조의 두 번째 요건을 충족한다고 하였다. 즉, 캐나다 특허법 관계규정은 특허권을 정상적으로 이용하는데 불합리하게 저촉되지 않는다고 판단하였다. 특허기간 종료 이후 일정기간 동안 독점상태가 지속되는 것(additional period market exclusivity: 시장 독점성 부가 기간)이 상식적으로는 '정상적인 이용'이라고 볼 수 있으나 '규범적 차원'에서 정상적인 이용에 해당하는 것은 아니라고 판단하였다. 따라서 시장 독점성 부가 기간은 정상적 이용이 아니기 때문에 두 번째 요건을 충족한다고 판정하였다. 셋째, 패널은 제30조상 세 번째 요건 역시 충족한다고 판단하였다. 시장 독점성 부가 기간이 특허권자의 '정당한' 이익인지 여부가 문제되었다. 패널은 특허 부가 기간은 특허권자의 '정당한 이익'은 아니라고 판단하였다. 따라서 캐나다 특허법은 세 번째 요건을 충족한다고 하였다. 요컨대, 패널은 캐나다 특허법은 TRIPs협정 제30조상의 요건을 모두 충족하였으므로 특허권에 대한 예외로서 정당화된다고 하였다.

3. regulatory review 조항의 협정 제27조 제1항 위반 여부 – 소극

패널은 regulatory review조항이 법률상·사실상 협정 제27조 제1항을 위반한다는 EC의 주장을 기각했다. 우선 캐나다 특허법 제55조 제2항(1)의 문언상 특정 상품에 대해 차별적으로 적용된다는 점이 적시되어 있지 않고 캐나다는 동 조항의 의미가 의약품에 국한되는 것이 아님을 패널 심리 시 확인하였으므로 법률상 제27조 제1항을 위반한 것은 아니라고 판단하였다.

---

132) 제2항 및 제3항의 규정을 조건으로 모든 기술분야에서 물질 또는 제법에 관한 어떠한 발명도 신규성, 진보성 및 산업상 이용 가능성이 있으면 특허획득이 가능하다. 제65조 제4항, 제70조 제8항 및 동 조의 제3항을 조건으로 발명지, 기술분야, 제품의 수입 또는 국내생산 여부에 따른 차별 없이 특허가 허여되고 특허권이 향유된다. 이 조의 목적상 진보성, 산업상 이용가능성이라는 용어는 회원국에 의해 각각 비자명성, 유용성이라는 용어와 동의어로 간주될 수 있다.

또한 패널은 동법이 차별의 효과(discriminatory effect)와 차별의 목적(discriminatory purpose)을 갖지 아니하므로 사실상의 차별에도 해당하지 아니한다고 하였다. 패널은 차별의 효과를 실제 특정분야 및 특정상품에 대해 차별이 이루어지고 있는가의 관점에서 검토하였으나 EC측이 이에 대해 입증하지 못했다고 판단하였다. 한편 차별의 목적 역시 해당 조치의 객관적인 성격에 기초하여 판단해야 하는 바 EC 측에서 적절한 증거를 제시하지 못했다고 판단하였다. 요컨대, 패널은 캐나다 관계법이 법률상으로나 사실상 협정 제27조 제1항을 위반하지 아니하였다고 판정하였다.

Ⅳ 평석

1. TRIPs협정 제30조의 적용 요건

패널은 제30조에 의한 정당화 요건으로 ① 예외가 제한적일 것, ② 특허권을 정상적으로 이용하는 데 불합리하게 저촉되지 아니할 것, ③ 특허권자의 정당한 이익을 불합리하게 저해하지 않을 것 등을 제시하였고 이는 누적적(cumulative)이라고 하였다.

2. 패널 앞 서약의 효력

패널은 사안에 따라 패널에서의 관계국 공무원의 진술과 서약에 대해 그 효과를 다르게 부여하였다. 예컨대, 이 사건에서는 캐나다 특허법 제55조 제2항(1)이 의약품에 대해서만 배타적으로 적용되는 규정이 아니라는 캐나다 공무원의 진술에 의존하여 사실상 TRIPs협정 제27조 제1항을 위반하지 않았다고 판단하였다. 반면, India-Patent 사건에서는 행정지도를 통해 mail-box 심사를 지속할 것이라는 인도 관리의 진술이 있었음에도 불구하고 인도가 TRIPs협정을 위반하였다고 판단하였다. 이에 대해 인도의 경우 인도국내법상 상위규범인 특허법이 mail-box 심사를 거부하고 있어 인도 관리의 진술이나 서약에도 불구하고 mail-box 심사가 거부될 가능성이 있다는 점을 패널이 고려한 것으로 해석된다. 한편, 이번 사건의 경우 쟁송대상이 된 법규가 재량법규이므로 해당국 정부의 패널 앞 서약을 TRIPs협정 위반을 판단함에 있어서 중요하게 고려한 것으로 평가된다.

3. 사실상의 차별 또는 사실상의 위반의 판단 기준

이번 사건에서 패널은 사실상의 차별 또는 사실상의 위반 판단에 있어서 차별의 효과, 즉 다른 대우가 실제로 부여되는 양태(empirical differential treatment)와 시비가 된 대상의 객관적인 성격에 근거한 차별의 목적(discriminatory purpose)을 제시하였다. 이러한 기준은 Japan-Alcohol 사건 상소기구에 의해서도 제시된 바 있다. 상소기구는 목적이 있었는지 여부는 문제가 된 조치의 design, architecture, structure를 통해 확인할 수 있는 조치의 객관적인 목적을 통해 확인되어야 한다고 보았다.

4. 1994GATT 제20조상의 차별과 1994GATT 제3조 제4항상의 차별의 차이

제20조와 제3조 제4항은 모두 차별에 대한 규제를 규정하고 있으나 차별을 구성하는 요건의 정도는 달리 적용해야 한다는 것이 US-Gasoline 사건 이후 견지되고 있는 원칙이다. 제3조의 차별과 제20조의 차별을 구별짓는 내용상의 차이에 대해 아직 패널이나 상소기구의 판정으로 확인된 것은 없다. 그러나 제20조의 경우 차별은 인정하되 그러한 차별이 자의적이거나 정당화될 수 없거나 또는 국제무역에 대한 위장된 제한이 되지 말아야 할 것을 규정하여 차별의 '의도'에 초점을 둔 것으로 해석된다. 그러나 제3조의 경우 수입상품에 대한 차별의 '효과'에 중점을 둔 것이다. 즉, 제3조의 겨우 차별의도가 없다고 하더라도 차별의 효과가 있다면 제3조에 위반되도록 규정하고 있는 것이다.

제7장 | 기타

CASE 172. 일본 – 필름 사건

I 사실관계

1. 본 건은 미국이 일본 시장에서 일본 기업들의 반경쟁행위를 문제삼아 WTO에 제소한 사건이다. 일본 기업들은 'keiretsu'(系列)라는 관행을 유지하고 있었다. keiretsu에는 '수평적 keiretsu'와 '수직적 keiretsu'가 있다. 전자는 은행 등을 통해 직접적인 경쟁자(direct competitor)간에 특수한 관계를 맺고 있는 것을 말하며 후자는 제조업자와 부품의 공급자 또는 유통업자간의 특수한 연대관계를 의미한다.

2. 미국은 일본 내 최대 필름제조업체인 후지사의 유통시장에 대한 특수한 결합관계를 문제삼았다. 미국은 후지사가 이러한 특수한 결합관계를 통하여 1차 도매업자로 하여금 자사의 제품만을 취급하게 만들어 결국 필름 및 인화지 유통시장을 단일 브랜드 시장구조로 만들었다고 주장하였다.

3. 미국은 이러한 폐쇄적인 시장구조의 형성에 일본 정부가 상당히 깊숙이 관여해 왔다고 주장하였다. 즉, 미국은 유통활동저해조치(distribution countermeasure)를 통해 코닥사가 도매시장에 접근할 수 없도록 하고 대규모점포법(Large Stores Law)을 통해 대체적인 시장접근방법의 모색도 거의 불가능하게 만들었으며 자유로운 판매촉진활동을 어렵게 하는 다양한 조치(promotion countermeasure)를 남발함으로써 후지사의 반경쟁활동을 조장하였다고 주장하였다. 미국은 이러한 정부조치가 각의(Cabinet), 통산성(MITI), 일본공정취인위원회(공취위) 및 사적기구(private entities)인 공정거래촉진위원회 등에 의해 취해졌다고 주장하였다.

Ⅱ 법적쟁점

1. 비위반제소

미국은 유통활동저해조치, 대규모점포법관련조치 및 판매촉진저해활동 등 일본 정부의 조치로 인하여 개별적(individually) 또는 집합적으로(collectively) 케네디라운드, 도쿄라운드 및 우루과이라운드시 일본이 제공한 양허에서 발생하는 미국의 정당한 이익이 무효화 또는 침해되었다고 주장하였다. 사안에서는 정부조치의 범위, 양허시점 이후에 도입된 정부조치의 문제, 무효화 또는 침해에 대한 인과관계 판정 시 해당 정부 조치의 기여 정도, 무효화 또는 인과관계 판정 시 정부조치를 집합적으로 고려할 수 있는지 여부 등이 구체적인 쟁점으로 등장하였다.

2. 위반제소

미국은 유통활동저해조치(distribution countermeasure)가 비위반제소 대상이 되는 정부조치일 뿐만 아니라 정부규제에 있어서 내국민대우를 요구하고 있는 1994GATT 제3조 제4항에도 위반된다고 주장하였다.

Ⅲ 패널 평결

1. 비위반제소 – 소극

패널은 미국이 자신의 비위반제소를 정당화하기 위해서는 정부조치의 적용, 양허상의 이익의 무효화 또는 침해, 조치 및 무효화 또는 침해 간의 인과관계를 입증해야 한다고 판단하였다. 패널은 일본의 몇몇 조치들은 첫 번째 요건을 충족시키는 정부조치에 해당한다고 판단하였다. 그러나 그러한 정부조치라 하더라도 양허시점에서 미국에게 발생한 합리적인 이익을 무효화 또는 침해하였는지 여부에 대해서 미국이 입증하지 못하였다고 판시하였다. 따라서 미국이 제소대상으로 삼은 어떠한 조치도 비위반제소의 요건을 충족하지 못하였다고 평결하였다.

2. 1994GATT 제3조 제4항 위반 여부 – 소극

패널은 제소국인 미국이 제3조 제4항을 원용하기 위해서는 두 가지 요건을 입증해야 한다고 판단하였다. 즉 대상조치가 수입필름 또는 인화지의 수입국 내에서의 판매, 판매를 위한 제의, 구입 또는 분배에 영향을 미치는 법·규칙·요건에 해당하는지 여부 및 동종상품에 대한 불리한 대우를 부여하는지 여부이다. 첫째, 패널은 미국이 원용한 8개의 유통활동저해조치 중에서 1967년 각의 결정 등 3개 조치는 제3조 제4항상의 법·규칙 또는 요건의 정의를 충족시킨다고 판단하였다. 둘째, 패널은 '불리하지 아니한 대우'라는 용어는 국내판매, 판매를 위한 제공, 구매, 운송, 분배 또는 상품의 사용에 영향을 미치는 법률, 규칙 및 요건의 적용과 관련하여 수입상품에 대해 기회를 효과적으로 균등하게(effective equality of opportunities) 제공할 것을 요구하는 것이라고 해석하였다. 패널은 미국이 본 사건 유통활동저해조치가 일본산 필름 및 인화지보다 수입필름 및 인화지에 대해 불리한 대우를 부여하고 있다는 점을 입증하지 못하였다고 판시하였다.

Ⅳ 평석 – 비위반제소 요건 및 해석론 정리

1. 정부의 조치

(1) 비구속적 조치

GATT 제23조 제1항 제b호상의 '조치'(measure)에 정부에 의해 시행된 법 또는 규정이 포함되는 것은 분명하나 '비구속적 조치'도 포함되는지 여부에 대해 패널은 특정한 조건하에서 비구속적 조치도 포함된다고 판단하였다. 즉, 행정지도라 하더라도 사적당사자로 하여금 특별한 방식으로 행동하도록 혹은 행동하지 않도록 유인 또는 억제동기(incentives or disincentives)를 창출하는 경우 정부조치로 간주될 수 있다고 하였다. 대상조치에 대한 분석은 정부조치가 취해진 맥락(context)과 이들이 사적행위자(private actors)에 미친 효과에 초점을 두고 진행되어야 한다고 하였다.

(2) 사적당사자에 의해 취해진 조치

원칙적으로 '조치'는 정부의 정책 또는 조치(policy or actions)만을 의미하나, 예외적으로 사적당사자에 의한 조치가 정부의 조치로 인정될 수 있다. 패널에 의하면 어떤 조치가 사적당사자에 의해 취해졌다고 하더라도 동 조치에 대한 정부의 충분한 관여가 있는 경우에는 동 조치가 정부조치로 간주될 수 있다. 다만 그 한계를 명백하게 획정할 수 있는 규칙을 정립하기는 어렵기 때문에 사안별로 개별적으로 검토해야 한다.

(3) 오래된 조치 또는 폐지된 조치

패널은 철회되지 않은 '오래된 조치'(old measure)가 지속적인 행정지도(continuing administrative guidance)를 통하여 계속 적용될 수 있는 가능성을 배제하지 않는다고 판시하였다. 또한 대상조치가 공식적으로 폐지되더라도 그 기본정책(underlying policy)은 지속적인 행정지도를 통하여 계속 적용될 수 있다고 하였다. 그러나 그러한 지도가 실제로 존재하고 현재 이익을 무효화 또는 침해하고 있다는 점을 제소국이 명백하게 입증해야 한다고 하였다.

2. GATT협정에서 발생한 이익

GATT협정에서 발생한 이익은 관련 관세 양허로부터 발생하는 시장접근 개선 기회에 대한 정당한 기대(legitimate expectations of imported market-access opportunities arising out of relevant tariff concessions)를 의미한다. 정당한 기대 또는 정당한 이익으로 평가받기 위해서는 관세 양허 당시의 제반사정을 고려할 때 양허시점 당시에는 향후에 분쟁을 야기할 만한 조치가 적용되리라는 것을 합리적으로 예상할 수 없어야 한다. 입증책임과 관련하여 양허시점 이후에 도입된 조치로 판명된 경우에는 양허시점에는 동 조치를 인식하지 못한 것으로 추정되기 때문에 피제소국이 이러한 추정을 번복할 입증책임이 있다. 또한 양허시점 이전에 도입된 조치로 판명된 경우에는 제소국이 해당조치의 공표일에 동 조치의 존재를 인식했으리라고 추정된다. 따라서 이 경우 기대가 정당하다고 평가되기 위해서는 제소국이 동 조치를 합리적으로 예상하지 못한 이유와 그 영향을 언제 인식했는지를 입증해야 한다.

3. 이익의 무효화 또는 침해

제소국은 관련시장접근(관세) 양허에 따른 수입제품의 경쟁적 지위 및 그로 인한 이익이 합리적 예상 밖의 조치의 적용에 의하여 좌절되고 있다는 것을 증명해야 한다. 이익의 무효화 또는 침해란 관세양허의 결과로서 국산품과 수입품 사이에 확립된 경쟁관계의 좌절(upsetting the competitive relationship)을 의미한다.

4. 인과관계(causality)

본 건에서 패널은 인과관계와 관련하여 네 가지 이슈를 검토하였다. 첫째, 증명해야 하는 인과관계의 정도(degree of causation)에 관한 것이다. 패널은 이와 관련하여 어떠한 조치가 무효화 또는 침해에 '최소허용수준 이상의 기여'(more than a de minimis contribution to nullification or impairment)를 했는지 여부라고 판단하였다. 둘째, 어떤 조치의 원산지중립적인 성질(origin-neutral nature of a measure)과 무효화 또는 침해의 인과관계와의 관련성 문제이다. 패널은 법적인 차별(de jure discrimination;외양상 원산지에 대해 차별적인 조치)이 없다고 하더라도 사실상의 차별(de facto discrimination)을 제소국이 입증할 여지는 있다. 이경우 제소국은 원산지중립적인 조치와 수입품이 받은 영향의 정도가 상호비례적이지 않다(disproportionate impact)는 것을 상세하게 입증해야 한다고 하였다. 셋째, 의도(intention)와 인과관계의 관련성 문제이다. 패널은 대상조치를 채택하고 있는 정부가 이익의 무효화 또는 침해를 할 의도가 있었는가에 대한 증명은 요하지 않고 동 조치의 '영향', 즉 동 조치가 경쟁관계를 좌절시키고 있는지 여부라고 하였다. 그러나 '의도'가 입증된 경우 그 의도가 판정에 결정적인 것은 아니라 하더라도 특정한 사건에서 보다 용이하게 인과관계를 인정할 수도 있다고 하였다. 넷째, 인과관계 분석 시 대상 조치를 집합적으로(collectively) 고려할 수 있는가의 문제이다. 패널은 논리적으로 보아 어떤 조치가 동 조치만을 떼어내어 분석할 경우에는 어떤 시장의 경쟁 조건에 대하여 매우 제한적인 영향밖에는 미치지 못하지만 보다 넓은 범위의 조치들을 집합적으로 보면 보다 심대한 영향을 미칠 수 있다고 보았다. 그러나 패널은 이러한 주장이 논리적임에도 불구하고 집합적 평가는 남용의 위험이 있으므로 필요한 경우로 제한하여 신중하게 접근해야 한다고 판시하였다.

기출 및 예상문제

A국은 필름(film)에 대한 B국의 아래 〈조치〉를 이유로 B국을 WTO 분쟁해결기구(DSB)에 제소하였다. 다음 물음에 답하시오. (단, A국과 B국은 모두 WTO 회원국이다) (총 50점) [2006행시]

〈조치〉

가. B국산 필름에 비해 A국산 필름에 불리한 간접세 부과 조치
나. WTO 대상협정상의 규정을 위반하지는 않지만 A국산 필름 판매에 불리한 유통구조를 초래한 조치

(1) 〈조치〉 '가'에 대해 ① WTO 대상협정에 위반됨을 이유로 A국이 이익 침해를 주장하는 경우와 ② WTO 대상협정 위반 여부와 관계없이 A국이 이익 침해를 주장하는 경우의 청구원인(causes of action)상 요건을 각각 설명하시오. (20점)
(2) 제소국 A의 입장에서 (1)의 ①, ② 중 어떤 청구가 유리한지를 설명하시오. (10점)
(3) 〈조치〉 '나'에 대해 A국이 승소한 경우의 구제수단(조치의 철회 등)을 위반제소의 경우와 비교하여 설명하시오. (20점)

I 사실관계

1. 터키는 EC와 관세동맹을 체결하기 위한 점진적인 조치로서 터키와 EC의 무역정책과 관행을 조화시키는 내용의 Decision 95/1을 채택하여, 1996년 1월 1일 자국의 관세를 EC의 관세와 동일하게 하였고 EC가 대외적으로 적용하는 섬유류 수입제한조치와 동일한 조치를 실시하여 25개 WTO 회원국으로부터 수입되는 총 61개 섬유 및 의류 제품에 대해 수량제한조치를 부과하고 GATT 제24조에 따라 WTO에 통보하였다.

2. 이에 대해 인도는 터키의 조치가 GATT 제11조, 제13조, 섬유 및 의류협정 제2조 제4항에 위배되는 조치이며, GATT 제24조에 의해 정당화될 수 없다고 주장하면서 패널설치를 요청하였다.

II 법적쟁점

1. GATT 제11조[134](수량제한금지) 및 GATT 제13조[135](수량제한의 비차별적 적용) 위반 여부

인도는 터키의 수입물량 제한조치가 수량제한을 원칙적으로 금지하는 GATT 제11조와 무차별적인 적용을 규정하는 제13조 위반하였다고 주장하였다.

2. 섬유협정 제2조 제4항[136](신규 수입제한조치 도입 금지) 위반 여부

인도는 터키의 수량제한조치가 새로운 수량제한조치 도입을 금지한 섬유 및 의류에 관한 협정(ATC) 제2조 제4항에 위반된다고 주장하였다. 이에 대해 터키는 자신의 조치가 EC가 시행 중인 수량제한의 변경에 해당하는 것으로서 EC가 이미 관련 절차에 따라 섬유감시기구에 통보하였다고 반박하였다.

---

133) DS34. 제소국: 인도, 피제소국: 터키
134) 체약국은 다른 체약국 영역의 상품의 수입에 대하여 또는 다른 체약국 영역으로 향하는 상품의 수출 또는 수출을 위한 판매에 대하여 할당제나 수입 허가 또는 수출허가 또는 기타 조치에 의거하거나를 불문하고 관세, 조세 또는 기타 과징금을 제외한 금지 또는 제한을 설정하거나 유지하여서는 아니된다.
135) 체약국은 다른 체약국 영역 상품의 수입 또는 다른 체약국영역에로의 상품의 수출에 대하여 모든 제3국의 동종상품의 수입 또는 모든 제3국에 대한 동종상품의 수출이 다같이 금지되거나 또는 제한된 경우를 제외하고는 어떠한 금지나 제한을 가할 수 없다.
136) 제1항에 따라 통보된 제한은 세계무역기구협정 발효 전일 개별 회원국에 의하여 적용되는 이러한 제한의 전체를 구성하는 것으로 간주된다. 이 협정의 규정 또는 1994년도 GATT의 관련규정(1994년도 GATT의 관련규정은 부속서 제3항에 특별히 규정되어 있는 것을 제외하고는 1994년도 GATT에 아직 통합되지 아니한 품목과 관련하여 제19조는 포함하지 아니한다)에 의하지 아니하고는 품목 또는 회원국 기준으로 어떠한 새로운 제한도 도입될 수 없다. 세계무역기구협정 발효일로부터 60일 이내에 통보되지 아니한 제한은 즉시 종료된다.

3. GATT 제24조에 의한 정당화 여부

터키는 문제가 된 수량제한조치가 EC와의 관세동맹을 체결하기 위해 도입한 것이며 관세동맹은 GATT 제24조에 의해 용인되는 것이므로 동 조항, 특히 GATT 제24조 제5항[137](a) 및 제8항(a)(ii)[138]에 의해 정당화되는 것이라고 주장하였다.

4. 이익의 무효화 및 침해 발생 여부(DSU 제3조 제8항[139])

터키는 설사 문제가 된 조치가 GATT나 섬유협정에 위반된다 하더라도 터키 – EC 관세동맹 체결 이후 터키의 인도산 섬유 수입은 오히려 증가하였으므로 DSU 제3조 제8항에 규정된 인도의 이익이 무효화되었거나 침해된 것은 아니라고 주장하였다.

Ⅲ 패널 및 상소기구 평결

1. GATT 제11조 및 제13조 위반 여부 – 적극

패널은 문제가 된 조치는 수량제한임이 분명하고, 인도에 대해 배타적으로 적용된 것이므로 GATT 제11조, 제13조 두 조항 위반에 해당된다고 판시하였다.

2. 섬유협정 제2조 제4항 위반 여부 – 적극

패널은 섬유협정 제2조 제4항은 새로운 수량제한 도입을 금지하는 것뿐 아니라 통보된 기존조치의 수량 제한 범위를 증가하는 것도 금지하는 것으로 해석해야 한다고 보았으며 문제가 된 터키의 조치는 새로운 수량제한조치에 해당한다고 판단하였다. 또 터키의 조치는 기존 EC 조치의 변경에 해당한다고 볼 수 없다고 확인하였다. 따라서 패널은 동 조치는 새로운 수입물량 제한조치이며 섬유협정 제2조 제4항 위반에 해당한다고 판시하였다.

---

137) 따라서 본 협정의 규정은 체약국 영역 간에 관세동맹 또는 자유무역지역을 형성하거나 또는 관세동맹 또는 자유무역지역의 형성에 필요한 잠정협정의 체결을 방해하지 아니한다. 다만, 이는 다음에 제규정을 조건으로 한다. (a) 관세동맹 또는 관세동맹의 협정을 위한 잠정협정에 관하여는, 동 동맹이나 협정의 당사자가 아닌 체약국과의 무역에 대하여 동 동맹의 창립 또는 동 잠정협정의 체결 시 부과되는 관세와 기타 통상규칙이 전체적으로 동 관세동맹의 협정이나 동 잠정협정의 채택 이전에 동 구성영역 내에서 적용하여 온 관세의 전반적 수준과 통상규칙보다 각각 높거나 제한적인 것이어서는 아니된다.
138) 본 협정의 적용상: (a) 관세동맹은 다음의 결과가 발생할 수 있도록 2개 이상의 관세영역을 단일 관세영역으로 대체한 것이라고 양해한다.
    (i) 관세 및 기타 제한적 통상규칙(필요한 경우에는 제11조, 제12조, 제13조 제14조 제15조 및 제20조)에 의하여 허용되는 경우를 제외하고)은 관세동맹의 구성영역 간의 실질상 모든 무역에, 또는 최소한 영역의 원상품의 실질상 모든 무역에 관하여 폐지된다.
    (ii) 제9항의 규정에 따를 것을 조건으로 하여 관세동맹의 구성국은 동 동맹에 포함되지 아니한 영역에 대한 무역에 실질적으로 동일한 관세와 기타 통상규칙이 적용된다.
139) 대상협정에 따라 부담해야 하는 의무에 대한 위반이 있는 경우, 이러한 행위는 일견 명백한 무효화 또는 침해 사례를 구성하는 것으로 간주된다. 이는 일반적으로 규칙위반이 동 대상 협정의 당사국인 다른 회원국에 대하여 부정적인 영향을 미친다고 추정됨을 의미하며, 이 경우 피소국이 제소국의 협정의무 위반 주장에 대하여 반박하여야 한다.

3. GATT 제24조에 의한 정당화 여부 - 소극

(1) 패널

패널은 GATT 제24조에 대한 검토 결과 동조는 MFN 의무를 제외한 의무의 위반을 허용하지 않으며 따라서 GATT 제11조, GATT 제13조, 섬유협정 제2조 제4항의 위반도 허용되지 않는다고 판정하였다. 패널은 우선 GATT 제24조에 따라 회원국은 관세동맹과 같은 지역무역협정을 체결할 권리가 있음을 확인하였다. 그러나 제24조 제5항(a)은 관세동맹이 관세동맹의 형성 전에 비해 더 높은 무역장벽을 갖는 것을 금지할 뿐 GATT 및 WTO에 합치되지 않았을 조치를 정당화하는 법적인 근거가 될 수 없다고 판시하였고, 제24조 제8항(a)(ii)는 관세동맹 형성시 당사국들이 제3국에 대해 사실상 동일한 관세 및 기타 무역규제를 적용하기 위해 WTO에 위배되는 조치를 도입할 수 있는지를 다루고 있지 않으므로 GATT규정을 위반하기 위하여 지역협정을 체결하는 것을 허락하는 것은 아니라고 판단하였다.

(2) 상소기구

상소기구는 패널의 판정은 지지하였으나 그 논리는 다르게 전개하였다. 상소기구는 패널이 GATT 제24조 제5항의 chapeau의 해석에 대해 오류를 범하였다고 판정하였다. 우선 상소기구는 GATT 제24조 제5항의 관세동맹의 형성을 '방해해서는 안된다(shall not prevent)'는 그 문언 상 GATT의 조항이 관세동맹의 형성을 '불가능하게 해서는 안된다(shall not make impossible)'는 의미로 해석해야 한다고 보았다. 따라서 상소기구는 패널과 달리 제24조는 특정조건하에서 GATT나 WTO 규정에 합치되지 않는 조치의 채택을 정당화하기 위한 방어 근거로 인용될 수 있다고 판단했다. 상소기구는 GATT 제24조 제5항(a) 및 제8항의 내용에 비추어 제24조를 위와 같이 GATT 비합치 조치의 정당화 근거로 인용하기 위해서는 두 가지 조건이 충족되어야 한다고 판단하였다. 첫째, 문제가 되는 조치가 제24조 제5항(a) 및 제8항에 규정된 요건을 충족하는 관세동맹 형성 시에 도입된 것임을 증명해야 한다. 둘째, 문제가 된 조치를 도입하지 않고는 관세동맹을 형성할 수 없었을 것(prevented)이라는 점을 입증해야 한다. 상소기구는 EC - 터키 간 관세동맹이 규정된 요건을 충족했는지 여부는 다툼이 되지 않았고 패널도 동 관세동맹이 존재하는 것으로 간주하였으며 관세동맹 형성의 정당성 여부는 상소대상이 아니므로 첫 번째 요건에 대해서는 심리하지 않았다. 두 번째 요건과 관련하여 터키는 수량제한조치를 취하지 않는 경우 EC에 의해 수량제한을 받는 국가가 터키로 우회하여 EC에 수출가능성이 있고 따라서 EC는 터키와의 관세동맹 형성 품목에서 섬유교역을 제외할 것이며 이로써 터키와 EC는 관세동맹 형성을 위한 제24조 제8항(a)(i)의 요건을 충족하지 못하게 될 것이라고 주장하였다. 그러나 상소기구는 수량제한 도입 없이도 EC - 터키 간 관세동맹 형성이 가능했다고 판단하였다. 예컨대, 터키는 원산지규정을 강화하여 EC가 터키산 섬유와 터키 경유 제3국산 섬유를 구별할 수 있게 할 수도 있었을 것이라고 하였다. 이상을 토대로 상소기구는 섬유류 수량제한은 EC-터키 간 관세동맹 형성의 필요조건은 아니었으며 따라서 제24조가 터키의 동 조치 도입을 정당화하지 않는다고 판시하였다.

4. 이익의 무효화 및 침해 발생 여부(DSU 제3조 제8항)

패널은 인도의 대 터키 섬유 수출이 증가했다는 사실로는 협정 위반은 이익의 무효화 및 침해를 초래한다는 추정을 번복하기에 불충분하다고 판정하였다. 수량제한이 없었다면 인도의 수출은 더욱 증가했을 수도 있으며 이에 대해 터키가 답변하지 못했다는 점도 고려하였다.

Ⅳ 평석

1. GATT 제24조에 의해 이탈할 수 있는 GATT상의 의무의 범위

GATT 제24조는 관세동맹, 자유무역지대, 잠정협정 3가지 형태의 지역무역협정을 인정하고 있고 이들에 대해서는 원칙적으로 GATT 의무에 대한 면제를 허용한다. 제24조는 이러한 3가지 형태의 지역무역협정에 대해 각기 그 정의와 일정한 기준 및 조건을 규정하여 두고 있는데 어느 지역무역협정이 이러한 세가지 지역무역협정 중 하나의 법적 요건 및 기준에 합치하는 경우 GATT의 별도 조치 없이 자동적으로 GATT 의무로부터 이탈이 허용된다. 이러한 이탈의 범위가 최혜국대우 의무에 대해서만 인정되는 것인지, 기타 GATT 조항에 대한 일반적인 예외도 용인하는 것인지 동 사건에서 패널과 상소기구가 약간 이해를 달리하고 있는 것으로 보인다. 패널은 일반적 예외 여부에 대해서는 명백한 입장을 밝히지는 않았으나 관세 동맹을 체결한 회원국은 제24조 요건 충족을 조건으로 최혜국대우로부터 이탈할 수 있다고 언급한 점에 비추어 예외 인정 범위를 최혜국대우로 좁게 보고 있는 듯하다. 상소기구는 이와 달리 일반적인 예외를 인정하였다. 상소기구는 특정 조치가 지역무역협정 체결에 필요한 것이면, 즉 그 조치 없이는 지역무역협정 체결이 곤란하다면 비록 GATT 조항에 합치되지 않는다 해도 GATT 제24조에 의해 정당화된다고 보았다.

2. 관세동맹 형성 요건

GATT 제24조에 의하면 관세동맹을 형성하기 위해서는 세 가지 요건을 충족해야 한다.

첫째, 관세동맹의 구성 영역 간에 있어서 실질적으로 모든 무역(substantially all the trade)이나 적어도 그러한 영역을 원산지로 하는 제품의 실질적으로 모든 무역에 대해 관세 및 그 밖의 제한적인 통상 규정을 철폐해야 한다[제24조 제8항(a)(i)호]. 둘째, 관세동맹 각 회원국은 당해 동맹에 속하지 않은 영역으로부터의 무역에 대해 실질적으로 동일한 관세 및 그 밖의 통상 규제를 적용해야 한다[제24조 제8항(a)(ii)호]. 셋째, 관세동맹 창설 시 당해 동맹 당사자가 아닌 당사국과의 무역에 대해 부과되는 관세 및 그 밖의 통상 규제는 전체적으로(on the whole) 당해 관세 동맹 설립 이전에 당해 구성 영역에 적용되어온 관세 또는 통상 규제의 전반적인 수준보다 높거나 제한적이어서는 안 된다.

기출 및 예상문제

WTO 출범 이후 회원국들 간에 자유무역협정(Free Trade Agreement: FTA)이 급격히 증가하여, 극소수 회원국들을 제외하고는 대다수 회원들이 하나 이상의 지역무역협정 네트워크에 가입하여 있다. 이러한 상황에서 우리 정부는 한편으로 WTO협정상 지역조항의 규율을 강화하기 위한 노력을 경주하여 오고 있고, 다른 한편으로 외환위기 이후 적극적인 지역무역협정 정책을 추진하여 현재 칠레, 싱가폴, EFTA,미국 등과 FTA를 체결하였다. FTA와 관련하여 다음 물음에 답하시오. (총 50점)

(1) 1994GATT에 근거하여 회원국들이 체결할 수 있는 지역무역협정의 3가지 형태의 개념 및 요건을 1994GATT 제24조의 해석에 대한 양해에 의해 개선된 내용에 유의하면서 설명하시오. (20점)

(2) 적법하게 체결된 관세동맹(customs union)에 신규회원국이 가입하는 경우 기존 동맹국들이 유지하고 있던 적법한 무역제한조치가 신규 회원국에게도 자동적으로 연장되는가에 대해 WTO 회원국들 간 다툼이 있다. 이에 대해 논의하시오. (15점)

(3) 현행 1994GATT 지역조항이 갖고 있는 실체적 · 절차적 문제점에 대해 논의하고 입법론을 제시하시오. (15점)

Ⅰ 사실관계

1. 1998년 5월 한국신항공건설공단(KOACA)은 500억 상당의 승강기설비사업에 대한 입찰공고를 하였는데, 동 입찰공고에서 입찰참가자는 엘리베이터제조업 면허, 에스컬레이터제조업 면허, 설치업 면허, 전기공사업 면허를 모두 갖추어야 할 것을 요구하였다.

2. 미국계 기업인 OTIS사는 원래 단독 또는 공동입찰참가를 원했으나, 에스컬레이터제조업 면허가 없어 동양중공업의 하도급 형태로 입찰에 참가하였다. OTIS사가 하도급 형태로 참가한 입찰은 동양중공업이 기술심사평가 단계부터 부적절한 판정을 받았고, 1998년 9월 2일 승강기설비사업은 LG산전에 낙찰되었다.

3. 1999년 2월 16일 미국은 한국에 인천국제공항 건설의 조달과 관련한 기관들의 특정조달에 관하여 DSU 제4조와 WTO 정부조달협정(이하 GPA) 제22조에 따르는 협의를 개최할 것을 요청하였고 EU 및 일본은 각각 동년 3월 8, 9일에 '실질적 무역이익'이 있음을 이유로 제3자 협의참가를 요청했다.

4. 미국과 한국은 상호 간 만족할 만한 결론에 도달하지 못하자 1999년 5월 11일 미국은, DSU 제4조 및 정부조달협정 제22조(비위반제소)에 근거하여 DSB에 패널설치를 요구하였다.

Ⅱ 법적쟁점

1. 인천국제공항사업 조달행위 참여기관들은 GPA 한국의 부록 1에 포함되는가?

(1) 미국의 주장

미국은 부록 1의 부속서 1에 나타난 "중앙정부기관"의 해석에는 지점과 부속기관을 포함하여야 한다고 주장하였다. 즉, 신공항건설본부(NADG)는 건설교통부(MOCT)의 한 부서이거나 최소한 부속기관이고, 비록 한국의 스케줄에 목록화되어 나타나 있지는 않지만 NADG는 MOCT가 목록에 포함됨으로 인하여 당연히 GPA의 대상기관이며, NADG는 인천국제공항건설을 책임지는 기관이므로 인천국제공항은 협정대상기관의 프로젝트라고 주장하였다.

(2) 한국의 주장

한국은 부속서 1의 주석1은 부속서 1하에서 중앙정부기관의 대상범위를 정의하는 것이며, 주석1은 한국의 정부조직법상의 문구로 해석하는 것이 합리적이라고 주장하였다. 한국공항공단(KAA)은 법에 의해 설립된 독립된 법인으로서 법에 의해 권한을 갖고 직접 운영하며 근무자들은 공무원이 아니라는 점, 자신의 합의로 계약입찰공고를 내고 자신의 자본으로 인천국제공항의 지분을 가진다고 밝히면서 한국공항공단(KAA)은 MOCT의 지점 또는 부속기관이 아니며 인천국제공항 프로젝트와 관련한 것에서 서로 독립적이라고 주장하였다.

---

140) DS163, 2000.6.19. 패널

2. 부속서 목록에 없는 경우에 대상 여부 결정 시 다른 테스트(통제)가 존재하는가?

(1) 미국의 주장

미국은 '통제'의 요소를 면밀히 조사해야 한다고 주장하였는데 한국공항공단(KAA)과 그 승계인들에 대한 MOCT의 통제 정도로 보아 이들 기관에 대한 조달은 실제적으로 MOCT에 의한 조달이고 따라서 GPA요건이 이 조달에 적용되어야 한다고 주장하였다. 즉, MOCT가 인천국제공항 프로젝트를 주도하고 조달에 책임 있는 기관들을 통제한다고 주장하였다.

(2) 한국의 주장

한국은 WTO GPA에 '통제' 테스트가 포함되는 것에 동의하지 아니하였다. 한국은 만일 패널이 미국의 주장을 받아들인다면 부속서 1 기관들의 "통제"하에 있다고 제기되는 기관들로 인해 한국의 부속서 3 약속에 포함되는 기관들이 부속서 1에 놓이게 되는 결과를 가져온다고 주장하였다.

3. 미국의 GPA하 합리적으로 기대되는 이익이 침해 또는 무효 여부(비위반 무효 또는 침해)

(1) 미국의 주장

미국은 GPA를 위반하는 조치로 인해 미국의 GPA하의 이익이 무효 또는 침해되어 GPA 제22.2조[141]의 제소를 하게 되었다고 주장하였다. 미국은 일본-필름사건의 패널결정을 제시하며, 협상된 양허의 존재, 확립된 경쟁관계를 뒤집는 조치, 양허 협상 시 합리적으로 예견할 수 없었던 조치로 인한 GPA에서 무효와 침해의 비위반 확인을 구하였다. 또한 미국은 본 사안에서 경쟁관계 가치는 잠정적으로 미화 60억 달러에 달한다고 하였고 한국이 GPA하 미국의 이익을 무효 또는 침해하였다고 주장하였다.

(2) 한국의 주장

한국은 DSU 제26.1조(a)에서 "제소국은 관련 대상협정과 상충하지 아니하는 조치에 관한 제소를 변호하는 상세한 정당한 사유를 제시한다."라고 규정하고 있으나 미국은 이를 지키지 않았고 미국은 GATT 제22.2조에서 요건으로 하는 인천국제공항조달과 관련한 "이익발생"과 GPA의 이익을 포함하는 "합리적으로 기대되는" 것을 증명해야 한다고 주장하였다.

---

141) 당사자가 다른 당사자 또는 당사자들의 이 협정 상 의무 불이행. 또는 이 협정 규정과의 상충여부에 관계없이 다른 당사자 또는 당사자들의 조치 적용의 결과로 이 협정 하에서 자기 나라에게 생기는 이익이 직접 또는 간접적으로 무효화 또는 침해되었거나 이 협정의 목적달성이 방해받고 있다고 간주하는 경우, 동 당사자는 사안에 대한 상호 만족할 만한 해결에 도달하기 위하여 관련국으로 간주하는 다른 당사자 또는 당사자들에게 서면으로 입장 표명 또는 제안할 수 있다. 이와 같은 조치는 아래에 명시된 바에 따라 분쟁해결양해에 따라 설치되는 분쟁해결기구에 신속히 통보된다. 입장표명 또는 제안을 받은 당사자는 자신에 대한 입장표명 또는 제안에 대해 호의적으로 고려한다.

Ⅲ 판례요지

1. 인천국제공항사업 조달행위 참여기관들은 GPA 한국의 부록1에 포함되는가?

(1) 한국 부속서 1에 대한 해석

패널은 부속서 1에 대한 주석1의 지위에 관하여 주석을 통한 목록화된 기관들의 범위 한정이 가능한지가 문제된다고 판단하였고 문제해결을 위해 주석 1의 규정을 살펴보았다. 동사 "prescribe"의 사전적 정의를 이용하여 주석1에 목록화 된 기관은 한국의 정부조직법에서 찾는다고 하면서, 정부조직법 제2조 제3항의 규정에서의 하위 연결조직은 그것만으로 조직이라기보다 개별적 부서로 정의된다고 보았다. 한국공항공단(KAA)이 어떠한 부처에 속하는지 주장이 없으므로 하위부속조직이 아니라고 하면서 정부조직법 제3조 제1항과 제4조를 조사하여 한국공항공단(KAA)과 그 승계기관들은 지방행정기관과 부속기관이 아니라고 판단하였다.

(2) 관련기관의 관계판단을 통한 GPA 적용 여부

패널은 부속서에 기관의 유무와 상관없이 GPA가 적용될 수 있는가를 판단하였는데 본 사건에서 MOCT와 KAA의 관계가 문제의 핵심이라고 보고 두 기관이 법적으로 같은지 여부 및 KAA와 그 승계기관들이 MOCT의 행위를 해왔는지를 판단하였다. 첫번째와 관련하여 KAA가 독립된 법인격, 법에 의한 권한, 운영의 자율성 및 정부와는 다른 조달원칙 규정 및 채택 등을 갖는 것을 근거로 KAA는 MOCT와 법적으로 동일하지 않고 부서가 아니라고 판단하였다. 나아가 두기관 사이에 "통제"가 존재하지만 이는 두 기관이 동일한 기관이 아니라는 것을 반증하는 것이라하였다. 두 번째와 관련하여 "수도권신공항건설 촉진법"상 KAA와 MOCT의 관계에 대해 많은 조문들이 존재하는 것을 근거로 법적책임주체가 다르다는 것에 기초해 KAA와 그 승계기관들이 MOCT의 행위를 해왔다는 것을 부정하였다.

2. 목록에 없는 경우 대상 여부 결정 시 다른 테스트가 존재하는가?

패널은 도쿄라운드협정 제1조를 참고하여 도쿄라운드협정과는 달리 현재 WTO GPA에서 "통제" 용어는 배제된 것이라고 하면서 미국의 주장을 기각하였다.

3. 미국의 GPA하 합리적으로 기대되는 이익이 침해 또는 무효 여부(비위반 무효 또는 침해)

(1) 전통적 비위반 제소와의 구별 및 패널의 판단

패널은 미국의 비위반제소 청구가 전통적인 그것과 다르다고 판단하였는바, 전통적인 비위반제소의 경우 조치에 의해 침해되는 현재 양허 하에서 합리적으로 기대되는 이익이 "합리적 기대"인 반면 본 사건에서는 양허에 의한 것이라기 보다 협상의 결과로(as a result of negotiation) 발생한 이익이기 때문이다. 패널은 비위반제소의 개념은 "pacta sunt servanda" 원칙에 근거하는 것이라 보았으며 이는 협정 이행단계뿐만 아니라 협상단계에서도 성실하게 임해야 하는 의무가 있다는 인식하에 미국 주장을 검토하였다.

패널은 한국의 협상태도에 문제가 있었다고 지적하면서, 한국이 고의로 불성실하게 답변하여 미국이 착각에 빠지도록 하려는 의도가 있었을 것이라는 의구심을 배제할 수 없다고 비난하였다. 그러나 이러한 행위는 한국이 GPA에 가입하기 2년 전에 발생하였고 그 기간 미국은 신공항 건설사업자를 인지할 수 있는 충분한 기회가 있었으므로 미국의 착오가 용인되기 어렵다고 판단하였다. 나아가 침해되었다는 이익의 발원이 되는 양허 자체가 없었다는 점을 강조하였다. 따라서 만약 전통적인 의미의 비위반제소가 성립된다고 인정한다 하더라도 미국이 그 이익이 합리적으로 기대할 수 있었던 것임을 입증하지 못한 것이라고 판시하였다.

(2) 조약형성의 착오 원용가능 여부

패널은 미국의 주장이 비위반제소 요건에 해당하는 것은 아니나 조약체결 과정상의 착오가 있을 경우 조약에 대한 동의를 철회할 수 있다는 국제관습법과 조약법에 관한 비엔나협약 제48조[142]를 이 사건에 적용할 수 있는지를 살펴보았다. 패널은 미국이 처한 상황은 비엔나협약 제48조 제1항에 해당한다고는 인정하였다. 그러나 한국의 답변과 GPA 체결 사이에 2년 반의 시간이 있었다는 것, EC 등은 정확히 인지하고 있었다는 사실 등에 근거해 미국은 자신의 착오를 감지할 수 있는 사정하에 있다고 판단하였으며 이러한 경우 제48조 제2항에 의거해 미국은 착오를 주장할 수 없다고 결정하였다.

Ⅳ 평석

우리나라는 정부조직법에 의해 정부조달 협정의 양허기관으로서 정부조달 행위를 하는 부속서 1의 양허기관은 중앙행정기관의 장, 장관이 된다. 그러나 이러한 사무를 관장하는 기관은 이를 위임받은 간부, 차관, 실 국장 등이다. 따라서 이들도 양허기관에 속한다는 것을 분명히 해두어야 할 필요가 있어 우리나라는 각주를 추가하게 된 것이다. 행정기관은 소관사무의 일부를 보조기관에게 위탁 또는 위임할 수 있는데 보조기관은 위임받은 사항에 대해서는 행정기관으로서 그 사무를 수행하고 있으므로 주석을 통해 이를 분명히 하고자 한 것은 타당하다. 그러나 설사 보조기관이라고 하더라도 이를 organization으로 직역한 것이 문제의 시발이다. Organization은 하나의 독립된 조직을 의미하지 개인이나 개인이 점유하는 관직을 의미하지 않기 때문이다. 따라서 Head or department 등 권한을 보유한 특정 개인임을 정확히 나타낼 수 있는 용어를 사용하여 번역하였더라면 오해의 소지를 원천 차단할 수 있었을 것이다.

---

142) 1. 조약상의 착오는 그 조약이 체결된 당시에 존재한 것으로 국가가 추정한 사실 또는 사태로서, 그 조약에 대한 국가의 기속적 동의의 본질적 기초를 구성한 것에 관한 경우에 국가는 그 조약에 대한 그 기속적 동의를 부적법화하는 것으로 그 착오를 원용할 수 있다.
   2. 문제의 국가가 자신의 행동에 의하여 착오를 유발하였거나 또는 그 국가가 있을 수 있는 착오를 감지할 수 있는 등의 사정하에 있는 경우에는 상기 제1항이 적용되지 아니한다.
   3. 조약문의 자구에만 관련되는 착오는 조약의 적법성에 영향을 주지 아니한다. 그 경우에는 제79조가 적용된다.

MEMO

2022 대비 최신판

해커스
이상구
5급 국제법 Ⅲ 판례편

초판 1쇄 발행 2021년 12월 15일

지은이	이상구
펴낸곳	해커스패스
펴낸이	해커스공무원 출판팀

주소	서울특별시 강남구 강남대로 428 해커스공무원
고객센터	1588-4055
교재 관련 문의	gosi@hackerspass.com
	해커스공무원 사이트(gosi.Hackers.com) 교재 Q&A 게시판
	카카오톡 플러스 친구 [해커스공무원강남역], [해커스공무원노량진]
학원 강의 및 동영상강의	gosi.Hackers.com

ISBN	979-11-6662-892-4 (13360)
Serial Number	01-01-01

최단기 합격 공무원학원 1위,
해커스공무원 gosi.Hackers.com

해커스공무원

· 해커스공무원 학원 및 인강(교재 내 인강 할인쿠폰 수록)
· 해커스 스타강사의 **공무원 국제법 무료 동영상강의**

헤럴드미디어 2018 대학생 선호 브랜드 대상 '대학생이 선정한 최단기 합격 공무원학원' 부문 1위